图书在版编目（CIP）数据

海曙年鉴. 2017 / 宁波市海曙区人民政府地方志办公室编.--北京：方志出版社，2017.12
ISBN 978-7-5144-2831-5

Ⅰ.①海… Ⅱ. ①宁…Ⅲ. ①区（城市）—宁波—2017—年鉴 Ⅳ.①Z525.54

中国版本图书馆CIP数据核字（2017）第313778号

海曙年鉴（2017）

编　　者：宁波市海曙区人民政府地方志办公室
责任编辑：陈　效
出 版 人：冀祥德
出 版 者：方 志 出 版 社
地址　北京市朝阳区潘家园东里9号（国家方志馆四层）
邮编　100021
网址　http://www.fzph.org
发　　行：方志出版社图书经销中心
（010）67110500
经　　销：各地新华书店
印　　刷：南京凯德印刷有限公司
开　　本：889×1194　1/16
印　　张：20.5
字　　数：384千字
版　　次：2017年12月第1版　2017年12月第1次印刷
印　　数：001~800册
ISBN 978-7-5144-2831-5　定价：200.00元

编辑说明

一、《海曙年鉴》由中共海曙区委、区人民政府主办，海曙区委党史研究室（海曙区人民政府地方志办公室）主持编纂，是一部系统记述全区自然、政治、经济、文化和社会等方面基本情况的年度资料性文献。

二、《海曙年鉴（2017）》是自2014年创刊以来连续出版的第五册。年鉴以毛泽东思想、邓小平理论、“三个代表”重要思想、科学发展观、习近平新时代中国特色社会主义思想为指导，如实记录全面贯彻党的十九大精神，统筹推进“五位一体”总体布局，协调推进“四个全面”战略布局，扎实推进五大发展理念和省委“八八战略”在海曙的实践。

三、本部年鉴记述时限为2016年1月1日至12月31日，为保持事物的完整性、连续性和可比较性，部分内容、数据作上溯处理。

四、《海曙年鉴（2017）》采用分类编辑法。基本结构为类目、分目（部分栏目设次分目）、条目3—4个层次，其中条目为主要的信息载体，条目标题加“【 】”。体裁有述、记、图、表、录。卷首设“特载”“专记”“大事记”“海曙概览”4个类目；百科设“中共宁波市海曙区委员会”等31个类目；卷末设“附录”“索引”2个类目。

五、年鉴正文部分类目根据实际情况适当调整框架结构。“群众团体”类目改为“人民团体·社会组织”类目；“法治”类目与“军事”类目合并成“法治·军事”类目；“卫生·计划生育·体育”类目中“体育”分目移至“文化·旅游·体育”类目；“街道”类目扩充成“乡镇·街道”类目，补充放入从原鄞州区划转至海曙区的9个镇乡（街道）相关资料；“法治·军事”类目“公安工作”分目下设6个次分目，分别为“综述”“社会治安”“惩治违法犯罪”“户籍与出入境管理”“交通管理”“消防”；“综合经济管理”类目“市场监督管理”分目下设4个次分目，分别是“综述”“工商行政管理”“食品药品监督管理”“质量技术监督管理”。年鉴的栏目设计和编排次序是根据年鉴基本体例和行业分类特点设置，与每个具体部门行政级别高低无关。

六、由于2016年9月宁波市行政区划调整，海曙区新建、调整职能部门，接转人事、财政、资产、审批等各领域工作，相关工作从2016年10月延续至2017年下半年。考虑到统计范围产生数据的延续性和统计口径的一致性，《海曙年鉴（2017）》仍主要使用2016年原海曙区域内产生的数据，仅在“海曙概览”类目中体现新、老海曙区域数据对比。正文中标明“原海曙区域”指区划调整前海曙区域范围，标明“海曙区”的为区划调整后的新海曙区域。

七、根据行文实际需要，文中配置了“有关组织机构全称、简称对照表”“有关企业全称、简称对照表”，列于目录前。缩略语随文注释，简短的在文中扩注，较长的在篇末注释，多次出现不重复注释。

八、本年鉴所采用的稿件由全区各机关单位、镇乡（街道）、产业园区提供，经《海曙年鉴》编辑部整理编辑，并经相关单位领导审核。文中所列数据采用法定计量单位，原则上依据《海曙区统计年鉴（2017）》，统计年鉴中没有的以主管部门统计为准，有部分数据因统计口径不同或有所差异，请读者在应用时加以注意。

九、本部年鉴设置目录（中文、英文）和索引双重检索系统。正文索引采用主题分析法，按主题词首字汉语拼音字母顺序排列，另附图照表索引、缩略语和注释索引。

十、本卷年鉴编纂出版工作得到全区各机关单位、镇乡（街道）、产业园区的大力支持，编纂人员为之付出了艰辛劳动，借此表示衷心感谢。若有疏漏、差错之处，敬请广大读者批评指正。

宁波市海曙区地方志编纂委员会

《海曙年鉴（2017）》编辑部

《海曙年鉴（2017）》主要撰稿人

（按姓氏笔画排序）

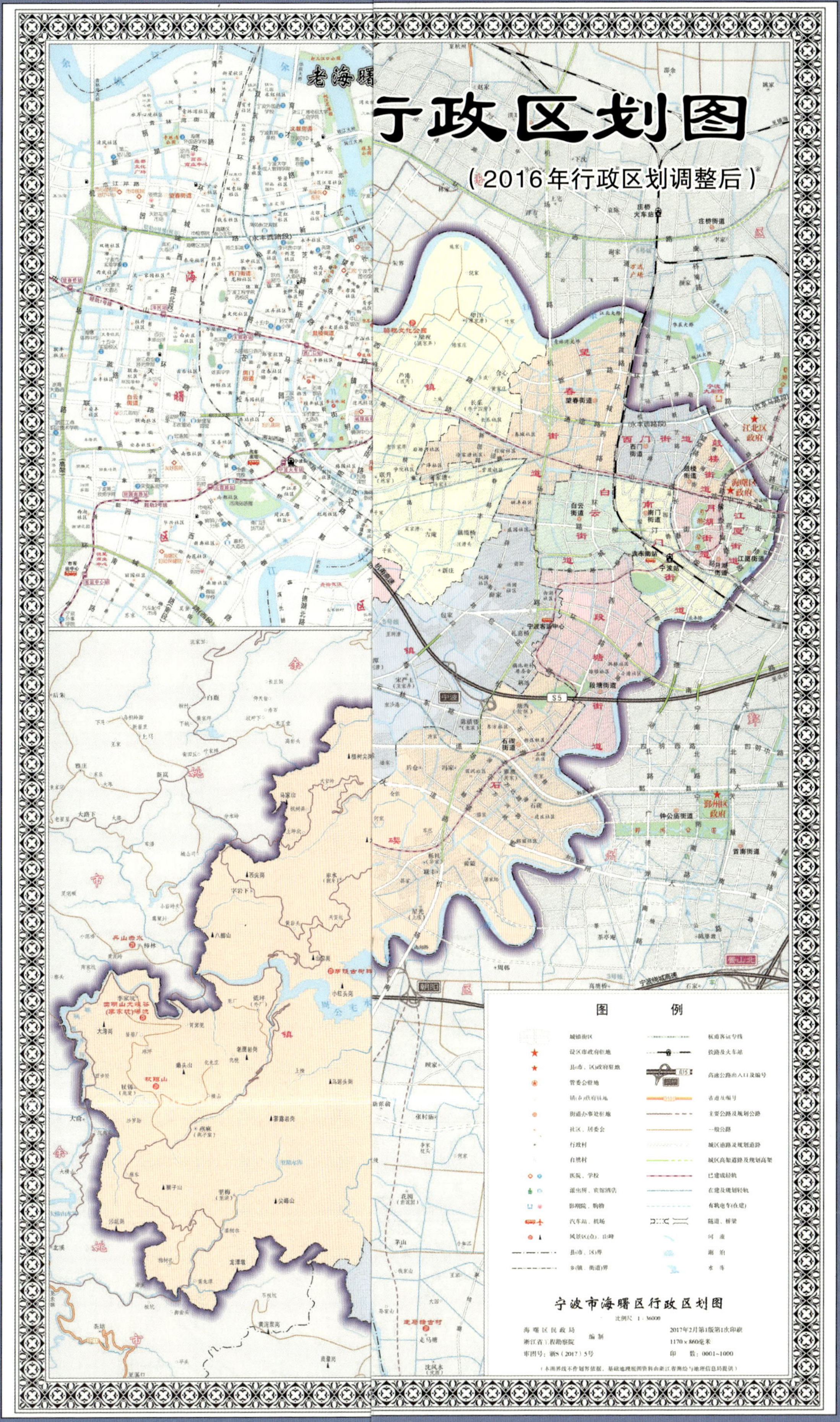

宁政区划图
（2016年行政区划调整后）
图 例
宁波市海曙区行政区划图
比例尺 1∶36000
海曙区民政局 浙江省工程勘察院 编制
2017年2月第1版第1次印刷
1170×860毫米
审图号：浙S（2017）5号
印 数：0001~1000
（本图界线不作划界依据，基础地理底图资料由浙江省测绘与地理信息局提供）

集士港镇

① 浙江省非物质文化遗产项目——大头和尚
② 巾帼志愿者环卫骑行
③ 集士港镇健身步道
④ 俯瞰集士港镇
⑤ 十三洞桥
⑥ 集士港镇春华路
⑦ 奥特莱斯广场
⑧ 集士公园

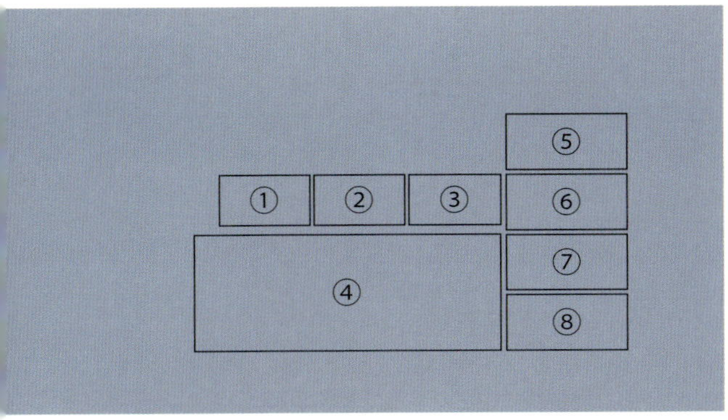
⑤
①
②
③
⑥
⑦
④
⑧

-500米
集士港·绿道

古林镇

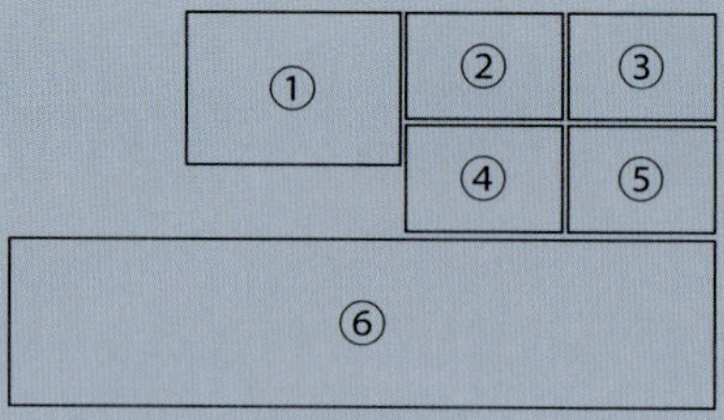

① 机场高架与环城南路互通

②“御史中丞第”廉政文化教育基地

③ 薛家新家园

④ 蜃蛟村文化礼堂

⑤ 茂新村

⑥ 西洋港河亲水河道

蜃蛟村文化禮堂
尚書門第
丞相故里
"弘扬传统文化 端午粽子飘香"

高桥镇

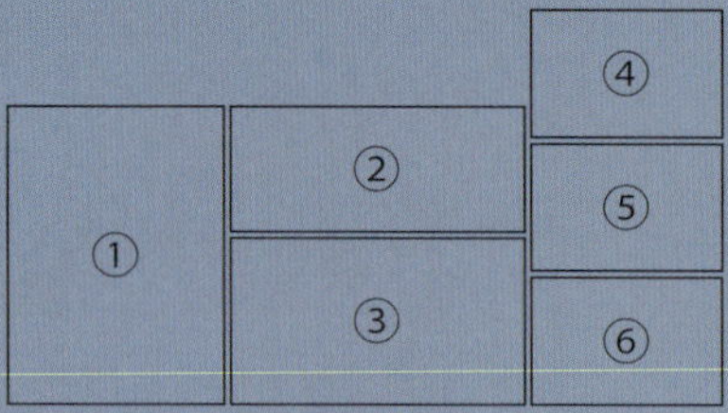

① 高桥
② 居家博物园
③ 俯瞰高桥镇
④ 轨道交通 1 号线
⑤ 梁祝文化园
⑥ 西塘河水环境综合整治景观绿化工程

鄞江镇

① 它山堰

② 国家级非物质文化遗产项目——宁波走书

③ 鄞江庙会

④⑤ 晴江岸风光

⑥ 金陆茶场

⑦ 鄞江廊桥

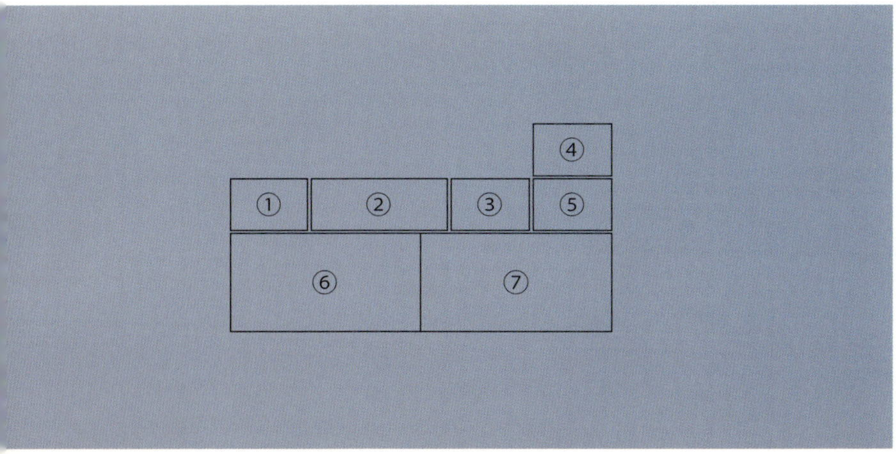
④
①
②
③
⑤
⑥
⑦

鄞江橋

洞桥镇

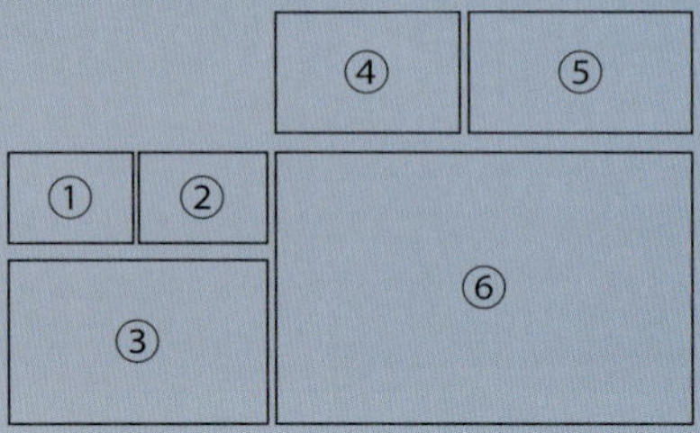

① 宁波智能制造技术研究院

② 帅特龙集团

③ 全祖望故居

④ 浙江省十大优质名瓜——“八戒”西瓜

⑤ 种粮大户——许跃进

⑥ 蕙江村百梁桥

PO

章水镇

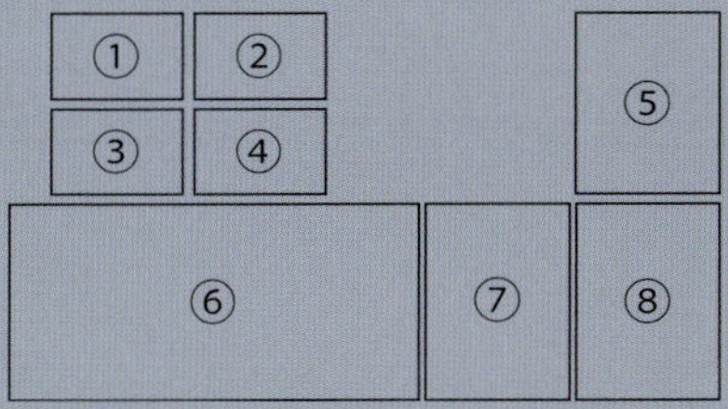

① 四明山雪景
② 四明山秋景
③ 杖锡樱花园
④ “四明锁钥”石牌坊
⑤ 李家坑漂流
⑥ 俯瞰章水镇
⑦ 李家坑吊红节
⑧ 茅镬村古树群

龙观乡

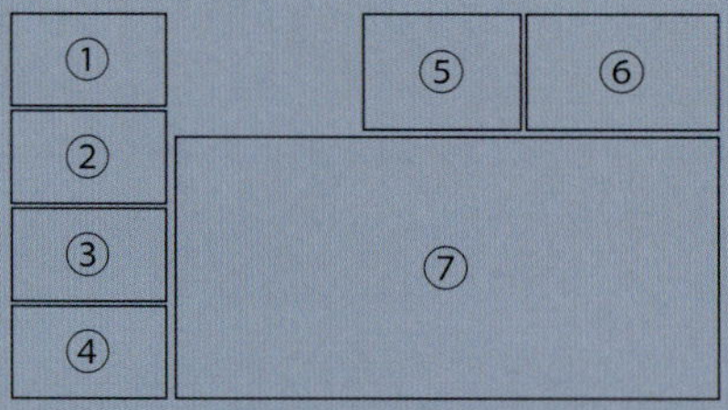

① 山下新村
② 龙兴路
③ 观顶湖
④ 中坡山
⑤ 五龙潭
⑥ 中坡山森林公园
⑦ 李岙新村

石碶街道

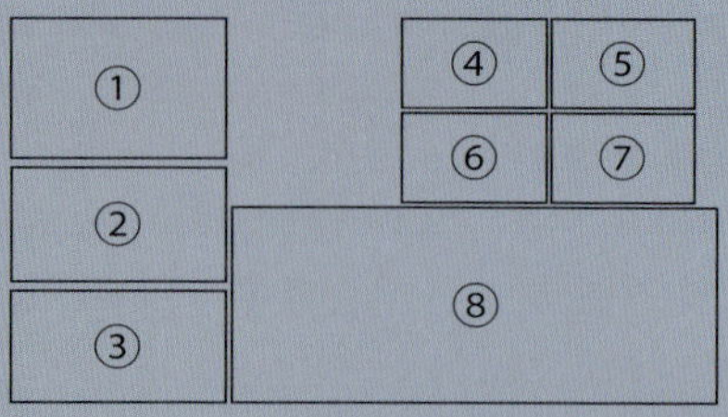

① 宁波雅戈尔集团

② 富港电商城

③ 沈光文纪念馆

④ 宁波栎社国际机场

⑤ 穿城而过的地铁 2 号线

⑥ 洛兹商业广场

⑦ 214 省道

⑧ 俯瞰石碶街道

TESCO
乐购

月湖街道

① 天一阁
② 月湖景区
③ 中信银行大厦
④ 俯瞰月湖街道
⑤ 海曙月湖金汇小镇

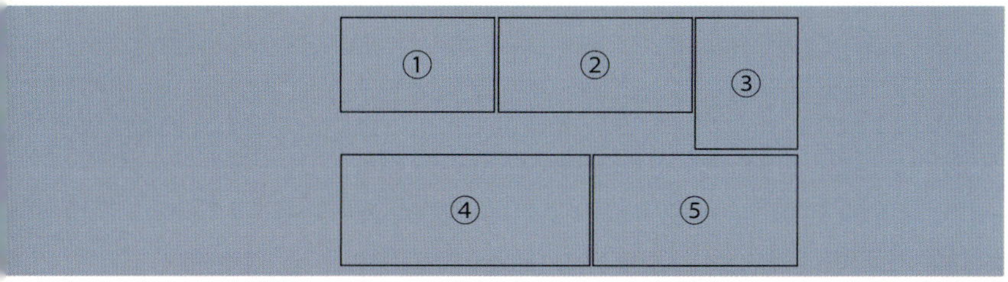
①
②
③
④
⑤

8
LOFT
新芝8号
创意园

81890

海曙区西门街道居家养老互助中心

① “新芝8号”创意产业园

② 科创大厦

③ 81890求助服务中心

④ 海蓝宝众创社区

⑤ 西门街道居家养老互助中心

⑥ 宁波工程学院

⑦ 俯瞰西门街道

①	②	⑦
③	④	
⑤	⑥	

西门街道

江厦街道

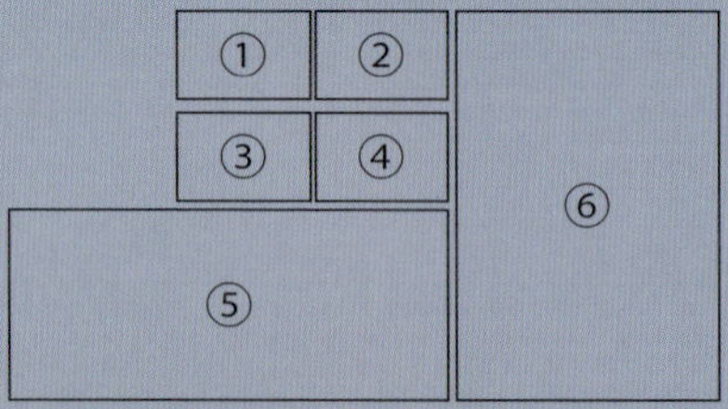

① 天一广场

② 地铁站间综合体——东鼓道商业街

③ 城隍庙牌坊

④ 宁波第二百货商店

⑤ 俯瞰江厦街道

⑥ 天封塔

鼓道

食尚美食城

南门街道

① 南塘老街
② 创客157创业创新园
③ 宁波市妇女儿童医院
④ 鄞奉路
⑤ 宁波效实中学
⑥ 铁路宁波站

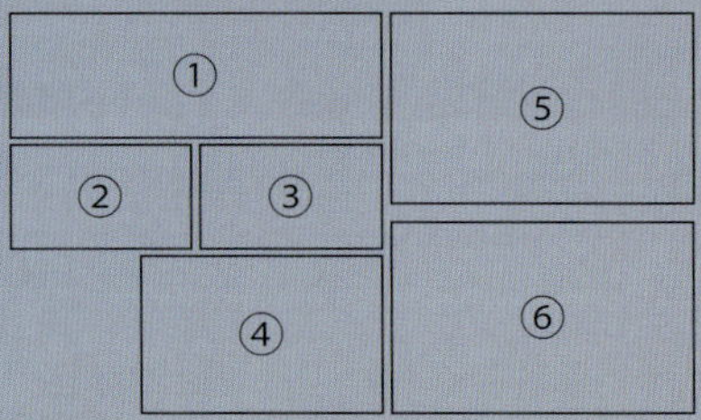

效实中学
宁波效实中学

宁 波
NINGBO RAILWAY STATION

鼓楼街道

① 1844·和义艺术生活中心

② 清朝浙江学政在甬驻地
——督学行署

③ 秀水街历史文化街区

④ 元代永丰库遗址

⑤ 鼓楼沿历史文化街区

⑥ 和义大道夜景

⑦ 鼓楼

四明偉觀
海曙樓
《宁波旧影》图片展

拍摄服务接待中心

白云街道

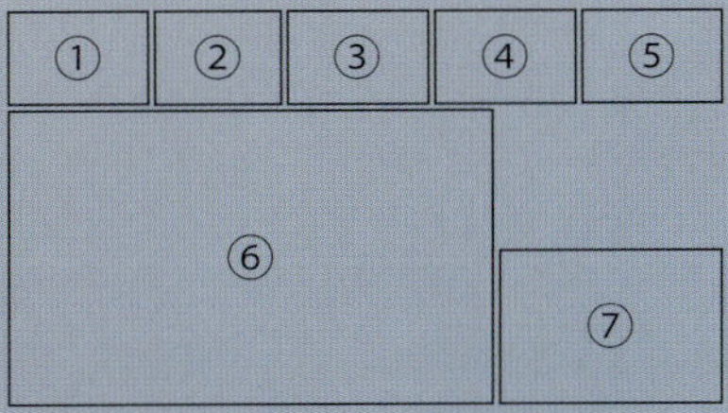

① “启运86”微电影产业园
② 全国重点文物保护单位——白云庄
③ 夏禹公园
④ 宁波天河水生态科技股份有限公司
⑤ 宁波节能环保科创园
⑥ 俯瞰白云街道
⑦ 夏禹路高架

宁波(国际)电子商务产业园

望春街道

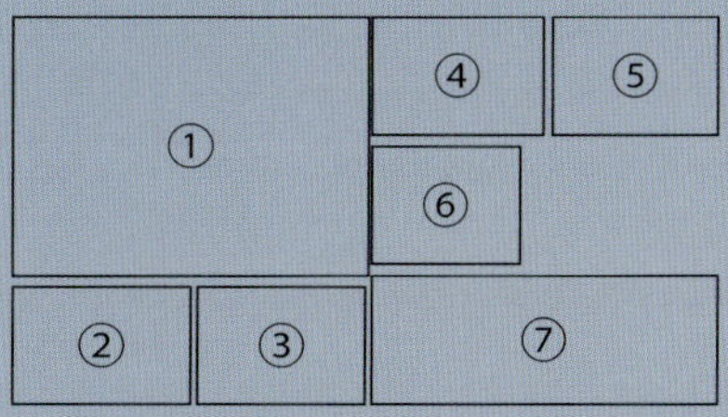

① 青林湾西区
② 宁波（国际）电子商务产业园
③ 众创空间
④ 丽园北路
⑤ 高鑫广场
⑥ 宁波市海曙外国语学校
⑦ 机场路高架立交桥

段塘街道

① 狮丹努总部大楼
② 俯瞰段塘街道
③ 新典公园
④ 海曙恒一广场
⑤ 段塘街道东滨奉化江
⑥ 宁波电视台
⑦ 896创新园

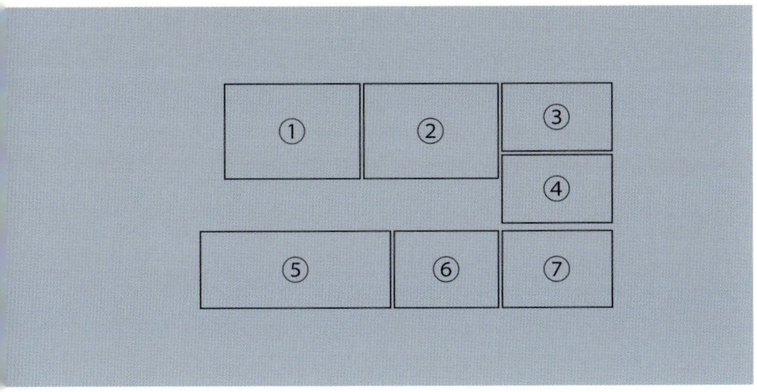
①
②
③
④
⑤
⑥
⑦

有关组织机构全称、简称对照表

全 称	简 称
浙江省全省	全省
浙江省	省
中共浙江省委员会	省委
浙江省人民政府	省政府
中共宁波市委员会	市委
宁波市人民政府	市政府
宁波市全市	全市
宁波市	市
宁波市海曙区全区	全区
宁波市海曙区	海曙区或区
中共宁波市海曙区委员会	区委
中共宁波市海曙区委办公室	区委办
宁波市海曙区人民代表大会常务委员会	区人大常委会
宁波市海曙区人民代表大会常务委员会办公室	区人大办
宁波市海曙区人民政府	区政府
宁波市海曙区人民政府办公室	区府办
宁波市海曙区人民政府法制办公室	区法制办
宁波市海曙区流动人口服务管理领导小组办公室	区流口办
中国人民政治协商会议宁波市海曙区委员会	区政协
中国人民政治协商会议宁波市海曙区委员会办公室	区政协办
中共宁波市海曙区纪律检查委员会	区纪委
宁波市海曙区监察局	区监察局
中共宁波市海曙区委组织部	区委组织部
中共宁波市海曙区委宣传部	区委宣传部
宁波市海曙区精神文明建设委员会	区文明委
中共宁波市海曙区委统一战线工作部	区委统战部
宁波市海曙区民族宗教事务局	区民宗局
宁波市海曙区委台湾工作办公室（宁波市海曙区人民政府台湾事务办公室）	区台办
宁波市海曙区人民政府侨务办公室	区侨办
中共宁波市海曙区委政法委员会	区委政法委
宁波市海曙区机构编制委员会办公室	区编委办
中共宁波市海曙区直属机关工作委员会	区直属机关党工委
中共宁波市海曙区委、宁波市海曙区人民政府信访局	区信访局
宁波市海曙区档案局	区档案局
中共宁波市海曙区委老干部局	区委老干部局
宁波市海曙区发展和改革局	区发改局
宁波市海曙区经济和信息化局	区经信局
宁波市海曙区教育局	区教育局
宁波市海曙区科学技术局	区科技局
宁波市海曙区民政局	区民政局
宁波市海曙区老龄工作委员会办公室	区老龄办
宁波市海曙区司法局	区司法局
宁波市海曙区财政局	区财政局
宁波市海曙区人力资源和社会保障局	区人力社保局

有关组织机构全称、简称对照表

全称	简称
宁波市海曙区住房和城乡建设局	区住建局
宁波市海曙区房地产管理处	区房管处
宁波市海曙区人民防空办公室	区人防办
宁波市海曙区交通拥堵治理工作领导小组办公室	区治堵办
宁波市海曙区城市管理局	区城管局
宁波市海曙区商务局	区商务局
宁波市海曙区文化广电新闻出版局	区文广新局
宁波市海曙区卫生和计划生育局	区卫生计生局
宁波市海曙区审计局	区审计局
宁波市海曙区统计局	区统计局
宁波市海曙区市场监督管理局	区市场监管局
宁波市海曙区安全生产监督管理局	区安监局
宁波市海曙区经济合作局	区经合局
宁波市公安局海曙分局	海曙公安分局
宁波市海曙区人民法院	区人民法院
宁波市海曙区人民检察院	区人民检察院
宁波市海曙区总工会	区总工会
共青团宁波市海曙区委员会	团区委
宁波市海曙区妇女联合会	区妇联
宁波市海曙区残疾人联合会	区残联
宁波市海曙区红十字会	区红十字会
宁波市海曙区工商业联合会	区工商联
宁波市海曙区关心下一代工作委员会	区关工委
宁波市海曙区文学艺术界联合会	区文联
宁波市海曙区慈善总会	区慈善总会
宁波市海曙区行政审批管理办公室	区审管办
宁波市海曙区金融工作办公室	区金融办
宁波市海曙 81890 救助服务中心	81890 求助服务中心
宁波市海曙区南站广场区域综合管理办公室	区南站综管办
宁波市海曙区人民政府房屋征收办公室	区征收办
宁波市海曙区南站区域开发建设指挥部	南站区域开发建设指挥部
宁波市海曙区旧村改造办公室	区旧村办
宁波市海曙区轨道交通工程建设办公室	区轨道办
宁波市国土资源局海曙分局	海曙国土资源分局
宁波市海曙区国家税务局	区国税局
宁波市海曙地方税务局	海曙地税局
宁波市规划局海曙分局	海曙规划分局
宁波市环境保护局海曙分局	海曙环保分局
中国人民解放军浙江省宁波市海曙区人民武装部	区人武部
宁波市公安局交通警察支队海曙大队	海曙交警大队
宁波市公安消防支队海曙区大队	海曙消防大队
宁波市海曙区“三改一拆”行动领导小组办公室	区“三改一拆”办
宁波市海曙区“五水共治”工作领导小组办公室	区“五水共治”办

有关企业全称、简称对照表

全称	简称
宁波市海城投资开发有限公司	海城公司
太平鸟集团有限公司	太平鸟集团
宁波狮丹努集团有限公司	狮丹努集团
天港控股集团有限公司	天港控股集团
浙江新曙光建设有限公司	新曙光建设公司
宁波第二百货商店	第二百货商店
博宏恒基集团有限公司	博宏恒基集团
宁波波尔管业开发有限公司	波尔管业公司
宁波天元房地产开发有限公司	天元房地产公司
宁波市海达建设集团有限公司	海达建设集团
宁波御坊堂生物科技有限公司	御坊堂
浙江诚德检测研究有限公司	诚德检测公司
宁波亿林塑胶电器有限公司	亿林塑胶电器公司
宁波纺织仪器厂	宁纺仪器厂
宁波天一创客咖啡	天一创客咖啡
浙江森晟建设有限公司	森晟建设公司
天港控股有限集团	天港控股集团
宁波新曙光建设有限公司	新曙光公司
宁波国医堂中医门诊有限公司	国医堂
中银国际证券有限责任公司	中银国际证券公司
建银国际资产管理(宁波)有限公司	建银国际公司
宁波天堂硅谷股权投资管理有限公司	天堂硅谷公司
北京阿博泰克北大青鸟信息技术有限公司	北大青鸟公司
上海复星集团星景股权投资管理有限公司	上海复兴星景公司
宁波新容电气有限公司	新容电气公司
浙江省永安期货经纪有限公司宁波营业部	永安期货宁波营业部
宁波亿迈克思网络科技有限公司	亿迈克思公司
宁波中铁互联电子商务有限公司	中铁互联公司
拓拉思网络科技(中国)有限公司	拓拉思科技公司
宁波意好生活国际贸易有限公司	意好生活贸易公司
宁波宁兴进出口控股股份有限公司	宁兴进出口公司
心物裂帛电子商务（宁波）有限公司	裂帛电商公司
宁波罗莱家纺股份有限公司	罗莱家纺公司
韩都衣舍电商集团	韩都衣舍集团
北斗天汇(北京)科技有限公司	北斗天汇公司
宁波三江购物俱乐部股份有限公司	三江购物超市
浙江花盈原乡实业有限公司	花盈原乡公司
宁波宁兴云外贸服务有限公司	宁兴云公司

全 称	简 称
宁波优可美电子商务有限公司	优可美公司
宁波点点酒科技有限公司	点点酒公司
凯利税鸽信息科技（宁波）有限公司	凯利税鸽公司
宁波博洋控股集团有限公司	博洋集团
宁波爱珂文化集团有限公司	爱珂文化集团
浙江飞扬国际旅游集团	飞扬旅游集团
安徽国元信托有限责任公司	国元信托公司
宁波市海城投资开发有限公司	海城公司
宁波京投发展股份有限公司	京投发展公司
宁波市南天房地产经纪有限公司	南天房产经纪公司
宁波邻家网络科技有限公司	邻家网络公司
宁波海上鲜信息技术有限公司	海上鲜公司
阿里巴巴网络技术有限公司	阿里巴巴
宁波 GQY 视讯股份有限公司	GQY 视讯公司
宁波市中迪工贸有限公司	中迪工贸公司
宁波洋光欧利电器有限公司	洋光欧利公司
浙江中欣动力测控技术有限公司	中欣动力公司
宁波新乐电器有限公司	新乐电器公司
宁波市重你意节能科技有限公司	重你意节能科技公司
宁波菱联节能科技有限公司	菱联节能科技公司
广州三孚新材料科技有限公司宁波分公司	广州三孚材料宁波分公司
宁波科正工程技术服务有限公司	科正技术服务公司
宁波欧隆节能设备有限公司	欧隆节能设备公司
宁波彦棋真医疗设备科技有限公司	彦棋真医疗设备公司
宁波广联润节能环保科技有限公司	广联润节能环保公司
宁波大树节能科技有限公司	大树节能科技公司
宁波阳光天能科技有限公司	阳光天能科技公司
宁波吉丰环保科技发展有限公司	吉丰科技公司
宁波一元创新电子有限公司	一元创新公司
宁波诺可电子科技发展有限公司	诺可电子公司
宁波赛尔集团有限公司	赛尔集团
宁波雅太纺织品有限公司	雅太纺织品公司
宁波大慈文化传播有限公司	大慈文化公司
银泰百货集团	银泰百货
苏宁电器股份有限公司	苏宁电器
华润万家有限公司	华润万家
宁波新华联商厦有限责任公司	新华联商厦
浙江飞扬国际旅游集团	飞扬旅游集团
宁波银亿集团有限公司	银亿集团

有关企业全称、简称对照表

全 称	简 称
宁波银亿物业管理有限公司	银亿物业公司
宁波恒威集团有限公司	恒威集团
宁波纽斯康生物工程有限公司	纽斯康公司
宁波绎美风尚电子商务有限公司	绎美风尚公司
宁波亿林节水科技股份有限公司	亿林节水科技公司
宁波鑫之杰汽车有限公司	鑫之杰公司
浙江万华建设有限公司	万华建设公司
宁波立华制药有限公司	立华制药公司
宁波华缘新材料股份有限公司	华缘新材料公司
宁波市鄞州雪利曼电子仪表有限公司	雪利曼电子仪表公司
宁波燎原电器集团股份有限公司	燎原电器公司
宁波三峰机械电子有限公司	三峰机械电子公司
宁波万盛实业有限公司	万盛实业公司
宁波爱柯迪汽车零部件有限公司	爱柯迪公司
浙江卓运生物科技有限公司	卓运生物科技公司
宁波键一电子信息技术有限公司	键一电子公司
宁波新思创机电科技股份有限公司	新思创机电公司
宁波阿帕奇电器科技股份有限公司	阿帕奇电气公司
宁波爱乐吉电动工具有限公司	爱乐吉公司
宁波培源电器制造有限公司	培源电器公司
宁波功成电气有限公司	功成电气公司
宁波赤马绞盘有限公司	赤马绞盘公司
宁波江山万里置业有限公司	江山万里
宁波尚善口腔医疗管理服务有限公司	尚善口腔医疗公司
宁波福特继电器有限公司	福特继电器公司
宁波旭友交通电器有限公司	旭友交通电器公司
宁波和义大道购物中心	和义大道
美的置业集团有限公司	美的置业集团
宁波大名艺诚影视文化有限公司	大名艺诚影视公司
宁波市新农村数字电影院线有限公司	宁新农村数字电影公司
宁波爱真棒网络有限公司	爱真棒网络公司
宁波教科文化传播有限公司	教科文化传播公司
宁波天河水生态科技股份有限公司	天河水生态公司
宁波蓝清治水市政环保工程有限公司	蓝清治水市政环保公司
宁波新乐电器有限公司	新乐电器公司
宁波大隆机器制造有限公司	大隆机器制造公司
宁波恒威地产控股有限公司	恒威地产控股公司
富邦控股集团有限公司	富邦控股集团
维科控股集团股份有限公司	维科控股集团
广博集团股份有限公司	广博集团
宁波市旅游投资发展有限公司	宁波旅投公司

目 录

特 载

专 记

大事记

海曙概览

中国共产党海曙区委员会

海曙区人民代表大会常务委员会

海曙区人民政府

政协海曙区委员会

纪检·监察

民主党派 · 工商联

人民团体 · 社会组织

法治·军事

城区建设

城区管理

交　通

生态环境保护

商贸・商务

工业・建筑业

金 融

财政·税务

综合经济管理

人口·人力资源

文化·旅游·体育

卫生·计划生育

社会生活

乡镇·街道

组织机构及其领导名录

人　物

附　录

索 引

Main Contents

Special Publications

Feature

Chronicle of Events

A Survey of Haishu

Haishu District Committee of the Communist Party of China

Haishu District People's Congress

Haishu District People's Government

Haishu District Committee of the Chinese people's Political Consultative Conference

Discipline Inspection & Supervise of Haishu District Committee of the Communist Party of China

Democratic Parties & Association of Industry and Commerce

People's Groups & Social Organization

Rule of Law & Military Affairs

Urban Construction

Urban Management

Traffic

Conservation of Ecosystem

Commerce & Trade

Industries & Construction

Finance

Fiscal & Taxation

Comprehensive Economic Administration

Population & Human Resources

Science Technology & Education

Culture & Tourism & Sports

Health & Birth Control

Social Livelihood

Towns and Townships & Subdistricts

Figures

Organization and its Leading list

Appendix

Index

特　载

继往开来　团结奋进
全力开启高质量建设国内一流强区新征程

——在中国共产党宁波市海曙区第九次代表大会上的报告

区委书记　孙黎明

（2017年1月6日）

本次党代会，是海曙区站在历史性的新起点上，继往开来、团结奋进，全力开启高质量建设国内一流强区新征程中召开的一次至关重要的会议。现在，我代表中共宁波市海曙区第八届委员会向大会作报告，请予审议，并请与会其他同志提出意见建议。

第八次党代会以来的主要成绩和基本经验

过去五年，在市委的坚强领导下，区委团结带领全区广大党员干部群众，紧紧围绕“四个领跑”战略，创新实干、合力攻坚，圆满完成了第八次党代会提出的各项目标任务，开创了海曙和谐发展的现代化中心城区新局面。

五年来，区域（原海曙区域）综合实力明显提升。全区地区生产总值预计超590亿元，财政总收入超80亿元，一般公共预算收入超50亿元。累计完成固定资产投资677.58亿元，实施重点工程131个。以深化改革促发展活力，“海上丝绸之路”试验区、金融创新示范区、首批省服务业强区试点等重点改革稳步开展。总部经济持续壮大，高新技术、金融服务等新兴产业有效集聚。电商强区建设为区域经济发展积聚了后劲，宁波（国际）电子商务产业园效应显现，传统商贸业、都市工业依托电子商务实现有效转型，获评国家电子商务示范基地。三产比重保持在80%左右，现代服务业占三产比重达70%，长期位居全省前列。有力推进创业创新，新增“双创”载体面积12万平方米，辖区企业首获国家863计划立项，引进国家“千人计划”专家实现关键突破。简政放权成效明显，行政审批实际办理时限较法定时限提速89.1%，创新环境综合评价居全省各县（市、区）首位。招商引资成效显著，引进注册资金5000万元以上重点项目294个，“浙商回归”资金年均增长51.7%。

五年来，城市功能品质明显提升。举全区之力完成铁路宁波站、汽车南站建设任务。“三改一拆”持续推进，累计完成拆改面积464.56万平方米，成功创建全省首批“基本无违建区”。“五水共治”全面攻坚，垃圾河、黑臭河基本消除，城市防涝排涝能力逐年提升。征地拆迁和棚改工作取得较

鼓楼历史文化街区

大进展，在全市率先基本完成非成套房改造和旧村改造任务。城市功能布局不断优化，轨道交通1、2号线建成通车，中山路（海曙段）综合整治工程圆满完成，解放南路等重要路段改造加快推进，广安路、新星路等道路建成打通，高鑫广场等一批城市综合体投入使用。全面提高城市综合管理水平，交通拥堵治理、背街小巷整治有序开展，城区生态环境不断改善，辖区形象和宜居度实现新跃升。智慧城区建设步入快车道，信息化指数持续保持省市领先位置。

五年来，综合文明程度明显提升。全面加强社会主义核心价值体系建设，深入推进文明系列主题实践活动，城区文明程度和市民文明素质不断提高，以"城市客厅"形象为宁波市实现全国文明城市"四连冠"做出积极贡献。文化惠民工程深入实施，海曙文体中心等公共文化服务设施建成启用，文艺精品力作不断涌现，选送作品连续四届获全国"群星奖"，通过全国文化先进区复评。以天一阁·月湖国家AAAAA级旅游景区创建为重点，打造了鼓楼沿、南塘老街等一批展现浙东文化底蕴、文商旅有机结合的历史文化街区。文化产业进一步壮大，"新芝8号"创意产业园、"启运86"微电影产业园等一批业态互补、定位各异的文化产业集群初步形成。

五年来，群众民生福祉明显提升。十类民生领域累计投入114.82亿元，占全区公共财政预算支出的75.2%，市区居民人均可支配收入年均增长9.2%。优质教育资源配置更加均衡，公办学校实现"零择校"入学，新建4所学校、幼儿园，成功创建省体育强区，通过省教育基本现代化区评估。医疗卫生和计生服务持续优化，新建、改（扩）建5家区属医疗机构，获评国家慢性病综合防控示范区。住房保障事业长足发展，累计建成保障性住房217.6万平方米。有效落实各项就业帮扶政策，不断完善社会保障格局，持续提升养老服务水平，大力发展慈善事业，加快健全社会助残服务体系。社会治理创新工作亮点纷呈，"两网融合"深入推进，81890社会服务功能进一步拓展，社区建设和社会组织发展势头良好，获评首批全国社会组织建设创新示范区、首批全国社会工作服务示范地区。花大力气推进社会治安防控体系建设，安全生产、消防安全、食药品安全等公共安全保障力度不断加大，圆满完成G20杭州峰会等重大维稳安保任务，人民群众对社会治安的安全感满意度连续3年位居全市第一，连续11年获评省级平安县（市、区）。

五年来，党的建设水平明显提升。认真贯彻党要管党、从严治党要求，高标准开展党的群众路线教育实践活动、"三严三实"专题教育、"两学一做"学习教育，严格完成省委巡视整改工作，党员干部作风进一步优化。坚持不懈抓基层打基础，全面实施"整街推进、整区提升"行动，大力推行"锋领工程"，有效激发各行业、各领域党组织及党员作用发挥。从严加强干部队伍建设，选优配强领导班子，深化干部教育、培养和管理工作，选人用人科学化水平不断提升。加强党对意识形态阵地管理，"民间名嘴""书香海曙"等特色工作成效明显，思想政治工作取得新进展。持之以恒落实中央八项规定精神，组织开展各类明察暗访695次，处理183人，保持了正风肃纪的高压态势。深入推进廉洁城区建设，落实审计监督，实施重点领域和关键环节源头治理。坚持把纪律和规矩挺在前面，持续加大纪律审查力度，风清气正的政治生态进一步形成。

区委总揽全局、协调各方的体制机制不断完善，人大、政府、政协工作富有成效，人民法院、人民检察院依法独立行使审判权和检察权，"法治海曙"建设进程明显加快。多党合作事业不断发展，爱国统一战线日益壮大，工商联作用得到更好发挥，党管武装工作扎实推进，老干部、群团、党史、档案等工作取得新成绩。

同志们，五年的奋斗凝聚艰辛，五年的变化有目共睹，五年的成绩来之不易。这些成绩的取得，是中央和省委、市委正确领导的结果，是全区各级党组织、广大党员干部群众共同奋斗的结果，是历届区委打下坚实基础和老领导、老同志关心支持的结果，是各民主党派、人民团体和社会各界共同参与的结果。在此，我代表中共宁波市海曙区第八届委员会，向所有为海曙改革、发展、稳定做出贡献的同志们、朋友们，表示崇高的敬意和衷心的感谢！

五年的砥砺奋进，我们不仅取得了显著成绩，更积累了宝贵经验。五年的经验启示我们，上下同欲者胜，同舟共济者赢。必须认真贯彻党的路线方针政策，充分发挥区委领导核心作用，充分调动方方面面的积极性，凝心聚力，团结奋斗，共创一流业绩。五年的经验启示我们，惟改革者进，惟创新者强。要想争先进位、占得先机，必须向改革要动力、向创新要活力，真正做到敢为人先、勇于开拓，只有这样，我们才能在百舸争流的区域竞争中走出一条特色鲜明的发展之路。五年的经验启示我们，功崇惟志，业广惟勤。面对急难险重任务，只有拿出"守土有责"的志气和"舍我其谁"的豪气，下定决心、真抓实干，我们才能够破茧化蝶，迎来海阔天空。五年的经验启示我们，政之所兴，在顺民心。要始终坚持把增进人民福祉、全心全意为人民服务作为一切行动的出发点和落脚点，只有补齐城市功能短板，提供优质均衡的公共服务，让人民群众生活得更加富足幸福，才能真正做到民心所向、众望所归。五年的经验启示我们，欲知方圆，则必规矩。必须坚持全面从严治党、依规治党，始终保持党的先进性和纯洁性，不断提高各级党组织的创造力、凝聚力、战斗力，才能把绘就的蓝图变为精彩生动的实践。这些经验是全区党员干部群众创造的宝贵精神财富，我们一定要长期坚持并发扬光大。

积极抢抓海曙发展的历史性机遇
为高质量建设国内一流强区而努力奋斗

一直以来，我们始终坚持发展第一要务不动摇，区域经济建设、政治建设、文化建设、社会建设和生态文明建设实现长足发展，一座经济发达、社会和谐、文明美丽的现代化中心城区强势崛起。可以自豪地说，过去三十多年，是海曙历史上综合实力提升最快、城区面貌变化最大、人民群众受益最多的时期，我区以不到全市0.3%的土地面积，创造了全市约7%的地区生产总值，贡献了全市约12%的服务业增加值，为宁波经济社会发展做出了重要贡献。在海曙发展迈向更高水平的关键时刻，我们迎来了振奋人心、影响深刻的行政区划调整，迎来了蓄势提升、大有可为的历史机遇期。

（一）系统、全面审视我区发展的形势变化

行政区划调整是海曙发展历史上里程碑式的时刻，面对这一弥足珍贵、前景无限的时代机遇，我们必须要明确三个认识：

一是新形势下，我区发展的内外条件发生了巨大的改变。行政区划调整后，海曙区域面积从29.4平方公里增至595.5平方公里，扩大约20倍，区域户籍总人口达62.4万人。辖区涵盖了宁波栎社国际机场、铁路宁波站、宁波客运中心等各类交通枢纽，集聚了众多人文古迹和自然景观资源，区域功能拓展为集中心城区、郊区、山区为一体的复合型城区。区域经济总量急剧壮大，产业体系更加完善，一、二、三产业比重调整为2:38:60。可以说，我区在发展规模、产业经济、资源禀赋、设施建设等各个方面，都发生了显著变化，进入了全面转型升级阶段。在新一轮城市发展中，需要我们以更高的站位、更宽的视野、更大的格局来审视海曙未来发展，更好地融入国家、省、市发展大战略。

二是新形势下，我区未来发展获得了新鲜血液和新的动力。新增区域地处宁波中心城区与余姚、奉化等区域的交界位置，是沪杭与温台地区来往的“桥头堡”；鄞江和四明山区域是宁波府治建设的源头、水利文化的发端和红色文化的摇篮，文化底蕴深厚，生态环境优越。一直以来，各镇乡（街道）齐心协力、拼搏奋进，在全力保增长、调结构、促转型、惠民生等方面做了大量卓有成效的工作，推动形成了“一产基质优异、二产基础雄厚、三产快速发展”的产业特征，培育打造了纺织服装、汽车零配件、电气电工等多个优势制造产业集群，先后涌现了一批在国内外具有知名度和影响力的龙头企业。2016年，新增区域地区生产总值达400亿元以上。持续以卫星城、重点镇建设为核心，辐射带动区域整体发展，新农村、新型城镇化建设步入了良性轨道。

三是新形势下，我区面临着前所未有的发展机遇，也面临着前所未有的严峻挑战。我们要清醒地看到，融合、提升、发展是我区今后几年的工作主题和全新课题。要坚持问题导向，进一步梳理发展中不容忽视的现实困难，主要是：产业能级还不够高，新兴产业的规模和质量尚未凸显，经济发展的平台和抓手有待进一步优化；宁波发展东扩影响下，重大产业项目引进培育相对滞后，科创型、旗舰型企业占比小，发展后劲有待进一步增强；现行体制机制与城市快速发展尚不完全匹配，制约因素依然较多，改革攻坚的针对性和实效性有待进一步强化；基础设施均衡化、公共服务一体化和群众期盼还有差距，统筹城乡发展、推进区域治理体系和治理能力现代化的水平有待进一步提高；面对区域发展的更高期许、基层和群众的实际问题，部分党组织和党员干部的能力还不够强，作风还不够实，全面从严治党有待进一步推进。对此，我们必须增强忧患意识、责任意识和使命意识，突破重点难点，攻克问题难题，始终牢牢把握发展的科学性和主动权。

（二）科学、准确把握我区发展的历史方位

对海曙来说，今后五年是转型升级的突破期、跨越发展的关键期，我们必须充分利用行政区划调整的有利契机，充分发挥近年来形成的基础优势，把全区党员干部群众的思想和行动统一到高质量建设国内一流强区的战略目标上来，再创海曙发展的新辉煌。

高质量建设国内一流强区，是贯彻中央、省、市战略的新使命。放眼全球，世界经济缓慢复苏，发展版图正在重构，合作共赢成为强音。党中央、国务院高瞻远瞩、审时度势，作出推进“一带一路”和长江经济带建设战略部署。省委提出宁波要早日跻身全国大城市第一方队。市委明确提出，要高水平全面建成小康社会、加快建设国际港口名城、努力打造东方文明之都。海曙作为宁波历来的中心城区，都市经济发展成熟、历史文化资源丰富、产业平台布局集中、交通枢纽地位突显，当前又与多项国家、省、市战略高

卫星城——集士港镇

度契合，多重机遇叠加，在高质量打造国内一流强区、加快城市西联上，我们完全有条件、有信心担当重任、走在前列。

高质量建设国内一流强区，是立足基础赶超先进的新跨越。当前，海曙区域框架成型，产业内涵丰富，地区生产总值将超千亿元。在这个背景下，提出“高质量建设国内一流强区”，既是对“四个领跑”等历届区委战略部署的传承和发展，也是实事求是、客观分析后得出的必然结论，更是向省市乃至全国展示海曙经验、海曙形象、海曙风采的绝佳机遇。对标国内一流强区，海曙的基础条件已不输于人，海曙的资源禀赋已不输于人，海曙的激情热情更不输于人，我们完全有条件、有信心赶超先进、勇立潮头。

高质量建设国内一流强区，是回应干部群众期盼的新作为。国内一流强区，不仅要强在经济发展上，更要强在增进民生福祉上。一直以来，海曙区的公共服务水平在全市都处于领先地位，我们有优质的公共服务资源，有便捷的城市功能配套，有安全的社会治安环境，辖区居民生活在海曙是幸福的、满意的。在进一步统筹城乡发展、促进融合提升上，在让人民群众感受到新海曙的新变化上，我们完全有条件、有信心干在实处、共享成果。

（三）今后五年全区工作的指导思想和目标要求

指导思想是：高举中国特色社会主义伟大旗帜，以邓小平理论、“三个代表”重要思想、科学发展观为指导，全面贯彻党的十八大和十八届三中、四中、五中、六中全会精神，坚决与以习近平同志为核心的党中央保持高度一致，统筹推进“五位一体”总体布局，协调推进“四个全面”战略布局，以五大发展理念为引领，按照争当“五个排头兵”的战略部署，全力促进产城高度融合、城乡高度融合，全力实现都市经济能级显著提升、城市功能品质显著提升，全力打造跨越发展的现代化示范中心城区，率先全面建成小康社会，为高质量建设国内一流强区而努力奋斗。

——围绕“立足大空间，打造大平台，引进大项目”，争当产城融合的排头兵；

——围绕“产业更高端，结构更优化，体系更完备”，争当转型升级的排头兵；

——围绕“规划高起点，建设高标准，治理高水平”，争当城乡统筹的排头兵；

——围绕“文脉新风貌，人文新风范，文明新风尚”，争当文化引领的排头兵；

——围绕“服务上台阶，环境上档次，生活上品质”，争当宜业宜居的排头兵。

经济社会发展目标是：到2021年，地区生产总值达到1500亿元以上，一般公共预算收入达到140亿元以上，全社会研发经费投入占地区生产总值比重达3.2%以上，城乡居民人均可支配收入年均增长7.5%以上，实现有质量、有效益的“精明增长”，力争跻身“全国综合实力百强区第一方阵”。

“高质量建设国内一流强区”，既是一个综合性的发展目标，更是一项系统工程，我们要统筹实现三个“有机结合”：

统筹实现核心集聚和区域联动的有机结合。区域协调是海曙未来发展的战略选择，要确保区域空间有序开发、资源要素合理配置。东片区域要集聚优势、优化功能，不断增强辐射带动能力；中片区域要延伸功能、拓展服务，积极打造要素聚合、产城融合的新阵地；西片区域要整合资源、涵养生态，加快发展生态经济，提升生态城镇建设水平。

统筹实现现代都市和历史文化的有机结合。要以北京、上海、杭州等发达城市的中心城区为标杆，树立“紧凑城市”“海绵城市”的理念，发扬工匠精神，建设“百年建筑”，让城市历久弥新；要进一步融汇海曙独特的创新因子，用好名胜、名街、名镇、名村等资源禀赋，放大历史文化资源优势，建设“千年古城”，让海曙最具宁波味。

统筹实现创新驱动和魅力宜居的有机结合。创新和宜居事关城市的核心竞争力和吸引力。要构建以智能经济为引领、现代服务业和先进制造业为支撑、临空经济和体验经济为特色的现代产业体系，以产兴城、以城聚产、产城融合，实现生产空间集约高效、生活空间宜居舒适、生态空间山清水秀，以海曙特有的魅力广集人才、广聚人气。

贯彻“五个排头兵”战略部署
高质量建设国内一流强区

今后五年，全区各级党组织和广大党员干部要以“五区”建设为抓手，凝聚共识、抢抓机遇、突出重点、创新举措，合力推动海曙经济社会发展实现新跨越。

（一）注重改革创新，着力打造都市经济发展引领区

持续深入推进供给侧结构性改革，统筹把握城市发展空间结构、产业结构、制度结构，以转型升级为主线，大力培育新技术、新产业、新业态、新模式，实现更高水平的质量效益型集约增长，全面提升都市经济发展能级。

拓展区域发展新空间。突出规划引领，加快完成“十三五”规划修编工作，建立区域城乡规划编制体系，深入推进“多规融合”，以空间开发来调节区域产业结构和人口结构。巩固提升三江口城市核心区，加快智慧商圈建设，推进历史文化商业街区、老旧商务楼宇改造升级，加大地下空间开发利用，大力发展“轨道经济”，强化中心城区要素集聚和辐射带动能力。有效对接全市区域发展规划布局，积极推进国家临空经济示范区建设，科学谋划西片新区建设，促进区域联动协同发展。推进姚江南岸、奉化江西岸、山前生态、山区屏障等功能板块的优化布局，打造宁波生态宜业宜居新高地。

构建产业体系新格局。实施“科技创新+总部经济”双轮驱动，大力推进高端城市综合体、特色小镇和产业园区建设，发挥大平台、大项目集聚功能，构建形成“东商西绿中高新”产业发展新格局。参与开展新一轮国家服务业综合试点，大力发展现代服务业。巩固商贸商务传统优势，依托核心商圈更新发展，优化区域商业、社区商业布局，有效提升商贸商务业能级。加快中国（宁波）跨境电子商务综合试验区建设，创新发展模式，发挥新经济的引擎作用。紧抓保险创新综合示范区建设机遇，依托月湖金汇小镇等载体，吸引特色金融服务业集聚发展。围绕“中国制造2025”试点示范建设，做大做强实体经济，重点发展高端装备、新材料新能源、时尚纺织服装、节能环保、生物医药等产业，打造一批具有自主知识产权的技术产品和品牌，大力提升制造业数字化、网络化和智能化水平。注重经济效益、社会效益、生态效益的高度统一，做精做优都市生态农业，努力培育农业新主体、新业态，着力发展规模农业、设施农业、科技农业、品牌农业，积极构建现代农业体系。

营造体制机制新环境。坚持以全面深化改革为引领，再造体制机制新优势，充分激发创业创新活力。突出企业创新主体地位，完善技术成果转化机制，发挥产学研联合体作用，促进科技成果资本化、产业化，加快培育一批成长潜力大、具有较强带动力的创新型企业。加快优势产业人才开发，进一步完善引才育才政策，大力引进高层次、高技能等人才，建立高端业态“人才智库”。深化投融资机制改革，推动政府、社会等各类资本相互合作、优势互补，拓宽民营资金参与渠道，充分激发经济发展活力。着力扶持产业层次高、投入产出比高、税收贡献率高的总部企业和龙头企业，鼓励优质企业上市，积极引育高成长中小企业。打造为农服务综合平台，深入推进生产、供销、信用“三位一体”农民合作经济组织体系改革，深化股份经济合作社改革。

（二）注重统筹融合，着力打造城乡生态品质标杆区

坚持城乡一体、生态优先，推进城乡要素均衡流动、合理配置，充分发挥山水生态圈作用，着力建设基础设施完备、管理水平一流、生态环境优美的中心城区。

完善城乡基础设施。坚持城乡统筹、以城带乡，构建布局合理、功能完善、安全高效的城乡现代基础设施体系。强化基础设施融合，构建新老城区外部互联、内部畅通的立体快速综合交通路网，推进道路建设，打通“断头路”“瓶颈路”，不断完善轨道交通、跨江通道等公共交通系统。加强机场路以西、绕城高速以内区域道路建设，积极推进重点开发地块周边配套道路建设，切实抓好道路综合整治提升工作。积极规划建设城市慢行系统，完善公共自行车服务网络，进一步方便人民群众出行。大力推进农田水利基本建设，加快完善能源供给、信息通讯、物流配送等基础设施，加强老旧基础设施改造，健全防汛防旱、地质灾害应急等体系，更好保障人民群众生产生活。

提高城乡管理水平。以“全域景区化”为目标，系统整合城乡管理资源，加强专业精细、常态长效管理，推动城乡环境有效提升。围绕省级“基本无违建区”的工作标准，以最坚决的态度、最强大的合力全面推进“三改一拆”，强化集中攻坚，深入开展小城镇环境综合整治行动，加大城乡危旧房治理、城中村改造和违法建筑拆除力度，打赢“大整治、大拆违、大转型”这场硬仗，全力打造美丽集镇。进一步理顺行政执法体制，建立健全“六位一体”城市管理长效机制，完善网格化管理模式，推动“智慧城管”逐步向镇（乡）覆盖。试点公路管养分离改革，提升公路精细化养护水平。完善立体化长效保洁管理机制，有序推广环卫保洁市场化运作。开展农村生活垃圾减量化、资源化试点，稳步推进垃圾分类工作向镇（乡）延伸。

构筑绿色生态体系。以创建国家生态文明先行示范区为契机，坚持保护为先、治理并进，严守耕地、林地、湿地等生态保护红线，加强生态空间管控，积极实施“生态修复、城市修补”治理工程，大力改善生态人居环境。坚持一贯到底、加压再战，以更高标准深入推进“五水共治”，构建健康、完整、稳定的水生态系统。全面开展内河河道及周边环境综合整治，加快推进截污纳管，实现污水“零直排”，全区水体全面消除劣V类。强化区域系统排涝治理，实施强河固库、清湖疏塘工程，扎实开展节水型小区创建。积极推进海绵城市建设，依托市政管网升级改造，优化地下管网布局。高标准推进绿化建设，打造区域生态带和“三江六岸”景观带。加强“青山、碧水、蓝天、净土”生态治理，全面推进大气、水、土壤、噪声、固体废弃物等污染治理，促进生态保护与经济发展共赢，让“绿水青山”更好地成为“金山银山”。

（三）注重发挥优势，着力打造历史文化名城核心区

坚定文化自信不动摇，以全域化视角审视和把握海曙独特的文化资源，坚持保护、开发、互动并举，做强历史名区品牌，加快推进“文化+”融合发展，使区域文化软实力更有效地支撑经济发展、促进社会文明。

筑牢共同思想文化基础。充分发挥文化引领作用，巩固壮大主流思想文化，持续推进社会主义核心价值观落细落小落实，增强文化认同，凝聚思想共识。大力弘扬以爱国主义为核心的民族精神和以改革创新为核心的时代精神，大力弘扬海曙精神，着力为区域发展新跨越提供更为强大的精神力量。深化群众性精神文明创建活动，加强社会公德、职业道德、家庭美德、个人品德建设和青少年思想道德教育。加大“诚信海曙”建设力度，健全社会信用体系，进一步营造诚实守信社会氛围。挖掘、宣传身边“最美海曙人”，发挥道德模范示范作用，带动形成良好道德风尚和社会风气，进一步提振全区广大干部群众和衷共济、共谋发展的精气神。

激发特色文化品牌活力。致力于延续城市历史文脉，加大历史文化资源的整体保护与利用，形成独具魅力的城

7月5日，马园路城中村拆迁

市文化，把海曙打造成为宁波历史文化展示的窗口。加强非物质文化遗产传承保护、旅游资源开发利用及宣传推广，依托老街镇、老字号和老品牌等，加快七大历史文化街区及鄞江镇等活态保护开发，全面激活历史文化资源，扩大历史文化品牌影响力，确保天一阁·月湖国家AAAAA级旅游景区创建成功。围绕红色文化传承和弘扬，打造一批有内涵、有品位、亲近群众的文化项目，释放红色文化最大动能。深入推进文化体制改革，加大文化产业政策支持力度，实现文化要素与商贸、旅游、科技的融合创新，增强文化软实力和创造力。推进传统媒体与新兴媒体融合发展，以创意设计、演艺策划、影视服务等为重点，促进文化创意产业集聚。高起点开发山水生态型城镇，打造具有地域特色的文化集市和民俗节庆，培育发展休闲旅游、客栈民宿等新型业态，构建高品质文化旅游产业集群，大力推进“美丽资源”向“美丽经济”转变。

7月上旬，西门街道“慈善一日捐”活动

加强城乡公共文化建设。完善公共文化服务体系，加快公共文化服务向高位提升，向基层倾斜，向农村覆盖。推进文化设施一体化、文化服务数字化、文化享受多元化，加快城市文化公园、综合文化站（宫）、农村文化礼堂等建设，健全文化服务网络，完善“15分钟文化圈”，进一步实现文化惠民。创新文化下乡运作模式，广泛开展群众性文化活动，培育“一村（社）一品”等特色基层文化。加强城乡公共体育设施建设，大力推广全民健身。积极引导社会力量参与公共文化服务，推进文化项目系列化和社会化。深入实施文艺繁荣工程，不断推出群众喜闻乐见的文艺精品，进一步提升海曙知名度和文化影响力。

（四）注重博纳兼容，着力打造对外开放合作门户区

牢牢把握区域竞合新形势，以务实合作、全面开放为指引，构筑更加优良的开放环境，进一步加强区域交流合作，提升“开放经济”国际化水平，构建全方位对外开放新局面。

优化对外开放环境。进一步解放思想、更新观念，加强统筹协调，在全区上下形成合作共赢、包容大气的开放氛围。切实转变政府职能，深化简政放权工作，全面推进“互联网+政务服务”改革，提升服务保障水平，营造公平公正、便捷高效的政务环境。积极推进跨境贸易便利化，依托宁波国际邮件互换局等资源，切实提高口岸通关效率，进一步完善大容量、低成本、高速度的对外物流链条。

提升区域协作水平。创新协作机制，丰富协作内涵，拓宽协作领域，推动区域协同发展、互利共赢。坚持立足宁波市域、着眼跨区合作，进一步推动空间布局优化、产业协同发展、生态环境共保、公共服务共享等方面取得新进展。以“长江经济带”“港口经济圈”建设为契机，立足区域优势，结合区情实际，完善与宁波都市圈协调发展机制，主动接轨大上海，融入长三角区域一体化发展。深化与港澳台地区的交流与共享，推进与国际友好城市的全方位合作。加大信息技术、先进制造、金融资本等重点产业创新与互动，主动承接先进地区的产业梯次转移。坚持帮扶与合作并举，加大对重点地区、产业的帮扶力度，促进对口区域加快发展。

构建全面开放格局。积极参与“一带一路”建设，围绕宁波国际港口名城建设目标，积极探索区域国际化路径。大力推动企业“走出去”，在境外建立生产基地，构建全球营销网络，开拓战略资源渠道，承揽国际工程项目，实施跨国兼并收购。加快转变外贸发展方式，促进自有自主品牌产品出口，积极发展服务贸易、技术贸易，进一步挖掘传统和新兴市场潜力，促进国际贸易提质增效。统筹区域优势，强化总部招商、产业招商和平台招商，促进招大引强选优。加大浙商甬商回归力度，争取一批投资有体量、技术有含量、带动有分量的大项目好项目落户海曙。

（五）注重共建共享，着力打造平安和谐幸福样板区

坚持民生为本、均衡发展，以群众需求为导向，始终把维护好实现好发展好人民群众根本利益作为工作的出发点和落脚点，不断提升人民群众获得感、幸福感和满意度。

完善普惠共享的民生保障体系。把促进就业、增加收入作为民生之本，落实各项惠民利民政策，努力促进城乡居民收入稳步增长；完善公共就业服务体系，加大失地农民、城镇就业困难人员、农村剩余劳动力等重点人群就业帮扶力度，构建和谐劳动关系。完善社会保障体系，推动城乡居民养老、医疗等保险制度衔接转换，稳步提高保障水平，形成城乡统筹、全面覆盖的保障体系。完善保障性住房供给机制，探索村民多元安置模式。加强政府救助与社会慈善有效衔接，进一步发展慈善、红十字等事业，努力让困难群众更真切地感受到社会主义大家庭的温暖。

强化优质均等的公共服务体系。着眼满足群众的现实需求，推动公共资源向基层延伸和覆盖，进一步实现公共服务优质化均等化。坚持优先发展教育，以建成省教育现代化区为目标，合理优化学校布局，发挥名师名校示范辐射作用，促进城乡教育一体化发展。深化教育领域综合改革，不断提升教师专业素养，全面提高教育教学质量。完善基层公共卫生服务体系，扩大优质医疗卫生资源覆盖面，推进区域医联体建设，提升计划生育服务管理水平，让城乡居民共享更优质便捷的医疗卫生服务。积极应对人口老龄化问题，加快建设和完善养老服务机构设施，不断创新居家养老服务模式，推进以老助老服务，逐步形成开放共建、多元供给的养老服务新格局。

健全多元联动的社会治理体系。以“法治海曙”建设为重点，全面提升区域治理法治化水平。着力推进镇乡（街道）“四个平台”建设，提高81890等公共服务平台供给能力，完善社会组织发展促进机制。健全立体化社会治安防控体系，严密防范和严厉打击违法犯罪，完善反恐维稳及应急联动机制，增强风险防控能力，推动社会治安持续平稳。推进社会稳定风险评估机制规范化建设，加强矛盾纠纷排查化解，健全联调联动机制，做到发现在早、防范在先、处置在小。继续推进信访法治化建设，加大初信初访和信访积案化解力度。夯实基层平安建设基础，完善群防群治机制。牢固树立安全发展理念，不断深化安全生产、消防、交通、食药品、特种设备等领域的隐患排查整治，提升公共安全监管和保障水平。加强法治宣传教育，全面实施“七五”普法，完善法律服务体系，营造全民知法守法的良好氛围。

全面加强党的建设
为高质量建设国内一流强区提供坚强保证

实现本次党代会确定的目标任务，关键在党，关键在党要管党、从严治党。只有不忘初心、继续前进，把党建设得更加坚强有力，把全面从严治党坚定不移推向纵深，才能更好地团结带领全区人民赢得优势、赢得主动、赢得未来。

（一）坚持心中有党，始终坚决与以习近平同志为核心的党中央保持高度一致，凝聚高质量建设国内一流强区的强大合力。深入学习贯彻党章党规、习近平总书记系列重要讲话精神和对浙江工作的重要指示精神，增强“四个自信”，不断强化政治意识、大局意识、核心意识、看齐意识。完善党委（党组）中心组学习、领导干部讲党课等制度，切实提高各级党员干部学习的针对性和实效性。牢固树立党对意识形态的绝对领导，切实加强意识形态工作，有效发挥区域各级党校政治理论教育阵地作用。加快建设区全媒体中心，以党管媒体为原则，因势利导做好新闻宣传工作，进一步整合资源，完善网络安全和网络舆情管控机制，实现全媒体汇聚、多渠道发布，打造我区新闻舆论的重要阵地和对外宣传的重要窗口。加强区委自身建设，坚决贯彻民主集中制，充分发挥总揽全局、协调各方的领导核心作用。坚持和完善人民代表大会制度，支持人大及其常委会依法履行职责和行使权力。坚持依法行政，支持法治政府、服务政府、责任政府和廉洁政府建设。坚持和完善中国共产党领导的多党合作和政治协商制度，支持人民政协依法履行政治协商、民主监督和参政议政职能。认真落实党的民族、宗教、对台、侨务政策，巩固发展最广泛的爱国统一战线。全力支持法院、检察院深化司法体制改革，依法独立公正行使职权。坚持党管武装不动摇，加强国防动员和后备力量建设，做好双拥共建工作。加强党对工会、共青团、妇联等群团组织的领导，推进群团改革，不断激发社会各界同心同德、干事创业的热情。

（二）坚持心中有民，加强基层组织建设，夯实高质量建设国内一流强区的战斗堡垒。实施以基层党建全域覆盖、均衡发展、整体提升为主要内容的“筑基工程”，努力打造“全面进步、全面过硬”的城乡一体全景党建示范区。着力健全基层党建责任落实机制，完善党建工作规范，优化基层组织设置，创新组织生活方式，整合全区红色资源，建设新一轮开放式组织生活基地，持续整顿软弱落后党组织，加大基层党建保障和指导力度。着力打造“整乡推进、整区提升”升级版，实施党建品牌“全景覆盖”行动，加强城乡精品线、特色示范片建设，加速形成贯穿城乡的示范效应。着力提升基层党组织战斗力，以农村强经济、社区强服务、企业强引领为重点，探索“党建+”工作机制，大力培养优秀村（社区、“两新”）党组织书记“锋领头雁”、党务工作者队伍，选派优秀干部担任“第一书记”，推进新领域党建拓面提质，加强各领域党组织政治引领。着力健全党员作用发挥体系，深化“锋领e家”党建智慧化建设和党员锋领指数考评，培育专业化、社会化、常态化志愿服务队伍，健全党员志愿服务质量考评机制，持续提升党组织、党员服务经济社会发展的能力水平。

（三）坚持心中有责，加强干部队伍建设，锻造高质量建设国内一流强区的中坚力量。着眼一流强区发展需求，选拔一批能够引领海曙一流发展的“狮子型”好班长，培养一批信念坚定、视野开阔、善谋全局、勇于创新的“精鹰型”好干部，造就一支具有铁一般信仰、铁一般信念、铁一般纪律、铁一般担当的“四铁”干部队伍。坚持党管干部原则和德才兼备、以德为先的用人标准，突出实干导向和基层导向，完善多渠道、多层次干部选拔任用机制。紧密结合新形势新任务新要求，着力加强领导班子建设，不断提升凝聚力、战斗力、执行力，激发班子集体力量破解发展难题。着力加强干部培养储备，着眼区域发展、事业需要、产业需求，创新教育培训、上挂下派、轮岗交流一体化培养体系，选派干部到急难险重岗位和艰苦环境磨练，提升干部队伍专业化水平。着力加强干部梯队建设，选拔一批德才素质好、发展潜力大的后备干部，重视培养选拔优秀年轻干部、党外干部、女干部，坚持老中青相结合的梯次配备。不断深化干部人事制度改革，建立完善容错纠错和奖惩激励机制，落实关心关爱基层干部政策措施，切实激发广大干部主动担当勇作为的内生动力，努力为担当的干部担当，为负责的干部负责。

（四）坚持心中有戒，加强党风廉政建设，营造高质量建设国内一流强区的良好政治生态。严守党的政治纪律和政治规矩，坚决维护中央权威，全面落实上级决策部署，确保政令畅通。严肃认真开展党内政治生活，积极营造批评和自我批评的良好风气，不断增强各级党组织管党治党意识和能力。压实全面从严治党主体责任，做到党委（党组）抓在前、领导干部做在前、纪律规矩挺在前。纪律检查机关要找准职责定位，聚焦中心任务，把握运用“四种形态”，强化监督执纪问责，持之以恒落实中央八项规定精神，确保党的纪律刚性约束。注重源头预防，健全廉政教育体系，完善权力制衡机制，充分发挥审计监督作用，构建大监督格局。把信任激励同严格监督结合起来，促使党员领导干部做到有权必有责、有责要担当，用权受监督、失责必追究。深化纪检监察体制改革，充分发挥派驻"探头"和巡察监督"利剑"作用，立足发现问题，聚焦主业主责，真正体现"派"的权威和"驻"的优势，持续发挥巡察震慑和教育引导作用，增强监督实效。探索建立监察委员会，完善反腐倡廉体系，着力构建起不敢腐、不能腐、不想腐的有效机制，坚决查处各类腐败案件，对任何腐败分子都必须依法依规严惩、绝不纵容姑息。

各位代表、同志们，历史总是在继承和创新中发展的。海曙站在了历史性的新起点上，蓝图催人奋进，使命重于泰山。让我们紧密团结在以习近平同志为核心的党中央周围，高举中国特色社会主义伟大旗帜，牢记使命、务实拼搏，满怀信心地为建设海曙更加美好的明天而努力奋斗，创造出无愧于人民、无愧于时代的新业绩！

（区委办公室）

政府工作报告

——2017年3月3日在海曙区第十一届人民代表大会第一次会议上的报告

代区长　褚孟彤

一、2016年和过去五年工作回顾

2016年，面对严峻复杂的发展环境，我们在区委的坚强领导下，团结依靠全区人民，深入推进"四个领跑"战略，一手抓经济社会发展，一手抓区域调整优化，实现了"十三五"规划良好开局，在建设现代化中心城区上迈出了坚实步伐。

过去这一年，经济保持平稳健康发展。实现（原海曙区域）地区生产总值595.2亿元，财政总收入80.2亿元，其中一般公共预算收入51.6亿元，固定资产投资158.5亿元，社会消费品零售总额644.7亿元。以产业转型引领经济发展，现代服务业巩固提升，天一阁·月湖国家AAAAA级旅游景区加快创建，全国首个历史文化街区地方标准规范公开发布。科技创新步伐加快，发明专利授权数同比增长17.5%，实际引进大市外内资、"浙商回归"实到资金分别完成年度考核任务的124.9%和232.3%。以平台建设支撑经济发展，月湖西区一期、海曙恒一广场等重大项目顺利竣工，跨境电子商务产业园开园运营，全省首个科技治水园区建成投用，月湖金汇小镇列入省第二批特色小镇培育名单。以优化环境保障经济发展，强势推进"三改一拆""五水共治"，启动月湖水生态环境综合治理，完成中山路综合整治工程，建成全市首个"基本无蓝色屋面（立面）区"。

过去这一年，社会事业取得长足进步。居民人均可支配收入达55127元，城镇新增就业13924人。公共服务体系不断健全，政府十大民生实事项目全面完成，通过省教育基本现代化区评估，建成基层医疗"云诊室"12家，举办各类文化活动511场。民生保障体系不断完善，全面启用社会保障卡，顺利并轨外来务工险，加快实施重点人群就业"无忧服务"，深入开展独居老人关爱服务，新增养老床位146张，建成安置房项目4个。社会治理体系不断深化，品牌社区建设成效初显，建成省市"对口见学"点6个，宁波市公益街一期顺利开街，圆满完成G20杭州峰会维稳安保等各项保障任务。

过去这一年，行政区划完成调整优化。经过行政区划调整，新增7镇、1乡、1街道，面积从29.4平方公里增至595.5平方公里，地区生产总值超千亿元。新划入镇乡（街道）完成挂牌，新设职能部门有序筹建，现有部门职能充实优化，人事、财政、资产、审批等各领域有序接转，一批重大事项梳理解决，实现了行政区划调整平稳有序过渡。区域经济社会可持续发展的资源总量和环境容量大幅提升，成为集中心城区、郊区、山区为一体的复合型城区。

各位代表，过去一年的成绩令人振奋，回顾过去五年，更是硕果累累。

五年来，我们坚持改革创新促发展，推动经济综合实力持续提升。地区生产总值年均增长6.5%，固定资产投资年均增长18.1%，其他经济指标保持较好增长。深入推进重点领域和关键环节改革，宁波（国际）电子商务产业园运行良好，国际邮件互换局顺利落户，荣获国家电子商务示范基地、跨境电子商务服务出口试点。工业经济加大转型力度，纺织服装、汽车零配件、家用电器、文教文具等四大优势产业集聚发展，高新技术、电子商务等产业规模不断扩大，国家高新技术企业达到115家，上市、挂牌企业新增23家，国家"千人计划"、高技术研究发展计划（863计划）实现关键突破，创新环境综合评价居全省首位。现代服务业加快优化升级，金融保险、现代物流、总部经济等产业发展壮大，健康养老、绿色环保、文化旅游等新兴消费热点逐步形成，维科集团、狮丹努集团等总部大楼相继建成，雅戈尔集团、广博集团、富邦控股集团、太平鸟集团、博洋集团等一批企业被评为宁波市优势总部企业。现代农业发展成效初显，启动建设蜃蛟片现代农业休闲观光区，基本完成万亩农业综合开发及粮食功能区标准化建设，稳步推进农村、近郊股份经济合作社改革，有序开展农村土地经营权流转。

五年来，我们坚持狠抓项目增后劲，推动区域发展动能持续增强。重点区块开发建设步伐加快，复星星悦城、万汇养生休闲基地等重大项目有序推进，鄞奉路滨江商务居住区一期进展顺利，高鑫广场、浙海商业广场等商业综合体建成营业，奥特莱斯广场有序运营。特色发展平台加快建设，顺丰物流仓储总部、帅特龙集团总部等集聚效应明显，临空经济示范区、望春工业园区等特色园区加速推进，"海蓝宝"众创社区、留创园、科创园、"启运86"微电影产业园等创业创新园不断做强，建成中国人寿、众创空间等高端楼宇，提升人才大厦、文昌大酒店等商务楼宇。交通设施建设有效提升，全线贯通轨道交通1号线、2号线，开工建设5号线一期、宁波机场三期扩建工程，加快214省道、鄞城大道、农村联网公路等道路建设，建成甬金连接线等主干道，完成机场路、通途路等城市主干道整治，打通南苑街西延、范江岸路西延等"断头路"，开通运行铁路宁波站综合客运枢纽。

五年来，我们坚持建管并重优环境，推动城乡功能品质持续优化。老城区有机更新成效明显，完成鼓楼沿、莲桥街文化商业综合区一期、南塘河历史街区一期及二期建设，稳步实施朝阳新村、高塘一村二村等棚户区改造。加快卫星城、重点镇建设步伐，持续开展阳光征收、拆迁清零专项行动，因地制宜推进旧村改造、新村建设。深入开展"三改一拆"，完成改拆面积1406万平方米，创成全省首批"基本无违建区"。全面推进"五水共治"，实施奉化江、姚江、剡江等堤防整治加固工程，建成保丰闸、上水碶碶闸等重要水利设施。强化综合执法管理，铁路宁波站区域综合管理成效明显，中心街道实现无证无照小餐饮动态清零。智慧城区建设领跑全市，建成全国首个区级政务数据整合应用平台，荣获"十二五"中国智慧政务领军城区。

轨道交通1号线

五年来，我们坚持改善民生促和谐，推动社会事业发展持续进步。不断优化公共服务供给，大力实施政府民生实事项目，新增6家省级示范社区卫生服务中心、9家综合性公共文化服务中心、23所学校和213家居家养老服务站点。基础教育逐步向均衡规范转变，公办学校入学实现"零择校"，荣获首批全国义务教育发展基本均衡区。公立医院改革成效明显，医疗联合体建设和契约式家庭医生制服务全市推广，荣获全国基层中医药工作先进单位、国家慢性病综合防控示范区。深入实施文化惠民工程，区文体中心、集士港镇文体中心等工程建成投用，它山堰系列水利工程列入世界灌溉工程遗产名录。加快构建社会大保障格局，持续推进养老、住房保障，稳妥安置高山移民、水库移民，基本建成覆盖城乡居民的社保体系。深化社会治理创新，稳妥开展社区体制改革，健全完善立体化社会治安动态防控体系，全面实施社会管理应急联动机制和网格化管理，持续提升"无欠薪海曙"品牌，社会组织服务中心和81890求助服务中心被列为坚持和发展"枫桥经验"全国示范点，荣获首批全国社会组织建设创新示范区、社会工作服务示范地区。辖区安全生产和社会治安形势总体平稳，群众对社会治安的满意度和安全感居全市首位，连续11年荣获省级平安县（市、区）。

五年来，我们坚持依法行政提效能，推动政府自身建设持续加强。扎实开展群众路线教育实践活动、"三严三实"专题教育和"两学一做"学习教育，有效整改省委巡视组反馈意见。自觉接受区人大法律监督和区政协民主监督，认真办好人大代表议案、建议和政协委员提案。深入推进依法行政，建立健全政府法律顾问制度，不断完善重大决策合法性审查机制，有效落实行政执法责任制，全面完成"六五"普法。加快推进"四张清单一张网"建设，深化行政审批制度改革，创新基建项目联合审批服务机制，扩大政务公开范围，网上政务大厅建设成效明显，56个部门预算实现全面公开。不断完善廉政风险防控体系，进一步强化公共资源市场化配置，积极推进预算绩效管理改革，有效加强财政资金支付风险防范，全面优化国库集中支付动态监控系统，充分发挥审计监督作用。此外，人民武装、国防动员、双拥工作不断深化，民族宗教、侨台事务工作进一步加强，档案、史志、老龄、工青妇、残联、红十字、工商联、科普、关工委、慈善等各项事业稳步发展。

各位代表，五年的奋斗历程令人难忘，五年的探索实践给人启迪，五年的发展成果催人奋进。这是市委、市政府和区委正确领导的结果，是区人大、区政协监督支持的结果，是全区上下同心协力、团结拼搏的结果。在此，我谨代表海曙区人民政府，向全区人民，向全体人大代表、政协委员，向各民主党派、工商联和社会各界人士，向所有关心支持参与海曙发展的同志们、朋友们，表示衷心的感谢和崇高的敬意！

海曙区巩固“清三河”专项整治成果

在肯定成绩的同时，我们也清醒地认识到，当前的经济社会发展还存在不少困难和问题：优势产业集聚效应仍不明显，产业转型升级有待进一步加快；城乡建设统筹水平还不够高，区域环境品质有待进一步提升；民生事业发展不够均衡，优质公共服务供给有待进一步增强；社会治理创新氛围仍不浓厚，基层治理现代化水平有待进一步提高；行政区划调整后有序融合刚起步，科学谋划推进区域新发展有待进一步加强；政府职能转变还不够快，工作作风有待进一步改进。对此，我们一定要高度重视，采取更加有力的措施，认真加以解决。

二、今后五年工作指导思想和目标任务

今后五年，对海曙来说，是转型升级的突破期、跨越发展的关键期。站在新起点，我们将主动谋势，抢抓机遇，把思想和行动统一到高质量建设国内一流强区的战略目标上来，再创海曙发展的新辉煌。一是乘势而上，自觉树立新海曙的理念，谋划与国内一流强区相匹配的城市布局。行政区划调整后，城区框架全面拉大，人口、用地、经济规模全面扩张，区域综合实力明显增强。我们将抢抓“一带一路”、长江经济带建设和打造“国际港口名城、东方文明之都”的契机，推动都市发展能级大提升。二是因势而动，自觉树立强海曙的理念，构建与国内一流强区相匹配的发展格局。行政区划调整后，三次产业比重调整为2:38:60，表现出“一产基质优异、二产基础雄厚、三产快速发展”的特征，产业体系更加完善。我们将抢抓义甬舟开放大通道、“中国制造2025”试点示范城市、国家保险创新综合试验区建设等发展机遇，推动产业发展能级跨越提升。三是顺势而为，自觉树立大海曙的理念，打造与国内一流强区相匹配的品质城区。行政区划调整后，宁波府治文化、水利文化、红色文化底蕴更为深厚，历史文化资源丰富、交通枢纽地位突出、生态环境优越、社会治理精细的优势进一步放大。我们将狠抓“三改一拆”“五水共治”、小城镇环境综合整治等重点工作落实，推动城市化进程全面提速、区域功能品质全面提升。

新一届政府工作的指导思想是：高举中国特色社会主义伟大旗帜，全面贯彻党的十八大和十八届三中、四中、五中、六中全会精神，坚决与以习近平同志为核心的党中央保持高度一致，统筹推进“五位一体”总体布局，协调推进“四个全面”战略布局，以“六化协同”战略为引领，按照争当“五个排头兵”的战略部署，强化产业转型升级、城乡统筹发展、生态环境优化、文化魅力彰显、民生福祉改善、服务效能提升，全力打造跨越发展的现代化示范中心城区，率先全面建成小康社会，为高质量建设国内一流强区而努力奋斗。

今后五年经济社会发展的总体目标是：到2021年，地区生产总值达到1500亿元以上，一般公共预算收入达到140亿元以上，固定资产投资累计完成2300亿元以上，全社会研发经费投入占地区生产总值比重达到3.2%以上，城乡居民人均可支配收入年均增长7.5%以上，实现有质量、有效益的“精明增长”，力争跻身“全国综合实力百强区第一方阵”。

根据总体发展目标，今后五年将突出“六个引领”，实现“六大跨越”：

突出创新引领，转型发展实现大跨越。坚持把科技创新作为第一动力，聚焦“提质、促新、集智”，强化供给侧结构性改革，实施“科技创新+总部经济”双轮驱动，推进产业发展平台、科技创新平台、人才集聚平台建设，建设省、市级特色小镇5个，实现科技创新指标“五倍增”，打造宁波“海创科技城”。坚持把招商选资作为关键引擎，聚焦“招大、引强、选优”，瞄准世界和中国500强、国内外知名品牌和行业龙头企业，加大浙商甬商回归力度，争取一批“投资有体量、技术有含量、带动有分量”的大项目好项目落户，浙商回归实到资金年均增长15%。坚持把结构优化作为主攻方向，聚焦“强工、活商、重农”，打好转型升级“组合拳”，做大做强实体经济，构建以智能经济为引领、现代服务业和先进制造业为支撑、临空经济和体验经济为特色的现代产业体系，重点发展高端装备、新材料新能源、时尚纺织服装、节能环保、生物医药等产业，大力发展特色金融、商贸商务、现代物流、信息服务、文化旅游等服务业，做精做优都市生态农业，加快形成“东商西绿中高新”产业发展新格局。

突出规划引领，城乡统筹实现大跨越。坚持以空间规划为先导，有效对接市域发展规划，推进多规融合，优化空间、规模、产业三大结构，统筹生产、生活、生态三大布局，巩固提升三江口城市核心区，科学谋划西片区域建设，大力构建现代都市格局。坚持以有机更新为依托，围绕“综合开发、联动推进、错位发展”战略，实施“功能区块开发提速、历史街区更新提质、商务楼宇改造提升”三大行动计划，加快新型城市化进程。坚持以交通建设为支撑，实施城乡基础设施共建共享，建设主干道、打通“断头路”、提升乡村公路，规划建设城市慢行系统，完善公共交通系统，构建内外贯通、方便快捷的现代综合交通网络。

突出绿色引领，环境优化实现大跨越。坚持以巩固

省"基本无违建区"创建成果为目标，强势推进"三改一拆""四边三化"（公路边、铁路边、河边、山边，洁化、绿化、美化）、小城镇环境综合整治等专项行动，加大城乡危旧房治理、城中村改造力度，健全"六位一体"城市管理长效机制，打造美丽集镇、美丽乡村，推进"全域景区化"。坚持以建设"污水零直排区"为抓手，深入推进"五水共治"，扎实开展截污纳管、管网升级改造，加快实施强河固库、清湖疏塘工程，全面消除劣V类水质断面，建成"污水零直排区"。坚持以创建"国家生态文明先行示范区"为契机，强化生态空间管控，实施"生态修复、城市修补"工程，开展地质灾害综合治理三年行动计划，深化大气、水体、土壤、噪声、固体废弃物治理，加强四明山区域环境保护，打造区域生态带和"三江六岸"景观带，构建全域绿色生态体系。

突出特色引领，文化繁荣实现大跨越。坚持保护与开发统筹推进，充分挖掘藏书文化、水利文化、红色文化、山水文化、运河文化、民俗文化内涵，加强非物质文化遗产传承保护、旅游资源开发利用、特色文化活动宣传推广，加快历史文化街区、古镇名镇、历史文化村落活态保护开发，持续提升历史文化名城核心区。坚持硬件与软件同步建设，实施文化惠民工程，加快城市文化公园、综合文化站（宫）、农村文化礼堂建设，培育"一村（社）一品"特色基层文化，构建城乡一体、全域均衡的现代公共文化服务体系，实现公共文化服务向高位提升、向基层倾斜、向农村覆盖。坚持文化与商贸、旅游、科技互动融合，加快建设重点文化产业项目，培育新型文化业态，推广乡村文化体验游线路，以"文化+"促使文化产业快速提升，文化产业增加值占地区生产总值比重达7%。

突出品质引领，民生改善实现大跨越。坚持从群众最迫切的需求入手，完善公共就业、社会保障、社会救助三大体系，户籍人口基本养老保险、基本医疗保险覆盖率达95%以上，每百名老年人养老床位数达5张以上，促使民生保障更加普惠共享。坚持从群众最期待的需求入手，办好政府民生实事项目，新改扩建30所学校，推进城乡教育一体化发展，扩大优质医疗卫生资源覆盖面，实施全民健身计划，提升计划生育服务管理水平，促使公共服务更加优质均等。坚持从群众最关注的需求入手，推进镇乡（街道）"四个平台"建设，健全立体化社会治安防控体系、矛盾纠纷联调联动机制、应急联动处置机制、社会组织发展促进机制，深化安全生产领域改革发展，促使社会治理更加多元联动。

突出改革引领，服务保障实现大跨越。坚持放管结合的体制改革，以"四张清单一张网"为抓手，加快政府职能转变，深化简政放权，加快理顺财政体制机制，持续开展商事制度改革，联动推进审批制度改革和要素配置市场化改革。坚持合作共赢的对外开放，统筹利用国际国内两个市场、两种资源，主动接轨大上海、融入长三角，积极参与宁波都市圈、港口经济圈建设，实施外贸扶优扶强工程，深化项目合作和文化交流，实现更大范围、更深层次、更高水平的对外经贸往来与区域合作。坚持质效并优的服务提升，围绕"最多跑一次"的目标，强化"互联网+政务服务"改革，加强依法行政，加快完善便民服务运行机制和各项监管机制，推动政务服务能力和水平走在全市前列。

三、2017年主要工作安排

今年是新一届政府的开局之年，也是行政区划调整后有序融合的关键之年，做好今年的工作意义重大。我们将按照区党代会争当"五个排头兵"的战略部署，围绕"五区"建设的发展目标，解放思想、抢抓机遇、主动作为，加快推进现代产业发展、区域统筹发展、生态多元治理、社会治理创新，全力开启高质量建设国内一流强区新征程。

今年经济社会发展的主要预期目标为：地区生产总值增长7%左右；一般公共预算收入增长7%左右；固定资产投资增长8%左右；社会消费品零售总额增长8%左右；城乡居民人均可支配收入增长与经济增长保持基本同步；节能减排完成市确定的目标任务。

按照上述目标和要求，今年将重点抓好以下四方面工作：

（一）致力于总量提升与结构优化并重，加快推进现代产业发展

突出创新驱动。坚持"创新论英雄、亩产论英雄"理念，积极培育新技术、新产业、新业态、新模式。加快农业产业集聚区、现代特色农业强镇建设，大力发展科技农业、品牌农业、生态农业。注重优势总部企业、国家高新技术企业培育，推进战略性新兴产业、先进制造业、现代服务业集聚发展，信息经济增长30%以上。做深做实"互联网+""机

和义大道

器人+”“标准化+”，创建“孵化器”联盟，推进工业企业零土地技改，健全企业分档评级制度。突出企业创新主体地位，完善技术成果转化机制，培育一批成长潜力大、带动力强的创新型企业。大力发展跨境电商和外贸综合服务，稳步推进外贸提质增效。加快智慧商圈建设，提升天一广场、和义大道等核心商圈优势，推动奥特莱斯等商圈联动发展，建设农村微商圈。

加快结构调整。大力推进“四换三名”“两化融合”，加速推动四大传统制造业转型升级，培育发展新材料新能源、新一代信息技术等新兴产业，积极创建时尚产业智能发展示范区。实施“个转企、小升规、规改股、股上市”和“小微企业三年成长计划”，规模以上工业增加值增长6.5%左右。开展日用消费品质量提升工程，创建“放心消费示范区”，引导实体商业提档升级。大力发展现代服务业，加快总部经济集聚区、月光经济核心区建设。推进旅游全域化发展，培育休闲旅游、客栈民宿等新型业态，创建天一阁·月湖国家AAAAA级旅游景区。加快农村土地流转、“三位一体”农合联建设，深化股份经济合作社改革，推动农业龙头企业和专业合作社提档升级。认真抓好粮食工作，启动古林镇都市精品农业示范基地建设，力争国家级数字农业项目申报成功。

提升产业平台。统筹发挥空港物流园区、跨境电子商务综合试验区等重大平台带动作用，谋划生成一批重大产业项目，着力引进一批总部型、基地型龙头项目。大力推进宁波（国际）电子商务产业园、望春工业园区、“海蓝宝”众创空间等特色平台快速发展，做大做强月湖金汇小镇、梁祝爱情小镇等特色小镇。统筹招商资源，创新招商模式，强化总部招商、产业招商、平台招商，发挥以商引商、以企引企乘数效应，全力推进浙商甬商回归。

加强要素保障。深入开展闲置用地处置，强化低效用地再次开发，盘活土地资源，加强建设用地保障。强化资金保障，加快交投、水投、旅投等融资平台建设，积极培育多元金融市场体系，加大金融扶持实体经济力度，不断激发民间投资热情。充实人才储备，完善引才育才政策，创新人才项目投入机制，实施“百创汇海计划”“匠心汇海计划”、企业家素质提升工程，加强与高等院校、科研院所合作，建立一批科学实验室和工作站，基本建成人才开发广场，进一步优化人才环境。

（二）致力于全域联动与重点突破并重，加快推进区域统筹发展

优化空间布局。精心谋划总体规划，尤其是科学谋划西片区域空间布局，加快修编“十三五”发展总体规划、区域总体规划、土地利用总体规划。精细深化专项规划，加快完善交通、工业、金融、文化、旅游、教育、卫生等14个重点专项规划。精准高效实施规划，推进一批项目建设，生成一批储备项目，强化规划的刚性执行、绩效考核和成果评估。

提升城市能级。加快重大功能区块建设，加大征拆攻坚清零力度，推进鄞奉路滨江商务居住区、原汽车南站地块、五江口地块、月湖西区二期、姚丰地块、丁家地块、轨道交通梁祝站商业综合体等建设。加快重点区域改造提升，深入开展郎官等老旧小区综合整治，不断完善危旧房“管理+保险”监管模式，稳步实施以成片危旧房为主的棚户区改造，完成西河街等棚户区改造项目。持续推进城隍庙区域改造，推动原报业传媒大厦等商务楼宇二次提升，完成莲桥街文化商业综合区二期建设。加快地下空间综合利用，统筹谋划轨道经济发展，做强“东鼓道”等轨道经济品牌。

联动镇村发展。强化集士港卫星城辐射带动作用，加快石碶、高桥、古林、洞桥等区域建设，加强鄞江古镇保护与开发，打造横街、章水、龙观等生态特色镇（乡），形成活力迸发、各具特色的城镇群。持续推进旧村改造、新村建设，启动洞桥宣裴村新村建设、鄞江镇核心区拆迁安置2号地块（二期）等项目，竣工投用石碶黄隘新村一期、高桥蒲家兰庭等项目，切实改善农村面貌。

完善基础设施。强化区域内外交通衔接，加快推进214省道、环城南路西延段等道路建设，完成雅戈尔大道、横街至章水公路等7条道路改建及提升工程，新改建农村联网公路20公里，完成9个公路设施改造项目。加强中心城区、城乡结合部交通拥堵治理，持续打通一批“断头路”“瓶颈路”，完成甬梁线一期拓宽提质、解放路综合整治和第二批老小区停车综合治理工程，建成后孙学校（暂名）地下公共停车场。实施配套设施工程，优化区域电网设施建设，加快改造农用低压电力线路，升级改造城乡网络宽带，扩大“无线城区”和“光网城区”覆盖面。

（三）致力于综合施策与专项攻坚并重，加快推进生态多元治理

强化“五水共治”。加强污染源头治理，推进老小区雨污分流，开展农村生活污水治理三年行动计划，实施56公里河道清淤疏浚工程，完成月湖水生态环境综合治理主体工程，月湖、江厦、鼓楼街道建成“污水零直排区”。加快改造低洼地段，优化升级地下管网，启动鄞江堤防整治、樟溪河加固、沿山干河整治、小流域治理，实施山塘水库除险加固工程，开工建设风棚碶泵闸，加快推进五江口闸建设，姚江、奉化江堤防工程实现全线封闭。加强主要水源地、基本农田区域河网水系保护，加快节水型小区创建。

强化环境综合治理。开展小城镇环境综合整治，结合美丽集镇建设，加强规划引领，整治环境卫生、城镇秩序、乡容镇貌，确保集士港、章水、龙观3个镇（乡）首批创建达标。大力实施美丽乡村建设，开展村庄景区创建活动，争创美丽乡村示范镇。深入开展“三改一拆”“四边三化”专项行动，强势推进城乡危旧房治理改造，完成拆违面积120万平方米、“三改”面积100万平方米，拆后土地利用率达60%以上。持续推进“三江六岸”景观提升工程，实施中山路沿线精品化管理，加速城市公园、道路街景、镇（乡）廊道提质升级，启动3条示范道路升级改造、10条路段大中修、92座桥梁检测整治。

强化城乡精细管理。发挥综合行政执法优势，强化联勤联动，加大栎社国际机场、铁路宁波站等重点区域综合管理力度，提升绕城高速、机场高架等重点路段管理水平，持续改善重要路段出入口周边环境。注重长效精细管理，开展背街小巷综合整治，完善立体化长效保洁管理机制，狠抓马路市场、油烟扰民等突出问题，推动菜场、学校、医院、商圈周边常态长效化治理。创新城镇管理模式，扩大智慧城管覆盖面，加强村社综合管理平台建设。

强化生态全面管控。严守生态保护红线，推进四明山生态屏障以及生态廊道、隔离带建设。严格环境监管，开展行业清洁排放技术改造，加强工业废气、机动车尾气、建筑扬尘治理。深化循环低碳发展，支持循环环保技术和产品开发应用，配套建设城市充电桩、公共自行车站点，规范管理新型公共交通设施。加快厨余垃圾处理厂、餐厨垃圾处理厂、生活垃圾分类转运站建设，推进生活垃圾分类全域化延伸，实现中心城区全覆盖。

（四）致力于保障基本与提升品质并重，加快推进社会治理创新

彰显文化特色魅力。依托老街镇、老村落、老字号和老品牌，深度挖掘文化资源和乡土文化根脉，加大历史文化街区、历史文化村落等保护力度，鼓励打造特色节庆文化品牌。加强文体服务供给，新建一批农村文化礼堂和社区综合文化活动中心，筹建高桥文体中心市民广场，启动气象路全民健身中心前期工作。培育各类文体团队和文化人才，开展"欢乐广场、幸福海曙"等群众性文化活动，丰富基层文化生活。深化文明城市创建，强化道德模范示范引领，提升城乡居民道德素质和文明素养。

提升公共服务品质。优化教育资源配置，实施城乡教育一体化"五大工程"，加大教师交流培训力度，创新学前教育联盟化办学模式，组建5个教育集团，交付使用后孙学校（暂名）、石碶实验小学等8所学校。深化医疗卫生服务，落实健康浙江2030行动纲要，构建分级诊疗服务体系，推动并承接市级优质医疗资源向基层下沉，加快提升石碶、集士港医院服务水平，开工建设区中医院、横街卫生院迁建项目。强化计生服务管理，深化生育关怀系列行动，创新计生服务模式，完善流动人口计生服务管理机制。

健全社会保障体系。开展全民参保计划，实施城乡社保新政，加强医保监管平台和社保卡应用建设，提高参保覆盖率。健全促进就业、鼓励创业政策制度，加大职业培训力度，推进重点人群就业，实施困难群体精准帮扶工程，城镇新增就业人数19000人。探索养老服务社会化运行模式，鼓励发展医养结合型、微小型养老机构，新建居家养老服务站点16个。健全社会救助机制，完善社会化助残服务体系，推进慈善、红十字等事业稳步发展。

夯实和谐基层基础。深化基层自治管理，统筹城乡社区发展，持续实施"品牌社区"建设。探索村民自治有效实现形式，创新社区服务管理模式，完成村（居）委会换届选举。全面推行新型居住证制度，实施流动人口量化积分制管理。深化平安建设，注重源头治理、预防在先，优化警力配置，完善勤务模式，加强社会稳定风险评估，推进信访法治化建设，健全社区矫正社会化参与新模式。加快构建安全风险分级管控与隐患排查治理双重性预防控制体系，深入开展国家食品安全城市创建试点和浙江省食品安全区创建。深化社会自我服务，加大社会组织培育力度，提升81890服务平台供给能力，推广"三社联动"工作机制，健全政府购买服务和公益创投机制，推进公益集市常态化。

四、全面加强政府自身建设

立足新区情，围绕"融合、提升、发展"，带头树立"六心"、提振"六气"，以实干诠释忠诚、以实干体现担当、以实干展示作为，不断增强政府执行力和公信力。

（一）强化观念革新，切实转变政府职能。坚持以观念转变为引领，推动干部思想融合、感情融合、工作融合，加快形成政府高效运转的强大合力。加快机制优化，顺应"互联网+"发展形势和政府自身建设新要求，探索提升政府管理效能和服务品质的新机制，提高政府服务与社会需求匹配的精准度。加强资源统筹，全面整合政府各部门的政策、资金、信息等资源，强化综合部门统筹职能，完善重要工作牵头协调机制，提高跨部门、多部门协同推进能力。

（二）强化责任担当，切实展现务实形象。大兴主动作为、勇于担当、勤勉敬业、敢做善成之风，坚持问题导向、需求导向、基层导向，把抓落实放在政府工作更加突出的位置。对已经确定的目标任务，要一以贯之抓好落实，一抓到底务求实效。大力弘扬"定了干、马上办、办到底"精神，坚持实谋至上、实干至上、实绩至上，强化绩效目标管理，健全激励约束机制和督查督办制度，切实打通工作落实"中梗阻"。落实"最多跑一次"的要求，大力推进简政放权，精简审批事项、简化审批流程，切实提高政府工作的执行力。

（三）强化依法治区，切实提升行政效能。坚持将法治思维和法治方式贯穿于政府工作的方方面面，切实增强政府依法履职能力。严格执行区人大的决议决定，自觉接受人大及其常委会的法律监督、工作监督，主动接受区政协民主监督，认真办理人大代表议案、建议和政协委员提案。依法全面履行政府职责，完善权力清单、责任清单和负面清单，健全规范性文件、重大决策、重大项目合法性审查机制，提高政府决策科学化水平。广泛听取民主党派、工商联、无党派人士

9月23日，白云街道"凡人民星"艺术团成立

和工会、共青团、妇联等人民团体意见，高度重视社会监督和新闻舆论监督。

（四）强化纪律规矩，切实推进从严治政。全面加强廉洁政府建设，坚持把严守政治纪律、政治规矩摆放在更加突出的位置，切实抓好《中国共产党廉洁自律准则》和《中国共产党纪律处分条例》的贯彻落实。严格落实党风廉政建设责任制，全面推进惩治和预防腐败体系建设，严厉查处违法违纪行为。加强财政资金使用监管，厉行勤俭节约，严控“三公”经费支出。狠抓廉政风险防控，加强经济责任审计，强化重点领域和关键环节监管。

各位代表，新征程孕育新机遇，新使命更待新作为。让我们更加紧密地团结在以习近平同志为核心的党中央周围，在区委的坚强领导下，团结依靠全区人民，抢抓机遇、奋勇争先，撸起袖子、甩开膀子，为高质量建设国内一流强区而努力奋斗！

（区政府办公室）

资料链接

十类民生领域：指公共安全、教育、科学技术、文化体育与传媒、社会保障和就业、医疗卫生、城乡社区事务、环境保护、农林水事务、住房保障10个领域。

全国综合实力百强区：中国城市经济学会中小城市经济发展委员会、中小城市发展战略研究院、中国中小城市科学发展评价体系研究课题组等单位依据人均国内生产总值、公共财政预算收入、城乡居民人均可支配收入、城乡居民最低生活保障标准4个指标，对全国662个市辖区（截至2015年底，已剔除北京、上海、天津、重庆和深圳5地的市辖区）进行综合实力评价，前100名即全国综合实力百强区。

六位一体：主要包括建立健全城市管理目标责任制体系、标准化质量管理体系、智慧化管理体系、管理执法重心下移体系、依法管理体系、社会市民参与体系，目的是进一步完善综合行政执法体制，解决深层次矛盾，提升城市管理水平。

四种形态：指十八届中央纪委六次全会明确提出，各级党组织要实践好的“四种形态”，旨在把纪律挺在前面，抓早抓小，惩前毖后，治病救人。经常开展批评和自我批评、约谈函询，让“红红脸、出出汗”成为常态，是第一种形态；党纪轻处分、组织调整成为违纪处理的大多数，是第二种形态；党纪重处分、重大职务调整的成为少数，是第三种形态；严重违纪涉嫌违法立案审查的成为极少数，是第四种形态。

六化协同：指中国共产党宁波市第十三次代表大会报告中提出的宁波市未来五年战略部署，即产业高新化、城市国际化、发展均衡化、建设品质化、生态绿色化、治理现代化。

五个排头兵：指中国共产党宁波市海曙区第九次代表大会报告中提出的海曙区未来五年战略部署，即围绕“立足大空间，打造大平台，引进大项目”，争当产城融合的排头兵；围绕“产业更高端，结构更优化，体系更完备”，争当转型升级的排头兵；围绕“规划高起点，建设高标准，治理高水平”，争当城乡统筹的排头兵；围绕“文脉新风貌，人文新风范，文明新风尚”，争当文化引领的排头兵；围绕“服务上台阶，环境上档次，生活上品质”，争当宜业宜居的排头兵。

精明增长：2015年12月，中央城市工作会议提出“要坚持集约发展，树立‘精明增长’‘紧凑城市’理念，科学划定城市开发边界，推动城市发展由外延扩张式向内涵提升式转变。”精明增长是一种在提高土地利用效率基础上控制城市扩张、保护生态环境、服务于经济发展、促进城乡协调发展和人们生活质量提高的发展模式。

科技创新指标“五倍增”：指到2021年海曙区主要科技创新指标实现翻一番。即全社会研发（R&D）经费投入占地区生产总值（GDP）的比例翻一番，高新技术产业产值翻一番，创新主体（国家高新技术企业、市创新型初创企业）翻一番，科技成果（每万人拥有有效发明专利授权数、市级以上科学技术奖励获奖成果数）翻一番，全社会R&D活动人员数量翻一番。

“六位一体”城市管理长效机制：指包括健全城市管理目标责任制体系、标准化质量管理体系、智慧化管理体系、管理执法重心下移体系、依法管理体系、社会市民参与体系。

“四个平台”建设：指省委十三届七次全会明确提出的，要提升镇乡（街道）统筹协调能力，探索建设镇乡（街道）综治工作、市场监管、综合执法、便民服务四个平台。

“五区”建设：指中国共产党宁波市海曙区第九次代表大会报告中提出的海曙区未来五年具体目标，即着力打造都市经济发展引领区、城乡生态品质标杆区、历史文化名城核心区、对外开放合作门户区、平安和谐幸福样板区。

“三位一体”农合联：指组建具有生产、供销、信用“三位一体”服务功能的农民合作经济组织联合会及其体系。

“百创汇海计划”“匠心汇海计划”：指面向海内外大力吸引高层次人才来海曙区创业创新，建设汇才、汇智、汇创的人才生态最优区计划和海曙区在全市首创对现代服务业人才的战略培养计划。

城乡教育一体化“五大工程”：指学校（园）结对帮扶工程、校长教师素养提升工程、干部教师交流轮岗工程、信息化水平提升工程、教育公平保障工程。

三社联动：指统筹协调、整体运作社区建设、社会组织建设和社会工作，使之相互支持、渗透融合，从而充分激发社会组织活力，有效开展社会工作，解决社区问题，完善社区治理。

树立“六心”、提振“六气”：指省委常委、市委书记唐一军在市委十二届十一次全会讲话中对干部的要求，即要树立强烈的责任心，提振干事创业的士气；要树立强烈的事业心，提振攻坚克难的勇气；要树立强烈的进取心，提振开拓创新的锐气；要树立强烈的自信心，提振不甘落后的志气；要树立强烈的敬畏心，提振清明廉洁的正气；要树立强烈的包容心，提振上下同欲的人气。

四换三名：“四换”指腾笼换鸟、机器换人、空间换地、电商换市，“三名”指知名企业、知名品牌、知名企业家。

五大发展理念：指党的十八届五中全会上提出的创新、协调、绿色、开放、共享的发展理念。

专　记

2016海曙区行政区划调整

2016年9月28日，省政府正式下发《浙江省人民政府关于调整宁波市部分行政区划的通知》。根据《国务院关于同意浙江省调整宁波市部分行政区划的批复》，撤销宁波市江东区，将原江东区管辖的行政区域划归宁波市鄞州区管辖；将宁波市鄞州区的集士港镇、古林镇、高桥镇、横街镇、鄞江镇、洞桥镇、章水镇、龙观乡、石碶街道划归宁波市海曙区管辖；撤销县级奉化市，设立宁波市奉化区，以原县级奉化市的行政区域为奉化区的行政区域，区政府驻锦屏街道锦屏南路1号。

10月24日，宁波市行政区划调整工作动员大会召开，宣布省政府《关于调整宁波市部分行政区划的通知》。省委常委、市委书记、代市长唐一军强调，全市各级各部门要把党中央、国务院和省委、省政府的关怀转化为干事创业的强大动力，以最高标准、最实作风、最好效果推进行政区划调整，使之成为宁波城市扩能升级助推器，成为集聚发展新动能、厚植发展新优势、再创发展新辉煌的新引擎。

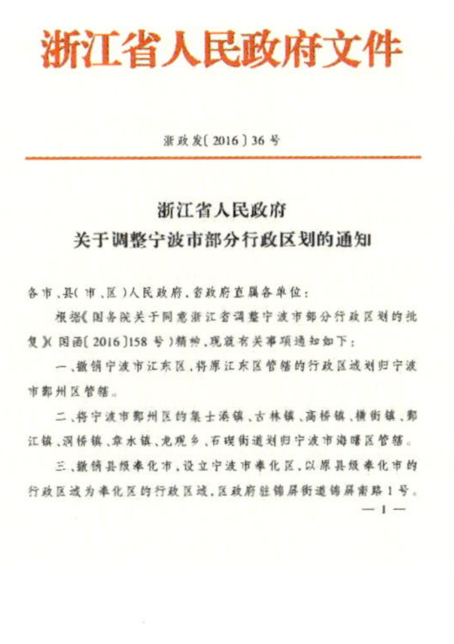

浙江省人民政府文件

浙政发〔2016〕36号

浙江省人民政府
关于调整宁波市部分行政区划的通知

各市、县（市、区）人民政府，省政府直属各单位：

根据《国务院关于同意浙江省调整宁波市部分行政区划的批复》（国函〔2016〕158号）精神，现就有关事项通知如下：

一、撤销宁波市江东区，将原江东区管辖的行政区域划归宁波市鄞州区管辖。

二、将宁波市鄞州区的集士港镇、古林镇、高桥镇、横街镇、鄞江镇、洞桥镇、章水镇、龙观乡、石碶街道划归宁波市海曙区管辖。

三、撤销县级奉化市，设立宁波市奉化区，以原县级奉化市的行政区域为奉化区的行政区域，区政府驻锦屏街道锦屏南路1号。

— 1 —

11月3日，海曙规划分局向区委、区政府专题汇报“新海曙·新发展”战略研究报告。市城乡规划研究中心结合老海曙实际，从现状分析、趋势判断、规划梳理和工作建议等方面，提供“新海曙”发展规模及定位——建设成为城乡统筹、生态宜居、历史文化底蕴深厚之海曙区的参考意见。

11月17日，省委常委、市委书记、代市长唐一军带队到海曙区宣布行政区划调整事宜，同时宣布省市委关于领导班子换届人事安排的决定，海曙区新的行政体制正式运行。区委书记孙黎明，区委副书记、区长候选人褚孟形作表态发言，区委原书记彭朱刚主持会议并发言。

11月23日，海曙区召开区划调整工作动员大会。区委书记孙黎明出席会议并讲话，区委副书记、代区长褚孟形主持会议。会议强调，要提高认识，把思想统一到市委市政府的决策上来，准确把握区划调整关键环节，确保行政区划调整工作顺利完成，努力推动海曙经济社会实现新发展。

11月24日，区人大常委会主任陈志国，区委副书记、区政协主席毕东华，区委副书记、政法委书记张启表，区委常委、纪委书记李晓东，区委常委、常务副区长谭国洪等领导分别带队，前往集士港镇、古林镇、高桥镇、横街镇、鄞江镇、洞桥镇、章水镇、龙观乡、石碶街道，为新划入镇乡（街道）党委、人大、政府、纪委、武装部揭牌，并作动员讲话。

2016年，区编委办在反复研究测算区域基本指标数据、机构编制底数基础上，与市编委办沟通对接，争取与行政区划调整后相匹配的行政、事业机构个数和编制总量；结合区域实际，拟订新海曙区党政群机关机构设置调整方案，经省、市编委办批复后，以区委、区政府名义下发《中共海曙区委、海曙区人民政府关于调整海曙区党政机关和人大常委会工作机构设置的通知》。走访各部门，听取拟新增职责承接及人员编制增加需求情况，统筹考虑对新增加的党政群行政编制进行科学合理分配，涉及区级党政群行政编制部门37家，新增分配编制190名。

经过行政区划调整，海曙区面积从29.4平方千米增至595.5平方千米，地区生产总值超千亿元，区域经济社会可持续发展资源总量和环境容量大幅提升，成为集中心城区、郊区、山区为一体的复合型城区。

表 1　　2016 年区划调整前后海曙区域各类数据统计对比一览

指标名称	单位	新海曙	原海曙区域
地区生产总值	亿元	1044.83	595.17
人均GDP	万元	16.75	20.04
工业总产值	亿元	1308.84	383.60
固定资产投资	亿元	362.42	159.15
社会消费品零售总额	亿元	868.39	644.74
建筑业总产值	亿元	620.67	505.01

（数据采用《宁波市海曙区统计年鉴（2017）》所录的正式数据）

【海曙区党政机关、人大常委会工作机构调整】 2016年12月，海曙区党政机关和人大常委会工作机构进行调整：

原在区委统战部挂牌的区委台湾工作办公室（区政府台湾事务办公室）、区政府侨务办公室、区民族宗教事务局调整为与区委统战部合署办公；

区委维护稳定工作领导小组办公室、区委防范和处理邪教问题领导小组办公室、区社会治安综合治理委员会办公室与区委政法委合署办公；

增设区委政策研究室，挂区委农村工作办公室（区政府农村工作办公室）牌子；

区政府办公室增挂区政府外事办公室、区政府法制办公室牌子，原在区发改局挂牌的区政府金融工作办公室牌子改挂至区政府办公室；

区文化广电新闻出版局不再与区委宣传部合署办公，调整为单独设置。原在区商务局挂牌的区旅游局、在区教育局挂牌的区体育局牌子均挂至区文化广电新闻出版局；

区发展和改革局增挂区物价局牌子；

设立区粮食局，与区商务局合署办公；

区住房和城市建设局更名为区住房和城乡建设局，挂区人民防空办公室牌子；

原在区综合行政执法局挂牌的区交通运输局调整为单独设置；

原在区经济和信息化局挂牌的区农业局调整为单独设置，更名为区农林水利局，并挂区海洋与渔业局牌子；

区人大常委会机关增设农业和农村工作委员会。调整后，区人大常委会机关设7个工作机构。

（区委党史研究室、区统计局）

2016年海曙区“平安护航G20杭州峰会”专项行动

5月6日，海曙区召开“平安护航G20大会战”动员大会。区委书记彭朱刚作动员讲话，区委副书记、区政协主席、政法委书记毕东华传达省、市会议精神，部署“平安护航G20大会战”工作。区委政法委、区信访局、海曙公安分局、区安监局、区市场监管局、区发改局（区金融办）、区教育局、南门街道、鼓楼街道、望春街道作表态发言。区委常委，区属各单位、区机关各部门主要领导和分管领导，各街道党政正职、分管副书记、派出所所长参加会议。

5月6日，海曙区“平安护航G20大会战”动员大会

6月2日，海曙团区委与宁波工程学院团委合作，启动海曙区“青春护航G20·双百双进创平安”青年志愿服务暨平安社会实践活动。由3300余名大学生志愿者组成8个志愿服务团，分别结对8个街道团工委及其下辖社区团支部，到71个社区常态化开展为期一年的“社区急需、青年可为”志愿服务活动。主要协助参与食品药品安全、消防安全、流动人口、群租房、小宾馆或旅店等治理工作，协助查找基层平安建设短板，跟踪督促整

改措施落实到位。同时在社区开展主题宣讲，推动建立主题教育基地，引导广大中小学生自觉远离“黄赌毒”危害。

8月4日晚，海曙交警大队在辖区组织开展G20杭州峰会期间全市道路交通第一次集中整治行动。

8月8日至9月5日，由南站综管办牵头，铁路宁波站、铁路宁波站派出所、汽车南站、公安轨道派出所等单位配合，开展从严进站安全检查。在B1层铁路出站通道南北两侧及南广场铁路售票厅前增设3处治安检查点，对周边安全进行检查、管控，核实过往旅客身份，抽查携带物品。

8月18日，海曙区召开“护航G20（杭州峰会）平安文明行”专项志愿行动部署会议，具体部署平安志愿者值勤行动方案。8月22日至9月7日（包括双休日），每天7：00—9：00，16：30—18：30，500余人次志愿者在97对公交站点共252个执勤岗位上岗执勤。

峰会期间，区信访局排查预警信访信息，最大限度降低信访上行压力，实行每天会商制度，解决可能出现的问题，多种措施并用，最高效率发挥基层第一道防线作用。

海曙环保分局协助区政府制定《海曙区G20杭州峰会环境质量保障方案》，明确空气质量保障实施内容、保障措施和各有关部门职责等，确保峰会召开期间辖区空气环境质量明显改善。即时发布重污染天气预警，第一时间启动大气重污染Ⅲ级应急响应，全面评估应急工作并及时上报市大气重污染应急办公室。配合开展大气污染源清单调查，摸清海曙区大气污染排放源基本情况，为G20杭州峰会期间环境质量改善提供保障。

开展G20杭州峰会环境大整治专项行动，推进“五路、二园、六街景”绿化提升。涉及马衙街、灵桥路等5条道路，新芝公园、南塘公园（南园）两个公园，文昌街39弄前、兴宁路旁与灵桥路交叉口等6个街景区域，共13块绿地5200余平方米。

区城管局组织推进“打非治违”专项整治行动，平安护航G20杭州峰会。开展瓶装液化气销售管控整治、校园周边环境整治、禽流感专项防控、食品安全专项整治、餐厨垃圾专项整治、市容市貌整治等专项行动，累计出动城管1620余人次，公安178人次，执法车辆412辆次。区文广新局对网吧、大众歌舞厅、KTV、酒吧等文化场所开展安全生产大检查工作，出动巡查人员145人次，检查场所181家次，违规立案整改8家。

区妇联开展“巾帼护航G20·平安家庭在行动”系列主题活动，组织巾帼志愿服务队向广大妇女群众开展平安宣传，直接参与1万余人次。白云街道牡丹社区召开“G20齐努力”动员大会，号召“服务G20 人人做贡献”，由社区党员组成“促平安”志愿队，以“一天一巡逻”“一天一记录”“一周一总结”方式，对社区进行平安巡逻、采集信息、解决矛盾。

9月28日，海曙区召开平安护航G20（杭州峰会）总结表彰大会，会议传达学习习近平总书记关于G20杭州峰会重要批示精神，总结峰会保障工作成功经验，表彰峰会保障工作先进集体、先进个人，激励全区党员干部群众继续前行，以G20精神打赢海曙建设发展攻坚战。

（区委党史研究室）

2016年海曙区十大民生实事项目

实施8条河道清淤疏浚工程；完成10个老小区雨污分流改造工程；段塘闸工程主体完工。

完成白杨桥、雄镇桥两座桥梁的大修工程；打通“断头路”望童北路（通途路—后孙学校北侧路）；新增停车位2000个。

新增公共租赁住房（租金补贴）100户；后孙拆迁安置房一期1号地块、后孙拆迁安置房二期完成综合验收；蒲家二期652套经济适用房具备交付条件。

气象路小学竣工；后孙学校完成主体结构结顶。

城镇失业人员实现再就业7000人，困难人员实现再就业2000人。

完成铁路宁波站南广场两侧总面积约2.8万平方米公园绿化改造提升工程。

新增1家省级放心农贸市场；新增全市菜篮子商品平价供应点1个。

实施视频监控资源整合二期工程，整合20个小区视频监控。

推广云医院社区“云诊室”建设，建立12家“云诊室”，初步构成海曙区“云诊室”体系。

完成公益街一期工程建设，初步构建集社会组织服务中心—公益组织孵化园—公益街于一体的公益大平台，打造社会化“服务器+孵化器+加速器”的全程孵化链条。

（区政府办公室）

“五水共治”专项行动

【概况】 2016年，原海曙区域完成城区36条黑臭河、垃圾河治理，共39.5千米，完成省“清三河”达标区验收。19条河道完成清淤，总量32.1万立方米。开展老小区雨污分流改造23个。实施12条河道水质提升项目，改造、疏通排水管网及破损排水管道500余千米。开展自查1557人次，制作入河口排水标识1600余个。组建治水志愿者队伍65支，培训治水员、社会监督员1600人次，发放宣传资料2万余份。省第21督查组3次到海曙督查“五水共治”工作。

采用路面和水上巡查、执法和管理巡查相结合，加大整治河道排污，第一时间劝阻向河道倾倒垃圾、洗衣、钓鱼等不文明行为。惩治随意排污污染河道行为，开展涉河工地排污整治行动，通过对河道及周边工地日常巡查及不定时抽查，严厉查处擅自向河道排放污水、泥浆，擅自在河道内打桩占用河道、破坏河道绿化等违法行为，查处6家单位违法行为，罚款11.54万元。

利用“3·22”世界水日、全国城市节约用水宣传周活动节点，现场宣传节水理念，免费发放节水器具，悬挂节水标语横幅，张贴宣传标识，发放节水宣传资料。孝闻社区中央花园、南雅社区海怡花园、南都社区玉兰园等14个小区创建为省级节水型小区，节水型居民小区户数达18627户。

【防洪排涝设施建设】 2016年，原海曙区域推进低洼易涝区域改造，提升防洪排涝能力。改造低洼易涝点32处，改造雨水口150余座，维修窨井60座，完成65条路、街、巷及小区近130千米低洼易积水地段排水管网、管道疏通，完成37处低洼易涝区域改造；日常养护疏通管道295千米，新购置强排泵17台。建设雨水管网2500米，提标改造管网1018.5米，疏通管网460千米，新建供水管网1200米。建设屋顶集雨收集系统12处，改造节水器具400套。台风期间未发生持久积水等涝灾问题。

【“河长制”管理】 2016年，海曙区完善区、镇乡（街道）、村（社区）三级河长组织架构，组织召开由四套班子领导和相关部门、镇乡（街道）负责人参加的全区“河长制”工作推进会。开发“海曙河长制”APP、“海曙区五水共治”微信公众号、海曙“五水共治”PC端网站，推进河长履职与电子化考核，确保各级河长守河有责、护水尽责。

【雨污分流和截污纳管改造】 2016年，海曙区完成永丰路217弄、西湾路69弄、宝善路207弄等23个小区雨污分流改造，首批51个老小区改造工程全部完成。在原海曙区域开展服务业排污排查专项行动，排查出问题企业1262家。清查城区61条内河，查清排口，逐一登记，实现“一排口一档案”。开展姚江、奉化江等污水直排口整改，完成40余处排污口截污纳管改造。

【低洼易涝区域综合改造】 2016年，海曙区针对城区低洼易涝区域排水设施不足、管道老化断裂、地势严重低洼、雨水出口过小等引起排水不畅原因，对城区35条路段实施改造，投入资金96.8万元。增设及改造管道833.5米、雨水口243座、检查井65座。抬高路面11处，面积953平方米。翻新路面2处，面积550平方米，全面提升辖区防洪排涝能力。

【城区管网提标改造】 2016年，海曙区对城区内存在破损、堵塞、管径过小问题的管网实施提标改造。望京路、苍松路、开明街等28条路段1178.5米管网完成改造，投入资金94.28万元。65条路、街、巷及小区近130千米易积水及低洼地段排水管网专项疏通清淤工作完成。除专项疏通外，日常管道疏通量达330千米，合计管道疏通总量475千米。

【黄家河泵站竣工】 2016年3月，黄家河泵站竣工并投入使用。工程总投资1860万元，水闸净宽6米，翻水泵站设计流量为1立方米/秒，主要功能为向姚江取水以增强区域内水体流动性，提高黄家河排涝能力。黄家河泵站还设有一座对外交通桥，桥面宽4米，便于黄家河两岸往来交通。

【全省首个科技治水园区启用】 2016年6月28日，宁波市科技治水园区揭牌。科技治水区是海曙区打造的全省首家以治水为导向的园区，委托宁波市瀚河环保技术有限公司运营。园区坐落于白云街道前丰街80号，由宁波电子信息集团有限公司所属旧厂房改建而成，占地面积1.3公顷。园区以发展科技治水产业为主，是集研发检测、设计施工、维护分析为一体的水资源治理产业链，实现产业集聚发展和推广，为“五水共治”工作提供智慧支持。建设分二期进行，一期主要是园区基础设施改造，为治水类、环保类企业入驻园区提供基本条件，二期主要建设公共配套设施。园区运营方发起设立“水滴基金”，专门用于推动宁波护水治水公益事业，并向基金捐赠10万元。

【段塘碶闸站通水】 2016年7月，段塘碶闸站工程通水。工程位于鄞奉路东侧段塘碶和奉化江出口处，于2015年12月1日开工，总投资12974.64万元。水闸总净宽13.5米，单孔净宽4.5米，共3孔。泵站有水泵3台，排涝流量20立方米/秒，引水量10立方米/秒。段塘碶闸站工程是市“五水共治”“治水强基”重点建设项目，也是区经信局与市三江河道管理局合作共建的城市水利工程，工程防洪标准为百年一遇。12月，段塘碶闸站水下部分工程通过验收。

【城区排污（水）口排查】 2016年8月，海曙区委托第三方机构宁波数绘信息科技有限公司对城区61条内河开展排污（水）口排查，明确城区范围内每条河道所有入河排污（水）口数量、位置、主要污染源及排放方式等详细信息。排查工作于9月30日结束，共排查出排污（水）口884只，其中污水排放口7个、雨水排放口835个、混排口42个，完成“一排口一档案”建档工作。

（沙燚杉）

资料链接

截污纳管：是一项水污染处理工程，指通过建设和改造位于河道两侧的工厂、企事业单位、国家机关、宾馆、餐饮、居住小区等污水产生单位内部的污水管道（简称三级管网），将其就近接入敷设在城镇道路下的污水管道系统中（简称二级管网），并转输至城镇污水处理厂进行集中处理。

"三改一拆"专项行动

【概况】 2016年，原海曙区域在"三改一拆"（旧住宅区、旧厂区、城中村改造、拆除违法建筑）中，完成改造95.7万平方米，其中旧住宅区改造70.64万平方米、旧厂区改造8.07万平方米、城中村改造17万平方米，拆除违法建筑11.5万平方米。

【旧厂区改造】 2016年，原海曙区域的旧厂区改造涉及振兴标准件厂、太阳能厂房、恒威老厂房、原姚丰工业园区等5个项目，完成改造面积8万平方米。位于真和大酒店西侧的振兴标准件厂，总建筑面积6.9万平方米，改造成真和电子商务总部大楼，当年完成改造面积2.27万平方米；位于前丰街80号的太阳能厂房，总建筑面积0.99万平方米，改造成宁波科技治水园区，占地面积1.3公顷；位于前丰桥7号及前丰路42号的恒威老厂房，改造成幼儿教育培训机构，总建筑面积3500平方米，占地面积0.5公顷；姚丰工业区姚丰HS14-02-1a地块改造成房地产项目，项目总建筑面积17.2万平方米，占地面积5.2公顷，年度新建建筑面积2.5万平方米；姚丰工业区姚丰HS14-02-3a地块改造成房地产项目，项目总建筑面积21万平方米，占地面积6.5公顷，年度新建建筑面积2万平方米。

【违法建筑拆除专项整治】 2016年，海曙区在城区组织开展严重影响消防安全违建、专业市场违建、拆迁区域违建的专项整治行动，拆除严重影响消防安全违建2.79万平方米、天胜花鸟市场违建8000平方米、拆迁区域违建4.4万平方米。结合"蓝色屋面（立面）"专项攻坚整治，拆除城区"蓝色屋面（立面）"违建1万余平方米。结合中山路综合整治，拆除西成菜场逾期临时建筑4000平方米，拆后地块及周边区域统筹规划建设成西塘河公园，工程概算面积约6万平方米。

【海曙区成为全市首个"基本无蓝色屋面（立面）区"】 2016年8月，海曙区完成全区域"蓝色屋面（立面）"专项攻坚整治行动。行动以杭甬高速公路、萧甬铁路、机场路、轨道交通及城市主干道沿线为重点，共整治城区211处35.71万平方米，成为全市首个"基本无蓝色屋面（立面）区"。

（华骋珅）

媒体看海曙

金融与文化交汇孕育"富贵温柔乡"

——月湖诞生融合型新金融街区

年初入选省级特色小镇培育名单后，月湖金汇小镇建设提速。海曙区计划投资94亿元，围绕月湖金汇小镇的功能定位，着力推进核心区6大项目建设，打造全市首个新金融与文化旅游融合发展的金融街区。

目前，海曙的金融业增加值已占到全区GDP总值近20%，涉及银行、保险、证券、期货等各类传统金融业态。"十三五"期间，宁波将积极推进普惠金融综合示范区建设，海曙区"强长板、增优势"，创新打造我市首个新金融街区——月湖金汇小镇。小镇为"一核三片"空间结构，占地面积约3.5平方公里，其中核心区约1平方公里，包括月湖西区和月湖景区，以新金融

海曙月湖金汇小镇实景

产业为核心，重点发展各类产业基金、私募基金和上市公司投融资总部。

"近期，我们重点突出小镇核心区的建设，着力构建两轴四区。"海曙区金融办负责人介绍，小镇核心区的两轴分别为南北走向的金融产业发展轴和东西走向的文化旅游发展轴，四区包括金融产业集聚区、金融创新产业集聚区、文化旅游休闲集聚区和综合配套区。

月湖金汇小镇建设方案一亮相，就引来国内外金融巨头的关注。"10个电话，至少8个是咨询小镇情况的。"月湖街道办事处经济科负责人丁唯敏说。年初以来，已有中银国际、天堂硅谷、永安期货等30余家知名投资基金和产业引导基金企业在此落户。

"月湖金汇小镇将促进新金融与月湖商文化、月湖景区旅游资源的融合发展，建成以新金融产业为核心、文化旅游为基础、创业创新为补充的金融特色小镇，实现与其他金融小镇的错位发展。"海曙区主要负责人表示，至2017年，月湖金汇小镇计划引进新金融企业500家以上，管理资金1000亿元以上。

（2016年5月28日《宁波日报》头版）

入围省产业集群发展试点，搭建邮路出口新桥梁

——海曙追逐跨境电商新风口

早上7时，加工好的衣服在工厂仓库打包；1小时后，物流公司把它们送到位于海曙的宁波国际邮件互换局，一站式通关后搭航班直邮日本；晚上，大阪客户在家中收到了来自宁波的衣服邮包。"这样的场景，本月底就能成为现实。为此，我们专门成立了跨境电商部。"狮丹努集团副总经理夏丽萍表示。

自去年底宁波国际邮件互换局获批以来，海曙传统外贸企业嗅得商机，积极布局跨境出口业务：或增设跨境电商部，或注册新的出口品牌，或在境外设立海外仓。在这些企业的带动下，海曙正在成为全省跨境电商发展的"试验田"。日前，该区成功入围浙江省产业集群跨境电子商务发展试点。

2012年12月，宁波获批成为全国首批跨境贸易电子商务服务试点城市。随后，我市选择在宁波保税区、海曙区分别进行跨境贸易电子商务进口业务和出口业务试点。海曙以此为契机，追逐跨境电商新经济风口，投资1.6亿元建设中国（宁波）跨境贸易电子商务产业园区。园区一期建筑面积1.3万平方米，内设宁波唯一的国际邮件互换局，布局物流、仓储、通关、办公等功能区域。目前，海关、国检、邮政速递等单位的工作人员已进驻，各类场地和设施设备正在进行升级调试，将于本月底正式开园运作。

"以跨境电商出口为代表的邮路出口，是未来外贸的重要增长极。"宁波（国际）电商园负责人周京波说，为迎接即将到来的邮路出口高峰，海曙积极打通关、检、汇、税各环节，为跨境电商企业提供最便捷的一站式出口通关服务。

如今，海曙已形成了从基础产业、支撑产业、配套产业到衍生产业的电商产业全生态链。截至4月底，全区新引进各类电子商务企业830余家，包括敦煌网、中铁互联、意好生活等一批跨境电商龙头企业，注册资金超过67亿元。接下来，海曙还将在新交付的7万平方米众创空间和规划中的五江口地块、丁家地块划出专门空间，用于集聚跨境电商企业。

（2016年6月12日《宁波日报》头版）

用大数据串联政务生产生活，海曙破信息孤岛建智慧之区

近日，宁波南都社区阮老伯乐呵呵地从社工手里领到养老补助，社工借助海曙政务信息资源中心的平台提醒功能，一个不落地电话通知到户。2012年开始，海曙就率全市之先，贯通30余个部门信息孤岛，对比融合2500余万条政务数据，建成"政务信息资源中心""数据开放平台"及"视频资源整合共享平台"三大平台，壮大政务数据应用树干。

经过4年开放整合实践，海曙已实现人口、法人、地理空间等多层面数据完全融合，依托平台开发出建筑企业欠薪预警系统、基层社会服务管理综合信息系统等多个政务数据应用系统，服务内容涉及全区政务生产生活的各方各面。

海曙不仅共享职能部门间的数据，更共享硬件资源，整合全区5419个视频监控，实现公安、卫生、城管、教育等四部门视频资源共享。启用共享系统第一年，海曙公安部门就通过跨部门调阅应用直接协助处置突发事件32起，查破各类案件305起，为群众提供服务1500余次。

共享红利更普惠进小微企业。海曙政务数据开放给初创企业"左邻右舍"打通数据绿色通道，一支6人团队需1个月才能完成的街巷数据采集，如今只要短短1分钟，就能从开放平台免费下载，为企业节省不少创业成本。

（2016年12月13日《浙江日报》22版）

大事记

1月

4日，全省重大项目集中开工仪式举行。海曙区望童北路工程、鄞奉片区东部启动区2-12地块、永和居易北侧地块总部大楼项目和原汽车南站地块综合体项目4个重点民生项目集中开工。

6日，区委八届九次全体(扩大)会议举行。会议审议通过《中共海曙区委关于制定海曙区国民经济和社会发展第十三个五年规划的建议》。

同日，区市场监管局向宁波中瑞太丰食品有限公司颁发实行“一企一证”制度后全区首张新版“食品生产许可证”。

7日，天一阁•月湖景区获2015中国旅游服务贡献奖。

同日，百集电视纪录片《千年海曙》关机座谈会在南塘老街城南书院举行。

同日，宁波金网信息产业股份有限公司在全国股转系统挂牌公开转让，成为全市首家电子政务领域“新三板”挂牌企业。

15日，海曙区关停肉禽蛋批发市场屠宰厂。

18日，区政府出台《海曙区城中村改造范围内村发展留用地落实管理的实施意见》。

18日—3月31日，全区百余家事业单位换发新版“事业单位法人证书”，赋予统一社会信用代码。

26日，中国民主促进会宁波市海曙区基层委员会成立。叶辉任主委，方红军、陈少华任副主委。

29日，宁波市历史建筑资源普查(海曙片区)成果审查通过。

30日—2月1日，中国人民政治协商会议第四届宁波市海曙区委员会第五次会议召开。会议同意王黎明因年龄原因辞去区政协主席职务，选举毕东华为区政协主席，郁利祥为副主席。

31日—2月2日，海曙区第十届人民代表大会第五次会议召开。

同月，海曙区获“十二五中国智慧政务领军城区”称号。

2月

3日，全区领导干部会议召开。

5日，海曙区姚丰片区HS14-02-1a地块、HS14-02-3a地块挂牌出让，两地拍卖总价17.5亿元。

7日，金量子罗杰斯世界风投对接峰会在海曙区召开，邀请全球著名投资家吉姆·罗杰斯参加会议。

18日，全区经济工作会议召开。

20日，宁波首个保姆市场在苍松路55号开业，现场举行首届家政集市暨女性家庭服务人才就业创业对接会。

22日，“独立风骨——吴冠中艺术展”在月湖畔的海山堂美术馆开幕，展出吴冠中在不同时期创作的60余幅版画作品及部分真迹。

25日，由人民美术出版社出版的宁波籍画家杜巽作品集《杜巽画集》在宁波月湖美术馆首发。

26日，海曙区首个社工工会在南门街道成立。

同日，志愿服务“四个100”全国先进典型名单发布，南门街道澄浪社区被评为最美志愿服务社区。

同日，全区卫生计生工作会议召开。

29日，全区城市建设和社会管理工作会议召开。

同日，区委政法工作会议召开。

同日，海曙区出台《关于建立改革创新容错机制的实施意见(试行)》。

3月

1日，海曙区出台《海曙区文化产业园区(街区)认定办法(试行)》。

同日—4月30日，由南站综管办牵头，海曙公安分局、铁路宁波站派出所、海曙交警大队、市运管局等单位在南站区域开展为期两个月的春季综合秩序专项整治。

3日，区委意识形态责任制暨宣传思想文化工作会议召开。

4日，全区组织工作会议召开。

同日，海曙区落实党风廉政建设主体责任报告评议会召开。

6日，“你我传递爱”慈善义卖活动在中山广场举行。

7日，海曙区首批社区经纪人在马园社区上岗。

9日，海曙区首次推出邮政快递企

业“诚信计量”机制。

10日，海曙区学生评价试点变革经验交流会举行。

11日，海曙区2016年国家卫生城市复审迎检动员会暨计划生育工作会议召开。

14日，全市首家消费维权网络义工工作室——海曙消费义工贴吧试运行。

同日，上海文化产权交易所中习文化金融交易中心在海曙区揭牌，是全区引进的首个文化产权交易及投融资服务平台。

15日，区公共安全工作会议召开。

16日，省“无违建县（市、区）”考核验收第一组对海曙区创建“基本无违建区”工作进行考核验收。

18日，由区委组织部发起的海曙区“红色拍客联盟”在“启运86”微电影产业园正式成立。

3月21日，区市场监管局开展为期一个月的网络订餐平台线下餐饮单位专项检查。

同日，区城管局工作人员竺玉峰在浙江省中医院完成造血干细胞血液离析采集，成为海曙区第二例、宁波市第49例、浙江省第266例造血干细胞捐献者。

25日，位于段塘西路和环城西路交叉口的一栋总面积1.05万平方米违法建筑被拆除，是“三改一拆”专项行动中海曙区拆除单体面积最大的违法建筑。

28日，黄家河泵闸投入试运行。

29日，全国国税系统首家以家风家训为主题的廉政文化工作室——“月荷税莲”家风家训清风工作室成立。

30日，“百创汇海”大学生创业园创业项目征集活动启动。

同月，省经信委、省财政厅联合公布全省首批17家软件和信息服务产业基地（园区、小镇）名单，海曙入选特色基地（园区、小镇）。

同月，海曙区首部反映垃圾分类内容的公益环保主题微电影《时尚居民》完成拍摄，在优酷视频上线。

同月，宁波黔力合节能环保科技发展有限公司在上海股权托管交易中心挂牌。

同月，宁波市不动产登记服务中心海曙区办事点在区行政服务中心设立。

同月，第五届中国创新创业大赛宁波赛区团队赛暨“海曙杯”创新创业计划大赛启动。

4月

5日，西门街道高塘一村危旧房改造项目签约结束，完成签约户数448户，签约率99.6%，货币化安置率92.6%。

7日，海曙区为侨（台）服务法律顾问团成立大会暨鼓楼商圈侨务工作启动仪式举行。

同日，海曙区出台《海曙区垃圾分类收运体系暂行办法》。

9日，2016年绿色建筑新科技专题沙龙（宁波站）在海曙举办。

11日，海曙区获评全省2015年度“基本无违建县（市、区）”称号。

14日，省委组织部副部长、“两新”工委书记张学伟调研海曙区社会组织党建工作。

同日，宁波大名艺诚影视文化有限公司、宁波赛尔集团有限公司与宁波雅太纺织品有限公司联合签约“鬼脸家族”影视+手游+互联网项目，投资总额1.62亿元。

15日，海曙籍革命女烈士、《晋察冀日报》记者应唯鲁墓地由河北阜平县革命烈士陵园迁回宁波，安葬在同泰嘉陵浙东抗战老兵纪念园。

同日，区委宣传部与台湾文创推广协会签订《“甬台文创馆”项目合作框架协议书》，甬台文创馆落户南塘老街。

16日，北欧—中国国际商业联合会主席范汉明到海曙考察访问。

18日，海曙区出台《海曙区垃圾分类收运体系暂行办法》。

同日，望春街道在全区率先推广安装独立式火灾探测报警器。

19日，海曙区第十一届机关运动会开幕，区各级机关、事业单位300余名运动员参加。

同日，宁波GQY视讯股份有限公司入选2016年省级企业研究院，实现海曙区省级企业研究院数量“零突破”。

22日，海曙区出台《关于培育发展众创空间促进大众创新创业的实施意见》。

同日，海曙区发布《关于印发海曙区开展精准服务企业推进降本减负“百日行动”工作方案的通知》。

同日，“书香海曙”全民阅读季主题活动开幕。

同日，全区普法教育工作会议召开。

23日，海曙区“图书馆之夜”——“小海狸”亲子阅读嘉年华活动在区图书馆开启。

24日，2016春季“城市萤火虫”换书大会在鼓楼永丰库遗址公园举行，1200余人、2500本书参加换书活动。

4月15日，海曙级革命烈士应唯鲁墓地迁回宁波

26—27日，海曙区首届大学生创业比赛举行。

27日，海曙地税局“搜e税”纳税服务综合平台启动。

29日，海曙区庆祝“五一”国际劳动节暨海曙工会“家”服务品牌发布会在嘉和大酒店举行。

同月，解放南路（海曙段）综合整治工程启动。

5月

1日凌晨，中国人民财产保险股份有限公司宁波分公司开出海曙区金融业首张增值税专用发票，总额2046.22元，税额122.77元。

3日，海曙区举行纪念“五四”运动97周年暨“青春助力十三五”主题集会。

4日，区“两学一做”专题党课暨学习教育动员部署会召开。

5日，市人大常委会主任王勇一行到海曙区走访调研企业。

6日，全区中心城区品质提升暨旧村改造拆迁攻坚清零部署动员会召开。

同日，高塘二村危旧房改造地块签约工作结束，居民100%按时签约，91.6%选择货币化安置。

9—13日，省委、省政府第21督查组到海曙区督查“三改一拆”“四边三化”和“五水共治”工作。

11—13日，海曙区文化创意产业考察团到深圳市参加2016年第十二届中国（深圳）国际文化产业博览交易会。

12日，省委书记、省人大常委会主任夏宝龙到海曙区莲桥第、南塘河历史文化街区调研，了解旧城和城中村改造等情况。

同日，海曙区启动“红色堡垒”计划。

同日，市旅游局、区人民法院联合成立全市首个旅游纠纷巡回法庭，负责调解全市旅游纠纷。

13日，致公党海曙区总支部成立。

16日，海曙区政府与宁波检验检疫局签署《关于进出境邮件、快件、电商检验检疫业务的合作备忘录》。

同日，宁波移动技术创新、业务创新暨5G演进关键技术成果发布会在天一广场举行。

18—19日，由海曙企业联合《浙商》杂志主办的第十三届浙商（投融资）大会暨全球商业和合论坛在宁波举行。

19日，郭南小区、灵桥小区、在水一方、丽园馨都、水岸心境和胜丰佳苑6个居民小区被省住房和城乡建设厅评为浙江省节水型居民小区。

21日，由区人力社保局、宁波（国际）电子商务产业园管理中心、望春街道共同主办的“电商、人才相约众创空间”电商人才专场招聘会在众创空间举行。

25日，海曙“护航G20·平安伴我行”暨法治促进中心成立仪式在南门街道举行，成为全市首个街道级法治促进中心。

26日，海曙月湖金汇小镇在2016中国股权投资论坛上挂牌。

同日，2015宁波创业创新风云榜出炉，太平鸟集团、银亿集团、维科控股集团、富邦控股集团等成为宁波市“纳税50强”企业，狮丹努集团成为“制造业纳税50强”企业，恒威地产控股公司成为“建筑业纳税20强”企业，狮丹努集团获评“市长质量奖”。

30日，加拿大本拿比华人总会会长郑国英受聘为海曙区人才侨务大使。

31日，2016“聚焦海蓝宝”海曙区人才创业创新月启动暨重大人才项目签约授牌仪式举行。

同月，海曙月湖金汇小镇被列入省级特色小镇培育名单、市级特色小镇创建名单。

同月，海曙区启动“蓝色屋面（立面）”专项整治行动。

同月，海曙区开展以百名讲师送党课、千个支部比党课、万名党员学党课为主要内容的“百千万”讲党课系列活动。

同月，区人民法院“警民调解室”挂牌成立。

同月，鼓楼街道成立全市首个个人劳动调解工作室——夏蓉菁工作室。

6月

3日，海曙区“整街推进、整区提升”推进会召开。

同日，宁波市81890志愿服务中心成立大会暨第一届理事会第一次会议召开。

6日，海曙区公益人才创业基地、宁波电商园区众创空间、“海蓝宝”人才开发广场等12个园区挂牌为大学生创业园。

7日，首届两岸四地金融与现代经济发展论坛在海曙区举行。

同日，区地方志工作部署会召开。

12日，宁波市首个以展览本土金融发展史为核心的宁波金融史馆在海曙区成立。

12—17日，“郡庙风华”——宁波府城隍庙图片展在鼓楼城楼举行。

14日，上海宁波商会会长裘东方率会员企业代表一行到海曙区投资考察。

18日，宁波（海曙）—新疆（阿克苏）青年文化交流会举行。

22日，“阳光心灵快乐成长”2016海曙区未成年人心理健康宣讲活动启动。

同日，台湾中天电视台、《联合报》合作的“魅力东方，走进宁波”系列电视专题片拍摄组到海曙拍摄。

26日，海曙区广安智慧养老服务中心成立。

27日—9月17日，海曙区开展第四届“海之梦”青少年社会实践活动。

同日，海曙区庆祝中国共产党成立95周年大会召开。

28日，宁波国际邮件互换局启动运营，中国（宁波）跨境电子商务综合试验区海曙园区开园。

同日，全省首个科技治水园区——宁波市科技治水园区揭牌。

同日，区安委办在华侨豪生大酒店举行大型消防安全演练暨2016年安全生产月宣传活动。

30日，全市党员“一员双岗”锋领行动启动仪式暨2016年“公益集市”在海曙区文体中心举行，市委常委、组织部部长、统战部部长杨立平，区委书记彭朱刚出席活动并讲话。

同日，澄浪桥竣工通车。

同月，宁波市公益产品产销中心在宁波市公益一条街建成，中心又名海曙"益兔"青年空间。

同月，海曙区开展第九届节能宣传月主题活动。

7月

1日，宁波市"银辉"志愿者联合会海曙分会暨海曙区老干部党校成立。

同日，海曙区首届"电商杯"书法篆刻展在张苍水故居开幕。

同日，"壮丽辉煌·梦想启航——海曙区纪念中国共产党成立95周年历史图片展"在天一广场党群服务中心开展。

同日，海曙区群体性欠薪预警信息系统上线运行。

同日，宁波大慈文化传播有限公司《布袋小和尚》(第二季)入选"2016弘扬社会主义核心价值观动漫扶持计划入选项目(产品类)"名单，是全省唯一入选该扶持计划的产品类项目。

2—3日，由区委宣传部、区文广新局主办的宁波第二届Switch On动漫游戏嘉年华在宁波国际会展中心举行。

3日，海曙区第二届"市民艺术季"第一季——"华彩乐声"网络器乐大赛决赛在区文化馆举行。

5日，区委八届十次全体(扩大)会议暨政府全体会议召开。

10—12日，"两岸学子论坛"微视频拍摄组走进宁波海曙，台湾政治大学等6所台湾大学的8名台湾青年学生应邀参加活动。

13日，宁波恒隆中心红十字会揭牌成立，是全市首家以商务楼宇企业集群为模式的红十字会。

19日，海曙区"河长制"工作推进会召开。

22日，全区禁毒工作会议召开。

22日—8月7日，2016年宁波购物节海曙区活动举行，总销售额突破20亿元。

24日，宋代浙东宁波地区佛教题材作品《五百罗汉图》以复制工程成果展形式在宁波月湖美术馆亮相。

26日，前奥运冠军邓亚萍到海曙区考察体育项目。

26日至8月1日，第十三届中国国际合唱节在北京举行，海曙区学生合唱团获民谣组A级(金奖)、学生组B级(60组参赛队伍排名13)。

27日，海曙区食品安全工作会议暨国家食品安全城市省食品安全区创建工作推进会召开。

同月，宁波节能环保科创园开展"赢在途中"创业创新与招商招聘活动，活动在"线上线下"同步进行。

同月，段塘碶闸站工程通水。

8月

2日，全市首个社区医院专家门诊——南门街道社区卫生服务中心全科专家门诊开张。

3日，海曙区召开2016年度征兵工作会议。

4日，碶闸街(大沙泥街至君子街)大修工程竣工。

6日，全市"公益巴士"首发暨走进海曙"快乐公益线"活动在海曙区举行，首辆"公益巴士"从宁波站区域党群服务中心出发。

9—11日，省"五水共治""三改一拆""四边三化"第21督查组到海曙区开展第二轮工作督查。

12日，后孙拆迁安置房二期项目(五江湾)完成竣工联合验收。

15日，市委副书记、代市长唐一军到海曙调研，考察众创空间、凯利税鸽公司和月湖金汇小镇，并召开座谈会听取海曙区经济社会发展情况汇报。

16日，段塘街道丁家股份经济合作社终止运行，是海曙区首个终止运行的村级股份经济合作社。

17日，省人大常委会党组书记、副主任茅临生到海曙区调研经济转型升级、县乡人大换届选举等工作。

18日，宁波市81890公共服务供给侧改革主题论坛暨成立15周年座谈会举行。

19日，海曙区在丽园社区成立全市首个安全宣教社区学校。

20—23日，海曙区举办2016年全国科普日活动。

21日，由天港公益基金主办的"关爱中国留守儿童论坛暨2016橙计划快乐体验营结营典礼"在宁波大剧院举行。

同日，"美国当代人像摄影"宁波唯一分会场邀请展在1844当代艺术馆开幕。

23日，全国优秀农民工刘文革落户海曙。

26日，香港贸易发展局代表团参观海曙月湖金汇小镇。

29日，省人大常委会党组书记、副主任茅临生带领督查组赴海曙公安

8月15日，市委书记唐一军到海曙区调研

分局南门派出所开展调研。

31日，海曙区首批老小区停车综合整治工程完工，启文花园、安丰社区、云丰社区3个区域增加停车位928个。

同日，气象路3号地块拆迁安置房完成竣工联合验收。

同月，《中国共产党海曙历史大事记（2000—2012）》由中共党史出版社出版发行。

同月，海曙区设立稳增促调专项补助资金，补助区所属有关企业（淘汰类企业、中央企业、国有企业除外）。

9月

1日，孙文英小学气象路校区启用。

6日，海曙区出台《关于推进2016年海曙区现代服务业技能人才工作的通知》。

8日，八集留学生创业园开园，是宁波市首个PPP模式的留创园。

9日，海曙区庆祝第32个教师节暨先进表彰在宁波市广济中心小学举行。

10日，《海上丝绸之路》特种邮票首发式在永丰库遗址公园举行。

同日，海曙区获2016中国智慧城市推进工作成就奖。

同日，海曙区生活垃圾分类转运站开工建设。工程选址在范江岸北侧、规划路西侧、蔡家河南侧、现状垃圾中转站东侧。

11日，美国国家地理经典影像盛宴世界巡展宁波站在1844·和义艺术生活中心启幕。

12日，十届全国人大常委会副委员长、中国关心下一代工作委员会主任顾秀莲到海曙区调研关心下一代“四化”创新性工作经验。

21日，海曙区换届工作领导小组（扩大）会议召开。

同日，海曙区发布全国首个历史文化街区地方标准规范——《历史文化街区建设活动和服务管理指南》。

同日，团中央基层建设部副部长尹嬿到鼓楼街道调研。

22日，宁波首个综合性公益聚集地——宁波市公益街开街。

23—24日，海曙区举办2016北京、上海、香港宁波校友会代表“家乡行”活动，65名曾就读于宁波重点高中的校友参加。

24日，民政部副部长宫蒲光到海曙区调研公益街建设和发展情况。

29日，科技部火炬中心公布第三批国家级众创空间名单，海曙区和宁波工程学院共建的“海蓝宝”众创社区入选，成为海曙区首家国家级众创空间。

30日，“不朽的丰碑”海曙区纪念红军长征胜利80周年大型文艺晚会在区文体中心举行。

同月，“宁波智慧海曙”项目获“浙江省智慧城市成果展优秀项目奖”。

同月，海曙区首批星级“平安家庭”评定，138户家庭获“五星平安家庭”。

10月

8日，海曙区国税局开发的“金税三期”工程优化版（办税系统）上线。

10日，海曙区“海之梦”社会浸润型学生职业体验活动（“海之梦”社会实践活动）被中国成人教育协会、国家全民终身学习专家小组确定为全国终身学习品牌项目。

12日，省卫生计生委评估领导小组对海曙区创建“新一轮全国计划生育优质服务先进单位”情况进行评估。

同日，天一广场商圈获“浙江省放心消费创建示范区”称号。

14日，海曙区首届光明书香节在第十五中学实验校区启动。

17日，海曙区包括工商联（商会）会员在内的14家企业品牌价值被列入“宁波品牌百强榜”，品牌总价值448.2亿元。

18日，海曙区产权交易系统上线试运行。

18—20日，省教育现代化评估组到海曙区开展教育基本现代化区督导评估。

19日，海曙区助残类社会组织孵化基地在卖鱼路91号挂牌运作，成为全省首家专门孵化社会助残组织的基地。

24日，宁波市行政区划调整工作动员大会召开，原属宁波市鄞州区的集士港镇、古林镇、高桥镇、横街镇、鄞江镇、洞桥镇、章水镇、龙观乡、石碶街道划归宁波市海曙区管辖。

29日，2016年海曙区全民终身学习活动周暨第六届社区教育节启动，活动主题为“推进全民继续教育、建设学习型海曙”。

同日，由宁波爱珂文化集团主办的Over Soul舞蹈剧场落户海曙文体中心，是全省首家民营舞蹈剧场。

30日，海曙区选送的舞蹈《阿婶合唱团》获全国第十七届全国“群星奖”。

31日，宁波宁兴云电子商务有限公司一批运动服装在宁波国际邮件互换局通过海关和国家质量监督检验检疫总局现场监管查验后，直接出口欧美国家。成为首批通过实单测试的跨境电商邮件。

10月，宁波德高贝登广告有限公司融合海曙本土文化制成的候车亭广告，在第23届中国国际广告节上获中国广告业长城奖6项奖项。

10月，天封塔修缮工程完工。此次修缮是自1989年重建后的首次修缮。

11月

2—3日，“中日合作研究项目——中国培智学校自闭症教育开发课程研究成果展示”活动在达敏学校举行。

3日，芬兰萨塔昆塔大区首席执政长官、区常委会主席（委员长）Tapio Huhtane率11人代表团到海曙区访问，双方关于具体产业承接、合作平台建设进行交流并签署会议纪要。

同日，海曙区社工协会获评全国社会工作服务示范单位，胜丰社区被评为全国社会工作服务示范社区。

同日，海曙月湖金汇小镇发展论坛在宁波香格里拉大酒店举行。

5日，第一批浙江省美丽乡村示范县和示范乡镇名单公布，龙观乡入选美丽乡村示范乡镇。

10日，省人大常委会副主任王辉忠到海曙区调研人大工作，实地考察

11月24日，海曙区集士港镇党委、人大、政府、纪委、武装部揭牌

白云街道人大代表联络站运行情况。

11日，“甬忆中山”——孙中山150周年诞辰、访甬100周年特展暨宁波甬上名人文化陈列馆开馆仪式在中山广场逸仙楼举行。

同日，全市首批“十佳品质社区”出炉，望春街道水岸心境社区入选。

17日，海曙区召开领导干部大会，宣布宁波市行政区划调整和省、市委关于海曙区领导班子换届人事安排的决定，标志着海曙区新的行政体制正式运行。

19日，中国城市环境卫生协会公布2016光大杯系列“最美公厕”评选结果，柳汀公厕和中山广场北公厕分别获评“最美公厕”创意奖和管理奖。

23日，海曙区划调整工作动员大会召开。

同日，海曙区首个颁发预售许可证的房地产项目鹰茂地产金悦府开盘预售。

24日，区四套班子领导陈志国、毕东华、张启表、李晓东、谭国洪等分5组，前往集士港镇、古林镇、高桥镇、横街镇、鄞江镇、洞桥镇、章水镇、龙观乡、石碶街道，为新划入镇乡（街道）党委、人大、政府、纪委、武装部揭牌，并作动员讲话。

28日，海曙区西塘河（长乐村—高乐村）水环境综合整治工程被省水利厅评为2016年浙江省河道生态建设示范工程。

29日，海曙区换届选举工作会议召开。全区党代会、人代会、政协会议的换届选举工作全面启动。

30日，团中央志工部副部长刘钢率吉林、安徽、江西等16个省的志愿服务工作负责人到海曙区考察青年志愿服务工作。

同月，海曙区启动人物纪实专题片《峥嵘岁月的记忆》拍摄。

同月，龙观乡获评浙江省首批美丽乡村示范镇（乡）。

12月

1日，全区首张“两证整合”个体工商户营业执照办理。

6日，海曙区选举委员会召开第一次会议，研究部署区、镇（乡）两级人大换届选举工作。

7日，海曙区“六五”普法总结暨“七五”法治宣传教育部署会召开。

8日，祖关山文化公园开放。

同日，海曙区在鼓楼沿开展宁波历史文化名城公布30周年现场宣传活动。

同日，“老街唤青——宁波市历史文化街区风华艺录”作品展在宁波同心书画院开展，展出各类美术及视频作品近200件。

10日，宁波八行文化陈列馆开馆仪式暨南宋四明史氏先祖画像、传记展在月湖景区举行。

同日，海曙区首届“礼乐海曙”暨汉服文化周活动开幕式在鼓楼永丰库遗址公园举行。

13日，海曙区召开小城镇环境综合整治（美丽集镇建设）暨治危拆违工作动员大会。

同日，海曙区选举委员会召开第二次会议，会议通过选区划分方案，各选区工作组正、副组长名单及无法行使选举权、被选举权人员名单。

同日，西成村、后孙村安置房（澄波华庭小区）竣工验收。

14日，省人大常委会副主任冯明到海曙白云街道代表联络站开展主题接待活动。

18日，海曙区举行“道德星空·身边楷模”第三届道德模范颁奖活动。

20日，省委组织部副部长、“两新”工委书记张学伟到海曙区社会组织党建服务中心和宁波市公益一条街调研海曙社会组织党建工作。

22日，“乐动海曙”2017新年音乐周系列活动开幕式暨“华章新乐”海曙区新年音乐会在宁波逸夫剧院举行。

24日，宁波邮政管理局在南塘老街宁波国医堂举行《纪念张沛虬先生100周年诞辰》纪念封首发仪式。

26日，由区工商联支持，执委企业、浙江福慧文化传播有限公司、宁波市安徽商会及诺亚财富主办的商帮经济论坛暨“2017”慈善晚会召开。

27日，狮丹努集团总部大楼完成综合竣工验收。

29日，“断头路”项目——沁园路（机场路—福德路）完工，全长300米，宽28米。

同月，长春路（柳汀街—共青路）道路工程完工，全长400米，宽34米。

同月，海曙区对城区内河水质日常维护提升项目进行验收，涉及吴黄河、泗州横河、庙后河等12条城区内河，水域面积超过22万平方米。

同月，宁波太平鸟时尚服饰股份有限公司的IPO申请获证监会批准，在上海证券交易所上市，发行不超过1.05亿股，计划融资15.29亿元。

同月，全市首条科普一条街在段塘街道南苑社区建成。

（区委党史研究室）

海曙概览

自然环境

【地理位置】 原海曙区地处浙江省东北部的东海之滨、宁波市区中心地带，位于奉化江、姚江汇合为甬江的三江口。境域东南、西南接鄞州区，东北濒余姚江经新江桥、解放桥、永丰桥与江北区相连，东南临奉化江跨灵桥、江厦桥、琴桥、兴宁桥、铁路桥与原江东区相通。东西长7.25千米，南北宽9.1千米，总面积29.44平方千米。

2016年9月，宁波市行政区划调整后，海曙区面积增至595.5平方千米，成为集中心城区、郊区、山区为一体的复合型城区。

【地形地貌】 区境属宁波平原，无山无陵，地势平坦，水网纵横，平均海拔高程2.2米。发源于四明山的余姚江和奉化江，流经境域北边和东边，在桃花渡外三江口交汇成甬江出镇海口入海。境内有月湖及南塘河、中塘河、后塘河等河流。区划调整后，原属鄞州区的西部山区划入海曙区，系四明山脉，境内最高峰为龙观乡与奉化区交界处的奶部山，海拔915米。

【气候】 海曙区属北亚热带季风气候，四季分明，春秋季稍短、冬夏季略长。冬季受西伯利亚冷高压控制，西北风冷而干燥；夏季在西太平洋副热带高压笼罩下，东南风暖热湿润；春秋季为季风转变期，多低温阴雨。

2016年平均气温16.9℃，1月最冷，平均气温5.4℃；7月最热，平均气温28.3℃。气温适中，酷暑时间短，严寒天数少，全年无霜期241—270天。年平均总日照时数1780小时，日照百分率40%；地域分布北多南少，差异130小时左右。年总降水量1457毫米，雨日155天，3—5月多锋面或锋面气旋活动，常是春雨连绵，雨量、雨日分别占全年的25.1%和29.7%；6月中旬中至7月上旬末为梅雨季，持续阴雨，间有大雨，雨量约占全年的15%；7—9月为台汛期，常有台风、东风系统或初秋冷暖空气交绥影响而形成的强降雨，尤其是9月因冷空气与台风结合，成为一年中大到暴雨最多的月份，雨量约占全年的12.9%。全年气温显著偏高，雨量异常偏多，雨日偏多，日照时数偏少，气候总体较为异常，气象灾害影响程度中等。

主要气候特点：冬季，1—2月气温略偏高，雨量偏多，雨日明显偏少，日照时数偏多，1月降水过程多，下旬出现异常低温，2月温高雨少光照足，作物生长快；春季，气温偏高，雨量、雨日偏多，日照时数偏少，早生茶受冻严重，5月频现连阴雨；夏季，气温偏高，雨量雨日、日照时数接近常年，入梅出梅早，梅后阶段性持续高温明显；秋季气温偏高，雨量雨日偏多，日照时数偏少，台风、连阴雨影响大；12月气温异常偏高，雨日偏多，雨量、日照时数偏少，冬至日出现罕见短时强降水和雷电天气。

年平均气温17.6—18.4℃，比常年高0.8—1.4℃，各月平均气温均不同程度偏高，3月、4月、7月、10月、11月、12月偏高1℃以上，其中10月、12月偏高2℃以上。市区极端最高气温38.9℃，出现在7月21日；极端最低气温-6.7℃，出现在1月25日；日最高气温≥35℃的高温日数28天，比常年多6天；日最低气温≤0℃的冰冻日数13天，较常年少7天；日平均气温稳定通过10℃初日出现在3月27日，较常年早2天；终霜期（日最低气温≤4℃）出现在3月26日，较常年早6天；12月7日出现初霜冻，比常年晚17天。年降水量1682—2244毫米，比常年偏多257—896毫米，9月台风降水之多历史罕见，11月持平，2月、3月、7月、8月、12月偏少，其他月份不同程度偏多，其中1月、5月、9月较常年偏多九成以上。年雨日167—181天，比常年偏多7—29天，市区最长连续降水日数8天，出现于4月3—10日，累计降水量59.6毫米；最长连续无降水日数13天，出现于2月24日至3月7日。年日照时数1367—1690小时，较常年偏少一成二，其中7月接近常年，2月、3月、8月偏多，其余各月均不同程度偏少，10月异常偏少。

（区委党史研究室、市气象局）

历史文化

【历史沿革】 1949年以前，海曙境地从未单独建置。秦汉时属会稽郡，为鄮县属地。唐武德四年（621），罢郡置州，以原句章、鄞、鄮3县地置鄞州，境内为鄞州属地。武德八年（625），废鄞州复鄮县，为鄮县属地。开元二十六年（738），析越州别置明州，区境属明州，为鄮县属地。天宝元年（742），明州改为余姚郡，为余姚郡鄮县属地。乾元元年（758），余姚郡复改明州，为明州鄮县属地。元和四年（809），鄮县县治由小溪徙境内。长庆元年（821），始建子城，为明州属地。中和三年（883），升浙东道节度使为义胜军节度使。光启三年（887），改义胜军为威胜军。乾宁二年（895），董昌称帝，号大越罗平国。次年国灭，改威胜军为镇东军，明州均为上述建制下的属地，境内均为明州属地。五代十国时群雄割据，开平元年（907），武肃王钱镠建吴越国，开平三年（909），钱镠奄有明州，升明州为望海军，为避后梁太祖朱晃之祖朱茂琳（茂鄮同音）讳，改鄮县为鄞县，为鄞县属地。北宋建隆元年（960），改望海军为奉国军，为奉国军鄞县属地。太平兴国三年（978），吴越纳国归宋，奉国军隶两浙路。南宋淳化四年（993），明州隶两浙东路。宋宁宗登位改元庆元，升州为府，以次年改号的年号名府，称庆元府，为庆元府鄞县属地。元至元十四年（1277），改庆元府为庆元路，为庆元路鄞县属地。明洪武元年（1368），庆元路改明州府，为明州府鄞县属地。洪武十四年（1381），改明州府为宁波府，为宁波府鄞县属地。清朝建立后，仍沿用明朝的府县名称。中华民国成立后废府，境地属鄞县。1927—1931年，于鄞县城厢建立宁波市，境地属宁波市，后撤市复入县。

宁波解放后，1949年6月，中共浙江省第二地方委员会（简称宁波地委）和宁波军管会派出军代表为主的民运工作团，接管城区海曙、灵塔、镇明、长春、西郊、北郊等6镇镇公所，以镇设区，配备各区正、副区长。此为境域最早人民政权。1949年10月，宁波市人民政府（1949年6月24日析鄞县城区及近郊成立）调整市辖政区，海曙、灵塔、镇明、长春、西郊和北郊等6区合并为海曙、镇明两区，设海曙区公所和镇明区公所。1950年6月，海曙区公所和镇明区公所撤销，两区政务由境内苍水、孝闻、西郊、江厦、湖西、县学、南郊7个派出所管理。1951年5月，恢复海曙区和镇明区，两区各设人民政府。同年8月，海曙、镇明两区分为海曙、望京、月湖、灵塔4区，建立各区人民政府。1952年8月，上述4区仍合并为海曙、镇明两区，重建海曙区人民政府和镇明区人民政府。1956年2月，海曙区、镇明区机构撤销，建立苍水、孝闻、鼓楼、西郊、江厦、仓桥、湖西、县学、药行、天封10个街道办事处。1958年9月，10个街道办事处合并为海曙和镇明两个街道办事处。1960年6月，撤销海曙、镇明两个街道办事处，成立海曙人民公社，设公社管理委员会，实行政社合一的管理体制。1963年，海曙人民公社分为海曙人民公社和镇明人民公社，公社管委会也一分为二。1969年5月、8月，先后成立镇明人民公社革命委员会和海曙人民公社革命委员会。1970年，人民公社改为区。海曙、镇明两区仍设革命委员会。

1978年9月19日，浙江省革命委员会决定，宁波市海曙区、镇明区为市辖区一级政权建制。1984年1月，浙江省人民政府决定，并经国务院批准，海曙、镇明两区合并，组成宁波市海曙区，下辖湖西、县学、苍水、孝闻、仓桥、西郊、江厦、天封8个街道及西郊乡与段塘镇。同年8月，西郊街道改名为西门街道，新成立马园街道。1987年4月，西门街道分拆为西门和高塘两个街道。1992年10月，调整街道区划，湖西、县学、仓桥（部分）合并为月湖街道，苍水、孝闻合并为鼓楼街道，仓桥、马园合并为南门街道，西门、高塘合并为西门街道，江厦、天封合并为灵塔街道。1996年8月，经宁波市人民政府批准，新成立白云街道。2002年4月，撤销西郊乡，建立望春街道；撤销段塘镇，建立段塘街道。2003年10月，灵塔街道更名为江厦街道。2016年9月，宁波市行政区划调整，原属鄞州区的集士港镇、古林镇、高桥镇、横街镇、鄞江镇、洞桥镇、章水镇、龙观乡、石碶街道划归海曙区管辖。

【名胜古迹】 天一阁位于月湖街道。始建于明朝中期，占地面积2.6公顷，由当时退隐的明朝兵部右侍郎范钦主持建造，至今有400余年历史，是中国现存最早的私家藏书楼，也是亚洲现有最古老的图书馆和世界最早的三大家族图书馆之一。现藏有各类古籍近30万卷，其中珍椠善本8万卷，尤以明代地方志和科举录最为珍贵。1982年被国务院公布为全国重点文物保护单位，现为国家AAAA级旅游景区。

天封塔位于大沙泥街西端与解放南路交汇处。始建于唐武则天“天册万岁”至“万岁登封”（695—696）年间，因建塔年号始末“天”“封”而得名。建成后塔高18丈，约51米，七明七暗（地宫）共14层，呈六角形。现为国家级文物保护单位。

它山堰是中国古代著名的水利工程，与都江堰、灵渠、郑国渠合称为中

天一阁

国古代四大水利工程。它山堰水利枢纽位于鄞江镇西首，是唐太和七年（公元833年）鄮县县令王元组织民众建造，历经宋建隆、明嘉靖、清咸丰等代修缮疏浚、增筑，至今仍在发挥作用。工程全长113.73米，面宽4.8米，堰顶高程3.85米，规模宏伟，建造精密，结构完整，构筑科学。1988年被国务院公布为全国重点文物保护单位。

梁祝文化公园地处高桥镇，为晋代梁祝墓、庙古遗址所在地。1997年，梁山伯古墓遗址和出土文物在梁祝公园被发掘。梁祝文化公园以倡导梁祝爱情为文化内涵，以梁祝故事“草桥结拜”“三载同窗”“十八相送”“楼台相会”“化蝶永伴”为主线，占地面积20公顷，是规模宏大的爱情主题公园。

五龙潭景区为国家AAAA级旅游景区、省级风景名胜区，位于龙观乡，景区面积24.93平方公里，由龙潭飞瀑、青云梯和鸣凤水等3个小景区组成，属丘陵。主要特点是众多飞瀑深潭连成一串，跌宕在峭壁峡谷之中，隐现在茂林修竹之间。龙潭飞瀑景区有五井十二瀑；青云梯景区拥有号称“天下第一梯”的2008级石阶和号称“华东第一瀑”的落差均80米的天门、水门两瀑。

【方言】 海曙区城区方言属于吴语浙北区明州片（也称甬江片），是宁波市区方言的代表，既有吴语的共性，也有自身特点，主要表现在语音上。新划入的原鄞州西片区与余姚市交界的杖锡山区说余姚话，属于吴语太湖片临绍小片。区域差异之外，还有老派、新派之分，语音、词汇、语法三个方面为主要体现所在，老派方言中尽可能多地延续语言传统成分，新派方言积极吸收新词汇，有日趋与普通话同化倾向。

（区委党史研究室）

区划人口

【行政区划】 2016年，海曙区辖集士港、古林、高桥、横街、鄞江、洞桥、章水7个镇及龙观乡，石碶、月湖、西门、江厦、南门、鼓楼、白云、望春、段塘9个街道，共17个乡级政区，下辖168个行政村、98个社区、5个城镇居委会。

【人口】 2016年，海曙区有户籍人口624436人，同比增长0.2%，其中原海曙区域户籍人口296545人，下降0.3%。

海曙区出生5625人，死亡3334人。原海曙区域出生2885人，死亡1469人，人口自然增长率4.77‰。

（区委党史研究室）

草席制作工艺

名优特产

【席（蔺）草】 宁波是全国席草主要产地之一，唐代草席出口朝鲜。20世纪70年代引入日本蔺草（系古时鄞县席草流传日本后改良而成）。主要分布在原鄞州西部平原地区。席草制品以眠床草席为主，黄古林草席最闻名，中华人民共和国成立初期，周总理出席日内瓦会议，以40条黄古林草席赠送给各国元首及国际友人。蔺草主要加工成榻榻米出口日本。

【浙贝母】 浙贝母简称浙贝，是中药“浙八味”之一。章水镇是全国浙贝母主要产区，历来产量占全国总量的一半以上，2003年，被中国特产之乡命名委员会命名为“中国浙贝之乡”。

【横街竹笋】 横街镇为“中国竹笋之乡”，有浙江省单片面积最大的竹山（3333.33公顷）资源，四季产笋，每年春笋、鞭笋、冬笋等产量可达1.2万余吨，其中大雷“黄泥拱”毛笋更是翘楚，以株大肉厚、甜嫩可口等优良品质驰名海内外。

【梅园石】 梅园石分布于鄞江镇梅园一带，色调红如枫叶，是高档建材，尤宜于大型雕刻，代表作有保国寺观音阁石雕大柱、800余年历史的日本国宝奈良东大寺石狮子、2007年宁波市赠送佛罗伦萨的文臣武将石像等。

【澄浪潭泉水】 澄浪潭地处鄞江镇，该潭深52米，直径8米，日出水量3000

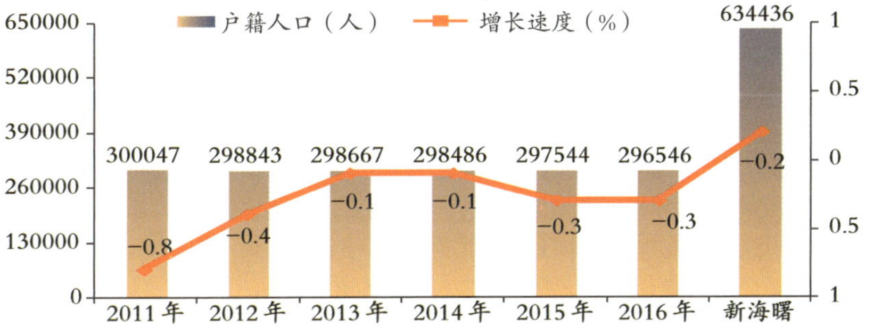

2011−2016年海曙区户籍人口变化示意图

余吨，是浙江省内最大的地下泉水。专家勘测，泉水从近百米深的地下岩缝喷涌而出，不受地表水和气候影响，水温常年恒温在18℃左右，且涝时不增，旱时不减，实属罕见。经化验分析，权威评价该潭水水质达到国家地面一类水源质量标准，属国家一级地下（低钠）泉水。

【洞桥“八戒”西瓜】 洞桥镇种植西瓜有较长历史，以“八戒”为注册商标的洞桥西瓜以其皮薄、质脆、味甜而享誉宁波，被评为“浙江省十大优质名瓜”。

（区委党史研究室、区统计局）

经济和社会发展

【综合实力】 2016年，海曙区实现地区生产总值（GDP）1039.36亿元，原海曙区域实现地区生产总值（GDP）595.17亿元，同比增长6.5%。其中，第二产业增加值109.18亿元，增长3.1%；第三产业增加值485.99亿元，增长7.3%，对经济增长的贡献率分别为9.6%和90.4%。三次产业结构为0∶18.3∶81.7。人均GDP达20.04万元（按年平均汇率折算为30165美元）。

原海曙区域全年完成财政总收入80.21亿元，下降11.9%，其中一般公共预算收入51.65亿元，下降20.7%。完成一般预算支出35.37亿元，下降4.1%。

原海曙区域城镇新增就业人数13924人，保持公益性岗位1200个，失业人员再就业7722人，就业困难人员实现就业2585人。

居民消费价格同比上涨2.1%，涨幅上升0.3个百分点。

【工业】 2016年，海曙区实现工业增加值308.29亿元，同比增长4.2%，占地区生产总值比重为29.7%。规模以上工业企业实现增加值225.90亿元，增长1.2%；实现工业产值1308.84亿元，增长2.4%，其中，制造业实现产值931.31亿元，下降0.2%；实现销售产值1287.52亿元，增长1.6%；实现出口交货值290.69亿元，下降2.4%；产销率达98.37%。实现主营业务收入930.53亿元，下降0.3%；实现利润总额53.76亿元，利税总额79.00亿元，分别下降9.3%和7.5%。

原海曙区域全年实现工业增加值74.65亿元，同比增长5.3%，占地区生产总值比重为12.5%。实现工业总产值409.26亿元，增长8.1%。规模以上工业企业实现增加值47.61亿元，增长7.5%；实现工业产值402.32亿元，增长8.4%，其中，制造业实现产值30.82亿元，下降5%；实现销售产值400.59亿元，增长8.2%；实现出口交货值13.52亿元，增长6%；产销率达99.57%。实现主营业务收入53.67亿元，下降9.1%；实现利润总额5.17亿元，利税总额7.03亿元，分别下降17.3%和15.3%。

【建筑业】 2016年，海曙区实现建筑业增加值56.51亿元，同比下降0.2%，占地区生产总值比重为5.4%。注册的资质建筑业企业120家，其中二级及以上资质企业91家。全年总承包和专业承包建筑业企业实现产值628.06亿元，其中外省产值303.87亿元；房屋施工面积4263.7万平方米。实现主营业务收入418.60亿元，实现利润总额21.11亿元。

原海曙区域全年实现建筑业增加值34.53亿元，同比下降1.4%，占地区生产总值比重为5.8%。注册的资质建筑业企业90家，其中二级及以上资质企业70家。全年总承包和专业承包建筑业企业实现产值502.59亿元，增长2.9%，其中外省产值245.15亿元，增长17.9%；房屋施工面积3397.2万平方米，增长10.5%。实现主营业务收入336.68亿元，下降0.9%；实现利润总额16.83亿元，增长1.7%。

【固定资产投资】 2016年，海曙区新开工项目186项，计划总投资334.98亿元；年末各类在建工程185项，其中计划投资5亿元及以上项目50项。实现固定资产投资376.14亿元，同比下降0.4%。其中，基础设施投资82.65亿元，下降20.7%；民间投资127.12亿元，下降22.4%。

原海曙区域全年新开工项目31项，计划总投资125.48亿元；年末各类在建工程48项，其中计划投资5亿元及以上项目18项。实现固定资产投资158.5亿元，同比下降9.1%。其中，第三产业投资157.68亿元，下降8.0%；基础设施投资35.09亿元，下降40.6%；保障房投资20.83亿元，下降68.4%；民间投资47.33亿元，增长25.1%。

【房地产】 2016年，海曙区实现房地产开发投资132.13亿元，同比增长44.1%。其中，住宅开发投资74.55亿元，办公楼开发投资12.32亿元，商业营业用房开发投资21.28亿元。实现商品房销售面积107.5万平方米，增长12.6%，其中住宅销售面积90.6万平方米、办公楼销售面积2.7万平方米。

原海曙区域全年实现房地产开发投资91.10亿元，同比增长139.6%。其中，住宅开发投资44.68亿元，增长2.2倍；办公楼开发投资11.31亿元，增长49.1%；商业营业用房开发投资18.61亿元，增长132.6%。实现商品房销售面积32.8万平方米，增长25.5%。其中，住宅销售面积23.0万平方米，增长48.6%；办公楼销售面积2.7万平方米，下降53.2%。

【国内贸易】 2016年，海曙区实现社会消费品零售总额868.39亿元，同比增长10%，其中原海曙区域实现社会消费品零售总额644.74亿元，增长7.2%。实现商品零售额816.89亿元，增长10%；餐饮收入额51.5亿元，增长9.9%。在限额以上批发和零售企业商品零售额中，日用品类增长74.2%，建筑及装潢材料类增长47.3%，汽车类增长7.4%，文化办公用品类增长6.5%，中西药品类增长6.4%，石油及制品类增长4.6%，家用电器和音像器材类增长0.7%，服装、鞋帽、针纺织品类下降0.3%，粮油食品类下降1.4%，金银珠宝类下降31.6%。

【旅游业】 2016年，海曙区规模以上旅行社实现营业收入8.81亿元，同比增长3.5%，其中原海曙区域规模以上旅行社实现营业收入8.36亿元，增长4.6%。限额以上住宿餐饮业实现营业额18.21亿元，下降7.5%，其中原海曙区域限额以上住宿餐饮业实现营

月湖

业额15亿元，下降6.8%。原海曙区域接待国内外游客972.9万人次，增长14.3%；旅游收入129.8亿元，增长10.8%。年末拥有星级宾馆18家，其中五星级宾馆4家、四星级宾馆3家。

【对外经济、招商引资】 2016年，原海曙区域实现货物进出口总额361.16亿元，同比下降6%。其中，出口总额324亿元，下降5.6%；进口总额37.16亿元，下降9.1%。按美元计价，实现货物进出口总额54.8亿美元，同比下降11.5%。其中，出口总额49.16亿美元，下降11.2%；进口总额5.64亿美元，下降14.4%。

原海曙区域新增境外投资企业12家，实现境外工程承包和劳务合作营业额1.18亿美元，下降6.9%。

原海曙区域合同利用外资7342万美元，下降55.9%；实际利用外资4603万美元，下降69.8%。

海曙区新设立内资企业5930户，新增注册资本（金）349.36亿元。其中，原海曙区域新设内资企业3593家，同比下降13.5%；新增注册资本（金）285.33亿元，增长63.6%。新设立个体工商户7737户，资金5.51亿元，其中原海曙区域新设个体工商户3599家，资金数额3.91亿元，分别增长4.3%和62.5%。原海曙区域注销内资企业1183户，增长11.9%；注销个体工商户3324户，下降1.3%。原海曙区域共办理"个转企"92户，其中75家为有限公司。原海曙区域实际引进大市外内资31.22亿元。

【运输业】 2016年，海曙区实现交通运输、仓储和邮政业增加值41.85亿元，同比增长2.8%，占地区生产总值比重为4%。规模以上交通运输企业实现营业收入208.92亿元，下降12.8%；营业利润亏损5.56亿元。其中，规模以上货运代理企业营业收入下降18.4%，营业利润增长30.4%。

原海曙区域实现交通运输、仓储和邮政业增加值29.84亿元，同比增长1.3%，占地区生产总值比重为5%。规模以上交通运输企业实现营业收入160.98亿元，下降1.1%；营业利润亏损2.9亿元。其中，规模以上货运代理企业营业收入下降2.2%，营业利润增长34.3%。

【金融】 2016年，海曙区实现金融业增加值108.04亿元，同比增长1%，占地区生产总值比重为10.4%。其中，原海曙区域实现金融业增加值77.02亿元，下降1.5%，占地区生产总值比重为12.9%。

地区总部在海曙区的银行业企业11家。实现人民币存款余额6565.04亿元，增长1.2%；实现人民币贷款余额6959.89亿元，增长1.9%。年末银行不良贷款率3.36%，上升0.17个百分点。

地区总部在海曙区的保险业企业19家。实现保险业务收入200.89亿元，增长12.5%，其中，财产险和人寿险分别实现保险业务收入97.87亿元和103.02亿元，分别增长4.6%和21.2%。各类赔款给付88.89亿元，增长8.7%。

【教育、科技、人才】 2016年，原海曙区域有中小学24所，在校中小学生26943人。义务段入学率、中小学巩固率、初中升入高中段比例、三残儿童（"智残""体残""肢残"三类儿童）入学率达100%。有幼儿园45所，在园幼儿11189人，普惠性幼儿园招生覆盖率76.5%，等级幼儿园招生覆盖率99.2%。标准化学校创建率达100%。在编教职工2225人，其中专任教师2160人。中小学、幼儿园专任教师合格学历均达100%。拥有享受国务院特殊津贴专家1人，正高级职称3人，省特级教师12人，市名教师、市名校长、市学科骨干54人。通过省教育基本现代化区评估。

有院士工作站1家。国家级高新技术企业115家，其中原海曙区域15家。市级创新型企业20家，其中原海曙区域1家。创新型初创企业676家，其中原海曙区域108家。市级企业研究院5家，其中原海曙区域1家。原海曙区域全年专利授权量868件，其中发明专利授权量208件，同比增长17.5%。实现技术交易额1.7亿元，规模以上科技服务业实现增加值13.72亿元，增长11.9%，总量居全市各县（市、区）首位。原海曙区域科技信贷风险池投入规模500万元，全省首个科技治水园区建成使用。

举办海曙区"聚焦海蓝宝"人才创业创新月和第二届电子商务人才节，挂牌成立14个"海蓝宝"双创示范基地。原海曙区域全年引进各类人才4361人，引进高端人才项目14个，引进市"3315计划"海外高层次人才1人，4人获评市级"海外工程师"，入选宁波市企业技术创新团队2家。年末人才总量保持在10万人以上。

【文化、卫生、体育】 2016年，原海曙区域举办各类文化活动511场。区图书馆接待读者近38万人次。1个舞蹈作品摘得全国"群星奖"，成为省内唯一连续4届获得奖项的县（市、区）。获得国家、省级各类奖项4个。全省首个历史文化街区地方标准规范公布发行，全省首个"文化市场综合执法双随机系统"启动运行。第四批区级代表性非物质文化遗产名录公布。

3月28日，竺玉峰在浙江省中医院成功捐献造血干细胞

原海曙区域建成12家基层“云诊室”。全市首家“互联网+”健康楼宇服务模式在江厦街道试点，并建成首个“线上线下”一体化的e健康工作室。新型家庭医生签约3.9万人。拥有直属医疗卫生机构12个，门诊部以上社会办医疗机构36个，拥有医疗床位690张。全年门诊量403.6万人次。推进“全面二孩”生育政策，登记2328人。发放计划生育家庭奖励扶助金754.9万元，惠及1477人。计划生育率为98.2%，885对待孕夫妇享受免费孕前优生健康检查。

原海曙区域举办各类比赛（活动）295项，参与者3万余人次。有社会体育指导员2003人，其中国家级8人。1所小学通过国家级足球特色学校公示，各有1所中学和小学通过省足球特色学校公示。获全国老年人柔力球集体全能套路（乙组）优胜奖，省女子体育节体操团体一等奖、滚铁环团体二等奖和健身气功团体一等奖。创建成为省级国民体质监测中心。

【人民生活、社会保障】 2016年，海曙区城镇居民人均可支配收入55127元，同比增长7.7%，扣除物价因素，实际增长5.5%。市区农村居民人均可支配收入30346元，增长8.0%，扣除物价因素，实际增长5.8%。

原海曙区域职工养老、医疗、失业保险参保人数分别达19.3万人、21.7万人、14.8万人，分别增加0.1万人、0.1万人、0.3万人；工伤保险参保人数14.7万人，与上年基本持平；生育保险参保人数13.8万人，减少0.3万人。户籍人口养老保险参保率97%，基本医疗保险参保率保持在95%以上，发放社会保障卡4.2万张，累计发放38.5万张。新建6个居家养老服务站点，新增养老床位146张。

原海曙区域143家单位、30506人次参加捐款，募集善款1809.2万元，其中“慈善一日捐”210.7万元。开展“甬志愿”公益众筹平台，17个公益项目募集善款14.6万元。累计救助困难群众11662人次，救助支出903.5万元。新增2家社区爱心基金。红十字会接受社会捐助37.4万元。开展“暖巢行动”志愿服务项目，1150名空巢老人受惠。培训执证救护1395人，普及培训27479人。实现造血干细胞捐献1例、人体器官捐献1例、角膜捐献2例。

【生态建设、社会安全】 2016年，原海曙区域淘汰“黄标车”33辆、老旧车辆398辆。生活垃圾分类在原海曙区域223个小区推广。改造旧住宅区、旧厂区、城中村95.7万平方米，拆除违法建筑11.5万平方米，完成13条内河清淤疏浚和12条内河水质提升。黄家河沟通及泵闸工程竣工投入使用，完成23个老小区雨污分流改造工程，28条路段管网实现升级改造。新增5146个停车位，新安装公共自行车租赁点位35个，投放自行车860辆。建成全市首个“基本无蓝色屋面（立面）区”。

连续11年获评省级平安县（市、区）。开展“春雷”“猎狐2016”“平安护航G20（杭州峰会）大会战”等专项行动。原海曙区域破获刑事案件1813起，其中命案及严重暴力案件破案率均达100%；刑事案件、盗窃案件和“两抢”案件发案数分别下降15.2%、16.4%和37.0%。构建法律援助案件办案质量监督体系，办理法律援助案件453件，调解民间纠纷4960件。连续2年未发生生产经营性火灾事故。

（区统计局）

注：

（1）本部分各项数据来源于《2016年宁波市海曙区国民经济和社会发展统计公报》，所列各项数据均为初步统计数，正式数据以《宁波市海曙区统计年鉴（2017）》为准，下同。

（2）地区生产总值及各产业、行业的增加值绝对数按当年价格计算，增长速度按可比价格计算，即扣除物价变化的实际增长，人均生产总值按户籍人口计算。

（3）规模以上工业指年主营业务收入2000万元及以上的工业企业。

（4）2015年始，社会消费品零售总额按法人在地原则统计，不再按门店所在地划分，与历年数据不可比。

（5）限额以上批发和零售业指年主营业务收入2000万元及以上的批发业、年主营业务收入500万元及以上的零售业。

（6）限额以上住宿和餐饮业指年主营业务收入200万元及以上的住宿和餐饮业。

（7）规模以上交通运输业指铁路运输业，年营业收入1000万元及以上的公路旅客运输业，年营业收入500万元及以上的道路货物运输业、客运汽车站、其他水上运输辅助活动业、运输代理服务业，年营业收入200万元及以上的装卸搬运业。

（8）固定资产项目统计范围为计划总投资500万元及以上的固定资产投资项目。

（9）资质建筑业企业主要包括施工总承包、专业承包和劳务分包企业。

（10）根据上级统一部署，企业职工养老保险参保人数的统计口径和方法有所调整，上年数据作同口径调整。

中国共产党海曙区委员会

综　述

2016年，面对严峻复杂的发展环境，区委推进"四个领跑"战略，一手抓经济社会发展，一手抓区域调整优化，实现"十三五"规划良好开局。

区域（原海曙区域）综合实力实现地区生产总值595.2亿元，财政总收入80.2亿元，其中一般公共预算收入51.6亿元，固定资产投资158.5亿元，社会消费品零售总额644.7亿元，实际引进大市外内资、"浙商回归"实到资金分别完成年度考核任务的124.9%和232.3%。深化改革促进发展活力，推进"海上丝绸之路"试验区、金融创新示范区、首批省服务业强区试点等重点改革。总部经济持续壮大，高新技术、金融服务等新兴产业集聚。电商强区建设为区域经济发展积聚后劲，宁波（国际）电子商务产业园效应显现，传统商贸业、都市工业依托电子商务实现有效转型，获评国家电子商务示范基地。三产比重保持在80%左右，现代服务业占三产比重70%，长期位居全省前列。推进创业创新，增加"双创"（大众创业、万众创新）载体面积12万平方米，辖区企业首获国家863计划立项，引进国家"千人计划"专家实现关键突破。简政放权成效明显，行政审批实际办理时限较法定时限提速89.1%，海曙区创新环境综合评价居全省各县（市、区）首位。

城市功能品质提升，"三改一拆"持续推进，累计完成拆改面积464.56万平方米，海曙区创建为全省首批"基本无违建区"。"五水共治"进入攻坚阶段，垃圾河、黑臭河基本消除，城市防涝排涝能力逐年提升。启动月湖水生态环境综合治理，完成中山路（海曙段）综合整治工程。征地拆迁和棚改工作在全市率先基本完成非成套房改造和旧村改造任务。建成全市首个"基本无蓝色屋面（立面）区"，解放南路等重要路段改造加速，持续优化城市功能布局。交通拥堵治理、背街小巷整治开展，改善城区生态环境，辖区形象和宜居度实现新跃升。智慧城区建设推进，信息化指数持续保持省市领先位置。

加强社会主义核心价值体系建设，推进文明系列主题实践活动。以"城市客厅"形象助力宁波市获评全国文明城市"四连冠"。文化惠民工程实施，文艺精品涌现，选送作品连续四届获全国"群星奖"，通过全国文化先进区复评，举办各类文化活动511场。以天一阁·月湖国家AAAAA级旅游景区创建为重点，建设鼓楼沿历史文化街区（以下简称"鼓楼沿"）、南塘老街等一批展现浙东文化底蕴，文、商、旅有机结合的历史文化街区。文化产业进一步壮大，"新芝8号"创意产业园、"启运86"宁波微电影主题文化产业园（以下简称"'启运86'微电影产业园"）等一批业态互补、定位各异的文化产业集群初步形成。

健全公共服务体系，政府十大民生实事项目全面完成，居民人均可支配收入达55127元。优质教育资源配置更趋均衡，通过省教育基本现代化区评估，创建省体育强区。新建、改（扩）建5家区属医疗机构，获评国家慢性病综合防控示范区。建成安置房项目4个，完善住房保障事业。落实

10月，群舞《阿婶合唱团》获第十七届"群星奖"

各项就业帮扶政策，完善社会保障格局，持续提升养老服务水平，新增养老床位146张，加快健全社会助残服务体系。全面启用社会保障卡，并轨外来务工险，保障实施重点人群就业“无忧服务”，城镇新增就业人数13924人。创新社会治理，推进“两网融合”，拓展“81890”社会服务功能，社区建设和社会组织发展势头良好，品牌社区建设成效初显，建成省、市对口见学点6个，宁波市公益街一期开街。推进社会治安防控体系建设，加大安全生产、消防安全、食药品安全等公共安全保障力度，完成G20杭州峰会等重大维稳安保任务，人民群众对社会治安的安全感满意度连续三年位居全市第一，连续11年获评省级平安县（市、区）。

贯彻党要管党、从严治党要求，高标准开展“两学一做”学习教育，完成省委巡视整改工作，优化党员干部作风。实施“整街推进、整区提升”行动，推行“锋领e家”工程，激发各行业各领域党组织、党员作用发挥。从严加强干部队伍建设，选优配强领导班子，深化干部教育、培养和管理工作，提升选人用人科学化水平。加强党对意识形态阵地管理，“民间名嘴”“书香海曙”等特色工作成效明显。落实中央八项规定精神，组织开展各类明察暗访，保持正风肃纪高压态势。推进廉洁城区建设，落实审计监督，实施重点领域和关键环节源头治理。持续加大纪律审查力度，营造风清气正的政治生态。

（袁德超）

重要决策和重大活动

【区委八届九次全体（扩大）会议】 2016年1月6日，区委八届九次全体（扩大）会议举行。会议学习贯彻中共十八届五中全会、省委十三届八次全会及市委十二届十次全会精神，听取和讨论区委常委会工作报告，审议通过《中共海曙区委关于制定海曙区国民经济和社会发展第十三个五年规划的建议》。区委书记彭朱刚代表区委常委会向全会报告工作。全会肯定区委八届七次全会以来区委常委会的工作，肯定“十二五”时期海曙区改革发展取得成就，分析“十三五”时期发展环境的基本特征。明确“十三五”时期发展的基本要求和主要目标：坚持创新引领、统筹协调、绿色发展、改革开放、和谐共享的理念；争取经过五年努力，宁波中心商贸商务区和历史文化名城核心区功能定位得到巩固提升，区域经济更具活力，城区功能更加优化，文化支撑更加有力，人居环境更加优美，全面建设更高水平的现代化中心城区。全会强调，要适应和引领发展新常态，实现“十三五”开好局起好步，全力以赴抓有效投资，全力以赴抓治水拆违，全力以赴抓基层治理，全力以赴抓从严治党，要强化政治担当，振奋精神抓落实，凝聚合力抓落实，强化督查抓落实。

1月6日，区委八届九次全体（扩大）会议举行

【海曙区获评全省首批“基本无违建区”】 2016年4月11日，海曙区获评2015年度“基本无违建县（市、区）”称号，成为全省唯一获评的中心城区。自2013年“三改一拆”专项行动启动，海曙区提出“应拆尽拆”目标，区级党政领导逐人明确责任包干区域，对拆违工作实行“一个区域、一个领导、一抓到底”。在拆违第一线，海曙实行包调查、包处理、包督办、包结案、包稳定的“五包”措施，把目标任务科学合理分解到单位、明确到岗位、量化到个人，落实领导督查、进度督查和专项督查“三督查”制度和“红、黄、绿”三色亮灯督办制度，坚持挂图工作，对账销号。凭借“三改一拆”和创建“无违建区”工作，海曙调整商圈规划、推动业态升级，改善并盘活城市核心区微空间环境，为优化城市功能布局、助力重大项目落地腾出空间。

【区“两学一做”专题党课暨学习教育部署会】 2016年5月4日，海曙区“两学一做”专题党课暨学习教育部署会举行，启动全区“两学一做”学习教育。区委书记彭朱刚在会上讲专题党课。会议指出开展“两学一做”学习教育，要把思想政治建设放在首位，把解决存在问题贯穿始终，把落实中心工作推向深入。要求党员干部队伍在“两学一做”中坚持压实担子、以上率下、分类指导、抓细抓小。5月下旬，全区开展以百名讲师送党课、千个支部比党课、万名党员学党课为主要内容的讲党课系列活动，以纪念党员“一人一岗”20周年为契机，开展“看齐创优当先锋”行动、“红色堡垒计划”等活动，针对不同行业、领域实际，组织全体党员亮身份、作承诺、争先锋，教育引导党员时时铭记党员身份、事事当好先锋模范。

【夏宝龙到海曙调研】 2016年5月12日，省委书记、省人大常委会主任夏宝龙到海曙调研。陈金彪、唐一军、王勇、余红艺、彭朱刚、吴胜武、石贤义等省、市、区级领导陪同。夏宝龙一行到海曙区莲桥第文化街区和南塘河历史文化街区等地了解旧城和城中村改造等情况，要求把“拆”“治”“归”转型升级组合拳坚定不移打下去。

【区委八届十次全体（扩大）会议暨政府全体会议】 2016年7月5日，海曙区召开区委八届十次全体（扩大）会议暨政府全体会议。区委书记彭朱刚代表区委常委会向全会作报告，区委副书记、区长吴胜武主持会议。会议指出，上半年实现区域经济稳中有进、城区品质有效提升、社会民生持续改善、党建水平不断提升四方面工作目标。需要重点研究部署补齐短板，将之作为一项系统工程，补齐发展能级短板、创新驱动短板、基础设施短板、公共服务短板、城市治理短板、改革落地短板，推动区域经济社会持续健康发展。会议部署下半年重点工作，要求重点关注"经济报表""平安报表"，重点关注政治生态，加快推进"四个领跑"战略，努力实现发展"全年红"。

【海曙区换届选举启动】 2016年11月29日，海曙区换届选举工作会议召开，全区党代会、人代会、政协会议的换届选举工作正式启动。区委书记孙黎明出席会议并讲话，区委副书记、代区长褚孟形主持会议。会上，严仕恩、陈志国、毕东华分别对党代会、人代会、政协会议的换届选举工作做具体部署。此次换届是在中共十八大后海曙区进行的首轮换届，并恰逢宁波市行政区划调整，较之以往，要求更严、标准更高、责任更大，关系到引领海曙发展进步的宏伟蓝图和广大干部群众切身利益。

【小城镇环境综合整治（美丽集镇建设）暨治危拆违工作动员大会】 2016年12月13日，海曙区召开小城镇环境综合整治（美丽集镇建设）暨治危拆违工作动员大会。区委书记孙黎明出席会议并讲话，区委副书记、代区长褚孟形主持会议。会议对小城镇环境综合整治工作提出具体要求：要求把握现实要求，补齐城乡环境短板；把握内在要求，推进经济转型升级；把握责任要求，提升群众生活品质。要求整治行动坚决果断，立足精准、立足实效、立足实际、立足长效。要求整治行动步调一致，以最优的机制实现力量最大整合。以强化责任、保障、指导、宣传的"四个强化"，推进"美丽新海曙"建设，提升城乡发展品质。

（袁德超）

12月13日，海曙区小城镇环境综合整治（美丽集镇建设）暨治危拆违工作动员大会召开

区委办公室工作

【概况】 2016年，区委办公室围绕区第九次党代会、区委全委会、区"两会"、全区经济工作会议、区划调整会议等一系列重要会议和重大活动，开展调查研究，撰写区委重要文件材料、各项主体责任报告、重要会议领导讲话等各类文稿200余篇，约100万文字。参与宁波市行政区划调整工作，协调保障调研组赴青岛、扬州两地考察相关工作，为区划调整推进做各类基础性工作。

组织召开全区综合性会议活动50余场，做好区第九次党代会筹备工作，召开区委常委会议28次，接待区外考察调研54批次。办理省、市明传电报342份，发文94件。推进保密综合业务网等硬件设施建设，检查重点涉密单位。严格把关领导干部外出考察，统筹安排防汛抗台风、节假日值班等工作。

【信息督查】 2016年，海曙区报送的《海曙区探索"网络党建"新模式夯实基层红色堡垒》等稿件被省委《工作情况交流》录用，《海曙重拳整治无证无照快递网点实现全面清零》等多篇信息稿获市委主要领导批示。全年编发各类刊物数量200余期，区四套班子领导在本级信息载体上批示率达70%以上，紧急突发事件处置坚持"第一手情况、第一道研判、第一时间报送"，发挥党委信息主渠道作用。

制定重点专项督察内容，明确省委巡视整改、政府民生实事工程、安全生产监管等大项重点内容，建立信息沟通与处置机制，明确责任分工，严格整改被曝光事项，推动一批老、旧、难问题解决。完成市、区两级领导督查、督办件160件，其中督办件103件、专项督查7件。完成省、市级督办件28件，区级领导督查、督办件68件。

【全面深化改革领导小组工作】 2016年，区委办公室承担区委全面深化改革领导小组办公室日常工作。谋划制定《2016年海曙区重点改革项目清单》《2016年海曙区全面深化改革工作要点》。召开区委深化改革专项小组协调人及联络员会议，健全改革日常联络、考核、督查等机制，全面督查区内7个重点改革项目改革进展及落实情况。按季度向市委改革办报送海曙区深化改革工作进展，撰写《海曙区全面深化改革综述》，统筹完成省委改革满意度评估迎评工作。

（袁德超）

组织工作

【概况】 2016年，海曙区有基层党组织2165个，同比增加746个，其中原鄞州西片区划入党组织764个。党员45387人，同比增加20007人。

5月4日，区委召开全区"两学一

做”专题党课暨学习教育动员部署会。开展“四学五看”学习讨论，创建百堂特色党课菜单，利用“党章学堂”红色基地，借助“月光墙门会”“网络学堂”等载体，增强党员党性修养。区委常委会开展六中全会精神学习等专题研讨4次。开展党课“百千万”系列活动，招募红色讲师132人，征集创意案例157个，开展特色党课88堂。建立“红色拍客联盟”，拍摄红色视频96部，充实党性教育资源库。实施“五查四改”专项行动，启动“红色堡垒”计划。启动党员“一员双岗”锋领行动，开展“鼓楼有约”系列活动，17个机关部门1200余人次机关党员参与。在鼓楼街道建成全市首家主题式“党章学堂”，设立开放式基地17个，开通组织生活网上预约平台。通过“红色大巴月月行”等活动，367个支部8000余人次走进基地接受党性教育。开发“甬·志愿”APP（手机应用软件），普及“指尖公益”理念，首批发布17个志愿服务项目，招募志愿者600余人，募集项目资金22万元，7名省“千名好支书”把奖金全部捐给项目。推广“锋领汇”微信平台，每期参与“两学一做”答题闯关党员超过总数的84%。

5月31日，海曙区“聚焦海蓝宝”人才创业创新月活动启动

【干部选拔管理】 2016年，海曙区探索实施“双研双评”机制，通过个性化谈话，列出问题清单，对领导班子运行情况和干部德能表现进行正向研判和负面清单式研判，结合好班子评价体系和基层领导干部胜任力模型，考察班子干部真实情况。从严开展代表委员组织审查，联合24家部门开展代表委员资格联审，规范各类候选人推荐、提名和考察程序。持续推进“精鹰计划”，20名区管干部负责4个区域重点难点项目。邀请北京国才研究院和西城区测评中心专家开展追踪研判和反馈指导，通过党性体验式教学、重点项目攻关、发达地区和基层一线挂职锻炼等手段培育后备骨干，20名学员中有13人提拔或转任重要岗位。

【人才工作】 2016年，海曙区制定出台“十三五”人才发展规划纲要，以“百创汇海”为品牌试行海内外人才和团队引进计划。优化人才项目网上征集、申报、评审工作，项目涵盖新材料、装备制造、节能环保、信息技术领域及城市经济发展亟需的金融服务、文化创意和电子商务产业。推进现有创业创新平台建设，建立“海蓝宝”双创基地，举办首届“人才创业创新月”活动。探索实施甬籍人才“凤来雁归”计划，与宁波工程学院合作挂牌全市首家“翠柏雁巢”，吸引甬籍学子回乡创业创新，新引进高层次人才创业项目15个，新增“3315计划”创业人才1人。

【基层党组织建设】 2016年，海曙区实施基层党建“整街推进、整区提升”行动计划，全域布局网格党建。实施“红色堡垒计划”，分领域制定基层党组织工作标准120条，两星级以下软弱落后党组织全部整转清零。因地制宜开展“点线建精”，建设“快乐公益线”“红色信仰线”两条党建风景线，创建社区党建、新领域党建两条示范轴，在全市推广“甬·志愿”APP，投入670万元支持“整街推进、整区提升”重点项目16个，培育区党群服务中心作为基层党建全面提质的“指挥枢纽”。实施以社会组织、电商企业、文化创意企业党建为重点的“双新覆盖”行动。建成“善集”公益一条街和街道社区公益超市，集聚原海曙区域75%的社会组织、163类公益产品，“公益巴士”开进6个县(市、区)公益基地，初步形成“公益集市”常态化、便捷化、实效化格局。实施“民星沙龙”“青苗计划”“活力传承”三大工程，辐射近500个社会组织。党建引领社会组织参与治理，建立社区购买服务机制，98个社会组织承接为老助残项目148个。深化电商党建，区委常委领衔“护航电商”服务联盟，召开“共享经济时代”对接会5场，服务企业200余家。在特色小镇、文化创意产业园同步设立党群服务驿站，以党建资源集聚促进园区发展。加强“锋领e家”党员管理，找回失联党员267人，强化党员“锋领指数”考评，评出不合格党员19人，4人因情节严重予以劝退、除名。

【“凤来雁归”甬籍海外学子回归工程启动】 2016年，由区委组织部牵头，区人力社保局、区侨办、宁波效实中学、宁波工程学院、宁波甬商文化园等单位配合，启动“凤来雁归”甬籍海外学子回归工程。项目结合人才体制机制改革和“海蓝宝”双创平台建设等重点工作，通过搭建创业创新平台，挖掘名校校友会力量，举办甬籍学子“家乡行”，组织聘请海外人才大使等活动，吸引在外优秀校友代表回乡创业。至年底，开展校友家乡行活动2次，近百名代表参加校友会。

【“红色拍客联盟”成立】 2016年3月18日，海曙区“红色拍客联盟”在“启运86”微电影产业园正式成立。“红色拍客联盟”是由区委组织部发起，以发掘、拍摄、传播基层党组织党员感人故事为主要活动的公益组织，以“做快乐公益、拍点滴感动”为理念，为志愿者搭建沟通交流、实践锻炼的平台，拓宽宣传公益正能量、社会新风尚的渠道。至年底，拍摄红色视频96部，《有你让世界更乐动》《温暖无声的世界》等公益微电影录制完成，在数字电视、分众传媒楼宇电视、商业楼宇电视媒体等平台播放。

【“红色堡垒”计划启动】 2016年5月12日，海曙区启动“红色堡垒”计划，把全面从严治党要求落实到每个党支部、党员，凝聚全区2万余名党员力量，推动基层党建工作“整街推进、整区提升”。1200余个党支部统一立下“军令状”，以楼道、项目、团队为依托，把党支部覆盖到网格，建强网格服务力量，发挥党员在信息收集、宣传教育、矛盾化解、安全排查、民主监督和志愿服务等方面作用，把每个党支部建设成为“红色堡垒”。拆迁社区桂井社区，为改变200余名党员人户分离状态，把原先7个支部重新划分成6个支部，其中80岁以上高龄党员单独建支部。月湖街道成立以“为老服务”为特色主题、“暖心助老”义工服务团队领衔的助老型支部和以“绿化保护、垃圾分类”为特色主题、“绿色使者”绿化巡逻队领衔的环保型支部等39个支部。

【基层党建“整街推进、整区提升”行动计划实施】 2016年6月3日，海曙区“整街推进、整区提升”推进会在段塘街道召开。基层党建“整街推进、整区提升”工作以建设“一网两线两轴六集群”为主线，即建立一张党建工作网，开发两条党建风景线，建设两条党建示范轴，形成六大党建特色群，建设党建示范片18个。全域布局网格党建，采取“一支部一网格”“一支部多网格”“多支部一网格”等组织设置模式，实现全区525个网格与940个社区党支部相互对应，确保辖区2.5万余名党员全员纳入，组织全域覆盖。

【“公益巴士”首发暨走进海曙“快乐公益线”活动】 2016年8月6日，全市“公益巴士”首发暨走进海曙“快乐公益线”活动在海曙区举行。首辆“公益巴士”从宁波站区域党群服务中心出发，30余名参与者沿“公益地图”，集体参与公益活动。“公益巴士”创建于海曙，启动于市党员“一员双岗”锋领行动，为全市党员践行“一员双岗”，发挥先锋示范作用，引领、传播社会公益风尚提供平台。至年底，“公益巴士”普及至全市范围内6个县（市、区）公益基地。

（邹　挺）

宣传思想工作和精神文明建设

【概况】 2016年，区委宣传部组织开展中共十八大以来党中央治国理政新理念、新思路、新战略学习宣传，组织开展习近平总书记“七一”讲话、中共十八届六中全会精神学习活动，举办各级、各类宣讲骨干专题培训14期。各级开展微型党课授课活动200余场次，参与1.3万人次。在全市第九届微型党课授课比赛中，海曙区获评优秀组织，2人获二等奖和网络最具人气奖。招募市老教授协会和市委党校、浙江大学宁波理工学院等高校师资及网络宣讲“红人”组成讲师团，开展“菜单式选课送教”的基层宣讲活动。加强基层党校规范化建设，获评宁波市“十佳基层党校”。联合市社科联和区思想政治工作研究会开展社科普及宣传周、宣传月活动，开展社科普及活动170余场次，惠及群众1.5万余人次。

主题宣传围绕经济、社会、民生等重点工作，在中央、省、市各级媒体发稿2348篇（条），其中平面媒体1668条（重点稿1112篇）、电视媒体345篇、网媒335篇。在《浙江日报》、浙江卫视等省级媒体发稿84篇（省电视媒体11条），中央级媒体发稿45条（中央电视台7条）。组织策划《海曙：“一人一岗”二十年》《拆掉违建窝飞出“金凤凰”》等系列报道，《家访脚步近了，心更近了》《宁波海曙区改造3个老小区破解停车难题》等多篇民生实事报道在《浙江日报》、浙江电视台、《宁波日报》等媒体刊播，通过“海曙发布”等新媒体平台播发2万余条次。百集电视纪录片《千年海曙》摄制完成。

实施《海曙区培育和践行社会主义核心价值观落细落小落实行动纲要》，举办区第三届道德模范和区第二届美德教师评选活动，建立全区首个道德模范工作室——徐剑英道德模范工作室。培塑先进典型，印发《向干勇同志学习的决定》。出台《关于全面加强中小学德育工作的若干意见》，构建“1+6”品格教育“海曙模式”，实现“海之梦”青少年实践品牌在原海曙区域内全覆盖。区内11人当选“宁波好人”，数量列全市前茅，海曙消防大队当选“浙江好人”，入围“中国好人榜”候选人，树立全区道德标杆。

【文明创建活动】 2016年，区委宣传部细化成员单位创建工作职责，探索建立联合督查机制，开展文明创建督

8月6日，全市“公益巴士”首发暨走进海曙“快乐公益线”活动举行

查。利用"刺玫瑰"曝光台、季度社区现场会、《"一提升、两行动"工作简报》等载体，反馈创建进度、公开创建成果。以"五好"社区和"五无"文明路段创建为抓手，落实社区文明创建提质和"四周边两部位"顽疾整治行动。配合开展文明系列主题实践活动，建立"开放空间""民情议事厅""微信曝光群"等平台，畅通问题反映渠道，带动居民参与创建。实施对账销号制度，梳理市、区、社区级整治项目461项，对其中11项重点顽疾实施区级领导包案制度。望春街道水岸心境社区被评为宁波市"十佳品质社区"，9个社区品牌获评宁波市"百佳社区"文明创建工作品牌。

【志愿服务工作】 2016年，海曙区提升"81890"志愿服务品牌内涵，建立志愿岗位129个，实行项目化、社会化管理。注册成立宁波市81890志愿服务中心，中心平台项目获评宁波市最佳志愿服务项目。配合党员志愿服务"一人一岗"活动20周年，志愿服务手机客户端"甬・志愿"平台上线，形成统一的志愿者管理信息系统，规范个体、团队、活动管理，提升志愿信息对接智慧化水平。成立市首个区志愿者学院，全市首个综合性公益聚集地"宁波市公益街"开街。全年新增注册志愿者1173人，原海曙区域累计注册志愿者46422人，开展各类主题志愿服务活动808批次，活动参与量达42185人次，服务总计时124.5万小时，登记注册志愿者每年人均参加志愿服务活动26.18小时。

【"书香海曙"品牌培育】 2016年，海曙区引导全民阅读由"做活动"向"搭平台"发展，培育书店、社团良性联动。4月23-26日，区委宣传部牵头组织2016年度"书香海曙全民阅读季"系列活动，包括城市"萤火虫"换书大会、"小海狸"亲子阅读嘉年华、光明书香节、真人图书馆等读书活动近50场，受众2万余人，受到众多媒体关注，《宁波日报》头版发表报道《海曙构筑全民阅读"生态系统"》。活动期间，天一书房24小时书店正式营业，成为全国21家之一、甬城首家的24小时营业书店，天一书房24小时书店"打造城市'文化会客厅'"项目获评2016年度全市宣传思想文化工作创新奖。

【"迎接G20，人人讲文明，做文明海曙人"活动】 2016年3月25日，海曙区召开区文明委工作会议并启动"迎接G20，人人讲文明，做文明海曙人"活动。区委常委、宣传部部长、区文明委副主任石贤义代表区文明委作2016年精神文明创建工作报告。会上，表彰2016年"最美海曙人"和第二届海曙区"魅力社区"，并签订《2016年海曙区精神文明创建工作目标责任管理书》。

【区首届"礼乐海曙"暨汉服文化周活动】 2016年12月10日，海曙区首届"礼乐海曙"暨汉服文化周活动开幕式在鼓楼永丰库遗址公园举行。开幕式上，宁波汉文化传播协会志愿者为观众提供汉服走秀、汉舞表演、弓箭射击等表演，现场还有竹刻工艺、骨木镶嵌、刺绣工艺、活字印刷、剪纸等传统文化展示。此次文化周活动包括汉婚展示、汉服文化论坛、非物质文化遗产文化集市、传统文化体验区等内容，是宁波首个以汉服主题贯穿始终的主题文化周。

【第三届海曙区道德模范颁奖典礼】 2016年12月18日，海曙区在宁波外事学校举行第三届海曙区道德模范颁奖典礼。竺玉峰等9位道德模范、包聪华等10位"道德模范提名奖"获得者和获"道德模范特别奖"的蔡明明受到表彰。

（陆 亿）

统一战线工作

【概况】 2016年，区委统战部做好新一届政协人事安排，新增无党派人士、农业和农村两个界别。政协委员推荐提名人选256人，确保党外人士在政协中的比例符合规定要求。举办党外代表人士南京大学培训班。构建"亲""清"政商关系，制定《关于认真学习贯彻习近平总书记在全国政协民建、工商联界委员联组会上重要讲话精神的实施意见》，推进非公人士理想信念教育实践活动。支持民主党派、工商联和无党派人士围绕全区经济社会发展开展调研，反映社情民意，提交人大政协建议提案74件，民革海曙基层委员会副主委刘慧杰撰写《关于外商投资企业股权转让审批制改为备案制》被中央统战部《零讯》采用，全国政协主席俞正声给予批示。民进海曙区中心支部获评浙江省参政议政工作先进集体，支部主委陈少华获评浙江省参政议政工作先进个人。区工商联调研全区非公经济发展现状及发展中遇到的困难和问题，撰写《调查显示企业用工成本上升较快》供区委、区政府决策参考。举办区委常委与党外代表

12月18日，海曙区第三届道德模范颁奖典礼举行

人士结对交友座谈会，围绕天一阁·月湖国家AAAAA级旅游景区创建、金融小镇建设、转型升级等主题研讨。支持民主党派加强组织建设和领导班子建设，落实换届工作经费6.5万元，协助民革海曙区基层委员会、民盟海曙区基层委员会、民进海曙区基层委员会、致公党海曙区总支部完成换届和成立工作。

【民主党派社会公益活动】 2016年，民革海曙基层委员会20名党员，志愿开展“我爱我家”婚姻公益讲堂讲座活动，2500余人次参与。民建海曙总支参与区公益创投项目22个，投入项目资金28.3万元。民进基层委员会开展“情系致和”结对帮教活动，组织6名优秀教师与致和学校18名教师结成师徒。农工党组织20余名党员赴北仑小港街道举行“医疗送社区”大型义诊活动。区“创二代”青年企业家联谊会启动“橙计划”关注留守儿童公益活动，50余名留守儿童参加“橙计划”暑期夏令营活动，40余名留守儿童家长参加“留守儿童家长学校”培训。

【非公经济领域工作】 2016年，海曙区深化企业服务，提升企业转型升级实效。组织企业与宁波友邦金融服务有限公司、浦发村镇银行开展融资对接，年内实现有效转贷融资40余亿元。举办全球商业和合论坛暨第十三届浙商(投融资)大会。组织辖区民营企业赴东欧参加“2016欧洲·宁波周”境外投资考察活动，推进海曙企业“走出去”发展战略。联合区人民检察院印发《关于加强协作保障和促进我区非公有制企业健康发展的意见》，建立联席会议制度，综合运用惩治、预防、教育、监督、服务等措施，掌握和处置企业发展中出现的重大问题和热点问题。有序部署开展基层商会换届工作，原海曙区域8个街道商会完成换届。

【民族宗教工作】 2016年，海曙区举办宗教界人士培训班，召开区佛协专题座谈会和宗教场所负责人会议，组织反邪教宣传月活动，开展安全生产月活动，指导宗教场所开展消防安全知识培训及演练。开展以隐患排查整治为重点的“平安护航G20（杭州峰会）”安全专项整治行动，相关做法被市民宗局专报介绍。举办“和睦相处，民族融合”主题讲座，成立汪弄社区民族团结志愿者服务队，开展民族团结宣传月活动，举办民族知识竞赛、社区“民族团结大牵手”活动，开展民族团结进步创建活动。推进民族工作“六进”（进学校、进企业、进机关、进社区、进楼栋、进家庭）活动，在汪弄社区探索微组织、微窗口、微热线、微平台、微心愿等“五微”工作法，启动民族工作进清真寺、进桂井社区，促进民族融合。落实帮扶资金45万元。其中，提供30万元帮扶青海省天峻县江河镇民族幼儿园，资助新疆库车县医疗教育事业10万元，为丽水市碧湖镇联济村落实帮扶资金5万元。开展“寻梦中国·正言正行”系列活动，在观宗讲寺举办“日湖雅韵礼乐禅心”国乐大师方锦龙国乐聆享会、市首届僧伽书法班结业典礼暨学员结业书法展。召开全区生态场所建设现场会，在全市率先实现用电子蜡烛、三支清香取代传统香烛，两家寺院获评市生态寺院建设示范场所。鼓励引导宗教界多种形式参与社会公益活动，全年全区宗教界向公益慈善事业捐款捐物69.5万元。

6月7日，西门街道汪弄社区开展“民族共庆迎端午”活动

【海内外统战工作】 2016年，区法律服务站、街道为侨法律服务驿站、区级为侨（台）服务法律顾问团三级工作网络开展公益讲座等活动20余场次，为1500余名群众提供法律服务。区侨办被浙江省外侨办评为宁波市年度唯一一家为侨法律服务先进单位。《魅力东方——走进海曙》专题宣传交流活动完成，宣传成果在《联合报》、台湾中天电视台、凤凰视频网等媒体报道播出。组织开展“两岸学子论坛”微视频拍摄活动。借助首届宁波特色文化产业博览会举办，促成台湾手工业推广中心“甬台文创馆”项目在南塘老街落户。区台办的调研文章《关于赴台陆生学习、生活、就业现状的研究与对策——以海曙区为例》获评2016年度市台办调研一等奖。

【区委常委与党外人士结对交友座谈会】 2016年1月18日，区委常委与党外代表人士结对交友座谈会在荣宝斋宁波分店举行。区委书记彭朱刚出席并发言，区委常委、区委统战部部长刘臻主持座谈会。朱振甫、李晓东、石贤义、严仕恩、路德峰、张宁辉等区委常委及结对交友的党外代表人士近30人参加座谈会。党外代表人士围绕天一阁·月湖景区建设、金融小镇建设、转型升级等话题展开讨论，为海曙区发展建言献策。此类活动在海曙区连续举办11年，系浙江省唯一。

【全市楼宇（商圈）统战工作学习交流会在海曙召开】 2016年5月12日，市委统战部在鼓楼商圈召开全市楼宇

(商圈)统战工作学习交流会。民建北京市委副主委、朝阳区工商联主席、北京叶氏集团董事长叶青及市委统战部常务副部长谢群华、各县(市、区)委统战部部长、市委统战部分管领导、有关处室负责人30余人参加会议。会议参观考察鼓楼商圈统战工作,区委常委、区委统战部部长刘臻介绍鼓楼商圈新社会阶层统战工作开展情况,并交流楼宇统战工作开展经验。

【致公党海曙区总支部成立】 2016年5月13日,致公党海曙区总支部成立大会在联谊宾馆举行。市政协副主席、致公党市委会主委范谊,区委副书记、区政协主席毕东华,市委统战部副巡视员郎占领,区委常委、区委统战部部长刘臻,致公党市委会专职副主委兼秘书长陈早挺及致公党市委会副主委徐卫民等出席会议。会议确定宁波银行印刷厂厂长徐卫民当选致公党海曙区总支部委员会主委。

【郑国英受聘海曙区人才侨务大使】 2016年5月30日,海曙区委常委、组织部长、区委人才工作领导小组副组长严仕恩,区委常委、区委统战部部长刘臻及区侨办主任钱军与加拿大本拿比华人总会会长郑国英举行会谈。严仕恩、钱军分别代表区委人才办、区侨办和郑国英签署海曙区人才侨务大使聘任协议,并授予聘书。

(马囡囡)

信访工作

【概况】 2016年,区信访局受理群众来信、来访和网上信访总量868件,同比减少41%。处理群众来电9379件,增加71.4%。其中,来信219件,减少15.4%;处理网上信访(包括信箱、政务微博)292件,减少45.6%;个体上访272批409人次,批次减少56.5%,人次减少74.2%;来区集体访57批1303人次,分别增加67.6%、41.3%;去市集体访11批140人次,批次增加37.5%,人次减少40.9%;去省上访12批13人次,批次增加71.4%,人次增加82.7%;去京上访14批14人次,批次减少46.2%,人次减少46.2%。

【信访联动工作机制推进】 2016年,海曙区完善信访联动机制,包括信访与公安部门联动处置,信访与司法部门沟通参与,律师参与信访、信访综合协调及信访预警处置等工作机制,促使各级各部门形成合力,站在一线协调解决问题。以网上信访信息系统为平台,遵循"谁主管、谁负责,谁办理、谁答复"原则和法定途径优先原则,把好信访入口关,规范信访事项受理办理流程,做到告知、转送(交办)、受理等按期处理率100%。落实专人负责信访复查复核,规定审查、调查、会审、报批等程序,实现信访程序法定终结,全年收到复查复核申请12件,其中不予复查告知3件,不予复查意见书6件,复查撤销原处理单位决定2件,1件年底前仍在办理中。

【区级领导信访责任制实施】 2016年,海曙区以领导干部下访、接访活动,采用重点约访、带案下访、现场接待等形式化解各类信访问题。区党政领导接待来访群众34批383人次,化解19件,化解率44.1%;各街道、各职能部门共接待来访群众68批550人次。实行区级领导包案责任制,每季度一次把排查出的信访突出问题落实到各级领导。全年排查出17件信访突出问题,通过区包案领导督导检查及相关职能部门牵头处理,12件信访突出问题化解或基本化解。

(郑 怡)

机构编制管理

【概况】 2016年,区编委办组织编委会成员研究机构编制事项3次,审议通过区综合行政执法局(城市管理局)"三定"(定职能、定机构、定编制)规定及区委党校等20家单位机构设置和编制调整事项。严控机构编制总量,落实《宁波市海曙区严格机构编制管理暂行办法》相关规定,执行区划调整人员编制冻结及区委、区政府相关组织人事纪律,行政编制和事业编制控制在省下达总量内,后勤服务人员编制消化28名,2013年以来增加的事业编制全部消化。党政群行政编制与上年度相比多消化超编7名,超编全部消化,并空编15名。保障民生领域编制使用,用于教育事业用编78名、卫生领域用编39名。制订营级及以下级别26人(行政20人、事业6人)军转安置指标分配方案。根据市《关于对市属高校、公立医院实行编制备案制管理的通知》,排摸区内公立医院编制使用情况,制订方案并报市编委办备案;深化"四位一体"机构编制实名制管理机制,建立健全与区委组织部、区人力社保局的网上协同办公制度;开展实名制系统数据专项核查,率先实现网上无纸化审批;建立编外用工数据库,实时掌握全区编外用工使用情况。领导干部经济责任审计工作同步纳入机构编制管理和执行情况检查,区经信局、区老干部局两家行政机关及下属事业单位机构编制完成审计。配合区审计局完成对海曙公安分局机构编制管理和执行情况的专项审计。

区编委办机构编制工作动态和经验做法等信息被中央编办门户网站录用11篇,省编办门户网站、《浙江机构与编制》杂志、《浙江省编委办简报》等载体录用19篇。区编委办上报的调研报告《关于完善基层综合行政执法改革的思考——以海曙区街道综合行政执法现状为切入点》和《政府职能转变与机构编制供给侧结构性改革互动关系研究》分别获全市编办系统调研成果二等奖、三等奖。

【事业单位登记管理】 2016年,区编委办转发统一登记制度文件,整理、汇总事业单位统一登记管理制度相关政策解读、经验做法。率先启动事业单位法人信息"双随机、一公开"抽查工作。跟踪了解区文广新局下属区文化馆、区图书馆两家事业单位法人治理结构、实施情况,参与理事会议等相关重大活动。书面审查、实地核查核查事业法人相关信息,抽查区老年大学、区中医医院等3家事业单位法人,通过网站向社会公示抽查情况和查处结果，并纳入社会信用信息平台。全区机关事业单位续费政务和公益中文域名135家，共203个域名。完成2015年度事业单位年度报告公示及赋码发证工作，对公示通过和免公示的119家单位换发新版事业单位法人证书，赋予统一社会信用代码，并增加“二维码”。继续以星级评定强化结果运用，评定五星级41家、四星级半30家，部署启动机关、群团单位赋码发证工作。

【执法体制改革、街道行政体制改革】 2016年，海曙区开展全区政府职能转变任务分工落实情况督查。区发改局等19家牵头单位对照方案逐项梳理任务完成情况，形成评估材料，制定下发《关于进一步加强和创新政府监管有关工作的实施方案》，推进落实“双随机”抽查监管“一单两库一细则”相关工作。制定印发《海曙区综合行政执法工作实施方案》、部门联席会议制度和协作配合工作机制。多次走访调研，跟进执法事项划转工作，协调部门间分歧，协调并督促相关部门做好执法保障工作落实。研究制定街道行政体制改革实施方案，联合海曙公安分局、区财政局、区市场监管局、区民政局等部门对街道常住人口、一般公共预算收入、经营主体数、土地面积等指标数据进行比对测算，明确街道分类，结合街道权责清单和实际工作运行情况界定街道主要职能，规范机构设置，核定人员编制，加大政策保障。制定加强街道“四个平台”建设实施意见，联合区委政法委督促望春街道作为示范街道先行先试。

【权力清单、责任清单、公共服务事项梳理公开】 2016年，海曙区制定《宁波市海曙区政府部门权力清单动态调整管理暂行办法》，明确联席会议制度成员单位职责分工、权力事项调整条件和受理、审核、备案、督查流程。至年底，完成22项权力事项动态调整。创新性开展清单制度第三方评估，评估网上权责事项完整性、准确性和可操作性，梳理汇总9家区级部门、8个街道，共76个问题，以整改函形式发送至相关单位。把年度重点工作目标列入部门责任清单，补充梳理基本公共服务事项83项，督促部门做好定期维护和动态调整。动态调整街道权力清单目录，编制并公布街道责任清单。梳理审核市教育系统公共服务事项，指导教育部门汇总成统一模板。联合区审管办、区府办（法制办）、区发改局、区财政局等部门组成联席会议，通过动员、部署、培训，在“宁波公共服务”微信公众号和“浙江政务服务网”发布涉及26家区级单位、136家下属事业单位和行政审批中介机构，涵盖教育、卫生计生、民政事务、市场监管、社会保障等27个行业类别共768项公共服务事项。通过纸质媒体、微信公众号、宣传册、漫画片等多种形式，宣传推广公共服务事项。

9月9日，全区全面梳理和公开公共服务事项工作部署会召开

【目标管理考核制度优化】 2016年，海曙区完善全区目标管理考核制度，调整优化考核对象分类、特色职能工作加分、考核项目整合等内容。严格执行考核细则联合发文前置审核，要求考核细则不得设置会议召开数、临时机构设立、人员编制配备、业务信息上报等“条条干预”无实质内容的考核指标。

（高 承）

区直属机关党建工作

【概况】 2016年，区直属机关党工委下辖机关党委4个、党总支7个、支部95个，有党员1488人。妇委会组织6个、机关联合工会1个。审批党组织换届选举15个，建立党总支1个，考察党员发展对象14人，吸收预备党员7人，批准党员转正12人，培训入党积极分子8人。

组织实施“两学一做”学习教育专题轮训，机关基层党组织书记100余人参加。检查30余家机关基层党组织开展“两学一做”学习教育情况，指导支部规范化建设。举办机关党组织书记、党务干部、科级干部等各类培训班6期，培训干部1300余人次。举办入党积极分子培训班2期，培训200余人。

检查23家区直属单位机关基层党组织组织生活开展情况，督查“三会一课”实施、领导干部参加双重组织生活情况、自觉接受党组织和党员监督情况。推广开放式组织生活基地经验，新建3个开放式组织生活基地，各机关基层党组织开展组织生活日600余次。指导13家单位完成基层党组织换届和届中调整，对4名新任书记进行任前谈话。新发展党员12人。表彰先进基层党组织4个、优秀共产党员51人、优秀党务工作者4人，推荐并被区委表彰先进基层党组织4个、优秀共产党员12人、优秀党务工作者4人。开展党员组织关系集中排查和党费收缴工作，排查区直机关1488名党员，补缴党费109余万元。指导机关联合工会完成换届选举。组织举办机关联合工会负责人培训班2期，培训工会干部30余人次。

摄影作品《一桥飞架天堑变通途》

【机关党组织党风廉政建设】 2016年，区直属机关党工委组织机关党组织书记40余人到市警示教育基地接受警示教育。组织会风会纪专项督查，检查区内各类会议14次。重新调整机关作风建设监督员队伍，集中督查机关作风效能建设，全年督查2次，实地巡查45家区直机关部门和服务窗口单位，发现各类问题13项，开展问题反馈跟踪问效。加大正风肃纪督查力度，结合节假日等重点节点，明察暗访中央八项规定执行情况，处理不合格党员3人。组织区直属机关党员1000余人参加网上党内法规学习考试。督促各机关党组织落实党员领导干部带头讲党风廉政课制度、专题研究党风廉政建设、开展廉政专题学习教育活动、加强机关廉政文化建设等工作。

【党课“百千万”系列活动】 2016年，区直属机关党工委组织各机关党组织、党员参加党课“百千万”系列活动。各单位以党支部为单位，采取集中授课、座谈交流、主题演讲、课堂辩论等形式，由党组织负责人主持，全体党员参加，开展党课教育并组织党员进行讨论。至年底，机关党组织负责人累计上党课150余次，各级党组织开展专题讨论600余次。

【区第十一届机关运动会】 （参见“文化旅游体育”类目“体育”分目）

（陆 骥）

档案工作

【概况】 2016年，区档案局编制完成《海曙区档案事业发展“十三五”规划》。深化“异地查档，跨馆服务”，提供异地跨馆服务56次。区档案馆接待档案查阅利用704次，调阅案卷3666卷，复印3996页。建设档案自助查阅平台，实现多人同时查阅电子档案，查档服务群众满意率100%。4月，举办档案和保密知识培训班，提出档案管理改革试点方案，各单位办公室主任、档案员等140人参加培训。

完成对区民政局、区人力社保局机关文件材料归档范围和文书档案保管期限的审核备案；对区科技局规范化数字档案室和区81890求助服务中心、团区委、区红十字会数字档案室进行测评；发布《档案部门随机抽查事项清单》《海曙区档案局档案行政执法随机抽查实施方案》，建立随机抽查对象库、执法检查人员名录库。对莲桥街综合商业街区、启文路东侧南塘新街项目、原汽车南站项目、新星商业1号地块等6个重点工程项目档案进行登记。

10月中旬，区档案新馆项目主体结构中间段验收，新馆库房大型设备（库房密集架、恒温恒湿机组等）按计划完成招标，进入装修阶段。

【档案信息化建设】 2016年，区档案局升级改造档案管理系统。新升级的档案管理系统完善和整合档案收集、检索利用、借阅管理、档案统计等10个模块。利用新升级的平台，全区72家机关单位、街道、二级单位档案工作制度建立，实现文件材料（含电子文件）收集归档、档案安全防范措施、档案管理网上年检。继续实施档案登记备份，对机关档案的数字化成果、民生档案业务数据登记备份，馆藏档案电子数据委托市档案局开展馆际间异地备份，52家单位完成登记备份。

【档案文化建设】 2016年，区档案局

以"海曙区档案史志信息网"、季刊《海曙记忆》和各类新闻媒体为阵地，以纪念"6·9"国际档案日为契机，加强档案文化建设，挖掘海曙地域文化。5—6月，组织机关干部、档案工作者、普通群众参加以"档案与民生"为主题的征文和档案论文征集活动，选送优秀征文13篇到市档案局，其中6篇被采用、汇编。6—11月，组织"美丽海曙"照片征集活动，选送的摄影作品《一桥飞架天堑变通途》获浙江省档案学会举办的"两美浙江"档案摄影大赛二等奖。区档案局获2016年度宁波市档案宣传报道工作先进单位、宁波市"6·9国际档案日"纪念活动优秀组织奖。

【民间档案征集活动】 2016年，区档案局通过向市民征集及联合区文物管理所工作人员、文史爱好志愿者实地走访拍摄等方式，获得城隍庙新、老照片300余张，其中20世纪60年代城隍庙老照片40余张。建立城隍庙专题档案资源库，收集实物1件、照片500余张、图纸3份、文献12件、光盘4张、碑刻和碑文37件，为宁波府城隍庙修缮工程提供重要参考。档案征集首次跨出宁波范围，从杭州征集到一批珍贵实物档案，填补民国前馆藏档案空白。

【"郡庙风华"——宁波府城隍庙图片展】 2016年6月12日，为纪念"6·9国际档案日"，区档案局和区文管所、区地方志办公室及宁波市郡庙文化发展基金会在鼓楼城楼举办"郡庙风华"——宁波府城隍庙图片展。展览分宁波府城隍庙历史、建筑、文化及宁波各地城隍庙风采4个版块，选取跨越半个世纪的新、老照片近百张，展示宁波城隍文化、建筑文化及宁波各地城隍庙的历史文化魅力，展览至17日结束，接待中外参观者2000人。

（周文娟）

史志工作

【概况】 2016年，海曙区继续推进改革开放新时期党史专题撰写工作，完成第一、二批党史专题初稿110余篇，定稿30余篇。公开出版《中国共产党海曙历史大事记（2000—2012）》。修改完善海曙党史三卷纲目，设4编20章64节196目。召开区地方志工作部署会，部署6部部门（行业）志和8部街道志编修工作。公开出版《海曙年鉴（2009—2012）》《海曙年鉴（2015）》《海曙年鉴（2016）》。完成第二轮《宁波市志（海曙卷）》编纂，形成近22万字书稿。完成2015年度史料征集工作。

在天一广场党群服务中心、区老干部活动中心、区青少年宫、区图书馆等地开展"壮丽辉煌梦想启航——海曙区纪念中国共产党成立95周年历史图片展"巡展。编印《海曙记忆（2016特刊）》——《海曙区纪念中国共产党成立95周年历史图片集》。开展宁波市纪念建党95周年学术交流征文和观看红色电影活动。联合区档案局举办"郡庙风华"——宁波府城隍庙图片展，系统展示宁波城隍庙历史变迁。

【《苏共权力结构模式演变的历史考察》获全国党史部门优秀成果一等奖】 2016年2月，董瑛撰写的《苏共权力结构模式演变的历史考察》一文，被中共中央党史研究室评为全国党史部门党史优秀成果奖论文类一等奖。文发表于《中共党史研究》2014年第10期，全文2万余字，分析列宁时期、斯大林时期、后斯大林时期苏共权力结构模式的历史演变过程，可为中共推进国家治理体系和治理能力现代化提供历史借鉴。

【应唯鲁墓地迁回宁波】 2016年4月15日，海曙籍革命女烈士、《人民日报》前身——《晋察冀日报》女记者应唯鲁墓地由河北阜平县革命烈士陵园迁回宁波，安葬在同泰嘉陵浙东抗战老兵纪念园。应唯鲁，原名沈鞠如，1919年出生于宁波商人家庭。1938年11月，分配到《抗敌报》（《晋察冀日报》前身）工作，任报社记者，兼任新华社晋察冀通讯社记者。1940年12月，在冬季反"扫荡"斗争中牺牲于河北涞水山区，时年21岁。

【"壮丽辉煌梦想启航"——海曙区纪念中国共产党成立95周年历史图片展】 2016年7月1日，由区地方志办公室、区档案馆联合举办的"壮丽辉煌梦想启航"——海曙区纪念中国共产党成立95周年历史图片展在天一广场党群服务中心开展。展出图片168幅，分新民主主义革命、社会主义革命和建设、改革开放和社会主义现代化建设3个时期，以图文并茂方式展现中国共产党带领海曙人民进行革命、建设、改革的历程。

6月12日，"郡庙风华"——宁波府城隍庙图片展在鼓楼城楼举办

【《中国共产党海曙历史大事记（2000—2012）》出版】 2016年8月，《中国共产党海曙历史大事记（2000—

2012)》由中共党史出版社出版发行。全书40万字，是继《中国共产党宁波市海曙区历史大事记（1949—1999)》后又一本记录海曙区历史大事的党史作品，重点记述2000年1月至2012年12月间区委、区政府贯彻执行中央、省、市各项方针政策、决策部署的举措和区内重大事件。

（胡东斌）

老干部工作

【概况】 2016年年底，海曙区有离休干部80人（含行政区划调整后并入8人），其中区直属离休干部43人（含民政局代管3人）、异地安置37人。区级退休干部19人。

建立每月10日老干部政治学习制度，学习中共十八大会议精神及习近平总书记系列重要讲话。邀请老同志参加区"两会"及区委、区政府工作报告意见征求会、民主推荐区级领导干部会议。举办20名副区级以上老干部读书会。为易地安置的离休干部提供服务，落实"两费"（离休费和医疗费）催汇工作。组织老同志体检、疗（休）养及各类慰问、走访活动500余次。成立宁波"银辉"志愿者联合会海曙分会，开展集体活动5次。原区老年文化义工服务中心改建为"银辉"志愿者服务团，下属12支活动小分队，在各街道社区开展演出112次。"银辉"志愿者与独居离休干部结对，各社区卫生服务中心医生提供医疗保健结对服务。区委老干部局获评2016年度全省老干部工作先进集体。

【老年大学建设】 2016年，海曙区老年大学初步完成整体搬迁和改造工程。新校区本部校舍建筑面积2644平方米，设班级64个，有教职工42人、学员2600余人。在西门街道胜丰社区开设老年大学分校，设课程2门，招收学员89人。在教学中，学校根据老年人特点科学设置教学课程。

【"弘扬正能量"系列活动】 2016年，区委老干部局组织开展"弘扬正能量"系列活动。其间，开展纪念红军长征胜利80周年座谈会、"庆祝建党95周年"纪念活动，举办书画展、座谈会，以"红色引领，绿色体验"为主题，组织参观奉化大堰革命老区和章水镇天胜农场，开展"十八大后新气象，点赞正能量"专题座谈，组织老干部开展巡河活动，巡视集士港镇治水成果。

【纪录片《峥嵘岁月的记忆——记海曙区抗战老同志》拍摄】 2016年11月，区委老干部局联合区科协，以本区离休干部革命生涯为题材，拍摄专题纪录片。耗时3个月，走访30余名老同志。通过人物采访、实地拍摄与场景还原等方式，拍摄完成纪录片《峥嵘岁月的记忆——记海曙区抗战老同志》。

（王高昕）

资料链接

"四个领跑"战略：指区域综合实力明显提升，现代服务业发展领跑全市；城市功能品质明显提升，智慧城区建设领跑全市；综合文明程度明显提升，文化软实力影响领跑全市；民生事业投入明显提升，社会管理创新领跑全市。

两网融合：指把现实生活中社会网格化管理和电脑、手机接入的互联网有机结合，立足基层社会服务管理中最基层的"网格"，依托现代科技，实施精细化、社会化、信息化服务管理。

开放空间：指围绕特定主题，在基层通过营造民主开放的空间氛围引导参会人员自由畅谈、民主研讨，充分吸收集体智慧以取得良好效果的会议模式。

锋领e家：指海曙区基于党组织、党员立体评价体系的党建智慧化管理平台，通过构建党建大数据中心，以信息化机制推动实现党建工作全面互动、多元采集、综合分析和全景展示，促使党组织、党员作用发挥。

双研双评："双研"指正向研判和负面清单式研判；"双评"指领导班子凝聚力评价和领导干部胜任力评价。

精鹰计划：指择优确定20名干部列为培养对象，以一年为周期，考察培养信念坚定、视野开阔，善于领导科学发展、善于驾驭全局、善于开拓创新的精鹰型优秀正职领导干部预备人选。

一网两线两轴六集群："一网"指实现党组织覆盖全区基层社会治理网格的一张党建工作网；"两线"指以串联党章学堂等七大红色教育基地的"红色信仰线"和以公益一条街为代表的六大公益服务站点的"快乐公益线"；"两轴"指以10个示范社区和5个"两新"领域党建示范点，建立社区党建和新领域党建两条党建示范轴；"六集群"指建强基层治理、民生服务、公益组织、志愿服务、创业创新、历史文化六大锋领特色集群18个党建示范片。

点线建精：指建立基层党建精品示范点，串点成线，建设基层党建精品示范线。

"双新"覆盖：指在新业态、新领域党建工作有效覆盖。

百创汇海：指海曙区海内外创业创新人才和团队引进计划。

一员双岗：指党员立足岗位当先锋、立足社会做奉献。

凤来雁归：指吸引宁波籍院士、各宁波高校学子和宁波知名中学校友在甬创业创新的"甬智回归工程"。建设"雁巢空间"，引进宁波籍学子和愿来宁波工作的他乡学子"驻巢创业"。

"1+6"品格教育："1"是制定"一个纲要"，即《海曙区中小学品格教育指导纲要（试行）》；"6"是设立"六个途径"，即围绕《品格教育指导纲要》，设立实施素质评价、社会实践、课程改革、校园文化、队伍建设、家校融合6个中小学品格教育途径。

"海之梦"青少年实践品牌：指以置身真实社会环境的方式提升学生的实践能力，内容包括实战浸润、实岗浸润、实地浸润三大社会实践活动。

"双随机"抽查监管：指对法律法规规章规定的检查事项随机确定检查对象、随机确定执法人员，抽查情况及查处结果依法及时向社会公开。

一单两库一细则：指制定随机抽查事项清单、建立健全随机抽查对象和执法检查人员名录库、研究制定随机抽查工作细则。

双重组织生活：党员领导干部既要参加所在单位党支部、党小组的组织生活会，又要参加党员领导干部单独召开的民主生活会。

海曙区人民代表大会常务委员会

综　述

【概况】 2016年，宁波市海曙区第十届人民代表大会实有代表182人。其中，工人代表83人，占45.60%；党政干部代表43人，占23.63%；专业技术人员55人，占30.22%；非中共党员68人，占37.36%；妇女代表55人，占30.22%；具有大专以上文化程度代表178人，占97.80%。全年召开常委会会议9次、主任会议12次，听取和审议"一府两院"（人民政府，人民法院、人民检察院）工作报告16项，作出决议、决定16项。决定任免政府组成人员14人，任免审判、检察人员5人。

开展"两学一做"学习教育活动，制定人大机关学教活动实施方案，召开动员会议，组织党员干部开展集中学习讨论。举行常委会专题读书会，邀请专家学者关于供给侧改革、大数据时代背景下社会治理创新等内容进行授课，提高常委会组成人员理论素养和依法履职能力。落实常委会领导联系街道人大工作制度，推动街道人大工作规范化、制度化。开展联系服务企业"百日行动"，聚焦企业生产经营面临的实际问题和需求，汇总反映意见建议。注重人大工作理论研究和新闻宣传工作，调研报告《地方人大加强全口径预算审查监督的实践与思考》获2015年度省人大工作理论研讨会三等奖，《宁波人大》刊登海曙区"两官"（法官、检察官）履职评议通讯稿件。

【人大审议监督】 2016年，区人大常委会听取和审议2015年度财政决算报告、区级预算执行和其他财政收支情况的审计工作报告，要求区政府加强对民生实事项目、重点项目和重大资金使用的专项审计。批准2015年度区财政决算，要求区政府按照《中华人民共和国预算法》《中华人民共和国各级人大民代表大会常务委员会监督法》规定，提出提高预算管理精细化水平，加强预算公开完整性等意见，推进"全口径预算"工作。关注总部经济、产业集聚区、中国（宁波）跨境贸易电子商务产业园、月湖金汇小镇、众创空间等建设情况，开展视察调研，提出意见建议，促进区域经济转型升级。开展区政府债务管理情况、行政审批管理制度改革调研工作。常委会听取区十届人大五次会议国民经济和社会发展计划、财政报告审议意见，提出坚持创新驱动，全面深化改革；坚持双轮驱动，保持稳定增长；坚持绿色发展，建设生态城区；坚持共享发展，保障改善民生等意见。听取和审议区政府关于2016年国民经济和社会发展计划执行情况、1—9月财政预算执行情况。审议通过海曙区国民经济和社会发展第十三个五年规划纲要，要求"十三五"时期，以巩固提升宁波中心商贸商务区和历史文化名城核心区功能定位为目标，实施"四个领跑"发展战略，加快产业升级、提升城市功能、注重生态文明、推进依法治区、增进民生福祉，全面建设更高水平的现代化中心城区。

推进"五水共治"监督，常委会领导履行"河长"职责。持续开展"人大代表监督已治理的河"主题活动，督促

1月30日至2月2日，海曙区第十届人民代表大会第五次会议召开

各街道人大工委组织代表开展巡查河道活动，定期收集反馈存在问题，要求区政府及有关部门深化治理责任、完善监管措施，巩固“清三河”成效。参与月湖水环境综合治理工作，通过组织参加各类研讨会、座谈会，组织人大代表视察等形式，提出增强自身净化系统、做好截污工作、加强日常管理等建议。组织开展天一阁·月湖国家AAAAA级旅游景区创建专题视察，提出要高质量做好景区提升工程规划方案，展示月湖悠久历史文化底蕴。配合市人大做好大气污染防治条例执法检查。审议“三改一拆”、区域成片危旧房改造推进情况、铁路宁波站区域开发建设情况等议题。

听取审议区“七五”普法实施规划报告，提出在“七五”期间，深入宣传以宪法为核心的中国特色社会主义法律体系、推动全民学法守法用法、加强青少年的法治教育、推进海曙特色法治文化建设、深化多层次多领域依法治理、加强组织实施和监督检查等举措，确保全区法治宣传教育第七个五年规划实施。深化“两官”履职评议工作，优化履职评议实施方案和履职评议标准，全面了解全区被评议对象履职情况，为常委会审议做好基础工作。专题听取行政执法部门依法行政情况报告、司法体制改革情况报告，督促行政执法部门、司法部门增强依法行政、公正司法能力，完善重要案件和重大事项呈报备案制度。开展规范性文件备案审查工作课题调研，备案审查10件区政府规范性文件，备案司法部门重大事项和重大案件173件。妥善处理涉法、涉诉信访，主动配合上级人大做好立法调研工作，全年受理群众来信5件，接待来访28人次、来电18次，办结率97%。

听取侨务工作专题报告，提出加强侨务工作要求。开展学前教育、公共文化体系建设专题调研，提出改进工作意见建议，形成调研报告并开展审议。组织全区代表对2015年度区政府民生实事项目实施情况进行满意度测评，选出2016年十大民生实事项目。

围绕推进改革发展和法治海曙建设，依法行使决定权和任免权，坚持党管干部与人大依法任免相统一，做好人事任免等工作。做好区十届人大五次会议代表提交议案建议督办工作，举行办理工作协调会确保办理工作高质高效。会议期间提出议案建议110件。选择代表培训课题，针对全区生态环境现状和大气、水质治理及义务教育均衡化发展等代表普遍关注的内容，邀请海曙环保分局和区教育局负责人进行专题授课。组织代表开展旧村改造、食品安全、科普工作、公益一条街等视察调研活动。开展“主任接待日”活动，常委会领导分别在鼓楼、望春、南门、西门、白云等街道接待人大代表，听取并研究代表提出的关于“要求关于提升供水设备设施的建议”“关于缓解青林湾东区姚江东路出行难、停车秩序乱问题的建议”“关于博洋集团周边区域环境卫生、交通秩序整治的建议”等意见建议，督促政府及相关职能部门落实措施、解决问题。组织开展市人大代表向常委会述职活动，安排4名市代表向区人大常委会述职、32名市代表向区人代会书面述职并网上公示。举行市人大代表海曙中心组小组长会议，部署工作任务。组织中心组和各代表小组开展视察、调研等闭会期间代表活动，实地视察南苑集团、宁波市第一医院、博洋集团等。组织市、区人大代表开展“查找短板”主题监督活动，针对8个“短板”问题，提出意见建议27条，助推区域经济社会发展。开展“千名代表走进校园宿舍，关爱大学生健康成长”主题活动。

【人大代表联络站建设】 2016年，海曙区加强代表联络站规范化、制度化和信息化建设。在规范做好联络站（点）设置、人员配备、制度建设、保障措施基础上，拓展“站加点”“面联加网联”的代表接待群众模式，推进代表联络站地理信息平台和街道人大网站“代表网上联络站”建设。督促各街道人大工委制定2016年联络站点和网上接待日程计划，优化代表网上联络站数据录入功能，建立代表网上联络站建设情况每月书面通报制度。全年开展联络站接待134次、网上接待124次。其中，省、市、区三级人大代表246人次参加实体接待，接待来访群众443人次，受理并促进解决各类事项209件；277人次代表参加网上接待，接待网民161人次，促进解决各类事项205件。区人大常委会主任陈志国在全省人大代表联系人民群众工作暨加强代表联络站建设视频交流会议上作经验交流。省人大常委会党组书记、副主任茅临生，省人大常委会副主任王辉忠先后视察调研区联络站建设，肯定区深化代表联系群众平台建设的探索和实践。

【全区人大换届选举工作】 2016年，区人大组织人员赴温州、杭州、绍兴等地调研，学习人大换届选举相关工作方法。组织各镇乡（街道）开展走访调研进行选情预估，分析代表资源，设

11月10日，省人大常委会副主任王辉忠调研海曙区人大代表联络站工作

置13项具体标准评估现任代表履职情况，推荐履职优秀的代表参加连选，起草《关于做好区、镇（乡）两级人民代表大会换届选举工作的意见》。召开党组会议、工作会议专题研究人大换届选举工作，确定换届选举工作基本框架、目标任务、方法措施。统计梳理代表履职情况，分析代表资源、代表结构，制定《关于做好换届选举选民登记工作的意见》，特别针对海曙区人户分离现象突出、流动人口众多及镇（乡）选情复杂等问题，采取相应措施，保证选民登记率。把好选区划分和代表名额分配关，加强与组织部门及各镇乡（街道）沟通衔接，将省人大重新核定的代表名额在老海曙和新划入海曙的原鄞州西乡片区域合理分配，划分选区125个。强化候选人承诺和约束机制，严把程序、严守纪律、严格要求，完成代表换届选举工作，依法选举262名区第十一届人大代表和486名新一届镇（乡）人大代表，优化代表结构。

（潘斌九）

重要会议

【区十届人大五次会议】 2016年1月30日至2月2日，海曙区第十届人民代表大会第五次会议在富邦大酒店召开，会议通过区委副书记、区长吴胜武所作的《政府工作报告》，通过批准海曙区2015年国民经济和社会发展计划执行情况报告及2016年国民经济和社会发展计划决议、海曙区2015年财政预算执行情况报告和2016年财政预算决议，通过区人大常委会主任陈志国作的《区人大常务委员会工作报告》、区人民法院院长吴军良作的《区人民法院工作报告》、区人民检察院检察长吕海庆作的《区人民检察院工作报告》及《关于海曙区国民经济和社会发展第十三个五年规划纲要》的决议。

【区十届人大常委会会议】 2016年1月22日，区十届人大常委会举行第二十五次会议。会议通过区十届人大五次会议相关事宜，决定海曙区第十届人民代表大会第五次会议定于2016年1月31日召开。会议审议区人大常委会工作报告，通过区政府、区人大常委会主任会议提交的人事任免案。街道人大工委专职主任、副主任列席本次会议。

1月22日，区十届人大常委会举行第二十五次会议

4月29日，区十届人大常委会举行第二十六次会议。会议听取、审议和批准区政府关于将月湖西区零星征收项目等31个储备项目列入2016年度海曙区国民经济和社会发展计划的报告、关于2016年海曙区政府债务限额和新增地方政府债券预算调整方案的报告。听取和审议关于区十届人大常委会第二十三次会议审议意见处理情况的报告，听取4名市人大代表述职报告及关于区十届人大五次会议关于“两会”报告及部门预算草案的审议意见。会议还通过区政府、区人大常委会主任会议提请的人事任免案。

6月30日，区十届人大常委会举行第二十七会议。会议听取和审议区政府关于2015年度海曙区财政决算（草案）报告、2015年度海曙区预算执行和其他财政收支情况的审计工作报告、“七五”普法实施规划报告。会议审查批准2015年度海曙区财政决算，通过开展第七个五年法治宣传教育的决议。会议还通过人事任免事项。

8月25日，区十届人大常委会举行第二十八次会议。会议听取和审议被评议法官、检察官的履职报告、2016年上半年区国民经济和社会发展计划执行情况的报告、学前教育开展情况的报告及铁路宁波站区域开发建设情况的报告。区人大常委会组成人员和列席代表对被评议的法官、检察官履职情况进行评分。

9月30日，区十届人大常委会举行第二十九次会议。会议表决通过关于接受吴胜武辞去海曙区区长职务请求的决定。

10月19日，区十届人大常委会举行第三十次会议。会议听取和审议关于提请许可对区人大代表马某某采取刑事强制措施的报告。

11月21日，区十届人大常委会举行第三十一次会议。会议通过区政府、区人民法院、区人民检察院及区人大常委会主任会议提请的人事任免案；会议决定褚孟形代理海曙区区长，傅勇代理海曙区人民法院院长，李钟代理海曙区人民检察院检察长。

12月1日，区人大常委会举行第三十二次会议。会议听取和审议区政府关于2016年1—9月财政收支预算执行情况的报告、关于区十届人大五次会议代表议案建议办理情况的报告、区政府关于区十届人大常委会第二十七次会议审议意见处理情况的报告；听取和审议区人民法院、区人民检察院关于落实区人大常委会对“两官”履职评议和“两院”改进工作意见的整改报告。会议对“一府两院”有关报告进行满意度测评。会议听取和审议主任会议提请的人大换届选举有关事项，作出区、镇（乡）两级人民代表大会换届选举有关事项的决定，决定设立区选举委员会、镇（乡）选举委员会及街道选举办事处，确定新一届各镇（乡）人民代表大会代表名额。

12月28日，区人大常委会举行第三十三次会议。会议听取和审议区政府关于2016年预算调整意见的报告，批准海曙区2016年预算调整的决议；听取和审议区政府处理区十届人大常委会第二十八次会议审议意见情况的报告，并进行满意度测评；听取和审议海曙公安分局关于提请许可对1名区人大代表依法采取拘留强制措施的报告，作出许可决定。

【区十届人大常委会主任会议】2016年1月19日，区十届人大常委会举行第三十九次主任会议。会议初审海曙区2015年国民经济和社会发展计划执行情况和2016年国民经济和社会发展计划（草案）的报告、海曙区2015年财政预算执行情况和2016年财政预算（草案）报告；听取2016年政府投资项目年度计划安排情况，研究区人大常委会关于"十三五"规划纲要（草案）的审议意见。讨论区十届人大常委会第二十五次会议有关事项。

3月10日，区十届人大常委会举行第四十次主任会议，会议审议《海曙区人大常委会关于法官检察官履职评议实施方案》。

4月25日，区十届人大常委会召开第四十一次主任会议，讨论区十届人大常委会第二十六次会议有关事项。

5月31日，区十届人大常委会召开第四十二次主任会议，听取区人民法院、区人民检察院司法体制改革情况和区侨务工作情况的报告。

6月17日，区十届人大常委会召开第四十三次主任会议，讨论区十届人大常委会第二十七次会议有关事项。

7月28日，区十届人大常委会举行第四十四次主任会议。会议审计2016年海曙区"五水共治"工作推进情况，2016年海曙区"三改一拆""四边三化"工作情况，区域成片危旧房改造推进情况和海曙区2016年地方政府性债务情况。

8月18日，区十届人大常委会举行第四十五次主任会议，讨论区十届人大常委会第二十八次会议有关事项。

9月26日，区十届人大常委会召开第四十六次主任会议。会议听取审议区危旧房改造项目融资工作相关情况、区依法行政工作情况、区人大常委会第二十八次会议审议意见的汇报，并讨论区十届人大常委会第二十九次会议有关事项。

11月19日，区十届人大常委会召开第四十七次主任会议，讨论关于提请许可对区人大代表马某某采取刑事强制措施有关事项。

11月21日，区十届人大常委会召开第四十八次主任会议，讨论区十届人大常委会第三十一次会议有关事项，即人事任免事项。

12月1日，区十届人大常委会召开第四十九次主任会议，讨论区十届人大常委会第三十二次会议有关事项，包括1—9月财政预算执行情况及预算调整情况、区十届人大常委会第二十八次会议关于"两官"履职评议和"两院"改进工作意见处理情况、区十届人大常委会第二十七次会议审议意见处理情况、代表议案建议办理情况和换届选举相关事宜。

12月28日，区十届人大常委会召开第五十次主任会议，会议研究区选举委员会相关事宜，讨论区十届人大常委会第三十三次会议有关事项，包括海曙区2016年度预算调整意见的报告、区十届人大常委会第二十八次会议审议意见处理情况报告、人事任免事项和许可对1名区人大代表采取强制措施的相关事宜。

【人大换届选举会议】2016年12月6日，区选举委员会举行第一次会议。会议听取并通过区第十一届人民代表大会、镇（乡）新一届人民代表大会代表选举日的决定、换届选举工作的实施意见和区选委会办公室各组名单、职责、成员单位职责及代表名额分配方案，并由区委组织部关于换届选举有关事项作说明。区人大常委会主任陈志国，各常委会副主任，区选举委员会组成人员，区选办各组组长、副组长，各镇（乡）选举委员会、街道选举办事处有关负责人参加会议。

12月7日，区人大常委会召开区、镇（乡）两级人大换届选举工作动员暨培训会。会上，组织与会人员观看换届选举教育警示片，区委组织部有关负责人关于代表候选人推荐、考察联审工作等作相关说明，区人大常委会代表工委有关负责人作换届选举工作培训。区人大常委会主任、副主任，区选委办各组成员，各镇（乡）选委会成员，各街道选办成员，区人大机关全体人员参加会议。

12月13日，区选举委员会举行第二次会议。会议通过选区划分方案（草案）、各选区工作组正、副组长名单（草案）、无法行使选举权与被选举权人员名单（草案），听取各镇（乡）选举委员会、街道选举办事处前阶段工作情况汇报。区人大常委会主任、副主任，区选举委员会成员，区选委办各组组长、副组长，镇（乡）选举委员会、街道选举办事处主任、副主任参加会议。

12月29日，区选举委员会举行第三次会议。会议通过正式代表候选人名单（草案）、各选区投票主持人名单（草案）、需要提前或推迟选举的选区名单（草案）、选举办法（草案），明确依法辞去区、镇（乡）选举委员会职务的相关人员名单。区人大常委会主任、副主任，区选举委员会成员，区选委办各组组长、副组长，镇（乡）选举委员会、街道选举办事处主任、副主任参加会议。

（潘斌九）

重要活动与代表建议

【人大代表议案建议】2016年1月30日至2月2日区十届人大五次会议期间，区人大代表提出议案建议110件（转为建议处理的议案8件，建议102件）。其中，106件交由区政府相关职能部门办理，1件由区委宣传部办理，2件由区文明办办理，1件由区总工会办理，各承办单位均在规定办理时限内办结并答复。从代表意见反馈看，代表对办理工作满意的104件，占94.55%，基本满意6件，占5.45%；对办理结果满意的96件，占87.27%，基本满意14件，占12.73%。办理工作和办理结果的满意率均为历届最高。

经过常委会主任会议专题研究，围绕经济社会发展重大事项、社会普遍关注和群众密切关心的热点问题，确定“推进海曙区电商产业园区发展”“进一步强化生活垃圾分类工作”“完善海曙居家养老工作”“提升海曙居家养老服务工作”“尽快打通火车南站周边地区断头路”“优化宁波火车站北广场交通组织及景观绿化”“股份经济合作社转型成现代企业或解散清算”“加大月湖水有效治理，助推天一阁·月湖国家AAAAA级旅游景区创建”8件议案建议作为常委会领导重点督办件。区政府确定“缓解老小区居民停车难”“在核心商圈进行商业社区建设”等2件建议作为区政府领导领办件，由两位副区长分工领办。针对“保障全面二孩政策落实”“增设荣安世家小区引导牌”两件初次办理不满意件，经过重新办理答复和解释沟通，妥善处理完毕。

【人大交流接待活动】 2016年3月9日，江苏省人大常委会农业和农村工委主任张京霞到海曙区考察农村集体资产管理和农村集体经济组织管理工作，省人大农委副主任赵利民、市人大常委会农委副主任刘必谦、区人大常委会主任陈志国、副主任林兵参加座谈。

3月17日，郑州市中原区人大副主任吕文到海曙区考察创业创新工作，与会双方就两地创业创新工作先进经验和做法进行座谈交流，考察组还实地考察留创园和众创空间。

4月7日，湖北省人大考察团到海曙区汪弄社区考察民族工作，市人大常委会副主任邬和民、民宗侨外工委主任伊敏芳、区人大常委会副主任孙铭龙及市、区两级民宗局负责人陪同。

5月12日，北京市朝阳区人大学习考察团到海曙区交流学习。考察团一行了解区“五水共治”工作情况，实地察看北斗河、马家河治理情况，并考察白云街道人大代表联络站运行情况。市人大常委会党组副书记、副主任宋伟，区人大常委会主任陈志国，副主任童经纬，办公室、城建环保工委、代表工委负责人陪同。

【区人大常委会主任接待日活动】 2016年6月6日，区人大常委会主任陈志国在鼓楼街道开展主任接待日活动。市、区人大代表提出，2015年冬季的极端严寒天气影响辖区部分供水设备设施正常使用，需要采取相关措施予以改善。副区长周宏汉要求区城管局牵头，联合各相关部门书面反馈落实意见。

7月7日，区人大常委会副主任陈奋在南门街道开展主任接待日活动，副区长周宏汉、区人大代表、区政府有关部门和街道、企业代表、区人大和街道人大工委等参与。代表陈鲁文等提出关于博洋集团周边区域环境卫生、交通秩序整治建议，区府办、区城管局、区住建局、海曙公安分局、海曙交警大队、南门街道、望春街道等相关领导作表态发言，周宏汉部署下一步工作。

7月29日，区人大常委会副主任童经纬在望春街道人大代表联络站开展主任接待日活动。副区长周宏汉、区人大代表、政府有关部门和街道、社区代表、区人大和街道人大工委等参加。代表史雅波等对缓解青林湾东区姚江东路出行难、停车秩序乱问题提出意见和建议，区府办、海曙交警大队、海曙规划分局、区房管处、区城管局、望春街道等相关领导作表态发言。

8月23日，区人大常委会副主任林兵在西门街道翠中社区开展主任接待日活动。代表盛福林等关于加强西湾路（翠柏路—文化路）综合治理问题提出建议，区政府相关部门负责人表态发言，提出完善意见。

9月29日，区人大常委会副主任金波在白云街道人大代表联络站开展主任接待日活动。区人大代表提出修缮破损人行道、盲道的建议，区城管局、区府办回复、表态。

2月14日，市人大常委会主任王勇到海曙区走访市人大代表黄炎水

【王勇到海曙走访人大代表】 2016年2月14日，市人大常委会主任王勇到海曙区走访市人大代表黄炎水，听取关于第二百货商店发展情况介绍。

【市人大代表海曙中心组暨代表工作会议】 2016年3月22日，区人大常委会召开市人大代表海曙中心组暨代表工作会议，市人大代表海曙中心组组长、区人大常委会主任陈志国，副主任童经纬及中心组各小组组长、副组长、联络员和各街道人大工委专职主任、副主任参加会议。参会代表视察慈溪太平鸟物流有限公司，视察物流仓储运转情况。随后召开座谈会，童经纬传达市人大中心组暨代表工作会议精神，总结2015年度海曙中心组工作，部署2016年市人大代表海曙中心组工作计划和代表工作。市代表海曙中心组各小组和街道人大工委进行汇报交流。

【区人大“两官”履职评议工作调研】 2016年3月22日，区人大常委会副主任陈奋到区人民法院、区人民检察院调研“两官”履职评议工作和司法体制改革情况。5月5日，陈奋带领法官、检察官履职评议组在江厦街道代表联络站和望春街道代表联络站进行"两官"履职评议主题接待，8个街道分管政法工作的副书记、街道人大工委主任、副主任及部分人大代表参加活动。5月9日，区人大常委会开展"两官"履职评议网上集中接待，解答和回复网民提出的17个问题，"两官"履职评议组成员、部分人大代表、区人民法院和区人民检察院有关人员参加。

【区议提案交办工作会议】 2016年3月31日，区委、区人大、区政府、区政协联合举行海曙区议提案办理工作会议。会议通报表彰2015年度议提案办理工作先进，并向承办单位移交当年代表委员提出的议提案。区委副书记、区政协主席毕东华回顾总结2015年度议提案办理工作，指出存在问题，并对当年办理任务提出明确要求。

【王勇调研海曙企业发展情况】 2016年5月5日，市人大常委会主任王勇到海曙区走访调研企业，实地走访狮丹努集团。区委书记彭朱刚，区人大常委会主任陈志国陪同调研。

【区人大宣传信息工作暨培训会议】 2016年5月6日，区人大举行宣传信息工作暨培训会议。会议通报2015年区人大宣传信息工作情况，表彰2015年度宣传信息工作先进，市人大研究室理论调研处处长王井才以"怎样写人大信息"为题授课，区人大办公室负责人及部分联系单位信息员、街道人大工委联络员、人大机关工作人员参加会议。

【区人大代表培训会】 2016年6月14日，区人大常委会召开2016年度区人大代表培训会，区人大代表、人大机关相关工作人员、各街道人大联络员等120余人参加培训。会议由区人大常委会代表工委主任李科忠主持，区人大常委会代表工委副主任田艳晖介绍海曙区代表网上联络站建设工作，海曙环保分局局长江立生和区教育局局长裘建浩分别介绍区环保和教育工作开展情况。

【区人大常委会天一阁·月湖国家AAAAA级旅游景区创建工作视察】 2016年6月15日，区人大常委会视察天一阁·月湖国家AAAAA级旅游景区创建工作。区人大常委会主任陈志国，副主任陈奋、金波、林兵、孙铭龙等实地考察天一阁·月湖景区，听取区政府创建工作汇报和部分代表意见建议。副区长卜明长、区商务局局长李平及景区创建工作相关职能部门和单位负责人陪同视察。

【区人大政情通报会】 2016年7月19日，区人大常委会组织召开2016年上半年政情通报会。区人大常委会主任陈志国、副主任童经纬、区人大代表、部分市人大代表及区人大机关全体干部、各街道联络员参加会议，陈志国主持会议。会上，区委常委、常务副区长谭国洪从提升发展质量、加快项目建设、打造适宜环境、强化民生保障、维护和谐稳定、提高政府效能六方面通报全区上半年经济运行及社会发展情况。陈志国简要介绍区人大上半年工作情况，结合下半年工作提希望，与全体代表共勉。

【茅临生到海曙区调研】 2016年8月17日，省人大常委会党组书记、副主任茅临生到海曙区调研区域经济转型升级、县乡人大换届选举等工作。茅临生一行实地考察狮丹努集团、南塘老街，看望基层人大代表、区人大机关干部，在座谈会上听取海曙区关于经济社会发展、区人大换届选举、网上代表联络站建设等工作汇报。市人大常委会副主任翁鲁敏、区委书记彭朱刚、区人大常委会主任陈志国等陪同调研。

【区人大常委会全区行政审批制度改革工作视察】 2016年10月19日，区人大常委会视察区行政审批制度改革工作。视察组实地察看区行政服务中心大厅，听取行政审批工作情况汇报及工作意见建议。区人大常委会主任陈志国，副主任陈奋等参加视察活动，副区长薄慧敏、区审管办（交管办）主任王明波陪同。

【冯明到海曙开展主题接待活动】 2016年12月14日，省人大常委会副主任冯明在海曙区人大代表联络站开展主题接待活动。听取省、市、区三级代表履职情况汇报和各级代表在企业转型发展、现代农业发展规划、当代教育改革和基层组织建设等方面的意见建议。区委书记孙黎明，区人大常委会主任陈志国、市人大常委会代表工委副主任秦四海、区人大常委会副主任童经纬等陪同。

【李会光到望春街道开展主题接待活动】 2016年12月29日，市委常委、纪委书记李会光到望春街道人大代表联络站开展主题接待活动。围绕基层党风廉政建设主题，听取市、区两级人大代表和基层群众关于如何加强基层党风廉政建设等方面的意见建议。区委书记孙黎明，区人大常委会主任陈志国等陪同。

（潘斌九）

12月14日，省人大常委会副主任冯明在海曙开展主题接待活动

海曙区人民政府

综　述

【概况】 2016年，原海曙区域实现地区生产总值595.2亿元，同比增长6.5%。规模以上工业增加值47.6亿元，增长7.5%。实现财政总收入80.2亿元，其中一般公共预算收入51.6亿元。实现固定资产投资158.5亿元。实现社会消费品零售总额644.7亿元，增长7.2%。市区居民人均可支配收入55127元，增长7.7%。新增城镇就业人员13924人，居民消费价格指数102.1%。

海曙区以产业转型引领经济发展，巩固提升现代服务业，加快创建天一阁·月湖国家AAAAA级旅游景区，公开发布全国首个历史文化街区地方标准规范。加快科技创新步伐，发明专利授权数同比增长17.5%，实际引进大市外内资、“浙商回归”实到资金分别完成年度考核任务的124.9%和232.3%。以平台建设支撑经济发展，月湖西区一期、恒一广场等重大项目竣工，中国（宁波）跨境电子商务综合试验区海曙园区开园运营，全省首个科技治水园区建成投用，月湖金汇小镇列入省级特色小镇培育名单。以优化环境保障经济发展，推进“三改一拆”“五水共治”，启动月湖水生态环境综合治理，完成中山路综合整治工程，建成全市首个“基本无蓝色屋面（立面）区”。

健全公共服务体系，完成政府十大民生实事项目，通过省教育基本现代化区评估，建成基层医疗“云诊室”12家，举办各类文化活动511场。完善民生保障体系，全面启用社会保障卡，并轨外来务工险，加快实施重点人群就业“无忧服务”，开展独居老人关爱服务，增加养老床位146张，建成安置房项目4个。深化社会治理体系，品牌社区建设成效显现，建成省、市对口见学点6个，宁波市公益街一期开街，完成G20杭州峰会维稳安保等各项保障任务。

宁波市行政区划调整后，海曙区成为集中心城区、郊区、山区为一体的复合型城区。完成新划入镇乡（街道）挂牌，筹建新设职能部门，充实优化现有部门职能，有序接转人事、财政、资产、审批等各领域工作，梳理解决一批重大事项，实现行政区划调整平稳有序过渡。

（吕　烨）

重要会议

【区政府全体（扩大）会议】 2016年1月15日，海曙区召开政府全体（扩大）会议。会议研究讨论《政府工作报告（审议稿）》和《海曙区国民经济和社会发展第十三个五年规划纲要（草案）》，部署岁末年初相关工作。区政府班子成员及各部门、直属单位、街道办事处负责人参加会议。

【区政府常务会议】 2016年1月27日，区政府召开2016年度第一次常务会议，听取关于全区经济工作会议筹备情况、2015年度区科学技术奖评选、2015年度海曙区区长质量奖评审、2015年度全区安全生产工作、2016年海曙区政府投资项目年度计划安排等情况汇报，审议并原则通过《宁波市天一阁·月湖创建国家AAAAA级旅游景区工作方案》。

2月29日，区政府召开第二次常务会议，会议审议并原则通过《海曙区关于培育发展众创空间促进大众创新创业的实施意见》。

3月30日，区政府召开第三次常务会议，听取关于天一阁·月湖景区建设期提升工程等情况的汇报，审议并原则通过《海曙区国有企业改革指导方案》。

4月28日，区政府召开第四次常务会议，听取关于中国（宁波）跨境电子商务综合试验区场地整改提升、区政府领导建议提案领办等情况的汇报，审议并原则通过《关于建立海曙区综合行政执法协作配合工作机制的实施意见》《海曙区“十三五”智慧城区发展规划》《海曙区“十三五”民政事业发展规划》《海曙区“十三五”产业转型升级发展规划》。

5月26日，区政府召开第五次常务会议，听取关于众创空间5号楼园区展示中心装修等有关情况的汇报，审议并原则通过《海曙区行政事业单位国有资产处置管理暂行办法》《国家食品安全城市创建试点及浙江省食品安全区创建工作方案》《海曙区

"十三五"教育事业发展规划》《海曙区"十三五"卫生计生事业发展规划》《海曙区"十三五"文化事业发展规划》。

6月28日，区政府召开第六次常务会议，听取海曙区2016年海内外高层次人才创业资助项目建议、区级机关公务用车制度改革初步方案、成立海曙月湖金汇小镇管委会等有关情况的汇报。

7月29日，区政府召开第七次常务会议，听取关于把真和大酒店南侧道路工程追加列入2016年区政府投资项目计划的情况汇报，审议并原则通过《关于二十国集团领导人第十一次峰会海曙区环境质量保障工作的实施方案》《海曙区稳增促调专项资金管理办法》。

8月29日，区政府召开第八次常务会议，听取关于调整海曙区经济运行监测联席会议制度等情况的汇报，审议并原则通过《海曙区开展新一轮全国计划生育优质服务先进单位创建活动实施方案》《海曙区开展标本兼治遏制较大以上事故工作方案》《关于进一步完善安全生产监管责任体系建设的指导意见》。

9月22日，区政府召开第九次常务会议，听取保障性住房物业专项维修资金交存事宜、实施月湖水生态环境综合治理工程等情况的汇报，审议并原则通过《关于加快推进残疾人全面小康进程的实施意见》《关于进一步完善困难残疾人生活补贴和重度残疾人护理补贴制度的实施意见》《海曙区突发公共卫生事件应急预案》《关于加快构建城区现代公共文化服务体系的实施方案》《关于推进基层综合性文化服务中心建设的实施方案》《关于进一步推进户籍制度改革的实施意见》等，原则同意征收轨道交通4号线兴宁桥西站项目相关房屋。

11月24日，区政府召开第十次常务会议，听取关于天一阁·月湖景区游客服务中心租赁事宜、宁波市行政区划调整后机关办公用房租赁情况的汇报，审议并原则通过《海曙区政府领导班子临时分工方案》。

12月28日，区政府召开第十一次常务会议，听取关于海曙区优秀建筑业企业评选和建筑业发展单项补助、区政府行政规范性文件清理工作、组建宁波市天一阁·月湖景区管理委员会有关事宜、海曙区行政事业单位办公用房调配方案、当前安全生产工作等情况的汇报，审议并原则通过《海曙区全民健身实施计划（2016—2020年）》。

【全区经济工作会议】 2016年2月18日，海曙区召开全区经济工作会议，区委书记彭朱刚作讲话，区委副书记、区长吴胜武作2015年经济工作报告并部署新一年经济工作任务。区四套班子主要领导、街道部门相关负责人及企业代表450人参加会议。会议表彰26家企业、20位企业家和7个科技创新项目。

【全区城市建设和社会管理工作会议】 2016年2月29日，海曙区召开2016年全区城市建设和社会管理工作会议。区委政法委、区民政局、区住建局、区城管局汇报2016年重点工作思路，区委书记彭朱刚关于做好2016年全区城市建设和社会管理工作作讲话，区委副书记、区长吴胜武主持会议。区四套班子有关领导，全区各部门、街道有关负责人，各社区居委会及股份经济合作社主要负责人出席会议。

【企业家座谈会】 2016年3月2日，海曙区召开企业家座谈会。会上，区经合局、区发改局、宁波（国际）电子商务产业园管理中心等部门分别汇报海曙区情及功能性板块、月湖金汇小镇、众创空间等情况，各商会与企业代表对海曙区招商引资工作及经济社会发展提出意见建议。区委书记彭朱刚，区委副书记、区长吴胜武，区经济相关部门负责人及各街道商会、异地商会、新引进重点企业代表参加会议。

【全区中心城区品质提升暨旧村改造拆迁攻坚清零部署动员会】 2016年5月6日，海曙区召开全区中心城区品质提升暨旧村改造拆迁攻坚清零部署动员会。区住建局、区城管局、望春街道、段塘街道作表态发言，区委书记彭朱刚在大会讲话，区委副书记、区长吴胜武主持会议，区四套班子主要领导、相关部门主要负责人、街道党政负责人参加会议。

天一阁·月湖景区

12月7日，海曙区"六五"普法总结暨"七五"法治宣传教育部署会召开

【"河长制"工作推进会】 2016年7月19日，海曙区召开"河长制"工作推进会。会议总结2014年以来全区治水工作取得成绩，分析当前存在问题，部署下一阶段重点工作。区委书记彭朱刚作讲话，区委副书记、区长吴胜武主持会议，区四套班子相关领导、相关部门主要负责人、街道党政负责人参加会议。

【行政区划调整工作动员大会】 （参见"专记"类目"2016海曙区行政区划调整"分目）

【"六五"普法总结暨"七五"法治宣传教育部署会】 2016年12月7日，海曙区召开"六五"普法总结暨"七五"法治宣传教育部署会。会议肯定全区"六五"普法取得成绩，并对"七五"普法工作提出要求。区委副书记、政法委书记张启表作讲话，区委常委、常务副区长谭国洪主持会议。

（吕　烨）

重要活动

【"2016中国股权投资论坛@宁波"活动在海曙举行】 2016年5月26—27日，"2016中国股权投资论坛@宁波"活动在海曙区举行，大会邀请国内顶级投资机构代表建言献策，助力宁波"互联网+优势产业"快速优质发展。副市长王仁洲代表市委、市政府为海曙月湖金汇小镇授牌，区委副书记、区长吴胜武重点介绍海曙月湖金汇小镇建设全国私募基金集聚地、发展私募股权投融资市场相关情况。

【宁波市公益街开街】 2016年9月22日，宁波首个综合性公益聚集地——宁波市公益街正式开街，副市长李关定出席开街仪式并致辞。彭朱刚、石贤义、陈奋、舒建国等区级领导参加仪式。公益街位于海曙区周江岸路16号，街长120米，入驻社会公益组织12家，根据功能划为生活区、体验区、文化创意区等。公益街由海曙区政府、市民政局、市残联等共同出资组建，区民政局委托区社会组织服务中心负责运营管理，为社会资源运用、社会组织参与公益事业建设提供平台。项目得到2016年中央财政立项支持，成为2016年中央财政支持社会组织参与社会服务示范项目。

【2016北京、上海、香港宁波校友会代表"家乡行"活动】 2016年9月23—24日，海曙区举办2016北京、上海、香港宁波校友会代表"家乡行"活动，65名曾就读于宁波重点高中的校友参加活动。活动围绕"印象海曙""魅力海曙""创业海曙"等主题，组织代表们参观考察海曙月湖金汇小镇、"海蓝宝"双创基地等区块，使之了解家乡创新创业环境和政策，并把家乡情况介绍给在外学子，搭建沟通桥梁。区委书记彭朱刚出席活动并致辞，刘臻、严仕恩、国宇等区级领导参加活动。

【海曙月湖金汇小镇发展论坛】 （参见"商贸商务"类目"招商引资"分目）

【唐一军到海曙区宣布行政区划调整事宜】 （参见"专记"类目"2016海曙区行政区划调整"分目）

【行政区划调整新划入镇乡(街道)揭牌】 （参见"专记"类目"2016海曙区行政区划调整"分目）

（吕　烨）

区政府办公室工作

【概况】 2016年，区政府办公室围绕社会发展热点难点问题开展基层调研，牵头开展6个年度重点调研课题，组织起草的3篇调研文章在省、市核心期刊上发表，1篇文章获全市政府系统优秀调查报告二等奖。根据全区重点领域特色经验做法与社情民意，向省、市级政府报送信息1427条次，录用378条次，多篇专报信息被省、市录用并转报国办。

发挥统筹协调职能，配合做好宁波市行政区划调整后区域融合工作。参与制订并落实行政区划调整实施工作总体方案和专项方案，调研、汇总、协调行政审批、民生保障等22类204项政策差异事项和项目接续、机构划转等8类94个具体问题。推动重点区块、重大项目建设，协调推进"三改一拆""五水共治""浙商回归"、天一阁·月湖国家AAAAA级旅游景区创建、棚户区改造、金融生态示范区建设等各类重点工作。

做好全区经济工作会议、重大项目推进会、招商引资推进会等会议、活动的协调保障。创新完善流动人口服务管理机制，制定《2016年全区流动人口服务管理工作要点》，开展流动人口基础信息大排查和出租房屋集中整治行动，推进新型居住证制度和流动人口量化积分管理。加大政务公开力度，公开政府信息11321条，受理依申请公开56件。开展应急联动拉练，提高突发事件应急处置实战能力，完善应急平台数据库。

【政府督查】2016年，区政府围绕市、区两级民生实事项目和区政府每月主要工作，采用现场督查、联合督查等多种督查手段及时跟踪、反馈督查中发现的问题和困难，确保民生实事项目和重点工作按时有效推进。制定《2016年区委、区政府重点督查活动安排》，对安全生产工作、水质提升等8项重点工作开展联合督查。强化领导批示督办落实，完成市领导批示106件、市级政务督查8件，下发区领导批示160件、区级政务督查29件。市、区两级督办件和批示件办结率均为100%。

（包　炜）

9月，海曙区组织“2016欧洲·宁波周”境外投资考察活动

外事工作

【概况】2016年，海曙区办理党政因公出国（境）审批9批10人次，其中党政人员因公出国6批6人次，党政人员因公赴香港3批4人次。审批企业因公出访30批30人次，审批APEC商务旅行卡申请27批52人次。组织9名教师、57名学生赴新西兰、芬兰等地开展友好学校校际交流。

【外事活动】2016年7月3日，美国旧金山友好城市委员会主席林进敏率旧金山友好城市委员会访问团到海曙区交流访问。访问团先后考察月湖金汇小镇、天一阁、南塘老街历史文化街区等地。区委副书记、区长吴胜武及区府办、区发改局等相关单位负责人陪同。

11月3日，芬兰萨塔昆塔大区首席执政长官、区常委会主席（委员长）TapioHuhtane率11人代表团到海曙区访问，双方关于具体产业承接、合作平台建设进行交流并签署会议纪要。

【重要出访】2016年9月20日，海曙区组织2家民营企业2人次赴东欧参加“2016欧洲·宁波周”活动，开展中东欧国家开发园区和投资项目推介、考察洽谈等系列活动，引导和推进企业在中东欧国家投资合作步伐。出访企业参加在斯洛文尼亚、匈牙利召开的投资合作对接会，考察斯洛文尼亚马里博尔工业园、斯洛文尼亚大学企业家孵化园等，调研中欧商贸物流合作园、中匈宝思德经贸合作区，接触斯洛文尼亚、匈牙利投资机构、企业和境外园区。

【区委外事工作领导小组成立】2016年4月20日，海曙区成立区委外事工作领导小组。区委书记彭朱刚担任领导小组组长，吴胜武、毕东华担任副组长。5月20日，专题召开区委外事工作领导小组第一次会议，出台《关于进一步做好新形势下海曙区因公出国（境）管理有关工作的通知》。

（朱　杰）

对台工作

【概况】2016年，区台办加强涉台组织建设，完成对台工作基础数据库第二批次录入，市台联会海曙分会换届工作和市赴台陆生联谊会海曙分会换届工作完成。开展走访调研台企活动，市、区两级台办累计走访台资企业23家，协调处理涉台矛盾纠纷5件次。协助甬台文创馆落户南塘老街，协助“魅力东方，走进宁波”对台系列专项宣传海曙站工作，赴台社区交流团与台北、高雄等地10个社区开展基层社区交流。做好区内赴台就读陆生和台湾大学生暑期交流工作，年内新增赴台就读陆生51人，新增人数位列全市各县（市、区）之首。

【甬台文化创意交流活动】2016年4月15日，区委宣传部与台湾文创推广协会签订《“甬台文创馆”项目合作框架协议书》，甬台文创馆落户南塘老街，为推动甬台两地文化创意资源整合和产业交流创造条件。10月，台湾文创推广协会注册成立宁波源于生活文化创意有限公司，负责甬台文创馆运营，并以“甬台文创馆暨青年文创体验中心”项目获得2016年度宁波市文化产业发展专项资金支持。

【台湾“魅力东方，走进宁波”拍摄组走进海曙】2016年6月22日，台湾中天电视台、《联合报》合作的“魅力东方，走进宁波”系列电视专题片拍摄组到达海曙。此次海曙站的拍摄内容分为人文历史篇、金融商贸篇和创业创新篇3块，集中体现海曙区作为宁波中心城区的立体全貌，展示宁波深厚绵长的历史文化底蕴和朝气蓬勃的创新创业氛围。

【“两岸学子论坛”海曙交流活动】2016年7月10—12日，“两岸学子论坛”微视频拍摄组应邀走进海曙。台湾政治大学、台湾文化大学、台湾暨南大学等6所台湾大学8名台湾青年学生和厦门大学台湾研究院教师黄涛参与拍摄活动，海曙区赴台陆生林明超、徐广群、杨天歌陪同。拍摄组走访拍摄南塘老街、天一阁、鼓楼沿、月湖金汇小镇、创客157创业创新园等地，使台湾青年大学生对海曙区人文、历史、金融、旅游、创业创新等方面产生感性认识。

（马囡囡）

侨务工作

【概况】 2016年，原海曙区域有国内涉侨人士43856人（广义口径推算）、海外涉侨人士43208人（全口径推算）。区侨办走访慰问贫困归侨侨眷42人，发放慰问金45900元，走访重点侨界骨干眷属6家、侨留企业8家。邀请海外侨商、高层次人才300余人次访问海曙，协助引进“3315计划”海外高层次人才1人。办理华侨回国定居审核转报2起。

成立海曙区为侨（台）服务法律顾问团，构建区、街道、社区三级为侨法律服务体系。开展“为侨服务月之送法律进社区”活动，组织顾问团律师为侨留企业、侨界群众授课。参加宪法日普法活动，现场发放《中华人民共和国宪法》《中华人民共和国归侨侨眷权益保护法》和《涉侨政策便民解读手册》等宣传资料200余份，接待法律咨询20余人。区级、街道、社区三级为侨法律服务组织全年为群众开展服务活动14次，接受法律咨询44件，代理诉讼5件。为侨法律服务工作被省外侨办评为首批“为侨法律服务工作站”，系全市县（市、区）层面唯一。

【区为侨（台）服务法律顾问团成立】 2016年4月7日，海曙区为侨（台）服务法律顾问团成立大会暨鼓楼商圈侨务工作启动仪式在鼓楼商圈服务中心会议室举行。市侨办侨政处处长黄海、民革宁波市委会组织处副调研员夏晓昕、区侨办主任钱军出席大会，海曙区归侨侨眷、归国留学生、台属代表及民革海曙区基层委员会党员60余人参加活动。顾问团由民革海曙区基层委员会的5名律师和1名助理审判员组成，由浙江导司律师事务所高级合伙人、副主任、民革海曙基层委员会副主委刘慧杰担任团长。旨在为归侨侨眷、台属、海外华侨华人、港澳同胞和留学回国人员及家属提供有关民商事、刑事和行政等方面法律服务；为侨和港、澳资（属）和留学人员企业提供有关投资、经营、融资上市、重整重组等经济活动的法律服务；开展送法律进社区、进企业等普法活动，提高侨界群众法律意识；开设侨务干部法律知识培训班，提高侨务干部依法护侨能力。法律顾问团成立后，开展服务活动14次，接受法律咨询44件，代理诉讼5件。

【安丰社区“侨之家”临时党支部成立】 2016年7月，海曙区白云街道安丰社区举行“侨心向党共度七一”活动，成立社区“侨之家”临时党支部。区委常委张宁辉、街道党工委委员吴鹤立参加会议。会议选举产生第一届支部委员会，郑文昌当选支部书记。张宁辉对社区“侨之家”成立临时功能性党支部表示祝贺和肯定，要求党支部发挥侨属优势，凝聚侨眷为家乡做贡献。

7月，“两岸学子论坛”微视频拍摄组到海曙交流活动

【“聚侨暖巢同庆重阳”——暨白云街道“纳米守望”敬老项目启动仪式】 2016年10月9日，由市侨办、区侨办主办，白云街道、安丰社区承办的“聚侨暖巢同庆重阳”——暨白云街道“纳米守望”敬老项目启动仪式在联丰广场举行。市侨办副主任陈进军、区侨办主任钱军、白云街道相关负责人等出席活动。启动仪式后，区侨界京剧社、安丰社区“侨之家”进行文艺表演，现场还开展便民服务，区“海创会”志愿服务队为居民提供各类服务。活动邀请50余位80岁以上涉侨老人观看演出，归侨侨眷、留学生家属和社区各界群众500余人参加活动。

（马囡囡）

国内合作与交往

【概况】 2016年，海曙区开展对口帮扶、对口支援、山海协作工程，分别落实贵州贞丰县对口帮扶资金125万元、金华婺城区教育帮扶资金50万元、丽水云和县帮扶资金40万元，统筹社会帮扶资金近百万元。组织多批考察团赴贵州贞丰县、丽水云和县等地开展帮扶活动，先后与贵州贞丰县、金华婺城区签订年度对口帮扶项目协议。接待贵州贞丰县、重庆万州江南新区、丽水云和县、舟山普陀区等地代表团、培训班到海曙区考察。

【对贵州贞丰县教育帮扶】 2016年3月15日至4月15日，区经合局、团区委等部门联合开展2016年春季“万人万卷”公益图书馆援建活动，募集图书2万余本，捐赠给贵州贞丰县图书短缺的中小学。9月23日、10月19日，接待安排黔西南州宁波培训班两批次百余人到宁波（国际）电子商务产业园考察并参加电商知识培训。此外，通过学校校长、机关干部交流挂职和贫困生资助等多种方式丰富两地教育合作形式。

【对金华婺城区教育帮扶】 2016年9月2日，根据《浙江省人民政府办公厅关于开展第四轮教育对口支援工作的实施意见》、宁波市《关于对县（市、区）2016年度教育工作实行目标管理考核的通知》等文件精神，海曙区教育结对帮扶地区由丽水松阳县调整为金华婺城区，帮扶资金由每年30万元调整为每年50万元。10月25日，海曙区与金华婺城区签订2016—2020年教育对口支援工作协议，并于11月2日拨付2016年帮扶资金50万元。

【重庆万州区江南新区到海曙对口交流】 2016年11月13日，重庆万州区江南新区管委会常务副主任陈伟到海曙区开展对口交流，考察月湖金汇小镇、天一阁藏书楼等项目。两地围绕《宁波市海曙区与万州江南新区战略合作框架协议》展开交流，总结自2014年协议签订以来，两地在社会事务、干部人才交流等方面合作取得的成效，明确在巩固历年工作成效基础上，重点在扩大对外开放、拓展文化旅游市场等方面强化合作。

（周杨琳）

法制工作

【概况】 2016年，区政府收到行政复议案件12件，经审查，其中5件不予受理，1件驳回行政复议申请，5件维持原具体行政行为，1件作出终止决定，并按规定将行政复议决定书在网上公开。区政府作为被申请人的行政复议案件10件，其中1件终止，1件确认违法，8件维持原具体行政行为。区政府作为被告的行政诉讼案件22件，其中4件裁定驳回起诉，8件裁定按撤诉处理，10件判决驳回诉请。以区政府为被告的行政再审案件5件，均裁定驳回再审申请。

区法制办审查《宁波市海曙区人民政府关于城中村改造范围内村发展留用地落实管理的实施意见》《宁波市海曙区人民政府关于进一步鼓励民间资本进入教育领域的实施意见》《宁波市海曙区人民政府关于培育发展众创空间促进大众创新创业的实施意见》等9个行政规范性文件，提出5条书面审查意见，上报市政府和区人大常委会备案审查。对市法制办下发的

12月3日，2016年行政执法案卷评查现场

规范性文件征求意见稿按时进行书面反馈，其中针对《宁波市建筑幕墙管理办法（草案送审稿）》和《宁波市文明行为促进条例（草案）》，协助市法制办组织征求意见座谈会。全面清理2015年年底前印发的行政规范性文件，11件行政规范性文件被废止，55件继续有效。向省法制办、市法制办报送政府法制信息148条，向《宁波政府法制》杂志报送文章4篇，被录用2篇。

【行政执法证件管理】 2016年，区法制办组织行政执法证件信息管理系统（新升级）操作培训，保证行政执法证件管理工作有序开展。16家单位64人参加市法制办组织的集中培训并参加省法制办组织的行政执法证人员综合法律知识网上考试，其中38人考试合格，取得执法证。年初，在区政府门户网站公示2015年执法证年审结果，通过年审注册674件、因退休注销21件。经过省、市法制办审核，64名执法人员因执法证到期或单位名称变更等原因换证。

【行政执法案卷评查】 2016年，区法制办下发《关于开展2016年度行政执法案卷评查工作的通知》，在各单位自查自评基础上，联合区监察局组成检查组到区城管局、区市场监管局、区南站广场道路运输管理所进行实地检查。随机抽查35卷行政许可案卷、20卷行政处罚案卷和3卷行政征收案卷，邀请区监察局、区政府法律顾问参加行政执法案卷评查会议，集中评查抽查案卷，评选出海曙区优秀行政执法案卷10卷。

【区政府法律顾问团服务】 2016年，区政府法律顾问团提供服务50人次。其中，参与区领导信访日陪同接访13人次、专题协调会6人次，参与政府合同审查8人次、行政规范性文件审查1人次、行政执法案卷评查1人次，代理行政诉讼21人次。

【出台《宁波市海曙区人民政府法制办公室关于2016年度法治政府建设推进工作考核的通知》】 2016年，海曙区出台《宁波市海曙区人民政府法制办公室关于2016年度法治政府建设推进工作考核的通知》。明确法治政府建设考核内容包括制度质量、行政行为规范、执行力、透明度、公众参与、矛盾纠纷化解、公务员法律意识和素养、廉洁从政等各方面。

（张倩倩）

资料链接

对口见学：城乡社区建设对口见学活动由浙江省民政厅发起，活动内容主要包括：推进“三社联动”，推动社区减负，提升社区服务，加强社区协商。

山海协作工程：指省委、省政府为推动以浙西南山区和舟山海岛为主的欠发达地区加快发展，实现全省区域协调发展的战略举措。

政协海曙区委员会

综　述

【概况】 2016年，中国人民政治协商会议第四届宁波市海曙区委员会第五次会议期间，委员通过小组讨论、联组讨论等形式，围绕全区经济社会发展大局建言献策，11名委员分别围绕历史文化街区发展等11个主题作大会发言，得到区委、区政府领导现场批示32条，要求有关部门研究落实。王黎明因年龄原因辞去四届区政协主席职务，大会补选毕东华为四届区政协主席，郁利祥为四届区政协副主席。邓伦吉等14名委员被评为年度优秀区政协委员。

组织召开“两学一做”学习教育部署会、年度民主生活会、组织生活会。通过区政协领导带头讲党课，开展“四学五看”学习讨论、“五查四改”专项行动。举办各界人士中秋茶话会，发挥书画院、艺术之友社等社团作用，做好团结联谊。参加市政协系统第十一届书画作品巡回展。定期组织委员和机关干部下基层进社区，开展“五送”特色活动，送去义务诊疗、法律咨询、物资捐赠等系列惠民服务。

【政协履职】 2016年，区政协选择健康产业和家庭教育两个课题开展调研，形成《海曙区健康产业发展对策研究》《海曙区家庭教育现状分析与对策研究》，得到区委、区政府领导批示，在具体工作中落实。围绕月湖金汇小镇建设、棚户区改造等主题开展主席会议视察活动。按照省政协“助推完善和落实‘五水共治’长效机制”专项集体民主监督活动统一部署，发动200余名省、市、区政协委员开展辖区水环境治理监督活动。关于《公众体验视角下海曙区历史文化街区发展建议》提案开展常委会提案办理协商，推动历史文化街区发展。开展主席会议成员领衔督办提案活动，督办《创新社区服务管理模式推进政务和居务有机分离》等4件重点提案。创新提案办理“四见面”活动，采取提案人、承办单位、区政府领导、区政协领导共同协商座谈形式，督办《完善行政审批会商会审制度的建议》等提案。健全双月协商恳谈制度，邀请区委、区政府领导和职能部门负责人定期与委员“面对面”协商，针对社工队伍建设、青少年社会实践活动等主题开展协商恳谈，分别形成专项协商建议书报送区委、区政府。召开政情通报会，促进委员知情明政。举办常委（扩大）履职能力培训班和全体委员学习培训会，提升委员素质和履职水平。调研报告《浅谈地方政协如何创新基层协商民主机制》获省人民政协理论研究会第八次理论研讨会优秀奖。

自区政协四届五次会议以来，收到以提案形式提出的意见建议141件，审查立案132件，全部提案按期办复。确定9件重点提案，其中4件提案被区政府领导领办，4件提案由主席会议成员领衔督办，1件提案被区政协常委会作为提案办理协商件。《关于进一步加强生活垃圾分类管理的建议》等7件提案被评为优秀提案，沈清等8

1月30日至2月1日，中国人民政治协商会议第四届宁波市海曙区委员会第五次会议召开

名委员被评为提案撰写积极分子，区府办等6家单位获评提案承办先进单位。向市政协、区委报送社情民意信息40余条，录用14条。4名政协委员被评为反映社情民意积极分子。《情牵社会治理心系“小巷总理”——海曙区政协委员民主恳谈会聚焦社会专职工作队伍建设》获市政协“宣传人民政协好新闻”三等奖。

组织开展协商议政、视察调研、民主监督等活动50余次，意见建议通过委员提案、社情民意信息、调研建议等形式反映给党政有关部门。经济发展、城市建设与管理、教育卫生、社会治安4个委员民主监督小组分别围绕“三改一拆”、重大安全隐患整治、文化市场网络监管系统建设及日常监管、禁毒工作开展专项监督，形成民主监督建议书，区政府书面反馈落实情况。配合全国文明城市和卫生城市创建工作，对重点区域及薄弱环节开展明察暗访。推进协商民主向基层延伸，深化“群众提议、民主商议、共同决议、公开评议”基层协商活动。

（岑亦波）

重要会议

【区政协四届五次会议】 2016年1月30日至2月1日，中国人民政治协商会议第四届宁波市海曙区委员会第五次会议在宁波阳光豪生大酒店举行。会议听取并审议《政协第四届宁波市海曙区委员会常务委员会工作报告》和《政协第四届宁波市海曙区委员会常务委员会提案工作报告》，列席宁波市海曙区第十届人民代表大会第五次会议，听取并讨论《政府工作报告》和其他有关报告，组织大会发言，补选四届区政协主席1名、副主席1名，审议通过政协第四届宁波市海曙区委员会第五次会议决议。

【区政协四届常委会会议】 2016年1月31日，区政协召开四届二十次常委会议，审议通过《关于同意王黎明同志请求辞去区四届政协主席的决定》，审议大会选举办法（草案）、主席和副主席候选人建议名单、大会选举总监票人和监票人建议名单、大会决议（草案）。

2月1日，区政协召开四届二十一次常委会议，听取小组和联组讨论情况汇报、大会提案收集情况，审议通过大会选举办法（草案）、主席和副主席候选人名单、大会选举总监票人名单（草案）、选举监票人名单、大会决议（草案）。

5月30日，区政协召开四届二十二次常委会议，关于《公众体验视角下海曙区历史文化街区发展建议》提案开展提案办理协商。常委们实地视察莲桥第历史文化街区和月湖西区，听取区政府办公室关于历史文化街区改造工作和提案办理情况介绍，关于进一步办好提案、推进历史文化街区发展工作提出意见建议。

8月19日，区政协召开四届二十三次常委会议，专题审议《海曙区健康产业发展对策研究》《海曙区家庭教育现状分析与对策研究》重点课题报告。

（岑亦波）

莲桥第历史文化街区

重要活动

【区政协委员学习报告会】 2016年3月18日，区政协召开委员学习报告会。市发展规划研究院副院长、博士刘兴景作“宁波‘十三五’及中长期发展策略”专题讲座，会议邀请区政协专家型特邀委员参加。

【“五水共治”民主监督“万千行”活动】 2016年3月22日，区政协“五水共治”民主监督“万千行”活动启动。区政协领导分别带领9个督导小组，在全区各地开展实地督查，到江河、社区、企业及“两路两侧”（公路两侧和铁路两侧）“四边三化”问题点开展明察暗访，并现场将问题反馈给相关职能部门。

【区政协委员民主恳谈会】 2016年3月29日，区政协召开委员民主恳谈会，围绕全区社工队伍建设工作开展专题协商恳谈。委员们提出明确社工队伍定位、拓宽社工职业前景、提高考核工作科学性、把好社工队伍入口关、重视干部后备人才储备、丰富社工学习培训内容、解决队伍管理难题、做好舆论宣传引导等意见建议。

7月21日，区政协召开委员民主恳谈会，以“海之梦”青少年社会实践活动为主题开展专题协商恳谈。委员们提出要通过政府政策支持、跟进奖励措施、提供服务便利等方式，提高企业参与积极性；通过部门参与、社会力量发动、家长资源调动等，提供更多社会实践岗位；探索搭建辖区资源共享平台，实现安全监管分片细化，为辖区青少年提供更加安全、真实的社会实践活动环境。

【区政协常委（扩大）履职能力提升班】 2016年4月26—28日，区政协在上海浦东干部学院举办区政协常委

（扩大）履职能力提升班。培训班开设关于经济转型升级、社会治理、互联网运用等内容讲座，并关于文化产业发展、自贸区建设等内容进行现场教学。区政协常委、界别召集人和联委会专职副主任参加培训。

【区政协“两学一做”学习教育动员部署会】 2016年5月19日，区政协召开“两学一做”学习教育动员部署会。区委副书记、区政协主席毕东华传达党中央和省、市、区委“两学一做”学习教育工作会议精神，部署区政协“两学一做”学习教育工作，并进行专题党课授课。

【“助推完善和落实‘五水共治’长效机制”专项集体民主监督动员部署会】 2016年5月20日，区政协召开“助推完善和落实‘五水共治’长效机制”专项集体民主监督动员部署会，各民主监督小组成员参加。会议通报2015年度区政协“五水共治”民主监督情况，对2016年专项集体民主监督工作作动员部署。市政协相关专委会负责人、区政府有关负责人参加。

【卫生计生工作专题调研】 2016年5月25日，区政协开展机构改革后卫生计生工作专题调研。委员们视察海曙区妇幼保健院、白云街道社区卫生服务中心、区计生服务站，听取相关部门关于卫生计生改革及未来发展情况报告，围绕区卫生计生“十三五规划”和机构改革后局机关科室设置、职能划分及运行现状、人员编制、经费投入现状与计划等内容提出意见建议。

【公园改造建设工作专题视察】 2016年5月31日，区政协专题视察公园改造建设工作。委员们视察中山公园主题公园建设和海曙公园改造建设情况，听取区委宣传部、区城管局负责人相关介绍，提出要在体制上理顺公园建设与管理单位关系、在设计方案上体现居民需求、提升养护理念实现“少改多养”模式等意见建议。

【区政协“五送”进社区活动】 2016年6月21日，区政协赴段塘街道开展“五送”（送文化、送教育、送卫生、送法律、送科技）进社区活动。分别走访慰问困难户家庭和统战人士家庭，送去爱心物资。委员们发挥专业优势和资源优势，为社区居民提供各类医疗卫生、法律咨询等服务。

【海曙月湖金汇小镇专题视察】 2016年7月26日，区政协主席（扩大）会议专题视察海曙月湖金汇小镇。主席会议成员和委员视察维科集团总部大厦和月湖金汇小镇核心区项目，听取区发改局、海城公司和小镇企业有关情况汇报，提出加强月湖金汇小镇建设、推进区特色小镇建设工作的意见建议。

【“浙商回归”发展工作视察】 2016年8月2日，区政协视察“浙商回归”发展工作。委员们实地参观复星公司星悦城项目，听取区经合局有关情况介绍，提出把辖区实体商业发展提到一定高度，利用现有部分政策优势，强调错位竞争发展，加大内外宣传力度。

【社会各界人士中秋茶话会】 2016年9月14日，区政协、区委统战部联合举办海曙区社会各界人士中秋茶话会，区四套班子领导出席，区政协委员和社会各界人士、劳动模范代表等参加。茶话会以“回望五年，见证领跑”为主题，邀请11位民主党派人士以及各界人士代表作主题演讲。

【科技治水园区专题视察】 2016年9月22日，区政协专题视察科技治水园区建设运行情况。委员实地视察科技治水园区，关于进一步发挥企业作用、加强园区建设、推进全区治水工作提出意见建议。

【棚户区改造工作专题视察】 2016年10月26日，区政协主席（扩大）会议专题视察棚户区改造工作。主席会议成员和委员视察高塘一村棚改现场和西河街西段待改造房情况，听取区住建局关于改造工作相关介绍，关于进一步做好棚改工作提出意见建议。

【社区卫生服务工作视察】 2016年10月28日，区政协专题视察社区卫生服务工作。委员们视察马园社区卫生服务站、云丰社区卫生服务站、白云街道社区卫生服务中心、段塘街道社区卫生服务中心，听取区卫生计生局有关情况汇报，并开展座谈交流。

（岑亦波）

重点提案

【关于海曙深度布局高校众创空间的对策建议】 关于海曙深度布局高校众创空间的对策建议，区科技局回复：健全区级层面“双创”政策体系，完善操作层面“双创”政策配套，落实市

9月14日，海曙区社会各界人士中秋茶话会上，区委书记彭朱刚致辞

10月26日，区政协主席（扩大）会议专题视察棚户区改造工作

级人才新政25条，推进各层次校企合作，建设“海蓝宝”创业创新平台。同时，强化区域“双创”金融体系建设，提升区域“双创”服务体系建设。

【关于进一步助力月湖金汇小镇建设的提案】 关于进一步助力月湖金汇小镇建设的提案，区发改局回复：健全推进机制，建立海曙区特色小镇规划建设工作联席会议制度；强化规划引领，明确月湖金汇小镇建设基本思路，形成概念性规划和产业发展规划；抓紧项目建设，核心区计划总投资94亿元，用地面积20公顷，2015—2017年计划投资68.2亿元；创新招商工作，加强政府职能部门、街道与海城公司合作，发挥行业龙头企业和行业中介机构影响力，注重招大引强。

【关于公众体验视角下海曙区历史文化街区发展建议】 关于公众体验视角下海曙区历史文化街区发展建议，区府办回复：以AAAAA景区创建为引领，统筹街区建设；以文物适度利用为抓手，深化底蕴挖掘；以街区特色发展为导向，优化业态布局；以历史文化活动为载体，加大品牌宣传；以城区品质提升为载体，强化发展支撑。

【关于进一步加强生活垃圾分类管理的建议】 关于进一步加强生活垃圾分类管理的建议，区城管局回复：增强垃圾分类意识，开展宣传培训活动、拍摄分类主题微电影、引入第三方考评；推进世界银行贷款宁波市城镇生活废弃物收集循环利用示范项目海曙子项目——双杨厨余垃圾中转站建设，启动垃圾房三年改建计划（2016—2018年）；培育典型发挥示范作用，逐步创建一批垃圾分类示范小区，开展2015年度海曙区垃圾分类工作评优活动。

【关于强化城管执法舆论环境的建议】 关于强化城管执法舆论环境的建议，区城管局回复：严格依法办事、文明执法，持续推进“阳光执法”，杜绝简单粗暴的执法方式；采取集中培训、日常培训、轮训等方式提升执法人员素质和水平；加强引导提高宣传水平，组建网评员队伍，对网络舆情实行分级上报。

【关于推进海曙区“云医院”建设，推动医疗体系O2O发展的建议】 关于推进海曙区“云医院”建设，推动医疗体系O2O发展的建议，区卫生计生局回复：以“互联网+”为手段，推进海曙区基层“云诊室”网络覆盖；以重点工作为抓手，提升“云诊室”服务水平；强化部门协作，推进支撑“云医院”发展的医保等政策实施；完善保障机制，鼓励家庭医生投身“云医院”健康管理服务。

【关于创新社区服务管理模式和推进政务和居务有机分离的建议】 关于创新社区服务管理模式和推进政务和居务有机分离的建议，区民政局回复：物色合适街道推广，优先考虑领导决策层理念先进、人员足配优配、社区配套用房充裕的街道；整合便民服务中心，以步行15分钟为辐射圈，在辖区内科学合理设置便民服务中心站点，方便居民就近办理；加强社区减负力度，贯彻《社区工作事项清单制度》，加快推进基础信息资料电子化；转变以往“大通货”式培训，开展针对性精细化培训。

【关于完善区级行政审批联合会商会审制度的建议】 关于完善区级行政审批联合会商会审制度的建议，区审管办回复：推进“两集中两到位”为核心的职能归并改革；开展审批事项清理规范工作；开展审批服务标准化建设；构建良好的审批运行工作机制。以区级层面会商会审机制作用发挥和推进制度纵横发展，完善会商会审制度。

【关于启动智慧家庭工程建设的提案】 关于启动智慧家庭工程建设的提案，区经信局回复：做好资源统筹整合，将大数据作为推进智慧民生服务平台的重要思路和举措；提升民生应用针对性，“互联网+政务”驱动基层社会治理创新；推进政务数据资源开放，探索民生服务资源落地延伸。

（岑亦波）

资料链接：

两集中两到位： 指为深化行政审批制度改革，建立规范高效的审批运行机制，提高行政服务效能，推进一个行政机关的审批事项向一个处室集中、行政审批处室向行政审批服务中心集中，保障进驻行政审批服务中心的审批事项到位、审批权限到位。

云医院（Cloud Hospital）： 指传统医疗机构基于互联网提供的超越传统模式的诊疗服务形态，在线上是虚拟医院，线下是一家混合所有制医院。通过线上、线下联动，实现门诊、住院、检查、体检预约服务，并可定制健康管理和咨询。2014年9月13日，在2014中国宁波智慧城市技术与应用博览会分论坛上，宁波“云医院”第一期项目启动，内容为建成全国首个“云诊室”——宁波糖尿病专科诊所。

纪检·监察

党风廉政建设

【概况】 2016年，区纪委、监察局受理信访举报143件次，立案审查41件，党政纪处分41人，移送司法机关2人。处置问题线索56件，初步核实16件，谈话函询9件次，为46名党员、干部澄清问题。发挥区委反腐败协调领导小组作用，健全成员单位间信息共享、研判会商、协作配合机制，形成反腐合力。排查海曙公安分局、区卫生计生局、海曙地税局等部门处罚信息5万余条，发现违纪线索47条。建成规范化纪律审查场所，实现执纪安全“零事故”。做好涉嫌违法犯罪党员“先处后移”工作，排查清理移送检察机关前未作出纪律处分、被判刑党员未受到党纪处分的情况，在狱中服刑的16人均被开除党籍。

协助区委推进“四专”机制建设，督促各级党（工）委（党组）确定专门机构、落实专门人员、建立专项机制、构建专门平台。协助区委、区政府年度党风廉政建设和反腐败工作组织领导、责任分工等制度制定，明确15名区级党政领导“一岗双责”工作目标和具体内容。全区各级党（工）委（党组）均向区委、区纪委报告本级及下属单位履行主体责任情况；召开主体责任履行情况评议会，对全区56家单位现场测评。实行“透明、公开，不得滞后录入”管理模式，经验做法被中纪委《党风廉政建设》杂志第6期采录。

【纪委巡察】 2016年，海曙区印发《关于建立健全巡察工作“3+X”协作机制的暂行办法》和《中共海曙区委巡察工作领导小组关于建立巡察组长库的通知》，强化巡察工作组织领导，配强巡察工作队伍力量，完善巡察方式方法。对14家单位党组织进行巡察，发现问题462个，移交线索90件，批评教育94人次，组织处理12人次，立案3件。

【区纪委八届五次全体（扩大）会议】 2016年2月4日，区纪委八届五次全体（扩大）会议召开，会议由区委副书记、区长吴胜武主持，区委常委、区纪委书记李晓东作《全面从严治党 忠诚履行职责 坚定不移推进党风廉政建设和反腐败工作》工作报告，区委书记彭朱刚作讲话。会议回顾总结2015年党风廉政建设和反腐败工作，研究部署2016年重点任务。

【全区落实党风廉政建设党委主体责任报告评议会】 2016年3月4日，全区落实党风廉政建设党委主体责任报告评议会召开。对56家单位进行现场测评，区教育局、区发改局、区审管办、西门街道、鼓楼街道5家单位“一把手”现场交出党风廉政建设党委主体责任答卷，其余51家单位接受民主测评和检验，对基本满意、不满意率超过5%的3家单位，由分管区领导约谈提醒、督促整改。

【“信访大整治、安全大排查”专项行动】 2016年5—11月，区纪委组织开展“信访大整治、安全大排查”专项行动，对中共十八大以来收到的信访件起底排查，查处整治基层侵害群众利益突出问题。行动还全面排查执纪审查谈话过程中存在的安全问题，消除安全隐患，规范执纪审查行为。

【全区纪检监察系统纪律审查专项督查】 2016年8月中旬至9月上旬，区纪委组建4个督查组，采取实地听取工作汇报和查阅相关资料的方式，在全区纪检监察系统展开纪律审查工作专项督查，主要围绕纪律审查相关工作制度的学习、建设和执行情况，纪律审查安全责任和措施落实、执行情况等内容展开。

（林英魁）

廉洁城区建设

【概况】 2016年，区纪委开展正风肃纪明察暗访302批次，处理38人。组建百名作风观察员队伍，严肃整治基层站所、服务窗口机关干部作风“庸懒散”等问题；开展基层小微权力规范化运行专项检查，严肃整治侵害群众利益的不正之风和腐败问题。

开展行政审批、安全生产、国有资产管理等专项监察行动，督促有关部门强化风险量化评估和防控制度更新，规范重点领域权力运行。加强纪律教育，依托党内法规学习考试移动平台，开展党纪处分条例、党内政治生活准则等党规党纪考学活动。对53名拟提任区管领导干部进行“电子考廉”，对81名领导干部进行廉政谈话。推行公款竞争性存放，防止公款存放领域利益冲突；开展区管领导干部外出报备制度执行情况专项检查，约谈提醒未按照规定报备的17名领导干部。开展落实中央八项规定精神“回头看”，对省委巡视组和市委督查组反馈的“四风”问题进行专项督查，落实整改措施，完善制度机制。

【廉政教育基地建设】 2016年，区纪委加强廉政教育阵地建设，推进白云庄、张苍水故居、鼓楼党章学堂等10家基地创建“市级示范性廉政教育阵地”。挖掘整理天一阁廉政文化遗存及全祖望家族《家范》、万斯同家族《祖训录》、屠呦呦屠氏家族《宗约》等家规家训，引导党员干部重视家庭、家风建设，《环天一阁廉政文化遗存应用研究》一文获市纪委课题评比特等奖。

【廉政文化宣传】 2016年，区纪委在《中国纪检监察报》《浙江日报》等省级以上媒体刊登相关报道24篇。加强“海纪”微信、微博、微视等网络宣传教育平台建设，开设党章系列解读、中华家训、周盘点等栏目，累计推送微信46期193条，发挥新媒体在反腐倡廉宣传教育中作用。微视频《婚丧嫁娶宴席“三不原则”》被“NBTV看看看”微信平台头条录用，约2万人次阅读。制作《海纪微视——家风微访谈》，探讨党员干部廉洁齐家、培育良好家风的意义。5月，召开专家论证座谈会，策划家风家规家训“一册”及月湖景区廉政文化旅游“一线”，将获奖课题成果推广应用。

（林英魁）

纪检监察体制机制改革

【概况】 2016年，区纪委推进派驻机构改革，出台派驻机构履职清单及履职积分管理办法，约谈纪检组组长、定期听取汇报，加强片区协作，各派驻机构办理信访举报25件次、查办案件11件。落实“两个提名考察”办法，严格选任条件，做好纪委换届工作。实施“提质强纪”工程，组织纪检干部参加纪检监察业务培训，开展纪检干部上挂、下派“大练兵”“悦读·悦分享”等活动。出台纪检监察干部问题线索集中管理和分类处置制度，开展纪检监察干部个人有关事项报告工作，实行纪检监察干部离甬外出审批。

树立“正人先正己”理念，组织收看《永远在路上》《打铁还需自身硬》等专题片，严明审查、巡察、信访、保密等纪律。开展纪检监察干部因私出国（境）证件管理情况自查活动，统一保管相关证件，做好登记备案。进行纪检监察干部信息采集，建立情况明、数字准、可监督的纪检监察系统信息数据库。开展“两学一做”学习教育，建立党员领导“四个一”学习制度，在全区纪检监察系统开展“手抄党章100天”“两学一做知多少”答题闯关、“看齐创优当先锋”等活动，做好“党性体检、民主评议”工作，以挂图销号形式抓好整改。

【纪委“提质强纪”工程】 2016年，区纪委建立挂职锻炼机制，通过上挂、下挂和参加系统外挂职锻炼等方式，使干部在实践中开阔视野、积累经验、增长才干。组织10名干部参与各种类型挂职锻炼，组织457人次参加各类学习培训。开展岗位练兵活动，组织派驻（出）机构干部参与纪律审查工作，选派干部参与区委巡察工作。开展“悦读·悦分享”活动，提高纪检监察干部口头表达能力、综合思辨能力和人文素养，建设学习型机关。

【纪委派驻机构改革】 2016年，海曙区出台《海曙区纪委派驻机构履职清单（试行）》，明确派驻机构在维护党的纪律、督促落实主体责任、加强领导班子监督、强化日常检查、开展纪律审查、加强自身建设等七方面履职重点，分解成23项具体内容，推进派驻机构工作制度化和规范化。建立《海曙区纪委派驻机构工作制度（试行）》，落实重要工作参会制度、督促主体责任落实制度、“三重一大”监督制度、廉政风险防控制度、重要情况通报制度、党风廉政建设约谈制度等，以制度倒逼派驻机构不折不扣落实监督责任。同时出台《海曙区纪委派驻（出）机构履职积分管理办法》，量化积分指标，优化绩效评价，强化派驻（出）机构监督执纪问责职能。

（林英魁）

资料链接

“四专”机制：即设置专门机构、配备专门人员、健全专门机制、构建专门平台，建立运转顺畅、体现实效的落实主体责任工作机制。

“两个提名考察”办法：指《街道纪工委书记、副书记提名考察办法（试行）》《区纪委派驻纪检组组长提名考察办法（试行）》

9月20日，区纪委派驻第四纪检组中秋国庆致党员干部的廉政宣传海报

民主党派·工商联

中国国民党革命委员会宁波市海曙区基层委员会

【概况】 2016年，中国国民党革命委员会宁波市海曙区基层委员会（简称“民革海曙区基层委员会”）下辖4个支部，有党员58人，列入考察对象7人。在市、区“两会”上提交代表建议5件、提案16件，钱军代表归侨界界别在区政协会议上作《关于加强留学人员统战工作的建议》发言。上报社情民意27条，被市级以上录用7条，其中刘慧杰撰写的《关于外商投资企业股权转让审批制改为备案制》被中央统战部《零讯》录用，全国政协主席俞正声给予批示。二支部课题《加快推进中小企业法律顾问制度建设》被市委会采用。

安排新党员参加市委会组织的新党员培训班，推荐年轻骨干党员参加市委会组织的江苏省社会主义学院培训班，选派骨干党员参加区委统战部组织的南京大学党外代表人士培训班，支部负责人参加市委统战部组织的培训班，组织支部负责人学习全国“两会”和中共十八届六中全会精神。组织党员到梅山考察宁波国际海洋生态科技城、中国港口博物馆。组织党员参加市委会组织的纪念孙中山先生150周年诞辰活动。

【民革海曙区基层委员会社会服务】 2016年，民革海曙区基层委员会二支部的法官、律师组成海曙民革法律顾问团与海曙区侨办、台联合作，成立为侨（台）法律服务顾问团，签订服务合作意向书，开展法律进社区、进企业、宪法日宣传等活动。工作经验被中央统战部网站等媒体报道。三支部开展“青春护航”系列活动，在宁波市甬江职业高级中学开展“青春期与更年期的对话”，捐赠价值2000元的心理健康方面书籍。“让爱回家”公益项目持续进行，开展“我爱我家”婚姻公益讲堂，惠及2500人次。党员马冀担任宁波市赴台就读学历生联谊会会长，受区委统战部邀请，参加海曙区赴台学历生行前教育培训活动，作“台湾政党轮替之后的对比和教育简介”主题讲座。

【民革海曙区基层委员会党员换届大会】 2016年1月6日，民革海曙区基层委员会举行党员换届大会。会议投票选举产生由钱军、施建耀、刘慧杰、裘隽彦、袁怡、王一羽、尤海娅、周启雯组成的基层委员会，钱军连任主委。基层委员会下属4个支部同时进行换届选举，最终确定：一支部主委施建耀，副主委陈艳萍、陈奕雄；二支部主委刘慧杰，副主委应敏、江淑优；三支部主委裘隽彦，副主委王彦波、杨爱华；四支部主委袁怡，副主委沈荃、毛旭辉。

（马囡囡）

中国民主同盟宁波市海曙区基层委员会

【概况】 2016年，中国民主同盟宁波市海曙区基层委员会（简称“民盟海曙区基层委员会”）下辖4个支部，发展新盟员3人，退盟1人，累计有民盟盟员76人。盟员中有市管领导干部2人，区管领导干部3人；民盟市委委员2人；省人大代表1人，市人大代表2人，市政协委员1人，区人大代表5人，区政协委员7人。全年提交各类议案、提案、调研文章和社情民意13篇。朱盈的《试论法律援助制度的完善》、陈世挺的《关于加强电动自行车常态化管理的提案》等提案建议被采纳。

根据盟员个人特长、工作单位和活动便利情况，重新调整基层支部，民盟海曙区基层委员会由原来的3个支部增加到4个支部。把组织发展工作与加强盟的建设和参政议政需要结合起来，推荐民盟市委委员和专门委员会组成成员。组织全员到省盟员传统教育基地——鄞州区塘溪镇童村童第周故居参观学习；教育二支部盟员在卖面桥万盛艺术园区为退休离职盟员举行送别活动；综合一支部到西部山区边缘的中村参观民居民宿新农村建设，开展对80周岁以上老盟员的慰问活动。

【民盟海曙区基层委员会社会服务】 2016年，民盟海曙区基层委员会关爱留守儿童“橙”计划在宁波大剧院举行公开活动，在阳光助学、爱心午餐、残疾儿童方面进行公益帮扶，受到社会关注；与困难群众结对帮困，关心贫困基层民众的生活与工作；对区内智障儿童提供帮扶服务。

【民盟海曙区基层委员会换届】 2016年7月1日，民盟海曙区基层委员会召开盟员换届大会。会议投票选举产生由孙铭龙、柳竹青、沈毅波、朱盈、张志刚、阎云泉、龚浩强、江建萍组成的基层委员会，夏永敏担任委员会秘书长，孙铭龙连任主委。基层委员会下属4个支部同时进行换届选举，最终确定：一支部主委张志刚，委员俞惠儿、张世明、叶佩丽；二支部主委阎云泉，委员袁珍君、张蓓、陈琦；三支部主委朱盈，委员孙瑞玲、周东旭；四支部主委龚浩强，委员江建萍、郑卫明。

（马囡囡）

中国民主建国会宁波市海曙区综合总支部委员会

【概况】 2016年，中国民主建国会宁波市海曙区综合总支部委员会（简称“民建海曙总支”）发展新会员6人，从兄弟支部转入10人，累计有会员102人。全年上报社情民意信息12篇。其中，1篇被中央统战部《零讯》录用，1篇被省委统战部录用，5篇被民建省委会录用，2篇被市政协录用。10月，五支部会员王小辉《关于建立宁波房地产调节机制的建议》获副市长王仁洲批示；11月，四支部会员韩菁参与的《关于构建宁波市中小微企业综合服务体系的建议》获副市长陈仲朝批示。至年底，民建海曙总支获评民建浙江省先进基层组织，曹云、戚震获评民建全省社会服务先进个人。

【民建海曙总支社会服务】 2016年，民建海曙总支组织“探访古航道、保护母亲河”“我爱家乡 亲近山水”、赴敬老院慰问等活动。依托公益促进会力量在贵州设立励志奖学金，发放结对助学款1.5万元、励志助学款2.16万元。认购公益创投项目，包括“快乐相伴”高龄独居老人关爱访视 、文明先行者之“文明车轮”“关爱星星的孩子”——甬城关注自闭症儿童、温暖旅客行等。通过各种渠道捐物、捐款105万元。

（马囡囡）

中国民主促进会宁波市海曙区基层委员会

【概况】 2016年，中国民主促进会宁波市海曙区基层委员会（简称“民进海曙基层委员会”）有会员140人，下辖5个支部。民进海曙区中心支部获评浙江省参政议政工作先进集体，支部主委陈少华获评浙江省参政议政工作先进个人。全年向市、区政协提交委员提案8篇，向人大提交代表建议1篇。上报社情民意信息31篇，区委统战部网站录用9篇，市委会录用7篇，其中《教龄津贴每月10元封顶31年未变亟待调整》的建议被民进浙江省委会录用。

【民进海曙基层委员会社会服务】 2016年，民进海曙基层委员会开展优秀教师结对帮扶活动，组织6名中小学优秀教师与致和学校18名教师结成师徒，结对帮扶。罗晓舞、陈少华等教师赴鹤浦中学“送教”。90岁高龄仍坚持社会服务工作的王亚萍先进事迹被民进中央网站报道。总支与区教育局开展3次交流活动，联合镇明小学开展“同心之旅”送教下乡活动。

【民进海曙基层委员会成立】 2016年1月28日，中国民主促进会宁波市海曙区基层委员会成立。叶辉任主委，方红军、陈少华任副主委，竺慧文、陈振总、朱芸蔚、王幼娟、袁锦英、黎丽任委员。民进海曙基层委员会成立后，加强支部委员骨干队伍建设，参与市委会组织的多期培训班和区委统战部组织的党外代表人士培训班等。向区政协、区人大推荐会员，向区委组织部、区委统战部、区教育局推荐后备干部。

（马囡囡）

中国农工民主党海曙区总支部委员会

【概况】 2016年，中国农工民主党海曙区总支部委员会（简称“农工党海曙总支”）发展新党员3人，累计有党员45人。下辖2个支部，分别为海曙总支一支部、海曙总支二支部。全年上报提案、议案、建议8件，提交社情民意5篇，社会课题调研1篇。《进一步优化整合宁波市不动产登记服务中心便民服务工作》被市委办公厅录用，《个人健康档案管理亟需系统化》《家庭医生亟待有效签约》等分别被市政协、市委统战部录用，《“互联网+”时代我市居家养老智慧化发展研究》被用作宁波市政协全体会议发言材料。

组织全体党员参加农工市委会开设的“前进讲堂”，组织支部骨干成员参加区委统战部组织的“暑期读书会”、市委统战部组织的“民主党派骨干成员培训班”，支部骨干成员赴象山丹城祭扫农工党员宋无畏烈士墓，接受农工党优良传统教育。参加各类意见征求会、讨论会、情况通报会12人次。

【农工党海曙总支社会服务】 2016年5月，农工党海曙总支组织20余名医疗专家到宁波满天星助残中心开展活动，帮助自闭症儿童进行医疗康复。10月，组织党员赴北仑小港街道高河塘社区举行“医疗送社区”大型义诊活动，提供包含中医、骨科、口腔、内科、外科、妇科、儿科等多个科目的诊治和健康咨询。11月，组织党员赴苏州调研新农村建设、民宿旅游发展等，为海曙建设发展献计献策。

（马囡囡）

中国致公党宁波市海曙区总支部

【概况】 2016年，中国致公党宁波市海曙区总支部（简称“致公党海曙区总支”）发展新党员1人，累计有党员35人，其中在职党员27人、退休党员8人。致公党海曙区总支有市政协委员3人、区政协委员4人、市人大代表1人。致公党海曙区总支被致公党宁波市委会评为2016年度参政议政工作和组织工作先进支部，刘岳辉荣获先进个人。全年提交社情民意12篇、信息通讯10余篇、调研文章2篇，其中主委徐卫民的提案作为市级优秀提案，编入市政协书刊，徐卫民撰写的《重视发挥人民政协协商民主的实效》获浙江省人民政协理论研究会第八次理论研讨会优秀奖。

5月，致公党海曙区总支在支部活动基地举行总支部委员第三次会议。9月，10余名党员参加中国致公党宁波市第六次代表大会。

【致公党海曙区总支社会服务】 2016年10月，致公党海曙区总支10余名党员到余姚管佩村考察民宿经济。史铁波、魏巍等委员到贵州助学。党员郑漪调研民营医药机构发展现状、社区基层卫生服务建设、长期护理保险在宁波市试点等课题，并走访多个养老院和社区卫生服务中心，对家庭医生制度和慢性病管理政策进行回访。

【致公党海曙区总支部委员会成立】 2016年5月13日，致公党宁波市海曙区总支部委员会成立。徐卫民当选为总支部委员会主委，陈珺、郑漪、赵玮任副主委，唐倩如、魏巍、尹向红任委员。并选举产生综合一支部、二支部、三支部主委和委员名单，最终确定：一支部主委陈珺，委员陆松筠、卢丽娅；二支部主委郑漪，委员励娴、刘岳辉；三支部主委赵玮，委员史铁波、沈琼。

（马囡囡）

九三学社
宁波市海曙区基层委员会

【概况】 2016年，九三学社宁波市海曙区基层委员会（简称“九三学社海曙区基层委”）发展新社员2人，累计有社员44人。其中，副高以上职称29人，占全体社员65.9%；主体界别20人，占45.5%；平均年龄43岁。全年提交建议提案、立案4件：《尽快建立生物安全防护三级实验室》《关于加强我区征迁工作管理的建议》《关于在老小区实施“平改坡”工程的建议》《关于尽快启动观宗讲寺居民楼拆迁工作的建议》；完成社市委调研课题《关于建设宜居宜游的美丽乡村的若干建议》。龙再浩、王数获评九三学社省级优秀社员。

配合做好市委会换届工作，社员叶正波当选为新一届宁波市委会主任委员，许瑾瑾为市委委员。举办系列知识讲座，邀请社市委专家及社内优秀社员关于如何撰写建议信息、知区情献计发展等主题为社员授课。7月12日，在区图书馆召开全体社员大会，投票选出参加市委会第八次代表大会参会人员。组织社员参加社市委举办的青年社员培训班、科技创新讲座和区委统战部组织的党外人士代表培训班。

【九三学社海曙区基层委社会活动】 2016年1月9日，九三学社海曙区基层委与宁波市建筑设计院有限公司支社举办迎春友谊对抗运动赛。5月8日，组织社员赴李家坑参观新农村建设成果，针对李家坑河道两岸规划与景观提出改造方案。6月5日，参加宁波市生态环境整治宣传月启动仪式。6月23日，部分社员到宁波检验检疫局开展食品安全调研。9月13日，参加区委统战部组织的中秋茶话会，社员王数作主题发言。

（马囡囡）

海曙区工商业联合会

【概况】 2016年，海曙区工商业联合会下辖原海曙区域内区级商会1家、区级汽配协会1家、街道商会8家，有会员806人。在区非公有制经济人士中开展以“守法诚信”为主题的理想信念教育实践活动是年度工作重点。助推基层商会向集约化、精细化、专业化发展工作获评宁波市工商联系统十大创新工作。

制定《关于认真学习贯彻习近平总书记在全国政协民建、工商联界委员联组会上重要讲话精神的实施意见》文件，召开基层街道商会会议进行工作部署和任务分解。开展以守法诚信为重点的理想信念教育实践活动。利用官网和微信平台持续向社会大众、街道商会、会员企业提供政策法规、信息发布、企业宣传、网上办公等服务。在各类网站、纸媒发表会务信息105篇次，其中被全国工商联录用15篇次，被省工商联录用37篇次。

省工商联副主席尹健、市工商联主席崔秀玲、党组书记黄辉、副主席吴德水先后到区工商联机关走访调研。市联换届工作调研小组调研海曙，在

10月13日，鼓楼商会换届选举

换届人选组成、组织规模、政治方向、工作热情、社会履责等方面，对区工商联换届工作提出指导性建议。7月25日，无锡市梁溪区工商联党组书记袁敏、副主席贾德权率执常委30人到海曙考察，参观御坊堂——三生（中国）健康产业园区，两地工商联就新形势下加强工商联工作进行交流。

【基层商会建设】 2016年，区工商联加强对街道商会沟通指导，原海曙区域内8个街道商会全部完成换届。组织街道商会学习习近平总书记在参加全国政协十二届四次会议民建工商联界委员联组会时关于发展非公有制经济发表的讲话精神，部署街道商会对会员企业的宣传活动。为街道商会提供银企对接服务，拓宽企业融资渠道。指导街道商会创建"示范商会"。指导鼓楼商会先后建立健康产业分会和金融分会。

【工商联会员企业服务】 2016年3月，区工商联组织会员企业家与"创二代"企业家30余人参加区政协与浦发村镇银行组织的银企对接会议。4月，召开基层商会工作会议，组织安排宁波友邦金融服务有限公司与街道商会对接，邀请金融人士进行业务介绍，把可靠、便捷的金融服务推进到基层商会内部。继续进行原有融资平台运作，为解决会员企业融资提供有效服务途径。联合宁波大学开展"教授/博士进企业（社区）"活动，通过走访调研、信息发放等形式，了解企业对科技人才需求，提供人才对接渠道。推荐区"创二代"青年企业家联谊会党总支书记、欣捷投资控股集团有限公司副总裁李昊参加省"两新"（新经济组织和新社会组织）党委组织的第四期"企业创新和转型"高级管理培训班。选择鼓楼街道商会作为重点商会培育对象，5月，安排商会秘书长到省社会主义学院参加培训。7月，联合区人民检察院印发《关于加强协作保障和促进我区非公有制企业健康发展的意见》，建立联席会议制度，综合运用惩治、预防、教育、监督、服务等措施，掌握和处置企业发展中出现的重大问题和热点问题。走访太平鸟集团、狮丹努集团、第二百货商店、博宏恒基集团、波尔管业公司、天元房地产公司、海达建设集团、御坊堂、诚德检测公司、亿林塑胶电器公司10家民营企业，听取民营企业家对检察机关的法律诉求，护航非公经济健康发展。11月，组织辖区民营企业赴东欧参加"2016欧洲·宁波周"境外投资考察活动，为海曙企业"走出去"发展战略铺路。

【"问千家、进百企"走访调研活动】 2016年，市、区两级工商联联合开展"问千家、进百企"走访调研活动，通过个别访谈、问卷调查、召开座谈会等形式，了解当前宁波市民营制造业有关情况。在调研活动中，区工商联发放、回收《宁波市民营企业年后情况调查问卷》20份，召集3家重点制造业企业参加市工商联组织的企业家座谈会。联合区统计局分析调查问卷，形成《调查显示企业用工成本上升较快》调查报告，被《每日汇报》录用。组织区内营业额在5亿元以上的13家民营企业完成调研表格填报和网上系统申报。联合区人大走访调研宁纺仪器厂、诚德检测公司、森晟建设公司等科技型民营企业，了解企业发展生产经营情况，对企业困难提出解决方案，对科技型企业提供人才需求对接渠道。组织街道商会、行业协会及重点企业负责人参加的企业家座谈会，听取各商会与企业代表对全区招商引资工作及经济社会发展的意见建议。

【商会会刊《潮》】 2016年，区工商联利用商会会刊——《潮》作为宣传平台，宣传海曙企业。杂志以海曙区非公经济领域履行社会责任突出、勇于创新的一批优秀企业家代表为宣传重点，如全国劳模黄炎水，"双爱"（企业关爱职工、职工热爱企业）企业家杨家明，爱心企业家龚浩强、周长征、史腾龙，带领公司挂牌"新三板"的企业家何斌锋和主导科技创新的朱亚芬等，采编感人事迹，发挥典型引路功能。

【金量子罗杰斯世界风投对接峰会】 2016年2月7日，由海曙区政府指导，区工商联参与协办的"金量子罗杰斯世界风投对接峰会"在宁波泛太平洋大酒店召开。此次峰会邀请全球著名投资家吉姆·罗杰斯发表主题演讲，近千名企业家参加论坛。副区长薄慧敏、区发改局局长庄宏、区工商联副主席郭路群、月湖街道办事处副主任黄江应邀参加。罗杰斯以《我如何看今日的世界及我的做法》为题，跟与会者分享个人投资经验。会后，罗杰斯实地参观考察海曙月湖金汇小镇，并与海曙企业家进行座谈。

【第十三届浙商(融投资)大会暨全球商业和合论坛】 2016年5月18—19日，第十三届浙商(融投资)大会暨全球商业和合论坛在宁波举办。前外交部部长李肇星、台湾著名学者邱毅、"云经济之父"乔·韦曼以及一批杰出创业者受邀参加，近千名浙商参会，共同探讨如何在全球化大背景下提升企业竞争力，为浙江民营经济实现动能升级、产业革新提供新思路。会议由区工商联执委企业、浙江浙商传媒有限公司、浙江福慧文化传播有限公司主办，得到海曙区政府支持。开幕式上，区委副书记、区长吴胜武致开幕词，区发改局和宁波（国际）电子商务产业园管理中心负责人分别向与会嘉宾展示并介绍月湖金汇小镇和宁波跨境电商（海曙）产业园两个项目的战略规划。

【商帮经济论坛暨"2017"慈善晚会】 2016年12月26日，由区工商联支持，执委企业、浙江福慧文化传播有限公司、宁波市安徽商会及诸亚财富主办的商帮经济论坛暨"2017"慈善晚会在宁波罗曼丽舍酒店召开。市工商联副主席钱爱民出席论坛，副区长薄慧敏出席并讲话。论坛邀请著名经济学家梅新育关于国家宏观经济、国际贸易、房地产形势等问题发表演讲，擅长股权激励、熟悉资本市场的专家张力国对国有企业和民营企业如何进一步发展等问题进行讲解分析。慈善晚会上，三生（中国）健康产业有限公司捐款209万元，鄞州银行公益基金会捐款50万元，公益拍卖所得17.5万元，共计276.5万元，全部捐投宁波市善园慈善基金会用于慈善事业。

（杨智慧）

人民团体·社会组织

海曙区总工会

【概况】 2016年，原海曙区域有基层工会组织706家，其中单建企业工会600家、联合工会106家。覆盖企业7920家，建会率达96.45%、入会率99.12%。有工会会员123089人，其中农民工37018人。

区总工会举（承）办宁波市“技能之星”形象设计职业技能大赛、宁波青年（高校）跨境出口B2C竞技创业大赛、2016年度宁波美妆职业技能竞赛等劳动竞赛。组织开展心理咨询师培训、职工学历提升班等职工培训项目，提升职工服务技能。组织参加宁波市“港城工匠·智造未来”职工创新成果展。

加强“进商圈、楼宇、社区”工会法律服务，举办线上知识竞赛活动32期，吸引2万人次参与。开展“安康杯”竞赛、安全隐患“随手拍”和“安全生产知识”有奖竞答等活动，2000余人次参加。区属21家市级“和谐企业”全部通过复评，申报评定第五批市级“和谐企业”2家。组织市级“和谐企业”开展工资集体协商精细化工作，重点指导天港大酒店等试点企业推进工资集体协商“1+X”模式，劳务派遣行业首次进行工资集体协商。4家企业获评“社会责任优秀企业”。全年接待来信、来访620余人次，协助有关政府部门处理劳动争议案件，涉及人员186人，金额117.95万元。

融合“职工服务中心”“工人文化宫”“海曙职工之家”三大平台，拓展“普惠、互动、精准”的“家”服务新体系。“元旦春节送温暖”活动中，区总本级帮困131人次，帮困金额27.1万元。通过发放返乡补贴、返乡保险、免费交通卡、包车补贴等形式关爱职工平安返乡，惠及职工2万人次。高温期间多批次走访、检查、慰问重点企业102家、职工7550人，发放慰问物资24.2万元。向21名困难学子发放“金秋助学金”4.06万元。下发《海曙区职工疗休养实施办法》的补充意见，组织科技人才及150名一线职工参加市总工会组织的休养活动。落实800名一线职工参加免费体检活动，组织“名医直通车四进三送”健康服务，103166人次参保职工互助医疗保障，创历年新高，746名职工申请医疗互助保障补助，补助金额493934.2元。

工人文化宫按需开发文化普惠项目，开展摄影、花艺、亲子教育、职慧课堂等各类职工活动50余场，全年放送电影50场。“海曙职工之家”微信与“甬工惠”“海曙发布”联动，推出图文信息849条，年度阅读量352251次，开展微信活动42场，提供普惠项目12个，惠及职工3595人。

【劳动模范】 2016年，海曙区评选产生“省工人先锋号”1家、市劳动模范5人、市劳动模范集体2家、市重点工程立功竞赛建设功臣1人、市重点工程立功竞赛模范集体1家。面向全区100余名劳模，发放慰问金8万余元，赠阅价值2.67万元报刊，发放慰问礼包130余份。组织劳模观看新年音乐会，参加警营体验日、纪念红军长征胜

11月6日，区总工会开展“工会在你身边”商圈服务月（第三季）活动

利80周年文艺晚会、区社会各界人士中秋茶话会等活动。

【基层工会组织建设】 2016年，海曙区制定实施《宁波市海曙区星级工会考核评审办法》《“活力基层工会”星级创建指导的通知》，指导基层工会开展星级工会创建。全区216家单位申报2016年度三星级以上“活力基层工会”，其中创建五星级“活力基层工会”34家、四星级“活力基层工会”74家、三星级“活力基层工会”108家。制定《海曙区非公企业工会主席工作补贴办法》，下拨补贴23.26万元，调动基层工会积极性。推进农民工入会工作，确定望春街道广安社区联合工会、鼓楼街道商圈联合工会、段塘街道丽园4S商圈工会联合会等8家基层工会为单体入会、网上入会服务点。抓好商圈综合体、楼宇工会等新经济领域企业的工会组建和职工入会工作，增加文化创意、电子商务、现代物流等新兴行业工会21家，覆盖企业400余家，全区新经济、新业态、新领域企业建会率达96%，职工入会率达97%。引进社会力量打造“工创家+”项目，深化楼宇工会服务站点服务内涵，相关经验在全国级会议上交流。开展第三季“工会在你身边”商圈服务月活动，全区商圈联动开展活动42场。启动“四叶草”幸福之旅公益行动，把工会服务送到职工身边。

【区教育工会获评“全国模范职工之家”称号】 2016年1月，中华全国总工会下发《关于表彰全国模范职工之家、全国模范职工小家、全国优秀工会工作者的决定》，海曙区教育工会获评“全国模范职工之家”称号。

【民间能人寻访活动】 2016年1月始，区总工会开展海曙区民间能人寻访行动。下发《关于公布海曙区第一批区级“民间优才”和基层民间人才认定名单的通知》，表彰第一批“民间优才”和基层民间人才，李丽亚获“民间优才”称号，梁琼等18人获“民间人才”称号。

【2016年度海曙区庆祝“五一”国际劳动节暨海曙工会“家”服务品牌发布会】 2016年4月29日，2016年度海曙区庆祝“五一”国际劳动节暨海曙工会“家”服务品牌发布会在嘉和大酒店举行。会议围绕海曙区“工会工作与企业经济发展双翼齐飞”主题，以视频展播形式展示狮丹努集团、太平鸟集团、天港控股集团、新曙光建设公司、御坊堂等一批区属企业优秀工会的工作成果，区总工会发布以“家”文化为核心的2016年度服务基层实事工程及服务品牌项目。全区劳模、模范集体代表、星级活力工会企业代表、职工代表及工会干部等300余人参加活动。

4月29日，2016年度海曙区庆祝“五一”国际劳动节暨海曙工会“家”服务品牌发布会

【职工满意度测评调查】 2016年6月8日，区总工会召开街道工会工作交流会。会议要求在各个街道总工会、系统工会和区直属机关工会联合会自评验收基础上，确定四星级工会名单，并以四星级工会验收单位为对象，开展职工满意度测评预调查，同时开展“职工自组织”认证工作。区人大常委会副主任、区总工会主席林兵参加会议并讲话。各街道总工会主席20余人参加会议。

【新海曙镇乡（街道）总工会首次工作交流会】 2016年11月30日，新海曙镇乡（街道）总工会首次工作交流会在横街镇政府召开。此次会议是宁波市行政区划调整后，新海曙所属18个镇镇乡（街道）及园区总工会主席首次见面会，旨在推进原鄞州西片区各级工会快速融合，实现新海曙工会工作平稳过渡和对接。会议交流各镇乡（街道）总工会特色创新工作，并对过渡时期急需解决的有关问题进行协商，对下一步工作提出建议。区人大常委会副主任、区总工会主席林兵在会上作动员讲话。

（姚姝婷）

共青团海曙区委员会

【概况】 2016年，海曙区有团委18个、团支部553个，有团支书553人、团员7671人。有团区委官方微博2个、微信公众号2个，统筹发布各类信息要讯。“海曙青年”微信平台综合测评在全市共青团系统中排名前茅。推动创建国家级“青年文明号”2家，新创建省级“青年文明号”2家、省级“青年岗位能手”1人。结合鼓楼沿历史文化街区建设，推进“青年文化夜市”系列活动。成立青年文化阅读工作坊。举行2016春季“城市萤火虫”换书大会，实施“青年地铁阅读计划”。推进文化旅游志愿者队伍建设，开展“美丽浙江”千年宁波古城足迹夏令营等相关志愿服务活动10余次。持续开展“青春治水”“垃圾分类”等专项行动。开展“我是小卫士”“心手相牵共享发展”“跟着垃圾去旅行”“五水共治护河护绿”等宣传活动。联合区节能办开展绿色楼宇“微互动”评选活动。开展“生命如花，拒绝毒品”主题队会、青少年暑期安全讲座等教育活动。组织参加“花朵保护伞”青少年暑期安全自护课堂。区志愿者协会组织1000余名志愿者参与“温暖回家路”春运志愿服务工作。组织开展“万人万卷”共建青海天峻县中小学图书馆活动，累计2万余名少先队员及3200余名青年白领参与，捐赠书籍2.6万册，寄出寄语卡片2000余张，筹集爱心善款3.48万元。组织开展“一碗腊八粥·温暖一座城”公益活动，为环卫工人、独居老人、建筑工人送出2400余份腊八粥、粮油制品等爱心物资。

推广“甬青创”青年创新创业综合服务平台，联合区人力社保局开展就业创业培训、小额贷款等青年就业创业服务，累计发放贷款125笔。联合农业银行举行“金融活动服务行”、青年技能比拼、大学生创业政策解读等活动15次。依托大学生创业园、电商产业园等拓展青年就业创业见习基地，汇聚宁波“896创新园”“海蓝宝”众创社区、天一创客咖啡等区内活跃创业载体开展青年服务项目。组织青年骨干参加首届宁波·高雄“双港论坛”。开展“成长陪伴”特殊青少年关爱计划，重点帮扶禁毒家庭子女、服刑在教子女、残疾人家庭子女等。开展“微语晨曦”“一元微公益”等各类青少年群体关爱行动。整合多方资源举办“寻爱记”相亲嘉年华、“倾城时光等你来”“牵手鹊桥畔、情定七夕节”等青年交友活动，吸引500余名商圈楼宇白领、企事业单位员工参与。结合“青春护航G20”活动和青少年法治工作，推进“海曙区青少年法治与平安宣教”专项行动。

【团区委十三届二次全委（扩大）会议】2016年3月17日，海曙团区委召开十三届二次全体（扩大）会议。区委副书记、区政协主席毕东华，团区委书记李博古，区有关单位分管领导、直属单位团组织负责人、基层团组织代表等50余人参加会议。李博古代表团区委常委会作工作报告，总结2015年工作，并从推进“青春育人”“青年建功”“青春成长”“青年组织”四大体系建设阐述2016年工作任务。西门街道团工委、南门街道团工委、区卫生计生局团委和市实验学校团委作交流发言。会议还表彰2015年度区级共青团各类先进。

【2016春季“城市萤火虫”换书大会】2016年4月24日，由区委宣传部、团区委联合主办的2016春季“城市萤火虫”换书大会在鼓楼永丰库遗址公园举行，1200余人、2500本书参加换书活动。活动采用社会众筹模式，通过“海曙青年”微信向全市招募合作对象，天一青年读书会、美谈文化创意沙龙、宁波汉文化传播协会等青年社会组织和“看宁波”“知否宁波”、宁波同城会等新媒体参加，实行社会化运作模式。换书大会邀请浙大宁波理工学院法律与传媒分院教授何镇飙、宁波市天一阁博物馆副研究馆员应芳舟、宁波大学法学院讲师冉思伟等8名文化领域专家到现场审书，把控书籍质量。现场还设置书香音乐会及汉服文化表演，并开设文化产品公益展销集市，进行文化产品、公益产品展销，收入所得的30%用于为西部捐建公益图书馆。

【楼斐滢到海曙调研基层团建工作】2016年5月30日，团省委宣传部副部长楼斐滢到西门街道北郊社区调研基层团建工作。团市委书记鲍娴萍、副书记方晴、团区委书记李博古、西门街道办事处主任章静等陪同调研。楼斐滢考察北郊社区青少年综合服务站，观看街道青少年综合服务平台整体化推进项目短片，对西门街道基层青少年综合服务平台整体化推进项目和北郊社区青少年服务站“1234工作法”表示肯定。

【“青春护航G20·双百双进创平安”青年志愿服务暨平安社会实践活动】2016年6月2日，团区委与宁波工程学院团委合作，结合“双百双进”活动，启动海曙区“青春护航G20·双百双进创平安”青年志愿服务暨平安社会实践活动。区委副书记、区政协主席、政法委书记毕东华，宁波工程学院党委副书记冯杰，团市委副书记李锋等领导出席启动仪式。实践活动以校地双方团组织为纽带，在海曙区8个街道建立宁波工程学院“双百双进”（百所高校结对县（市、区）暨百万大学生走进基层、走进群众活动）实践基地，在全区71个社区建立“双百双进”实践点，由3300余名大学生志愿者组成8个志愿服务团，结对8个街道团工委及其下辖社区团支部，到71个社区开展为期1年“社区急需、青年可为”志愿服务活动，主要协助参与食品药品安全、消防安全、流动人口、群租房、小宾馆或旅店等治理工作。同时在社区开展主题宣讲活动，推动建立主题教育基地，引导广大中小学生自觉远离“黄赌毒”危害。

4月24日，2016春季“城市萤火虫”换书大会在鼓楼永丰库遗址公园举行

【宁波（海曙）—新疆（阿克苏）青年文化交流会】 2016年6月18日，宁波（海曙）—新疆（阿克苏）青年文化交流会在南塘老街举行，在甬学习工作的新疆维吾尔族青年和全区各界青年代表参加交流会。区委常委、组织部部长严仕恩，副区长凯赛尔·吐尔逊（海曙区挂职），江北区副区长吐尔洪·麦麦提等出席活动。交流会上，严仕恩代表海曙区向新疆阿克苏地区青年朋友表示欢迎，凯赛尔·吐尔逊介绍新疆及阿克苏地区风土人情和旅游资源，讲述新疆与内地共同进步发展的巨大变化。会上，两地青年进行文化交流，维吾尔族青年表演阿克苏地区特色多浪歌舞、龟兹歌舞，海曙青年表演诗歌朗诵、古琴弹奏、越剧清唱等节目，展现两地丰富多彩文化生活。

【海曙“益兔”青年空间建成】 2016年6月，宁波市公益产品产销中心建成。中心又名海曙“益兔”青年空间，坐落于宁波市公益一条街，是在团区委、区民政局指导支持下成立的一家集青少年综合服务、公益产品展销、公益项目体验和公益信息交流“四位一体”的综合性公益服务阵地，也是宁波公益一条街核心门店。至年底，开设汉文化、手工制作、外国语、吉他、陶笛等青年素质提升课程12项。

（唐徐娜）

10月21日，团中央基层建设部副部长尹娆调研海曙“益兔”青年空间

海曙区妇女联合会

【概况】 2016年，原海曙区域有街道妇联8个、机关妇委会7个、社区妇联76个。全区28个党政工作部门中，23个部门领导班子配备女干部38人，其中正职女干部15人。原海曙区域的8个街道中，3个街道党政领导班子配备正职女干部3人。

区妇联以12个优秀社区为试点，以点带面提升“妇女之家”品质与内涵，白云街道安丰社区成为全市唯一的“全国幸福婚姻家庭咨询指导服务基地”试点社区，社区妇联主席陈赛花获评“浙江省最美妇女主任”。推进“一下移两下沉”（重心下移、力量下沉、服务下沉）专项工作，出台妇联执委工作制度、妇联执委联系制度和“她话题季季谈”制度，加强与妇女群众联系和服务。举办全区女干部培训班、“幸福婚恋暨公益红娘”培训班、婚姻家庭咨询师培训班。创新妇联系统工作例会形式，采取“思享会”、鱼骨图解析法等，广征“金点子”，吸收妇联工作建设性意见建议。

构建源头化、专业化、社会化的妇女维权服务新模式，“十二五”妇女儿童发展规划全面落实，终期监测评估报告获评省三等奖。发挥区婚姻家庭纠纷人民调解委员会、区妇女儿童维权窗口、区人民法院“家事审判合议庭”、未成年人社会观护制度作用，全年接待群众来访184件，调处率达100%。开展“巾帼护航G20·平安家庭在行动”系列主题活动，组织巾帼志愿服务队向广大妇女群众开展平安宣传，1万余人参加活动。

组织区妇联十届执委和各街道妇联主席、副主席，各部门妇委会主任等40余名妇联干部参加区妇联干部培训班。以纪念三八国际妇女节、国际家庭日等活动为契机，宣传推介家庭文明建设、岗位建功、家庭教育、女性公益力量等先进典型，举办文化活动170余场，中国妇女网、光明网、《宁波日报》等市级以上媒体宣传推介海曙妇联先进工作经验20余次。开通“海曙妇联”微信公众号。

【“巾帼建功”活动】 2016年，区妇联以妇女儿童现实需求为导向，开展“巾帼暖心微力量”行动。三八妇女节期间，启动“晴天娃娃DIY公益吧”项目，整合全区22家女性手工作坊，通过线上、线下结合开展义卖，参与志愿者208人，帮助214名小朋友和7位母亲实现“微心愿”。实施“创业创新巾帼行动”项目，依托电商园区、众创空间等平台开展“巾帼电商”创业创新行动，加大电商领域妇女交流学习。联合区人力社保局、市保姆市场组织宁波市首届家政集市暨女性家庭服务人才就业创业对接会，帮助“4050”人员实现二次就业。鼓励社会组织参与“政府购买妇女儿童家庭服务”项目申报，3家社会组织承接市妇联购买服务项目。开展“巾帼谱新篇·建功‘十三五’”活动，举办“巾帼文明岗”培训班，通过新媒体宣传岗位文化建设，全区新申报全国级“巾帼文明岗”2家、市级8家、区级10家。

【文明家庭创建】 2016年，区妇联以寻访“海尚最美家庭”活动为载体，推动社会主义核心价值观在家庭建设。联合区文明办出台《寻访2016“海尚最美家庭”评选工作实施方案》，把活动纳入全区精神文明建设总体规划和目标考核体系。开展“家风家训”宣传活动，举办“我爱我家·情满海曙”

随手拍摄影大赛，吸引2万余户家庭参与。评定省级“最美家庭”2户、市级以上各类特色家庭7户、区级“海尚最美家庭”100户，在《浙江日报》宣传推广。

【区妇联第十届五次执委（扩大）会议】 2016年1月28日，海曙区妇联十届五次执委（扩大）会议召开。区妇联主席葛巧英作工作报告，总结2015年海曙区妇联工作。会议补选区妇联十届执委、常委，白云街道妇联、区教育局妇委会代表作交流发言。区委副书记、政法委书记毕东华出席会议并讲话。区妇联十届全体执委，各街道妇联主席、副主席，各机关事业单位妇委会主任等参加会议。

【“聆听智慧·感受幸福”海曙女性素养工程2016年首场讲座】 2016年3月4日，区妇联、区教育局妇委会联合举办“聆听智慧·感受幸福”海曙女性素养工程2016年首场讲座，邀请浙江师范大学心理系教授任俊作“幸福快乐的核心：提高乐商”的讲座。解释乐商的概念，并从心理学角度分析高乐商在事业、生活、健康等方面发挥的积极作用。

【晴天娃娃DIY公益吧上线】 2016年3月7日，海曙区妇联举办“凝聚微力量触及微感动”2016年海曙区女性公益力量论坛暨晴天娃娃DIY公益吧上线仪式。区委副书记、区政协主席毕东华，市妇联副主席张月参加会议并讲话。晴天娃娃DIY公益吧是由区妇联牵头，整合全区各类女性手工作坊，通过线上、线下O2O模式建立的爱心义卖公益平台。线上主要通过各类网上购物平台，线下组织大学生志愿者、爱心人士等开展流动布点义卖。项目盈利除维持项目运作的各项支出，其余全部用于支持和捐助各类公益活动，如捐助乳腺癌、宫颈癌等恶性妇科肿瘤患者和特殊儿童、困难单亲妈妈等。

【“她话题”女性论坛上线暨首场沙龙】 2016年3月22日，由区妇联主办的“她话题”季季谈首个女性论坛

3月4日，区妇联举办“聆听智慧·感受幸福”海曙女性素养工程2016年首场讲座

正式上线。这是浙江省首个纯女性视角的论坛，每季度定期举办热点话题讨论，通过嘉宾访谈、情景模拟、主题座谈等模式，实现社会热点和工作难点沟通、倾诉和排解。区妇联主席葛巧英出席论坛并致辞。首场论坛聚焦“二孩”话题，邀请计生专家、健康生育专家、心理专家及二孩妈妈参加。

【“图书馆之夜”——“小海狸”亲子阅读嘉年华】 2016年4月23日，由区委宣传部、区妇联等举办的“图书馆之夜”——“小海狸”亲子阅读嘉年华活动在区图书馆开启，吸引全市200余户家庭到场参与。区委常委、宣传部部长石贤义，市妇联儿童部部长何萍，区委宣传部副部长郭波，区妇联主席葛巧英为“小海狸”形象揭幕。当晚活动包括悦读演讲堂、“‘小海狸’亲子绘本换换换”、亲子家庭分享阅读、故事亲子游园活动等6项主题活动。

【妇联干部培训班】 2016年6月20—22日，由区妇联举办的2016年度海曙区妇联干部培训班在浙江省妇女干部学校开班。培训以中央党的群团工作会议精神、女领导干部素养提升、健康教育知识、妇联业务知识等为主要内容，引导基层妇联干部认清形势，提高综合素质和业务能力。区妇联十届执委，各街道妇联主席、副主席，各部门妇委会主任等40余名妇联干部参加培训。

（陈孟晗）

海曙区文学艺术界联合会

【概况】 2016年，区文联结合“东亚文化之都”宁波年活动，举办各类具有地域特色的文化活动。4—7月举办2016年海曙区第二届“市民艺术季”第一季——“华彩乐声”网络器乐大赛系列活动。9月，结合纪念红军长征胜利80周年，联合承办“不朽的丰碑”海曙区纪念红军长征胜利80周年文艺晚会。12月，举办2017新年音乐周系列活动。

各协会开展“深入生活，扎根人民”为主题的各类文艺活动。区月湖诗社组织会员参加各类阅读活动。区书法家协会举办海曙区首届“电商杯”书法篆刻作品比赛。区摄影家协会联合宁波汉文化传播协会在莲桥第历史文化街区开展“最美汉服身影”主题摄影活动；与宁波婚庆行业协会、梁祝文化产业园联办“幸福瞬间”婚礼摄影大赛。区美术家协会举办“曙色雅墨”“流光溢彩”“材色生香”海曙美术2016网络系列展，展出作品116件。区作家协会与市硬笔书法家协会、王升大博物馆文化“结亲”，在王升大博物馆举行笔会。区作家协会、区影视家协会在城南书院举行“与作家面对面”活动。区舞蹈家协会组织观摩2016宁波市古典舞大师班汇报演出；参加宁波市舞蹈家协会“舞彩

宁波”暨2016时尚流行舞蹈大赛，获优秀组织奖。区收藏家协会在天胜、南苑古玩市场和宣和古美术馆等场所举办藏品鉴赏沙龙、藏品交易活动，开展专题性培训和讲座。区戏曲家协会举办“我爱我家”新年联谊会、“欢乐广场，幸福海曙”鼓楼步行街“周周演”活动，参加省曲艺家协会主办的新故事大赛和浙江省少儿戏曲大赛。区音乐家协会在宁波音乐厅举办“我们的歌”——海曙区学生合唱团专场音乐会、宁波市学生艺术团少儿合唱团新春音乐会和“键盘精灵、载誉归来”——德国欧米勒青年钢琴家叶恒怡钢琴专场音乐会。

区书法家协会组织国家和省、市会员20余人赴市老年疗养院送福送春联，组织书法骨干参加“三下乡”活动。区摄影家协会开展摄影技艺、摄影文化公益巡讲，在区总工会、区市场监管局、区财政局、月湖街道等单位举办培训9场，惠及群众700余人；区美术家协会在白云街道举办庆祝建党95周年书画作品展，组织国家级美术家进行专业指导；区作家协会举办“海曙作家进校园”活动，为教师们作“宁波地域文化”公益讲座。举办“海曙作家进警营”活动，在公安作家论坛上开办读书讲座；区舞蹈家协会与致和学校艺术结对，启动“红舞鞋”行动计划。区戏曲家协会送戏剧、曲艺节目到各街道。区收藏家协会举办书画类收藏鉴定活动，参与宁波老照片收集整理，参与“文物建筑群利用策划展示”项目。

9月13日，“中秋赏清曲·团圆闻佳音”2016海曙区“我们的节日”民族音乐会暨赵维扬、何世良联袂独奏音乐会在宁波音乐厅举办

【文艺精品创作】 2016年，舞蹈《阿婶合唱团》获全国第十七届全国“群星奖”。三人舞《小镇青年》获2016浙江省群众舞蹈大赛兰花银奖。散文《南华录》获第十四届华语文学传媒年度散文奖。区书法家协会会员庞嘉奇篆刻作品在省书法家协会主办的“吴昌硕奖”第五届浙江省篆刻大展上获二等奖，杨光的书法论文《书法教学必须实事求是》在2016年全国中小学写字和书法教学论文评选中获三等奖。区戏曲家协会会员杨承江创作演讲新故事《拆》和姚辉创作演讲新故事《生日礼物》分别获浙江省第四届新故事大赛金奖、银奖，王震东创作、姚辉演讲新故事《红心猕猴桃》获评2016年宁波市第二届新故事大赛演讲银奖。甬剧《双玉蝉·悲蝉》获宁波市2016甬剧艺术节折子戏大赛二等奖；甬剧小戏《吃蹄胖》获宁波市2016甬剧艺术节折子戏大赛三等奖、宁波市青年戏剧大赛二等奖。舞蹈《舞魂》《少年派》分别获“舞彩宁波”暨2016时尚流行舞蹈大赛二、三等奖。区美术家协会2件作品入选中国美术家协会、文化部主办的国家级展览，13件作品入选浙江省美术家协会、省文化厅主办的省级展览，60余件作品入选宁波市美术家协会、市文广新局主办的市级展览。

【区文联二届二次全委扩大会议】 2016年3月28日，海曙区文联二届二次全委扩大会议在区文体中心召开，区二届文联委员、部分协会秘书长参加会议。会议传达2016年省、市文联会议精神，总结区文联2015年工作，表彰2015年度先进集体、先进个人和先进项目，通过关于区文联人事调整的有关决议。

【“与作家面对面”活动】 2016年4月23日，区作家协会、区影视家协会以“世界读书日”为主题，在城南书院举行“与作家面对面”活动。出席活动的嘉宾结合自身阅读心得，与20余名读书爱好者开展交流。活动还播放协会会员拍摄的微电影作品《回家》和宁波电视台教育科技频道出品的系列作品《宁波印记》《中国鄞江》。

【“中秋赏清曲·团圆闻佳音”民族音乐会】 2016年9月13日，区文联在宁波音乐厅举办“中秋赏清曲·团圆闻佳音”2016海曙区“我们的节日”民族音乐会暨赵维扬、何世良联袂独奏音乐会。活动由区委宣传部、区文广新局、区文联联合主办，区文化馆、区音乐家协会承办。音乐会演奏《宁波小唱》《春晖曲》《花好月圆》等曲目，中国二胡学会会员赵维扬和国家二级演奏员、中国二胡学会会员何世良分别演奏《葡萄熟了》《陕北抒怀》《红军哥哥回来了》《三门峡畅想曲》等独奏曲。音乐会通过区文化馆官方微信向市民免费发放门票，到场观众500余人。

（毛 培）

海曙区残疾人联合会

【概况】 2016年，原海曙区域有持证残疾人17509人，其中视力残疾2922人、听力残疾2772人、言语残疾371人、肢体残疾7056人、智力残疾1780人、精神残疾2236人、多重残疾372人。

区残联投入21万元推出19个需求导向式助残创新项目，成立社会助残项目督导团队。建立全省首家社会助残组织孵化基地。联合区委组织部在助残领域推出党员“一人一岗”，“馨之园”社会助残服务中心成为首批开放式组织生活基地，并被标注在宁波市“公益地图”中。完成区内5022名残疾人基本服务状况与需求信息数据动态更新调查，建立区残疾人基本状况与服务需求数据库。编撰《2015年度海曙区社会助残案例汇编》，收录53篇社会助残创新案例。承办市残工委主办的“爱心宁波，助残有我”社会助残电视晚会。依托各类社会资源解决残疾人需求2806件，服务残疾人6000余人次，满意度达99%。

出台加快推进残疾人全面小康进程、困难残疾人生活补贴和重度残疾人护理补贴制度的实施意见。落实残疾人应保尽保，残疾人低保金为744元，同比增加12%。完成白内障手术91例，各类辅具适配373例，各类康复训练56例。做好肇事精神病人防控工作，排查924名持证精神残疾人，落实439名精神病患者医疗救助，救助支出45万余元。开展“生日关爱”“家政服务”“生活护理”“康复理疗”等托安养服务项目，服务重度残疾人800余人次。在政府出资基础上，通过区慈善总会、社会助残服务中心等平台，为残疾学生及残疾人子女提供多样化助学帮扶，落实助学资金19.1万元，惠及学生75人次。

制定《海曙区关于促进残疾人就业创业的实施意见》政策解释，明确按比例安置残疾人就业奖励、拓展残疾人辅助性就业等方面实施细则。扶持68名残疾人自主创业，扶持金额18.2万元。举办电商、烘焙、皮革制造等专题技能培训，培训残疾人125人次；推出电商创业导师制。“‘膏老大黑膏’微信团队助残障人士开启财富人生”、“‘五谷画坊’创新助残之路”两个项目获评浙江省助残帮扶创业创新大赛优秀项目奖。

【社会助残创新项目评审会】 2016年5月12日，“馨之园”社会助残服务中心召开2016年度海曙区社会助残创新项目评审会。20个项目涉及残疾人个性化康复与指导、就业培训、家庭生活、社会融入、婚恋交友、无障碍出行、心理咨询、文体娱乐、社会助残理念推广九大类服务。项目以需求为导向，各具特色，获得专家和残疾人士一致好评。

【“馨之园”社会助残服务中心入驻宁波市公益街】 2016年8月，“馨之园”社会助残服务中心正式入驻宁波市公益街。“馨之园”社会助残服务中心成立于2014年5月，是一家整合各类社会资源，推广社会化助残服务理念，满足残疾人个性化需求的枢纽型社会组织，实现残疾人服务需求和社会助残资源集合。12月，“馨之园”社会助残服务中心获评区级AAAAA级社会组织。

【出台残疾人“两项补贴”实施意见】 2016年9月30日，海曙区出台《宁波市海曙区人民政府关于进一步完善困难残疾人生活补贴和重度残疾人护理补贴制度的实施意见》和《宁波市海曙区人民政府关于加快推进残疾人全面小康进程的实施意见》，明确海曙区残疾人全面小康进程总体目标，内容涵盖残疾人事业发展各个方面，为推进“十三五”时期残疾人事业各项工作奠定基础，实现“不让残疾人掉队”目标。

【全省首家助残类社会组织孵化基地成立】 2016年10月19日，全省首家助残类社会组织孵化基地在海曙区卖鱼路91号正式挂牌运作。孵化基地由区残联主管，“馨之园”社会助残服务中心统筹运营，委托入驻的社会组织实行自我管理。“柠檬树”唐氏儿家长互助中心、中国狮子联会浙江第七分区、海曙区关心下一代银发志愿者协会工作室、宁波爱心同盟、宁波市无名公益服务中心、宁波卫生职业技术学院“爱撒无声”言语康复协会、宁波市天封塔书画院、宁波海曙区“童年同梦”康复训练中心8家社会组织首批入驻。除在资金、场所、设备、技术等方面提供支持外，孵化基地还与和义社工师事务所合作，为入驻社会组织提供项目指导、能力培训、成长评估等服务。

【新海曙首次镇乡（街道）残疾人工作会议】 2016年12月8日，区残联召开行政区划调整后首次镇乡（街道）残疾人工作会议，集士港镇、古林镇、高桥镇、横街镇、鄞江镇、洞桥镇、章水镇、龙观乡、石碶街道残疾人工作分管领导、具体负责残疾人工作的理事长、区残联全体干部参加会议。会议交流各单位残疾人工作基本情况和特色亮点、残疾人服务机构情况、存在的突出矛盾、当前急需解决的问题等，并对做好行政区划调整后全区残疾人保障和服务工作提出具体目标。

【公益微电影《有你，让世界更乐动》上线】 2016年12月，以社会助残为主题的公益微电影《有你，让世界更乐动》上线，该片剧本由获得过中国民间文艺最高荣誉“山花奖”的盲人作家陈效平构思创作，入选2016年度区委

微电影《有你，让世界更乐动》宣传海报

组织部发起的“红色拍客”微电影摄制计划。

（王思远）

海曙区慈善总会

【概况】 2016年，原海曙区域慈善资金总收入1809.2万元，其中“慈善一日捐”收入210.7万元、慈善基金收入778.5万元、日常捐款收入820万元（其中659.9万元为春节慰问资金）。增建慈善基金3个：银亿集团1000万元规模、天港控股集团600万元规模、宁波中浙长城空调器有限公司100万元规模；增建小额冠名基金8个，总额度23万元。慈善基金总规模达14570万元。区慈善总会第二届第四次理事会共78人，其中会长1人、副会长2人，秘书长1人、理事74人、监事3人。

制作主题为“善行天下，大爱海曙—慈善就在身边”电梯公益广告，包括“行善乐助”“知善获助”两个主题，覆盖原海曙区域内2860部电梯。在《海曙区市民文明手册》中加入“慈善募集”“救助重点”等内容，发放10万册。《海曙通讯》慈善专版刊登《慈善法精选50问》及各类慈善文章。

下属10个义工团队，建立互动性较强的义工团队建设机制，根据自身特点和服务对象需求开展活动。81890义工大队组织“浓情重阳·爱在十月”公益慰问演出，为癌症肿瘤患者提供医疗咨询、沟通交流、娱乐活动等服务。“红烛”义工大队上门为敬老院老人提供“一周五课”服务，元宵节、重阳节开展大型服务活动。

【慈善救助】 2016年，原海曙区域慈善扶助11662人次，善款支出903.5万元。其中，助医933人次，救助支出160.5万元；助困1067人次，救助支出154.4万元；贫困地区扶持项目3项，支出50万元；助学7033人次，支出141.1万元；助老2186人次，支出260.2万元；助残397人次，支出23.7万元；扶助公益项目29项，支出110.2万元；救灾14人次，支出3.4万元。

修订《区总会救助工作实施办法》，把临时救助标准从3000—1万元提高到5000—3万元，细化救助内容，保证慈善资金按计划使用。扶助81890求助服务中心30万元，包括特色志愿团队建设项目、“老年人心声”电话联谊俱乐部、光明俱乐部、常青藤俱乐部、雀桥会5个公益项目。扶助“公益一条街”43万元（包括慈善商店房租），为慈善商店购置LED照明器材、空调，联系企业捐赠小家电和茶叶等物品。分别扶助平和敬老院50万元、望春敬老院15万元、广安养怡院20万元、段塘敬老院20万元。为原海曙区域失智症患者、智力残疾人和易走失弱势群体免费配送智能定位器67个。为81890求助服务中心大厅、各街道服务大厅免费配送老花镜150副。为持证对象（低保证、扶助证、工会特困证、重点优抚证）、市级“慈善社区”的60周岁以上老年人和家庭困难的老年人免费配送老花镜7000副。为各义工大队骨干成员发放《东南商报》500份。

7月28日，小市民豆豆向慈善总会捐款，建立小额冠名基金

【区慈善总会二届四次会员代表大会】 2016年6月8日，区慈善总会二届四次会员代表大会召开，区委副书记、区政协主席毕东华出席会议并讲话。大会改选理事会会长，王黎明当选会长。启动2016年度“慈善一日捐”活动，要求充分发动社会参与，创新工作方式，遵循公开透明原则，坚持“边募集、边救助”，推动全区慈善事业繁荣发展。自1999年始，海曙区连续开展16次“慈善一日捐”活动，累计募集善款7388.8万元，参与捐款人数达58万人次。

【全市首家慈善商店开业】 2016年7月28日，位于海曙区周江岸路31号的宁波慈善商店正式开业，商店陈列上千件全新商品，均来自于社会捐赠，以半价出售，并同步开设网上销售。义卖所得善款用于帮扶流浪未成年人、事实无人抚养儿童、受艾滋病影响儿童、贫困家庭患重病或罕见病儿童等困境儿童，同时通过有偿低价售卖，让一部分低收入者得到实惠。

【区委中心组（扩大）学习会暨《慈善法》专题讲座】 2016年9月13日，区委中心组（扩大）学习会暨《中华人名共和国慈善法》专题讲座在政协联谊宾馆举行，邀请市慈善总会会长陈云金作专题讲座。区委中心组全体成员、全体区管干部、各街道社会事务科科长、民政助理员、各社区书记、区总会全体工作人员共400余人参加讲座。陈云金结合宁波慈善事业发展情况，根据《慈善法》基本框架和创新特点，解读慈善组织、慈善募捐、慈善信托、慈善服务、信息公开和促进措施六大内容。

【区慈善总会赴宁夏青铜峡市考察助学项目】 2016年11月，区慈善总会会长

7月28日，宁波慈善商店开业

王黎明带队赴宁夏青铜峡市考察助学项目。区总会安排20万元助学金，用于甘城子玉西小学校舍整改工程。

（徐孟雷）

海曙区红十字会

【概况】 2016年，原海曙区域创新红十字楼宇集群企业组织发展模式，建立恒隆中心红十字会和鼓楼沿志愿者服务驿站。增建社区赈济救援队24支，接受社会捐助37.44万元，66名眼病患者获红十字博爱基金救助。印发《海曙区红十字会宣传工作意见》，建立健全志愿者队伍资源库，制定管理办法，统一服务手册和服务牌。规范运作捐赠资金使用，加强基金项目管理，完善项目捐赠协议条款，接受社会捐赠资金专业审计，在网站公布。红十字"暖巢行动"志愿服务项目覆盖原海曙区域26个社区，惠及1150名空巢老人。"暖巢行动"项目获评2016年区优秀志愿服务项目，红十字人道传播工作被市红十字会考评为年度单项先进。

在宁波电台新闻综合频道开设"人道的力量"专栏，举办"国学智慧之人道、博爱、奉献"大型公益讲座，开展"2016年红十字博爱周""情暖三江·红十字博爱送万家"系列活动。在《海曙通讯》和海曙新闻网开展"红十字基本知识"有奖竞答。在原海曙区域内街道重要路口设立灯箱广告及链接网站二维码标示，在55个商务和住宅楼宇设立300个电梯宣传栏，制作100余幅宣传版面进街道（社区）和红十字志愿服务站点。推广"红十字应急救护""博爱甬城"APP。

与宁波轨道交通集团有限公司合作，在原海曙区域13个地铁站设立应急救护点，配置包含包扎绷带、药棉等应急救护专用的急救包。对辖区街道（社区）群众进行应急救护专项培训，对90名消防人员开展救护培训，提高特殊群体应急情况下自救互救和安全防范能力。联合社会爱心企业，开展人道救助、爱心募捐、应急救护、"博爱送万家"等系列志愿服务活动，创建红十字"益起创"志愿者工作室。

东恩中学推进"学校红十字博爱家园"建设，开辟关于宣传传播、人道救护、生命关爱、心理辅导等内容的"第二课堂"，编印《红十字校本读物》《生命教育读本》，将红十字文化融入学校整体教育机制。华天小学参加市红十字会组织的夏令营活动。各学校红十字会结合"3·5"学雷锋纪念日、"5·8"世界红十字日等活动，开展各类应急救护培训、防灾救灾演练、红十字文化、心理健康、青春期教育、艾滋病预防、远离毒品等教育活动。

【"三救三献"工作】 2016年，原海曙区域实现造血干细胞捐献1例、人体器官捐献1例、角膜捐献2例。培训年度执证救护员1395人，普及培训27479人。把应急救护培训纳入区干部教育计划。为辖区低洼地段社区配备19套赈济救援装备，举办社区赈济救援队能力建设实操培训班。对2户人体器官捐献者家庭、32户遗体（角膜）捐献志愿者家庭、2名造血干细胞捐献者进行慰问。受企业委托对困难家庭定向捐款11万元。对1例艾滋病患者提供应急人道救助1万元。黔西南定向帮扶2万元。

【区红十字会第六届五次理事会】 2016年2月26日，海曙区召开区红十字会第六届第五次理事（扩大）会议，各街道（社区）、学校、企业红十字会代表，志愿者及特约社会监督委员会成员70余人参加会议。副区长、区红十字会会长薄慧敏出席会议并讲话。会议表彰先进单位和个人，审议年度工作和捐赠款物接受使用情况报告，对下阶段工作部署：围绕提升社会公信力、升级应急救护培训、优化"暖巢行动"运作模式、在"两新"领域培育红会基层组织、建立完善红十字博爱基金管理办法、加大红十字宣传等展开工作。

【竺玉峰捐献造血干细胞】 2016年3月24日，区城管局工作人员竺玉峰在浙江省中医院完成造血干细胞血液离析采集，成为海曙区第二例、宁波市第49例、浙江省第266例造血干细胞捐献者。竺玉峰获评2016年度浙江省第八届"红十字公益之星"。

【"国学智慧之人道、博爱、奉献"公益讲座】 2016年5月6日，区红十字会举办"国学智慧之人道、博爱、奉献"大型公益文化传播讲座，邀请国学专家谢陆鸣授课。谢陆鸣将国学智慧与红十字人道文化有机结合，阐述对生命尊重和爱心奉献的精神弘扬。区各街道（社区）红会、爱心企事业单位和人士、红十字志愿者及区级相关部门、群团组织200余人参加讲座。

【全市首家商务楼宇企业集群红十字会】 2016年7月13日，海曙区成立全市第一家在商务楼宇企业集群发展的红十字组织——恒隆中心红十字会。30家楼宇企业成为理事单位，并

7月29日，区红十字视觉康复基金"暖巢行动"结对社区座谈会举行

选举理事会。成立仪式现场，100余名企业红十字志愿者开展应急救护培训、公益志愿墙签名、高楼应急逃生演练等活动。市红十字会党组书记、常务副会长金黎萍，副区长、区红十字会会长薄慧敏出席仪式并讲话。

【区红十字视觉康复基金"暖巢行动"】 2016年7月29日，区红十字视觉康复基金结对10个社区的"暖巢行动"座谈会在宁波眼病中心医院举行，区红十字会、宁波眼病中心医院及街道（社区）20余人参加座谈。项目由浙江南苑控股集团有限公司建立的视觉康复基金提供100万元，专门用于红十字"暖巢行动"，宁波眼病中心医院为项目实施定点医疗机构。与会人员在听取宁波眼病中心医院建设及结对项目情况介绍后，进行探讨和交流。区红十字会党组书记、常务副会长李兰肯定"暖巢行动"项目实施效果，感谢社会力量捐助支持，希望社会爱心企业积极利用红十字会平台回馈奉献社会。

（孟令震）

海曙区关心下一代工作委员会

【概况】 2016年，区关工委开展"爱学习、爱劳动、爱祖国"、党史国史及孝德主题教育活动，组织各类教育活动3456场次，银发志愿者参与1989人次，受教育青少年61643人次。开展心理健康教育（咨询）活动92场次，受教育青少年15006人次。各街道、社区关工委举办假日学校25个，接收青少年952人。开办"四点钟学校"13个，接收学生978人，投入经费16.39万元。编印各种教材16种，发放教育资料2142册（份）。区关工委获评浙江省2015—2016年度关心下一代工作先进集体。

利用"假日学校"开展各类教学活动，组织播放红色电影，开办爱国主义教育讲座，开展"红领巾相约中国梦"活动。各银发工作室组织志愿者到社区为青少年开展暑期活动，在社区建立流动教育课堂。开发5个青少年历史文化体验基地。针对青少年需求，购买政府服务，签约公益创投项目15个，筹集资金14.91万元。

【庆祝建党95周年和红军长征胜利80周年主题教育活动】 2016年是中国共产党建党95周年和红军长征胜利80周年，海曙区关工委组织主题教育系列活动。银发育苗讲师工作室编印《红军长征小故事》；银发护航工作室购买《红色经典电影》光盘，组织各街道青少年观看并写观后感；龙观乡关工委"五老"（老党员、老专家、老教师、老战士、老模范）在乡内各村巡回开设专题教育讲座，讲述红军长征史、共产党发展历程及本乡历史；鼓楼街道关工委围绕建党95周年，举行"知恩于心感恩于行，红色经典礼赞七一"文艺晚会；南门街道关工委开展红色主题经典讲座；西门街道关工委在各社区开展看红色经典励志影片、读红色经典书籍、写红色影片观后感和"一针一线绣党旗，老少同乐庆节日"等活动，参与学生500余人次。印发主题宣传教育资料（碟片）3种，发放3500册。开展主题宣讲活动2560场次，主题文艺活动13场，受教育青少年35600人次。

【顾秀莲到海曙调研关心下一代工作】 2016年9月12日，十届全国人大常委会副委员长、中国关心下一代工作委员会主任顾秀莲到海曙区调研关心下一代"四化"创新型工作经验和做法。顾秀莲听取区关工委和护苗、育苗、特殊教育等银发工作室工作汇报，对工作模式表示肯定，并指出，海曙区关工委为全国关心下一代工作创造经验，值得推广。省人大常委会副主任、省关工委主任徐宏俊，市委常委、宣传部部长万亚伟，市关工委主任邵孝杰，区委书记彭朱刚陪同调研。

【"宁波新丽人成长培育"项目开班】 2016年11月9日，由区关工委、区教育局关工委主办，段塘学校和区关工委"银发妈妈"心理指导工作室承办的"宁波新丽人成长培育"项目举行开班仪式。53名学生和53名家长出席并参加第一堂培训课。区关工委常务副主任尹萍，区教育局关工委、区银发志愿者协会负责人出席开班仪式并表示祝贺。

"宁波新丽人成长培育"项目是区关工委推出的公益项目。培训对象为外来务工人员的女孩，通过与城市女孩结对，开展社会实践，取长补短，增强自信，提升素养。项目开设心理生理健康、女生德能素养、学习方法训练、艺术欣赏等课程。师资主要为区关工委"银发妈妈"心理指导工作室成员，人员皆来自教育、卫生、政法等系统，具有高级职称。

（徐凡芝）

资料链接

"4050"人员：指处于劳动年龄段中女40岁以上、男50岁以上就业条件较差、技能单一，难以在劳动力市场竞争就业的劳动者。

法治·军事

政法工作

【概况】2016年，区委政法委以81890求助服务中心为载体，建立区级社会治理综合指挥中心，对所有部门及镇乡（街道）上报的社会治理和网格事项进行处理跟踪，实现社会治理综合指挥平台全覆盖。建成天一广场、鼓楼沿、21码头商业街等商圈治理特色平台，设立专属网格，配强网格力量，发挥行业自治作用。采取“开放空间”、民主协商、社区公约等方式，邀请居民参与社区治理。开展星级“平安家庭”推选活动，推进群防群治工作，建设西门“红袖章”巡逻队、和谐促进员等品牌队伍。

出台《海曙区深化“两网融合”工作的若干意见》，建立社会治理综合指挥平台，推广应用“平安通”终端，实现事件处理网上网下联动。完善望春街道综合指挥平台建设，《海曙区扎实推进社会服务管理中心规范化建设》被市委政法委简报录用。在各街道和相关条线（行业）组建平安志愿者服务大队，强化社区义务巡防队、住宅小区安防队和辖区信息员队伍建设。

制定下发《关于在全区政法系统开展“队伍建设年”活动的通知》，开展“两学一做”专题党课、主题征文和微型党课比赛等活动。组织政法干警参加宁波市第八届“深化改革与法治建设”论坛，海曙区4篇文章获三等奖。组织全区政法中层干部赴武汉中南财经政法大学参加脱产培训，举办全区平安工作等联络员培训，组织开展政法系统“队伍建设年”活动，提升政法干警和基层干部工作能力。开展“两学一做”学习教育实践活动，组织党员干部参与社区公益。

【“平安海曙”建设】2016年，海曙区做好G20杭州峰会护航保障工作，获评平安护航G20杭州峰会先进集体。推进社会稳定风险评估，完善“三色预警”机制。开展社会治安重点地区整治，市、区两级挂牌整治的9个社会治安重点地区及突出问题摘牌。制定《海曙区出租房排查整治专项行动工作方案》，建立联席会商、绩效评估通报等制度，加强出租房屋动态管理，区群租房整治模式获市委领导批示肯定。出台《海曙区预防处置精神病人肇事肇祸行为实施意见》，救助经济困难的重性精神病人。建立平安建设情况暗访制度，约谈扣分较多的单位。

【全市首个街道级法治促进中心成立】2016年5月25日，海曙“护航G20·平安伴我行”暨法治促进中心成立仪式在南门街道马园公园举行。法治促进中心位于咏归路169号，内设8个工作室，为日常接待、问题受理、矛盾研讨和政策宣传提供场所。这是全市首个街道级法治促进中心，为居民提供“一站式”法律服务。法治促进中心也是“线上线下”联动的社会治理综合指挥平台，以省平安建设信息系统、市基层社会服务管理综合信息系统为技术支撑，通过政府主导，群众自治组织参与，辖区单位等社会资源协作配合，形成多元参与综合管理的社会治理模式。至年底，覆盖原海曙区域内社会组织200余家，参与成员2000余人。

南门街道法治促进中心

【出台《关于深化"两网融合"工作的若干意见》】 2016年7月14日，区社会管理综合治理委员会、区社区建设指导委员会联合出台《关于深化"两网融合"工作的若干意见》。内容包括界定网格工作要素、强化信息科技支撑、健全组织指挥体系、规范事件处置流程、加强督查考核保障五方面，共20条，并明确网格走访关注事项和网格事件上报事项。

【区首批星级"平安家庭"评选】 2016年9月，海曙区首批星级"平安家庭"评定。郡庙社区、苍水社区、迎凤社区、云丰社区等9个试点社区的1500余户参评，400户家庭获评，其中138户五星级、257户四星级。获评的新芝社区陆佰生、张国祥、项惠龙、欧阳光安、严良芳等都是街坊邻里认可的"草根"名人。

（白艳辉　陆　健）

公安工作

综述

【概况】 2016年，海曙公安分局在原海曙区域内有7个职能部门、10个直属大队，有鼓楼、江厦、月湖、南门、西门、望春、白云、段塘和广场派出所（治安派出所）等派出所9个，另辖有消防大队。核定编制644名，实有警力616人，其中研究生学历10人、大学学历453人、大专学历150人、大专以下学历3人。

海曙公安分局加强警务文化建设，警官俱乐部组织"砺剑杯"五人制足球赛；邀请原市书法家协会主席为分局书法爱好者授课；围绕"快乐工作·幸福生活"主题，组织女警开展户外徒步拓展、警营开放日、"微信随手拍"、在岗尽职活动；开展以"青警向前冲"为主题的团队拓展活动；举办"迎新杯"趣味运动会；组队参加海曙区第十一届机关运动会，获总分第一和6个分项第一成绩。

【警务保障】 2016年，原海曙区域警务保障预算经费32898.25万元，同比增加14.25%（增加主要来源：当年度安排中央转移支付资金1025万元，信息化建设费安排2956.95万元），公用经费保障标准人均4万元。至年底，执行预算32226.92万元，办理政府采购2205.13余万元。针对江厦、月湖派出所业务用房建设改造工程资金缺口，分局应急反恐特种车辆购置等临时性项目支出，争取到年度追加项目经费1283.5万元，其中派出所改造工程300万元、服装费80万元、练兵经费70万元、装备购置经费180万元、估价费40万元、重大办案经费15万元、二代证工作经费11万元。按规定比例进行办案业务经费补助，优先补助基层所队办案经费。

【公安车辆管理改革】 2016年，海曙公安分局施行公务车辆维修集中审核审批和定点维修制度，建立车辆维修保养档案，实行一车一修一登记。单车单次维修在500元以上的，填写申请维修书面报告并附维修预估单，报警务保障室审核，经局领导审批后，指定到海曙区公务车辆定点保养维修企业维修。维修完毕后，由送修人联合车管员共同验收，按规定程序审批报销。全年车辆运行费用269.44万元，同比下降16.43%。开展公务用车、用油情况调研，加强油料使用结报审核。采用警用车辆一车一卡（IC卡）充值加油制度，控制加油现金报销。1—10月，全局开支油料费75.35万元，下降6.9%。

（李鹏展）

社会治安

【概况】 2016年，原海曙区域有烟花爆竹经营单位1家、管制刀具经营单位4家、民爆从业单位2家、剧毒从业单位5家、放射源使用单位2家、易制爆经营及使用单位22家。有印章刻制单位35家、生产性废旧金属收购单位11家、典当行10家、调剂行（二手机）15家。

针对旅馆、歌舞娱乐、桑拿洗浴、通宵影院等治安环境复杂，易引发"黄赌毒"和涉枪涉爆涉刀违法犯罪的场所，排摸掌握底数，组织开展高频次排查、检查、清查专项行动。加强旅馆业清查管控，将辖区在册旅馆及具有留宿功能的洗浴、足疗场所纳入检查范围，重点督促检查"四实"登记、从业人员培训、指示牌设置，确保无遗漏、无死角。开展危险物品排查，严防危爆物品被盗、被抢和丢失事件，展开联合执法行动10次，检查加油站110家次，发现、整改安全隐患20处。

【散装汽油销售管理信息系统安装】 2016年，海曙区在原海曙区域内9家加油站推广安装散装汽油销售管理信息系统，并配置二代身份证读卡器，自动读取身份证上所有信息。采集登记购买人员信息8300条，经比对，未发现可疑人员购买情况。

【寄递企业监管】 2016年，海曙公安分局排查原海曙区域寄递企业76家，发现无证"黑网点"22家，移交市场监管部门处理；检查寄递企业890家次，发现整改各类隐患62处。加强技术投入，在原海曙区域内寄递企业推广安装"巴枪""寄e通"APP，强化寄递渠道登记验视信息化平台建设，76家寄递企业全部安装。督促寄递企业安装视频监控，实时监控、抽查，各寄递企业共安装视频监控231个。

（李鹏展）

惩治违法犯罪

【概况】 2016年，海曙公安分局组织开展"春雷"行动及"3·13"特大制售假药专案，破获"食药环"犯罪案件4起，抓获犯罪嫌疑人13人。刑侦大队抓获人员108人（刑事拘留100人、取保候审4人、执行逮捕1人、解回重审3人），移送起诉84人。命案发生4起、破案4起，破案率100%；五类刑事案件（绑架、劫持、投毒、放火、强奸案件）发生3起、破案3起，破案率100%；抢劫案件发生7起、破案5起，破案率71.4%。经侦大队受理经济犯罪案件39起，同比下降154%；立案33起，下降180%；破案20起，下降245%。涉案总金额18100余万元，直接损失18060万元，惩治处理74人（网上在逃人员25人），移送起诉

5月15日，海曙公安分局开展"5·15"打击和防范经济犯罪宣传活动

58人。破获毒品刑事案件73起，其中团伙案件10起，抓获犯罪嫌疑人102人，移送审查起诉80人。缴获毒品6776.95克，其中冰毒6545.67克、冰毒片剂644粒59.10克、海洛因172.18克。破获涉毒行政案件542起，查处吸毒人员554人，其中强制隔离戒毒150人、社区戒毒206人、行政拘留198人。巡特警大队抓获或拦截各类违法犯罪嫌疑人601人，其中涉赌人员240人、涉毒人员63人、盗窃嫌疑人28人、诈骗嫌疑人18人、在逃人员12人；拦截非访人员142人、法院协控人员84人、精神病人4人、法院传票3人、非法投资涉案2人、"E租宝"涉案2人、反恐重点列控人员2人；查获管制刀具等违禁物品40余件。巡特警大队自办刑事案件9起，治安案件3起；处理违法犯罪嫌疑人13人（移送审查起诉10人，行政处罚3人）。

刑侦大队技术中队勘查各类现场1329起，其中故意杀人案1起、盗窃案现场1195起、抢劫案现场9起、强奸案8起、伤害案现场6起、非正常死亡事件78起、其他案件现场96起。技术中队提取指纹的案件195起、足迹368起、DNA160起、串并案件30串140起。通过比中指纹、DNA认定案件130起、嫌疑人112人。

【捣毁聚众赌博窝点】 2016年3月5日晚，段塘派出所根据可靠线索得知某小区内有人涉嫌聚众赌博。通过外围调查、实地走访等方式初步掌握赌场人员情况，联合分局治安大队对赌博窝点展开合围式抓捕，当场抓获涉赌人员10人。经审讯，犯罪嫌疑人罗某某（男，71岁，浙江临海市人）对其雇用李某（男，33岁，安徽阜阳市人）于2015年12月始以营利为目的开设赌场的犯罪事实供认不讳。犯罪嫌疑人罗某某和李某因涉嫌开设赌场均被刑拘，其余8名参赌人员被处以相应治安处罚。

【侦破"众银财富"非法吸收公众存款案】 2016年6月22日，宁波众银财富投资有限公司非法吸收公众存款案侦查终结，移送区人民检察院审查起诉。犯罪嫌疑人鲍某某伙同鲍某某、卢某某等19人，自2014年3月始以宁波众银财富投资有限公司名义。通过在马路、超市散发宣传资料和组织开会等形式，对外宣称公司是注册资金9000万元的企业集团，业务遍布北京、广州等地，另有宁波奥多资产管理有限公司作资金第三方托管。并以资金用于中小企业投资、小额贷款为名，承诺年化受益6.6%—15%，未经金融监管部门批准，向杜国芳等不特定公众借款，涉及人数933人，涉案金额2.11亿元人民币，造成损失1.92亿元。

【侦破重大贩毒团伙案】 2016年7月9日，海曙公安分局禁毒大队在巡（特）警大队、月湖派出所协助下，破获一起重大贩毒团伙案，抓获涉毒人员4人，缴获毒品冰毒9.3公斤。7月8日，通过情报线索获悉，在某酒店公寓内有人贩卖毒品，且数量较大。当晚20时许，大队联合巡（特）警大队、月湖派出所在酒店某房间抓获犯罪嫌疑人陈某（男，46岁，宁波鄞州区人），缴获毒品冰毒约2.8公斤。次日凌晨2时，根据陈某交代信息，民警抓获犯罪嫌疑人李某（男，41岁，湖北黄石市人）、李某（女，29岁，四川自贡市人）和纪某（男，51岁，湖南衡阳市人），缴获毒资10万余元，毒品冰毒约6.5公斤。

（李鹏展）

户籍与出入境管理

【概况】 2016年，海曙公安分局户证中心办理户口迁移29203人次，同比增加31.4%。受理审批户口2339份，增加41%。项目变更97份，减少18.3%。打印户籍证明18612份，增加8.5%。制作第二代居民身份证23974份，增加13.3%；制作二代临时居民身份证6330份，增加6.5%。发放二代居民身份证50750份，增加145%。

原海曙区域受理公民因私出国（境）5.06万人次，同比减少2.8%。其中，护照签发22934人次，增加5.3%；往来港澳通行证签发13591人次，减少10.7%；往来台湾通行证签发9727人次，减少23.2%；受理港澳再次签注3469人次，增加73.5%；台湾再次签注913人次，增加184%。不准出境人员报备1008人次，通报未及时报备人员48人次。宣布作废法定不准出境人员护照48本、往来港澳通行证35本、往来台湾通行证4本。

（李鹏展）

交通管理

【概况】 2016年，海曙交警大队下辖10个中队。有民警150人，其中大学本科及以上120人、大专学历30人。查处各类交通违法行为18.9万起。发生上报事故48起，死亡10人，受伤人数42人，直接经济损失约23.6万元，四项指数中上报事故、受伤人数和直接经济损失同比分别下降5.88%、14.29%、0.51%，死亡人数上升25%。

加强交通安全隐患排查整治，深入30余家重点运输企业及10余处在建工地实施源头管控，检查重点车辆200余辆次，约谈重点驾驶人100余人次，发送提示信息1000余条。开展春运动员部署大会、"人保杯"安全竞赛、重点运输企业座谈等各类安全会议。走访重点运输企业，签订安全责任状，落实企业主体责任，推进企业信用评级和重点车辆、驾驶人分层级管理。开展各项安全检查和教育宣传。定期约谈违法较多的重点运输企业负责人及重点驾驶人。排查整改事故多发路段、交通堵点等区域安全隐患300余处，对市级事故黑点——通途路（永丰桥下西侧—新芝岗）实施交通安全隐患整治。

开展执法规范化、涉案财物管理系统应用等业务培训，将规范执法纳入督察记分考核体系。妥善处置群众关于执法服务的意见建议2000余件。通过微信、手机APP处理轻微事故10129起，在宁波交警服务窗口推广支付宝应用，推进"互联网+交管"新举措。

组织全体民警、协警集体查摆、剖析队伍纪律作风建设各类典型问题，抓好队伍重点人员动态监管及警示约谈工作。利用廉政文化长廊、警句格言、警营温馨园地等宣传阵地及警营开放、日常文体活动等契机，推进基层警营文化建设。二中队新营房投入使用，设置图书阅览室、健身房、浴室、食堂等生活功能区域。通过局纪委为6名正当执法权益受到侵害的民警维权，慰问8名患病民警和10名生活困难民警及协警、辅警。

【重点治堵道路整治】 2016年，海曙交警大队落实道路岗点分级管理勤务，按需延长工作日早晚高峰执勤时间，调整双休日、节假日执勤时间。重点治堵道路在因地制宜完善交通设施、加强交通组织基础上，加强巡逻民警管理整治，对梅园社区、新高路、呼童街等道路违停及中山西路1182弄道路交通拥堵等突出问题落实治理措施，取得阶段性成效。查处电动自行车违法33836起、违停121483起、斑马线不礼让违法265起、车辆逾期未检及违法逾期未处理4585起、涉牌涉证违法368起，查扣非法上路正三轮摩托车541辆。联合区治堵办推广错时停车试点经验，把启文花园、安丰社区、云丰社区等老小区停车综合整治试点建成样板区，马园路、鼓楼、新典路3个公共停车场再增建450个错时停车位。

【交通安全宣传】 2016年，海曙交警大队在机关、企事业单位、街道社区开展"迎接G20，百场文明交通礼仪大巡讲"活动，发放宣传资料2万余册，受众2万余人次。在各级各类主流媒体播放宣传稿件150篇，邀请媒体随警作战9次，联合宁波电视台专题制作"共产党员在路上""烈日下的焦警"等系列报道。通过官方微信、微博，介绍辖区交通秩序、违法查处、行车注意事项等情况，曝光重点区域、重点路段交通违法车辆，发出《文明交通倡议》，处置相关舆情信息300余条。利用全国文明城市创建、安全生产月等活动契机，开展"礼让斑马线"、校园交通安全、安全生产等专题宣传教育，吸引3万余名群众参与交通文明志愿服务活动。

【夜间重点违法专项整治行动】 2016年，海曙交警大队针对工程车、酒驾等重点交通违法行为，将夜间整治列为工作重点，每季度制定夜间整治方案，每周至少组织一次区域性夜间重点违法专项整治行动。累计查处工程车违法1933起、酒驾违法342起（醉驾130起、酒后驾驶212起），其中因涉嫌危险驾驶罪、交通肇事罪追究刑事责任的139起。

（王宾原）

消　防

【概况】 2016年，原海曙区域发生火灾202起，死亡2人，受伤1人，造成直接经济财产损失355万元。海曙消防大队接火警1051起，出动消防车1750辆次，出动警力11214人次，抢救被困人员26人，疏散人员108人，挽回经济财产损失2533.6万元。接警、火灾发生数同比分别下降3.3%、25.2%，死亡、受伤人数持平。开展"春雷、风暴、利剑、平安"安全保障、夏季消防安全、冬春火灾防控等消防行动，落实各类火灾防范措施和隐患排查整治方案。

区委、区政府与各街道、部门签订消防工作目标责任书，落实主要领导消防安全责任"一岗双责"。区民政局、区教育局、区文广新局、区卫生计生局、区住建局5个部门出台所在行业系统消防安全管理制度。区安监局、区住建局等9个部门开展多种形式消防检查，组织联合检查组48个，派出检查人员240人次，检查单位450余家。

印制出租房消防安全宣传海报1000套、漫画手册2万本，下发至各街道、社区。开展各类互动体验式消防活动350余场次，到社区、小区及人员密集场所开展消防安全培训180余场，发放宣传资料3万余份，发送消防安全警示手机短信2万余条，组织消防应急疏散逃生演练300余次。

【消防安全网格化管理】 2016年，海曙消防大队推进消防安全网格化管理，完善区、街道、社区三级消防网格组织。推动消防安全工作站实体化运作，推动社区和重点单位微型消防站建设。原海曙区域303家重点单位实行消防安全户籍化管理，建立重点单位消防基础档案。各消防单位每月开展一次"四个能力"（检查消除火灾隐患能力、扑救初级火灾能力、组织疏散逃生能力、消防宣传教育能力）自查评估和报告备案，逐步实现全互联网上运作。

【全区社会消防安全隐患排查】 2016年，海曙消防大队制定《易燃易爆危险品消防安全整治》《人员密集场所消防安全专项整治》等行动方案，约谈火灾隐患集中、整改难度大的单位，发放消防安全告知书，并签订消防安全管理承诺书。排查确定重大火灾隐患单位6家、区域性火灾隐患4处，检查社会单位6232家，发现火灾隐患8210处，督促整改火灾隐患8210处，下发责令改正通知书4648份、行政处罚决定书204份、临时查封决定书87份，48家单位被责令"三停"（停止使用、停产、停业），罚款112.28万元，拘留18人。整改2家挂牌督办的重大火灾隐患单位。指导、帮助60余家企业开展消防设施建设，提出建设意见136条，为企业节省资金1000余万元。

（王　雍）

检察工作

【概况】2016年，区人民检察院受理提请批准逮捕案件264件337人；受理移送审查起诉案件572件841人；经审查，批准逮捕249件307人；提起公诉497件755人。

配合开展扫黄打非、净网专项行动，受理聚众斗殴、寻衅滋事、“黄赌毒”等案件109件212人，提起公诉115件229人。受理毒品犯罪案件65件119人，提起公诉59件86人。针对P2P网贷平台、互联网金融等领域犯罪新动态，以检察建议等形式向相关部门提示风险。案件集中爆发后，依法起诉非法吸收公众存款、集资诈骗等破坏金融管理秩序犯罪42人，涉案总金额逾4亿元，帮助受害人追讨财产损失。出台服务中小微企业和非公企业多项文件，构建“亲”“清”政商关系。起诉电信、网络诈骗及利用网络非法获取公民个人信息等犯罪嫌疑人21人。监督危害食品药品安全犯罪立案2件，起诉生产、销售有毒有害食品和生产、销售假药犯罪13人。

围绕违法采取刑事强制措施和侦查手段侵犯公民合法权益的行为，对公安机关“春雷”行动移送的283起案件开展专项监督，退回补充侦查78件，督促撤案10件。对宁波融信华创财富投资管理有限公司非法吸收公众存款逾亿元案监督立案3人。加大刑事抗诉力度，从法律适用与量刑方面发现、找准抗点，提出二审抗诉5件，提请市院抗诉1件，建议市院抗诉1件，其中3件获改判。提抗《刑法修正案（九）》适用后的海曙区首例电信诈骗案。受理各类民事、行政申诉、虚假诉讼案件7件，其中行政执法监督案件2件，生效裁判监督案件5件。惩治虚假诉讼，受理虚假诉讼案件4件，帮助一名受害人挽回经济损失135万元。

开展检校辩论比赛、疑难案例评析、庭审评议等活动。全面运行全国统一业务应用系统，完成涉密信息系统分级保护建设，建成高清侦查指挥一体化等多种信息化应用工作平台。推进检察改革，遴选产生首批入额检察官21人。围绕以审判为中心的诉讼制度改革，完善检察权运行机制。深化检务公开改革，在人民检察院案件信息公开网上公开案件程序性信息2425条、法律文书1060份。落实重大案件、重大事项报备制度，围绕法律监督、检务公开、司法改革等内容向区人大常委会作专题汇报5次，根据审议意见整改。参加“两官评议”活动，被评议检察官查找问题、整改不足。办理人大常委会和人大代表督办、交办的信访件及事项21件，邀请视察和评议检察工作12场次。执行人民监督员、行风监督员制度，23起拟撤案或不起诉的职务犯罪案件进入监督程序。连续18年保持干警违法违纪与办案安全事故“双零”记录。

【职务犯罪侦查】2016年，区人民检察院立案查办各类职务犯罪案件14件19人，其中涉案金额20万元以上的9件10人。要案4人，其中正处级干部1人。查办原区住建局局长徐某某受贿逾600万元要案，查处级别、金额均为本级现职人员中历史最高。同时，立案查处征地拆迁、城市建设领域职务犯罪窝串案6件9人。撰写《2013—2015年海曙区惩治和预防职务犯罪综合报告》，获区委主要领导批示肯定，并获评全省检察机关优秀年度报告。

【简易程序案件诉讼制度改革】2016年，区人民检察院探索以审判为中心的诉讼制度改革，率先在全市开展办案程序改革，推出“三简化”“五集中”的新办案模式。“三简化”即简化审查报告、简化审批程序、简化庭审程序，“五集中”即类案集中办理、集中起诉、同日庭审集中由一人出庭、集中审查证据、集中量刑建议。此模式推行后，检察院简易程序案件诉讼期限较以往缩短近1/3，一般危险驾驶、扒窃案件可在3日内审结，一般刑事案件不超过7日。

【王英获评全国检察机关未成年人检察工作先进个人】2016年6月3日，最高人民检察院召开新闻发布会，通报30年来未成年人检察工作有关情况、未成年人司法保护典型案例，通报未检优秀团队和先进个人。区人民检察院未成年人刑事检察科科长王英获评全国检察机关未成年人检察工作先进个人，此荣誉全国评选5人，浙江仅1人。

【宁波中百股份有限公司检察服务站建立】2016年7月20日，区人民检察院联合区工商联签署《关于加强协作保障和促进我区非公有制企业健康发展的意见》。10月17日，在上市公司宁波中百股份有限公司试点建立检察服务站，推行检察“进站式”服务。检察服务站定期组织企业中、高层管理人员或创业人员开展专题生活会，按企业法律需求，针对性开展法律微课宣讲，协助盗窃类、职务侵占类案件易发的企业进行风险排查，帮助制定、落实预防措施，加强对非公企业的服务保障。

【“检务一点通”手机APP（2.0版）开通】2016年8月15日，区人民检察院

8月15日，“检务一点通”手机APP（2.0版）发布

开通“检务一点通”手机APP（2.0版），增设案件节点变动信息通知提醒、服务满意度评价、统计分析等功能。案件节点变动信息通知提醒是通过对接检察机关统一业务应用系统数据，对新、老数据进行比对，筛选案件办理节点发生变化的信息，形成“案件办理节点变动信息汇总表”，并根据律师办理案件代理登记等信息确定推送对象，实现“点对点”信息推送，方便案件代理律师及时掌握案件办理进展情况。

（刘青松）

法院工作

【概况】 2016年，区人民法院受理原海曙区域内各类案件11393件，办结10857件，同比分别上升25.8%、25.47%。

受理刑事案件639件，审结631件，分别上升4.58%和3.10%。判处罪犯727人，其中判处十年以上的22人、三年以上的92人，非监禁刑适用率46%。受理并审结涉外案件2件，判处罪犯2人。变更罪名案件7件，裁定检察院撤回起诉2件。受理并审结自诉案件1件，经审理，一审判决被告人无罪。注重人权司法保障，可能被判处三年以上有期徒刑的被告人法律援助律师出庭辩护率达98.44%。完善未成年审判“海曙模式”。

受理各类民商事案件6748件，审结6416件，其中审结金融借款纠纷案件556件、各类知识产权案件177件。调解一件由最高院指定管辖，因管辖权、涉外等各种因素历时3年未结的侵害经营秘密、擅自使用他人企业名称的纠纷。审结劳动争议案件248件，侵权类案件438件，其中机动车交通事故责任纠纷318件、其他侵权类案件120件。推进家事审判改革，探索人身保护令适用，开通妇女儿童维权“绿色通道”。区人民法院民事案件调撤率达72.6%，居全市法院第一。

受理行政诉讼案件131件，审结136件。其中，驳回原告诉讼请求78件，经协调后原告撤诉24件，按撤诉处理7件，裁定驳回原告起诉15件，移送管辖5件，判决撤销或责令重做7件，行政机关败诉率5.14%。推动行政机关负责人出庭应诉制度，行政机关负责人出庭应诉件数72件，占全年开庭案件（83件）的86.75%。发布行政案件年度司法审查报告，安排300余名行政机关工作人员旁听行政案件。

受理执行案件3824件，结案3623件，实际执行率66%，同比提高37.07%，全省基层法院排名第二。出台实施细则推进“用两到三年时间基本解决执行难”目标实现。发布失信被执行人1186件3420人次，限制高消费1304人次，网上布控423人次，拘留174人。惩治拒不执行行为，一名涉嫌拒执犯罪人员被移送公安机关。加大执行兑现力度，实现100%网络司法拍卖。妥善处理涉颐高系列案件、大世界农贸市场群体案件、棕榈湾娱乐有限公司系列案件。

出台专项服务意见保障全区中心城区品质提升暨旧村改造拆迁攻坚清零工作。妥善审理涉“三改一拆”“五水共治”“四边三化”、危旧房改造的民事、行政案件。坚持“社区法官”活动，送法进社区603人次，提供法律咨询302次，化解纠纷176件。执行办事大厅提供“执行接待、释明告知、立案查询、流程公开、投诉信访”一站式服务。诉讼服务中心设立案登记、法律服务、诉调对接、信访接待等七大区块10个窗口。推行“一人一案一账号”的案款管理系统，实现案款流转公开透明，方便当事人缴费退费。

组织干警参加各类培训106人次，集中培训人民陪审员，组织26名书记员进行技能竞赛。通过勤廉评价系统收集当事人及代理人反馈意见，逐条回复、通报改进；制定《受理处理律师投诉办法》，开通律师网上投诉平台，规范律师投诉办理程序。开展青年法官导师制、庭审评议、优秀裁判文书评选等活动。

【司法体制改革】 2016年，区人民法院出台《司法体制改革实施方案》，执行法官员额比例和入额标准，完成82名法官职务套改和定级，首批遴选员额法官33人。院长、庭长带头办理疑难复杂案件2743件。人民陪审员参与审理各类案件1515件。探索适度分权陪审机制，6件案件审理中由陪审员主导事实认定。推进庭审过程公开，对全部案件庭审录音录像，通过互联网直播庭审80件。公布裁判文书3607份。开展“公众开放日”活动6次，300余名社会各界人士到法院参观、旁听案件庭审，了解法院工作。

【区人民法院与市旅游局签署旅游纠纷诉调对接合作备忘录】 2016年5月12日，区人民法院与市旅游局举行旅游纠纷诉调对接合作备忘录签约仪式暨新闻发布会，全市首家海曙区旅游纠纷巡回法庭成立。标志着旅游纠

5月12日，区人民法院与市旅游局召开旅游纠纷诉调对接合作备忘录签约仪式暨新闻发布会

纷"行政调解+巡回法庭"的诉调对接机制正式落地。签约仪式上，市旅游质监所所长邵道良与区人民法院副院长张丹丹共同签署《宁波市旅游质监所与海曙区人民法院旅游纠纷诉调对接合作备忘录》。市旅游局副局长朱必余和区人民法院党组书记、院长吴军良为区旅游纠纷诉调对接工作室、区旅游纠纷巡回法庭揭牌。

【**陈国猛视察区人民法院**】 2016年5月20日，省高级人民法院党组书记、院长陈国猛到区人民法院视察，市中级人民法院院长李泽明、执行局局长吕宇、省高院办公室主任陆永棣等陪同。陈国猛对区人民法院证票类文书自动生成系统、执行办事大厅等工作予以表扬，肯定区人民法院在司法为民、阳光司法、信息化建设等方面的探索创新。视察后，陈国猛接见、慰问全国模范法官、区法院执行局局长周黎。

【**区人民法院警民调解室成立**】 2016年5月，区人民法院警民调解室挂牌成立。警民调解室在区人民法院诉调对接工作室和涉诉纠纷人民调解委员会基础上成立，以诉讼调解为主，以人民调解、社区调解、行业调解等为辅，进行案件诉前和诉中调解，调解过程遵循自愿、合法、公开、高效、便民原则。作为拦截矛盾纠纷的"桥头堡"和化解矛盾纠纷的"前沿阵地"，警民调解室发挥"调判结合"的优势，目标是彻底化解纠纷矛盾，经调解的民商事案件无一投诉、激化、上访，实现案结、事了、人和。同时，警民调解室还成为区人民法院年轻干警培训基地。

【**区人民法院签订"基本解决执行难"责任状**】 2016年12月16日，宁波市解决执行难工作推进会召开，部署最高人民法院提出的"用两到三年时间基本解决执行难问题"目标工作。市中院党组书记、院长李泽明与各县（市、区）人民法院院长签订责任状，区人民法院院长傅勇参加会议并签订责任状。区人民法院被列为全省第一批"争取实现基本解决执行难目标"法院，要求于2017年6月底前实现目标。

（吕益键）

司法行政

【**概况**】 2016年，原海曙区域有在册服刑人员170人，无社区服刑人员重新违法犯罪，无脱漏管现象发生。调解民间纠纷件5056件，调解成功4960件，成功率98.1%。办理法律援助案件514件，其中民事案件287件、刑事案件227件。接答"148"法律服务咨询电话5441个，接待群众来访1341人次。

法治宣传服务志愿者协会为社区居民开展法律讲座、法治培训30余场次，承接"宁波市公益集市"等各类公益性法治宣传服务40余场次，派出执业律师志愿者服务200余人次，服务群众5000余人次。实现网络、电视、报纸、广播、手机、楼宇电视屏、街头大型LED显示屏全方位普法；开通"海曙普法"微信，发布微博、微信400余条。推进基层民主法治创建活动，原海曙区域有省级民主法治社区9个、市级民主法治社区24个（其中示范社区19个、四星级社区5个）、区级民主法治社区38个，民主法治社区创建达标率为94%。完善与法院、检察院沟通、协调机制，做好申诉案件法律援助对接，受理申诉法律援助案件1件。社区法律顾问配备实现100%覆盖。

【**社区矫正**】 2016年，原海曙区域配备10名社区矫正协管员，组织社区矫正行政管理、社会工作专业、心理法律等培训8次，3人取得初、中级社工师职称。落实社区服刑人员每月8小时集中学习和社区服务规定，组织集中教育57场，2936人次参加，建立社区服务点15个，2643人次参加社区服务。

【**人民调解**】 2016年，海曙区加强警调对接工作。原海曙区域8家公安派出所均挂牌设立街道人民调解委员会驻派出所工作室，每个工作室配备专职调解员。调解纠纷1261件，调解成功1260件，成功率99.92%。做好矛盾纠纷及不安定因素预防排查。加大春节、"两会"等特殊时期和郡庙社区等重点区域专项排查，调解民间纠纷件5056件，调解成功4960件，成功率98.1%；排查社会不安定因素事件306件。

【**区法治宣传服务志愿者协会**】 2016年，区法治宣传服务志愿者协会有志愿者173人，其中执业律师50余人，组建民商事、刑事、人民调解3个团队，细分服务项目。协会全年为社区居民开展法律讲座10场，提供定期法律咨询服务70余天，接待法律咨询近1000次，承接"宁波市公益集市"等各类公益性法治宣传服务10余场次，派出执业律师服务50余人次，服务群众2000余人次。区法治宣传服务志愿者协会作为宁波市首支法治宣传服务志愿者协会，于2014年成立。

【**区律师事务所主任会议**】 2016年3月25日，区司法局召开2016年第一次律师事务所主任例会，区司法局副局长贺贤文、市律协副会长范云、秘书长刘慧杰，区法管科工作人员和各律师事务所主任参加会议。各所主任汇报2015年度工作开展情况，全区律师事务所共办理案件3056件，同比增长20.03%，其中诉讼案2591件、非诉146件，人均创收34.55万元，同比增加19.46%。会议对下阶段依法治国教育活动和统一收案、统一收费等专项督查活动进行部署。律所主任例会制度是区司法局自2010年起实行的工作制度，每年召开不少于2次。

【**全区普法教育工作会议**】 2016年4月22日，海曙区召开全区普法教育工作会议。会议总结通报普法教育工作情况并部署下阶段工作，表彰2015年普法依法治理工作优秀单位和个人，海曙公安分局、区教育局、区人力社保局和南门街道分别介绍各自普法教育工作经验。会议由区人大常委会副主任陈奋主持，区委副书记、区政协主席、区普法领导小组组长毕东华讲话，区政协副主席舒建国出席会议。

【**"七五"普法工作启动**】 2016年7月1日，区十届人大常委会审议通过《关于开展第七个五年法治宣传教育的决议》。明确"七五"普法指导思想、主

12月2日，“12·4”国家宪法日暨全国法制宣传日大型法律咨询服务活动在中山广场开展

要目标、工作原则、主要任务、对象要求、工作措施、工作步骤和组织领导。目标在2016—2020年期间，全区结合“十三五”规划和“法治海曙”建设开展法律法规宣传，形成办事依法、遇事找法、解决问题用法、化解矛盾靠法社会氛围，为全面建设更高水平现代化中心城区营造良好法治环境。

【“12·4”国家宪法日宣传活动】 2016年12月2日，区司法局组织海曙公安分局、区城管局、区总工会、区法治宣传服务志愿者协会等近20家单位，在中山广场开展“宪法走近你我”大型法治宣传活动。现场有普法人员60余人，展出宣传展板40余幅，解答咨询70余人次，分发宣传资料50余种2万余份，同时开展法律小知识有奖竞赛，吸引众多市民参与。

（沃竹贞）

人民武装

【概况】 2016年，区人武部整组点验全区基干民兵，开展多批次训练。开展2016年度新兵征集，大专以上文化程度新兵占总数的78%。组织“军事日”活动、国防知识讲座、“集体上国防教育课”等国防教育活动，机关干部400人、青少年学生1600人、大学生3200人和民兵预备役人员参加。联合宁波公交总公司，建设30路公交国防民兵专线。中原小学创建为国防教育特色学校。编印《小学生国防教育读本》，在全省推广。

【非战争军事行动能力演练】 2016年，区人武部修订完善辖区应急预案。组织民兵连长、水上应急救援分队、应急连民兵等参加多种非战争军事行动能力演练。2月，组织参与宁波火车站春节安全保障，疏散旅客5万余人。7月，组织应急连民兵125人参加防抗台风行动和支援太湖集中备勤。

【民兵支援太湖抗洪抢险】 2016年7月8-11日，区人武部组织原海曙区域8个街道武装部应急救援人员，前往太湖流域参与抗洪救灾行动。行动集结民兵应急分队125人、指挥车1辆、客车3辆、运输车2辆、冲锋舟2艘、橡皮艇5艘，并配备5天物资供应量。

（车　峰）

人民防空

【概况】 2016年，区人防办定期巡查维护全区防空警报器，组织防空警报试鸣操作技能培训，检修故障警报器，不定期巡查结建人防工程维护管理情况。推进人民防空宣传“五进”（进机关、进学校、进社区、进企业、进网络）工作，结合“3·1”国际民防日、“5·12”防灾减灾日等活动节点，开展社区防空防灾广场晚会、人民防空教育“进公交”活动，更新汽车南站人民防空电子宣传屏。组织全区66所中小学、幼儿园结合“5·12”防空警报试鸣开展应急疏散演练，为8所初级中学和1所小学订购人民防空教材2710册。

【“5·12”防空防灾警报试鸣任务布置暨操作技能培训会】 2016年5月10日，区人防办组织召开“5·12”防空警报试鸣任务布置暨操作技能培训会，辖区内各警报设点单位操作管理人员参加。会议部署警报试鸣具体任务和注意事项，明确各警报设点单位管理责任和义务，组织学习新实行的《浙江省人民防空警报设施管理办法》，并开展警报操作技能培训，由技术人员讲解电动警报器、电声警报器统控时操作步骤、常见问题及解决方法。

【中小学、幼儿园应急疏散演练】 2016年5月12日，区人防办结合市防空警报试鸣，联合区教育局，组织全区66所中小学、幼儿园开展应急疏散演练活动，近3万名师生参加。14时28分，空袭预先警报开始，演练班级班主任协同任课老师组织学生紧急疏散撤离，所有学生穿过逃生通道，完成演练。从疏散到退场未发生不安全事故。

【人民防空教育“进公交”活动】 2016年5月始，区人防办在902路公交线路的18辆公交车上张贴人民防空知识宣传海报，开展为期1年的人民防空教育“进公交”宣传活动。海报涵盖人民防空标语、基础知识、防空防灾应急知识等内容。9月，以自然灾害及防护为主题，更新人民防空宣传板内容，向乘客普及应急、逃生自救知识，提高市民安全防范意识。

（徐　璐）

资料链接

“四实”登记：指实名（住宿人与登记人要相符）、实数（登记人数与实际入住人数要相符）、实情（如实登记住宿人证件信息）、实时（登记后要立即上传住宿信息）登记。

城区建设

城区规划

【概况】 2016年，海曙规划分局协助市规划局、区政府做好重大功能区块规划编制，参加《宁波市三江片菜市场（菜篮子超市）专项规划》《宁波市轨道交通4、5号线地下空间规划》、轨道交通站点周边地块控规调整等工作，继续开展铁路宁波站及周边区域、宁波（国际）电子商务产业园后孙地段、丁家地段等规划调整前期研究，协助市规划局开展三江口滨江商业区设计。协助区政府制定《海曙区政务地理信息资源采集共享工作方案》。完成《大沙泥街街景规划》《解放南路街景规划》和《朝阳新村地块危旧房改造》《海曙高塘片区旧城改造研究》初方案。出具老龙湾、鄞奉路加油站、军分区干休所1号地块、轨道交通2号线城隍庙站、藕池站及4号线翠柏里站等15个地块规划条件成果，完成相关控规调整及道路红线翻图工作。完成菱池街、孝闻巷、鄞奉片区等地块规划条件确认，推进海曙社区学院南侧地块、尹江岸菜场地块、朝阳新村地块、市中医院南侧地块、荣安中学北侧地块、姚丰3个居住地块等条件编制工作。办理建议、提案14件、市区级承办（批示）件33件，配合市规划局法规处完成行政许可、规划核实诉讼案各1件，完成规划方案听证1件。调处各类信访、投诉191件，办结率、反馈率均达100%。

保障重点工程建设项目推进，制定《海曙分局2016年推进区重点工程建设项目服务工作实施方案》。完成中山路综合整治工程、新星1号地块、姚丰HS14-02-01、03地块等一批重大项目审批服务。完成沁园路、看经路等道路，日新街人行天桥、望京门公园地下停车场等项目审批服务保障。起草《海曙区违法建筑处置规定》。完成对宁波大酒店、南站人才公寓、维科体育场路43号危房、原太阳能厂等老楼宇、危房及旧厂区改造升级项目，配合拆除违法建设187处11.46万平方米、旧住宅改造70.64万平方米、旧村改造17万平方米、旧厂区改造8.07万平方米。全年“双联双带”走访服务“两代表一委员”（党代表、人大代表、政协委员）、区级部门领导、军分区、重点企业、建设单位及工地350余次，服务人数1000余人；收集、解决重大问题（意见）40余件，发放宣传品4000余份。

行政审批服务窗口收发材料380件次。其中，核发选址意见书18件、规划条件2件、用地许可20件、临时用地许可5件、建筑许可76件（含临时36件），审查建筑方案125件、测量审核29件、验线60件、竣工核实35件、道路开口7件、永久性测量标志拆迁1件、临时改变房屋用途2件，办结率、满意率均达100%。

梳理历年累积的未经规划核实项目，完成宁波外事学校、宁波第二医院、澄浪变电所等5件竣工规划核实。组织召开由规划、建设、施工、监理单位参加的建设工程项目中间规划检查对接会，讲清各方职责与义务、建设注意事项和报批程序，签订建设项目中间规划检查责任承诺书。对90余件建设工程项目实施不定期批后监管，核实建设工程竣工规划37件（含市政5件），许可建筑面积238.39万平方米，实测建筑面积238.12万平方米，减少2718.95平方米；完成建设项目测绘86件，辖区内30个测量标志点保管良好。查处违法建设案件26件，以内部联系单形式移送区城管局，最终办结24件，补办永久面积7364.05平方米、临时面积2.98万平方米，罚款89.06万元。

【历史文化名城保护】 2016年，海曙规划分局协助市规划局完成《宁波历史城区（海曙片）展示与利用策划》和相关历史建筑保护图则编制，配合区政府制定《海曙区历史文化街区建设和服务指南》。开展历史建筑资源普查及成果验收，配合市规划局申报“历史文化名城三年行动计划”项目，确定第二批历史建筑5处。督促落实“三名”（历史文化名城、名镇、名村）专项保护修缮补助资金，申报2017年度秀水街历史文化街区等29个修缮项目资金补助，协助文物部门开展月湖二期等文保建筑修缮工作。为天一阁东扩、月湖一期、城隍庙商城改造、董孝子庙迁建工程、望京门公园、长春门公园等一批历史文化街区内建设项目提供审批服务。配合市规划局开展名城保护规划公示和宣传工作，开展历史文化名城30周年纪念活动。

【历史建筑资源普查（海曙片区）完成】 2016年1月29日，宁波市历史建筑资源普查（海曙片区）成果审查通过。普查始于2014年11月，历时1年，共发现历史建筑资源（包括古建筑、古桥、古河坎、埠头、石碑、遗址等）400处，其中西河街65号民居等165处建筑于2015年12月7日经市政府批准，成为宁波市第一批历史建筑。普查为海曙区历史文化资源保护提供依据。

【市政道路工程首次规划“交底”】 2016年3月1日，海曙规划分局在长春路（柳汀街—共青路）工程现场与建设、设计、施工、监理单位进行规划“交底”，这是首次对市政道路工程项目开展的规划“交底”。规划“交底”是指规划单位在批后管理前期召集建设、设计、施工、监理等单位，告知规划办理程序、管理要求及注意事项，并签订五方责任书，这是建设项目批后管理工作的第一道程序，为后期规划中间检查、规划竣工核实等环节的开展奠定基础。长春路（柳汀街—共青路）道路项目属改造工程，地处核心地段，地下管线复杂，“交底”现场重点介绍项目注意事项。

【宁波历史文化名城公布30周年宣传活动】 2016年12月8日，海曙区在鼓楼沿开展宁波历史文化名城公布30周年现场宣传活动。活动通过展板展示、发放宣传纪念品等形式向市民宣传宁波30年来的名城保护工作和保护成果。同时在各街道办事处，月湖、郁家巷、南塘河等几个主要历史文化街区和鄞奉路悬挂条幅，在东门口邮电大楼LED广告屏进行宣传。

【小城镇环境综合整治规划推进会】 2016年12月16日，海曙规划分局与区小城镇环境综合整治（美丽集镇建设）领导小组办公室组织召开海曙区小城镇环境综合整治规划推进会。会议邀请市规划局详规处、石碶街道、集士港镇、高桥镇、古林镇等9个镇乡（街道）分管城建工作的副镇长、城建办主任及相关规划设计单位代表参加。会议介绍小城镇环境综合整治规划编制实施计划，并提出具体时间节点要求。

（徐韵淇）

环城南路（海曙段）两侧综合整治工程

市政建设

【概况】 2016年，区住建局承担市、区两级城市基础设施建设项目18个，其中新建项目10个、续建项目2个、前期项目6个，总投资17.49亿元。沁园路、狮丹努南侧路、气象路小学东侧路、气象路小学南侧路、长春路、启文路、望春安置房一期区间路和新星路泵站工程8个市政项目完工。看经路、福德路等2条道路开工建设，环城南路（海曙段）两侧综合整治基本完工，完成投资9.5亿元。机场路综合整治工程等3个项目通过综合验收，气象路小学东侧道路、南侧道路2个项目通过初步验收。

【气象路小学周边道路完工】 2016年10月27日，气象路小学东侧道路、南侧道路通过初步验收。气象路小学配套道路包括东侧及南侧两条规划道路。其中，东侧道路工程南起小学南侧道路，北至气象路，道路全长180米，标准断面宽度16米；南侧道路工程，西起看经路，东至小学东侧道路，道路全长161米，标准断面宽度16米。工程于3月20日开工，两条道路均按城市支路标准建设。

【环城南路（海曙段）两侧综合整治工程基本完工】 2016年12月，环城南路（海曙段）两侧综合整治工程基本完工。工程东起奉化江，西至通达路，全长2500米，于7月12日开工。工程包括道路两侧绿化整治及沿线河坎景观提升、街景整治等，改造绿化面积7.4万平方米。

【沁园路（机场路—福德路）工程完工】 2016年12月，海曙区“断头路”项目——沁园路（机场路—福德路）完工。工程西起福德路，东至机场路，于8月11日开工。全长300米，标准断面宽度28米，双向四车道，按城市支路标准建设。

【长春路（柳汀街—共青路）工程完工】 2016年12月，长春路（柳汀街—共青路）道路工程完工。工程北起柳汀街，南至共青路，于4月18日开工。全长400米，宽34米，双向四车道，按城市次干道标准建设。

（童若飞）

公用项目

【概况】 2016年，区公建中心承建公建项目22个。其中，气象路小学工程、南门街道社区卫生服务中心及区妇保院合建工程、白云街道社区卫生服务中

[illegible]区卫生服务中心体检中心[illegible]波市南站综合管理用房及区交警大队四中队技术业务用房工程、清风社区服务与发展中心工程、区政府东大院5号楼屋面及外墙防水工程、区纪委大楼装饰工程、江厦派出所业务用房改造工程、月湖派出所业务用房改造工程10个公建项目完成，联丰幼儿园装修工程、后孙幼儿园装修工程、区行政中心5号楼屋顶生态节能改造工程、海曙区生活垃圾分类转运站工程、天一阁·月湖景区建设提升工程、宁波市李兴贵中学二期改造工程、宁波市李兴贵中学维修工程7个项目开工。

【南门街道社区卫生服务中心和区妇保院合建工程完工】 2016年7月28日，南门街道社区卫生服务中心和区妇保院合建工程完工。工程位于铁路宁波站区域，在三市路以西、尹江路以北，西北侧与尹江岸菜场紧接。总用地面积0.58公顷，总建筑面积1.31万平方米。 投资1.2亿元。交付后为南门街道6万余居民提供基本医疗和公共卫生服务。

【区生活垃圾分类转运站开工】 2016年9月10日，区生活垃圾分类转运站开工建设。工程选址在范江岸北侧、规划路西侧、蔡家河南侧、现状垃圾中转站东侧。其中，北侧绿地面积1090平方米，南侧环卫用地3413平方米。设计日处理规模为300吨，其中厨余垃圾140吨，其他垃圾160吨，采购用竖式压缩装箱工艺。工程包括垃圾中转车间、管理用房（与中转车间合建）、配电房、地磅、围墙及大门及垃圾压缩、除臭设备、运输车辆等（包括河道驳岸、沿河绿地、中转站场内道路、绿化景观、综合管线）。

【区档案馆新馆工程中间结构验收】 2016年10月13日，区档案馆新馆工程完成中间结构验收。工程位于解放北路东侧、苍水街南侧，在区行政中心大院内，总建筑面积1.21万平方米。工程为一幢单体，包括地下室一层和地上六层。

（李丽红）

[illegible]

【概况】 2016年，海曙区高塘一村危旧房改造地块、高塘二村危旧房改造地块、段塘俞家国有非住宅地块、中山西路（机场路—长兴路）改建工程项目、轨道交通4号线柳西新村站项目、吴家塘46号地块6个项目完成签约，涉及被征收户数1886户，被征收房屋建筑面积15.16万平方米。依法作出征收补偿决定11件、行政诉讼17件、行政复议12件，完成扫尾签约1户。五江湾（后孙安置地块）4094套安置房统一抽签、定位，后孙安置房第一批1777套完成对外结账。徐家漕路北侧项目清零，完成扫尾房屋建筑面积5600平方米。

【高塘一村危旧房改造地块基本完成征收】 2016年4月5日，高塘一村危旧房改造地块签约结束，签约户数448户，签约率99.6%，基本完成征收任务。项目签约期限自1月30日至4月5日，共60日，涉及被征收户数450[illegible]方米。

【高塘二村危旧房改造地块100%签约征收】 2016年5月5日，高塘二村危旧房改造地块签约截止，完成签约户数1356户，签约率100%。项目签约期限自1月30日至5月5日，涉及被征收房屋建筑面积约7.37万平方米。高塘二村地块位于宁波中心城区，毗邻高塘菜市场，是2016年全区最大的危旧房改造项目。

【轨道交通4号线项目房屋征收补偿方案论证会】 2016年8月19日，海曙区召开轨道交通4号线兴宁桥西站项目、兴宁桥东站—兴宁桥西站区间项目房屋征收补偿方案论证会。会议邀请市轨道交通建设指挥部、区信访局、区法制办、区发改局、区财政局、区住建局、区审计局等10余家单位及部分人大代表、政协委员、社区代表参加，关于项目建设活动是否符合公共利益和相关规划计划、征收范围确定是否[illegible]方案是否公平进行论[illegible]。

（柯英颖）

旧村[illegible]造

【概况】 2016年，原[illegible]曙区域完成住宅和非住宅拆迁2.92[illegible]平方米，1个拆迁村民安置小区交[illegible]用，续建3个拆迁村民安置小区，[illegible]入改造资金17.74亿元。

年度土地供应前期工作[illegible]配合海曙国土资源分局完成涉[illegible]体土地出让和行政划拨的土地[illegible]公顷。其中，姚丰片区HS14—02—1A地块5.12公顷、姚丰片区HS14—02—3A地块6.54公顷、中医院西侧2号地块2.63公顷、徐家漕牛奶场1号地块12.69公顷，完成土地挂牌出让；看经路（南外环—气象路）道路工程2.95公顷、望春安置房区间道路工程0.55公顷、沁园路（机场路—福德路）道路工程0.87公顷、中山西[illegible]（机场路—长兴路[illegible]启文河）道路工程0.3公顷、后孙学校中间道路及北侧道路工程0.98公顷、福德路（望春安置房配套路沁园路）一期工程1.24公顷、中山路（机场路—世纪大道）综合整治工程（5、6、7、9号地块）2.41公顷、包家河公园二期项目0.68公顷、董孝子庙迁建工程0.34公顷、中山路（机场路—世纪大道）综合整治工程（海曙段）21.17公顷、望春安置房二期配套支路工程1.24公顷、胜丰铁路西两侧道路绿化工程2.92公顷、联丰机场路两侧道路绿化工程2.59公顷、望童路北侧道路绿化工程1.44公顷、包家路两侧道路绿化工程1.43公顷、徐家漕路两侧道路绿化工程0.71公顷、新园路两侧道路绿化工程2.11公顷，完成土地行政划拨。

征收集体土地旧村房屋和拆迁范围内国有土地住宅及非住宅102户29204平方米，投入资金10.69亿元。其中，轨道交通2号线藕池站西侧工程收购吴家村丽园南路1418号国有

联丰村安置房（丰馨苑小区）

非住宅3户14163平方米，征收段塘俞家国有非住宅4户5393平方米，征收鄞州农村能源办公室和段塘中路海曙电机厂2220平方米，征收吴家塘46号国有住宅48户3400平方米，拆迁集体土地住宅45户4028平方米。

【安置房建设】 2016年，原海曙区域在建村民安置房总建筑面积87.08万平方米，投入资金6.67亿元。其中，联丰村（包含前丰村）安置房26.62万平方米，投入资金1.07亿元；西成村、后孙村安置房总建筑面积22.84万平方米，投入资金1.97亿元，完成建设工程项目各单项验收和竣工联合验收，进入不动产登记阶段；望春桥一期（轨道交通1号线望春站）村民拆迁安置房总建筑面积13.34万平方米，投入资金0.93亿元，完成土建工程建设，进入小区附属工程施工阶段；望春桥二期（望春路以北）安置房总建筑面积24.28万平方米，投入资金2.20亿元，完成土建主体工程施工，进入墙体粉刷施工阶段。

【联丰村安置房交付】 2016年3月28日至4月13日，联丰村安置房（丰馨苑小区）1295套交付业主使用。安置房位于丽园南路以西、夏禹路以北、机场路以东、联丰菜场以南。小区由12幢高层住宅和16幢小高层住宅组成，套型建筑面积从60.5平方米至120.5平方米，设计住宅1754套。工程由宁波新恒德置业有限公司和宁波市天都房地产开发有限公司代建，行使业主管理职能。

（陈嘉伟）

棚户区改造

【概况】 2016年，海曙区推进高塘一村、高塘二村、西河街危旧房地块棚户区改造项目，其中高塘一村、高塘二村项目签约完成，基本完成房屋拆除，总建筑面积约10.25万平方米，总户数1806户。西河街项目征收补偿方案征求公众意见。

【西河街危旧房地块棚户区改造项目启动】 2016年12月21日，西河街危旧房改造地块房屋征收补偿方案以小区张贴通告及区征收网站公布的形式征求公众意见。改造项目位于西门街道，包括部分非成套房，涉及征收总户数510户，其中住宅505户、非住宅5户；建筑面积3.52万平方米，其中住宅3.3万平方米、非住宅0.22万平方米。意见征求期为30天。

（陈　浩）

南站区域建设

【概况】 2016年，南站区域项目融入资金37.7亿元，投入资金7.92亿元，偿还银行贷款35.07亿元。铁路宁波站南北广场及其配套道路项目组织验收移交及结算审计，马园坊西侧广场整治工程开工。原南郊水厂地块用地性质变更申请递交市规划部门。原南郊公园（盆景园）签订重建补偿协议。一期改造工程中大型非住宅企业征迁补偿全部完成，12月底区域农拆“钉子户”实现清零。

协调解决北广场周边单位红线占压、月湖银座大厦地下应急通道建设、2014年年底前遗留的459份工程联系单变更和10余份合同补签、以暂计量形式支付南北广场及配套建设工程款项、2014年违规在南广场西侧公园红线范围内建造的化粪池处置等问题，解决甬水桥路验收及中铁大桥局因工期延长造成人工、建材费用上涨需调价补偿等各类工程遗留难题。

【南站区域环境品质提升行动】 2016年6月，南站指挥部成立南站区域环境品质提升专项领导小组，开展铁路宁波站南北广场及周边5条主干道专项整治行动，整改修复道路破损、设施损坏、绿化维护等5类200余个问题，使用沥青近20吨，修复窨井下陷破损10余处，更换坏死树木22株，修整草坪3000余平方米。

【祖关山文化公园对外开放】 2016年8月，列入宁波市景观提升工程的南广场两侧公园完成施工建设。工程投资1400万元，总占地面积2.8公顷。其中，东园1.8公顷，建设为供市民休憩、健身的小型公园；西园1公顷，结合市级文保点祖关山墓，建成文保景点。12月8日，公园通过综合验收，定名为祖关山文化公园，正式对外开放。

（史俊杰）

城区管理

智慧城区建设

【概况】 2016年，海曙区宽带用户18.3万户，其中20M以上用户11.99万户、50M以上用户7.9万户、100M以上用户2.36万户。全市首个千兆网络家庭用户落户海曙。建成4G基站740个、室分站点1061个，在天一广场开通首个5G演进技术示范站点；全区有“iNingbo”热点316个、AP（无线访问接入点）1526个，实现重点公共区域免费无线网络覆盖。推进政务信息资源中心（二期）和数据开放平台（二期）升级建设，提升全区政务数据资源共享利用质量和效率。统筹全区政府信息化建设，实行项目管理办法。投入超过3500万元，建设、升级、维护信息化项目120余个。

【“智慧教育”建设】 2016年，海曙区初步建成“智慧教育”平台。以学生数据、教师信息、学校数据等为基础数据库，形成包括对内综合应用平台、对外公共服务平台、网站门户群和跨平台服务等功能的城区智慧教育体系，提供“智慧教育”服务。平台推广多媒体教室、数字实验室、学生云桌面机房、智慧教室、科技活动中心、空中课堂和创客（特指具有创新理念、自主创业的人）教育等重点项目。创客教育经验被浙江新闻网、浙江省教育厅网站、浙江教育新闻网、《宁波日报》《东南商报》、宁波科协网等多家媒体报道，海曙创客教育团队代表宁波市在智博会上作展示秀。

【“智慧健康”建设】 2016年，海曙区建设“海曙智慧健康保障”微信公众平台，采用服务号和企业号融合方式，提供包含医疗信息公告、信息实时发布、健康知识推送等功能。做好宁波“云医院”助力社区养老试点工作，探索在中心城区运用“互联网+医疗”手段，通过在社区卫生服务中心（站）、优质社会办医疗机构、街道养老服务中心及专业养老机构内配备基层（社区）“云诊室”终端，建成样板基层“云诊室”12家，建立站与中心间、养老机构与卫生服务中心间、社区卫生服务中心与市级医疗机构和专科医院间的分层接诊、会诊和健康管理随访机制。结合移动支付、送药上门，解决病情稳定的老年慢性病患者诊疗需求和普通群众保健需求。

【“智慧城管”建设】 2016年，海曙区部署新一代数字城管系统建设，应用大数据和云计算技术，建立综合性城市管理数据库，同时与市智慧城管“智信通”移动平台对接，构建城市管理发现者、指挥者、具体处置人、监督者及责任领导同步工作机制。同时，全市井盖、管线标识标准化工作在原海曙区域试点，海曙区采用“智慧城管”平台智能化调度、试点区块网格化管理，现场采集状况数字化处理等手段，对区域内井盖、管线破损和丢失情况进行普查，并根据检查结果更新地理信息标注。

【“智慧交通”建设】 2016年，海曙区针对宁波南站综合客运枢纽运行问题，进行“智慧南站”升级改造。加强枢纽监测，及时分析监测数据；实时采集枢纽内部客流、车流状况及枢纽运行状况数据，分析综合枢纽客流规律，研究大客流预测分析方法，及时应急处置；采集、分析接驳运输方式运营信息和运行数据，为枢纽运输组织管理决策提供信息支持；通过建设枢纽协同管理和信息服务平台，提升枢纽接驳运输方式和行业部门信息交换、共享、利用水平。

【全市首个5G演进技术示范站点开通】 2016年5月16日，宁波移动技术创新、业务创新暨5G演进关键技术成果发布会在天一广场举行。会上展示5G演进关键技术、物联网专用网络通道和公共物联网平台建设等成果，开通全市首个5G演进技术示范站点。与传统4G站点相比，5G站点拥有更大容量、抵抗干扰、简化工程、提升覆盖和向下兼容特点。

【海曙区首次参展智博会】 2016年9月，海曙区首次作为参展方，参加第六届中国（宁波）智慧城市技术与应用产品博览会（简称“智博会”），通过亮点介绍、实景展现、展台互动等方式，普及智慧城市知识，展现智慧城区建设成果，并获评第六届中国智博会最佳组织奖、浙江省智慧城市成果展优秀项目奖。

（蔡 哲）

行政综合执法

【概况】2016年，原海曙区域开展“‘四周边两部位’文明创建顽疾治理”专项行动、夏季市容秩序大整治、护航G20“打非治违”专项行动、铁路宁波站周边“黑旅馆”整治、燃气专项整治、校园周边食品安全保障、禽流感专项防控、烟花爆竹等专项整治行动。实现轨道交通1号线天一广场站日新街地下通道流动设摊动态清零。全年办理一般程序行政处罚案件680件，其中无照经营307件，财政实际收缴罚没款191万元，抄告违停67271起（含咪表），取缔无证摊贩3500余起，劝阻、教育各类违法违章行为9500余起。“智慧城管”平台立案209817件，结案209789件，结案率达99.99%。

确立开明街、柳汀街、镇明路、药行街、和义路和灵桥路6条示范路、32条保序道路，做好街面秩序管理。重点整治咏归路、段塘中路、顺德路、新高路、西湾路、翠柏路、联丰菜场、呼童街、西北街等重点区域，解决跨门占道经营、流动摊贩等问题。各区块交叉联动执法，实施重点区域和路段整治300余次，查处无证设摊、占道经营450余起，劝说教育1460余起，对督促整改后未能规范排污的店家实施立案查处。对新园路、新高路、西湾路、联丰路、太平桥及青林闲庭、鼓楼中心农贸市场、月湖菜场等区域采取定岗定责、循环蹲点，开展专项整治30余次，查扣无证摊点230余个，立案查处跨门占道经营、乱倒垃圾15起，清理各类垃圾200余吨。

【城市管理专项行动】2016年，原海曙区域开展城市管理各类专项行动。校园周边环境整治主要查处无证食品售卖和跨门占道经营，加强重点部位、重点时段定点管理，查处校园周边无照经营25起，整改跨门占道56家，立案查处5家；开展禽流感专项防控，组织突击行动6次，查处禽蛋交易市场周边无证禽类交易18起，宰杀禽类2000只，查处城区小区内零散饲养禽类68起，合理处置家禽200余只；开展食品安全专项整治，配合其他职能部门，出动执法队员200人次，整治规范400家；开展餐厨垃圾专项整治，对所有餐饮单位上门走访、检查，重新排摸合同签订情况、经营情况（餐厨垃圾产生量）和收运情况，检查走访500余家，立案查处违规收运3起，签约率保持在99%；开展市容整治，查扣无证烧烤摊325起，查扣大饼车23辆，查扣蔬菜水果摊等其他无证行为320余起，查处跨门占道及其他影响市容行为53起，抄告违规车辆40266辆，教育劝阻各类违法违规行为1500余起；开展“打非治违”专项整治行动，管控整治瓶装液化气销售，检查有经营许可证的5家实名制销售单位及安全生产工作，要求做到“户户实名登记，钢瓶去向精准”，查处和整改呼童街89-1号等3处存在安全隐患的瓶装燃气临时代灌储存点。各类专项行动累计出动城管1620余人次、公安178人次、执法车辆412辆次。

【“文明创建顽疾治理”行动】2016年，海曙区加强对菜场、学校、医院、车站周边等重点区域治理，开展城乡结合部及管理区域结合部重点问题治理，规范“四小”行业排污行为，加大渣土清运执法管理。在南门街道马园片区顽疾集中整治行动中，对吴家塘8户违规破墙开门店铺，依法强制砌墙封门，恢复原状，拆除违建500余平方米。月湖景区专项整治重点针对违规垂钓、游泳和洗衣等不文明行为，查处违规垂钓80余起，劝阻各类违法行为300余人次，立案查处6人。开展铁路宁波站周边区域“黑旅馆”专项整治，对公安部门确认的41家“黑旅馆”逐一进行现场勘查，查处违法建设1起，清理黑旅馆广告50余处。

【夏季市容秩序专项整治】2016年5月28日，海曙区开展为期6个月的夏季市容秩序专项整治，全面清理、整治市容乱象。专项行动累计出动城管3276人次、公安305人次、执法车辆725辆次，查扣无证烧烤摊、蔬菜水果摊等952起，查处跨门占道及其他影响市容行为126起，教育劝阻各类违法违规行为2875起。

（张莉莉）

市容管理

【概况】2016年，原海曙区域保洁面积683.41万平方米，区城管局承担237条道路及城市家具清洗，承担3821组果壳箱、4117只垃圾桶养管任务，区域内有垃圾中转站6座、市场化外包公厕119座。年清运垃圾21.92万吨，清运粪便2.33万吨，做到日产日清。

推广“81清洗法”，减少道路扬尘，提高空气质量指数。试行服务外包，对119座免费开放的公厕采取公开招投标。街面实施日常保序考核，和义路、灵桥路创建市级示范路。

【“生活垃圾分类”行动】2016年，原海曙区域开展生活垃圾分类的居住小区223个，小区分类收集覆盖率82.6%；涉及居民家庭114379户，家庭分类收集覆盖率75.5%，分类运输率100%。江厦、月湖、鼓楼、白云4个街道实现居住小区垃圾分类全覆盖。在46家机关单位、154家事业单位、26家国有企业、26所中小学校推广宣传，实现垃圾分类全覆盖；在天一商圈（天一广场、和义大道、月湖盛园）及6家幼儿园、9个农贸市场开展推广活动。全年组织垃圾分类主题活动520余次、培训200余次，受众超过9万人次，建立“生活垃圾分类”微信群50余个，在省、市、区级媒体、网站上发布各类宣传信息360余篇。

【渣土车管理】2016年，原海曙区域按规定对建筑垃圾处置进行核准并办理渣土清运、处置手续，清理辖区内周边道路偷倒渣土行为。与建设单位（或承包单位）签订卫生责任书，督促施工单位对施工现场车辆进出口路面实行硬化处理，配备车辆冲洗设备，确保清运车辆不带泥出场。全年核准出土场地72处、纳场地35处，与新开工工地签订《建筑工地市容环境卫生责任书》49份，检查渣土车辆2364辆，查处渣土清运违章82起，罚款546950元。委托区市政养护中心代为清理乱倒在丽园南路、环城南路、通途路等路段的无主建筑垃圾和工程渣土776立方米。

9月28日，天一商圈垃圾分类启动仪式举行

【全市率先引入垃圾分类第三方考评机制】 2016年1月始，海曙区引入垃圾分类第三方考评，委托宁波市博雯环保科技服务有限公司对辖区8个街道所有推广垃圾分类的小区实施考核。考评成绩按30%的比例纳入各街道月度考核和年度考核。考核方式为实地开袋检查，每个小区检查50袋，每月区开展3轮检查。考核还结合《市场调查行业准则》和垃圾分类工作相关要求进行细化，包括人员组织、培训、实地调查管理、质量控制及后期数据录入与分析等。

【垃圾分类主题微电影《时尚居民》】 2016年3月，海曙区首部反映垃圾分类内容的公益环保主题微电影《时尚居民》完成拍摄，在"海曙城管"官方微博发布，在优酷视频上线。微电影通过讲述主人公张阿姨从一个不关心垃圾分类、常常"被参加"垃圾分类的居民渐渐转变为垃圾分类志愿者的温情故事，还原居民从"要我分"到"我要分"的思想蜕变。微电影时长11分钟，其间穿插各种垃圾分类小常识。

【废弃立杆专项整治】 2016年7月底，海曙区智慧城管中心开始对全区废弃、无主或存在安全隐患的各类线杆、灯杆进行专项整治。前期立杆普查中，查出各类废弃、无主立杆119根，主要分布在中山路、开明街、解放南路、长春路、体育场路等各主次干道。市、区两级分别协同网络单位进行现场确权，119根立杆有111根确认产权，产权单位包括电信、电力、公安交警等部门。无法找到责任单位的8根无主立杆，由属地街道代整治，所有立杆全部清理或修复完毕。

（褚亚飞　俞霞蔚　郑水萍　夏　怡）

设施养护

【概况】 2016年，原海曙区域实有道路299.79千米，面积293.68万平方米，排水管网长度596.99千米。建成区绿地面积706.91万平方米，人均公园绿地面积10.58平方米，绿化覆盖率和绿地率分别为41.25%和36.78%。

市政道路设施综合完好率达96.78%；排水设施完好率96.61%；人行道养护维修率5%；沥青路面养护维修率9.59%，砼路面养护维修率1.006%；桥梁设施完好率95.60%。完成文化路、广安路、孝闻街等人行道维修3.24万平方米；鄞奉路、永丰路、镇明路等沥青路面维修6.36万平方米；翠柏路、南苑街、东恩中学门口等砼路面维修1.55万平方米；修复、挖掘道路1955平方米；维修、更换各类窨井盖406只；疏通各类管道475千米。

开展绿化认管认养和义务植树活动，推出绿地23处54万平方米、树木348株供单位或市民认养认管。区"绿艺之家"公益团队在宁波电大为700名干部职工开展居家插花艺术培训课，讲解家居插花理论及选花、插花知识。

【市政道路养护】 2016年，原海曙区域完成30余条路段6.21万平方米的沥青大修。重点对镇明路、三支街、孝闻街、体育场路、顺德路、永丰路、碶闸街、文化路、澄波街及望春82弄10条主要沥青砼路面进行大、中修，修复路面设施量3.32万平方米。排查天一广场（日新街、车轿街、华楼巷）、鼓楼（公园路、府桥街、法院巷）、城隍庙（大来街、碶闸街）3个商圈及交通枢纽周边41条重点路段，修复各类路面病害253处。

【桥梁养护】 2016年，原海曙区域巡查发现蓝天路1号桥、庙前桥、粮丰街、星林桥、望春554弄、蓝天桥、周江岸路、盛海路桥、苍松路铁路立交桥、启文一号桥、广安桥、青林湾2号桥、顺德桥、沁园街、澄波桥等17处桥梁栏杆破损，涉及青石护栏16米、PVC护栏14米、花岗石护栏1米。经过养护，维修护栏31米，清理桥梁伸缩缝230米。实施桥梁"复坡"工程，对白杨桥、雄镇桥、望春3号桥、国泰桥、启文桥、苍松路1号桥、翠柏路1号桥、翠柏路2号桥8座养管桥梁进行大、中修。望春3号桥修复混凝土路面300余平方米，安装青石栏杆29米；白杨桥、雄镇桥更换部分板梁，加固、修补桥墩盖梁裂缝，维修桥头接坡，重新铺设桥面沥青及人行道花岗岩，更换栏杆。

【绿化养护】 2016年，原海曙区域补种各种乔木200余株、灌木4万余株，修补色块4000余平方米、草坪及地被8000余平方米；修剪乔灌木4200余株、草坪19.46万平方米、色块14.23万平方米、球类4220余个，树穴拔草2100个，挖沟切边1万余米，清理各类垃圾1.96万余车（保洁车），清理水池84次，拔草15.43万平方米，施肥1900千克，行道树打药212吨，绿地除虫打药78吨；完成绿地设施维修包括树穴维修810余处、护栏维修100米，公园座椅等设施维修20处；完成修剪遮挡路灯、交警红绿灯的行道树200余株，为孝闻巷、悠云路、西湾路等区域清理断枝、倾斜苗木等安全隐患40余次，车辆运输15车次。推进“五路、二园、六街景”绿化提升工程，涉及马衙街、灵桥路、和义路、望京路、马园路5条道路，新芝公园、南塘公园（南园）两个公园，文昌街39弄前、兴宁路旁与灵桥路交叉口、海曙公园北与永丰西路交叉口、包玉刚图书馆与孝闻街交叉口、新芝宾馆入口和望湖市场对面（三市路与长春路交叉口）6个街景区域，共13块绿地，总面积5200余平方米。

【解放南路综合整治工程启动】 2016年4月，解放南路（海曙段）综合整治工程启动。工程南起长春路、北至解放桥，全长2300米，按双向六车道通行能力设计施工。整治主要包括道路全断面升级改造、景观绿化提升、改建部分雨污排水管、电力“上改下”及少量立面改造。至12月底，完成投资3100万元，形象进度完成60%，完成道路改造2.87万平方米，人行道铺装2900平方米，雨水管道铺设4039.3米，新建排水窨井156座。

（周 曦　李 蓓　谢莉莉）

防旱防涝防风工作

【概况】 2016年，原海曙区域采购70立方米/小时排水量的强排泵17台，累计增加应急设备1190立方米/小时，与专业公司签订租赁1000立方米/小时排水设施协议。至6月底，完成65条（个）路段、小区130千米排水管网专项疏通。累计增设和改造管道400余米、雨水口150余座，维修窨井60座，抬高及改造路面500平方米。对全区32处低洼易积水地段制定专项改造方案，工程于汛期来临前全部完工。

加强江堤日常巡查，完成140个水泵维保调试。储存防汛草包1万只、编织袋7500只及各类雨具；全区38座内河截污井全部实行远程监控操作，确保在强降雨和主汛期时及时启闭。3月，位于姚江边的黄家河沟通及泵闸工程试运行，翻水量达1立方米/秒；7月，位于奉化江边的段塘闸通水，排涝流量20立方米/秒。做好1号台风“尼伯特”和14号台风“莫兰迪”期间防汛防台风工作，未发生大规模内涝现象。

【防汛应急抢险演练】 2016年5月25日，海曙区开展防汛应急抢险演练。区城管局、市政养护中心、绿化养护中心等80余人，分别组成城管局应急排涝组、望春街道综合抢险组、城管局应急清障组、城管局综合抢险组4个分队，分别在蓝天路与机场路交叉口、丽园北路北底（水岸心境西门）、南苑街交通管理服务点、前丰街在水一方小区北侧开展演练。演练分别模拟市区某道路因暴雨出现排水系统堵塞，造成道路和低洼地局部内涝，需调用水泵等设备进行应急强排；某小区因暴雨出现排水系统堵塞，局部产生内涝，需调用水泵等设备进行应急强排，并转移围困人员；市区某道路因狂风、暴雨造成道路树枝折断、堵塞交通，需要清理；市区出现道路因暴雨排水系统堵塞，沿河低洼地局部内涝，需应急强排及用巡逻艇转移被困人员4项内容，区智慧城管中心开启相关区域视频摄像头。各街道、海曙公安分局、区住建局、区经信局等24个区“三防”成员单位派员观摩，观摩人员约30人。

（应必军）

5月25日，海曙区开展2016年度防汛应急抢险演练

公共停车管理

【概况】 2016年，海曙区建立公共停车场常态管理机制，对原海曙区域228家公共停车场、30824个泊位按照“独立建设、临时建设、结合地块建设、配套建设”实施分类管理。新批、备案公共停车场15家、泊位2646个，整改违规经营停车场2家。办理信访件、微博、论坛等投诉49件，电话询问、现场投诉208件，办结率100%。

【咪表管理】 2016年，海曙区定期评估道路咪表设置及使用。撤销不合理设置咪表76个，减少咪表泊位145个；新增设咪表6个，增设咪表泊位11个；升级改造咪表262个，泊位496个。加大对原海曙区域内469个咪表、892个泊位的设备维护、管理，咪表泊位违停抄告19432起，销售咪表卡710万元（不包括微信支付）。

（林桂玲）

资料链接

四周边两部位：指校园周边、医院周边、菜场周边、重要商圈周边和城乡结合部、管理区域结合部。

四小行业：指美容美发店、浴场、歌舞厅、旅店（馆）。

“81”清洗法：指人行道、城市家俱清洗的8个步骤和“全面到位、模块保障、注重细节、提升品质、创建品牌”的1个人行道清洗理念。

交　通

铁路（南站区域管理）

【概况】 2016年，铁路宁波站发送旅客1663.76万人次，到站旅客1657.75万人次，日客流量9.1万人次。汽车南站日均发车约600班次，日均发送客流1.4万人次。轨道交通2号线宁波火车站站日均客流4万—5万人次。

完善《铁路宁波站区域综合管理暂行办法》《宁波站区域春运保障工作方案》《宁波站区域联勤联动工作方案》等方案预案，组建应急队伍，建立应急物资储备库，开展各类突发事件应急保障和人员疏散演练。配备执法管理人员245人，采取“五班四运转”24小时无休模式，通过重点地段定点管理与全区域步巡相结合，提高路面见警率与管事率。查处“黑车”78辆，查处客运班车、违规经营出租车192辆；处理各类警情3500余起，查处“黄牛”1525人次；查扣无证兜售1001起，拆除违法户外广告设施等123.93平方米，清理乱张贴、乱涂写等424起；处理机动车违停2469起，非机动车、行人违法2415起，残疾车违法60起，处理事故1890起；劝阻、教育其他违法行为1.5万余起。

区域内增设指示标牌、地贴墙贴300余块，增设公益广告牌、临时指路牌等100余块，更新南北广场布局图及公交始发线路图40余处。开展“蓝精灵助你行”主题服务活动，从早8点至晚8点，为旅客提供乘车咨询、本地导航、爱心电话、失物招领等10余项服务。旅客服务中心有常驻志愿者32人，定点联系高校12所，联合81890志愿服务中心，组织志愿者6000余人次，服务旅客50万余人次。更新《2016年旅客服务指南》，印制2万份发放给旅客。

【铁路宁波站春运保障】 2016年春运期间，铁路宁波站发送旅客180万人次，到达旅客176万人次，日均客流量8.9万人次。区南站综管办落实值班制度，完善宁波站区域管理工作网络，畅通信息渠道。建立应急物资储备库，完善春运保障、滞留旅客疏散、冰雪清扫等相关应急预案。客流高峰时段，协调市客管局增开公交班次及夜间接驳专线；通过电召、落实应急车辆等措施调度出租车。南站综管办获评2016年度市级春运先进集体。

【铁路宁波站区域春季综合整治】 2016年3月1日至4月30日，由南站综管办牵头，海曙公安分局、铁路宁波站派出所、海曙交警大队、市运管局等部门配合出台《铁路宁波站区域春季综合整治方案》，在区域内开展为期两个月的春季综合秩序专项整治。整治期间查获网上在逃人员5人，查获管制刀具98把、危险品（违禁品）131批，查处“黄牛”346人次、“黑车”（含各类违法“网络专车”）109起，劝导教育违规出租车54起，处理违停431起，处理非机动车违法270起，查扣无证摊贩102起，清理乱张贴90起，查处跨门经营524起，劝导乞讨人员226起。

【“智慧南站”监控平台建成】 2016年，南站区域建成有700个点位的视频监控系统，基本完成“智慧南站”监

春运期间，铁路宁波站春运志愿者服务活动

控平台搭建。完成临时监控指挥中心扩容建设，全方位监管区域内市政、绿化、保洁工作，及时发现存在问题并督促责任单位整改。全年发现各类违法现象2万余起，处理回复率100%。

（刘妍珣）

轨道交通

【概况】2016年，海曙区完成轨道交通4号线大卿桥站5号出入口附属工程。轨道交通2号线藕池站西侧地块改造项目涉及的3家单位集体土地完成签约，涉及土地0.57公顷，无证建筑面积14163.51平方米；对已签约的国有土地3家单位房屋实施拆除，涉及土地约1公顷，有证建筑面积9510.17平方米，无证建筑面积5900平方米。轨道交通4号线柳西站TCC宁波佳酿有限公司征收补偿完成，涉及土地5.21公顷，有证建筑面积2.4万平方米，违章建筑面积1.6万平方米。兴宁桥西站项目、兴宁桥西站—兴宁桥东站区间项目房屋征收工作启动，两个项目征收面积3.08万平方米，涉及征收对象178户，其中非住宅20户、住宅158户。

完成轨道交通1号线东门口（天一广场）站、鼓楼—东门口站区间1号出入口涉及的天一广场0.1公顷土地永久用地补偿，完成鼓楼—东门口站区间1号出入口临时借地及绿化移植，补偿泽民站北侧涉及天一家园小区0.04公顷土地的永久性占地，东方商厦外立面及设施设备修复补偿完成。轨道交通2号线通达路客运中心段和云霞路站恒春街、云霞路、恒春桥绿化恢复，城隍庙站C出入口旁城隍庙商铺外墙形象改造完成。轨道交通4号线柳西站、新芝站、翠柏路1号桥、翠柏路2号桥建设涉及的绿化移植、公共自行车迁改完成，完成大公馆、天海华庭、翠南小区、钱东社区、排水公司泵站分公司、后河小区临时借地，协调宁波工程学院、后河小区临时借用场地上设施及绿化迁改与恢复，协调大卿桥站5号出入口涉及的后河小区、柳西站涉及的宁波军分区出让场地永久性占地补偿。

（叶立航）

宁波公共自行车

公共自行车

【概况】2016年，海曙区在城区建成海曙区外国语学校、维科上院、姚江湾、青林湾东区、后孙社区、丰馨苑、看经寺、81890求助服务中心、解放南路、银润豪景苑、宁波禽蛋市场、地铁泽民站（北）、地铁泽民站（南）、地铁大卿桥站、地铁大卿桥站北、地铁大卿桥站南、地铁西门口站、地铁东门口站（药局巷）、地铁东门口站（华楼街）、地铁东门口站（和义路）、卖鱼路等27个公共自行车点位，投放公共自行车814辆。

表2　2016年公共自行车点位一览

单位：辆

点位	车辆规模	棚体设施	点位	车辆规模	棚体设施
海曙区外国语学校	35	监控杆	地铁大卿桥站	20	监控杆
维科上院	25	监控杆	地铁大卿桥站北	20	棚
姚江湾	25	监控杆	地铁大卿桥站南	25	棚
青林湾东区	20	监控杆	丽象佳苑西	30	监控杆
后孙社区	50	监控杆	地铁西门口站	20	监控杆
丰馨苑	60	监控杆	地铁鼓楼站北	20	棚
看经寺	25	监控杆	地铁鼓楼站南	50	棚
81890求助服务中心	15	监控杆	地铁东门口站（药局巷）	20	监控杆
解放南路	20	监控杆	地铁东门口站（华楼街）	19	棚
银润豪景苑	40	监控杆	地铁东门口站（和义路）	25	监控杆
宁波禽蛋市场	50	监控杆	卖鱼路	25	棚
丽象佳苑南	50	监控杆	丽雅苑	30	监控杆
地铁泽民站（北）	20	棚	五江湾二期	50	监控杆
地铁泽民站（南）	25	棚	总计	814	

（陈　涛）

生态环境保护

环境综合治理

【概况】 2016年，海曙区重点控制主要污染物减排。原海曙区域23个老小区雨污分流改造完成，完成2家A类排污企业年检，征收排污权有偿使用费24.75万元，淘汰“黄标车”33辆。

组织开展环境安全大检查、工业企业环境污染排查。全面检查企业生产、储存、销售、运输等各个环节，督促企业强化自身管理，变被动检查为主动防范，从源头上消除环境安全隐患。即时发布重污染天气预警，在第一时间启动大气重污染Ⅲ级应急响应，全面评估应急工作并及时上报。

“6·5”世界环境日期间，采用电子屏、发放宣传册和关注“宁波环保”微信公众号等方式，在街道、社区、商务楼和商场进行环境法律法规、环保知识和生态文明理念宣传。

【“身边河景随手拍”活动】 2016年8月15日，海曙区开展“身边河景随手拍”活动，用手机记录海曙内河美丽景象或脏乱差现象，倡导市民通过随手拍照形式反映原海曙区域内河现状，为区内河道打分。活动评出一等奖2名、二等奖5名、三等奖10名，同时设参与奖100名，分别给予奖励。

（陈　燕）

环境质量监测

【概况】 2016年，海曙区监测城区61条内河和月湖水质，综合分析水质变化情况，重点对后袁河、马家河进行水质排摸分析。

市区空气质量与上年持平，优良天数比例84.7%，空气质量优良310天，其中Ⅰ级优86天、Ⅱ级良224天。轻度污染54天、中度污染2天、重度污染0天。超标污染物主要为PM2.5，其次是臭氧。

市区内河水质为轻度污染，主要污染指标为化学需氧量、总磷。参评断面10个，无水质优良断面，功能达标率90%，无劣Ⅴ类断面。

市区昼间区域环境噪声均值为56.5分贝，宁波市区昼间道路交通噪声均值为69.2分贝。

【“清三河”防反弹工作推进会】 2016年8月18日，海曙区“清三河”防反弹工作推进会召开。会议结合前期自查、第二轮省督查、市复检等工作，通报“清三河”工作推进及当前重点工作情况，研究工作热点难点问题并提出相关举措。副区长周宏汉出席会议，区府办、海曙环保分局、区五水共治办、区城管局、区住建局、区旧村办、各街道等相关部门责任人参加会议。

【12条内河水质提升项目通过验收】 2016年，原海曙区域对吴黄河、泗洲横河、庙后河、蔡家河、泗港河、宝剑河、双杨河（二期）、姚家河、秦家漕、半漕河、联丰玫瑰苑河漕、祖关山河（二期）12条内河实施水质提升，水域面积超过20万平方米。根据前期实地勘察，综合采用有益菌水体生物修复技术、立体人工水草技术、河底微孔曝气技术等前端治水工艺，委托第三方水质监测单位每月对辖区内河断

治理后的南塘河

面进行水质监测并通报，逐步恢复河道自身生态系统，最终达到水质透明度明显提高、综合污染指数有效下降、水体无色、无异味、无杂质目标。12月，项目综合验收通过，12条城区内河进入为期3年的日常养护提升阶段。

（陈　燕）

环境执法

【概况】 2016年，海曙区执行建设项目中环境保护“三同时”（环保设施与主体工程同步设计、同时施工、同时生产使用）制度，办理原海曙区域三产审批252件、建设项目70件、夜间施工审批168件、竣工验收103件，环评和“三同时”制度执行率达100%。全年征收排污费68.2万元。

重点检查工业大气污染防治、水污染防治情况。开展辐射环境专项检查和“绿色护考”专项执法行动，联合市环保局、市环境监测中心和海曙公安分局完成原海曙区域内使用辐射工作单位监督性检查和监测。受理各类涉环保信访330件，办理市、区二级人大和政协议提案主办件4件、协办件2件，办结率100%，群众和代表委员满意率100%。

【汽修行业危险废物规范化整治】 2016年7—10月，海曙环保分局对原海曙区域内一、二类汽修服务企业进行检查。出动执法人员50人次，检查废机油、废铅酸蓄电池、废漆渣漆桶、废活性炭危险废物收集贮存场所，查看危废处置手续、危废管理台账等。29家一、二类汽修服务企业达标。

7月，海曙区夏季空调温度设置专项检查，图为万豪酒店检查现场

【服务业排污排查专项行动】 2016年9月，海曙区启动服务业排污排查专项行动。排查采取挨家上门和室外排水管网检查相结合方式，重点对区内餐饮、宾馆、理发美容、洗衣洗浴、洗车等产生污水的服务业进行现场踏勘、登记造册、依法查处和整改，排查原海曙区域产生污水的服务业企业1262家。

（陈　燕）

节能降耗

【概况】 2016年，原海曙区域万元GDP能耗下降4.4%，腾出用能空间3108吨标准煤（年度指标1000吨标准煤）。区重点用能企业157家，其中商贸企业112家、公共机构32家、工业企业13家。

完成市级节能改造项目申报39项，确定市级节能监察项目5个。实际完成节能改造项目13项，总投资739.9万元。完成对19个企业固定资产投资项目节能评估和审查，下达各类节能奖励资金260余万元。开展2016年度区级节能减排工作先进单位和先进个人评选，41家企业（机构）、68人受到表彰。

6月29日，海曙区“鼓楼有约”节能宣传行首场活动在文昌社区开展

【第九届节能宣传月活动】 2016年6月，海曙区开展第九届节能宣传月主题活动。区节能办联合区机关事务局、各街道、部门开展公共机构节能宣传，开展包括“鼓楼有约”党员节能志愿服务行、“生态海曙·美丽家园”系列活动、重点用能单位绿色发展高研班、节能监察和“帕客行动”等七大主题宣传活动。

【夏季空调温度设置专项检查】 2016年7月，区节能办联合市节能监察中心，对全区17家公共机构、公共建筑开展3轮高密度室内空调温度专项检查。检查发现星巴克天一店、银泰百货天一店、肯德基沃尔玛店3家单位存在室内空调设置偏低情况，检查组要求调整至标准范围。其他单位照明系统设置、空调设备运行均符合相关技术要求。

（蒋　琳）

商贸·商务

现代服务业

【概况】 2016年，原海曙区域服务业增加值485.99亿元，同比增长7.3%，占GDP比重的81.6%，对经济增长贡献率为90.4%。社会消费品零售总额644.74亿元，增长7.2%。完成服务业投资157.68亿元，下降8%。服务业规模以上企业营业收入2115.9亿元，增长7%；营业利润39.98亿元，下降32%。年末平均从业人员数146162人，增加4.7%。

实现货物进出口总额361.16亿元，下降6%。其中，出口总额324亿元，下降5.6%；进口总额37.16亿元，下降9.1%。实现交通运输、仓储和邮政业增加值29.84亿元，增长1.3%，占地区生产总值5%。规模以上交通运输企业实现营业收入160.98亿元，下降1.1%，营业利润亏损2.9亿。其中，规模以上货运代理企业营业收入下降2.2%，营业利润增长34.3%。物流企业申报服务业专项引导资金，对符合技术更新改造的现代物流企业予以资金支持，对物流业中特色优势企业予以奖励，建成全国首个由县（市、区）级政府牵头的海外投资风险保障平台。

实现房地产开发投资91.1亿元，增长139.6%。铁路宁波站区域的星悦城小区一期开始主体施工。新星商业中心1号地块健康产业园开工建设。月湖西区历史文化街区一期作为月湖金汇小镇核心区竣工。

推进“月光经济”发展战略，建设以天一商圈为核心、中山东路为轴线，天一广场、和义大道、鼓楼沿、城隍庙等特色街区多节点共同发展的“月光经济”发展格局。完善和细化《宁波市“月光经济”核心区提升发展设计规划》，南塘老街创建成为2016年市级夜市街区。编制完成天一阁·月湖国家AAAAA级旅游景区总体规划并通过评审，天一阁·月湖景区获2015年中国旅游服务贡献奖。推广“慢游海曙”微信公众号，推出升级后的“风雅海曙·宁波老城游”产品。

建成特色文化产业园区、街区4个，出台《海曙区文化产业示范基地和示范企业评选命名管理办法（试行）》，评选、表彰“新芝8号”创意产业园等一批文化产业示范园区和企业。鼓楼沿、1844·和义艺术生活中心、“启运86”微电影产业园、“新芝8号”创意产业园、宁波“896创新园”5个园区被列入市级培育文化创意产业园区名单。秀水街、南塘河、郁家巷、伏跗室和月湖景区被列入第五批浙江省历史文化街区名单。

海曙区入围全省产业集群跨境电子商务发展试点区和第三批省级电子商务示范区。天一阁·月湖景区、众创空间、“启运86”微电影产业园成为市第四批现代服务业产业基地，14个“双创”示范基地挂牌。宁波（国际）电子商务产业园入选省级软件和信息服务业产业基地，宁波国际邮件互换局正式运行，中国（宁波）跨境电子商务综合实验区开园，众创空间投入使用。海曙月湖金汇小镇被列入省、市级特色小镇培育名单，重点发展私募基金、产业基金、大企业投资总部等新金融业态。自挂牌以来，中银国际证券公司、建银国际公司、天堂硅谷公司、北大青鸟公司、上海复兴星景资本公司、宁波市政府产业发展基金、宁波市金融控股有限公司、永安期货宁波营业部等先后入驻。

【3项工程获PPP项目前期工作中央预算内经费补助】 2016年，国家发改委下达2016年PPP项目前期工作中央预算内投资计划，海曙区中医院迁建、气象路地块全民健身中心、月湖水质提升3个工程项目共获中央预算内经费补助90万元。补助经费主要用于PPP项目规划编制，包括项目评价论证咨询、实施方案编制、招标文件起草、合同文本拟定、财务顾问、法律顾问和资产评估等。

【海曙区成为省级产业集群跨境电子商务发展试点】 2016年6月，海曙区成为全省产业集群跨境电子商务发展试点县（市、区），通过发展跨境电商，拓展国际市场，增强自主渠道和品牌控制力。近年来，海曙区以宁波（国际）电子商务产业园为依托，集聚跨境电商企业，成为中国（宁波）跨境电商综合试验区重点功能区，敦煌网、亿迈克思公司、中铁互联公司、拓拉思科技公司、意好生活贸易公司等跨境电商企业落户，促进宁兴进出口公司、狮丹努集团、亿林塑胶电气公司等传统外贸企业转型，拓展跨境出口业务。

【海曙区成为省首批服务业强区试点地区】 2016年7月，海曙区成为浙江省首批服务业强县（市、区）试点地区，是宁波市唯一入围一类试点的城区。海曙区定位为宁波市中心商贸商务区、历史文化名城核心区，重点发展金融服务、现代商贸、专业服务等行业，壮大科技服务、文化创意等新兴现代服务产业，加快发展电子商务、总部经济等高端服务业。2016年，原海曙区域服务业增加值485.99亿元，占GDP比重为81.6%，连续11年保持在80%以上，服务业比重位居全市各县（市、区）第一。

（陈 璐）

2016年春节期间的华润万家超市

商贸流通

【概况】 2016年，原海曙区域完成社会消费品零售总额644.74亿元，同比增长7.2%，其中限额以上社会消费品零售总额397.84亿元，增长1.6%。批发零售业销售额2261.23亿元，增长11.1%，其中限额以上批发零售业销售额1367.76亿元，增长9.5%。住宿餐饮业营业额47.44亿元，增长9.6%，其中限额以上住宿餐饮业营业额15亿元，减少6.8%。

开展全国消费促进月活动，组织天一广场、和义大道、鼓楼沿、银泰百货、第二百货商店、新华联商厦等商贸企业和商业街区推出促销让利活动50余项。举办2016年宁波购物节海曙区活动，总销售额20.1亿元，同比增长12.3%。

启动天一广场区域“月光经济”品质提升工程，南塘老街创建2016年市级特色夜市街区，天一广场、鼓楼沿分别开展“月夜越精彩·乐活天一”“月下鼓楼沿”等系列活动，海曙区“月光经济”品牌活动被评为2016年度市级夜市街区品牌活动。

【菜篮子工程】 2016年，海曙区完成城区菜市场、批发市场、产销对接超市、团购单位4个行业25个肉菜流通追溯体系节点日常运行维护，达标率超过96%。联丰菜市场创建为省放心农贸市场，增加菜篮子商品平价供应点1个。落实菜篮子商品保障供应，制定《海曙区菜篮子商品应急供应预案》，与三江购物、华润万家等超市签订《海曙区生活必需品应急物资供应保障协议》。

【海曙区成为省级实体商业转型升级试点区】 2016年，海曙区被列入省级实体商业转型升级一档试点城区，宁波城市广场开发经营有限公司等8家单位成为实体商业转型升级试点企业。纳入试点范围的城市获得相应配套政策和资金支持，一档城市获最高额度资金400万元。海曙区从推动商贸企业转型和推动老字号发展模式创新两个领域入手，培育一批实体商业转型示范企业，提升发展线下网点，加强O2O互动融合。帮助“东福园”等老字号商铺申报注册商标，在国内知名电商平台建设“浙江老字号专区”。

【区美发美容化妆行业协会成立】 2016年5月23日，海曙区美发美容化妆行业协会成立大会召开，50余家协会会员单位、个人代表参加。会上通过协会章程，选举产生第一届会长、副会长、常务理事及专职秘书长等，由李丽华担任法定代表人，兼任秘书长，梁文海任理事长。区商务局、区人力社保局、区消保委等相关部门负责人出席会议。协会成立后，有美容美发化妆店1000余家加入协会，加入的从业人员超过6000人。

【宁波购物节海曙区收入超过20亿元】 2016年7月22日至8月8日，宁波购物节期间，原海曙区域天一广场、南塘老街、鼓楼沿、高鑫广场等商圈，千余家企业组织开展节庆促销活动50余场，实现总销售额20.1亿元，销售额较上届购物节增长12.3%。购物节期间，重点监测范围内的11家企业实现总销售额近1.7亿元。黄金、服饰、季节性家电成为消费热点，银泰百货、第二百货商店、新华联商厦、苏宁电器销售额分别增长31.4%、155.3%、33.4%、109.2%。购物节海曙区活动以“乐享月光经济”为主题，推出“789南塘老街纳凉夜市”“寻味天一·相约一场味蕾之旅”、月湖盛园“寻找音乐人”第三季暨酒吧音乐节等六大夜间文化演艺、餐饮购物、休闲娱乐活动。结合辖区特色和2016年里约奥运会，推出非物质文化遗产暨创意工艺品展览、“1844·和义”首届读书文化节、“情动桑巴·激情一夏”巴西奥运主题嘉年华等系列活动12场，各大商圈人流量普遍提升15%—20%。

【天一广场区域“月光经济”品质提升工程启动】 2016年7月，天一广场区域“月光经济”品质提升工程启动。投入1300万元专项建设资金用于天一商圈改造建设，具体包括：天一广场周边和义路、开明街、东渡路、车轿街、日新街5条道路综合整治；增加天一广场内人行上下扶梯2部；修建联通天一广场内部连廊，建设华润万家（超市）至恒泰大厦、恒泰大厦至第二百货商店人行天桥2座。

（虞 洋）

对外经济贸易

【概况】 2016年，原海曙区域实现外贸进出口总额54.76亿美元，其中出口额49.16亿美元、进口额5.6亿美元。对外贸易经营者备案增加178家，总数达2600余家，其中有进出口实绩企业1009家、注册资本500万元以上81家。参加中国华东进出口商品交易会（简称“华交会”）、中国进出口商品交易会（简称“广交会”）、中国国际日用消费品博览会（简称“消博会”）三大展会企业达202家次，开设515个摊位，达成意向成交额4.3亿美元。参展商品涉及家用电器、机械设备、餐厨家具、玩具、服装、家纺、办公用品、户外休闲用品等。参加境外国际性展会109场。对欧洲、南美洲进口总额分别增长17.5%、26.6%。液体石蜡和聚酯丝进口分别增长12.1%、4.4%。有商务部重点出口名牌3个、浙江省出口名牌8个、宁波市出口名牌3个。

新批境外投资企业12家，核准中方投资额1.62亿美元，同比增长50.1%。对外承包工程1.09亿美元。全年中方投资额500万美元以上企业5家，其中太平鸟集团境外投资额5000万美元。新增认定服务外包企业2家，累计总数48家。实现在岸合同总额2.46亿元，执行总额3.57亿元，增长34.9%。离岸外包合同总额1083.61万美元，执行总额926.70万美元，增长78.2%。

【海曙区政府与中国出口信用保险公司签订战略合作协议】 2016年，海曙区政府与中国出口信用保险公司宁波分公司签署战略合作协议，协议主要内容为区政府与中信保险双方在海外投资保险和小微企业统保方面开展深入合作，促进海曙区小微企业稳健成长和企业享受赴境外投资的政策红利。协议签订后，海曙区负责建设海外投资风险保障平台，由中信保险独家承办，平台建成可为全区外向型经济发展提供安全保障。

【2家企业获认为省级重点培育外贸综合服务企业】 2016年8月，宁波联合集团进出口股份有限公司、宁波中瑞进出口有限公司入选省商务厅认定的第二批8家省级重点培育外贸综合服务企业。获准认定的企业可享受在融资、物流、退税、清关、信息咨询、客户介绍、产品展示、海外追账等全流程服务优惠，涵盖国际贸易各个环节。

（虞 洋）

招商引资

【概况】 2016年，原海曙区域引进大市外内资企业3551家。实现合同利用外资7342万美元，实际到位外资4603万美元；实际引进大市外内资32.08亿元；“浙商回归”实际到位资金30.2亿元。组织参加“2016上海·宁波周”、中国浙江投资贸易洽谈会（简称“浙洽会”）、甬港经济合作论坛、“2016民营企业对话世界500强”论坛等重大招商活动，承办月湖金汇小镇发展论坛等活动，邀请70余批客商到海曙投资考察和参加活动，推动德广投资智能家居项目、宁波建虎启融股权投资合伙企业等一批项目签约，协议引进资金22亿元。

通过旧村、旧城改造，整理出南站区块、鄞奉路、姚丰地块等地块招商资源，筛选出铁路宁波站区块、鄞奉路等5个规模较大、带动作用较强项目，进行招商策划和包装。实时更新资源共享平台，实现全区招商资源共享。

【李任治考察“浙商回归”项目】 2016年1月13日，由省工商联副主席李任治带领省浙商考核工作组到海曙区考察“浙商回归”项目。考核组实地考察星悦城、新荟天地荣宝斋宁波分店两个项目，听取工作人员汇报项目情况，并召开工作交流座谈会。区委副书记、政法委书记毕东华、市经合局副局长谢再盛及区委统战部、区经合局等单位负责人陪同考察。

【区企业家代表座谈会】 2016年3月2日，海曙区企业家代表座谈会召开。区经合局、区发改局和宁波（国际）电子商务产业园管理中心负责人分别介绍海曙区情及功能性板块信息、月湖金汇小镇、众创空间等情况，各商会与企业代表对海曙区招商引资工作及经济社会发展提出意见建议，15家企业派代表参加座谈会。

【上海宁波商会考察海曙投资环境】 2016年6月14日，上海宁波商会会长裘东方率会员企业代表到海曙区考察。考察团一行走访月湖金汇小镇，实地察看小镇建设情况，并召开交流座谈会。区委书记彭朱刚、副区长卜明长及相关经济部门负责人参会。会议介绍海曙区情及5个重点区块信息，部分上海宁波商会企业家代表与区领导交流企业发展与投资等话题。

【海曙月湖金汇小镇发展论坛】 2016年11月3日，海曙月湖金汇小镇发展论坛在宁波香格里拉大酒店举行。作为2016甬港经济论坛分论坛之一，月湖金汇小镇发展论坛以“深化金融产业合作、推动两地跨越发展”为主题，聚集香港商务总会，香港金融界代表及国内证券基金业代表40余人参加。甬港两地金融专家交流发展新金融产业经验，对月湖金汇小镇未来发展提出意见建议。香港理工大学原副校长吕新荣、香港首控集团执行董事金冠群等在会上发言。区委书记彭朱刚出席会议并致辞，刘臻、卜明长、孙伟等区领导参加活动。

（竺志军）

总部经济

【概况】 2016年，维科集团总部大楼（金汇大厦）建成投用，引进优质企业60余家，形成“金融+地产”产业布局，进驻企业实到资本超过200亿元。狮丹努集团总部大楼完成综合竣工验收，市政集团总部大楼基本建成，真和电子商务总部大楼及永和居易北侧地块总部项目主体工程完成。全年完成旧厂区改造8.07万平方米，推进振兴标准件厂、太阳能厂房、恒威前丰街老厂房等5个旧厂区改造项目，完成目标任务202%。

【维科集团总部大楼启用】 2016年3月，维科集团正式迁至集团总部大楼（月湖金汇大厦）。大楼位于宁波青少年宫西侧，为甲级写字楼，占地面积1.4公顷，商业办公面积约3万平方米。项目于2012年1月挂牌出让，建设历时4年，累计投资超过13亿元。

【总部经济扶持资金拨付】 2016年7月7日，根据《海曙区人民政府关于明确重点企业扶持政策及补助资金下达有关事宜的专题会议纪要》会议精神，海曙区落实总部经济扶持政策，拨付扶持资金361万元。

【永和居易小区北侧地块主体结顶】 2016年10月，永和居易小区北侧地块总部项目主体结构结顶。项目位于永和居易小区北侧，西至环城西路，南至规划道路，东、北临蔡江河，占地面积0.44公顷，总建筑面积约1.6万平方米，由宁波云辉置业投资开发建设。规划为新京集团有限公司商务金融用地。

【狮丹努集团总部大楼竣工验收】 2016年12月27日，狮丹努集团总部大楼完成综合竣工验收。大楼位于顺德华庭小区南侧，于2012年6月27日挂牌出让，2013年12月15日开工建设，占地面积1.77公顷，总建筑面积6.05万平方米，总投资5亿元。

【市政集团总部大楼建成】 2016年12月底，市政集团总部大楼项目内部装修及附属工程基本完成。大楼位于新典路21号，于2014年2月28日挂牌出让，2014年年底开工建设，占地面积0.68公顷，总建筑面积1.58万平方米，总投资1.05亿元。

（黄建荣）

宁波（国际）电子商务产业园

中国（宁波）跨境电子商务综合试验区

【概况】 2016年，宁波（国际）电子商务产业园注册企业新增327家，注册资金27.56亿元，裂帛电商公司、罗莱家纺公司、韩都衣舍集团等知名企业落户。形成银润豪景电商大厦、恒茂电商大厦、众创空间等多个特色园区。银润豪景电商大厦为园区前身，总面积2万平方米，入驻企业23家。恒茂电商大厦总面积1.4万平方米，入驻企业15家。众创空间总面积7万平方米，是全市唯一以众创空间获批标准地名的“互联网+”引擎基地，入驻企业50余家。至年底，园区企业涵盖电子商务服务产业、支撑产业、配套产业和衍生产业。先后获评第三批省级电子商务示范区、浙江省产业集群跨境电子商务发展试点区、浙江省电子商务创业创新基地、2016年度省级众创空间、市级现代服务业产业基地（第四批）、市首批诚信电商园区示范单位。

【中国（宁波）跨境电子商务综合试验区海曙园区开园】 2016年5月16日，中国（宁波）跨境贸易电子商务综试区海曙园区授牌，6月28日正式开园。园区以“线上单一窗口”与“线下创新综合园区”有机融合，通过综合改革、集成创新，畅通实体企业线上“走出去”快速通道。内设宁波国际邮件互换局，为跨境电商企业提供最便捷的出口通关服务，系宁波唯一的邮路口岸。10月31日，园区启动跨境电子商务一般出口模式试点，解决跨境电商出口企业结汇、退税、不退反征、财务规范等难题，并规范跨境电商出口监管和统计。

【“电商、人才相约众创空间”电商人才专场招聘会】 2016年5月21日，由区人力社保局、宁波（国际）电子商务产业园管理中心、望春街道共同主办的“电商、人才相约众创空间”电商人才专场招聘会在众创空间举行。50余家企业提供各类岗位近千个，来自浙江大学宁波理工学院等5所本地高校及各类社会人才千余人进场应聘，超过百人与企业达成初步意向。4家电商人才培训机构还推出专题培训，现场接受电商企业及求职人才培训登记的有近百人。

【“2016上海·宁波周”电子商务对接会】 2016年5月26日，由市政府主办，市商务委、区政府承办的“2016上海·宁波周”电子商务对接会在上海国际会议中心举行。来自宁波、上海及其他地区近百家电商企业参会。宁波（国际）电子商务产业园管理中心推介众创空间、五江口、丁家等区内重点电子商务项目和区块，并与DHL（邮递和物流集团）在内的15家知名电商企业签署战略合作协议。

【宁波国际邮件互换局运行】 2016年6月28日，宁波国际邮件互换局正式运行。互换局位处宁波（国际）电子商务产业园内，核心监管区域4400平方米，分为出口监管作业区、进口监管作业区和一站式通关大厅，配有先进的邮件自动分拣设备，为跨境电商企业提供最便捷的出口通关服务。至年底，累计进出境邮件424万件，其中出口邮件405万件、进境邮件19万件，单日峰值高达5.8万件。

（盛泳杰）

工业·建筑业

都市工业

【概况】2016年，原海曙区域实现工业增加值74.65亿元，同比增长5.3%，占地区生产总值的比重为12.5%。实现工业总产值409.26亿元，增长8.1%。规模以上工业企业实现增加值47.61亿元，增长7.5%；实现工业产值402.32亿元，增长8.4%，其中制造业实现产值30.82亿元，下降5%；实现销售产值400.59亿元，增长8.2%；实现出口交货值13.52亿元，增长6%；产销率达99.57%。实现主营业务收入53.67亿元，下降9.1%；实现利润总额5.17亿元，利税总额7.03亿元，分别下降17.3%和15.3%。

2家企业被列入浙江省时尚产业重点培育企业（品牌）名单，19项产品入围2016年宁波市自主创新和优质产品目录，太平鸟集团、博洋集团、狮丹努集团被评为中国服装业百强企业，博洋集团获评省级制造业网络营销示范企业，狮丹努集团获市长质量奖。海曙区入选全省17个软件和信息服务业产业基地（园区、小镇）名单。向省经信委申报信息经济领域重点项目3个、重点企业3家。启动宁波市软件和信息服务业特色集聚区（孵化器）内新引进企业季度备案、跟踪，首批备案企业有20家。完成年度“小升规”企业1家。拨付区级技术改造专项资金107.16万元、工业新产品补助资金25万元、“电商换市”补助资金27万元、企业“两化融合”（信息化和工业化融合）贴息30万元，落实市级“两化融合”专项资金91万元、“小升规”奖励资金2万元和军民融合发展专项补助10万元。

重点扶持区内传统企业信息化项目建设。太平鸟集团、狮丹努集团等骨干企业入围省级“两化融合”试点项目，博洋集团入围市级“两化融合”示范企业名单；福特继电器公司、旭友交通电器公司等制造业企业实施技术改造，提升生产智能化水平，普及应用“机器换人”等手段；立足区域产业特色，加强“电商换市”力度，全年实现网络零售额107.37亿元。

【海曙区入选省首批软件和信息服务产业基地】2016年3月，海曙区入选省首批17个软件和信息服务产业基地（园区、小镇），获得2016年度省工业与信息化财政专项资金补助。海曙区软件和信息服务业收入连续多年增幅超过30%，率先建成一批国家级、省级产业发展平台；形成“无线＋有线”立

表3　原海曙区域规模以上工业企业

单位详细名称	单位详细名称
宁波博洋控股集团有限公司	宁波迪普五金实业有限公司
宁波电业局	宁波东方宏业针织有限公司
宁波市中迪工贸有限公司	宁波亿林塑胶电器有限公司
宁波兴光燃气集团有限公司	宁波狮丹努服饰有限公司
宁波市热力有限公司	宁波新容电气有限公司
宁波GQY视讯股份有限公司	宁波市教学仪器有限公司
宁波郑万利酿酒有限公司	宁波金丰金属制品有限公司
宁波双友塑料制品有限公司	宁波力必达电池有限公司
宁波福特继电器有限公司	宁波旭友交通电器有限公司
宁波狮丹努集团有限公司	浙江恒正汽车部件有限公司
宁波御坊堂生物科技有限公司	宁波市中药饮片有限公司
宁波波尔管业开发有限公司	宁波市昌新工业公司

体宽带信息网络、"一中心两平台"政务数据中心、"智慧政务＋智慧商圈＋智慧社区"智慧应用体系。此次获得的专项财政补贴主要用于引进和培育有发展为行业骨干潜力的优质企业和项目。

【精准服务企业"百日行动"】 2016年4月初至7月31日，海曙区开展精准服务企业"百日行动"。其间，8个街道、13家相关单位及区领导联系服务企业2800余家，领导带队走访服务企业455家次，企业反馈问题218个，协调解决问题177个。发放1—5月稳增促调专项资金1493.02万元，惠及全区各类企业1002家。

【波尔管业高性能环保管道面市】 2016年5月，宁波波尔管业与德国企业合作研发的高性能环保管道产品在国内面市。波尔管业为段塘街道辖区企业，是浙江省第一家规模生产、销售PP-R冷、热给水管道的企业。在德国合作设立研发机构——TECH-A塑料管道实验室，推出全球高品质塑料管道系统"BOERPIPE"。新推出的环保管道应用于饮用水、天然气、排水等民用建筑、工业系统及市政工程等领域。

【3家企业成为全国服装行业百强企业】 2016年7月，2015年服装行业百强企业榜单发布。区属企业太平鸟集团、狮丹努集团、博洋集团分列"产品销售收入"排行榜第七位、第23位、第42位，上榜企业数量占全市总数的1/3。

海曙区立足纺织服装传统优势产业，推动区域经济转型升级，引导区内纺织服装行业龙头企业以国际化设计研发中心、全球化供应链支撑体系和网络化市场营销体系为基础，提升企业综合竞争实力。利用中心城区内老旧厂房资源，改造成时尚设计创意产业集聚区，如创客157创业创新园、宁波"896创新园"等项目，服装设计企业、独立设计师品牌相继入驻。构建"云端产业"，以信息技术产业优势带动纺织服装行业发展。鼓励传统企业自建官网，用国内优质第三方电商平台等资源，建设全天候销售市场。企业利用大数据、云计算技术建设供应链管理系统，提升产业发展效率。

（蒋 琳）

建筑业

【概况】 2016年，原海曙区域有资质的建筑业企业70家，实现建筑业总产值502.59亿元，同比增长2.9%，其中在省外完成产值245.15亿元，增长17.9%。实现建筑业增加值14.11亿元。实现主营业务收入336.68亿元，下降0.9%。实现利润总额16.83亿元，增长1.7%。房屋建筑施工面积3397.2万平方米，增长10.5%，其中新开工面积1526.15万平方米，增长28.45%。区属建筑企业承建的5项工程获2016年度浙江省建设工程"钱江杯"优质工程奖。

区住建局通过实地走访、座谈、电话、网络等方式，联系走访建筑施工、勘察设计、监理、质量检测、招标代理等近130家建筑类企业。召开建筑类企业座谈会，与16家企业探讨交流建筑业发展问题，梳理意见建议11条。加大新型建筑工业化及工程总承包推进力度，推荐省级工程总承包试点企业8家，姚丰片区2个地块新型建筑工业化项目开工建设。

制定《2016年度安全生产目标管理责任制考核细则》，签订《2016年度安全生产目标管理责任书》。开展"打非治违"、隐患排查治理、安全生产大检查等安全生产专项行动。成立海曙区建设工程专业安全委员会，督促建设工程安全生产。受理安监登记项目26个、完成项目23个、在监项目46个。在监总建筑面积245.6万平方米。其中，公建项目24个，建筑面积90.65万平方米；居住项目16个，建筑面积151.2万平方米；装饰装修项目6个，建筑面积3.75万平方米。组织各类检查322次，发现安全隐患2737处，签发安全检查整改单190份，整改率100%。开展标化工地领牌及验收17次，发现安全隐患156处，签发安全检查记录17份。申报市级安全生产文明施工标化工地13个，参评通过率100%。安监登记房屋建筑项目全部参与"平安工地"创建。申报市级平安工地示范工程12个，其中11个获评宁波市平安示范工程。

【房屋建筑工地"蓝色屋面（立面）"专项整治】 2016年，海曙区开展房屋建筑工地"蓝色屋面（立面）"专项整治，

表4　　2016年度原海曙区域优秀建筑业企业

海曙区建筑业龙头企业	海曙区建筑业骨干企业
华恒建设集团有限公司	宁波茂盛园林建设有限公司
宁波市建设集团股份有限公司	博建建工有限公司
浙江万华建设有限公司	宁波市花木有限公司
宁波市政工程建设集团股份有限公司	浙江新曙光建设有限公司
海达建设集团有限公司	华创电子股份有限公司
宁波交通工程建设集团有限公司	浙江丰茂盛业建设有限公司
宁波住宅建设集团股份有限公司	宁波市交通园林绿化工程有限公司
宁波东新建筑有限公司	凯盛建设有限公司
	宁波海逸园林工程有限公司
	浙江申永达设备安装有限公司
	禹顺生态建设有限公司

12月20日，海曙区开展在建工地岁末年初暨“两节”期间安全生产大检查

与建筑工程安全监督检查结合开展。年初，排摸区内在建项目32个，发现待整改工棚144幢。6月底，完成全区铁路、高速公路两侧可视范围内房屋建筑工地区域“蓝色屋面（立面）”整治。8月，完成栎社机场起降范围及机场路沿线1000米范围内10个在建项目、53幢工棚整治。

【起重机械安全检查】 2016年，海曙区开展建筑工地起重机械安拆作业专项检查。3月4日，区住建局突击检查后孙学校塔式起重机安装作业，重点查看起重机安装、应急预案及安全技术交底等管理台账，现场查看工地临时用电、高处作业、安全警戒标识等情况。至年底，原海曙区域受理起重机械安拆、顶升告知371次，产权初始备案14台，使用登记98台。

【建筑业“安全生产月”活动】 2016年，全区建筑业“安全生产月”活动期间，区住建局投入安全专项资金5.8万元举办多种活动。在各工地标段、社区等地悬挂标语（横幅）254条，张贴宣传画693张，参观人数1200余人次，发放宣传资料850份。举办各类建筑安全知识竞赛2场，培训建筑从业人员343人，开展安全咨询3次，举行安全演练3场。

【建筑工程安全应急演练观摩会】 2016年6月8日，海曙区举行建筑工程安全应急演练观摩会。演练在望春桥村（望春路以北）旧村改造村民安置房Ⅰ标段工地举行，部分在建项目施工、监理单位30余人参加，观看防高处坠落和消防应急救援演练。此次演练是第15个安全生产月“强化安全发展理念，提升全民安全素质”的主题实践活动。

【建筑类企业资质申报实现网上审批】 2016年6月，海曙区监理、招标代理、质量检测三类建筑类企业的资质申报实现网上审批。企业根据自身需求在省政务服务网提出资质申报或变更等申请，无需进行纸质申报材料区、市、省三地流转，整个审批过程均在网上完成。宁波工程学院在浙江省政务服务网上提出资质变更申请，系全区首家。至月底，2家质量检测企业通过网络申请资质变更，1家监理企业申请资质延续，最快用时2个工作日。

【蒲家二期项目获“钱江杯”优质奖】 2016年8月，蒲家经济适用房二期Ⅰ标段项目获2016年度省建设工程“钱江杯”优质工程奖。蒲家二期项目为区保障性住房，位于高桥镇蒲家村，东至新丰路，南临新蒲路，北至春池路，由10幢住宅、1幢社区配套综合楼、沿街商铺、附属配套组成。设计住宅1441户，其中经适房652户、公租房789户。项目分两个施工标段，先后获2014年度宁波市建筑工程结构优质奖、2015年度宁波市建筑安全文明施工标准化工地、2015年度宁波市“甬江建设杯”优质工程奖。

（黄驿雯）

房地产业

【概况】 2016年，原海曙区域房地产开发完成投资91.1亿元，同比增加139.6%。商品房施工面积188.36万平方米，增加58.9%；新开工面积102.12万平方米，增加370%。商品房交易量32.8万平方米，增长25.5%，其中住宅成交23.02万平方米，增长48.6%。

5月12日，海曙区建筑类企业座谈会召开

表 5　2016 年原海曙区域房地产业一级、二级企业

企业名称	资质等级
宁波房地产股份有限公司	一级
宁波维科置业有限公司	一级
宁波信达中建置业有限公司	一级
宁波恒和房地产开发有限公司	二级
宁波金达利房地产开发集团有限公司	二级
宁波新园置业有限公司	二级
荣安地产股份有限公司	二级
宁波国际贸易投资发展有限公司	二级
宁波新中房置业股份有限公司	二级
宁波市恒厚实业有限公司	二级

对36家房地产企业资质进行年检，申报6家房地产企业资质。对6个新开房地产项目进行初审，论证5个地块土地出让前建设条件，完成3个房地产开发项目预售许可审批。走访、调研区内主要房地产企业18家，与11家企业签订安全生产责任书。

自2015年12月25日宁波市不动产登记中心成立以来，海曙房产交易发证工作归市不动产登记中心受理。全年备案40家房屋中介经纪机构、42家分支机构，存量房合同领用7200份。受理房产中介咨询投诉45件，处理投诉纠纷8件，发放租赁登记证162份。

【房屋使用安全管理】 2016年，原海曙区域排查9处危房（C级4处、D级5处），建筑面积59086平方米，其中危险房屋增加3处，建筑面积50899平方米。芝兰堰路8号34幢、环城西路南段920号1幢、孝闻街81号5幢、解放南路221号4处房屋解危，解危建筑面积5163平方米。以房屋使用安全常态化、网格化监管体系为基础，建立“漏巡漏录”通报制度，房屋安全管理员、片区监管员累计巡查2.5万幢。按照公房维修程序，完成大修项目90处，涉及户数195户，建筑面积8192平方米，完成维修养护1889户次。完成区域内2700幢老旧房屋安全巡查跟踪电子芯片安装，启用中国人保公司开发的老旧房屋安全动态巡查跟踪系统，累计巡查老旧住宅4.5万幢。

【房屋安全鉴定机构备案登记】 2016年，海曙区开展房屋安全鉴定机构备案登记。1月21日，第一批被列入市房屋安全鉴定机构备案名录的9家房屋安全鉴定机构向住建部门提交备案申请。住建部门现场调查鉴定机构备案资料及设备使用情况，审查机构资格条件，根据审查情况将鉴定机构予以备案。至年底，原海曙区域14家鉴定机构完成备案登记，可开展房屋安全鉴定业务。

【房地产经纪机构专项整治】 2016年7月，海曙区开展备案房地产经纪机构专项整治。整治采取机构自查与集中检查相结合，排摸经纪机构经营情况与备案条件，重点检查经纪机构房地产市场调控政策执行、依法开展业务、经纪人员执证上岗等情况。责令整改存在问题，严肃处理拒不执行单位和个人。至8月，整治结束，排查的经纪机构情况全部录入省房屋转让交易管理系统经纪机构网上备案子系统。

【首个预售许可房产项目开盘】 2016年11月23日，鹰茂地产金悦府开盘预售，这是海曙区首次颁发预售许可证的房地产项目。项目位于姚丰片区，用地面积5.12公顷，总建筑面积约17万平方米，由10幢高层住宅楼、9幢低层住宅楼及沿街商业、地下室与配套设施组成。首批领出预售许可证的共322套房源，销售面积近4万平方米。

（王健琪　付博平　席　勇）

7月20日，区房管处查看秀水街危旧房屋

金　融

金融服务

【概况】 2016年，原海曙区域金融业实现增加值77.02亿元，同比下降1.5%，金融业增加值占地区生产总值比重的12.9%。实现营业利润14.42亿元，下降55.2%。资产总计8026.82亿元，下降1.7%。从业人员42316人，增长15.4%。

至2016年末，原海曙区域各银行机构本外币各项存款余额和贷款余额分别为6562.96亿元、6957.14亿元，当年增加存、贷款余额分别为77.02亿元、128.71亿元，增加贷存比167.1%。保险机构实现保险业务收入200.89亿元，增长12.5%，完成保险赔给付88.89亿元，增长8.7%。区内3家小贷公司本年贷款发放1062笔，贷款金额累计4.28亿元，12月末贷款余额4.36亿元。转贷公司1家，全年服务514家次，累计转贷51.37亿元。

区金融部门采取上门走访调研、座谈会结合方式，动态跟踪区内意向上市企业，提供政策信息和咨询服务。宁波太平鸟时尚服饰股份有限公司上市申请获证监会核准。宁波金网信息产业股份有限公司、宁波星成电子股份有限公司、浙江安生信息科技股份有限公司、宁波天河水生态科技股份有限公司、浙江飞扬国际旅游集团5家企业在“新三板”挂牌。引导相关企业创新融资工具，拓宽融资渠道，除与银行等金融中介机构洽谈授信外，与国元信托公司成立产业基金。引导区内优质企业对接债券市场，海城公司、京投发展公司先后发行公司债券合计35亿元。原海曙区域累计直接融资58.25亿元。运用政府、企业、中介、风投、银行等多方资源，强化信息资源共享，初步形成政企联动、支持企业对接资本市场的发展模式。

【商业预付卡履约保证险推广】 2016年，海曙区试点推广单用途商业预付卡履约保证险，重点在美发、健身、母婴用品等与市民日常生活联系紧密的行业开展。该保险引入第三方网络监管平台——“九百岁健康生活”平台，消费者在平台选择入驻商户，完成购卡和首次消费，自动获得保险，保费由商家承担。若签约商户破产倒闭，无法消费卡内剩余资金时，消费者可凭电子保单获赔卡内余额。至2016年6月底，原海曙区域1656家商家签约入驻平台，交易金额17.1万元，产生保单144张，累计保险金额9.2万元，单张预付卡面值多为千元以下。

【惩治非法金融活动】 2016年3月始，海曙区开展为期一个月的惩治非法集资联合执法行动，排查类金融企业300余家。重点检查财富类、资产管理类和投资咨询类企业经营状况，查看企业营业执照、经营许可证持有情况，评估理财宣传是否存在夸大及不正当竞争行为等。取缔无证无照经营企业8家，处罚过度宣传和不正当竞争行为企业8家，罚没款12.2万元。6月，开展“金融法治宣传月”活动，多种途径向群众宣传预防非法集资、辨别集资诈骗知识。8月始至年底，各街道、区市场监管局、区金融办和税务部门组成巡查组，对原海曙区域内重点商务楼宇及周边金融理财机构开展联合巡查，重点防控非法证券、期货、交易场所风险。同时，利用媒体平台向公众发布实用防骗措施及相关企业信息等，每月定期报送非法集资案件统计表，动态跟踪非法集资信息情况。

【2016中国股权投资论坛在海曙举办】 2016年5月26—27日，2016中国股权投资论坛在海曙区举行，副市长王仁洲出席论坛并致辞。论坛重点推介月湖金汇小镇，区委副书记、区长吴胜武作“新金融+特色小镇”主题演讲，并为特色小镇授牌。论坛邀请国家发展研究院副院长、北京互联网金融研究中心主任黄益平担任主讲嘉宾，作题为《十三五开局之年，中国经济前瞻》的主题报告。清科集团董事长倪正东、软银中国资本(SBCVC)合伙人宋安澜等投资界人士分别作主题演讲，30余名知名投资人分享个人观点。论坛期间还举行“寻找宁波最具投资价值企业20强”颁奖典礼，辖区企业亿迈克思公司、邻家网络公司、海上鲜公司获奖。

【海曙月湖金汇小镇挂牌】 2016年5月，海曙月湖金汇小镇正式挂牌，并被列入省级特色小镇培育名单、市级特色小镇创建名单。小镇位于海曙区东部，占地面积约350公顷，其中核心区约100公顷，包括月湖西区和月湖景区。发展定位为长三角南翼具有一定影响力的高端金融集聚中心、金融创新产业培育中心和互联网金融示范中心。挂牌后，小镇利用中国股权投资论坛、甬港澳台合作论坛、甬港合作论坛、第十三届浙商（投融资）大会等重大会议，宣传小镇特色与区域优势，吸引企业入驻；设立金融创新孵化等平台，构建"政企服务"绿色通道，建设特色小镇服务2.0版。至年底，累计入驻企业超过200家，注册资金近400亿元。

【全国保险公众宣传日活动】 2016年7月8日，原海曙区域众多保险机构开展全国保险公众宣传日活动。宣传日以"保险，一切更简单"为主题，重点宣传保险理念，普及保险知识，推动保险行业健康发展。人保财险宁波分公司开展保险教育进学校、进社区活动，太平洋产险宁波市分公司组织"沿姚江·彩虹夜跑""名家保险大讲堂"等系列活动，中国人寿宁波市分公司首次发布"国寿个人税收优惠型健康保险"项目。

【全市首家水生态环境治理企业挂牌"新三板"】 2016年8月，宁波天河水生态科技股份有限公司在"新三板"（全国中小企业股份转让系统）挂牌，成为全市首家在"新三板"挂牌的水生态环境治理企业。公司成立于2008年，主要从事水环境综合评价分析及设计施工总承包服务，完成上百个景观水处理项目和数百万平方米湖泊流域水生态修复工程。2015年10月，公司启动"新三板"计划，区金融办给予证券机构、律师咨询等智力、技术支持，帮助企业在2016年初完成股份制改制，并于8月实现挂牌。

【宁波太平鸟时尚服饰股份有限公司上市】 2016年12月，宁波太平鸟时尚服饰股份有限公司的IPO（首次公开募股）申请获证监会批准，在上海证券交易所上市，发行不超过1.05亿股，计划融资15.29亿元。宁波太平鸟时尚服饰股份有限公司成立于2001年，经营多个品牌服饰业务，旗下有PEACEBIRD女装、PEACEBIRD男装、乐町LED' IN女装、Mini Peace童装等服饰品牌。至年底，有30家全资子公司、1家控股子公司、1家参股子公司。

（童绍数）

金融机构

【概况】 2016年年底，海曙区有分行级银行机构9家、各银行机构设立的一级支行40家、村镇银行1家，基本形成全国性、区域性、地方性和国际性银行机构并存及服务功能互补的银行机构体系。有分公司级保险机构15家、中心支公司级保险机构1家、支公司级保险机构11家、外资营业部2家。有证券分公司2家、营业部17家。有期货分公司2家、营业部11家。有小额贷款公司3家、转贷公司1家。

【工商银行鼓楼支行】 2016年，工商银行宁波鼓楼支行下辖营业部1家、二级支行8家，有员工213人。本外币各项存款余额260.01亿元，较年初增加4.88亿元；各项贷款余额162.86亿元，较年初增加9.74亿元。

【农业银行海曙支行】 2016年，农业银行海曙支行本外币各项存款余额72.38亿元，较年初增加1.55亿元。各项贷款余额74.14亿元，较年初增加5.02亿元。支行获评团中央2015—2016年度"银团合作优秀派出机构"称号，辖属营业部获评总行级"三化三达标"先进单位，中山支行、青林湾支行获评总行级运营基础管理"三铁"（铁账、铁款、铁规章）单位。

【中国银行海曙支行】 2016年，中国银行海曙支行辖属经营性支行9家。本外币各项存款余额61.62亿元，较年初增加2.06亿元；各项贷款余额76.48亿元，较年初增加2.69亿元。实现拨备前利润1.8亿元。

【建设银行海曙支行】 2016年，建设银行海曙支行实现经营利润2.11亿元，其中中间业务收入0.84亿元。私金代销基金约3.6亿元。

【平安银行海曙支行】 2016年，平安银行海曙支行本外币各项存款余额12.3亿元，各项贷款余额17.3亿元，对公客户和零售客户数超过7万户。开展北远保险经纪中介托管业务，填补宁波分行相关业务空白。全年无经济刑事案件及大额差错发生，无违规违纪事件发生。获平安银行宁波分行和平安人寿银行保险部联合颁发的2016年"卓越进步奖"。

宁波太平鸟时尚服饰股份有限公司股票在上海证券交易所上市

表6 2016年原海曙区域银行业主要经济指标

计量单位：万元

指标名称	总计	登记注册类型			行业		
		有限责任公司	股份有限公司	外商投资企业	人身保险		财产保险
						人寿保险	
企业个数(个)	18	4	12	2	11	11	7
货币资金	37642	6462	31068	113	7378	7378	30264
营业收入	1721549	372885	1284117	64547	873660	873660	847890
营业支出	1831806	427568	1332979	71259	1034765	1034765	797041
净利润	-112800	-58174	-47901	-6724	-163910	-163910	51111
从业人员平均人数(人)	22858	6610	15733	515	18014	18014	4844

【招商银行海曙支行】 2016年，招商银行海曙支行实现营业净收入0.37亿元，非息净收入0.16亿元。全折自营存款14.74亿元，较年初下降0.25亿元，其中对公存款11.25亿元、零售存款3.49亿元；全折一般性贷款56.36亿元，较年初增加20.68亿元，其中对公贷款45.92亿元、零售贷款10.44亿元。

【民生银行海曙支行】 2016年，民生银行海曙支行辖属一级支行3家、社区支行4家、自助银行6家。本外币各项存款余额22.01亿元，同比增长16%；各项贷款余额42.37亿元，增长41%。全年服务对公客户超过2000户，涵盖周边各行业骨干和小微企业，并以扶持小微金融为重点，推动小微企业发展。服务个人客户超过5万户。获授宁波市金融系统“青年文明号”，在《现代金报》组织开展的网点服务满意度评选中获评“市民最满意网点”称号。

【宁波银行海曙支行】 2016年，宁波银行海曙支行本外币各项存款余额84.7亿元，各项贷款余额41.4亿元。全年实现财务项下利润总额1.31亿元。

【中国人保财险宁波分公司】 2016年，中国人民财产保险股份有限公司宁波分公司实现保费收入38.16亿元，同比增长8.9%。加大客户直投力度，推进政策调整、系统再造、数据测算、舆情监控等，实现商业车险改革平稳过渡。完善全面预算管理制度，加强重点费用科目管控，研究营改增政策具体规定，加强税务沟通，实现进项税应抵尽抵。实行风险减量管理，通过“保险+服务”模式全覆盖城镇住房综合保险，实施全国首例电梯安全综合保险，把传统保险的事后风险保障扩展延伸至事前风险检测；获批建立集团宁波产品创新中心、总公司产品创新实验区和科技创新实验室，自主设立实体机构——风险管理实验室。

【中国太平洋产险宁波市分公司】 2016年，中国太平洋产险宁波市分公司实现保费收入26.77亿元，同比增长5.7%。推进非车险业务品质管控和结构优化，建立商业车险改革模式下车险精细化管理机制。国内首创政策性小微企业财产保险、普通国省公路营运期巨灾保险，推广建设工程综合保险，开发枇杷、杨梅、柑橘、水蜜桃等新型农险产品。推出“太好赔”“无忧金钥匙”等服务品牌，保护消费者权益。连续8年外部监管“零处罚”，宁波保监局分类监管连续6年获A类公司评级。

【中国人寿财险宁波分公司】 2016年，中国人寿财险宁波分公司实现保费收入10.64亿万元，同比增长10.93%，占市场份额的8.06%，较上年末提升0.3%。互动渠道、电销渠道、车行渠道增速均超过20%。宁波市食品安全责任保险稳步推广扩面，公共性食责险实现宁波10个县(市、区)全覆盖。单用途商业预付卡履约保证保险在区内试点。助力中国人寿资产管理有限公司中标宁波市“五路四桥”存量PPP项目，资金规模117亿元，盘活政府存量资产。推广“365+客户服务承诺”，全年累计向客户提供非事故道路救援7944次，推送各类增值服务近165万次。完成商业车险改革、营改增系统切换，成为宁波产线商车改革验收示范单位。连续4年获评保险创新服务宁波经济先进集体，获评市金融消费权益保护先进会员单位、金融创新先进单位、中国人寿集团2016年度创新成果奖。

【中国人寿宁波市分公司】 2016年，中国人寿宁波市分公司实现保费收入28.65亿元，同比增长16.13%，短期险、银保新单总量、银保期交、企业年金等保持行业领先优势。提高大病保险服务水平，管理象山、宁海两地新型农村合作医疗保险基金5.6亿元，承保两地城乡大病保险79.5万人，成为宁波市首家委托第三方进行异地就医核查的保险公司。试点推出税优健康险，扩展农村小额保险保障范围，为300余万名农村人口提供250亿元风险保障。强化投诉纠纷处置，保护消费者利益，为5万余人次提供理赔服务，给付赔款约1.56亿元。获评2016

年度保险创新服务宁波经济社会发展先进集体。

【平安人寿宁波分公司】2016年，平安人寿宁波分公司实现保费收入29.59亿元，同比增长21.6%，其中个人营销渠道总保费收入25.17亿元，增长17.1%，寿险总保费及个人营销总保费规模均位列市场第一。赔款及给付保险金4.95亿元。依托“金管家”APP，为客户和用户提供一站式健康管理服务。建立统一在线咨询服务平台，实现APP、微信、一账通在线咨询功能，日均提供近万项咨询服务。电子签名、拍照上传、人脸识别、远程视频等新科技在分公司全面应用。“安e赔”系统上线，累计结案3800余件，赔付0.16亿元。以12月为例，92%以上案件通过“安e赔”渠道受理，理赔时效优化至0.8天。

【新华人寿宁波分公司】2016年，新华人寿宁波分公司完成保费收入2.86亿元，同比增长3.67%。其中，新契约保费收入1.13亿元，同比增长8.34%；续期保费收入1.73亿元，增长0.84%。依照渠道区分，个人代理新契约保费0.52亿元，增长26.4%；银邮代理0.59亿元，增长1.6%；公司直销0.03亿元，下降54.98%。

【中国人民人寿宁波分公司】2016年，中国人民人寿宁波分公司实现保费收入5.13亿元，同比增长49.22%；新单规模保费4.22亿元，增长49.22%；新单期交保费1.75亿元，增长133.06%。新单期交保费占新单规模保费的41.5%，其中5年期、10年期以上新单期交保费增幅分别达158%、193%。实现中高价值新单期交保费0.35亿元，增长366%。系统规模人力由期初的317人上升至785人，增长147%，出单人力增长161%。

【海曙永鑫小贷公司】2016年，海曙永鑫小贷公司累计为原海曙区域内内113家小微企业发放小额信贷1.92亿元，年末贷款余额2.25亿元，支持小微企业及“三农”融资需求。连续3年获中国小微信贷机构联席会颁发的“中国小微金融最佳社会责任奖和创新贡献奖”，2016年被中国小额贷款公司协会评为全国优秀小额贷款公司。

【海曙鹏源小贷公司】2016年，海曙鹏源小贷公司累计发放贷款907笔，发放贷款金额1.32亿元，年末贷款余额1.25亿元，实现营业收入0.12亿元。

【海曙德丰小贷公司】2016年，海曙德丰小贷公司累计发放贷款42笔，发放贷款金额1.03亿元，年末贷款余额0.85亿元，实现营业收入0.15亿元，利润0.12亿元，实际缴纳各项税收0.03亿元。

【宁波友邦金融服务有限公司】2016年，宁波友邦金融服务有限公司增加服务客户514家，完成转贷款额51.37亿元，同比增长44.25%。开发拓展区外银行，签约浦发银行、华夏银行、光大银行、中信银行等商业银行。与原海曙区域8个街道达成合作，参与街道组织的金融会议，帮扶区内企业。

（童绍数）

表7 2016年原海曙区域保险业主要经济指标

计量单位：万元

指标名称	总计	登记注册类型					按控股情况分组			
		国有企业	有限责任公司	股份有限公司	港澳台商投资企业	外商投资企业	国有控股	集体控股	港澳台商控股	外商控股
企业个数（个）	12	1	1	8	1	1	9	1	1	1
亏损企业（个）	4		1	3			3	1		
营业收入	5353905	130206	1095	5211208	7137	4260	5341414	1095	7137	4260
营业支出	5216052	106831	1422	5099555	5128	3117	5206386	1422	5128	3117
净利润	53304	23458	-113	26879	1937	1143	50336	-113	1937	1143
从业人员平均人数（人）	15055	184	40	14787	17	27	14971	40	17	27
人民币存款余额	66245051	439703	20765	65587125	74974	122484	66026828	20765	74974	122484
人民币贷款余额	70166539	1980974	27521	68067321	83050	7672	70048295	27521	83050	7672
中间业务收入	534233	812	12	532796	491	120	533609	12	491	120
补：应交增值税	106660	1926	31	104590	114		106515	31	114	

财政·税务

财　政

【概况】2016年，原海曙区域完成财政总收入80.21亿元，同比减少11.9%；一般公共预算收入51.65亿元，减少20.7%。公共财政预算可用财力为37.04亿元，其中区级各项收入23.61亿元、返还性收入1.77亿元、一般性转移支付收入3.31亿元、专项转移支付收入6.6亿元、新增债券2亿元、政府性基金调入0.38亿元、上年支出3.44亿元、上年结转2.82亿元。公共财政预算支出35.37亿元，完成预算的95.6%，下降4.1%。财政收支相抵后，结余1.67亿元。

实现政府性基金预算收入21.52亿元，其中彩票公益金（市返还）收入0.03亿元、专项转移收入0.04亿元、土地出让金收入20.99亿元、城市建设资金收入0.18亿元、其他政府性基金收入0.03亿元、地方政府债券付息企业还款调入政府性基金预算0.25亿元。

实现一般公共预算收入占地方财政总收入比重的64.39%，税收收入占地方财政总收入比重的90.79%。加强非税收入管理，全年收缴非税收入7.39亿元。贯彻落实产业扶持政策，兑现各类扶持资金3.1亿元（含电商专项资金），其中市级产业扶持资金1.4亿元、区级产业扶持资金1.7亿元，惠及企业2000余家。创新财政扶持经济发展方式，制定特殊贡献奖励办法，设立稳增促调专项资金，拨付电商发展专项资金。用于民生领域支出28.06亿元，占公共财政预算支出79.3%。其中，安排教育支出7.58亿元，完成预算的99.5%；安排医疗卫生支出1.92亿元，完成预算的92.1%；安排社会保障和就业支出4.45亿元，完成预算的85.5%；安排住房保障支出2.01亿元，完成预算的99.5%；安排城乡社区事务及环境保护支出6.05亿元，完成预算的99.7%；安排文化体育与传媒支出0.79亿元，完成预算的97.2%。推进预算管理改革，加强预算编制信息系统建设，预算公开单位增至56家，决算公开单位增加16家，预算支出执行进度实行动态预警考核管理。初步建成立体式公务支出管理体系，全年“三公经费”（政府部门人员因公出国（境）经费、公务车购置及运行费、公务招待费产生的消费）支出0.23亿元，压缩21.6%。加强政府采购监管力度，全区一级预算单位全面启用政府采购网络化管理，实施首个政府购买“棚改”服务项目。全年政府采购预算金额4.1亿元，实际采购金额3.8亿元，资金节约率达7.49%。

建立健全国资监管体制，引入国企直接监管（投融资企业）、委托监管（其他企业）分类监管方式。制定落实区国有企业改革实施方案，逐步推进国有企业改制重组。丰富国有资产处置形式，在全市率先引入“网拍”模式，提升国有资产处置效率。

加强政府债务管理，编制完善政府性债务计划，加强存量债务清理，通过直接融资、发行公司债券、短期融资

8月12日，区预算绩效评审小组走访查看2016年校园维修工程项目

等途径拓展融资渠道，保障全区重大项目建设推进。扩大预算绩效管理试点范围，引入"第三方"跟踪审计，强化事中绩效评价。启动公款竞争性存放，推进财政结余结转资金清理、财政专项资金管理清单等工作，开展公务用车、街道津补贴、"小金库"专项检查，强化财政资金监管力度。

【预算单位预算支出执行进度考核】 2016年2月，海曙区出台《海曙区预算单位预算支出执行进度考核管理暂行办法》，按全年6个节点，考核全区121家预算单位的一般公共财政预算支出和政府性基金预算支出执行进度，并进行排名。考核结果与各预算单位本年度预算调整及下年度预算编制直接挂钩。5月，完成第一季度考核，向36家预算单位发出预警，对支出进度排名最后的10家预算单位发送督查函，要求其进行情况说明。

【国有资产处置引入网拍模式】 2016年5月12—30日，海曙区引入淘宝网拍卖模式处置部分国有资产，49人参加竞拍，出价207次。参与拍卖的10套小区配套商业用房，9套拍卖成功，成交总价为823.98万元，溢价额117.5万元，溢价率16.63%，实现国有资产价值最大化。

【出台《行政事业单位国有资产处置管理暂行办法》】 2016年6月，海曙区出台《行政事业单位国有资产处置管理暂行办法》。规范行政事业单位占有、使用国有资产，产权转移或核销行为；对涉及调拨、对外捐赠、出售、出让、转让、置换、报废、报损、货币性资产损失核销等处置方式的相应定义、适用范围、审批流程、需提交资料及批后管理均作出详细规定；明确各行政事业单位为各自资产批后处置的责任主体。

【稳增促调专项补助资金设立】 2016年8月，海曙区设立稳增促调专项补助资金，补助区所属有关企业（淘汰类企业、中央企业、国有企业除外）。重点补助企业为稳增促调、转型升级开展的有关技术改造、科技创新项目；企业为拓展市场，提升经营能力开展的相关项目；企业为提高管理水平、加大人才培养力度开展的相关项目。首批稳增促调专项资金涉及补助企业7704家，覆盖原海曙区域内85%的企业，补助金额总计2086万元。

【公款竞争性存放招标机制试行】 2016年10月，海曙区按照《区级预算单位银行账户和公款存放管理暂行办法》，进行首批公款竞争性存放定点服务机构招标。入围银行均承诺一年期内定期存款利率基准上浮40%，一年期以上定期存款利率基准上浮30%，实现资金安全和效益最大化。

（王丽洁）

国家税务

【概况】 2016年，原海曙区域实现国税收入28.62亿元，同比增长45.73%。分税种看，增值税入库20.44亿元，增长7.57亿元，增幅58.89%。其中，营改增收入9.9亿元，增长8.38亿元，增幅551%；消费税入库0.25亿元，减少0.02亿元，减幅6%；企业所得税入库7.76亿元，增长2.15亿元，增幅38%；车辆购置税入库0.18亿元，减少0.73亿元，减幅81%。全年办理出口退税43亿元。

营改增改革全面推开，完成1.2万余户纳税人营改增改革。"金税三期"工程优化版（办税系统）上线。推进现代化税收治理体系建设。强化重点税源征管，为大企业提供政策辅导和权益保障。落实《出口退（免）税管理工作规范》，建立"事前零障碍，事后严监管"的出口退税管理新模式。

落实结构性减税政策，45335户企业享受小微企业增值税免税优惠政策，减免税额1.15亿元；享受企业所得税小型微利优惠的企业5423户，减免税额4482万元，户均减免税额8265元。调查原海曙区域内小微企业户数、经营情况、优惠政策享受情况，确保符合条件企业100%受惠。

推行二维码一次性告知、免填单、国地税办税窗口互相进驻等服务。深化"税苑360"综合服务平台建设，集纳税咨询、税法宣传、办税服务、投诉受理、需求管理等6项功能于一体。推行发票取消认证和增值税电子发票，推广电话购票、网络领票、网上发票代开等服务，方便纳税人办理涉税业务。与鄞州银行、平安银行等4家银行推进"税银互动"战略合作，建立征信互认和信贷融资信息共享机制。

落实行政审批事项目录清单。强化税收执法管理，规范税务行政裁量权和税务行政裁量基准，推行说理性税务行政执法文书。围绕税收热点问题和税收工作重点开展"七五"普法教育和全国第25个税收宣传月活动，及时主动公开公众关注度高、公益性

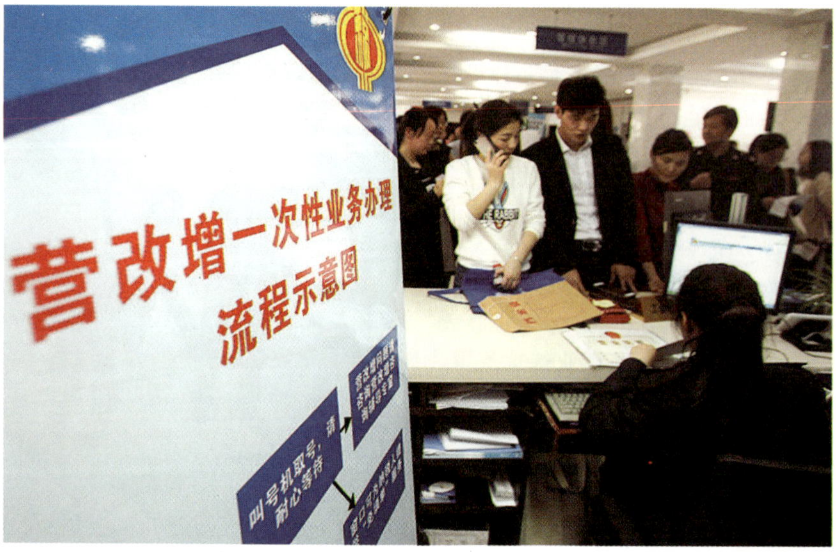

区国税局营改增业务办理窗口

强的热点信息。

【纳税信用评价】 2016年4月12日，区国税局完成全区2015年度纳税信用评价，共评价纳税人6134户。其中，A级纳税人1657户，占参评户数27.01%；B级纳税人2494户，占比40.66%；C级纳税人1874户，占比30.55%；D级纳税人109户，占比1.78%。其间，区国税局通过综合征管系统，实行国税、地税联合评价，经过自动采集、人工采集、外部门评价和历史评价等阶段，确定参评纳税人信用级别。

【营改增税收业务专题讲座】 2016年4月19日，区国税局、海曙地税局联合举办大企业俱乐部活动暨营改增税收业务专题讲座，5家全国千户集团企业和32家重点税源营改增行业、企业财务负责人参加。北京中翰联合税务师事务所律师郝龙航对四大行业（建筑业、房地产业、金融业、生活服务业）营改增税收业务进行专题授课，并为企业解答涉税疑问。

【全面营改增试点工作启动】 2016年5月1日凌晨，中国人民财产保险股份有限公司宁波分公司开出海曙区金融业首张增值税专用发票，金额为2046.22元，税额122.77元。随后，宁波国荟餐饮娱乐有限公司、宁波华侨豪生大酒店、宁波海曙通讯技术服务有限公司分别开出娱乐业、酒店业及信息业首张增值税普通发票，标志着海曙区全面营改增试点工作启动。至年底，原海曙区域内完成1.2万余户纳税人营改增改革。

【住宿业小规模纳税人自开增值税专用发票试点】 2016年8月1日始，海曙区开展住宿业月销售额超过3万元、或季销售额超过9万元的小规模纳税人自开增值税专用发票试点。住宿业增值税小规模纳税人可自行开具增值税专用发票，无需再到税务机关代开发票。试点当日，宁波居安人和酒店管理有限公司申请增值税专用发票50份，并完成税控设备发行和专用发票领用。

10月，“金税三期”优化版进行人海压力测试

【“金税三期”工程优化版上线】 2016年10月8日，老百姓大药房连锁（浙江）有限公司宁波店在区国税局办理507份发票核销业务，标志“金税三期”工程优化版在海曙正式上线运行。“金税工程”是现代化税收管理信息化系统，属于国家级电子政务工程。与原有综合征管系统相比，“金税三期”工程优化版更体现管理精细化、操作专业化、流程科学化，推动办税减负提速。

【个体工商户“两证整合”登记制度改革】 2016年12月1日，宁波海曙一味水饺店在区行政服务中心领到区首张“两证整合”营业执照，标志个体工商户“两证整合”登记制度改革在海曙区正式实施。“两证整合”改革是“三证合一、一照一码”登记制度改革向个体工商户的延伸。经营者填写“一张表”，向“一个窗口”提交“一套材料”，即可办理个体工商户工商、税务登记，实现工商、税务部门间个体工商户数据信息实时共享。

（虞海文）

地方税务

【概况】 2016年，海曙地税局实现各项收入78.62亿元，同比减收25.48亿元，下降24.48%。其中，组织地方税收收入44.93亿元，减收22.76亿元，剔除营业税累计实绩，同口径负增长14.63%；组织社会保险基金收入34.1亿元，增幅为2.93%。各主体税种中，营业税9.93亿元，下降58.5%；企业所得税9.16亿元，下降23.1%；个人所得税12.15亿元，增长9%；房产税2.7亿元，下降0.6%；土地增值税2.8亿元，下降70.8%；城市维护建设税2.17亿元，下降16%。

开展营改增税制改革，深化国税、地税征管协作，通过信息交换，修正所得税鉴定重复问题，在税务登记信息、外经证信息和税费种认定信息上实现数据共享，提高征管效率。区国税局累计代征地方税费683.53万元，海曙地税局代征收增值税2621.04万元，通过协同管理建筑服务企业外出经营税收，增加税款456.46万元。开展内控机制建设调查摸底，围绕核查六大类执法督察疑点数据，开展房产、土地两税及水利基金优惠事项等执法督查，规范税收优惠、企业所得税汇算清缴等后续管理。核准研发费用加计扣除金额1433.44万元、残疾人工资加计扣除金额117.88万元、居民企业股息红利金额282296.48万元、资产损失税前扣除金额30823万元、非盈利组织金额1975.09万元。加强案头分析力度，完成企业不动产、自然人股息个税及重点税源项目、营改增房地产和建筑业项目、资本印花税和不动产租赁等10个项目风险防控，应对418户次，完成379户次，入库税款及滞纳金合计超过8500万元。开展“便民办

5月3日，海曙地税局、区国税局开启“互设窗口”联合办税新模式

税春风行动”，开启国税、地税“互设窗口”联合办税新模式，成立“搜e税”纳税服务综合平台，开展大企业俱乐部第五个活动年启动仪式，通过“银税互动”为小微企业纳税人提供贷款2216余万元。贯彻落实各项税费优惠政策，减免营业税4386万元、房产税2193.67万元、土地使用税462.09万元、水利基金6540.93万元，小微企业优惠政策贯彻面达100%，减免税额692.5万元，高新技术企业企业所得税减免432.08万元。

【地税、国税实行风险交换评估】 2016年，海曙地税局与区国税局实施地税、国税风险管理合作，重点针对作废国税发票实行风险评估，实现国税、地税数据交互共享。共评估应对27户风险企业、501份国税鉴定的虚开发票入账冲减行为，所涉发票金额4500余万元。对其中17户重点企业所得税进行高级别查账比对，涉及以往年度入账发票的，要求企业按规定调增应纳税所得额；涉及本年度入账发票的，若企业能证明业务真实发生，允许其调换真实、规范发票入账列支。评估后，合计补缴企业所得税444.17万元，加收滞纳金22.86万元，调增应纳税所得额752.02万元。

【年所得12万元以上个人所得税自行纳税申报】 2016年1月1日至3月31日，海曙地税局完成2015年度年所得12万元以上个人所得税自行纳税申报。其间，受理申报人数7490人，同比增加738人，增幅10.93%。合计年所得额19.68亿元，应纳税所得额16.21亿元，应纳税额2.99亿元，已缴（扣）税额2.99亿元，其中补税1人，金额3.48万元。从申报分品目看，2015年所得额占年所得总额前三位的分别是：工资、薪金所得，占年所得总额85.36%；利息、股息、红利所得，占6.55%；劳务报酬所得，占7.35%。自行纳税申报从行业看，金融业占总申报人数的39.77%，同比略有下降。以收入区间统计人数，年收入12至20万元占总申报人数的58%，20至50万 元 占32%，50至100万元占总7.8%，100万元以上占1%。年所得额最高者为14998.01万元，其应纳税所得额为14054.81万元，应纳税额3321.48万元。

【“搜e税”纳税服务平台启动】 2016年4月27日，海曙地税局“搜e税”纳税服务综合平台正式启动。平台通过热线接入、平台运转、即时答复、事后回复、痕迹管理、电子监察等服务手段，基本满足涉税话务咨询全部内容。平台局内访问量9157次、外网“知识库”访问量1.69万次，热线电话接入总量超4万个，工单处理量超2万笔，日电话接听量最高达328次。

【地税、国税联合办税模式启用】 2016年5月3日，海曙地税局、区国税局正式开启“互设窗口”联合办税新模式。遵照国家税务总局《国家税务局和地方税务局合作工作规范（2.0版）》有关要求，区国税局8个全职能窗口进驻地税办税服务厅，海曙地税局3个征收窗口进驻国税办税服务厅，以“进一家门、办两家事、省三方心”的办税合作，实现服务相融，缩短办税耗时。

【海曙地税局天一分局成立】 2016年12月30日，海曙地税局召开天一分局成立大会。根据宁波市行政区划调整要求，宁波市地方税务局调整海曙地方税务局机构设置，设内设机构6个、直属机构2个及4个基层税务机构，分别为天一分局、集士港分局、石碶分局、鄞江分局。天一分局负责月湖、西门、江厦、南门、鼓楼、白云、望春、段塘等8个街道地方税务征管工作。

（王 婧）

12月30日，海曙地税局天一分局成立

综合经济管理

发展规划

【概况】 2016年，原海曙区域实现地区生产总值595.17亿元，同比增长6.5%，其中服务业增加值占GDP比重的81.6%。实现一般公共预算收入51.65亿元，下降20.7%。完成固定资产投资158.5亿元，下降9.1%。实现社会消费品零售总额644.74亿元，增长7.2%。市区居民人均可支配收入55127元，增长7.7%。城镇新增就业人员13924人。

按照市对区主要经济指标考核管理要求，完善全区经济运行监测预警联席会议制度，通过对全区主要经济指标月度、季度运行监测分析，掌握苗头性、趋势性问题，提出对策建议，每月开展全区经济主要监测指标分析。

根据宁波市行政区划调整方案，围绕新海曙功能定位和发展要求，形成《“城西崛起”战略研究》《新海曙区道路交通组织研究》《打造国内一流强区的路径研究》等思路性研究课题，展开《海曙区经济社会发展思路研究》研究课题。

【海曙月湖金汇小镇发展规划】 2016年6月，区发改局牵头完成《海曙月湖金汇小镇产业发展规划》。明确海曙月湖金汇小镇包括月湖西区和月湖景区，占地面积约350公顷，其中核心区约100公顷。发展定位是以新金融产业为核心，文化旅游为基础，众创产业为补充，金融、文化、旅游、社区“四位一体”融合发展的特色小镇。

海曙月湖金汇小镇鸟瞰效果图

【温室气体清单编制】 2016年7月，区发改局启动“海曙区2015年温室气体清单”编制。清单项目包括能源活动、工业生产过程、废弃物处理三大领域排放的二氧化碳、甲烷、氧化亚氮、氢氟碳化物、全氟化碳和六氟化硫6种温室气体排放量，通过监测数据，形成总报告及各领域分量报告。至11月，清单编制结束。12月，通过市发改委统一评审，相关数据录入浙江省气候变化研究交流平台。

（陈　璐）

物价管理

【概况】 2016年，区物检所在原海曙区域内设立价格监测点20个，各街道设有价格监督服务分站。价格监测人员每月对区内20家大型超市、商场、集贸市场进行价格监测，上报“海曙区超市民生商品价格信息采集表”“海曙区商品价格监督检查表”，累计组织巡查350人次，巡查单位200家次。通过“12345”市长热线、“12358”价格举报平台、网络平台等5类形式，受理物价投诉举报560件，办结率100%。其中，立案查处9件，罚款24300元。重大节日期间，高鑫国际广场、欧尚超市新星店等重点商贸企业物价平稳。开展涉企收费、教育收费、医药卫生价格、房地产价格等专项检查。通过新浪官方微博、政府信息公开网等媒体，向社会发布消费价格警示，增强消费者维权意识。

【电商企业价格政策服务】 2016年，海曙区优化电商企业价格政策服务。

举行价格政策培训，向宁波（国际）电子商务产业园内电商企业讲解价格政策、电商价格违法行为表现形式、法律政策等。发挥宣传平台作用，通过区发改局官网，每月公示和更新电商价格政策，使电商企业掌握本地最新价格政策法规。走访园区内淘宝、天猫、阿里巴巴、京东等平台上30余家电商企业，提供价格咨询服务，与企业建立沟通机制。

【国庆节前市场价格专项检查】 2016年9月，区物检所在国庆节前开展重大节日市场价格专项检查。重点检查大型商场、超市、农贸市场中粮、油、猪肉等食品货源供应、价格执行及餐饮行业收费情况。累计出动社会价格监督员30余人次，开展基本民生商品价格巡查3次，检查民生商品1000余件次。巡查发现明码标价欠规范等问题，督促其整改。

【南站区域餐饮企业价格检查】 2016年9月，区物检所以铁路宁波站、汽车南站周边及站内餐饮企业为检查对象，联合南站综管部门开展价格专项检查。重点检查餐饮企业经营中模糊标价、虚假标价、两套菜谱、以次充好、短斤少两等价格欺诈行为及设定最低消费额、捏造涨价信息、哄抬价格、牟取暴利等行为。检查中对未明码标价、标价不规范的餐饮企业实施告诫提醒，对3家存在违规行为企业进行处罚。

【停车收费专项检查】 2016年9—10月，区物检所对原海曙区域内内主干道路、人流量多的街区、旅游景点、学校、医院周边等地停车场开展收费检查。以减少国庆期间停车收费纠纷为重点，规范机动车辆停车收费行为。检查专业停车场15家、小区停车场37家，对6家停车场明码标价问题提出整改意见。

（陈　璐）

审　计

【概况】 2016年，区审计局完成一般审计项目16个、政府投资审计项目46个，跟踪审计重点投资项目33个。促进增收节支2.51亿元，核减资金2.33亿元，追回财政资金1800余万元。出具审计报告18份，递交审计专报28份，移送问题线索5起。17人被追缴违规所得款项8.9万元，追究刑事责任6人。审计发现问题266个，整改问题217个，促进25项制度出台完善。

4月19日，海曙区政府投资项目审计现场

审计区本级财政情况，将财政预算执行、部门预算执行、政府债务、投资项目建设管理和专项资金使用管理等纳入审计内容。根据审计情况提出《审计发现三大因素影响财政预算执行进度有待改进的建议》专报，建议重新安排使用结余资金。推动出台《海曙区预算单位预算支出执行进度考核管理暂行办法》，建议通过区公共资源交易平台开展公款竞争性存放公开招标。

审计7名领导干部经济责任履行情况，受市审计局委托，对1名领导干部实施交叉经济责任审计，审核离任交接区管领导干部10人。出具审计（结果）报告12份，发现问题28个，提出意见建议21条，递交审计专报8篇，查出管理不规范资金6965.93万元，促进财政增收1000余万元。实施《海曙区领导干部履职“不作为”负面清单》评价体系，引入“经责+巡察”模式，将审计发现问题整改工作和内部审计工作列入区目标考核。

审计政府投资竣工决（结）算项目46个，核减资金2.23亿元。对15个项目开展第三方检测，核减资金1083万元。跟踪审计保障性安居工程，开展有效投资专项审计调查跟踪，审计33个重点建设项目，重点审核征收（拆迁）协议、合同初稿、招标文件初稿、进度款、中间结算费用等资料142份，发出审计取证单147份、意见单14份，提出审计意见95条，采纳85条。

完成全区一级预算行政事业单位内部审计58家，其中48家单位成立内部审计机构。新增区科技局和区市场监管局两家单位作为内审成员单位。35家单位建立内审工作制度，22家单位建立内管领导干部经济责任审计制度。全区各单位共安排内审项目124个，同比增加12个。

建成政府投资项目审计管理系统、政府资金审计管理系统和经济责任审计管理平台，初步实现对公共资金、公共项目和领导干部履职情况审计监督全覆盖。通过系统和平台，发现常规审计难以发现或全面统计的问题30余个。通过专报反映、线索移送和督促整改，促进各单位完善制度11项，盘活存量资金4.36亿元。

《海曙区房管处原处长任期经济责任审计》项目获评省级、市级优秀审计项目。《关于国有企业经营管理要破解“三大问题”的建议》入选省审计厅“被采纳的建设性意见”表彰名单。全年完成课题或论文23篇，获省、市级表彰奖励16篇次。《海曙：打出制度管理“组合拳”，盘活沉淀财政资金》审计信息被国务院办公厅录用，《前移审计关口、科学实施设计审计》一文在《中国审计》杂志刊登。

【"三公经费"审计区域全覆盖】 2016年，区审计局组织原海曙区域内56家一级预算单位和下属65家二、三级预算单位，对2015年度公务支出、公款消费情况进行自查，同时区审计局抽查21家单位，实现预算单位"三公经费"审计全覆盖。此56家一级预算单位和65家纳入预算管理的下属单位2015年度"三公经费"、会议费、培训费支出分别为2821.19万元、447.35万元、1449.11万元，分别较2012年中央"八项规定"出台前下降61.06%、87.33%、57.01%。审计过程运用大数据，确定审计疑点，督促相关单位整改发现问题。

【五大重点民生项目审计】 2016年，区审计局在原海曙区域开展五大重点民生项目审计。具体包括：民生项目落地情况，审计分析建设进度较慢的学校扩建工程、垃圾中转站建设项目，提出加快项目建设的审计建议；医保资金和医疗废弃物处置情况，调查2014—2015年度医疗废弃物处置管理情况，了解内控制度、分类收集、环节处理、临时储存等流程，首次将民营医院纳入审计范畴，现场审计宁波海曙珈禾美容整形专科医院；学前教育政策落实情况，采用资料审查、凭证抽查和数据分析等形式，发现问题2个，提出整改建议2条；"五水共治"政策措施落实情况，通过跟踪反映，提升"五水共治"项目建设资金投入力度，工程建设进度加快；慈善资金管理情况，审计发现存在救助效益不高、救助支出计划性不强、资金存放管理和操作不规范等问题，通过专报形式，督导相关单位改善。

【全区审计工作会议】 2016年3月25日，全区审计工作会议召开。会议总结回顾"十二五"审计工作并部署2016年工作。"十二五"期间，区审计局共完成审计（调查）项目85个、竣工决（结）算项目179个，跟踪审计重点项目67个，提出意见建议2440条，采纳1713条，查处管理不规范资金259577.44万元，促进增收节支56706.32万元。区委副书记、区长吴胜武出席会议，区审计局局长严关忠作审计工作报告。区人大、区政协，区政府各部门、各直属单位及各镇乡（街道）主要负责人等70余人参加会议。

【出台政府投资项目审计办法】 2016年8月，海曙区出台《海曙区政府投资项目跟踪审计操作办法（试行）》（以下简称《办法》）和《海曙区审计局政府投资项目审计重要事项议事制度（试行）》（以下简称《制度》）。《办法》明确跟踪审计组织方式、各方责任、实施细则、考核办法等内容。《制度》对重要事项作出具体定义，按照事项金额和性质规定相应议事程序，明确重要事项议事应形成纪要并归入项目审计档案。

（马 路）

市场监督管理

综 述

【概况】 2016年，原海曙区域新设立内资企业5948家，注册资本（金）561.8亿元。新设立个体工商户7737家，资金数额5.5亿元。至年底，实有内资企业（含分支机构）39595家，注册资本（金）2505.7亿元。实有个体工商户45364家，资金数额21.3亿元。立案查处各类案件316件，罚没款总额628.26万元，其中罚没款万元以上大要案145件。受理消费者举报投诉"12315"热线5500件，食品药品投诉热线"96311""96317"热线428件，为消费者挽回经济损失近170万元。海曙区获评2016年浙江省商标品牌示范县（市、区）。

建立产品质量安全无缝监管机制，生产、销售齐抓共管，执法检查、产品抽检等工作同步推进。深化电商产品"落地执法"机制。完善执法办案联席会议、综合执法等机制。探索市场主体退出机制，注销或强制退出个体工商户452户。开展文明城市创建、无证无照经营集中大排查大整治、食品药品产品质量检查等专项整治行动，查处食品药品、民生计量、广告等领域中无证无照经营、不正当竞争、虚假宣传等大要案件，办理罚没款100万元以上案件1起、30万元以上案件1起、20万元以上案件3起、10万元以上案件4起。查处涉及美容整形行业的商业贿赂系列案件，加大类金融案件执法力度，获评全省"无传销县（市、区）"。

【网络订餐平台线下餐饮单位专项整治】 2016年3月21日始，区市场监管局开展为期一个月的网络订餐平台线下餐饮单位专项检查。出动执法人员423人次，检查"美团外卖""大众点评""百度外卖""口碑外卖""饿了么"等主要网络订餐交易平台和校园

4月，区市场监管局开展无证无照专项整治

周边等订餐集中区域的餐饮企业网络订餐单位213家。重点查处网络订餐平台对入网商户资格审核、商家公示信息与实际操作地址真实性、食品加工操作环境等方面问题。整改订餐单位82家，3家无证商家被取消外卖服务资格。

【无证无照经营集中专项整治】 2016年4月始，区市场监管局开展为期5个月的无证无照经营集中专项整治。至8月，排查经营户（单位）4832户，发现无证无照经营户523户，疏导登记415户，查处取缔108户，立案处罚31件。其间，重点开展快递业无证无照经营专项整治，检查辖区快递网点80余家，清理、规范无证无照快递网点33家。

【天一商圈获评省级放心消费示范区】 2016年10月，天一广场商圈获评“浙江省放心消费创建示范区”称号，成为全市唯一获此荣誉的商圈。自2008年始，区市场监管局在天一商圈的12家大型商场、卖场、超市试行“无理由退货”机制，购买的服装、鞋帽及家电等商品支持消费者7日内无理由退货。同时，建立消费维权“绿色通道”、商圈消费纠纷“和解点”227个，承诺3个工作日内快速解决消费纠纷。

（章萍波）

工商行政管理

【概况】 2016年，区市场监管局签发“一照一码”营业执照19339份，占在册企业的48.8%。在全市率先开展新设个体工商户“两证合一”登记，签发“两证合一”营业执照2517份，占新设个体工商户的69.9%。严控类金融企业准入审核，采取联系单内部流转形式，与各街道、区金融办建立联席会签制度，办理类金融企业登记141家。放宽住所登记条件，办理住宅商用企业230家、集中办公企业486家、无产权房屋登记企业610家、一照多址企业3家，合计占新设企业的37%。完成简易注销登记、药品行政审批等工作。开展营业执照邮寄送达、微信受理服务。

11月25日，区市场监管局在电商园区开展“重合同守信用”宣讲活动

推进公共信用平台建设，企业年报报送率为84%，个体工商户年报报送率为88%，外国常驻代表机构年报报送率为74%。开展企业信息公示抽查，对其中的488户进行二次专项抽查，抽查结果录入省企业信用信息公示系统；组织危化企业即时信息公示，强化信用约束。

原海曙区域内实体市场年成交额超过32亿元，网上市场成交额19.5亿元。发展特色网上市场，有在册的网上市场6家，居全市前列。开展“红盾网剑”专项行动，对43件网上交易违法案件进行立案。

加强消费者维权宣传教育，开展“3·15国际消费权益日”宣传活动，与“东方热线”论坛合作成立全市首家网络消费维权义工工作室。在银泰百货天一店、和义大道商圈、新华联商厦等大中型优秀零售企业推进消费维权“绿色通道”“放心消费示范区”创建。

【类金融企业监管】 2016年，区市场监管局加大类金融企业监管力度。3月始，结合注册登记系统和日常巡查信息，出动100余人次，排查全区投资理财与管理、资产管理、金融服务外包等行业企业30余家。根据排查结果，暂停核准在名称中含有“金融”“互联网金融”“网贷”“股权众筹”等易引起社会公众误解的企业。4月1日始，启用联合审核机制，与区金融办、各街道合作，采用联系单内部流转形式，由所属街道及区金融办审核企业股东情况、运营模式、资金落实，根据出具的注册登记意见作出决定。通过行政服务中心电子触摸屏，发布、滚动播放暂停类金融企业审批告示，引导理性投资。8月，开展类金融企业第二次专项治理，检查经营主体资格、许可证书、超经营范围等方面存在的问题。重点查处通过广播电视、报纸杂志、网络媒体、户外广告牌、印刷品等载体发布的非法投资理财广告。至年底，原海曙区域内查处广告违法案件29件。

【小微企业三年成长计划（2015—2017）】 2016年，海曙区“小微企业三年成长计划（2015—2017）”继续推动，重点通过商事制度改革、健全服务平台、创业梯队培育等措施帮扶小微企业。在宁波（国际）电子商务产业园众创空间和创客157创业创新园设立市场监管事务服务室，开展服务创业创新示范点建设活动。以新设企业培训为平台，服务小微企业，培训500余人。依托区内小微企业协会，搭建小微企业非公党建、银企融资、校企对接等平台。举办区小微企业信用融资洽谈会，帮助120家小微企业融资1.1亿元。

【全市首家消费维权网络义工工作室成立】 2016年3月14日，海曙区成立全市首家消费维权网络义工工作室——海曙消费义工贴吧。工作室由区消保委建立，成员包括各大企业售后联络员、消费维权民间义工等群体，由消费者维权方面的专业律师提供网上法律咨询服务，区消保委、区人民法院处理实际问题。消费者通过手机，将消费纠纷以图文形式发送至贴吧，后台受理48小时内维权义工团队给予帮助解答，实现消费者“线上线下”全渠道维权。

【依职权注销个体工商户】 2016年5月，区市场监管局对辖区应该注销而拒不办理的个体工商户，按照法定职权实施登记注销。3月始，各属地监管所按照6项标准实地核查依职权应注销的个体工商户，包括经营者死亡或丧失劳动能力、营业执照依法被吊销、被标记为经营异常状态长达两年以上等情形。其间，发放“依职权注销个体工商户情况核查表”，启动符合注销标准工商户批量注销工作，催告无效后，按照立案审批、核查、决定审批、听证、送达、注销录入、公示公告等流程强制退出。至年底，注销或强制退出原海曙区域内个体工商户452户。

【企业注册“三单互通”批管联动机制建立】 2016年9月1日始，区市场监管局建立登记注册、行政审批、行业主管相互衔接的“三单互通”批管联动工作机制。“三单”即办理告知单、信息告知单和监管反馈单。在办理登记注册时，区市场监管局出具办理告知单，告知申请人需要申请审批的经营项目和相应审批部门，并由申请人书面承诺在取得审批前不擅自从事相关经营活动。根据市场主体登记注册信息，形成信息告知单，告知同级相关审批监管部门，为监管部门实施事中与事后监管提供依据。相关行业主管部门在执行监管职责后，通过监管反馈单抄告区审管办和区市场监管局，并将监管结果记入企业信用体系，实现审批和监管有效衔接。

（章萍波）

食品药品监督管理

【概况】 2016年，区市场监管局开展食品安全隐患“三大一严”（大抽检、大排查、大整治，严打击）专项行动，出动执法人员3966人次，组织开展部门联合执法20余次，查处违法行为61起，完成实验室检验1093批次，合格率为97.71%。

海曙区创建国家食品安全城市试点和浙江省食品安全区试点。推进社会共治模式，完善基层三级食品安全网格基础建设，包括原海曙区域内8个街道大网格、76个社区中网格、576个居民小区小网格，三级网格员上报食品安全隐患信息超过2.5万条。7个街道建成食药科普宣传站，畅通基层食品药品安全科普宣传渠道。健全食品安全责任保险“公益+商业”并行新模式。试行学校食堂及重点保障单位食品快检室建设。在全省率先开展“透明商超”管控平台试点建设，10家大型超市应用该项监管技术。

强化药械保化生产经营企业日常监管，全面检查药械生产企业，强化药械风险管理，加强药械质量抽检，涉药单位监督检查和抽验覆盖率达90%。依法处置药品批发环节温度失控药品，防控质量安全风险。开展老年人保健食品安全保障专项行动、美容美发行业化妆品专项整治，保健食品生产企业主体责任报告执行率达100%，国产非特殊用途化妆品备案后检查率达100%。

【公益性食品安全责任保险推行】 2016年，海曙区推行公益性食品安全责任保险。保险以公益与商业并行模式开展。政府出资为区内特定对象购买食品安全责任保险，或由区内食品生产经营单位购买食品安全责任保险，政府给予相应补贴。至年底，原海曙区域内2304家单位全部参保食品安全公益险。宁波南都宾馆、宁波嘉和大酒店等105家食品生产经营企业签订食品安全商业险。

【小餐饮行业综合整治】 2016年，海曙区开展小餐饮行业综合整治。区市场监管局制定《申请从事餐饮服务单位事前指导办法》《海曙区小餐饮服务许可现场分类核查规范（试行）》等制度和标准，促进小餐饮行业规范化管理。在和义大道、高鑫国际广场、1844·和义艺术生活中心开展放心餐饮建设。开展食品安全量化分级管理，改造城隍庙、月湖区域小餐饮行业部分店铺厨房布局。检查原海曙区域内小餐饮行业卫生证、餐饮服务许可证持有情况，出动执法人员2286人次，检查餐饮单位855家次，下发整改通知书30余份，确保餐饮单位持证率达100%。评选示范早餐店、诚信个体户、小餐饮示范店，推动全区小餐饮整体转型升级。

【“透明商超”监管系统推广】 2016年，海曙区在大型超市试行“透明商超”监管系统。系统由区市场监管局开发，包括前端摄像设备、专网链路

8月，区市场监管局执法人员检查餐饮店从业人员健康证持证情况

传输、千里眼平台、手机APP等，集远程监控、信息发布、公众服务于一体。通过在商业超市收货区、仓储区、自制食品加工区、不合格食品销毁专区等消费者不易接触的地方设置视频监控区，以专线方式将监控点现场影像数据传送至监管平台，实现商业超市食品安全远程、实时、透明监管。消费者可以通过下载手机APP，查看食品经营现场动态实景。至年底，原海曙区域内10家大型超市应用该项监管技术。

【区首张新版“食品生产许可证”颁发】 2016年1月6日，区市场监管局向宁波中瑞太丰食品有限公司颁发实行“一企一证”制度后全区首张新版“食品生产许可证”。新版“食品生产许可证”有效期由原来的3年调整为5年，证书上增加企业社会信用代码、日常监督管理机构、日常监督管理人员、签发人和投诉举报电话等信息。消费者用手机扫描二维码可查询企业证书的正、副本和附页，了解企业详细信息。

【区食品安全工作会议暨国家食品安全城市、省食品安全区创建工作推进会】 2016年7月27日，海曙区食品安全工作会议暨国家食品安全城市、省食品安全区创建工作推进会召开。会议总结2015年全区食品安全工作在食品安全“一网五体系”建设、安全监管主动防控、智慧监管、全程管控等方面取得的进展。对“十三五”期间全区食品安全工作任务进行部署，要求强化食品安全“全链条”（生产、经营、消费、保障）管理，强化食品生产经营者首负责任制，建立基层食品安全智慧监管模式，实行食品生产安全责任底线制度。副区长周宏汉出席会议并讲话，区食安委成员单位分管领导、各街道负责人等60余人参加会议。

【学校食堂食品快速检测室建设】 2016年11月，海曙区在城区25所学校（幼儿园）食堂试点建设食品快速检测室。快检室以农贸市场快检室为原型，可检测农药残留、亚硝酸盐含量、瘦肉精含量等10余种常用快检项目。要求试点学校所有食品及原料必须先经快检室检测，再向学生提供。若快检结果显示食材存在问题，学校停用该批食材并由市场监管部门复检、第三方定量检测，如果定量检测仍有问题，则取消供货单位供货资格。

（章萍波）

3月23日，历史文化街区地方标准审评会议在月湖街道召开

质量技术监督管理

【概况】 2016年，区市场监管局检查特种设备使用单位308家次，处理投诉举报和信访25件，下发安全监察指令书15份，排除安全隐患108个，安全隐患整治率为100%。承接市质监局下放的行政许可事项，实行计量类行政许可五星级服务。

增加3家企业申报卓越绩效管理项目。选择博洋集团、GQY视讯公司、新容电气公司、福特继电器公司等企业开展“浙江制造”品牌建设。中宁化集团有限公司、宁波市政工程建设集团股份有限公司获2016年度“区长质量奖”。南天房产经纪公司、GQY视讯公司两个产品分别获市级、省级名牌。新增宁波御坊堂生物科技有限公司的“御坊堂”商标为国家驰名商标，天港大酒店“天港禧悦”商标为省著名商标。至年底，原海曙区域内企业有浙江省名牌12个、宁波市名牌7个；国家驰名商标6件、浙江省著名商标16件、宁波市知名商标33件。全年商标注册数10718件，占全市总量的7.5%，海曙区获评2016年度浙江省商标品牌示范区，浙江飞扬集团有限公司获评省商标品牌示范企业。

发布全国首个历史文化街区地方标准规范。13家企业主持或参与制定、修订47项国家标准和25项行业标准。开展民生计量领域巡查，检查计价器95台（件），监控加气站计量器具设备检定和安全情况，对4家大型超市开展定量包装抽样，立案4件，罚没款3万元。

【特种设备监管】 2016年，海曙区相继开展“蓝剑2号”、锅炉压力容器、电梯安全攻坚战等专项整治，推进特种设备安全大监管工作机制。开展自动扶梯使用安全问题隐患排查治理，检查8个住宅小区的老旧电梯，启动新小区电梯安全专项检查，解决新交付小区因装修引起的电梯安全问题。特种设备检验工作实行主动提醒、专人催报、督促整改，原海曙区域内特种设备定期检验率、整改合格率为100%，未发生人员死亡或重伤安全责任事故。

【计量专项检查】 2016年1月20日，区市场监管局开展金银饰品、贵重药材、餐饮等销售单位专项计量监督检查。面向第二百货商店、新华联商厦等商场及天一商圈的金银饰品店、饭店等单位，检查是否为国家法定计量单位、加工或销售商品时使用计量器具是否经过强制检定等情况。对不合格商铺现场开具整改通知书，要求商家在规定期限完成整改，确保消费者利益不受损害。

【全国首个历史文化街区地方标准规范】 2016年9月21日，海曙区发布《历史文化街区建设活动和服务管理指南》。管理指南自2015年12月始开始制定，内容涵盖历史文化街区管理中硬件设施、文物保护、消防要求、标识规定、绿化配备、旅游服务、民俗活动、商业规范、服务要求等方面，是全国首个历史文化街区地方标准规范。有别于现有商业街区标准，该标准更突出处理好经济社会发展和历史文化遗产保护关系，要求在保持街区原地名、传统格局和历史风貌基础上，形成与街区特色定位协调的自然与人文环境。

（章萍波）

统　计

【概况】 2016年，区统计局完成原海曙区域内1500余家企业报表审核指导，上门服务企业430家次，完成所有“四上”企业数据质量自查，实地核查和业务指导35个投资项目，累计发现并上报新项目、新上规企业121家。全年稽查企业48家，行政处罚2家。

根据宁波市行政区划调整变动情况，完成新海曙区企业名录库合并和动态维护，完成新海曙区GDP、规模以上工业增加值、固定资产投资、商品销售额等主要经济指标测算值。调查新划入各镇乡（街道）统计工作开展情况，基本实现统计数据过渡。完成1%人口抽样暨平安浙江满意度、企业发展环境、党风廉政满意度、城乡居民生活品质、农民工监测等各类调查17项。完成政府满意度、历史文化街区、为民办十项实事等民生热点问题调查。启动第三次全国农业普查，组建农业普查领导小组办公室和内设机构，完成普查小区清查摸底。完成全区文化产业指数、经济社会转型发展指标体系、党政领导实绩评价指标体系监测。建立文化创意产业、健康产业、“四上”企业经济效益评价及人才初创企业成长指数评价等统计监测体系。开展历史文化街区、文化产业园区等产业集聚区统计监测，分析和评价街区、园区生产经营规模。开展海曙区历史文化街区和创业平台统计调查。排查鼓楼沿、月湖和南塘老街三大街区商业体数量、发展情况，根据调查结果撰写历史文化街道课题报告。开展“四众”平台统计，排查区内“众创、众包、众扶、众筹”园区管理单位，汇总“大众创业、万众创新”支撑平台建设情况。

每月发布2期以上反映统计产品的《统计快报》、2期区长专表和1期《统计月报》，重点反映市对区“双底线”考核指标完成情况和重点产业、区块经营情况。拓展手机统计快讯内容，简要分析指标数据变动原因，通过历月、县（市、区）比较等图表，反映区域经济走势及排名。全年发送统计快讯5期152篇。

制定并落实“七五”普法规划要求。推动统计信用体系建设，17家单位获评宁波市统计诚信单位。完善统计稽查执法流程，建立统计法定权利义务告知制度、统计稽查“双随机”抽查制度。编写统计分析58篇，编印《“十二五”系列发展报告》《海曙区人才资源开发与区域经济发展实证研究》。

【文化产业统计管理】 2016年，区统计局加强文化产业统计管理。在统计中，强调名录基础性作用，要求街道在企业登记中将文化产业内容置前，拓展文化企业后备库资源。对街道文化产业实行“小升规”考核制度，核实街道规模以上企业中文化产业名单。调研指导文化企业，要求企业整改数据体现慢、不开票等问题，实现规模以上企业数据应统尽统。建立文化企业正负清单，区统计局每季度将增加值、绝对值、正增长量情况提供给宣传部门，提高对文化企业经营效益预警。每月汇总分析规模以上文化企业经营情况，通过手机版《统计快报》形式报上级部门，提高文化产业发展知名度。至6月底，新增规模以上文化企业6家，实现增加值0.51亿元。

【海曙月湖金汇小镇纳入日常统计监测】 2016年，区统计局将海曙月湖金汇小镇纳入日常统计监测范围。年初，统计人员上门培训小镇统计员，提升统计员上报数据水平。与小镇开展远程协同合作，通过划分小镇边界范围，查找原海曙区域内2万余家名录库企业地址，筛选出小镇内企业数量与基本情况。每季度汇总小镇核心区规模以上企业经济指标，监测小镇模式对企业经济发展影响。监测小镇基础设施建设进度，重点监测月湖西区一期、天一阁等投资项目数据。

【企业发展环境调查】 2016年2月，区统计局开展2015年度辖区企业发展环境抽样调查，选取200余家企业作为调查对象。调查内容为企业实际情况、政府服务满意度及企业需求。调查结果显示，区内84%的企业对上

11月30日，区统计局组织召开新划入镇乡（街道）工业统计座谈会

半年度本企业综合经营状况表示“良好”或“一般”，86.3%的企业对下半年度本企业综合经营状况表示“良好”或“一般”。企业经营压力增加，人力和融资成本刚性攀升，经营成本逐年累计攀升。房地产、外贸、建筑业等行业存在融资难、融资贵等问题，受外部需求减少和季节性需求变动等因素影响，以纺织服装行业为代表的传统行业下滑明显。

【新划入镇乡（街道）工业统计人员座谈会】 2016年11月30日，区统计局组织召开新划入镇乡（街道）工业统计座谈会。原鄞西片区9个镇乡（街道）工业统计人员参加。区统计局介绍全区整体经济运行情况及市、区工业经济形势，要求各镇乡（街道）在原有基础上继续做好工业统计，并部署全区工业统计任务。各镇乡（街道）介绍各地规模以上工业统计数据、“小升规”排查、规下工业抽样调查及特色工作开展等情况。

（俞露燕）

国土资源管理

【概况】 2016年，原海曙区域供地30宗，面积92.2公顷。其中，行政划拨21宗，面积48.6公顷；出让9宗，面积43.6公顷。实现土地合同出让金92亿元。开展剩余集体土地农转用报批工作，五江口闸及上游配套设施（海曙片）通过国务院批复，用地面积2.41公顷。

实现城镇低效用地再开发50.87公顷，盘活存量建设用地63.4公顷。续签临时改变土地用途协议3项，新签临时改变房屋用途协议3项，收缴土地收益金308万元。

完成用地预审、供地、复核验收、划拨补办出让、延期、压覆矿审查、改变土地使用条件等行政审批事项171件。设立不动产登记服务中心海曙办事点，启动抵押、查询等登记业务。

每周开展土地动态巡查2次，共出动巡查人员300余人次，未发现新增违法用地行为，实现储备土地和集体土地上违法建筑“零增长”。实行储备、被征地块“以租代管”管理模式。监督检查3个疑似违法土地图斑，共19.79公顷，经核查，所有图斑均为合法用地，违法占耕“零比例”。

结合“三改一拆”“五水共治”，普及国土资源法律法规和宣传。到沿河房产开发工地、沿河储备地块，向建筑公司和储备地块周边居民发放宣传资料70余册。在城区街道分发最新《国土资源知识100问》《不动产登记热点问与答》等“6·25”土地日宣传手册3000余份。向媒体、地产企业分发《海曙读地手册》，介绍海曙“十三五”区域发展情况。在《宁波晚报》《海曙通讯》刊登城中村改造成果、地块推介等内容，在宁波电台整点时段滚动播报区国土管理惠民事项。

4月18日，海曙国土资源分局在宁波市第十五中学开展“世界地球日”国土宣传活动

【收储地块管理】 2016年，海曙国土资源分局加强收储地块管理。3月初，清理沿河储备地块内居民临时种植问题，清理地块7个，总面积49公顷。4月始，排查辖区内49宗收储地块，对因城市建设项目需调整、宗数变更的收储地块，与被委托管理物业公司确认地块四至（东至、南至、西至、北至边界）范围。原望春桥獭兔场南侧地块、进士墙门东侧地块面积分别由原来的6.45公顷、8.02公顷，变更为2.44公顷、5.72公顷。33宗收储地块委托2家物业公司管理，结合每周2次动态巡查，监管物业公司拆除地块内所有搭建物。采用“以租代管”模式管理16宗收储地块，在保证及时供地前提下，临时利用部分可临时利用储备土地或被征土地。大沙泥街剩余地块、月湖市场1号、原新芝加油站等5宗地块设置成临时停车场，提供停车位近300个；包家河三角地、后塘河沿岸储备地块实施绿化养护，增加绿化面积4万平方米。8月，收储市青少年宫东南侧0.07公顷国有无主土地，规划用途为文化设施用地，供应给市青少年宫改扩建使用。11月，开展收储地块内围墙安全生产专项排查治理行动，望春桥进士墙门西侧、徐家漕路北侧等6个地块部分围墙存在安全隐患，修补围墙233米。

【市不动产登记服务中心海曙办事点成立】 2016年3月底，市不动产登记服务中心海曙区办事点在区行政服务中心设立。办事点负责承办不动产档案查询、抵押登记、抵押注销登记等业务。至年底，原海曙区域办理承办抵押登记19480件、抵押注销15038件、档案查询51138件，其中个人档案查询45800件、单位档案查询5338件。针对档案查询办理需求较高特点，增设“档案查询”窗口，分流办事群众。

【2015年度土地变更调查】 2016年

12月，海曙区完成2015年度土地变更调查。调查以2015年12月31日为统一时点，利用年度遥感监测数据，实地踏勘调查原海曙区域内3个遥感监测内图斑（面积9.74公顷）、监测外已农转用未备案图斑（面积18.17公顷）。其间，对每宗地块进行现场拍照取证，调取农转用、征地、供地资料，记录每宗图斑位置、用途、地类、现状、面积等信息。变更数据显示，2015年原海曙区域农用地转建设用地基本完成，城镇村及工矿用地、交通运输用地规模增加，仍存在地块闲置问题。根据调查结果，形成建设用地构成表、城镇数据汇总表、土地利用现状变更表、土地利用现状分析报告等数据资料。

【土地登记档案（1990—2015）数字化备案完成】 2016年12月，海曙国土资源分局完成原海曙区域内土地登记档案数字化扫描备案，录入档案305652卷7715167页，形成规模达2365GB的电子数据库。登记档案数字化自2014年6月启动，投入专项资金130余万元，内容为原海曙区域1990—2015年全部土地登记档案。前期全面清查所需录入的30万余卷土地登记档案，纠正不符合标准、规范的档案，重新编制目录、编补页码。按照纸质档案不少于15%、电子档案不少于10%、挂接不少于15%的比例进行全程质量抽查。

（蒋　冰）

安全生产监督管理

【概况】 2016年，原海曙区域发生各类生产经营性事故6起，死亡3人。其中，工商贸领域发生事故1起，死亡1人；道路交通领域发生事故5起，死亡2人。

出台《关于进一步完善安全生产监管责任体系建设的指导意见》。治理市级挂牌督办重大隐患单位1家、区级挂牌督办重大隐患单位3家。督促监管重点企业开展隐患自查自纠，安全隐患治理月报和季报率均达到100%。组织检查企业1603家次，整改事故隐患103个，行政处罚7起，收

6月5日，区安监局开展2016年全国安全生产月广场咨询活动

缴罚款77.78万元。保障重大活动、重点时段安全生产，在道路交通、危险化学品、“三场所两企业”（有限空间作业场所、涉及可燃爆粉尘作业场所、喷涂作业场所，船舶修造企业、涉氨制冷企业）、建筑施工、装饰装修等重点行业领域引入社会化服务、智慧化监管、专业化扶持等新模式，组织检查人员1270人次，检查企业（工地）1517家，发出警告76次，责令限期改正16次，查处违法非法行为116起，提升隐患排查和专项治理力度。

推进联合执法，对综合程度高的公共安全问题进行联合整治。加大事前执法处罚与隐患开始阶段治理力度，降低事故发生概率。完善企业安全诚信评价体系、黑名单制度，对查处单位予以黑名单曝光。围绕全国安全生产月、“七五”普法、职业卫生普法宣传等主题，开展知识讲座、应急演练、广场咨询等宣传活动，全年培训生产经营单位从业人员2.6万余人。

【重点行业安全隐患风险防控管理】 2016年，海曙区对重点行业领域安全隐患进行风险防控管理（原海曙区域）。建设施工领域，区城管局排查辖区内道路、桥梁、内河、排水等市政设施安全隐患，整治多处路面障碍物、破损井盖、河坎桥梁护栏缺失等问题。区住建局对55个房屋在建工地进行安全生产督促检查，组织检查42次，出动安监人员168人次，发现隐患623处，整改623处，整改率为100%。工商贸领域，区市场监管局开展餐饮住宿行业无证无照集中整治，排查经营户（单位）4832户，发现无证无照经营户523户，疏导登记415户，查处取缔108户，立案处罚31件。区经信局组织纺织服装、电子电器、造纸印刷、加工制造等工业企业开展联合大检查，组织检查150人次，整治隐患80项，现场整改隐患16项，责令限期整改40项，警告1起。区文广新局组织安全生产检查24次，出动检查人数98人次，检查文化娱乐场所、文保建筑88家次，发现安全隐患17处，当场整改17处。

【“智慧用电”安全管理】 2016年，区安监局开展“智慧用电”安全管理。4月，在段塘街道卫生服务中心、佛教居士林、广安怡养院、南苑饭店等多家单位试点，安装电报警装置30套。装置能实时监测用电单位电流、导线温度数据，监测结果以短信方式通知到单位相关人员，并根据对区域用电情况分析评估建立数据库。6月始，“智慧用电”系统纳入全区安全生产社会化服务体系，在重点行业领域加大推进力度，督查“智慧用电”所涉警告单位。至年底，原海曙区域内教育、卫生、民政、民族宗教和文化等消防安全重点行业领域共安装电报警装置235

套，沿街经营性场所及部分家庭安装独立式烟感报警器8500余个，查改隐患20余个。

【燃气安全管理】 2016年1月，区安监局查处存在安全隐患的瓶装液化气62瓶、煤气空瓶72个和煤气瓶运送车1辆，进行相应安全处理。2月15日，江厦街道组织志愿者、综治宣传员在辖区宣传安全用气，普及燃气法律法规知识。7月6日，区燃气安全使用委员会对高塘、莲桥、联丰3个燃气经营站及糖丰街、望童燃气供应点进行安全检查，抽查销售和送气上门服务中实名登记、燃气安全防范情况，776餐饮娱乐广场内个别单位私接燃气管网现象得到整改。11月，区安监局、区城管局等部门联合开展液化气安全专项整治行动，重点惩治燃气掺杂掺假、气瓶超期未检等违法违规行为。对存在燃气存储、经营、使用的企业实行信息登记建档，监督企业开展燃气安全隐患自查自纠。至年底，通报燃气安全排查中发现的隐患及整改情况，并利用报纸、网站、电视、广播等媒体平台公布，提升居民燃气安全使用常识。

【独立式火灾探测报警器安装】 2016年4月18日，望春街道在全区试点安装独立式火灾探测报警器，沿街300余家存在安全隐患的经营性场所及部分孤寡老人家庭免费安装首批报警器，共500个。该报警器为感烟型火灾探测报警器，可探测火灾时产生的烟雾，并发出报警。报警器由街道出资购买，物业工作人员、社区网格员协助用户安装，安装现场进行实物实效演示，讲解家庭防火、疏散逃生等安全知识。至年底，原海曙区域内各街道、商业店铺等共安装独立式烟感报警器8500余个。

【安全文化示范区域创建】 2016年5月始，区安委办以段塘街道丽园社区为试点，创建海曙区首个安全文化示范区域。根据街道商圈、工业企业、专业市场等产业集聚特点，目标建成“一所社区学校、一条文化街、一个宣教基地、一支志愿者队伍、一批安全文化企业”。8月19日，丽园社区安全宣教学校建立，共开课4次，教育学员160余人，并在社区商业街宣传安全文化知识、张贴海报等。成立区供用电宣教基地，占地0.86公顷，依托市电业局师资库，面向全社会提供公益性安全宣传培训服务，全年接待培训学员2100余人次。成立一支由46人组成的安全志愿者队伍，涵盖企业安全员、社区居民、物业保安、卫生院医生等，定期开展日常巡查，整改安全隐患30余个。创建安全文化示范企业，向区内8家企业投入资金10余万元，用于企业安全硬件设施完善及员工安全教育和技能培训。

6月28日，华侨豪生大酒店举行大型消防安全演练

【消防安全演练暨安全生产月宣传活动】 2016年6月28日，区安委办在华侨豪生大酒店举行大型消防安全演练暨2016年安全生产月宣传活动。副区长卜明长任总指挥，区安监局、海曙消防大队、区卫生计生局、各街道等20余家部门（单位）400余人参加演练，出动消防车2台、救护车1辆。演练场景为酒店6楼客房因用火不慎引发火灾，发现火灾后酒店启动应急预案，拨打火警电话。海曙消防大队接警后要求该单位组织力量实施自救，并调集力量前往火灾现场。与此同时，酒店按照消防安全要求，疏散300余名员工到指定安全区域，组织专职消防员对起火部位喷水灭火，控制火灾形势。消防力量到达后判断火灾状况，进行灭火，营救被困人员。大火扑灭后，进一步排查现场，确认火势不再复燃。演练结束后，消防人员结合酒店火灾特点向全体人员讲述火灾事故预防、控制措施及器材使用方法等内容，并开展灭火器演习活动。

（陶　琳）

行政审批管理和公共资源交易管理

【概况】 2016年，区行政服务中心受理原海曙区域各类审批事项48364件、服务事项66401件，办结率为100%，实际办理时限较计划时限提速89.14%。区公共资源交易中心实现交易537宗，成交金额426261.06万元，节约资金6501.19万元。其中，完成政府采购459宗，成交金额340845.09万元；工程建设55宗，成交金额75472.45万元；其他交易项目55宗，成交金额9943.52万元。

【公共资源交易管理】 2016年，海曙区建成公共资源交易管理电子招标系统、开评标远程视频监控系统和产权交易系统，实现工程建设、政府采购网上投标报名，标书下载、保证金收退和网上审核招标文件等电子化运作。建立公共资源交易联络员制度，将管理延伸到全区各部门、镇乡（街道）。在公共资源交易中心设立招投标专区，招投标项目免费进场，为企业节省招投标费用20余万元。制定《海曙区公共资源交易中心各功能区域管理规定》，完善开标区、评标区、监控室等交易服务区管理制度。出台实施《海曙区限额以下政府投资项目参建单位信用评价办法》，在区公共资源交易中心网站设置“企业信用评价公示”栏目并公示评价结果。拓展公共资源交易平台范围，区属中小学的体育场馆出租项目、区管文物和历史建筑文化产业项目、水质日常维护提升、前期物业等40余个项目纳入平台管理。

【行政审批制度改革】 2016年，海曙区推进行政审批制度改革。5月4日，召开行政审批制度改革暨基建项目联合审批服务推进会，总结2015年以来行政审批服务、基本建设项目审批服务工作。6月始，全区审批事项全部录入浙江省政务服务网，开通在线受理率达92.7%。行政许可事项实现两个100%，即许可事项科室集中率达100%，审批科长或负责人进驻中心率达100%。专项督查审批事项进度，审批事项中行政许可事项承诺提前率达90%以上，80%许可事项的承诺办理时限居全市前列。同时精简审批程序，至年底，88项许可事项实现“最多跑一次”，占总事项比例的54.59%。

“海曙区行政服务中心”微信公众号

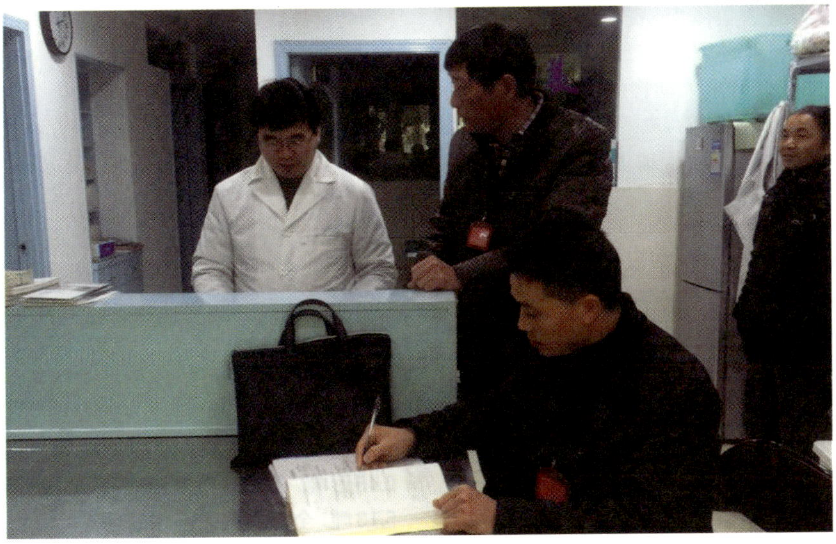

3月1—10日，区动物卫生监督所全面检查辖区内动物诊疗机构

【社区便民服务中心服务标准化建设】 2016年初，区审管办制定《社区便民服务中心工作规范》，对社区便民服务中心场所设施、岗位设置、人员要求、服务提供和服务管理等作出具体规范。9月，在南门街道柳锦社区便民服务中心试点。通过征求社区居民意见建议，修订6项内部管理制度、37项服务保障标准，形成标准导向化、规范系统化、服务优质化的社区便民服务中心标准化建设体系。12月，标准体系通过验收。

【行政审批微信平台运行】 2016年6月2日，“海曙区行政服务中心”微信公众号开通，公众号作为审批平台实现移动端运行。平台内设“服务大厅”“阳光政务”和“我的”3个板块。“服务大厅”板块提供事项办理信息查询、网上申请、进度查询，“阳光政务”板块可查询“四张清单”具体内容，“我的”板块提供咨询投诉。平台通过优化整合浙江省政务服务网功能，将政务服务网上135项行政许可事项、260余项其他审批事项全部纳入微信平台。至年底，原海曙区域内94.81%的许可事项可通过微信平台或政务服务网在线申报。

【区产权交易系统上线】 2016年10月18日，海曙区产权交易系统上线。系统涉及行政事业单位房屋出租项目、产权出售、转让等内容，运行时将项目公告发布、竞价成交、合同签订、后期履约等各环节纳入，实现产权交易活动及交易流程网上操作，国有资产交易后续跟踪。至年底，原海曙区域内505套公房出租处置纳入平台，174套行政事业单位国有（集体）资产在平台通过网上竞价和拍卖方式，实现产权在线交易，街道公房出租项目也进入平台交易。

【企业注册“三单互通”批管联动机制建立】（参见“综合经济管理”类目“市场监督管理”分目）

（蒋克虎）

农业经济管理

【概况】 2016年，原海曙区域有16家股份经济合作社，集体总资产135.95亿元、集体净资产18.65亿元，股东人均分红665元。

合作社收支、合同兑现、重大项目投资收益、在建项目进度等情况实行每月逐笔公开制度。委托审计机构，对16个股份经济合作社上年度收益及分配情况进行专项审计，涉及审计资金26.22亿元，其中所有者权益合计18.65亿元，未发现违纪违规资金和案件。抽查股份经济合作社权力清单运行情况。在原海曙区域范围内推行股份经济合作社权力运行审批管理平

例】 2016年7月，《宁波市海曙区商务楼宇流动人口健康促进探索》案例入选2016年国家流动人口健康促进典型案例，也是浙江省2016年唯一入选案例。案例立足原海曙区域实际，在国内首次就楼宇流动人口健康问题提出健康促进策略，并针对不同楼宇类型实行分类管理，将环境营造与健康教育相结合，探索新型楼宇健康管理模式。

（陈 颖）

人事管理

【概况】 2016年，原海曙区域招录机关公务员、事业单位人员143人。实行考核和考试相结合方式安置军转干部23人。办理干部职务任免48项，办理新录（聘）用手续95项。全面实施机关事业单位养老保险制度改革，完成试点单位机关（参公）单位养老保险征缴和退休（职）人员养老金社会化发放。推进职务与职级并行制度改革，34名公务员完成晋升，并建立常态化办理机制。完善事业单位人员调动（流动）公示机制，运用考核系统完成科及科以下干部年度民主测评、督查通报等工作。

【街道机关公务员职务与职级并行制度建立】 2016年，海曙区建立街道机关公务员职务与职级并行制度。5月，区人力社保局联合区委组织部、区编委办、区财政局出台《关于街道机关建立公务员职务与职级并行制度的实施细则》，正式实施职务与职级并行制度。至年底，原海曙区域审核符合职级晋升条件人员34人，其中晋升副处级17人，晋升正处级17人。

【机关事业单位养老保险制度改革】 2016年，海曙区机关事业单位养老保险制度改革全面实施。工作自2015年9月启动，原海曙区域142家机关事业单位的5735名在职人员全部进入浙江省机关事业养老保险主业务系统，实行在职人员基本养老保险和职业年金征缴。

【区公务员院地联合培训基地建立】 2016年4月18日，区人力社保局与宁波大学马克思主义学院签订院地合作协议，于该院建立海曙区公务员培训基地，在培训、资源、科研等方面建立长期稳定合作关系。

【机关事业单位退休人员基本养老金调整】 2016年9月，海曙区开展机关事业养老保险改革后退休人员基本养老金调整工作。此次养老金调整范围为2015年12月31日前已按国家和省有关规定办理退休、退职手续人员，原海曙区域574名机关参公单位退休人员和3332名事业单位退休人员完成统一调整。

（冯汝洁）

人才工作

【概况】 2016年，原海曙区域引进各类人才4361人，引进市“3315计划”海外高层次人才1人，4人获评市级“海外工程师”。入选宁波市企业技术创新团队2家，引进高端人才项目14个。

深化“回甬列车”“远程引才站”品牌，启动海曙区重点企业全国高校巡回招聘，举办大型电商人才对接活动，开展电商人才就业创业培训，帮助企业引进、培育人才。全年组织350余家企业参加各类人才供需洽谈会，推出岗位800余个，达成意向1400余人，培训千余人。

优化人才公共服务办理流程，落实人才住房保障、资格认证等相关政策。接收应届毕业生3382人，流动人员档案647本，办理鉴证2320人，落户37人。办理外国专家来华工作许可52例，新办、延期、注销、变更外国专家证业务127例；审核、审批各系列职称申报和初级审核审批，通过1445人，各项执业资格通过2196人；发放基础人才、创客人才购房补贴3014.83万元，配租人才公租房64套。

【重点企业全国高校巡回招聘活动】 2016年3月19日，海曙区重点企业全国高校巡回招聘活动在位于南京市的东南大学和河海大学举办，12家企业推出岗位50余个，高层次人才需求210余人。活动吸引高校应届毕业生近500人，达成意向130余人。同时，区人力社保局与此两所高校达成校地合作对接交流意向，为海曙区建筑类行业高素质人才引进开辟新通道。

【区第三届电商人才节暨2016大型电商人才对接活动】 2016年5月21日，区人力社保局联合宁波（国际）电子商务产业园管理中心、望春街道在电子商务产业园众创空间举办海曙区第三届电商人才节暨2016大型电商人才对接活动。57家企业提供各类岗位近千个，包括浙江大学宁波理工学院等5所本地高校应届毕业生及社会

5月6日，海曙区“百创汇海”高层次人才创业项目现场评审会举行

人才1000余人参加活动，与企业达成初步意向逾百人。

【2016“聚焦海蓝宝”海曙区人才创业创新月活动】2016年5月31日，“海蓝宝”众创社区启动运营，同时举办2016“聚焦海蓝宝”海曙区人才创业创新月大型活动。活动包括首届人才创业创新月启动暨重大人才项目签约授牌仪式、“百创汇海”人才引进工程系列活动和第三届电商人才节系列活动。中国人事科学研究院院长余兴安在启动仪式上作主题演讲，活动发布“海蓝宝”人才创业创新品牌，播放海曙区人才政策宣传视频。至年底，原海曙区域挂牌成立“海蓝宝”双创示范基地14个，开工建设“海蓝宝”人才开发广场，初步建成“海蓝宝”人才创业创新全域平台。

【电商人才培训活动】2016年5月，海曙区电商人才培训活动启动。区人力社保局邀请资深行业人士及教授级专家，面向区内电商企业在职员工和计划进入电商创新创业团队的人员，开设电商运营、团队搭建、品牌营销、采购供应链优化等10余个电商主题培训，惠及千余人。课程通过学员点单、培训机构申报和人才部门引导等方式设置，设置电商行业现状和发展趋势研究分析、上机实战及实操培训等，满足不同层次需求。

（冯汝洁）

就业创业

【概况】2016年，原海曙区域实现城镇新增就业13924人，城镇失业人员实现再就业7722人，困难人员再就业2585人，就业形势保持稳定。

开展“高校毕业生就业服务月”“333就业服务月”等专项援助活动。走访困难人员和“零就业”家庭1104户，帮助就业困难人员实现就业260人。举行“家门口”招聘会82场，招聘单位参加2774家次，初步达成意向2717人次。发放就业创业及培训等补贴1.9亿元，惠及507家企业和27314人。

启动海曙区大学生“金种子”计划，举办“大学生创业政策进校大型宣介”“海曙区首届大学生创业大赛”等活动，评定命名“海曙区大学生创业园”12个，推进“海曙区协同创业圈”建设。扶持大学生创业实体1361家，增加大学生创业人员525人，区内各综合型大学生创业园入驻企业达170家。

建设“匠心汇海”现代服务业技能人才工程，举办5场技能竞赛。5家企业获评技能人才自主评价示范企业。规范民办职业培训学校日常管理与监督机制，全年培训城乡劳动者约1万人，其中高技能人才培训3742人，发放职业技能培训补贴近278万余元。

【大学生就业创业“金种子”启航计划】2016年，海曙区启动大学生就业创业“金种子”启航计划。其间，举办全区首届大学生创业大赛，评定区大学生创业园12个，出台《海曙区大学生创业园建设管理办法》。至年底，原海曙区域增加大学生创业实体525家，扶持大学生创业企业1361家。

【“匠心汇海”职业技能系列活动】2016年，海曙区组织开展“匠心汇海”职业技能系列活动。具体包括承办全市“技能之星”育婴师职业技能电视大赛、宁波“技能之星”形象设计职业技能电视大赛、宁波美妆职业技能大赛、宁波青年跨境出口B2C（直接面向消费者销售产品和服务商业零售模式）竞技创业大赛，举办海曙区首届美发职业技能大赛，此5项赛事吸引520余人报名。其间，还举办美容美发、餐厅服务、保育、计算机操作、保健按摩等各类职业技能培训，培训技能人才逾万人，培训企业培训师200人。海曙区获评全市现代服务业“最佳创新奖”。

【市首届家政集市暨女性家庭服务人才就业创业对接会】2016年2月20日，宁波市首届家政集市暨女性家庭服务人才就业创业对接会在宁波市保姆市场开市。活动在市商务委、区人力社保局、区妇联、宁波81890求助服务中心支持下，由宁波市成功育婴职业培训学校承办。活动汇集家政创业项目、家政培训服务、家政就业岗位等资源，家政从业人员和雇主250余人参加，现场达成协议10余单。市商务委消费促进和市场运行处处长尹秋平、市就业管理局局长钱义林、区人力社保局局长陶宁、区妇联主席葛巧英等到现场参观指导。

【高校毕业生就业服务月活动】2016年9月8日至10月7日，区人力社保局开展2016年高校毕业生就业服务月活动。活动以“实名登记精准服务，帮助更多高校毕业生就业”为主题，期间举办专场招聘会4场，发布岗位信息528条，提供职业指导191人次，提供就业见习岗位118个，参加就业见习111人；开展就业援助191人，实现就业85人。

（冯汝洁）

劳动关系

【概况】2016年，原海曙区域开展“双爱”（企业关爱职工、职工热爱企业）系列活动，与规模以上企业签订“双爱”约定书活动，启动首批“双爱”示范企业和“双爱”示范街道（园区）评比。推进工资集体协商精细化，签订区域性集体合同和工资集体协议273份，签订行业性集体合同和工资集体协议9份，签订集体合同和工资集体协议企业524家。

受理群众投诉举报案件247件，清理拖欠农民工工资2197.36万元。开展专项执法行动8次，日常巡查及专项检查用人单位6661家，纠正和查处违法违规行为245起，责令支付被拖欠、克扣工资236万元。全省首个欠薪预警信息系统上线。

设立全市首个品牌调解工作室，仲裁派出庭增至3个。全年处理劳动人事争议案件355件，结案率达96%；调解中心立案受理劳动人事争议案件109件，基层调解率达72%。重大集体劳动争议案件在法定期限内结案率达100%，劳动争议仲裁案件同比下降32.7%，调解案件下降53.4%。

【区首届“双爱”知识抢答赛】2016年3月，区人力社保局联合区总工会、区工商联，通过微信公众平台举办全区首届“双爱”知识抢答活动。活动以“双爱”为主题，涉及《中华人民共和国劳动法》《中华人民共和国劳动合同法》《中华人民共和国社会保险法》《中华人民共和国就业促进法》《中华人民共和国劳动争议调解仲裁法》《劳务派遣暂行规定》《中华人民共和国工会法》等法律法规，分4期进行，历时一个月。全区企事业单位2000余人参与，360人获奖。

【全市首个个人劳动调解工作室成立】（参见“镇乡街道”类目“鼓楼街道”分目）

【用人单位遵守劳动用工和社会保险法律法规情况专项检查】2016年6月20日至8月2日，区人力社保局在全区范围内开展用人单位遵守劳动用工和社会保险法律法规情况专项检查。重点检查招用农民工较多的建筑、餐饮服务等劳动密集型企业和个体工商户，督促企业与劳动者签订劳动合同，落实社会保险法律法规与劳动者工资支付，特别是女职工和未成年特殊劳动保护、禁用童工、劳务派遣单位和用工单位遵守劳务派遣法律及夏季防暑降温措施等各项劳动保护法律法规落实。其间，检查用工单位184家，涉及劳动者人数3547人次，处理劳动用工和社会保险违法行为41起，其中未依法参加社会保险登记3起、未依法缴纳社会保险费6起、未签订劳动合同10起、拖欠员工工资22起。活动期间发放各类法律法规宣传资料200余份。

【2015年度劳务派遣单位年检】2016年6月，海曙区2015年度劳务派遣单位年检完成。检查劳务派遣单位55家（经营许可44家、劳务派遣经营业务备案11家），同比增加16家。全区2015年度劳务派遣业务收入总额约20亿元，其中劳务派遣管理费收入约3754.52万元。涉及用工单位741家，长期派遣员工18134人。按行业分，劳务派遣在居民服务、修理行业领域较多，采矿业、建筑业、房地产业及科学研究和技术服务业所占比例较低。

【群体性欠薪预警信息系统运行】2016年7月1日，海曙区群体性欠薪预警信息系统上线运行。用人单位欠薪预警管理包括欠薪预警模型建设、应急处置管理、数据化决策分析等，通过计算机“大数据云计算”智能分析，对用人单位劳动保障等级实行A、B、C、D动态化管理，并根据系统设定的触发条件自动触发，实现群体性欠薪红、橙、黄“三色”预警，为有效减少群体性欠薪事件的发生提供信息决策支持。系统由区人力社保局于2015年开始研发，是全省首个群体性欠薪智能预警系统，在望春街道先行试点，随后实现原海曙区域全覆盖。至年底，原海曙区域内利用系统信息处置群体性欠薪案15起。

6月28日，海曙区群体性欠薪预警信息系统建设座谈会举行

【区劳动保障监察大队获评2016年度全国清理整顿人力资源市场秩序专项行动先进单位】2016年7月11日，区劳动保障监察大队被人力资源社会保障部、国家工商行政管理总局表彰为“全国清理整顿人力资源市场秩序专项行动先进单位”。2—3月，区劳动保障监察大队联合市劳动保障监察支队、海曙公安分局、区市场监管局等，组成6个工作组，检查单位180家，查处以中介为名谋取不正当利益案件1件，发出限期整改指令书3份，依法责令退赔押金、中介服务费等1.3万元。其间，还召开现场咨询和招聘活动4场，发放宣传资料2000余份。

【工伤事故多发单位安全执法检查】2016年10月，区人力社保局、区安监局、区卫生计生局、区总工会组成联合检查组，对2015年度10家工伤事故多发单位进行安全执法检查。检查采取听取汇报、查阅资料及台账、实地勘察作业现场、现场询问等举措，重点在劳动合同和协议签订、工伤保险全员参保和赔付、开展工伤预防、工会组织工伤预防、安全生产责任制等15个方面进行检查。发现未张贴警示标识等安全隐患2处，发现3家企业未建立安全生产档案，部分企业工会组织未有效开展工伤预防。至月底，存在隐患单位整改完成。

（冯汝洁）

资料链接

宁波“3315计划”：指引进并重点支持一批海外高层次人才来宁波创业创新，力争其中30名列入国家“千人计划”、300名列入省海外高层次人才引进计划、1000名列入宁波市海外高层次人才引进计划，新增海外创业创新人才5000人。

“零就业”家庭：同一城镇户籍家庭中（指夫妻或父母子女关系，不含1人户籍家庭）在法定劳动年龄内有就业愿望和就业能力的人员均处于失业状态，无经营性、投资性、赠予性等经济收入且生活困难家庭。

科技·教育

科技创新与高新技术产业

【概况】 2016年，原海曙区域限额以上科技服务业增加值14.62亿元，增长率14.2%，增加值总量位列全市各县（市、区）第一。新增国家高新技术企业3家，累计总数15家，高新技术产业增加值2.51亿元。规模以上工业企业R&D（全社会研究与试验发展）经费占规模以上工业主营业务收入比重的2.3%。编制区科技计划2批16项，涉及高新产业、科技服务业等领域，经费达562.64万元。通过科技招商，引进企业3家，累计注册资金1100万元，其中500万元以上3家，引进大市外内资1161万元。

制定《关于推进“中国制造2025”工作的若干政策意见》，加大对高新技术等战略性新兴产业扶持力度，鼓励企业应用新技术、开发新产品、培育新业态，实现转型升级。制定《海曙区众创空间（创客服务中心）认定管理办法（试行）》，出台培育发展众创空间意见措施17条。落实高新技术企业所得税优惠、企业技术开发费加计扣除等税收优惠政策。追加原海曙区域科技信贷子风险池投入250万元，风险池总规模达500万元。向创新型初创企业提供总额不超过5000万元的非抵押、非担保科技信贷服务，全年发放信用贷款380万元。制定《海曙区科技创新券推广应用实施办法》，发放科技创新券155.35万元，助推创新型初创企业创新发展。

引导社会力量投资建设或管理运营众创空间等新型孵化载体，建成或在建面积达14.4万平方米，社会资本主导运营的众创空间13家，其中国家级1家，下达众创空间补助资金100万元。

承办第五届中国创新创业大赛宁波赛区团队赛暨“海曙杯”创新创业计划大赛，举办中国宁波“海蓝宝”众创空间发展论坛。组织14家企业申报宁波市智团计划创业项目。推进“春苗计划”“领航计划”，强化科技企业后备梯队建设。2016年获市级及以上各类科技计划项目41项，获上级科技部门资金支持1077.01万元。

表8　2016年原海曙区域科技创新服务机构及平台建设运行情况

机构或工作名称	主管部门	主要内容	2016年工作成果
海曙区网上技术市场	区科学技术局	技术难题发布、科技项目合作等	发布技术难题8项，签约6项，技术交易额893万元。
宁波节能环保科创园	区科学技术局	集设计、研发、生产、推广、销售、工程安装、展示交易为一体的科技服务业园区	入驻企业18家，注册资金5800万元。园区实现销售收入1.3亿万元，缴纳税收290万元。

表9　2016年原海曙区域国家高新技术企业一览

序号	单位名称	认定年份	序号	单位名称	认定年份
1	宁波星成电子股份有限公司	2016	9	宁波诺可电子科技发展有限公司	2012
2	宁波亿林节水科技股份有限公司	2016	10	宁波赛姆特电气有限公司	2011
3	宁波世纪鼎顺商用设备有限公司	2016	11	宁波纺织仪器厂	2010
4	浙江中欣动力测控技术有限公司	2015	12	宁波市教学仪器有限公司	2008
5	宁波市中迪工贸有限公司	2015	13	宁波金网信息产业有限公司	2008
6	宁波波尔管业开发有限公司	2014	14	宁波GQY视讯股份有限公司	2008
7	宁波御坊堂生物科技有限公司	2013	15	宁波福特继电器有限公司	2008
8	浙江安生信息科技有限公司	2013			

【第五届中国创新创业大赛宁波赛区团队赛暨“海曙杯”创新创业计划大赛】 2016年3月，第五届中国创新创业大赛宁波赛区团队赛暨“海曙杯”创新创业计划大赛启动。大赛面向全球创客人才，参赛项目覆盖新能源、新材料、移动互联等领域，获胜团队可以获得奖金、天使投资，落户免一定时期内众创空间房租，部分税收返还，创新项目优先向省级、国家级科技创新评比推选等。大赛组委会收到来自新加坡、德国及国内北京、上海、杭州等地创新创业团队项目200余个，其中市外团队项目占比逾四成。7月，吉丰科技公司、一元创新公司等15支创客团队获奖，获“海蓝宝”众创空间优先入驻权。

【“助力创新驱动——创新驿站”项目合作交流座谈会】 2016年4月25日，区政府和省科协联合主办“助力创新驱动——创新驿站”项目合作交流座谈会，省科协学会部部长谢牧人率学会、企业代表团参加。座谈会关注互联网产业、跨境电商等议题，介绍助力工程创新驿站，推荐技术成果项目，开展企业交流讨论，探讨海曙区互联网产业发展与合作对接。市电商产业园管理中心、区科协、区电商协会相关负责人和部分企业代表出席座谈。

【“海蓝宝”众创社区建设启动】 2016年5月31日，宁波“海蓝宝”众创社区工程建设启动，中国人事科学研究院院长、研究员余兴安，市委常委、组织部部长杨立平等为“海蓝宝”众创社区揭幕。众创社区由宁波工程学院翠柏校区转型升级而来，占地约20公顷，可用建筑面积4万余平方米。社区以宁波首个高端全生态链创业社区为建设目标，按照高端培训平台、高端研发平台、高端创业平台和继续教育服务中心的布局建设，建成汇聚高端人才并集创业、居住、科研、休闲于一体的全生态链众创社区。

【“海蓝宝”众创空间获评国家级】 2016年10月，科技部发布第三批国家众创空间名单，宁波工程学院“海蓝宝”众创空间入围，成为国家级众创空间。“海蓝宝”众创空间由宁波工程学院校翠柏校区转型升级而来，以“孵化科技型创业企业，助力宁波制造走向宁波智能”为目的，目标建成从苗圃、孵化到加速的创业全生态，包涵政、产、学、研、金、介、贸、媒的服务链全生态和工作、居住、商业、休闲生活聚集的全生态高端开放式众创空间。自2015年3月启动国家级众创空间创建，2015年年底获评为市级众创空间。

（王晓蓓）

知识产权保护

【概况】 2016年，原海曙区域加强区域知识产权管理，实施发明专利增量提质服务工程。全年专利授权数868件。其中，发明专利授权208件，同比增长17.5%；发明专利申请量788件，增长79.9%。实施知识产权优势企业培育工程，2016年2家企业申报市级专利示范企业、2家企业复审市级专利示范企业。GQY视讯公司“一种在拼接显示屏上实现组合图像显示的方法”和御坊堂“一种防治支气管哮喘、降血糖、健脾益肾的中药制剂及其制备方法”通过市发明专利产业化项目结转申报。参与2016年“打击假冒专利行为”专项行动中舟山、海曙的明察暗访专项检查。动员区域内符合条件的企事业单位参加各种项目评选。在宁波市第十二届发明创新大赛中，海曙区申报发明创新奖18项、设计创新奖8项，共26项。其中，9件专利在市发明创新大赛中获奖，“轨道综合测试仪”（ZL201520032700.9）等8个项目获发明优秀奖，“摇杯”（ZL201230521811.8）项目获设计优秀奖。

表10 2016年原海曙区域专利申请授权情况

单位：件

年度	专利申请量				专利授权量			
	总量	发明	实用新型	外观设计	总量	发明	实用新型	外观设计
2016年	1668	788	568	312	868	208	418	242

【9个科技项目获市级发明创新奖】 2016年1月7日，第十一届宁波市发明创新大赛获奖名单公布，海曙区9个项目获奖，其中企业7项、个人2项。中欣动力公司“流动油液金属颗粒在线监测传感器”“一种基于布里渊散射的分布式光纤传感装置”、中迪工贸公司“小型塑料封口机”、诺可电子公司“光纤围栏报警系统在恶劣天气条件下防止误报的方法”4个企业项目和来燕学“一种防治松材线虫农药及其注射方法”、郑永如“折叠自行车”2个个人项目获发明优秀奖。新乐电器公司“洗衣机”“洗衣机面框”、御坊堂“包装盒（东方素养大盒）”3个项目获设计优秀奖。

【御坊堂获评省级专利示范企业】 2016年1月，宁波御坊堂生物科技有限公司被省知识产权局、省经信委认定为2015年浙江省专利示范企业，有效期3年。御坊堂主要研发和生产具有高科技、高品质、高附加值的天然、营养、功能性健康产品，先后获“市级工程技术中心”“省级高新技术企业研究开发中心”等称号。至年底，公司获国家授权专利66件，并向国家食品药品监督管理局申报保健功能食品31种。

【“专利侵权判定及保护策略”专题培训】 2016年10月，区科技局举办“专利侵权判定及策略保护”专题培训，邀请市中级人民法院知识产权庭法官马宁现场授课。培训结合专利侵权判定的案例，从近年来专利侵权表现、问题、保护等方面入手，解读专利侵权判定及保护策略。区内知识产权协会会员企业、科技型企业等60余家代表参会。

（王晓蓓）

科技项目与科技成果

【概况】2016年，原海曙区域获市级及以上各类科技计划项目立项41项，获上级科技部门资金支持1.07亿元。在网上技术市场及产学研服务平台发布企业技术难题8项，签约6项，技术交易额893万元。实现技术合同交易额2.36亿元，经区科技局认定的技术合同登记237个，技术合同登记额6283.29万元。出让方以企业和高校院所为主。电子信息技术领域、先进制造技术领域和新材料及其应用的技术交易合同成交额位居前三位。

开展"科技惠企"专项行动，组织人员进企业宣传科技政策、项目，开展技术难题、科技合作项目征集，为企业提供政策、项目、融资等服务。利用各类科技政策培训会，构建面向企业领导、研发人员、财务统计人员的培训机制，提升科技服务质量。实地调研走访企业57家次，征集技术难题11项。依托网上技术市场和产学研创新服务平台建设，组织"2016宁波·上海科技周"、中国杨凌农博会科技洽谈等科技合作活动，走访西安交通大学、上海交通大学、西北农林大学、西北工业大学、中科院上海分院等科研机构，开展科技交流。组织企业参加浙江省网上技术市场活动周、2016中国（宁波）高新技术成果交易洽谈会、2016中国新材料与产业化国家论坛等科技交流活动、"海蓝宝"众创空间高峰论坛等活动。

【6个项目获国家科技部立项】2016年1月，《科技部关于下达2015年度国家星火计划火炬计划项目的通知》公布，海曙区有6个项目列入，分别是宁波赛姆特电气有限公司"F24-8S工业无线遥控器"、宁波GQY视讯股份有限公司"云处理分布式拼接显示系统"、宁波波尔管业开发有限公司"新型高压电力电缆用高强度聚丙烯套管"、宁波诺可电子科技发展有限公司"稠油热采井光纤温压测试系统产业化"、浙江中欣动力测控技术有限公司"风电机组润滑磨损状态智能监控系统产业化"、宁波亿林塑胶电器有限公司"一体化节能节水型灌溉定时控制器产业化"。这是海曙区继2014、2015年度获14项国家科技立项后又一成果。

【"2016上海·宁波周"沪甬两地科技合作交流洽谈会】2016年5月，"2016上海·宁波周"沪甬两地科技合作交流洽谈会召开，经过上海交通大学、同济大学、上海应用技术大学等专家重点推介创新项目成果及企业技术难题"一对一"对接交流后，海曙区达成初步合作意向2个。区科技局与上海应用技术大学关于研究机构共建进行前期接触，宁波鑫义信息科技有限公司与上海酆泽信息技术有限公司签订"智慧商圈管理平台开发"项目技术交易合同。

6月30日，中国·宁波"海蓝宝"众创空间高峰论坛举行

【御坊堂与浙江省中药研究所签约合作】2016年10月27日，宁波御坊堂生物科技有限公司与浙江省中药研究所合作签约仪式举行。市科技局、省中药研究所、区科技局、三生（中国）健康产业有限公司等单位人员出席。御坊堂与省中药研究所自2013年始已有合作意向，此次签约计划在未来5年内以"精益中药、道地药材"为理念，共同开发8款具有全新功能的中药保健品，并探索科研仪器设备共享、研发人员互派、科技成果共同转化的合作模式。

（王晓蓓）

科普工作

【概况】2016年，原海曙区域重建、新建标准科普画廊7座。白云街道、段塘街道建成太阳能科普画廊4座，城区累计16座。以科普报告进社区、进学校、进企业、进机关为活动形式，围绕"节约能源资源、保护生态环境、保障安全健康、促进创新创造"等主题，走进望春街道后塘河社区、恒美口腔医院、区总工会、段塘中学等25家单位。

实施科普服务平台信息化工程，加强科普短信、微信、微博等网络平台利用。发布微信订阅号文章230余篇、微博650余条、科普短信250余条，读者2500余人。"海曙科普"网站点击率640余万人次。在原海曙区域内300块LCD显示屏上投放科普公益广告。望春街道清风社区、段塘街道南苑社区、西门街道龙柏社区创建为省级科普示范社区。南苑社区科普"加油站"获评市级优秀基层科普场馆。

南苑社区科普一条街、尚善口腔宣教科普图书、尚善口腔科普讲座基层行、节能环保大篷车入校4个项目入选市科协2016年科普资助项目。区青少年宫举办全区中小学生第12届头脑奥林匹克校间挑战赛第一期活动。联合区教育局举办全区青少年科技创新大赛。翰香小学获评2016年度青少年科学调查体验活动推广示范学校；在第30届省青少年科技创新大赛中，海曙区获一等奖1个、二等奖1个；在市青少年科技创新大赛中，海曙区获一等奖2个、二等奖5个、三等奖5个。指导区医学会召开第九次会员代表大会，选举产生第九届理事会，完成换届。

【两家单位获批市级科普教育基地】 2016年1月，区青少年宫和宁波海曙尚善口腔医疗科普教育基地创建为2016—2020年度宁波市科普教育基地。区青少年宫是全市青少年儿童学习、交流科学原理，发现、体验科学现象的重要基地。设有台风体验馆、地震体验馆、飞行模拟基地、载人航天模拟发射等科技展馆37个，先后举办“创新电路搭建”“机器人奥林匹克运动”等青少年科普实践教育活动，并组织学员参加各类科技竞赛，获多个奖项。宁波海曙尚善口腔医疗科普教育基地作为宁波唯一一家口腔科普教育基地，以服务宁波口腔事业、普及口腔知识为宗旨，针对不同人群，开展形式多样的口腔科普活动。

【小学生科技夏令营活动】 2016年7月，区科协联合区教育局、青少年科技辅导员协会、区青少年宫，组织11所学校53名学生走进奉化区滕头村，开展小学生科技夏令营活动。学生们参观雨林植物园、四季瓜果园、盆景园和明清石窗馆，了解滕头村“全球生态500佳”“世界十佳自然村”的生态特色，扩展科学知识，丰富业余生活。

【2016年全国科普日活动】 2016年9月20—23日，海曙区举办2016年全国科普日活动。区科协联合区医学会、区中医药学会、尚善口腔医疗公司、节能环保园企业科协等单位，以“创新放飞梦想，科技引领未来”为主题，走进西门街道胜丰社区、南门街道马园社区、江厦街道天封社区和鼓楼街道秀水社区，首次将3D食品打印机和VR（虚拟现实技术）体验设备等高科技产品介绍给社区群众。

【区科协获评全国科普工作先进集体】 2016年12月13日，海曙区科协被科技部、中央宣传部评为全国科普工作先进集体。区科协建设多个区级科普阵地，完成太阳能科普画廊建设，发挥中老年健康体验科普馆、万安社区科普生活馆、区青少年科技馆等科普场馆作用；推进南苑社区科普一条街、北郊社区节水节能科普馆等项目。推进公民科学素质和科普能力建设，利用微信、微博、科普短信、科普报、科普网站等形式，宣传和普及科技知识；在暑期开展青少年科技夏令营活动。鼓励中小学参与各类科技赛事活动，区内学校相继获世界头脑奥林匹克中国区决赛一等奖、全国调查体验活动奖、省青少年科技创新大赛奖等。

【全市首条科普一条街建成】 2016年12月，南苑社区科普一条街建成。项目于2015年初开始筹建，东起粮丰街，西至环城西路，贯穿南苑街，总长200余米。科普一条街立足南苑街区，主要宣传居民切实所需、喜闻乐见的科普知识，在美化南苑街沿街旧墙体的同时，融入科普元素。墙体科普宣传窗张贴的各类科普知识，内容涉及节能减排、科学生活、健康保健、食品安全等10个方面。

（王晓蓓）

南苑社区科普一条街

宁波节能环保科创园

【概况】 2016年，宁波节能环保科创园新增入驻企业3家，累计入驻企业18家。引进虚拟企业1家。园区企业实现产值1.3亿元，上缴税收290万元，同比分别增长157%、104%。园区单位空间经济效益、单位面积产值和利税位居全市同类园区前列。

创客服务中心完成改造，成立黔力合园区跨界服务中心，复制输出经营管理服务。宁波黔力合节能环保科技发展有限公司在上海股权委托交易中心挂牌。承办2016年绿色建筑新科技专题沙龙。宁波阳光天能科技有限公司获2016首届全国分布式光伏应用创新金奖。

调整实体园区企业2家，清退“零产值”虚拟园区企业2家。帮助企业腾退闲置无效用房面积400平方米，每平方米平均产值达3.6万元。园区企业产值实现百万元以上14家，千万元以上3家。其中，重你意节能科技公司产值5406万元，菱联节能科技公司产值3115万元。纳税前五位企业分别为菱联节能科技公司、广州三孚材料宁波分公司、科正技术服务公司、欧隆节能设备公司、彦棋真医疗设备公司。获享返税政策企业8家，同比增加4家。科正工程技术服务有限公司获省级技术认证资质证书和消防检测资质证书，广联润节能环保公司承揽万达集团国内全部酒店玻璃贴膜项目，大树节能科技公司成为万科集团所有建设项目地下建筑光导照明的安装、施工单位，欧隆节能设备公司、阳光天能科技公司产品成为2016年宁波市城乡建委备案目录推广产品，黔力合节能环保公司“绿星宝”一站式绿色建筑在线孵化系统成为全市第一个配套绿色建筑新国标申报的具体实施平台。

组织企业人员参加季度税务辅导、新经济与知识产权保护2016中国（浙商）知识产权高峰论坛、对接企业帮扶服务系列培训活动会之资本市场路径简介、金融助力“双创”研讨会、2016年互联网金融高级研修班、企业科协论坛；参与宁波科技周、“海蓝宝”众创空间高峰论坛。赴上海考察“上大—绿地”众创空间、SOHO3Q空间等。

【宁波黔力合节能环保科技发展有限公司在上海股权托管交易中心挂牌】 2016年3月，宁波黔力合节能环保科技发展有限公司在上海股权托管交易中心挂牌。公司为宁波节能环保科创园实际运营主体，成立于2013年，由13家在甬贵州企业众筹500万元设立，致力于科技孵化器建设、运营、发展，探索科技孵化器建设模式。4月10日，公司牵头成立黔力合园区跨界服务中心，以其运营的节能环保科创园为蓝本，复制输出园区经营管理服务。

【2016年绿色建筑新科技专题沙龙（宁波站）】 2016年4月9日，2016年绿色建筑新科技专题沙龙（宁波站）在海曙举办。活动由清华大学建筑设计研究院主办，国家住房和城乡建设部科技与产业化发展中心、中国建筑科学研究院建筑设计院、清华大学建筑设计研究院、市绿色建筑与节能专家技术委员会等专家及绿色建筑领域企业代表100余人参加。沙龙围绕绿色建筑新技术发展主题，通过主题演讲和圆桌对话两种形式，解读绿色建筑政策、新国标法规，探讨绿色建筑技术发展趋势，分析宁波绿色建筑发展现状和政策，分享“互联网+”设计实践案例。

4月9日，2016年绿色建筑新科技专题沙龙（宁波站）在海曙举办

【“赢在途中”创业创新与招商招聘活动】 2016年7月，宁波节能环保科创园开展“赢在途中”创业创新与招商招聘活动，活动在“线上线下”同步进行，吸引来自宁波大学、浙江大学宁波理工学院等本地200余名大学生参加，苏州大学等2个省外大学人才团队签约入驻。节能、环保科技领域11个项目签约。

【宁波节能环保科创园成为区创客服务中心】 2016年11月，宁波节能环保科创园获认定为2016年度海曙区创客服务中心。4月，园区完成一楼展示厅改造，建成创客工位16个，专门成立以3D打印技术为基础的实践基地，为大学生及社会创业者提供创业、就业环境及服务保障。5月，被认定为海曙区大学生创业园及“海蓝宝”双创基地。6月始，在科创园原政策基础上，加大创业大学生配套政策扶持。

（王晓蓓）

基础教育

【概况】 2016年，原海曙区域有中小学24所，在校中小学生26943人。义务段入学率、中小学巩固率均为100%，初中升入高中段比例100%，三残儿童入学率100%。有幼儿园45所，在园幼儿11189人，普惠性幼儿园招生覆盖率为76.5%，等级幼儿园招生覆盖率99.2%。

新增联丰丰馨园、青林后孙2个公办幼儿园区，调整新芝幼儿园等4所幼儿园布局。建立“领域及学科教研共同体”，推进与南京师范大学合作的海曙区学前教育品牌创建，《中国教师报》报道相关内容。

制定《关于开展义务阶段学校托管工作的实施意见》，确定海曙中心小学等4所中心小学分别托管新芝小学等4所完全小学，教学资源共享的同时，实行统一教学管理、师资流动、校本研训与目标考核。推进海曙、镇明、广济、实验4个学区教师发展共同体建设，以初中学校为首席成员单位、对口小学为成员单位的学校发展共同体建设，在东恩中学、第十五中学实验校区2所中学试点。制发《进一步加强和优化中小学作业管理的通知》《海曙区中小学集体备课要求（试行稿）》，推进作业校本化，规范集体备课流程。

制发《2016年海曙区中小学文体节实施方案》《2016年海曙区中小学科技节活动方案》等相关文件，组织学生到宁波科学探索中心、区青少年宫实践体验，举办中小学合唱比赛、书法、绘画、头脑奥林匹克创新大赛、科技创新大赛等赛事10余项。艺术类团体赛事在全国级比赛中获金奖2项，在省级比赛中获奖8项；科技类比赛在浙江省第三十届青少年科技创新大赛中获奖3项。范桂馥小学获评国家级足球特色学校，翰香小学、东恩中学

4月13日，广济中心小学启动创客区域走校计划

获评省级足球特色学校。

加强民办教育机构指导，规范招生简章、广告发布，开展互联网金融风险排查，编制民办学校目录，向市民发出《海曙区教育局温馨提示》，制作"海曙区民办教育"APP，为广大家长提供更多政策法规咨询、教育信息查询，建设健康有序的培训市场。

【课程改革】 2016年，海曙区在海曙中心小学、广济中心小学等13所学校试点，推进课程改革。加强与教育部基础教育课程教材发展中心合作，推动"基础教育课程改革实验区"建设，依托专家团队对海曙区课程改革重点任务及实施路径进行顶层设计，邀请教育部课改宁波实验区专家对海曙外国语学校等4所市深化义务教育课程改革样本学校进行专题指导，对课程改革实施方案给予"点对点"集中指导。依托广济中心小学创客课程建设，开发完成全区创客课程。构建"区教育局督导室—督学责任区—学校（幼儿园）督导联络员"三级联动模式，设立9个督学责任区，实现教育监管重心下移和关口前移。继续探索管、办、评分离的现代教育治理模式，委托宁波教育评估院完成评估方案，开展初中学校品质提升项目评估。

【学生公用经费人均增加200元】 2016年，原海曙区域学生公用经费标准提升。其中，初中生达到1500元/人，小学生达到1100元/人，每项均比2015年提高200元。公用经费标准提高后，为学校制定学生全面、个性化发展计划创造条件，提升中小学校素质教育水平。

【创客教育体系建设】 2016年，区教育局投入140万元用于学校创客教育发展。在原有市实验小学、广济中心小学试点基础上，增加试点学校6所，其中第十五中学、市实验学校、东恩中学主攻师资培养，镇明中心小学、海曙中心小学主攻机器人拓展，翰香小学主攻积木类拓展。5月，启动全区化创客教育平台项目建设，提供以项目驱动为设计原则的线上教育，为学生和教师提供交流、答疑、指点，作品提交、展示、分享、评价等服务。10月底，平台上线。同时，将创客技术内容纳入教师继续教育范畴，联合香港大学、宁波工程学院、比特实验室等高校及专业实验室，为区属各校提供3D打印类、物联网类、机器人实验类创客项目技术支撑。启动创客教材编制，包括《学生活动手册》《教师参考用书》，注重综合实践活动，培养学生问题意识与合作、策划、创新能力。

【出台《关于进一步加强中小学教师家访工作的意见》】 2016年2月，区教育局出台《关于进一步加强中小学教师家访工作的意见》，规定中小学教师每学期家访学生数不低于学生总人数的1/6，其中小学一至三年级、四至六年级及初中三年必须完成对全体学生一次普访，根据实际情况增加对离异家庭、单亲家庭、外来务工、表现异常、家庭困难、家庭突发变故等特殊群体学生的家访次数，教师还需建立家访档案。此规定使家访工作制度化，并纳入教师绩效考核。全区近1900名中小学教师全员参与，做到学生全覆盖。《人民日报》新闻客户端、新民网、搜狐新闻等数十家媒体报道或转载。

【宁波市实验幼儿园获全国头脑奥林匹克大赛"三连冠"】 2016年2月，第37届世界头脑奥林匹克中国区决赛暨第29届中国上海头脑奥林匹克创新大赛在上海举行，宁波市实验幼儿园闲庭园区徐馨远等7名学生及教师组成的闲庭OM团队展现人类口腔中的微妙场景，在长期题"风波"比赛中以总分第二的成绩获中国赛区一等奖，实现"三连冠"。头脑奥林匹克竞赛（OdysseyoftheMind）起源于美国，是一项培养青少年创造力的国际性活动。

【英国教育访问团观摩宁波市实验小学数学教育】 2016年3月31日，英国教育部国务大臣尼克·吉布（NickGibb）携英国教育访问团走访宁波市实验小学。尼克·吉布一行重点观摩学校数学教育，包括一年级"100以内数的认识"和五年级"打电话中的数学问题"两堂课程。其间，访问团多位成员近距离观察学生自主学习情况，了解学生间互动。听课结束后，市实验小学教师叶青、乐静向访问团成员介绍数学课堂教学理念。

【出台《海曙区中小学品格教育指导纲要（试行）》】 2016年5月，海曙区出台《海曙区中小学品格教育指导纲要（试行）》。从不同年龄阶段学生身心发展特点出发，确定小学低段、高段和初中段重点培养的12种品格素养，基本形成以中小学纵向衔接、学校家庭社会横向沟通和与中华传统美德相承接的品格教育实施体系，通过品格教育优秀案例征集、品格教育课堂教学观摩等形式逐步深化。

【区学生合唱团获国际合唱大奖】 2016年8月2日，第十三届中国国际合唱节在北京举行，海曙区学生合唱团取得民谣组A级（唯一金奖）、童声组B级（60组参赛队中排名13）的成绩。参赛成员来自全球44个国家及地区，共238支合唱团，近1万名参赛成员。

【孙文英小学气象路校区启用】 2016年9月1日，孙文英小学气象路校区启用。校址位于气象路以南、京华苑以北、宁兴小区以西。总建筑面积约3.6万平方米，包括教学楼、实验图书楼、行政楼、食堂、体艺馆、地下公共停车场及附属配套工程等，配置30个班级。开学后校区首次开设2个班，64名一年级新生入学。

【东恩中学科研项目获省基础教育成果一等奖】 2016年11月，东恩中学的科研项目“京剧脸谱创意美术教育的实践与探索”获评2016年浙江省基础教育教学成果一等奖。近年来，东恩中学作为市深化义务教育课程改革样本学校、全区首批课改试点学校，探索开发适合初中学生发展并具有学校特色的校本课程。自2008年始，研究“把绘制京剧脸谱引入初中美术教学提升学生综合素养的实践与研究”课题。2010年12月，课题获省教育科学研究优秀成果评比二等奖。随后，课题经过升级，升格为“京剧脸谱创意美术教育的实践与探索”科研项目。

【广济中心小学获世界教育机器人锦标赛一等奖】 2016年12月，世界教育机器人大赛2016赛季锦标赛举行，广济中心小学获积木机器人赛小学组一等奖。参赛选手来自美国、英国、加拿大、墨西哥等30余个国家，共800余支参赛队伍、5000余名选手。所有比赛项目要求学生独立完成。广济中心小学代表队3名成员——楼珂仰、吴子竞、吴桐均来自学校创客社团，其中2名学生曾参加2016全国青少年机器人及人工智能创新大赛并获奖，楼珂仰拥有智能节水提醒装置、幼儿停车守护者等多项创新发明。

（郑　亮）

社会教育

【概况】 2016年，海曙区完善成人继续教育网络，加快构建终身教育体系，建设全民学习、终身学习的学习型社会，创建成为浙江省学习型城市。原海曙区域常住人口年教育培训率达87.9%，学习型企事业单位创建率达83.5%，全国社区教育示范街道创建率达87.5%。

【区第一批优秀社区教育微课程制作完成】 2016年9月，海曙区第一批具有区域特色的优秀社区教育微课程制作完成。3月，社区微课程资源启动征集；经过脚本撰写、拍摄场地勘察取景，5月底开始拍摄；7月，进行后期制作、审核修改和剪辑包装；9月，第一批15个优秀微课制作完毕。15个课程分为家庭生活类、实用技能类两大类。家庭生活类包括江厦街道郡庙社区“丝网花娃制作”、望春街道信谊社区“编草帽”、白云街道安丰社区“棒棒糖头花制作”等；实用技能类包括社区学院“月嫂操作技能系列之三—新生儿抚触”“月嫂操作技能系列之五—形体恢复操”等。

6月25日，2016“海之梦”社会实践活动

【“海之梦”社会实践活动入选“全国终身学习品牌项目”】 2016年10月10日，海曙区“海之梦”社会浸润型学生职业体验活动（“海之梦”社会实践活动）被中国成人教育协会、国家全民终身学习专家小组确定为全国终身学习品牌项目。至年底，“海之梦”社会实践活动范围拓展至原海曙区域8个街道，实现城区街道全覆盖，5035名中小学生通过“现场招聘、差额竞争、培训上岗”等多种模拟方式，在“职场”式实践岗位上感受社会化成长。实践活动在全市推广。

【区首届光明书香节】 2016年10月14日，海曙区首届光明书香节在第十五中学实验校区启动。活动为期半个月，具体包括名家讲座、公益图书巡展、共建书香校园等活动。公益图书展作为主体活动，以巡展方式展出5000余个类别书籍。光明书香节是2016年度“书香海曙全民阅读季”系列活动之一。

【2016年海曙区全民终身学习活动周暨第六届社区教育节】 2016年10月29日，2016年海曙区全民终身学习活动周暨第六届社区教育节启动仪式在广济中心小学举行，此次活动周主题为“推进全民继续教育、建设学习型海曙”。海曙区自2006年始，每两年举办一届社区教育节，至2016年已举办5届，主要面向社区居民开展讲座、培训、观摩、学习讨论等多种形式活动。活动周期间，有条件的学校、图书馆及其他社会教育机构就近走入社区，开展全民学习活动。

（郑　亮）

10月14日，海曙区首届光明书香节启动

教师队伍建设

【概况】 2016年，原海曙区域有在编教职工2225人，其中专任教师2160人。拥有享受国务院特殊津贴专家1人、正高级职称3人、省特级教师12人，市名教师、市名校长、市学科骨干54人。

区教育局组织开展在职中小学教师有偿补课、在校外培训机构兼职专项检查，随机抽查民办培训学校14家。制定《海曙区教育系统后备干部专业发展三年培训规划》，启动实施“351”后备干部梯队培养工程。提拔正校级干部1人、副校级干部11人，3名校（园）长通过市第六批名校（园）长评审，推荐4名校（园）长为“甬派”教育管理名家培养对象。组织实施区第七批骨干教师评选，31名优秀青年教师获评区级学科骨干，10名教师获评第六批市级学科骨干，评中率为83%，位居各县（市、区）之首。实施骨干教师“8321”工程，扩大学科覆盖面，强化名师名校长引领与辐射作用，组建区第四批名师工作室，共18个工作室，19位名师成为工作室导师，131名年轻教师被选拔为工作室学员；13名导师被选为宁波市跨区域带徒活动导师，24名青年教师被选拔为带徒活动学员；组建省级胡剑红网络名师工作室，发挥省特级教师引领辐射作用。

【教师交流工作】 2016年，海曙区采取骨干教师指导性交流、对口帮扶协作性交流、同类学校间互动性交流3种形式，开创教师交流工作的“海曙模式”。原海曙区域内72名中小学校长、教师参与随迁人事关系实质性交流，其中骨干教师44人。27名幼儿园教师参与交流。在市教育局专题会上，海曙区关于教师交流做法作题为《立足区域，着眼长远，教师流动助力海曙教育高位均衡发展》的交流发言。

【教育人才培养“四项工程”启动】 2016年，区教育局启动教育人才培养“四项工程”。具体包括：“后备干部351”梯次培养工程：选拔储备正校级干部后备人选30人、副校级干部后备人选50人，建立后备干部人才库，实行动态分级管理，实行“理论培训、蹲点学习、挂职锻炼、交流轮岗、导师带徒”制；“8321”骨干教师引领工程：1个“工作室”带动教师8人，1个区级名师带动教师3人，1个市级骨干名师带动教师2人，1个区级骨干名师带动教师1人，挖掘骨干教师示范引领作用，带动青年教师成长；“以讲台育名师”工程：倡导教师关注课堂，加强教学研究，培育自身教学风格，培养海曙名师队伍，促进海曙区名师走向全省、全国；班主任队伍建设工程：评选骨干（名）班主任人50人，组建优秀班主任工作室、工作坊，推进全区中小学班主任校本研训体系。推动实施班主任梯级管理制，实行与班主任梯级管理相适应的奖励办法。

【区教育工会获评“全国模范职工之家”称号】 2016年1月，中华全国总工会下发《关于表彰全国模范职工之家、全国模范职工小家、全国优秀工会工作者的决定》，海曙区教育工会获“全国模范职工之家”称号。近年来，区教育工会通过建设“教工之家”“民主之家”“温暖之家”“快乐之家”“活力之家”等平台，维护教职工权益；在全省率先推行“教代会月”制度，发挥教职工参政议政作用；建立单身青年、特殊家庭、困难职工“帮困送温暖”长效机制；建立健全教职工体检和疗休养等制度，开设职工维权热线；组建各类教工社团、读书沙龙。

【区首次功勋班主任评选】 2016年9月，区教育局在全区范围内首次评选功勋班主任。6名在班主任岗位上工作30年以上的教师受表彰，分别是东恩中学程鸿珊、新芝小学李银凤、广济中心小学杜萍萍、华天小学陈丽平、市实验小学王成本和爱菊艺术学校陈蕊苇。区教育局2015年制定《关于进一步加强中小学班主任队伍建设的实施意见》，从规范班主任选聘、完善班主任管理考核体系、健全班主任成长服务机制等方面鼓励教师担任班主任。2016年，确定功勋班主任评选标准：具备良好思想政治素质、热爱班主任工作、为人师表、担任班主任工作满30年。

（郑　亮）

资料链接

众创空间：是指在海曙区范围内，由政府机构、企业、创业孵化机构、高校院所、社会组织等各类主体设立，自行或通过第三方专业机构运营，实现创新与创业相结合、线上和线下相结合、孵化与投资相结合，为入驻创客、创业团队和创客企业提供良好的工作、网络、社交和资源共享的新型创新创业服务平台或载体。

文化·旅游·体育

文化事业

【概况】 2016年，海曙区出台《关于加快构建城区现代公共文化服务体系的实施方案》《关于推进基层综合性文化服务中心建设的实施方案》。对第一批7个街道（社区）综合文化服务中心授牌。落实《海曙区向社会力量购买公共文化服务工作的办法》，首次公开向社会征集公益性文化活动项目。通过实地考察、走访座谈和问卷调查等形式，完成调研报告《宁波市城西片区"十三五"时期公共文化服务体系建设研究》。新增等级团队35支，原海曙区域内累计拥有业余文艺团队245支、等级团队70支。

舞蹈《阿婶合唱团》获第十七届"群星奖"，海曙区成为全省唯一一个连续4届获该奖的县（市、区）。三人舞《小镇青年》代表宁波市参加2016年浙江省群众舞蹈大赛决赛。组织"月亮湖"女声合唱团参加浙江省第八届老年合唱交流演唱会、浙江省第三届合唱节，获浙江省第三届合唱节入围奖。

第十七届中国文化艺术政府奖"群星奖"

检查原海曙区域内文化经营场所1949家次，出动执法人员1427人次，日常检查区内各家文化市场经营单位2次以上，市场良好率达96%以上，做到市场监管主体全纳入、区域全覆盖。开展联合检查13次，受理举报7件，立案处罚42起，停业整顿1家，警告32家次。投入60余万元，在全省率先建立区级文化市场视频监控平台。7月14日，全省首个文化市场综合执法"双随机"系统启动运行。开展"五星网吧""海曙区平安文化经营场所"等创建活动，制订海曙娱乐场所分级管理制度。联合文化经营管理行业协会，促成全区网吧安装独立式烟感报警器，推广娱乐场所、文保单位安装智慧式用电安全隐患监管服务系统，消除电线老化引起的火灾隐患，加强文化市场事中事后监管。

区图书馆流通图书714495万册次，接待到馆读者38万人次。增建流动图书馆3家，原海曙区域内累计建成143家，实现图书资源通借、通还。组织开展"送书进社区"活动，为社区送书20次，累计20000余册。推动社区公共数字文化中心建设，投入经费70万元，采购"云借阅"图书期刊借阅机30台进机关、街道和部队等。3—5月，开展"图书馆就在我身边"为主题的全民阅读节系列活动，包括"城市萤火虫"换书大会、"图书馆之夜"——"小海狸"亲子阅读嘉年华等大型活动，组织读者活动25次、"海曙讲堂"讲座10场，参加市民超过万人。

开展"欢乐广场·幸福海曙"各类群众性文化活动511场。联合各街道文化站、社区文化宫，举办62场主题各异、各具社区特色的"家门口"文化活动。与鼓楼步行街联合举办"欢乐鼓楼·幸福海曙——海曙区优秀文艺团队周周演"30场。开展"送戏进社区"活动24场，免费送门票7000张。挖掘本土地域特色，举办3场区级、8场街道间的"文化走亲"活动。举办第六届"海曙区百场电影送基层"活动，在"启运86"微电影产业园、天一党群服务中心等7个公益电影放映基地放映公益电影。举办第二届市民艺术季系列活动，具体包括"华彩乐声——网络器乐大赛""最炫民族风——排舞大赛""海曙之春——穹顶之下元宵文化集市暨海曙民间能人展演""风情海曙·粽香南塘——2016年海曙区'老墙门·端午节'粽艺赛暨基层文艺等级团队展演""中秋赏清曲·团圆闻佳音——2016海曙区'我们的节日'民族音乐会暨赵维扬、何世良联袂独奏音乐会""中国梦·梨园情——2016'我们的节日'重阳慰问演出"和2017年新年音乐周系列活动。开展各类公益性免费培训156次，共计312课时，培训人数1214人。

【区文化馆、区图书馆理事会成立】 2016年1月20日，海曙区文化馆、图书馆理事会成立大会在区文化馆举行。理事会第一次会议审议通过区文化馆、区图书馆章程、工作报告等理事会相关决议，确定区文化馆首届理事会成员11人，推选宁波爱珂文化集团有限公司董事长王仁祥为区文化馆首届理事会理事长；确定区图书馆首届理事会，推选宁波天天汽车贸易有限公司董事长马坚挺为区图书馆首届理事会理事长。区委宣传部、区文广新局领导及各街道分管领导、文化站站长、区文化馆和区图书馆全体职工出席会议。

【区首次公益性文化活动项目社会征集】 2016年4月14日，海曙区首次公开向社会征集公益性文化活动项目。收到各类申报项目35个，经过市、区两级专家组评审并向媒体公示，最终“市民风筝节”“月湖非遗（非物质文化遗产）展”“城南讲堂”等11个项目入选，补助资金100万元。至年底，原海曙区域举办各类公益性文化活动40余场次，惠及群众7000余人。

【“图书馆之夜”——“小海狸”亲子阅读嘉年华】 （参见“群众团体”类目“海曙区妇女联合会”分目）

【“不朽的丰碑”海曙区纪念红军长征胜利80周年大型文艺晚会】 2016年9月30日，“不朽的丰碑”海曙区纪念红军长征胜利80周年大型文艺晚会在区文体中心举行。晚会由区委、区政府主办，区委宣传部、区文广新局、区文联承办，区老干部局、区拥军优属拥政爱民办公室协办。晚会由“历史的回眸”“不朽的丰碑”“永远跟党走”3个篇章组成，通过合唱、舞蹈、歌舞表演、情景快板、音画诗、配乐诗朗诵等表演形式，表现长征信念，弘扬长征精神。市委常委、宣传部部长万亚伟，副市长张明华，区委书记彭朱刚及海曙区各界群众代表近千人参加晚会。

【“月亮湖”女声合唱团】 2016年10月14日，“月亮湖”女声合唱团参加第三届浙江省合唱节，获入围奖。合唱团成立于2008年5月，是宁波市第一支纯女声业余合唱团队，是区文化馆直属特色品牌团队之一，在省内外、全国多次获奖。

【舞蹈《阿婶合唱团》获“群星奖”】 2016年10月30日，在文化部主办的全国第十七届“群星奖”颁奖仪式上，海曙区选送的舞蹈《阿婶合唱团》获第十七届中国文化艺术政府奖“群星奖”。海曙区成为全省唯一连续4届获奖的县（市、区）。

【“乐动海曙”——2017新年音乐周系列活动】 2016年12月22日，“乐动海曙”——2017新年音乐周系列活动开幕式暨“华章新乐”海曙区新年音乐会在宁波逸夫剧院举办。新年音乐周系列活动共7场，包括交响音乐会、民族管弦音乐会、江南丝竹音乐会演出和与音乐家近距离交流的音乐科普、培训讲座等。惠及群众近万人。

（周 含）

9月30日，“不朽的丰碑”海曙区纪念红军长征胜利80周年大型文艺晚会在区文体中心举行

文化产业

【概况】 2016年，原海曙区域拥有文化产业法人单位超过3100家，规模以上文化产业企业营业收入115.02亿元，同比增加9.8%。全年新增规模以上文化企业20家（规模以上企业认定标准包括最终产值等）；75家规模以上文化企业（国标）实现营业收入81.12亿元，增长14.3%；实现利税总额3.65亿元。新增文化产业企业542家，注册资金29.02亿元，其中注册资金在500万元以下的468家、500—1000万元的51家、1000万元以上的23家。

出台《海曙区文化产业示范基地和示范企业评选命名管理办法（试行）》，评选、表彰“新芝8号”创意产业园等一批文化产业示范园区和示范企业。全区重大文化产业项目带动成效明显，13家企业入选“宁波市文化创意产业排行榜”；爱珂文化集团获“宁波市2015年度服务业创新之星”称号，入选宁波市第四批文化创新团队；“启运86”微电影产业园入选宁波市第四批市级服务业产业基地。电影《轻轻握住你的手》等4个文化项目获评宁波市文化精品工程专项扶持和优秀文化作品奖。6家单位申报2016年度中央财政文化产业发展专项资金重大项目，通过宁波市初审。“启运86”微电影产业园的“启运影视·爱真棒”网上影视服务平台上线。“中国·宁波现代影视城”项目在宝善路落户启动，吸引大批合作项目现场签约。国内具有重大影响力的“三联书店·宁波旗舰店”项目与1844·和义艺术生活中心正式签约。博洋集团旗下的恒星影视产业园获区政府重大项目“一企一策”支持，由王力宏等主演的电影《会痛的十七岁》在宁波开机。知名文化品牌荣宝斋、一得阁、百雅轩陆续落户海曙。组织文化企业参加第十一届中国（义乌）文化产品交易会、第十二届杭州国际动漫节、第十二届中国（深圳）国际文化产业博览交易会等活动。

1月25日，一得阁宁波旗舰店落户海曙

组织"启运86"微电影产业园、大慈文化公司和荣宝斋等7家公司参加首届宁波特色文化产业博览会，动员350家文化企业参加博览会招商活动。其中，大名艺诚影视公司与赛尔集团、雅太纺织品公司现场签约"鬼脸家族"影视、手游项目，投资金额1.62亿元；甬台文创中心和宁波影视文化产业园现场签定框架协议。组织浙江星概念影视传媒有限公司等企业参加"2016上海·宁波周"项目推介活动，第一部电影《秘境》于11月底杀青。组织宁波企赢资产管理有限公司在北京投洽会上与上海三联书店正式签订"宁波三联书店旗舰店"项目。"新芝8号"创意产业园等5个园区入市级培育文化创意产业园区名单。秀水街、南塘河、郁家巷、伏跗室和月湖景区入选第五批浙江省历史文化街区。2016年，各街区（园区）举行各类大小活动120余场，街区客流量突破700万人次。

【《布袋小和尚》入选国家动漫扶持计划】 2016年7月1日，宁波大慈文化传播有限公司《布袋小和尚》（第二季）入选"2016弘扬社会主义核心价值观动漫扶持计划入选项目（产品类）"名单，在文化部网站上公布，成为浙江省唯一入选该扶持计划的产品类项目。同时，《布袋小和尚》被文化部文化产业司列入"2015年国家动漫品牌建设和保护计划拟入选创意类项目"名单。

【2016中国·宁波国际微电影大赛暨首届宁波国际微电影节在海曙举办】 2016年9月9日，2016中国·宁波国际微电影大赛暨首届宁波国际微电影节在南塘老街城南书院启动。活动由市文广新局、区政府、宁波广电集团、市对外文化交流协会、中国夏衍电影学会、英国诺丁汉影视产业联盟联合主办，由区委宣传部、区文广新局、宁波电视台教育科技频道、市微电影协会、市电影家协会、优酷视频、宁波广电网联合承办。市、区领导及优酷视频、华谊兄弟影业、爱奇艺影业、恒业影业等20余家省内及宁波影视公司负责人及独立编剧、导演、制片人参加电影节启动仪式。大赛收到来自全球各地的作品532部，其中微电影作品461部、网络大电影67部、系列短剧4部。400余部微电影中有25部来自海外。最终，《远山的歌唱》获微电影单元"最佳影片·金螺奖"，《小山的秘密》获"最佳影片·银螺奖"，《五台会兄》胡平获最佳导演奖；《注定遇见你》获网络大电影单元"最佳影片·金螺奖"，《拳赎》张泽斌获最佳导演奖；《Religatio（放逐）》（加拿大）获最佳外语片奖。

【宁波现代影视城落户海曙】 2016年10月15日，宁波现代影视城落户启动典礼在海曙宝善路举行。市委宣传部副部长张爱琴，区委常委、宣传部部长石贤义等领导参加签约仪式。项目位于宝善路90号，规划占地面积66.67余公顷，总投资达56亿元，建成后成为华东地区乃至全国最大的综合性现代场景摄制基地及国家AAAA级旅游景区。影视城前期含影视展示体验区、园区办公大楼、会议中心、影视人才培训基地、基础场景区等，后期主要建设所有现代戏剧组需要的现代场景及城市场景。

（仇　磊）

文化遗产

【概况】 2016年，原海曙区域完成第一次全国可移动文物普查（简称"一普"）第三阶段工作，出版成果图册《海曙珍藏》，在张苍水纪念馆举办海曙区"一普"成果图片展。推荐第七批省保单位，重新调整、公布区级文保单位保护范围和建设控制地带的划定，编制完成林宅等全国文保单位保护规划。出台《海曙区关于促进非国有博物馆发展实施办法》。完成"海上丝绸之路"首批申遗点之一的永丰库遗址保护规划、整治方案和展陈方案编制，进行整治工程前期及申遗各项准备工作。推动落实城隍庙修缮、董孝子庙重建的各项前期工作。推进文物建筑合理利用和功能提升工作，督学行署保护利用项目入选全省不可移动文物保护利用优秀案例。6月，省文物局局长陈瑶带领专家到海曙区调研区文物建筑保护利用工作。选送专业人员参加省文物局组织的为期两个月的文物保护实训班。完成第三届海曙区文化遗产保护者协会换届选举。

省级文保单位张苍水纪念馆、大革命时期宁波地委旧址纪念馆和宁波市鼠疫灾难陈列馆全年免费接待参观8.5万人次。大革命时期中共宁波地委旧址纪念馆入选宁波市示范性开放式组织生活基地，成为区委组织部"党建风情线"活动基地之一。协助天一阁·月湖国家AAAAA级旅游景区创建工作，结合国际博物馆日、中国文化遗产日、名城日等节点开展各类文化遗产宣传活动，举办纪念史浩910周年诞辰系列活动。做好鼓楼陈列展览开放工作，举办"夏心静作品联展""孔子2567周年诞辰大型公益开蒙礼”“海上丝绸之路——宁波遗址摄影展”等各类文化展览和活动。

召开全区文化市场（文物）安全生产工作会议，与（文物）管理使用单位签订安全生产责任书。根据文物分片巡查制度要求，原海曙区域内139处文保单位（点）均设专职人员进行每月一次巡查，培训责任文保员开展不定时巡查，区文物管理所、海曙消防大队和区文化执法大队等单位在重大节假日开展联合巡查。实施重要文物建筑白蚁防治。

组织“东福园宁波菜烹饪技艺”“宋氏妇科”两项市级项目申报第五批浙江省非物质文化遗产代表性项目。组织参加“吴越同音·江浙沪摊簧艺术精品展演”“东亚文化之都·宁波——2016活动年开幕式暨东亚非物质文化遗产博览会”系列活动和“宁波市非物质文化遗产暨创意工艺品展览会”等活动。做好非物质文化遗产普查工作，公布第四批区级代表性非物质文化遗产名录，并对前三批区级非物质文化遗产项目进行复评。开设“四明南词”长期公益性培训班，举办各类公益培训144次288个课时。其中，每月举办面向公众的“非遗（非物质文化遗产）课堂”累计10次20个课时；举办百姓文化课堂24次48个课时。

【文物建筑向社会公开征集文化项目】 2016年4月27日，位于中山公园的逸仙楼等3个文物建筑向社会公开征集文化项目。通过市、区两级专家组评审、网络公示后，最终确定，在盛世花厅设立宁波金融史料馆，在花果园庙设立八行文化展陈馆，在逸仙楼设立宁波名人纪念馆。

【张苍水纪念馆改陈开放暨张苍水诗词创作书法展】 2016年6月24日，张苍水纪念馆改陈开放暨张苍水诗词创作书法展在张苍水纪念馆举行，市文广新局副局长韩小寅、区委宣传部部长石贤义等出席开幕式。纪念馆邀请市书法家协会、区书法家协会和象山、舟山书法家协会成员创作苍水诗词书法作品，并向杭州名人纪念馆、天一阁博物馆借展馆藏中与张苍水有关的名家书画作品，推出“好山色”苍水诗词创作书法展。此次活动是张苍水纪念馆耗资68万元改陈布展、重新开放后的首次活动，此后又先后举办“海曙区‘一普’成果图片展”“一带一路与宁波2016摄影大赛”等活动。

11月11日，纪念孙中山先生150周年诞辰、在甬讲话100周年暨宁波甬上名人陈列馆开馆仪式在中山公园逸仙楼举办

【“甬忆中山”——孙中山150周年诞辰、访甬100周年特展暨宁波甬上名人文化陈列馆开馆仪式】 2016年11月11日，“甬忆中山”——孙中山150周年诞辰、访甬100周年特展暨宁波甬上名人文化陈列馆开馆仪式在宁波中山广场逸仙楼举行，宁波新四军研究会、中华辛亥文化基金会、中国少数民族基金会等各界人士100余人参加。叶苗、孙伟良、石贤义、刘臻等市、区级领导参加仪式。1916年8月22日，孙中山到宁波并发表公开讲演，对宁波未来发展提出“振兴实业、讲究水利、整顿市政”的希望。逸仙楼是省级文保单位，因孙中山先生访甬期间，曾在此与在场人士合影留念，中山公园扩建后，为纪念孙中山，此楼被更名为逸仙楼。

【刘曙光调研海曙区“海上丝绸之路”申遗工作】 2016年12月7日，国家文物局副局长刘曙光在宁波永丰库遗址调研“海上丝绸之路”申遗工作情况。省文物局局长柳河、市文广新局副局长孟建耀、副区长陈早挺等陪同调研。刘曙光一行实地考察永丰库遗址，询问有关环境整治、现场展示等方案设计思路，了解专设管理机构、军产土地置换等重点工作推进情况，要求海曙区充分考虑永丰库遗址申遗过程中的实际困难，优先采取最适宜方案尽快启动相关工作。

【《纪念鄮西范氏同学会成立八十周年》纪念封发行】 2016年12月11日，宁波邮政管理局在海曙区区级非物质文化遗产项目“范氏中医内科”的传承地——南塘老街国医堂举行《纪念鄮西范氏同学会成立八十周年》纪念封首发仪式。首发现场设立临时邮局，启用“纪念鄮西范氏同学会成立八十周年”纪念邮戳、“国医堂”临时邮局日戳各一枚。范文虎嫡孙范鸿辉为市民现场签售。余姚市名老中医、95岁高龄的范文虎关门弟子孙幼立为设立在国医堂的鄮西范氏同学会活动基地揭牌。获“全国首届中医药传承高徒奖”的范文虎及门弟子、再传弟子、三传弟子等现场为市民义诊。

（周　含）

旅　游

【概况】 2016年，原海曙区域接待国内外游客972.9万人次，同比增长14.3%。

实现旅游总收入129.8亿元，增长10.8%。住宿设施接待游客112.96万人次，增长12.01%。

原海曙区域内有星级宾馆18家，其中五星级酒店4家（宁波凯洲皇冠假日酒店、宁波万豪酒店、宁波华侨豪生大酒店、宁波南苑饭店），四星级酒店3家（宁波大酒店、宁波新园宾馆、宁波嘉禾大酒店），三星级酒店8家（宁波饭店、宁波世纪盛业宾馆、宁波中山饭店、宁波香溢大酒店、宁波海俱大酒店、宁波云海宾馆、亚洲华园宾馆、宁波盛业中苑大酒店）。旅行社超过80家，其中五星级旅行社1家（浙江飞扬国际旅游集团股份有限公司），四星级旅行社1家（宁波江南国际旅行社），三星级旅行社1家（宁波大地国际旅行社有限公司），一星级旅行社13家。

原海曙区域有涉旅重大建设项目5个，累计完成投资15.82亿元。5月30日，天一阁广场开街营业。天一阁东扩项目、月湖西区一期项目、莲桥街项目、秀水街项目稳步推进。推动旅游厕所建设，增建厕所4座、改造3座。

开发月湖景区导游导览系统。整合区内旅游资源，“慢游海曙”微信公众平台自开通推送文章百余篇，获万余人关注。天一阁·月湖景区宣传册获评2016年度全市旅游宣传品二等奖。组织企业参加宁波国际旅游交易展览会，成交额占全市参展企业的40%；参与2016宁波购物节、宁波旅游节等大型节庆活动，宁波市海纳广场开发经营有限公司在“海曙鼓楼沿喜秋汇”活动中获宁波旅游节社会办节二等奖，南塘老街在“风雅南塘，别样金秋”风情旅游节、宁波凯洲皇冠假日酒店在“加勒比海盗”美食之旅、宁波饭店在“宁波饭店淮扬菜特色美食节”活动分别获宁波旅游节社会办节三等奖，宁波南苑饭店“精彩南苑美食之旅”活动、宁波云海宾馆“云海盱眙龙虾美食节”活动获评三类旅游节事活动。

与区内旅游企业签订安全生产、消防安全责任书，签订率100%。联合相关部门举行消防演练活动，组织企业参加2016市旅游客车反恐重点事故应急救援演练暨灭火竞赛，获二等奖。开展重点旅游企业安全生产大检查，检查企业57家，查出安全隐患21条，企业整改率100%。提升酒店服务品质，宁波海曙书房文化传播有限公司、宁波海怡大酒店分别获评四叶级特色客栈、三花级酒店；嘉和大酒店创建金叶级绿色旅游饭店，通过区级评审。4家酒店通过星级饭店复评；1家旅行社通过四星旅行社复评；3家酒店创建为市级平安饭店。举办全区饭店服务技能大赛；参加市级饭店服务技能比赛，获4个单项奖和2个团体奖，1人获“2016宁波市十大金牌导游”称号。旅游咨询服务中心海曙分中心通过市旅游局评审。创建1844·和义艺术生活中心特色街区休闲旅游基地。

南塘老街

【天一阁·月湖景区建设提升工程启动】 2016年，天一阁·月湖国家AAAAA级旅游景区创建工作推进，进入景区建设提升期。建设期提升工程是景区硬件提升的重点项目，景区先后完成市、区职能部门任务分解书、整改报告编制，建设期提升工程设计、项目建议书编制、概算审核，设计、施工招标。游客服务中心项目、月湖景区提升改造工程完成施工招标，分别于11月底、12月初进场施工，预计2017年基本完工。

【凯洲皇冠假日酒店获评金叶级绿色旅游饭店】 2016年2月，根据国家旅游局发布的绿色旅游饭店评定标准（LB/T007—2006），省饭店星级评定委员会评定凯洲皇冠假日酒店为金叶级绿色旅游饭店。金叶级作为国家绿色饭店最高等级，以可持续发展为理念，坚持清洁生产，倡导绿色消费，其核心是在生产经营过程中加强对环境永续保护和资源合理利用。原海曙区域内有万豪酒店和凯洲皇冠假日酒店2家金叶级绿色旅游饭店。

【2016年度重点商贸、旅游企业安全生产工作会议】 2016年4月15日，区商务局联合区安监局、海曙消防大队召开2016年度重点商贸、旅游企业安全生产工作会议。会议回顾2015年度区商贸、旅游行业安全生产工作情况，部署2016年度重点商贸、旅游企业安全生产工作。会上，区安监局、海曙消防大队对安全生产管理条例、消防安全技能等进行讲解，通过事故案例分析，对企业安全管理中存在问题进行剖析，提升企业安全管理人员安全意识和安全技能。海曙区50余家重点商贸、旅游企业的安全生产主要负责人参加会议。

【2016年一季度旅游经济分析座谈会】 2016年4月29日，区旅游局召开2016年一季度旅游经济分析座谈会。会议由区旅游局副局长吕大元主持，全区星级饭店、景区、休闲旅游基地、特色客栈及大、中型旅行社等40

余家旅游企业主要负责人参加会议。会议回顾2015年度及2016年一季度海曙区旅游经济运行情况，部署2016年度工作，现场展示“慢游海曙”微信公众号，并听取各旅游企业对海曙区旅游工作的意见建议。

（丁 菊）

体 育

【概 况】2016年，海曙区编制《海曙区“十三五”体育事业发展规划》《海曙区全民健身实施计划（2016—2020）》。8个社区创建为省城市体育先进社区，8个社区俱乐部创建为省社区体育健身俱乐部，1家体育俱乐部创建为省星级职工体育俱乐部。至年底，原海曙区域有省级体育先进社区52个，占社区总数的79%；省级社区体育健身俱乐部47个，占社区总数的71%。增建社会笼式足球场7片（3人制2片、8人制1片、5人制4片），南门街道柳锦笼式足球场完成改造。完成30套健身路径采购、安装。

原海曙区域举办各类区级比赛（活动）32项、街道（社区）级比赛（活动）263项，参与3万余人次。选派代表海曙区参加宁波市百万市民健身大联动总决赛，获得3个一等奖、4个二等奖和2个三等奖。参加全国及省、市各类体育比赛，获浙江省第二届女子体育节第九套广播体操团体一等奖、滚铁环团体二等奖和健身气功团体一等奖，获第十五届“皇岗杯”全国老年人柔力球交流赛集体全能套路（乙组）优胜奖。举办区第十一届机关运动会，18个代表团参加。

参加宁波市青少年乒乓球比赛等12项市级赛事，取得4项团体第一、3项团体第二、1项团体第三，获得48金、51银、43铜，其中李兴贵中学李侃打破县（市、区）初中男子400米栏宁波市纪录，体育比赛积分和奖牌数皆位居宁波大市第二。组织参加宁波市中学生田径运动会。参加浙江省青少年羽毛球、艺术体操等5项省级赛事，获得6金、4银、3铜，其中爱菊艺校艺术体操队在2016年浙江省青少年儿童艺术体操锦标赛中获得4金、1银和个人团体冠军。推进校园足球特色学校创建，范桂馥小学被评为国家级足球特色学校，翰香小学、东恩中学通过省足球特色学校创建公示。举办全区首届校园足球联赛，18支男队、7支女队参加比赛。

【海曙区创建为浙江省体育强区】2016年，海曙区创建为浙江省体育强区。至年底，原海曙区域有各类体育场地面积45.7万平方米，人均1.53平方米，体育人口占比42%，原海曙区域8个街道被命名为省城市体育先进街道，建成健身路径176条，实现健身路径社区全覆盖，“10分钟全民健身圈”形成。区文体中心占地面积3.58公顷，总投资3.6亿元，成为全区标志性体育设施。吸纳社会资金，先后建成羽航天一羽毛球旗舰中心（有标准羽毛球场地21片）、柳锦笼式足球训练基地、故事音乐运动馆、八一富邦篮球公园和建筑面积近4000平方米的甬尚品质健身会所等体育场馆。有体育总会海曙分会8个，有老年体协、篮球、足球、门球、羽毛球、排球、钓鱼、冬泳、跆拳道、棋类、信鸽、武术、体育舞蹈、小明星乒乓俱乐部、精武散打俱乐部、健翔俱乐部、星光垂钓俱乐部17个单项体育协会、俱乐部，健身气功、排舞、太极拳、柔力球等体育总会分会7个。出台《海曙区体育社团管理暂行办法》《海曙区优秀健身团队管理办法》《海曙区晨晚练点管理办法》等制度，实施区、街道、社区分级管理，以制度规范管理。组织全民健身日、健身月、每两年一届的“老墙门”运动会、机关运动会，老年人运动会、职工运动会、残疾人运动会、幼儿体育嘉年华、亲子家庭趣味运动会、海曙区首创的“甬江健身操”等多元化体育项目。据统计，经常参加体育活动老年人占比76%。

【区第十一届机关运动会】2016年4月19日，海曙区第十一届机关运动会开幕，首站比赛项目——体能大赛在区文体中心举行，区各级机关、事业单位300余名运动员参加比赛。运动会历时3个月，设置羽毛球、游泳、田径、登山等9个比赛项目，18个代表团2000余人次参赛。海曙公安分局代表队、区教育局代表队、机关联合二队分别获得总分前三名，机关联合一队等9个代表队获精神文明奖。

【范桂馥小学获评全国青少年校园足球特色学校】2016年7月，教育部公示2016年全国青少年校园足球特色学校名单，宁波市范桂馥小学入选。范桂馥小学根据《教育部等6部门关于加快发展青少年校园足球的实施意见》，创建全国青少年足球特色学校，学校足球队在宁波市校园足球比赛中表现突出，女足还代表宁波市参加浙江省校园足球比赛并取得佳绩。

【区全民健身日活动启动仪式暨首届优秀健身团队展演活动】2016年8月7日，海曙区全民健身日活动启动仪式暨优秀健身团队展演活动在区文体中心举行。市体育局副局长徐健、区委常委、区委宣传部部长石贤义、区人大副主任孙铭龙、副区长薄慧敏、区教育局局长裘建浩及各街道分管副主任参加活动。活动现场介绍海曙区全民健身事业概况和获得的成绩，并为获奖的15支区优秀健身团队颁奖。启动仪式后，8支优秀健身团队进行展演。此次优秀健身团队评选为海曙区首次，此后计划每年评选15支优秀团队，每支团队获奖励金3000元。

【区首届校园足球联赛】2016年11月10—11日，2016年海曙区首届校园足球联赛举行。区内18所学校、25支足球队共232名运动员参加比赛。比赛采用集中赛会制，赛时两日。宁波市第十五中学实验校区、宁波市东恩中学、宁波市实验学校获初中男子组前三名；宁波市十五中学实验校区、宁波市实验学校分别获初中女子组前二名。海曙外国语学校、宁波市南苑小学、宁波市翰香小学获小学男子组前三名；广济中心小学、宁波市范桂馥小学、镇明中心小学获小学女子组前三名。

（竺佩霞）

卫生·计划生育

医疗管理

【概况】 2016年，原海曙区域有各级各类医疗卫生机构206家。其中，区级卫生监督所、疾控中心、妇幼保健院各1家，区级公立中医医院、专科医院各1家，街道社区卫生服务中心8家，所辖社区卫生服务站27家，社会办医院11家，医学检验所1家，门诊部32家，诊所31家，医务室、卫生所等61家。有医疗床位690张，执业医师、执业助理医师1576人。直属医疗机构总门诊675万余人次，社会办门诊部以上医疗机构门诊92.49万人次。全年医疗卫生机构总收入（不包括社会办医疗机构、诊所、医务室，下同）56398.82万元，同比增加10.27%；门诊297.3万人次，增长5.46%；总住院床日2.89万天，下降11.2%；每门急诊人次收费141.02元，增长4.29%。居民期望寿命83.81岁，其中男性81.65岁、女性86.07岁。死因前三位依次为恶性肿瘤、脑血管病、心脏病，分别占死亡总数的32.52%、14.58%、13.81%。

开展医疗机构医院感染管理专项督查、医疗废弃物专项督查、重点医疗机构医疗安全督查、医疗机构依法执业守护健康专项检查、民营医疗机构专项监督检查、实验室生物安全检查等各类督查10余次。各基层单位均在院内开展“处方点评”“院感控制”等医疗质量管理活动，保障医疗安全。引入现代化管理模式，在基层医疗机构推进“6S”管理，促进服务质量精细化。完善医疗纠纷处置程序和医疗风险预警机制，受理来人、来电、来信和上级转办件166件，其中区公立医院70件、区社会办医疗机构96件，未发生重大医疗安全事故及重大医疗纠纷事件。

海曙区第二医院

中心城区8家社区卫生服务中心与宁波市第一医院、第二医院组建两个医疗联合体，完成自助服务设备放置、医生工作平台共享、人员规范化培训和“师徒结对”培养等。28名市级专家在基层开设社区门诊，全年专家门诊量14102人次。南门骨科康复病区、鼓楼心脏康复病区、望春综合康复病区、江厦康复医学中心4家医联体内合作病房实际开放医疗床位数162张，全年出入院2776人次。

招聘卫生专业技术人员54人，包含12个专业，全部为本科专业。招聘1名高层次专业技术人才。参加学历教育培训的卫生专业技术人员68人次，其中专科学历教育9人次，本科学历教育15人次，研究生学历教育14人次。市级以上短期医学类继续教育培训1129人次，参加区内短期医学类继续教育培训452人次，各医疗机构自行组织培训班6264人次。中级以上卫生技术人员继续教育学分达标334人，达标率100%。基层卫生技术人员继续教育达标797人，达标率99.63%。发表医学杂志论文34篇、省级以上的医学论文34篇，选送中青年专业技术人员36人外出进修。

【社区卫生服务】 2016年，原海曙区

域有社区卫生服务中心8家、社区卫生服务站26家。社区卫生服务中心、服务站实行一体化管理，均实施基本药物制度。8家中心均是省级规范化社区卫生服务中心，其中1家创建为国家示范化社区卫生服务中心。星级社区卫生服务站24家，占总数的92.31%，其中五星级社区卫生服务站21家，建成数字化社区卫生服务中心7家，建设完成率87.5%。推进宁波市“二门诊一中心”创建，建设五星级全科门诊4家、五星级健康管理中心3家、五星级中医门诊2家、四星级中医门诊3家。社区卫生服务中心（站）有在岗职工1033人，其中在编598人，占57.89%；卫生技术人员897人，其中大专及以上学历762人，占84.95%，中高级职称359人，占40.02%；有全科医生197人、社区护士178人，每万名社区居民拥有数分别达5.40人、4.88人。全年社区卫生服务机构总门诊2552740人次，均次门急诊费用127.50元。推广使用“社区健康档案管理系统（CMIS）”软件，建立规范化居民电子健康档案315086人，规范化电子健康档案建档率86.38%；继续开展老年人、慢性病人等重点人群管理，原海曙区域有60岁以上老年人70544人，规范建档62329份，规范建档率88.35%；累计发现并建档的高血压、糖尿病人数分别为50431人、15862人，发现率分别为14.87%、5.24%。施行宁波市新型契约式家庭医生制服务，206名全科医生参与新型家庭医生签约服务，签约居民38868人、签约重点人群31132人，户籍重点人群签约率达33.62%，其中民政困难群体、残疾人、计生特殊家庭等人员个人承担部分由政府进行补贴，共签约补助2453人。

海曙区直属医疗机构“6S”管理模式现场推进会

【中医中药管理】 2016年，原海曙区域中医药基本公共卫生服务提供0—3岁儿童服务5426人，服务65岁以上老年人29235人，服务率分别达98.23%和73.67%。中医药文化知识普及活动走入27个社区，服务居民110392人。基层医疗卫生机构中医药服务量达63.7325万人次，占基层医疗卫生机构总服务量的31.25%。1名主任中医师被列入第二批浙江省基层名中医培养对象，6人被列入第二批市级名中医药专家学术经验继承名单。海曙区中医医院被设为主要培训基地，举办中医适宜技术培训3期，培训中医医生60余人次。参加全市中药技能比武，获团体三等奖。培育中医特色专科，鼓楼街道社区卫生服务中心陆氏骨伤科、张沛虬中医内科获评区级非物质文化遗产。

7月12日，海曙中药技能比武大赛

【区直属医疗机构“6S”管理模式现场推进会】 2016年7月1日，海曙区直属医疗机构“6S”管理模式现场推进会在段塘街道社区卫生服务中心召开。区卫生计生局副局长周祎阳、局机关各科室负责人及各直属医疗机构相关领导36人参加会议。参会人员参观段塘街道社区卫生服务中心临床诊室、药房、检验室等各科室“6S”管理情况，听取中心主任王雪芬总结汇报，并参加“6S”管理操作培训。

【陈敏春考察南门街道社区卫生服务中心】 2016年9月19日，原香港宝通华行有限公司董事长、美国宝通基金会创会主席陈绍华先生之子陈敏春到海曙区南门街道社区卫生服务中心考察，副区长薄慧敏陪同。陈敏春捐赠200万元人民币用于南门街道马园社区卫生服务站整体改建和医疗仪器购买。

【西门街道社区卫生服务团队获省卫生岗位技能竞赛冠军】 2016年10月14—16日，浙江省基层卫生岗位练兵和技能竞赛决赛在杭州举行。海曙区推荐选送西门街道社区卫生服务团队参加竞赛，经过团体技能竞赛实操、个人知识问答等环节，西门街道社区卫生服务团队获2016年度浙江省基层卫生岗位练兵和技能竞赛省级决赛团队项目第一名。

（黄晓磊）

公共卫生

【概况】 2016年，原海曙区域无甲类传染病报告；报告乙类传染病11种1270例，报告发病率117.71/10万，同比下降17.80%。报告死亡病例6例，分别为艾滋病（1例）、HIV感染者（1例）、肝炎（1例）和肺结核（3例）。报告艾滋病17例、HIV感染者27例，报告死亡病例1例；在册管理的HIV感染者和病人228人，其中207例进行抗病毒治疗；原海曙区域内3家VCT（艾滋病自愿咨询检测）门诊接待自愿咨询检测1143人次，发现8例HIV抗体待复检者。报告肺结核病例135例，契约式全程治疗督导管理率100%，涂阳病人治疗满2个月痰菌阴转率为82.61%。上年登记结核病人系统管理率达91.72%。

原海曙区域内持有效卫生许可证的公共场所997家，其中沐浴场所（包括足浴场所）96家、美容美发场所548家、住宿场所227家、游泳场所20家及文化娱乐场所、图书馆等其他公共场所106家，监督覆盖率100%。查处各类公共场所违法经营行为69起，罚没款132560元。

【免疫预防接种】 2016年，原海曙区域内儿童常规免疫预防接种79550针次（常住人口44725针次，流动人口34825针次）。开展针对8月龄至47月龄儿童的麻疹类疫苗查漏补种和针对2月龄至47月龄儿童的脊灰疫苗查漏补种，脊灰疫苗补种率93.65%，麻疹疫苗补种率97.30%；针对初三年级学生开展麻风疫苗加强免疫工作，原海曙区域内有初三学生2427人，应种2411人（其中本省户籍2153人、外省户籍258人），实种2328人（其中本省户籍2068人、外省户籍260人），接种率96.56%；针对4周岁以下儿童进行脊灰疫苗和麻疹类疫苗查漏补种，补种率分别为95.24%、98.04%；满周岁儿童3478人，五苗全程接种率99.34%。

【妇幼保健】 2016年，原海曙区域有产妇2515人，活产2554人，建卡率100%，早检率98.08%，产前检查率98.47%，产后访视率98.47%，孕产妇系统管理率98.08%，住院分娩率99.92%，围产儿死亡率1.56‰，孕产妇死亡率0/10万。筛查高危孕产妇1897人，高危孕产妇发生率75.43%，高危孕产妇管理率100%，住院分娩率99.95%，剖宫产率45.14%。有7岁以下儿童19051人，保健管理人数18696人，保健覆盖率98.14%；3岁以下儿童8094人，系统管理人数7910人，系统管理率97.73%。5岁以下儿童死亡率为1.96‰，婴儿死亡率为1.57‰，新生儿死亡率为0.39‰。母乳喂养率95.81%，新生儿访视率99.26%，体弱儿筛查率100%，管理率100%。新生儿疾病筛查率100%，新生儿听力筛查率100%。孕产妇保健免费人次数21762人次，减免费用911175.96元；0—6岁儿童保健免费30423人次，减免费用748747.70元，总计减免费用1659923.66元。户籍孕产妇签约率99.52%，0—2岁儿童签约率99.68%，3-6岁儿童签约率99.43%。

完成两年一轮妇女健康提升工程，体检39877例，体检率64.51%。开展免费婚检，婚检率95.84%，产前筛查率98.65%，查出高风险孕妇469例，确诊异常胎儿22例，高风险孕妇随访率达100%。开展2岁内儿童孤独症筛查项目，筛查2908例，其中可疑3例，确诊0例。加强出生缺陷监测，原海曙区域户籍人口内发生出生缺陷53人，发生率21.07‰。

【爱国卫生工作】 2016年，海曙区组织开展第三轮国家卫生城市复审迎检工作。通过4月省级考核和6月国家级暗访，宁波市获评国家卫生城市“四连冠”。鼓楼、江厦、望春街道通过宁波市卫生街道复评；新创建市级无烟单位7家、区级卫生先进单位5家，申报复查单位均通过评审；组织开展“百千万”工程健康巡讲、“相约健康社区行”等系列活动，新创建健康单位、健康学校、健康小屋、健康食堂等10家，6所健康促进学校（铜牌）通过复查。

【血液管理】 2016年，原海曙区域无偿献血2512人次，累计献血量691140毫升，单次献血300毫升以上占比74.1%。大中专院校献血646人次，献血149200毫升；特殊季节献血246540毫升。机采血小板272个治疗单位，新招募机采志愿者12人。建立团体献血单位名库31家，整理收集区内200人以上大中型企事业团体单位信息27家。建立政府机关、卫生系统、企事业单位等5支无偿献血应急流动血库保障队伍，共370人。

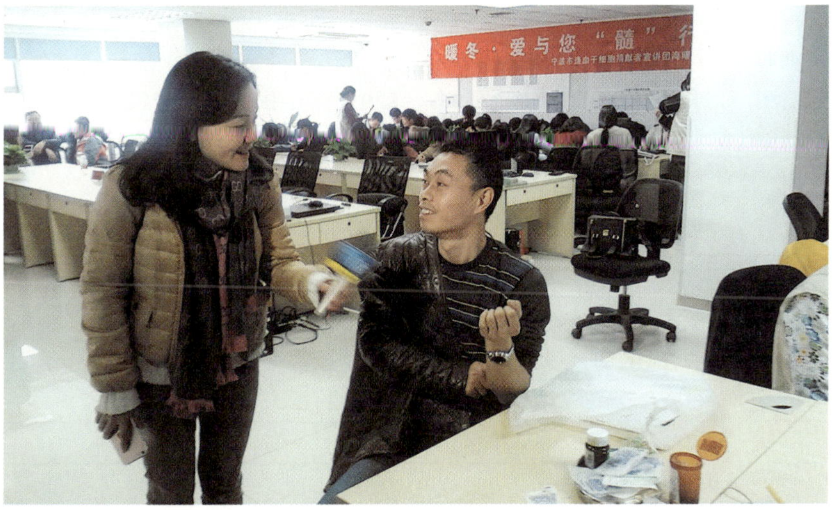

12月22日，中信银行宁波信用卡分中心员工34人现场报名成为造血干细胞捐献志愿者

【基层“云诊室”和双向转诊平台建设现场会】 2016年6月17日，区卫生计生局在西门街道社区卫生服务中心召开基层“云诊室”和双向转诊平台现场会。区卫生计生局医政中医科负责人、各医疗机构分管领导及医务科科长等20余人参会，区卫生计生局副局长周祎阳主持会议。

（黄晓磊）

计划生育

【概况】 2016年，原海曙区域出生2885人，死亡1469人，人口自然增长率4.77‰。计划生育符合率达98.2%，多孩违法生育发生率0.31%，出生人口性别比111.8（新生男生多于女生），国家免费孕前优生健康检查项目目标人群覆盖率达88.5%。

各街道配备计生专干8人、计生助理14人、流动人口办公室人员8人，78个社区配备社区计生服务员117人。全年无计划生育行政诉讼、行政复议案件，无因违法行政引发的计划生育重大案件。再生育网上审批由15个工作日提速到3个工作日。全面实施生育登记，生育第一个或者第二个子女的育龄家庭进行生育登记，自主安排生育。完善流动人口生育全过程管理，对718名外来孕产妇建立生育全过程档案。推进流动人口双向协作，与河南省通许县等全国58个县（市、区）签订流动人口计划生育双向管理服务协议。完成国家流动人口动态监测，对列入调查点的梅园社区、平桥社区住户进行信息采集、录入。

慰问困难计生家庭275户，发放慰问金10.7万元。为217名特殊老人免费投保综合保险，为46户重点特殊家庭提供政府购买服务。增加141人享受奖励扶助政策，退出32人，全年享受计生奖励扶助政策1477人，发放奖扶金754.9万元。

开展以“两癌筛查（乳腺癌、宫颈癌筛查）”为主的生殖健康服务，乳腺检查2643人，其中阳性6例；TCT检查3000例，其中阳性62例。优质服务综合随访率达99.95%，免费享有计划生育生殖健康服务覆盖率达85%以上。计划怀孕夫妇孕前优生健康检查885对，国家孕前优生指导、咨询服务5600人次，筛查出高风险人群397人，高风险率22.4%，免费为计划怀孕夫妇婚育咨询服务签约结对595对。

开展联合执法4次，查处“两非”（非医学需要的胎儿性别鉴定和非医学需要的选择性别的人工终止妊娠行为）案件4例，罚没款33000元。审批再生育61例，生育登记2328人。开展违法生育社会抚养费征收工作，全年征收社会抚养费14例，兑现金额114.55万元。

【国家流动人口动态监测工作】 2016年，海曙区国家流动人口动态监测工作选择月湖街道梅园社区、平桥社区为监测点。调查围绕流动人口成员基本情况、流动趋势和居留意愿、就业特征、基本公共卫生服务利用、婚育情况与计划生育服务管理、健康素养等内容，上门调查100户住户信息，完成40份问卷调查。调查结果作为《2016年中国流动人口发展报告》基础数据，为完善地方流动人口服务管理工作的各项决策提供科学依据。

表 11　　2016年原海曙区域计划生育情况

计量单位：人

指标名称	2016年新海曙
计划生育	
计划生育率(%)	98.27
有生育条件的妇女	148078
已婚育龄妇女	112962
采取各种节育措施情况	99001
领独生子女证的	44383

注：本表数据由区卫生计生局提供。

【第二轮中国家庭发展追踪调查】 2016年，海曙区开展第二轮中国家庭发展追踪调查工作，白云街道联北社区、南门街道郎官社区、西门街道芝红社区、鼓楼街道文昌社区、望春街道泰安社区的100户家庭成为调查对象。调查员与居民“面对面”进行电子问卷调查，全面、系统了解计划生育家庭基本情况，为建立国家级家庭信息数据库，制定家庭发展政策提供基础数据。

【全省计生特殊家庭帮扶工作交流现场会在海曙召开】 2016年11月15日，全省计生特殊家庭帮扶工作交流现场会在海曙区西门街道项目点召开。省卫生计生委党组成员、省计生协专职副会长陶竞及全省11个地市计生协专职副会长、秘书长60余人参加现场会，参观海曙区“隐形翅膀助远行”项目点。此项目点依托西门街道居家养老服务中心，以“计生协+互助中心+义工队伍”为枢纽，通过“融入式”帮扶措施，帮助计生特殊家庭走出困境。

【张丽梅参观考察海曙区青春健康俱乐部】 2016年11月30日，深圳市计生协宣传项目部部长张丽梅参观考察海曙区青春健康俱乐部。青春健康俱乐部可划分为四区、六室，四区是宣传区、阅览区、辅导区及计生展示区，六室是测量室、放松室、宣泄室、试听室、咨询室及办公室。基地安排省级师资负责授课、引领和指导来访青少年选择、使用各个区域和功能室。张丽梅对海曙区青春健康俱乐部给予肯定和赞扬，表示将把海曙经验带回深圳，发挥青春健康教育品牌社会影响力和辐射力，拓宽青春健康教育受益人群。市计生协副秘书长、项目工作部副部长练爱萍，区计生协专职副会长顾继红等陪同参观。

（黄晓磊）

资料链接

“6S”管理：指seiri（整理）、seiton（整顿）、seiso（清扫）、seiketsu（清洁）、shitsuke（素养）、security（安全）的精细化管理

社会生活

民族宗教

【概况】 2016年，海曙区在宗教界开展“寻梦中国·正言正行”系列活动，举办宗教界人士培训班，引导信教群众为和谐社会精神文明建设贡献力量。成立区宗教领域专业安全生产委员会和办公室，由分管副区长担任主任。协调区内公安、消防、城管等部门及各相关街道，共同参与佛教场所春节“烧头香”活动、清真寺开斋节、古尔邦节、G20杭州峰会、互联网大会等活动期间安全管理。协调住建部门加强对观宗讲寺大殿维修、慈云寺寺院建设、望春堂、福德禅寺征迁等工程项目的推进和服务，依法履行质量安全责任。开展反邪教宣传月活动，利用会议、座谈及区民宗工作三级网络信息平台组织各级民宗干部学习相关政策法规，提高辨别邪教和有关非法宗教能力。向原海曙区域各宗教活动场所发放相关宣传资料、宣传品3542份。药行街天主堂获评“全国创建和谐寺观教堂先进集体”称号。

开展帮困扶贫工作，慰问贫困少数民族群众65人，慰问金额3.8万元。开展民族团结进步创建“进寺庙”活动，成立民族团结志愿服务队。联合海曙公安分局、区城管局、区卫生计生局、区市场监管局、区司法局等部门和月湖街道成立区民族团结志愿服务队，在开斋节、古尔邦节、主麻等活动期间联合设摊，提供法规宣传、政策咨询等优质服务。在清真寺所在的天一（桂井）社区和少数民族群众较为集中的汪弄社区，以城市少数民族流动人口管理服务工作为重点，建立“微组织”“微窗口”“微热线”“微平台”。通过成立社区民族团结促进会，建立少数民族“绿色通道”、少数民族服务“直通车”等，在法律咨询、就业咨询、子女教育、帮困救助、计生服务、司法调解等方面为少数民族群众提供便捷服务。

【区内佛教场所首次除夕夜不开放】 2016年春节期间，海曙区内观宗讲寺、佛教居士林、佛教修养院、福德禅寺、看经寺、慈云寺、龙华讲堂7个佛教场所首次实施“除夕夜不开放”规定。大年初一到寺院烧香祈福人数超过3万人，各类烧香祈福活动安全有序。区民宗局推动文明敬香、鲜花礼佛。佛教居士林赠送一支环保清香，实行鲜花礼佛；龙华讲堂、佛教修养院禁点蜡烛，倡导用3支清香敬佛。

【区佛教和民间信仰场所生态建设现场会】 2016年3月22日，海曙区佛教和民间信仰场所生态建设现场会在佛教居士林召开，全区佛教场所和民间信仰场所负责人及属地村（社区）负责人30余人参加活动。参会人员实地参观宁波市2015年生态寺院建设示范单位——佛教居士林和龙华讲堂，听取城乡结合部小寺院和主城区较大寺院开展生态寺院建设的典型经验介绍。

3月22日，海曙区佛教和民间信仰场所生态建设现场会在佛教居士林召开

【张岱梨考察海曙区城市民族工作】 2016年4月7日，湖北省人大常委会副主任张岱梨考察海曙区西门街道汪弄社区城市民族工作，市人大常委会副主任邬和民、区人大常委会副主任孙铭龙及市、区民宗局有关领导陪同考察。调研组一行实地考察汪弄社区城市民族工作情况，听取汪弄社区创新“五微”工作法。调研组对汪弄社区发展“微组织”、建立“微窗口”、设立“微热线”、创建“微平台”、认领“微心愿”，实现社区民族团结的“五微”工作法给予高度评价。

【宗教界人士培训班】 2016年7月1日，区民宗局举办宗教界人士培训班，各宗教活动场所负责人、安全员、教职人员骨干、民族宗教管理组织成员等50余人参加。市安监系统安全培训专家库成员、宁波乾业高级培训讲师、资深消防专家黄森梁以《全民消防、生命至上》为题，结合宗教活动场所实际，围绕增强消防意识、提高消防能力等内容，传授正确火场逃生和自救等知识，并结合近年来重大火灾事故案例，指出宗教活动场所的消防安全隐患，提出相应措施。培训还邀请市民宗局宗教一处副处长金珂，围绕宗教政策历史发展、坚持宗教中国化方向和宗教活动场所规范管理等内容进行专题讲座。

（马囡囡）

民政工作

【概况】 2016年，原海曙区域有城市低保对象1539户2071人，“三无”人员（由民政部门收养的无生活来源、无劳动能力、无法定抚养义务人或法定抚养义务人丧失劳动能力而无力抚养的公民）60人。原海曙区域有社区78个、社区专职工作者687人。新注册社会团体1家、民办非企业24家，累计有社会团体119家、民办非企业251家。办理结婚登记2730对、离婚登记1063对，补领结婚证548本、离婚证104本、婚姻登记证明22份。离婚调解269对，调解成功81对。

出台《海曙区人民政府关于进一步完善困难残疾人生活补贴和重度残疾人护理补贴制度的实施意见》，把重度残疾人和困难家庭残疾人单独纳入最低生活保障范围。把困境儿童纳入社会救助体系，把“渐冻症”病人基本医疗费全部纳入医疗救助保障范围。向城市低保对象发放低保金1462.77万元；向贫困重度残疾人保障对象发放保障金46.38万元；向残疾人基本生活保障对象发放保障金344.75万元；向原海曙区域7003户次9587人次困难群众发放价格补贴161.59万元。元旦、春节期间，开展“解难、帮困、送温暖”活动，走访、慰问困难群众3172户，发放慰问金478.65万元。发放临时救助资金165.89万元、医疗救助资金313.08万元、司法救助资金23.48万元。开展孤儿和困境儿童基本生活保障费调标工作，由原来每人每月980元调整为每人每月1040元。

支付惠民殡葬基本服务费用139.29万元。原海曙区域内免费火化遗体1681具，其中3具为异地火化。免费办理骨灰入葬生态墓地14例、骨灰撒海7例，费用共计10.25万元。

【社会组织管理】 2016年，区民政局对原海曙区域内300家社会组织进行年检，抽检81家单位，基本合格25家、不合格7家。对34家社会组织开展等级评估，经申请单位自评、业务主管单位审查、评审委员会初审，3家社会组织符合AAA级及以上评估条件，进入实地评估阶段。馨之园社会助残服务中心获评AAAAA级社会组织，胜丰社区、区社工协会被民政部评为第二批全国社会工作示范社区、单位。出台《2016年度海曙区区级社会组织承接政府转移职能和购买服务推荐性目录》，推进社会组织承接政府转移职能和购买服务。

【双拥优抚工作】 2016年，原海曙区域新增农村籍60周岁以上退役士兵61人，累计发放60周岁农村籍退役士兵抚恤补助金56.73万元。发放在职伤残军人伤残抚恤金208.7万元、一次性死亡抚恤金304.19万元、两参人员（参战退役人员及参加核试验退役人员）生活补助151.11万元、重点优抚对象生活补助金238.05万元、重点优抚对象基本生活价格补贴22.04万元。为50户烈属发放慰问金4.7万元。安置2015年冬季退役士兵71人，发放一次性经济补助464.35万元，退役人员职业教育技能培训率达100%。开展双拥优抚春节走访慰问活动，发放慰问金68.7万元。

【社区建设】 2016年，海曙区各社区开展“一社区一品牌”活动，重点培育华兴、柳锦等13个特色品牌社区。举办省、市、区层面的基层政权与社区建设工作对口见学活动，海曙区2个社区成为省级对口见学点，4个社区成为市级对口见学点。原海曙区域67个实体社区中59个社区完成统一标识，占总数的88.1%。社区满意度平均得分91.15分，社工包片联户工作满意度平均得分14分（总分15分）。培训社工2100人次，511名社工获得社工职业资格证书，占社工总数的77.4%，居全市首位。

【防灾减灾工作】 2016年1月，海曙区针对寒潮和冰雪天气开展灾情救助工作。7—10月，应对“尼伯特”“莫兰蒂”“马勒卡”“暹芭”等台风实施防灾救灾，台风期间累计转移人口706人，集中安置98人，开放避灾点4个。台风“莫兰蒂”“马勒卡”过境后，对14个社区463户进水家庭开展灾情勘验和理赔。推进综合减灾示范社区创建，新创建全国综合减灾示范社区1个、省综合减灾示范社区1个，创建省气象社区6个，其中省气象科普挂牌社区2个。

【第二次全国地名普查】 2016年，原海曙区域完成第二次全国地名普查工作，采集10类34个子类地名信息共3210条。其中，陆地水系名称60条，行政区域名称9条，非行政区域3条，群众自治组织名称86条，居民点名称561条，交通运输设施名称723条，水利、电力设施名称44条，纪念地、旅游景点名称167条，建筑物名称329条，具有地名意义的单位名称1228条，地名标志1495个，历史地名293

条，界桩名称4条。标绘1∶50000纸质地图3幅，测量地名经纬度3210条。确定《海曙区第一批历史地名文化遗产保护名录》，收集40条体现海曙区悠久历史和深厚文化底蕴的历史地名。办理门牌项目编制29起，编设门牌629块、楼幢牌68块，出具地名有关证明81份。补更道路147条、社区23个，补更门牌3556块、幢牌193块。

【宁波市公益街开街】（参见“海曙区人民政府”类目“重要活动”分目）

【宫蒲光考察宁波市公益街和区社会组织服务中心】2016年9月24日，民政部副部长宫蒲光考察宁波市公益街和海曙区社会组织服务中心。宫蒲光了解社会组织服务中心运作情况及专业社会工作机构运营情况，并参观入驻公益街的9家社会组织。副市长李关定、省民政厅副厅长罗红卫、市民政局局长杨雄跃及区领导彭朱刚、国宇等陪同。

【台风巨灾保险理赔】2016年9月，台风“莫兰蒂”“马勒卡”相继登陆宁波，引发持续降水，原海曙区域4个街道14个社区受灾较重。10月，完成台风巨灾保险理赔。房屋进水463户，符合赔偿标准、进水高度达20厘米以上的319户，定损总金额共计16.55万元。西门街道汪弄社区、南门街道澄浪社区、望春街道信谊社区进水户数较多，进水高度超过20厘米的分别有63户、62户和40户。南门街道郎官社区6户人家受灾情况较严重，进水高度达50厘米以上。

【国家级媒体采访报道海曙区社会组织服务工作】2016年11月2日，《求是》《光明日报》《经济日报》《中国青年报》《南方都市报》《南方周末》《中国社会报》《中国民政》8家媒体记者在民政部、省民政厅、市民政局相关领导陪同下，到海曙区社会组织服务中心进行采访报道。2016年，海曙区通过公益创投平台，对接社会企业78类103个公益项目进行资助，资助总金额258.72万元；中心“益起、益行、益生活”社会服务试点项目获中央财政50万元资助，是全市唯一获得资助的社会工作示范服务类项目。

（王彦祯）

9月22日，宁波首个综合性公益聚集地——宁波市公益街开街

社会保障

【概况】2016年，原海曙区域职工养老保险、医疗保险、工伤保险、生育保险、失业保险参保人数分别为19.3万人、21.7万人、14.7万人、13.8万人、14.8万人，户籍人口养老保险参保率达97.0%，基本医疗保险参保率保持在95%以上，发放社会保障卡4.2万张，累计发放38.5万张。

调整基本养老保险待遇28912人，调整后海曙区企业退休人员平均月养老金上浮至2598.68元，城乡居保人员基础养老金水平提高至220元/月；被征地人员养老保障待遇水平分别提高到780元/月、730元/月、680元/月三档。开展29205名企业退休人员、3508名城乡居保、1750名被征地待遇享受人员资格认证，认证率达99.96%。

完善全民参保登记数据库，建立全民参保登记信息动态管理，实现统征信息系统与全民参保登记信息系统实时对接。推进外来务工险政策并轨。推进建设工伤按项目参保工作。

办理医保个账清算转移4658人次，涉及577.3万元；办理零星报销结算3892人次，大病特药补偿支付金额159万元。执行阳光医保监管，开展定点医院违规稽查，筛选违规嫌疑数据4.5万条，查处医院违规收费2例，追回医保违规基金11万元，对17名医保医师作出扣除积分处理。把控大额票据核查，委托保险公司调查异地大额发票91份，未发现违规现象。停用原医疗保险卡，全面启用社会保障卡，开展社保卡应用首批试点，开通失业金

表12　2016年原海曙区域社会养老保险基本情况

计量单位：人

指标名称	合计	指标名称	合计
企业养老保险参保人数	192837	工伤保险参保人数	147409
企业养老保险实际缴费人数	156951	生育保险参保人数	138438
基本医疗保险参保人数	270352	被征地人员养老保障参保人数	1940
失业保险参保人数	150616		

发放和新增退休人员养老金待遇发放功能。

【推进建设工程项目工伤保险参保】 2016年1月，海曙区推进建设工程项目工伤保险参保工作，保障从业人员权益。建立部门联络人制度，理顺参保操作流程，对“建设项目工伤参保”项目不设关账期，项目不受社保月结困扰，所有工作日均可办理。至年底，区社保所办结原海曙区域内工程项目工伤参保44个，建筑工伤按项目参保实缴金额286.69万元。

【外来务工险并入常规社保】 2016年3月，海曙区推进外来务工险并入常规社保工作，区社保所通过走访、座谈等形式加强与企业沟通，对重点企业、外来务工集聚企业实行“一对一”上门宣讲，沟通化解政策并轨潜在的矛盾和不稳定因素。走访企业100余家，发放宣传资料2000余册，27671名外来务工险人员实行并轨转参。

【“走近社保卡”——社会保障卡服务宣传周活动】 2016年4月7—8日，区人力社保局先后在望春街道新星社区、白云街道联丰广场开展“走近社保卡”——海曙社会保障卡宣传服务周活动。区社会保障卡管理中心、区医保办巾帼志愿者及中国工商银行、中国银行、中国建设银行工作人员通过横幅、展板、宣传资料发放、免费赠送环保袋等方式，为居民提供社保卡更换政策、医保新政等咨询服务，宣传宁波市“医疗保险卡停用，全面启用社会保障卡”相关政策，引导居民尽快更换并启用社会保障卡。活动接待咨询者300余人，发放宣传资料500余份。

【医保定点机构（药店）协议管理工作启动】 2016年7月，根据《宁波市基本医疗保险定点医药机构协议管理办法》有关规定，海曙区医保定点机构（药店）协议管理工作启动，即取消原有医保定点机构市级行政审批事项，改行属地化协议签订和管理监督。至年底，累计受理原海曙区域内18家零售药店医保定点资格申请，通过17家。

5月18日，社保卡政策宣传活动之走近社保卡活动在联丰广场举行

（冯汝洁）

表13　2016年原海曙区域老龄人口情况

指标名称	2016年
期末老年人口数（人）	74288
按年龄分	
60-64岁老年人口数	23718
65-79岁老年人口数	37629
80-99岁老年人口数	12916
100岁及以上老年人口数	25
社区服务中心数量	92

注：本表数据由区民政局提供。

老龄工作

【概况】 2016年，原海曙区域有老年人7.43万人，占户籍人口数的24.9%。其中，80周岁以上老年人1.29万人，占老年人口的17.4%；百岁老人23人。有养老机构6家，养老床位1050张；有居家养老服务机构65个，其中区域性居家养老服务中心3个。

发放高龄津贴831.6万元，惠及14.5万人次。发放老年“一键通”电话机335个，办理老年优待证3227张。面向900户老年家庭提供政府购买居家养老服务，包括每日上门1小时、独居老人探望服务、发放“81890”居家养老服务卡等。

批准两家养老机构设立，新增床位146张。完善区、街道、社区三级居家养老服务网络，6个社区居家养老服务站点和1个区域性居家养老服务中心完成建设。开展居家养老服务机构等级评审，获评AAA级居家养老服务机构1家、AA级居家养老服务机构4家、A级居家养老服务机构15家。

举办初级养老护理员培训班，提高养老机构与居家养老服务机构护理人员职业化、专业化水平。以广安区域性居家养老服务中心和广安智慧养老服务中心为载体，面向原海曙区域提供送餐、上门护理、理发助浴等服务，全年配送餐15315人次，生活照料服务585人次。

广安智慧养老服务中心居家养老体验区

继续购买“银龄”老人民生意外保险，为政府购买服务对象、公办养老机构入住老年人及工作人员、居家养老服务站点工作人员等2000余人购买意外伤害保险；实现养老服务机构政策性综合保险100%参保，将养老机构和已运行的居家养老服务机构纳入养老服务保险体系中，减少服务机构运营风险。

【政府购买独居老人探望服务】 2016年，区老龄办印发《关于深化独居老年人关爱服务工作的实施意见》，明确以定期分类走访制度强化社工包片联户工作，完善义工结对服务，健全“一人一档信息”制度，关注独居老人日常生活情况。1月始，对全区300余名无子女、子女不在宁波独居老人提供每日探望服务。由政府购买服务，以街道为单位，通过义工结对、第三方承接等方式，掌握老年人基本生活安全情况。全年政府购买独居老人探望服务耗资18.2万元。

【区广安智慧养老服务中心成立】 2016年6月26日，海曙区广安智慧养老服务中心成立。服务中心提供养老需求信息服务、智能化养老产品展示、居家适老化设施体验、区域性居家养老服务四大功能，并以老年人信息数据库和为老服务资源库为依托，建立民政养老服务平台和海曙区养老服务网，整合第三方服务资源并提供相应养老服务，实现个性化养老需求与多元化服务手段对接。至年底，信息化平台覆盖原海曙区域62个居家养老站点、500余支志愿服务团队和公益组织。

（王彦禛）

保障性住房

【概况】 2016年，原海曙区域有在建保障性安居工程项目7个，总建筑面积130万平方米，共10458套住房。其中后孙拆迁安置房一期1号地块项目（五江湾小区）、后孙拆迁安置房二期项目（五江湾小区）、气象路3号地块拆迁安置房项目（丽象佳苑小区）和西成、后孙村村民安置房项目（澄波华庭小区）完成竣工联合验收，建筑面积约81万平方米，共6109套住房。新增住房保障家庭776户，其中租金补贴262户、公共租赁住房入住514户。3月、7月、11月分别举行公共租赁住房核准家庭摇号仪式，3月、4月、5月、10月、12月进行公共租赁住房轮候，变更家庭配房，541户家庭取得准租资格。至年底，原海曙区域内4321户家庭享受公共租赁住房保障，其中租金补贴1809户、租金减免108户、住房配租2404户，支付公租房租金补贴1665.86万元，实现低收入家庭“应保尽保”。

探索长效化、规范化住房保障违规处理模式，针对不同住房保障类型加强监督管理。1月，启动2015年度廉租住房年审，核查在保家庭2312户，查出372户家庭不符合保障条件。5月，启动公共租赁住房配租家庭复审受理工作，复审1771户在保家庭，取消182户不符合条件家庭的保障资格，退房85户。

【海泰佳园公租房推出】 2016年5月，海曙区推出海泰佳园公租房。公租房位于高桥镇蒲家村，东至新丰路，南临新浦路（原高桥南路），西到用地界线及规划河流，北至春池路。小区内4幢楼房为公共租赁住房，有住房789套，户户朝南，均配有客厅，配置成套淋浴房、卫生洁具、橱柜、脱排油烟机等设施，基本可以拎包入住。至年底，小区共配租451套。

【后孙拆迁安置房二期项目（五江湾小区）竣工】 2016年8月12日，后孙拆迁安置房二期项目（五江湾）完成竣工联合验收。项目位于海曙区后孙、望春桥村，西靠规划望童北路，南起通途路，北至规划范江岸路延伸段，估算投资总额221567万元。项目总用地面积5.79公顷，总建筑面积约19.15万平方米，包括18幢高层住宅，设计住宅1598套。

【气象路3号地块拆迁安置房（丽象佳苑小区）竣工】 2016年8月31日，气象路3号地块拆迁安置房完成竣工联合验收。项目位于海曙区丽园南路西侧、气象路北侧、永达路南侧、通达路东侧，估算总投资额291084万元。项目用地面积8.91公顷，总建筑面积27.55万平方米，包含7幢18层住宅、6幢29层住宅、1幢17层住宅、1幢19层住宅、1幢22层住宅、1幢24层住宅，配置幼儿园、文化商业用房和室外配电房，设计住宅1924套。

【后孙拆迁安置房一期1号地块项目（五江湾小区）竣工】 2016年10月13日，后孙拆迁安置房一期1号地块项目完成竣工联合验收，设计住宅857套。

后孙拆迁安置房一期位于海曙区后孙、望春桥村，分为3个地块，分两期建设，可建拆迁安置房2871套。2号、3号地块于2015年7月31日竣工。

【西成、后孙村村民安置房（澄波华庭小区）竣工】 2016年12月13日，西成、后孙旧村改造村民安置房完成竣工联合验收。项目位于双杨1号地块，东至双杨河，西至机场路，南至规划道路，北至永丰西路，总用地面积6.81公顷，总建筑面积23.84万平方米，有15幢高层住宅，整个小区主要由居住、社区用房、附属用房及幼儿园组成，设计住宅1730套。

【蒲家三期公共租赁房市政附属项目完工】 2016年底，蒲家三期公共租赁房市政附属项目基本完成。蒲家三期公共租赁房项目位于高桥镇蒲家村，总用地面积4.45公顷，总建筑面积11.56万平方米，包括2幢22层高层、7幢18层高层、1幢15层高层，设计住宅1650套。

（张妙君　李丽红）

物业管理

【概况】 2016年，原海曙区域有登记备案的物业管理项目232个，其中商业办公项目71个、住宅项目161个，物业管理面积超过1736万平方米。注册物业服务企业50家，其中有常规物业管理项目的企业39家、一级资质5家、二级资质5家。

开展“法官进社区”活动，组织多元调解活动17场、调解纠纷37件。全程参与春城花园小区、青苹果小区、清林闲庭小区等13个项目的重大物业纠纷协调。参与香榭丽舍小区、镇明小区、六和嘉园小区等13个项目物业退管调解，其中4个小区完成退管，9个小区经协调后仍由原物业企业继续服务。办结区人大、区政协议提案15件，处理上级转发、来人、来电及其他投诉信访480件，G20杭州峰会期间处置重大突发事件3起。

原海曙区域内10个小区获“魅力小区”称号，15人获“美丽物业人”称号。对73个区级老小区进行物业管理补贴考评，其中达到满额补贴资金的22个、达到70%以上补贴资金的34个、不达标小区1个。推进物业“阳光财务”公示工作，212个小区在规定时间内公示，4个未公示小区项目经理人给予信用档案扣分，73个老小区完成网上公示。完成中国人寿大厦、维科上院小区2015年度省示范项目考评。组织讲座培训3次，涉及物业专项维修资金管理和使用、小区安全生产防范和绿化养护。组织从业人员开展消防技能大比武。对万鹏物业、迪繁物业、高德物业、中邦联合物业、宁波中山物业5家企业进行三级（含暂三级）资质备案，对雅高物业、盛元城市物业海曙分公司进行信息资料变更初审，对锦文物业、丽园佳城物业、福尔敦物业一、二级资质申报进行初审。完成14个新建项目的市场引进工作。

【平安物业建设】 2016年，原海曙区域内225个物业小区、楼宇参加物业管理治安防范创星级活动。评选出64个“无刑事案件小区”，撤销7个小区“治安防范重点整治”警告，评定物业治安防范星级下降小区（楼宇）6个，对上年度治安情况相对较差的4个小区挂牌警告、限期整改。评选先进集体11个，先进个人10人、先进业委会7个、先进业委会委员10人、优秀秩序维护员10人。台风汛期期间，组织辖区物业服务企业开展汛前自查、物资储备、应急方案制定、汛期全员全天备战及汛期后小区消毒消杀工作，确保居民正常生产生活秩序。

【物业第三方服务机构引进】 2016年，海曙区推进物业第三方服务机构引进工作。第三方服务机构是物业服务评估的监理机构，在接受业主、业主大会、建设单位、物业服务企业或有关部门委托后，依照法律、法规、规章规定和合同约定，对物业服务质量、服务费用、物业共用部位和共用设施设备管理状况等提供专业评估、监理服务等活动。物业第三方服务机构参与天胜佳苑、胜丰佳苑、舒沁苑、城市金领、联丰北区、丽园馨都和银润豪景等9个小区业委会成立（换届），参与六和嘉园小区业委会换届选举和新物业服务企业选聘。接受江厦街道聘请，对街道内1998年前的房屋开展房屋安全检查。参与城隍庙购物广场美食城各物业服务工作板块考核。

【22个小区业委会成立（换届）】 2016年，原海曙区域22个小区业委会成立或完成换届，55人就任业委会主任、副主任。其间，各小区草拟《物居业三方议事会议制度》，明确会议召开具体事项，随后召开三方例会252次，商讨小区业委会成立（换届）工作、停车位改造、配套设备设施更新（维修）及小区环境整治等工作。3月，组织物业、

7月8日，水岸心境小区物业进行台风后小区环境整治

小区业委会开展物业专项维修资金使用培训。

【物业“三资”移交制度建立】2016年，海曙区建立物业“三资”移交制度，即向业委会移交小区相关物业资金、资产、资料，明确小区资产总量。君澜上府小区签订的物业服务合同中，首次明确约定小区资产和其他附件移交方式，建立公共账户，约定物业服务企业奖励资金和公共收益用途。要求物业企业通过公共账户拨付使用公共部位和公用设施设备维修经费及其他经费，并提供业委会同意证明和专业审计报告。此举措统一资金管理办法，使资金流动去向透明化，从真正意义上规范小区公共资金管理和使用。至年底，原海曙区域内15个小区开设账户，流转资金430余万元。

（冯　珊）

81890公共服务

8月18日，宁波市81890公共服务供给侧改革主题论坛举行

【概况】2016年，81890求助服务中心有职员68人，开通电话热线23条，实行24小时服务，中国81890服务网日均点击量2万余人次。拥有加盟企业874家，通过与中心签订合作协议进入数据库的企业341家、社会组织4000余家、志愿者85万余人。81890求助服务中心有呼叫平台、失物招领中心、老年人应急呼叫系统、企业服务平台、光明电影院、党员服务中心等76个服务功能。

为市民解决求助事项846945件，结案率100%，满意率99.88%，日均接听量2307件，同比增加10.6%。其中，咨询类607055件，占总求助量的77.9%；服务类169948件，占比21.8%；事务类1478件，占比0.3%。全年求医订号59878件、区长热线1381件、企业服务平台608件、志愿服务平台754件。网点击量达5572余万人次。

81890光明俱乐部申报的“‘盲盲’人海你我同行”项目在浙江省青年社会组织志愿服务项目大赛中获评银奖，求助服务中心持有的“81890”品牌在“2016宁波品牌百强”评榜活动中被列入“2016宁波公共服务业品牌TOP20”名单，宁波市81890志愿服务中心平台项目获评2016年度宁波市最佳志愿服务项目。

开展15周年问卷调查活动，以电话、现场、微信、网络、报纸等多种方式结合对81890服务平台服务满意度、加盟单位服务满意度、智慧化服务需求与建议3个模块进行调查。8月4日，81890第一医院门诊预约挂号服务平台启动。11月21日，81890慈城便民服务点成立。“81890”微信功能增至3类13个板块，推送微信文章36篇，74514人次阅读。81890微信公众号提供“微服务”，有上线单位125家、服务人员150余人，处理微信公众号求助1216件，市民通过微信下单171件。服务中心接待全国各地学习考察团119批次。

新吸纳加盟企业84家，注销企业31家，变更企业资料112次，年审企业306家，核实非年检企业信息431家。《市民生活公民信息服务平台》（DB3302T1052.1～105205—2013）地方标准规范通过专家评审，规范继续有效。锁具维修服务标准通过专家评审，8月发布，9月始作为推荐性地方标准实施。起草《加盟单位信用评价体系》，研制“微服务”中“微保洁”“微保姆”设计方案。组织座谈会12次，275家次加盟企业、20余位市民参加。培训星级家政从业人员381人，符合星级标准375人，其中一星级88人、二星级233人、三星级54人。

志愿服务中心平台完成志愿信息对接3.5万余人次，招募志愿者43890人次，新增志愿团队92支，新增注册志愿者3837人。组织开展“相约鼓楼”等活动1146次，服务124756小时。志愿服务品牌创新项目获市委宣传部评审通过，连续3年获得总额60万元的项目经费支持。启动第二代“甬·志愿”APP。举行“81890便民

表14　　81890下属协会、俱乐部组织

组织名称	成立日期
宁波市海曙区81890服务业协会	2002年5月
宁波市海曙区81890志愿者协会	2004年12月
宁波81890光明俱乐部	2009年5月
宁波81890常青藤俱乐部	2010年12月
宁波81890鹊桥会	2013年8月
宁波市81890志愿服务中心	2012年12月

服务日"活动，100余家加盟企业参与，近60余家企业实行优惠打折，为市民免费或低偿服务1800余人次，减免金额8.5万余元。组织开展"甬·志愿大蓬车进集士港"等大型志愿服务活动。光明电影院组织6场盲人看电影活动，537人次参加；光明图书馆借阅盲文书籍12本，借阅磁带14盒；光明网吧为盲人服务7次，建立"弄潮儿"盲人微信群；光明活动中心组织活动7次，盲人会员629人次参加。81890常青藤俱乐部为癌症肿瘤患者提供医疗咨询、沟通交流、娱乐活动等各种服务16场次，开展集体舞兴趣小组活动39场，服务会员1749人次。81890鹊桥会新增会员2200人，会员累计超过一万人，红娘志愿者为会员配对3000余人次。爱心超市接收群众、企业等捐赠衣物、家电、生活用品等70515件，现金223440.1元；捐出衣物、家电、生活用品等70515件，现金90533元。心声沟通电话联谊俱乐部有会员2831人，志愿者13人。

【郑国英考察81890为侨服务平台】 2016年1月11日，加拿大温哥华本拿比市华人总会会长郑国英到海曙参观考察81890为侨服务平台，市侨联副主席张勇军，区委常委、区委统战部部长刘臻陪同。为侨服务平台主任金莹介绍中心为民服务措施、服务方式、服务产品等情况和建立大数据平台以实现智慧信息化服务的发展规划。郑国英此行考察计划把宁波为民利民"样本"复制到温哥华，造福当地民众。

【市81890志愿服务中心成立】 2016年6月3日，宁波市81890志愿服务中心成立大会暨第一届理事会第一次会议召开。大会审议通过《宁波市81890志愿服务中心章程》，确定由金莹担任志愿服务中心名誉理事长，市文明办志愿服务处处长宋明耀、市81890求助服务中心原主任胡道林、区文明办主任周照宇担任志愿服务中心顾问，并审议通过第一届理事会理事、监事会监事、秘书处人员名单和2016年度工作计划。北京军区总院原副政委、全国道德模范、"当代雷锋"孙茂芳，市民间组织管理局局长崔秀朋，区委常委、宣传部部长石贤义等28人出席会议。志愿服务中心成立后，在市公益一条街和望春街道各设立一个志愿服务驿站。

【宁波市81890公共服务供给侧改革主题论坛暨成立15周年座谈会】 2016年8月18日，宁波市81890公共服务供给侧改革主题论坛暨成立15周年座谈会于宁波富邦大酒店召开。论坛由视频论坛与现场座谈两部分组成。区委副书记、区长吴胜武在视频论坛致辞，81890求助服务中心主任金莹介绍"81890"15年来发展情况。中央政策研究室信息局原副局长薛宝生，中国社会科学院社会政策研究中心副主任杨团，国家行政学院教授、原政治学教研部主任王伟，北京大学教授、原信息科学中心主任唐世渭4位专家学者通过不同角度对"81890"未来方向提出建议，并就"81890"在征信体系建设中的角色和作用等问题与记者交流互动。在现场座谈环节中，81890分中心代表、加盟企业代表、市民代表、志愿者代表座谈交流"81890"发展感受。市经信委副主任杜永华，市民政局副局长杨英，市商务委消费处处长尹秋平，致公党宁波市委会专职副评委陈早挺，市81890求助服务中心原主任胡道林，区委常委、宣传部部长石贤义等出席会议并发言。

12月14日，电影《81890》在宁波南苑饭店举行新闻发布会

【区81890服务业协会第三届第四次会员大会】 2016年11月15日，宁波市海曙区81890服务业协会第三届第四次会员大会召开。会议变更法人，由俞建育担任协会法人，改选何屠军为秘书长；新增宁波江东贝嘉宝家政服务有限公司等14家单位为理事会成员；通过《81890服务业协会成立各专业委员会办法》；修改协会章程。宁波江东开米家庭服务有限公司、宁波市海曙荣红开锁服务部等近200家企业的220余名代表参加会议。

【电影《81890》开机】 2016年12月14日，市委宣传部、市对外文化交流协会、宁波泰格兄弟影视文化传媒有限公司联合出品的电影《81890》在宁波南苑饭店举行新闻发布会。影片以宁波家喻户晓的"81890"热线电话为题材，讲述海归富二代求助"81890"热线，找到自身价值和真爱的故事。电影《81890》于12月2日开机。

（吴 君）

乡镇·街道

集士港镇

【概况】集士港镇位于原鄞州区西北部，东北邻高桥镇，南毗古林镇，西南依横街镇，西北与余姚市接壤，镇域面积47.1平方千米。2016年，辖19个行政村、3个社区和2个渔业社，总户数13907户，总人口8万人，其中户籍人口4.28万人。

全年实现地区生产总值49.9亿元，同比增长4.2%。财政总收入6.1亿元，增长42.7%，其中一般公共预算收入3.94亿元，增长74.9%。粮食播种面积1584公顷，粮食总产量10579吨，土地流转面积894.4公顷。87家规模以上工业企业实现总产值145.6亿元、销售139.4亿元、利润总额9.79亿元，分别增长4.9%、3.2%、6.9%。年销售上亿元和上10亿元企业分别有26家和2家。研发费用占GDP比重的3.22%。高新技术行业产值49.5亿元，增长3.3%。固定资产投资20亿元，下降25.9%。限额以上商贸业销售额85.4亿元，增长14.9%。限额以上社会消费品零售额27.5亿元，增长14.2%。杉井奥特莱斯广场商圈全年营业额17亿余元，“双十一”期间客流达20万人。杉杉永达国际汽车城捷豹路虎4S店开业，中高端汽车4S店数量达5家。

星城湾小区一期竣工交付。碧桂园集团、中梁地产集团等房地产开发企业进驻集士港镇。房地产投入3.7亿元。新村建设完成建新面积11.1万平方米。岳童、丰成、祝家桥、横港、杨家等行政村实施新村建设，卖面桥新村小区建成交付。危旧房成片改造工程启动，井亭3号地块开工建设。投入约2亿元的110千伏仕港变（电站）迁建工程竣工，白岳变电站开工建设。广泽路建成通车，镇区增加两条南北向主干道。镇农贸市场竣工交付。实施“两路两侧”整治，完成高速沿线绿化提升工程和“蓝色屋面（立面）”整治，整治面积59.3万平方米。“五水共治”疏浚河道20千米；投入780万元，实施生态河道整治及河道水质提升工程；办理150家企业排水许可证。

户籍居民养老保险参保率95.7%。开展低保、“五保”和灾害、医疗、临时、教育、住房等专项救助，安排救助资金562万元，惠及2000余人。金色童年幼儿园通过省二级幼儿园评定。举办健康教育培训活动89期，惠及群众8000余人。有天天文化志愿者482人，有建成及在建的文化礼堂9个。举办首届田螺姑娘文化节、第三届广德湖读书节。广德湖城乡演出院线举办各类演出70余场次。

表15　2016年集士港镇各行政村基本情况

行政村	面积（平方千米）	户数（户）	人口数（人）	集体经济总收入（万元）	集体经济总费用（万元）	总资产（万元）
集士港村	1.03	636	1647	236	83	1953
元禾村	0.82	561	1483	134	57	2623
董家桥村	2.23	844	2251	385	115	1251
祝家桥村	2.25	1335	3557	385	148	3544
杨家村	1.73	649	1814	695	128	10124
丰成村	2.02	749	1974	126	109	34656
横港村	2.13	608	1571	256	84	1114
卖面桥村	2.32	1300	3213	311	123	2428
西陆村	1.43	409	1066	266	96	1027

（续表15）

行政村	面积（平方千米）	户数（户）	人口数（人）	集体经济总收入（万元）	集体经济总费用（万元）	总资产（万元）
翁家桥村	1.92	524	1394	419	74	2032
湖山村	3.03	701	1780	388	85	3946
四明山村	4.72	499	1299	481	89	6456
深溪村	4.83	622	1486	459	165	1001
双银村	2.42	446	1142	332	82	1906
山下庄村	4.23	631	1457	876	359	2928
万众村	3.72	1184	3113	329	176	6895
新后屠桥村	3.13	817	2145	360	126	669
岳童村	3.42	669	1691	338	86	5290
广昇村	1.62	723	1834	222	186	1688

注：表格中数据为调查数

【第三届广德湖读书节】 2016年4月19日，第三届广德湖读书节开幕。读书节由集士港镇党委、镇政府主办，鄞州区新华书店、集士港镇文化体育中心承办，活动包括小主持人演讲比赛、新华书店周年活动、“你点我购”点读活动、儿童文学名家校园行、汽车图书馆进校园企业社区活动、广德湖讲堂——劳模进卫星城宣讲活动、“我的一本好书”读后感征文比赛、儿童剧表演等，5000余人次参与活动。

【集士港镇综合指挥室投用】 2016年8月30日，集士港镇综合指挥室投入使用。指挥室面积约80平方米，投入资金80万余元，配置高清显示屏15台，接入镇区视频监控探头120余处，实现镇区主要道口监控全覆盖。配备移动终端267台，运行专用移动终端APP，对浙江政务服务网及部门流转、媒体曝光、投诉举报等各类渠道接收信息实行统一归集、分流。镇党委副书记担任综合指挥中心主任，并配备常务副主任1人和专职工作人员2人。

【卖面桥小区竣工】 2016年8月30日，卖面桥小区通过竣工验收。小区位于卖面桥村徐家自然村，自2013年10月开工，总投资5亿元，占地面积6.87公顷，总建筑面积13.3万平方米，其中住宅面积10.43万平方米，建有住房1154套。

10月23日，集士港镇首届田螺姑娘文化艺术节开幕

【集士港获评全国重点镇】 2016年9月，集士港镇被评为2016年度全国重点镇。近年来，集士港镇形成以农业为基础，工业为支柱，外向型经济为先导的新型经济格局，经济综合实力在全区名列前茅。获评的重点镇（乡）作为国家小城镇发展重点，在政策、土地及项目安排上能得到支持。

【“善满集士港”——首届田螺姑娘文化节】 2016年10月23日，“善满集士港”——首届田螺姑娘文化节开幕式在广德湖剧院举行。文化节历时2个月，包括宁波市民间舞蹈展演、“探寻踪迹”宁波市画家走进广德湖主题画展暨《善若水，水汇港》首发式、寻田螺姑娘传说印迹——全省书画名家邀请展、甬剧《广德湖田螺姑娘传说》首演暨经典戏剧七天会演、“田螺姑娘传说”论坛、寻找“真善美”田螺姑娘传说故事演讲赛、天天文化志愿者专场演出等活动，近万人参与。

（袁浩杰）

古林镇

【概况】 古林镇位于原鄞州区西南部，南连石碶街道、洞桥镇，西傍鄞江镇，北靠高桥、集士港、横街三镇，东临段塘街道，镇域面积47平方千米。

2016年，辖24个行政村、2个居委会、2个渔业社、4个社区，总户数18011户，户籍人口5万余人，在册流动人口10万余人。

全年实现地区生产总值75.4亿元，财政总收入8.51亿元，公共财政预算收入4.72亿元。实现农业产值4亿元，村级集体净资产10.36亿元。启动蜃蛟片现代生态农业综合区建设，建成13千米亲水漫步道。实现规模以上工业总产值165.3亿元。实现社会消费品零售总额39.19亿元，引进顺丰速运，年均营业收入近10亿元，引入国奥奥迪和运通宝晟宝马等汽车4S店，在机场路区块集聚12个汽车品牌，启动途众汽车城改造升级项目。

古林中心小学

基本完成宁波栎社国际机场三期征迁。完成广泽路、杭甬互通等地块拆迁。实施藕池老小区改造工程。完成“蓝色屋面（立面）”整治99.3万平方米。清理垃圾3.5万吨，疏浚河道36千米，建造生态河道8千米，拆除农棚田舍8000平方米，关闭“低、小、散”畜牧养殖场2家，铺设污水管网10千米。

新建布政幼儿园，改建镇成人学校，启用古林中心小学。古林中心小学、薛家小学创建为浙江省书法实验学校。蜃蛟村文化礼堂获评宁波市十佳文化礼堂。

表16　　2016年古林镇各行政村基本情况

行政村	面积（平方千米）	户数（户）	人口数（人）	集体经济总收入（万元）	集体经济总支出（万元）	总资产（万元）
西洋港村	2.50	746	2532	566	192	3359
葑里村	2.50	879	2279	793	223	3678
古林村	1.60	755	1768	586	290	9498
施家村	1.10	457	1206	365	136	3581
俞家村	1.30	647	1632	736	348	7404
郭夏村	1.00	430	1128	483	226	4267
鹁颈村	1.10	631	1629	1290	507	14620
戴家村	1.30	929	2321	496	103	4194
共任村	3.50	977	2481	367	199	2777
仲一村	1.80	619	1629	737	247	5486
布政村	1.60	879	2279	965	247	4928
葑水港村	1.80	507	1327	1325	299	10166
张家潭村	3.50	985	2673	521	206	21525
宋严王村	1.20	655	1641	969	250	5702
陈横楼村	1.00	435	1196	1230	348	23386
藕池村	1.00	476	1292	1484	400	15079
礼嘉桥村	1.70	910	2113	2765	549	28597
薛家村	2.80	1630	4585	1960	776	23009
包家村	1.60	746	2039	470	171	25206
蜃蛟村	2.20	957	2476	942	284	1378

（续表16）

行政村	面积（平方千米）	户数（户）	人口数（人）	集体经济总收入（万元）	集体经济总支出（万元）	总资产（万元）
龙三村	2.30	615	1563	496	137	884
茂新村	1.60	641	1742	1131	453	3031
三星村	2.30	580	1473	461	182	2420
前虞村	3.20	925	2261	257	88	669

注：表格中数据为调查数

【顺丰速运开建仓储中转场】 2016年1月，顺丰速运宁波分公司投资1亿元，在古林镇开建新的仓储中转场。中转场占地3公顷，建筑面积超过5万平方米，分上下两层，可实现快件包裹立体中转分拣，分拣操作面积3.8万平方米。新的中转场计划在2018年年底投用，建成后每小时快件处理量将达2.16万件，小件处理量可达4万件，成为宁波最大的物流中转场地。

【古林镇劳动仲裁派出庭完成首案调解】 2016年2月16日，古林镇劳动仲裁派出庭调解一起涉及金额超过20万元的工伤案件，是仲裁派出庭成立以来调解的首起案件。镇劳动仲裁派出庭自2015年年底成立，设有庭长1人、仲裁员1人、书记员1人。

【张家潭村污水管网工程启动】 2016年3月，张家潭村污水管网工程启动。工程以王两漕、朱郁两个自然村为试点，施工包括路面整修、污水管埋设等。张家潭村污水管网工程范围覆盖8个自然村，惠及村民1000余户，覆盖率超过90%。管网建成后能提高污水处理力，改善河道水环境。

【编制《蜃蛟片现代生态农业综合区总体规划》】 2016年3月，古林镇与市农业科学研究院合作编制《蜃蛟片现代生态农业综合区总体规划》。规划以“一带两区四中心八基地”为重点，“一带”即西洋港河亲水农业景观带，是古林镇休闲观光农业游览主轴线；“两区”即以蜃蛟、前虞两个市级历史文化名村为中心，“四区”为茂新、三星、蜃蛟、前虞等4个村构成的沿河亲水组块区域；“八基地”即翁姚葡萄精品园，天胜农牧、长禾食用菌基地、民俗文化园、蜃蛟庄园等8个农业生产基地（园）。通过点、线、面组合，蜃蛟片区构筑农业规模化生产和旅游休闲观光齐发展的产业布局。

【古林镇途众商城升级改造】 2016年7月18日，古林镇途众商城升级改造工程奠基仪式举行。途众汽车商城于2006年成立，为太平鸟集团旗下汽车板块业务的经营主体公司，入选首批中国AAAA级诚信二手车交易市场和中国二手车交易百强市场。升级改造工程计划建成面积约8万平方米的单体双层全室内化专业二手车经营平台，成为宁波地区最具规模和规范的二手车诚信服务平台。

【宁波栎社国际机场三期工程（古林地块）征迁基本完成】 2016年年底，古林镇基本完成宁波栎社国际机场三期工程涉及的镇域范围内拆迁任务，总拆迁面积30.68万平方米，涉及5个行政村（渔业社、居委会、社区），征地17.33公顷、拆迁住宅1500余户。2015年3月6日，拆迁工作开始，至9月签约1400余户约22万平方米，签约率97%。住宅签约期结束后，完成行政裁决的未拆迁户25户，执行“三改一拆”程序的未拆迁户32户。2016年12月28日，古林镇联合市中级人民法院，司法强制搬迁5户，随后12户拆迁户主动签约。

（李　斌）

高桥镇

【概况】 高桥镇位于原鄞州区西北部，东靠望春街道，南连古林、集士港、横街3个乡镇，西接余姚市大隐镇，北枕姚江，与江北区隔江相望，镇域面积53平方千米。2016年，辖20个行政村、1个渔业社、4个社区，总户数19813户，总人口超过15万人，户籍人口52988人。

实现国内生产总值51.95亿元；财政总收入8.08亿元；限额以上社会消费品零售额8.1亿元；进出口总额5.3亿美元；全社会固定资产投资41.26亿元，其中工业投入8.28亿元。实现农业总收入248.2亿元，村级集体净资产10.2亿元，农民人均收入29879元。新增5000万元以上企业3家，新增规模以上企业7家，规模以上企业总数达109家，实现规模以上企业生产、销售、利润总额分别为102.45亿元、96.91亿元和5.77亿元，规模以上工业增加值19.8亿元。万华建设公司、立华制药公司等9家企业纳税超千万元，三峰机械电子公司、万盛实业公司等9家企业纳税500万元以上且增幅超过30%。梁祝爱情小镇被列为市级特色小镇。占地14.7公顷、入驻9家企业的岐阳新材料产业园区开工建设，其中爱柯迪公司投产。宁波燎原电器集团股份有限公司、宁波三峰机械电子有限公司在“新三板”挂牌。浙海商业广场开业。银亿集团竞拍秀丰村、蒲家村1号居住地块，总价约8.8亿元、溢价率70.6%。高新技术企业生产、销售、利润分别实现43.7亿元、41.9亿元、3.7亿元，高新产业增加值占工业增加值比重达57%。有市级以上工程技术中心15家。立华制药公司申报省级博士后工作站，华缘新材料公司申报省名牌和市重点工业新产品，雪利曼电子仪表公司申报省级工程技术中心，4家企业申报市科技进步奖，卓运生物科技公司、键一电子公司申报市智团创业计划项目。实现授权专利344件，其中发明专利38件。引进人才877人，其中高层次人才4人。流转土地1033.3公顷，占耕地面积的75%，完成经营发包900公顷，其中6.67公顷以上规模经营户15户。农用线路改造和农村剩余电流动作保护器换装完成，700公顷粮食功能区建成。

推进甬梁线（中山西路）、姚江堤防等重点工程建设，姚江堤防一期建设完成。6个安置小区建设推进，其中兴乐佳苑、蒲家兰庭小区完成分房。推进"五水共治""三改一拆"、小城镇环境综治整治，累计投入7亿元，整治、疏浚河道173千米，建设污水管网51千米，88家企事业单位截污纳管，10个村农村生活污水治理完成。完成新丰路一期、杨家路、岐湖村大岙至缸窖弄农村公路建设。投资3.2亿元的西塘河、轨道交通1号线"一线四站"治水景观工程完成，创建为省级河道生态建设示范工程。开展轨道交通高架沿线环境、高速公路沿线环境、甬梁线岐阳段环境、畜禽棚舍、蔺草行业、废品回收站、"僵尸车"等专项整治，累计拆违84.6万平方米，关闭畜禽养殖场79家，拆除农棚田舍146户，增加绿化106.7公顷。运用手机"安全通"APP，委托专业机构，排查重点行业、重点区块企业、店面、出租房等安全隐患单位8930家，推进81家公寓楼治理，安装烟感器9738个。

800余年历史的高桥

民生事业投入1亿元，辖区内有省农村示范学校2所、省标准化学校6所、市现代化达纲学校8所。连续8年获评市级人口和计生工作先进集体。召开3场大型招聘会，"五险"参保率达96.5%，完成工伤调解52件、劳动纠纷89件、劳动纠纷案件审理127件。累计发放各类困难补助1646余万元。推进文化产业发展，举办"高桥好声音""高桥寻踪"油画展、《美丽乡愁》摄影图片巡展等文艺活动，承办市首届"梁祝杯"青少年国际象棋比赛。举办"天天演""天天看"等文化惠民活动502场次，建成村级文化礼堂8个，全镇有文艺团队50余个、文物保护点25个、非物质文化遗产项目10个。

表17　2016年高桥镇各行政村（渔业社、社区）基本情况

行政村（渔业社、社区）	面积（平方千米）	户数（户）	户籍数（人）	集体经济总收入（万元）	集体经济总支出（万元）	总资产（万元）
宋家漕村	1.70	820	2127	978	620	48416
藕缆桥村	0.70	411	1124	944	285	5389
新庄村	1.20	539	1408	553	233	3374
古庵村	2.20	995	2626	979	606	18957
联升村	1.10	539	1464	52	31	44296
秀丰村	2.10	890	2343	477	167	4007
新联村	1.80	716	2113	435	237	6707
蒲家村	1.80	617	1844	252	247	7453
长乐村	1.10	1124	2737	998	349	42414
合心村	1.20	552	1529	329	233	4170
望江村	3.30	1147	3010	1371	481	4316
梁祝村	1.80	809	2135	196	102	9717
芦港村	2.30	1164	3100	607	205	16538
高峰村	1.40	638	1770	428	127	60162
高桥村	3.40	1350	3903	352	201	12968

（续表17）

行政村（渔业社、社区）	面积（平方千米）	户数（户）	户籍数（人）	集体经济总收入（万元）	集体经济总支出（万元）	总资产（万元）
江南村	3.90	1220	3389	333	292	21048
石塘村	2.60	825	2372	394	273	4334
岐阳村	4.70	884	2261	632	272	9782
岐湖村	6.90	848	2243	1162	294	5312
民乐村	4.90	594	1538	743	238	17016
渔业社	—	80	177	152	26	806
长居社区	—	976	2226	—	—	—
高居社区	—	1100	2820	—	—	—
紫薇社区	—	478	1164	—	—	—
学院社区	—	497	1565	—	—	—

注：表格中数据为调查数

【梁祝爱情小镇获评市级特色小镇】 2016年，梁祝爱情小镇被列为市级特色小镇。小镇规划总面积307公顷，东至学院路、庙洪路，南至后塘河，北至姚江、环城北路，计划总投资58亿元。小镇以梁祝文化品牌为基石，以特色婚庆产业为核心，设八大功能片区：梁祝爱情公园、时尚婚庆服务区、爱情公寓区、浪漫生活体验区、爱情时尚产业区、婚庆智造园、时尚梦想区、烂漫花谷区。至年底，由梁祝公园、中国梁祝博物馆和梁祝画院组成的文化旅游基地一期建成，对外营业；以薇拉宫邸、喜宫一站式婚庆会馆、婉纱仙妮婚纱集合店为核心的婚庆婚宴服务基地开业。

【高桥镇大西坝村获评省级历史文化名村】 2016年，高桥镇大西坝自然村获评省级历史文化名村。大西坝村地处镇西部，内河与姚江相接处，北枕姚江，对望江北区裘市，境内的大西坝旧址是浙东大运河至姚江的水利航运设施，被列为全国重点文物保护单位。旧时曾是重要的航运“咽喉”，宁波至杭州船舶经过姚江时，必从此坝进出，自古有“浙东运河上的甬城门户”之称。

【“高桥好声音”比赛】 2016年4月8日，首届“高桥好声音”举行。比赛由高桥镇政府、鄞州银行高桥支行主办，百余名选手报名参赛。经过网络视频海选、公共投票、现场复赛，15位选手进入决赛。5月27日，“好声音”决赛在高桥公园（风荷园）举行，徐玉芳、郑霞霞、橙子等获评“十佳好声音”。活动期间，9100名网友参与初赛投票，3000余人现场观看决赛。

【西塘河水环境整治工程创建为省级河道生态建设优秀示范工程】 2016年11月28日，西塘河水环境综合整治景观绿化工程创建为省级河道生态建设优秀示范工程。西塘河整治范围东起长乐村，西至甬金连接线，全长4.67千米，总面积约26万平方米。自2014年开始整治，投入约3.2亿元，完成河道南岸12家企事业单位2.67万平方米和北岸4家企事业单位2.15万平方米的拆除、退让。清理出网箱256只、渔笼450只、渔泊27道、沉船25只、毛竹等阻碍物4600余根、河岸垃圾1.35万余吨。河道淤泥采挖8万立方米，清理河底垃圾1.5万余吨，河道平均加深1.5米。同时，在河道内进行生态湿地、光催化、生态浮岛等设计施工，放置7500平方米水生植物。

【高桥镇长乐黄家庄和蒲家兰庭安置小区分房】 2016年年底，高桥镇长乐黄家庄和蒲家兰庭安置小区完成分房。黄乐庄安置房名为兴乐佳苑，系轨道交通1号线及甬梁线（中山西路）改造工程安置小区，位于长乐村，总用地面积3.9公顷，总建筑面积9.64万平方米，总投资4.51亿元，有住宅590套。2013年5月开工，2015年12月竣工，2016年7月2日抽签分房。蒲家兰庭小区系蒲家经济适用房安置小区，位于蒲家村，总用地面积9.97公顷，总建筑面积

治理后的西塘河

28.72万平方米，有住宅1925套。2012年12月开工，2016年11月竣工，2016年12月24日、25日抽签分房。

（毛科杰）

横街镇

【概况】横街镇位于原鄞州区西部，东北依集士港镇，南接古林、鄞江两镇，西南连章水镇，北邻余姚市，镇域面积121.7平方千米。2016年，辖28个行政村、2个居委会，总户数15052户，在册常住人口4.2万人、暂住人口1.2万人。

全年实现地区生产总值38.26亿元，同比增长2.02%。财政一般预算收入3.55亿元，增长7.07%。早、中、晚稻种植面积1000公顷，落实全年种植任务153万公斤，推广调入优质良种1万公斤。完成绿化造林16.7公顷，其中珍贵树种造林3.57公顷，一般树种造林0.88公顷。新增生态公益林2446.7公顷，抚育中幼林133.3公顷。加大山区饮用水项目建设和畜牧整治力度，10个山区村饮用水项目建设完工，43家畜牧场所关闭、拆除，总面积5.7万平方米。培育农业示范基地，申报无公害农产品基地2个。全镇66家规模以上企业实现工业总产值88.2亿元、销售84.1亿元、利润4.8亿元，分别增长2.13%、0.38%、2.1%。完成全社会固定资产投资6亿元，增长27.6%。加大企业帮扶力度，获上级资金补助1600万元，补助额度为历年之最。引导企业加快产业布局，浙江德利福科技股份有限公司在“新三板”挂牌，另有3家企业在宁波股权交易中心挂牌。水家、林村等4个村级工业地块动工建设。

横街镇万安桥

完成小城镇整片建新6.1万平方米，完成率305.8%。镇级中心菜场和原电影院地块基本完成主体工程。完成新村建设整片建新6.96万平方米，完成率154.7%。凤林村、雷庄村等新村建设完成分房到户，桃源村、林村村、毛岙村新村建设主体工程结顶，水家整村改建完成。云洲村、半山村村级公路建设项目竣工验收。

累计拆违4.45万平方米，完成率127%。结合“两路两侧”“四边三化”专项行动，处置高速高炮广告牌12处，清理主干道两侧问题点位21处，完成“蓝色屋面（立面）”整治17万平方米。开展镇区环境卫生整治，处置无证摊贩260户、占道经营154处、乱涂乱贴132处、广告灯箱112处。集中式开展“道路清爽行动”5次，清运垃圾1.8万吨。加快污水管网和农村分散式生活污水治理项目建设，徐王工业区污水管网建设基本竣工。加大农业面源污染防治，回收处理44.5吨农资包装废弃物。

完善就业创业服务平台，组织职工培训455人次。扩大城镇职工保险覆盖面，完成社保参保5.53万人。劳动监察72次，监察企业412家，补签劳动合同380份。调解矛盾纠纷102件、结案率94.1%。组织企业安全培训527人次，检查企业279家，责令整改隐患876处，处罚违法企业1家。完善教育基础设施，基本完成镇小学教学楼和镇中学图书综合楼修缮。全镇老年人体检6886人、妇女体检3216人。竹丝岚、乌岩等4个村的村级文化礼堂建成。“天天演”等文化惠民演出110场次，放映电影256场次。

表18　2016年横街镇各行政村基本情况

行政村	面积（平方千米）	户数（户）	人口数（人）	集体经济总收入（万元）	集体经济总费用（万元）	总资产（万元）
东村村	1.51	427	1058	238	308	12166
凤岙村	5.44	426	1062	201	139	813
梅梁桥村	3.49	261	648	191	144	1140
水家村	1.01	330	838	848	432	2932
万华村	3.34	881	2231	383	363	3190
桃源村	2.72	561	1365	474	485	12539
应山村	3.30	437	1200	285	363	1152

（续表18）

行政村	面积（平方千米）	户数（户）	人口数（人）	集体经济总收入（万元）	集体经济总费用（万元）	总资产（万元）
横街村	0.75	189	480	134	38	1045
凤林村	1.44	290	738	147	89	1830
林村村	1.89	322	766	231	218	3054
盛家村	2.64	347	844	156	110	913
溪下村	3.65	583	1584	166	193	2915
上阵村	2.50	577	1465	211	120	1582
半山村	3.95	726	1906	254	134	790
雷庄村	3.66	441	1119	251	212	9396
芝溪岙村	1.99	226	585	144	111	7579
芝岭村	3.10	267	703	279	172	1084
毛岙村	4.41	372	907	1118	641	1854
新洞山村	1.76	194	507	159	111	3394
大雷村	8.55	1083	2727	197	156	995
凤凰村	5.19	716	1887	159	86	404
云洲村	7.77	1047	2666	264	180	408
竹丝岚村	4.84	515	1402	756	368	1214
惠民村	3.38	509	1257	374	245	1077
乌岩村	6.89	938	2292	180	211	659
朱敏村	2.12	1056	2797	418	195	2255
爱中村	3.02	763	1845	128	106	544
爱岭村	4.25	568	1405	159	124	741

注：表格中数据为调查数。

【雷峰自然村安置完成】 2016年10月27日，横街镇雷锋自然村安置房二期完成分房，168户村民迁入。至此，雷锋自然村村民全部迁入新村安置房。二期工程占地1.27公顷，建筑面积2.39万平方米。雷峰自然村位于四明山深处，海拔300余米。2009年始，横街镇启动雷锋新村建设，是全镇首个开展高山移民项目的自然村。新村建设以异地拆建方式进行，村民分两批迁出。安置地块一期工程占地0.55公顷，建筑面积1.11万平方米，有房源80套，于2012年初完成分房。

【浙江德利福科技股份有限公司在“新三板”挂牌】 2016年10月，浙江德利福科技股份有限公司通过全国中小企业股份转让系统有限责任公司审查，在“新三板”挂牌。证券名称：德利福，证券代码：839671，股本：5028万元。公司成立于2005年3月，注册资本150万元，主要从事卫生洁具、水暖配件、五金件、塑料件、橡胶件、冲件的研发、制造、加工、批发、零售等业务，在象山县、宁波国家高新区设有3家子公司。

【云洲村饮水工程竣工】 2016年12月4日，横街镇饮用水工程最后一个项目——云洲村饮水工程完工。工程于2015年年底动工，总投资450余万元，涉及半山、乌岩、上阵、盛家、爱中、大雷、朱敏、凤凰、云洲、毛岙10个行政村。2016年，对21个蓄水池点进行建设和改造提升，修建消毒房、水处理设备房和过滤池，埋设DN100钢塑复合引水管1100米。

（刘　飞）

鄞江镇

【概况】 鄞江镇位于原鄞州区西南部，东接洞桥镇、古林镇，西邻章水镇、龙观乡，南连奉化区江口街道、萧王庙街道，北依横街镇，镇域面积60.1平方千米。2016年，辖12个行政村、1个居委会，总户数9626户，户籍人口23063人。

实现地区生产总值17.5亿元，同比增长7.5%。财政总收入2.39亿元，下降0.1%，其中公共预算财政收入1.2亿元，增长1.8%。实现农业产值3.73亿元、农民人均收入26822元、村级可用资金5205万元，分别增长10%、11.2%和2.1%。投入约400万元，完成建岙溪整治工程三期和金陆村、清源村饮用水提升工程。建成粮食功能区高标准农田300公顷。全镇土地流转总面积672.87公顷，占耕地面积的67.7%，百亩以上规模经营户17户，经营面积234.13公顷，占耕地面积的25%。巩固渔业精品园区（郭斌锦鲤养殖场）和杨梅、白茶、浙贝、芋艿等基地建设。完成行政村经济合作社股份合作制改革。获补助资金2000余万元，用于新农村建设、扶贫工业园区建设和村级道路、公园、古道等民生、旅游项目建设。实现工业增加值9.4亿元，增长6.1%；工业总投资3.34亿元，增加11%。完成工业区1号、九龙桥宕山等地块约6.67公顷工业土地出让。开展企业"腾笼换鸟"、转资重组，引进各类企业60家，培育"小升规"企业15家，新增规模以上工业企业4家、高新技术企业1家、销售上亿企业1家。实现规模以上产值18.4亿元、销售18.2亿元、利润0.95亿元，分别增长1.9%、4.4%、8.9%。申报各类专利147项，引进各类人才197人。实现外贸自营进出口1.29亿美元，增长24.50%。完成第三产业投资5.4亿元，实现消费品零售总额4.08亿元、限额以上商贸业销售额5.26亿元。趣湾银杏庄园、锡山草木间等休闲旅游项目完成。完成小城镇整片拆旧1.56万平方米，建新2.84万平方米；新村建设整片拆旧2.7万平方米，建新3.9万平方米。

鄞江镇"十月十"庙会

光溪西路、它山堰西路道路立面管网建设初步完成。实施小城镇"五个一"项目，总投资约3.94亿元，推进居住地块建设、鄞江菜场扩建等项目。完成下清源环村道路、建岙至寻芝岭古道等农村联网公路3千米，建设桥梁3座，铺设集中式污水管网5千米。基本完成邮政大楼、官池北路、它山堰西路南侧、郎官第古建筑群等地块拆迁。12个村实现村庄建设规划全覆盖，梅园新村一期交付使用；制定并实施村级"六个一"（路、网、园、景、场、房）建设民生工程项目补助政策，投入500万元，完成大桥村老年活动中心等8个村级项目，建设以清源、金陆等4个村庄为节点的市级精品游览路线，提升村级整体面貌形象。

推进"五水共治"行动，投入3000余万元完成南塘河、清源溪等河道整治，疏浚梅梁桥河等河道15千米。关闭畜禽养殖场10家，拆除棚舍1.5万平方米，复耕土地1.07公顷，剩余5家养殖场全部达到规范化养殖要求。农资包装废弃物实行统一回收和集中无害化处置。加快农村环境卫生综合治理，投入550万元完成鄞横线、荷梁线及环镇东路3条主干道景观、绿化、立面提升，拆除违章建筑3万平方米，整治"蓝色屋面（立面）"32万平方米，沿山、芸峰等4个村通过区级"无违建村"验收。

社保、就业、"三农"等民生领域财政支出4500万元，占财政总支出的36%。举办企业联合招聘洽谈会，为231人次提供各类就业岗位。开展"慈善一日捐"活动，募集善款122万元。发放各类社会救助、扶贫帮困资金169余万元，惠及1000余人次。全镇行政村实现居家养老服务及村邮站全覆盖。实行劳动仲裁先行调解制度，调处劳动纠纷51件，涉及金额164万元。

举办"三月三""六月六""十月十"它山庙会、鱼文化节、鄞江半程马拉松等传统节庆活动及体育赛事。举行"天天演"等文化惠民演出57场次。

表19　2016年鄞江镇各行政村基本情况

行政村	面积（平方千米）	户数（户）	总人口数（人）	集体经济总收入（万元）	集体经济总支出（万元）	总资产（万元）
清源村	5.80	424	1027	174	306	2347
金陆村	3.96	380	971	374	276	11563
蓉峰村	6.39	415	1029	173	150	1015
悬慈村	6.60	1158	2748	246	577	2837
它山堰村	3.50	750	1769	849	550	4879

（续表19）

行政村	面积（平方千米）	户数（户）	总人口数（人）	集体经济总收入（万元）	集体经济总支出（万元）	总资产（万元）
鄞江村	4.67	667	1710	490	336	1606
光溪村	4.60	922	2242	461	453	7169
东兴村	7.80	651	1638	839	462	11762
建岙村	8.50	1004	2509	188	451	3273
大桥村	2.20	424	1025	188	218	3613
梅园村	5.60	510	1300	808	410	4695
沿山村	4.38	291	805	415	421	1126

注：表格中数据为调查数

【鄞江镇趣湾银杏庄园营业】2016年，鄞江镇趣湾银杏庄园营业。庄园位于金陆村，占地面积56.67公顷，因园内有百株银杏树得名，是全市第一个集民宿和休闲旅游、培训为一体的综合性庄园。民宿项目包括世界村（特色小木屋）、高档茶室、阳光餐厅等；休闲旅游项目包括韩式烧烤、皮划艇、真人CS、亲子沙画、12星座乌托邦营地等。至年底，举办百人烧烤大餐比赛、露天电影篝火晚会节、橘子板栗采摘节、十月银杏音乐节、户外相亲、水上自然瑜伽、万圣节及圣诞节特辑等主题活动，接待团队20余个、游客2000余人。

【鄞江镇首个健康驿站开业】2016年3月，鄞江镇首个健康驿站建成开业。站点占地0.02公顷，位于滨江公园内，内设排毒、睡眠、养生等6个主题视频展示墙，配备血压仪、体重指数转盘、儿童综合发展评价系统等，免费供居民检测。驿站不定期安排专家坐诊，为居民检测日常疾病。

【纪录片《它山堰探秘》开机】2016年4月9日，纪录片《它山堰探秘》开机仪式在鄞江镇它山堰村养正堂举行。《它山堰探秘》分上下两集，共80分钟，通过讲述它山堰传奇故事、设计艺术和工艺技术，展示它山堰历史文化内涵。纪录片得到中央电视台科教频道支持，“探索·发现”栏目总策划、总撰稿邓建永执笔撰稿。10月，经过5轮实景拍摄，纪录片制作完成。

【“红红火火”——古灯艺术展开展】2016年7月11日，“红红火火”——古灯艺术展在鄞江鱼文化博物馆开展。展出古灯百余盏，有西周三鼎油灯、商代双管烛灯、春秋兽爪网纹油灯、荷兰青花烛灯、民国绿釉油灯等。材质多样，有石、陶、瓷、青铜、铁、铜、锡、木、玻璃等，介绍中国油灯传播海外的历程。展览为期40天。

【鄞江“六月六”庙会】2016年7月15日，鄞江“六月六”庙会在它山岛环线举行。此期庙会以“夜会老鄞江”为主题，推出纳凉、乡情、民艺概念，具体包括“重拾乡间路”“露天老电影”“悠悠古堰情”“邂逅萤火虫”“茶楼品茗香”“廊桥遇货郎”“换客老集市”“爸爸去鄞江”8个部分。鄞江庙会是集祭祀、歌舞、文娱、商贸于一体的传统民俗活动，属于浙江省非物质文化遗产保护重点项目。

【“中国遗产保护志愿者工作营·鄞江营”活动】2016年8月3—15日，“中国遗产保护志愿者工作营·鄞江营”在鄞江镇举行，上海阮仪三城市遗产保护基金会主席阮仪三，宁波市规划局总规划师、市名城研究会会长袁朝晖等出席开幕仪式。活动期间，来自法国的8名志愿者和来自中国的9名志愿者参与鄞江古镇核心区块——内光溪水驿修建，实地体验燕尾榫、箍头榫、重檐金柱等工具及技术，学习了解中国传统古建筑构造形式、木结构搭建等工艺技巧。“遗产保护志愿者工作营”是面向公众的遗产保护交流学习平台，在欧美国家流行实践多年，是公众参与遗产保护的方式之一。

【石智勇获奥运会举重金牌】2016年8月10日，巴西里约奥运会男子举重69公斤级比赛中，毕业于鄞江中学少体校的中国举重运动员石智勇以抓举

11月26日，奥运冠军石智勇领跑2016“最忆鄞江”半程马拉松赛

162公斤、挺举190公斤、总成绩352公斤的成绩获得金牌。石智勇1993年出生于广西，2004年年底，由宁波体校举重教练李冬瑜带领进入宁波（鄞江）少体校训练学习，2008年被选拔到省队，曾获2015年美国世界举重锦标赛冠军、2015年度浙江省“体坛十佳”“最佳新人奖”等。

（马亚峥）

洞桥镇

【概况】 洞桥镇位于原鄞州区西部，东连石碶街道，西临鄞江镇，北靠古林镇，南接奉化区江口街道，面积31.27平方千米。2016年，下辖20个行政村、1个社区，总户数9445户，户籍人口21931人，在册外来人口1.84万人。

全年实现地区生产总值25.7亿元，同比增长7.2%。财政总收入3.56亿元，其中公共财政预算收入1.6亿元。实现农林牧渔总产值2.08亿元。土地流转总面积111.3公顷，占耕地面积的87.1%，规模经营面积926.8公顷，举办“水稻高产栽培技术”培训班8期，参训学员450人次，粮食生产连续保持市、区先进，单季晚稻示范方亩产905.2公斤，获全市粮食高产攻关第二名。完成前王村中横河河道砌石850米，新建洞桥村新河小桥、宣裴村中横河宁六桥和百梁桥村下马堰桥。完成2015年度农业综合开发粮食功能区高标准农田建设项目，面积246.7公顷，总投资500万元，涉及张家垫、前下、鱼山头、三李、百梁桥5个村。建设进水渠2052米、排水沟8976米、机耕路4011米、硬化道路1887米、桥梁2座，改善农田基础设施条件。实现工业总产值95亿元。其中76家规模以上工业实现产值68.9亿元、销售67.2亿元、利润5亿元，分别增长2.1%、2.9%、6.9%。新增高新技术企业3家，累计达14家；新增“小升规”企业7家。实现高新技术行业产值41亿元，增长5.2%，占规模以上工业比重的59.5%。企业研发投入占GDP比重达6%。全社会固定资产投资11.6亿元，增长14.9%。其中，工业投资7.4亿元，增长9.2%；服务业投资4.2亿元，增长27.3%。规模以上服务业营业收入12.3亿元。社会消费品零售总额3.3亿元，增长14.8%。实现外贸自营进出口2.01亿美元，增长4.86%。引进市外资金14.7亿元，到位外资850万美元。新思创机电科技、阿帕奇电气公司、爱乐吉公司3家企业在“新三板”挂牌，培源电器公司、功成电气公司和赤马绞盘公司3家企业在宁波股权交易中心挂牌。企业获专利授权681项，完成市级新产品9项，申请市级以上知名商标1项，引进高素质人才4人。

推行垃圾收集“以桶换桶”及中转压缩模式。孙王村、上凌村、百梁村等第二批行政村纳入市场化保洁，行政村市场化保洁率75%，实现环卫保洁一体化。开展“五水共治”“三改一拆”“城乡清爽行动”等专项整治。拆除违章建筑30.05万平方米，完成孙王村、上水碶村、李家村、罗家漕村、百梁桥村和鱼山头村“无违建村”创建工作。关闭畜禽养殖场17家，拆除禽舍面积6625平方米。完成“三居治乱”问题点整治42处，涉及8个村。7个村开展农村生活污水治理。

小城镇建设整片建新2.49万平方米，新村建设整片建新3.27万平方米，拆旧0.98万平方米。完成全镇1433盏路灯LED灯外包节能改造，完成洞北工业园区道路改造、鱼山头工业区A、B线道路新建工程，章远东路延伸段工程（洞欣路东）建成通车。市垃圾焚烧发电项目完成土建施工。214省道扩建和明州大道延伸段工程征迁工作基本完成，剡江堤防加固工程收尾。总建筑面积约7.8万平方米的沙港新村三期交付使用，总建筑面积约7.4万平方米的沙港新村四期开工建设，三李村整体改建型新村二期项目48套联户自建房屋开工建设。

受理各类劳资纠纷73件，追发工资261.8万元，调解各种工伤事故38起，涉及金额184.25万元。参加“五大”保险（养老、医疗、工伤、生育和失业保险）59563人。发放各类救助资金1508万余元，惠及5322人次，完成涉及42人的钦寸水库移民户安置房建设。开展消防演练和安全教育培训，培训从业人员700人次。全镇20个行政村和1个居委会安装漏电保护器13393只、农用触保器1000只，配备专业人员维护。

投资300万元的洞桥镇中心学校食堂改建维修工程完工；投资30余万元的轮滑场地投入使用。洞桥中心幼儿园张家垫分园投入使用，形成“一中心、两分园”办园模式。投资90万元的各校校园监控系统安装完成，实现室外24小时全方位监控。宁锋小学创建为市级卫生单位，百梁小学创建为市级无烟单位。洞桥卫生院预防保健楼和门诊二楼中医馆改造工程完工，投资200万元。百梁社区卫生服务站搬迁，并创建为五星级社区卫生服务站。建设孙王村、李家村文化礼堂。举办“多彩民俗闹新春——三李·最年味”原味文化年俗活动、“岁月如歌”金婚大典活动、“我们的年代记忆”洞桥镇第二届歌手大赛等大型文体活动，举行“天天演”文化惠民演出58场、“天天看”240场，农村电影放映192场。

表20　　2016年洞桥镇各行政村（社区）基本情况

行政村（居委会）	面积（平方千米）	户数（户）	人口数（人）	集体经济总收入（万元）	集体经济总费用（万元）	总资产（万元）
王家桥村	1.80	612	1523	208	145	8752
沙港村	1.90	686	1702	1014	196	23844
上水碶村	1.00	299	738	191	102	3422

（续表20）

行政村（居委会）	面积（平方千米）	户数（户）	人口数（人）	集体经济总收入（万元）	集体经济总费用（万元）	总资产（万元）
洞桥村	2.60	574	1356	231	111	4086
石臼庙村	2.50	319	752	281	70	1777
程家村	1.70	302	759	317	47	2197
李家村	1.30	259	700	102	27	2655
孙王村	1.20	279	685	105	35	3012
上凌村	1.10	240	622	232	81	1533
周公宅村	0.90	271	643	330	107	1854
树桥村	1.80	490	1176	216	149	2639
张家垫村	1.80	469	1105	162	55	5777
前王村	1.00	294	705	154	56	2180
鱼山头村	2.30	474	1188	265	112	4998
三李村	1.70	330	763	488	208	6339
宣裴村	2.90	532	1283	481	106	7457
蕙江村	1.30	403	956	283	51	2999
百梁桥村	2.30	578	1360	216	70	5988
罗家漕村	1.01	189	432	209	133	1219
潘家奔村	1.18	339	866	118	66	1927
明苑社区	0.20	1506	2617	146	173	26

注：表格中数据为调查数

【《反家庭暴力法》公益法律讲座】 2016年2月26日，洞桥镇司法所、镇妇联邀请省模范党员律师王寅华举行《中华人民共和国反家庭暴力法》公益法律专题讲座，70余名妇女参加。讲座解读家庭暴力表现方式、反家庭暴力法使用范围，解读财产分割、人身自由等在婚姻关系存续期间的个人权益，并现场操作群体救助、司法救助的基本方法。

11月8日，中华全氏族谱研讨会在洞桥镇召开

【洞桥镇方兴食品厂开业】 2016年4月，洞桥镇方兴食品厂开业。方兴食品厂是宁波市最大的生猪、菜牛定点屠宰企业，由原长丰工业区迁建到洞桥镇鱼山头工业区，占地4.4公顷。食品厂内设猪、牛屠宰区域，引进生猪进场消毒、污水处理、鲜肉冷冻房、病死猪销毁冷库、猪肉吊挂专用配送车等专业设备，年屠宰量4万头。

【洞桥卫生院60周年院庆大型义诊活动】 2016年5月8日，洞桥卫生院举办60周年院庆大型义诊活动，邀请市、区医院知名专家9人，为316名患者提供义诊服务。此次义诊是洞桥镇卫生院建院以来规模最大的义诊活动之一。

【洞桥镇沙港新苑三期分房】 2016年6月4—5日，洞桥镇沙港新苑三期进行现场分房，350余户村民参与抽签。

沙港新苑是沙港村新村建设工程，分3期，主要用于新农村建设拆迁和农村大龄青年安置。一期、二期安置186户。三期于2013年年底启动，共7幢499套房屋，建筑面积7.8万平方米。小区内建有近1000平方米的社区服务大厅，内设图书室、电子阅览室、棋牌室、影视厅、室内休闲娱乐场馆及居家养老服务站点等。

【中华全氏族谱研讨会】 2016年11月8日，中华全氏族谱研讨会在洞桥镇沙港村举行，来自全国各地近200名全氏后人参会。村主任全益刚代表宁波桓溪全氏介绍新编修的《桓溪全氏族谱》情况，讲述全祖望、全元立、全天叙、全山石等历史文化名人生平，解读沙港村"重文、义行"等家范祖训。全氏各族分支代表就各支族情况作交流讨论，并为家乡发展建言献策。其间，与会人员还前往全祖望墓祭拜，并走访参观全祖望故居和沙港村文化礼堂。《桓溪全氏宗谱》是迄今为止系统性记录年限最长、保存完整且无断代的全氏族谱，于2015年10月编修完成，被天一阁收藏。

（谢 魁）

章水镇

【概况】 章水镇位于原鄞州区西南端，东北连鄞江、横街两镇，东南接龙观乡，西南依奉化区，西北靠余姚市，镇域面积146平方千米。2016年，辖20个行政村、1个居委会，总户数12721户，户籍人口26160人。

全年实现地区生产总值7.66亿元，同比增长0.6%。财政总收入7228万元，增长7.1%，其中一般公共预算收入3766万元，增长8.72%。实现农林牧渔业总产值2.34亿元。23户政策性农业保险投保586万元。实施畜禽防疫12000余头（羽）。定期抽检市售农产品，合格率100%。实现工业总产值8.32亿元，其中9家规模以上工业企业实现总产值4.27亿元、销售4.25亿元、利润0.57亿元。完成固定资产投资2.14亿元，其中服务业投资1.78亿元、工业投资0.36亿元。实现限额以上商品销售额3770万元，社会消费品零售额1.5亿元。

章水镇

启动通远路"白改黑"（水泥路面改为沥青路面）和景观提升等新建工程；推进镇文化中心、中心学校等在建工程；推进"高山移民"工程，箭峰新村安置房交付，1号移民安置地块开工建设。实施"三改一拆""五水共治"、坟墓整治、"蓝色屋面（立面）"改造等专项整治，累计完成拆违15712平方米，11套房屋9330平方米实现清零。推进毛家岙公路建设，建成农村联网公路5条。

香榧谷、李家坑村道地小筑、浴心谷等特色民宿对外营业，特色民宿实现"零突破"。举办宁波市首届清凉避暑节、樱花节。推出"四明心"农特品牌，加快杖锡樱花示范区、李家坑高山蔬菜基地等特色园区建设。开展河道及小流域整治4处，实施9个村饮用水提升工程。成立章水镇商会，吸纳企业会员45家。推进大隆机器制造公司及水电站等集体企业转制。加强企业服务，培育"小升规"企业2家。面向宁波旅投公司、花盈原乡公司、江山万里置业公司等企业招商引资，签约引资额度2亿元，待签约引资额5亿—8亿元。

办理城乡社保、医保12228人次，参保率99%。救补助及慰问1326人次262万余元。募集慈善款52.59万元，惠及千余人。经代办各项民生服务3000余人次，办理"社保一卡通"861张，推行村（社区）退休人员社会化管理服务制度，实现4000名退休人员100%全覆盖。公共事务中心反馈、解决群众反映问题100余次，满意率98.5%。建成村级文化礼堂5家。组织"天天演"惠民文化演出9次，主办"龙升杯"围棋赛。

表21 2016年章水镇各行政村（居委会）基本情况

行政村（居委会）	面积（平方千米）	户数（户）	人口数（人）	集体经济总收入（万元）	集体经济总费用（万元）	总资产（万元）
章溪村	3.13	596	1308	591	531	696
郑家村	5.31	1069	2415	1471	1033	6372
樟村村	5.43	1342	2904	488	600	1013

（续表21）

行政村（居委会）	面积（平方千米）	户数（户）	人口数（人）	集体经济总收入（万元）	集体经济总费用（万元）	总资产（万元）
崔岙村	5.83	734	1619	275	319	859
朱梅村	4.16	741	1597	326	318	530
许岩村	4.09	659	1419	143	122	255
蜜岩村	7.02	734	1628	159	181	813
童皎村	9.23	488	1091	245	346	731
大皎村	10.23	483	1014	164	110	4413
杜岙村	7.32	592	1305	425	284	865
赤水村	4.56	337	743	300	279	510
宁岩下村	3.67	254	554	139	104	429
梅龙村	6.76	540	1202	156	116	436
茅镬村	1.88	143	319	109	86	500
低坪村	2.67	171	333	138	88	572
箭峰村	2.98	147	334	97	39	4104
杖锡村	4.98	493	1069	363	182	1169
李家坑村	4.05	372	754	1385	620	3494
燕麻村	6.49	283	651	186	98	338
里梅村	4.83	273	639	311	126	519
居委会	0.40	2270	3262	—	53.7	—

注：表格中数据为调查数

【章水镇箭峰新村安置房交付】 2016年，箭峰新村安置房交付使用。安置房位于镇中心，设计住房120套，共1.4万平方米，套型为90—100平方米。作为章水镇"高山移民"项目重点工程，主要用于安置箭峰村村民，户均拿出8万元即可入住。箭峰村由箭路头、香子湾、下茅湾、上茅湾、葡萄湾5个自然村组成，由于山高路远、生活不便，只有老人留守。2013年，镇、村实施"拆购分离、一户一宅"方案，将居住在山上的村民整村搬迁到章水镇区。

4月12日，"醉美樱花"女子半程马拉松开跑

【李家坑村获评市级"最洁美村庄"】 2016年1月28日，市文明办和《宁波日报》联合发起的"最洁美村庄"评选结果揭晓，章水镇李家坑村获评宁波市"最洁美村庄"称号。李家坑村位于海拔800米以上的杖锡山麓，靠山而居，依溪而建，有500余年历史，是海曙区四明山区域中保存最完整、规模最大的古村落。李家坑村农耕生活风貌保护完好，曾入选第三批中国传统村落名录，获评省级特色旅游村、省（市）级卫生村等。

【第十届四明山杖锡樱花节】 2016年4月12日，第十届四明山杖锡樱花节开幕。此次樱花节活动主题为"春红章水，樱为杖锡"，包括女子半程马拉松赛、穿越四明山心山地自行车赛、"万人带福"赏樱踏青古道行、"我比樱花更灿烂"手机自拍、幸运花神签、"樱花小花神"征集、农副产品展销会、

“花朝赏红”等系列活动。其中，马拉松赛和自行车赛参赛选手分别达850人和600人，创历史新高。活动期间，主办方通过微信、微博等方式向游客发布活动信息，并开展互动。

【茅镬古树群公园建设启动】 2016年6月，茅镬古树群公园建设启动，项目分山体生态观赏区、休闲观景区、茅镬古村落遗址公园、原始生态保护区4个区块，建设定位为“长三角秋景观赏地”“浙东古树村”。项目总投资1000万元，计划于2017年完工。茅镬村位于四明山深处，有500余年历史，村口有900余年树龄的金钱松，红枫、香榧、银杏等古树种，形成古树群。

【章水镇首家特色民宿开业】 2016年6月，章水镇李家坑村首家特色民宿——道地小筑开业。该民宿建于2015年，总建筑面积700余平方米，投资300余万元，依照古村现有老建筑风貌修建，分标准房、套房、家庭房等几种套型，共16间。近年来，章水镇以古村落建设为契机，按中高档民宿建设要求，发展山村民宿经济。至年底，又建成香榧谷、浴心谷等特色民宿。

（余稼祥）

龙观乡

【概况】 龙观乡位于原鄞州区西部，东临鄞江镇，南连奉化区，西北靠章水镇，乡域面积73平方千米。2016年，辖10个行政村和1个居委会，总户数4816户，户籍人口11320人。

全年实现财政总收入4780万元，同比增长20.1%。其中，中央财政收入2370万元，增长10.4%；地方财政收入2410万元，增长31.5%。投资320万元，完成李岙桂花观光园升级改造；汇亨农业精品园种植湖景蜜露水蜜桃、蟠桃等优质水果，有2公顷以薰衣草为主的观赏花卉园；五龙潭有机茶园研制“郁金香”“五龙香茗”等高端绿茶。投资1500万元，建成茶文化博览园，投入试运营；五龙潭高山农场基础建设完工，种植蓝莓、水蜜桃、樱桃等果蔬。实现工业生产总值9.03亿元，9家规模以上企业实现产值4.53亿元、销售额4.2亿元、利润总额3000万元。获授权专利14件。固定资产投资3.28亿元。

龙观乡李岙村桂花基地

拆除违章建筑3.4万平方米，建成1个、提升2个农村生活污水治理村；整治畜禽养殖场，关闭11家。投入3000万元，实施“美丽乡村”项目2号、3号地块民房改建和路面浇铸，实现全线贯通。完成小城镇拆旧2007平方米、新建2.05万平方米，完成新村拆旧8.5万平方米，建新7.87万平方米。创建成为全省首批美丽乡村示范乡。投入200万元，提升改造垃圾中转站，采购新型移动压缩厢体。

投入366万元，实施五龙潭景区配套项目建设，完善景区沿线景观、停车场及内部主入口处广场、曲桥栈道、茶室等。投入6200万元，完成半山伴水度假村一期项目综合接待中心主体建设，与美国户外公司签订中国首家国际青少年户外探索公园项目。完成龙观禅那精品民宿主体建设。建成汇亨精舍、向阳舍、半山人家等休闲民宿。全乡接待游客33万人次，实现旅游收入3000万元。其中，五龙潭景区接待游客人数15万人次，实现旅游收入550万元。

办理“五大”险种4094人次。完善社会救助体系，发放慰问金69.5万元，涉及684户。与鄞江镇、章水镇联合举办企业招聘会，提供岗位1200余个。扶助小微企业5家，提供小额担保贴息贷款97万元。建成农村文化礼堂2个。开展“小候鸟文化乐园”等系列活动。

表22　2016年龙观乡各行政村（居委会）基本情况

行政村（居委会）	面积（平方千米）	户数（户）	人口数（人）	集体经济总收入（万元）	集体经济总费用（万元）	总资产（万元）
金溪村	1.90	409	1006	83	83	698
后隆村	6.10	873	2123	115	115	4212
龙谷村	17.50	605	1463	480	102	248
桓村村	5.90	617	1632	874	274	10013

（续表22）

行政村（居委会）	面积（平方千米）	户数（户）	人口数（人）	集体经济总收入（万元）	集体经济总费用（万元）	总资产（万元）
龙溪村	15.20	508	1177	829	102	1491
龙峰村	9.80	262	633	373	95	2307
大路村	4.10	324	777	237	86	4802
山下村	2.50	200	520	770	286	10698
李岙村	3.60	250	599	776	65	8193
雪岙村	6.40	343	599	214	58	1471
居委会	0.09	425	600	41.62	41.62	28

注：表格中数据为调查数

【半山伴水度假村一期综合接待中心主体工程完成】 2016年，龙观乡完成半山伴水度假村一期项目综合接待中心主体工程建设。半山伴水度假村由深圳万汇国际集团有限公司投资，定位为宁波市户外运动和森林度假主题休闲旅游项目。建设分为两期进行，一期为外牌楼水库综合旅游接待中心，投资5000万美元，建设民俗商业街、主题青年旅社、河姆渡国际青少年活动中心等休闲服务设施；二期为里牌楼水库滨水度假区，建成滨湖森林精舍度假酒店、多功能商务中心、中西餐饮文化体验区等。

【龙观乡获评省级美丽乡村示范镇（乡）】 2016年11月，龙观乡获评浙江省首批美丽乡村示范镇（乡）。2007年始，龙观乡启动“美丽乡村”建设。按照“统一规划、整体拆建”建设步骤，对山下、李岙、大路、雪岙4个村实施全拆全建，建成农村别墅482套、多层住宅210套。按照“成熟一批、实施一片”模式，推进桓村、龙溪等4个村改造。按照“分片迁移，集中安置”方法，迁移半山村、茶奋村等高山村。至2016年，全乡累计拆旧15.1万平方米、建新18.5万平方米，涉及农户1525户。

（朱锦良）

石碶街道

【概况】 石碶街道位于原鄞州区东南部，北邻段塘街道，西邻古林镇，东隔奉化江与鄞州区钟公庙街道相对，南接奉化区，区域面积34平方千米（其中建成区9.3平方千米）。2016年，辖15个行政村、6个社区和1个渔业社，常住人口5.1万人，外来人口登记在册7.9万余人。

实现地区生产总值94亿元，同比增长0.3%。财政总收入17.8亿元，其中一般公共财政收入8.4亿元。78家规模以上企业实现工业总产值250.12亿元、销售额242.66亿元、利润总额9.32亿元。固定资产投资39.4亿元，增长43.5%，其中工业投入11.32亿元。规模以上服务业增加值37.82亿元，增长35%；规模以上服务业营业收入273亿元，限额以上商品销售额250亿元，社会消费品零售额61亿元。引进内资30亿元，合同外资7567万美元，实际到位外资4394万美元、“浙商回归”资金30.94亿元。申报500万元以上技改项目13个，其中1亿元以上项目1个。申请发明专利204件、发明授权专利491项，其中发明38件、实用新型94件、外观设计359件。优淘电子商务产业园开园，入驻企业20家。总投资10亿余元的富港电商城开始运营，引进企业24家。

机场三期扩建工程签约拆迁户778户，拆迁面积11.43万平方米。奉化江堤防、214省道改建等工程基本完成拆迁。日中纺地块、皎河路、风棚碶泵闸、首南西路西延等拆迁工程实现清零。黄隘新村一期竣工验收。万隆花苑安置小区通过验收，宁波栎社国际机场安置A地块全部结顶，建庄社区4号、5号地块开工。吴剑鸣医院迁建、石碶实验小学建设等工程基本竣工。田莘

石碶街道西杨村文化礼堂

耕中学教学楼和雅戈尔中学运动场改造工程投用。石碶北路、石泉路、雅源路电力排管新建工程及雅戈尔大道街景整治完工。完成东杨村、车何渡村主要道路连接214省道污水主管和横涨村横涨桥截污管铺设。车何渡村农村生活污水治理工程通过验收。千丈镜河、南江河等河道清淤疏浚完成。“三改一拆”拆违16.2万平方米。开展“两路两侧”“四边三化”等专项行动，整治点位140个。投入资金约600万余元，完成“蓝色屋面（立面）”整治107万平方米，整改点位141个。办理37家企业、1家医院和5所学校排水许可证。关停并拆除畜禽养殖场4家。

4525家企业社保基数申报31164人，申报率98.1%。处理劳动争议仲裁案件101件，办理简易工伤案件22件，涉及金额339万元。发放各类救助金540万余元，救助6113人次。艺韵等4家幼儿园通过省优质幼儿园复评。石碶街道创建成为全国社区教育示范街道。举办浙江省首届社区“好声音”、宁波文化百科大讲堂、第六届王应麟读书节开幕式等大型活动，举办“天天演”演出45场，村文化礼堂演出10场。

表23　　2016年石碶街道各行政村（社区）基本情况

行政村（社区）	面积（平方千米）	户数（户）	人口数（人）	集体经济总收入（万元）	集体经济总费用（万元）	总资产（万元）
石碶村	1.50	1071	2997	1145	199	8365
塘西村	1.50	849	2174	3892	429	21457
雅渡村	1.60	863	2278	796	160	6338
冯家村	1.20	931	2531	207	227	4209
后仓村	1.50	672	1744	353	199	2338
黄隘村	1.60	603	1591	547	166	16057
联丰村	1.50	540	1299	275	322	7632
星光村	1.30	1080	2607	605	300	5467
栎社村	1.50	1185	2701	264	278	2900
汪家村	1.80	813	2074	425	289	5899
东杨村	2.10	666	1641	479	298	1409
横涨村	2.50	1130	2660	897	409	9242
西杨村	2.10	751	1765	206	198	1433
上王村	2.50	586	1431	222	209	1440
车何渡村	2.60	880	2162	304	275	4228
建庄社区	1.50	598	1558	891	128	9460
石碶社区	—	3072	7675	—	—	—
东方社区	—	1629	4888	—	—	—
新区社区	—	1768	4585		—	—
丽洲社区	—	530	1409	—	—	—
锦丽社区	—	11	23	—	—	—

注：表格中数据为调查数

【石碶街道获评全国社区教育示范街道】 2016年2月23日，2015年度全国社区教育示范街道（乡镇）名单公布，石碶街道入选。近年来，石碶街道以街道成人教育学校为平台，在社区教育中重点提高群众人数覆盖面和知识普及面，从健康教育、工农业生产知识教育、卫生健康教育等方面入手，邀请省、市、区各类专家学者，不定期为群众举办各类讲座、社区活动。

【宁波栎社国际机场三期工程（石碶地块）征迁完成】 2016年4月8日，石碶街道汪家村长潭王自然村王氏宗祠搬迁，宁波栎社国际机场三期扩建工程红线范围内地块征迁全部清零。该工程是省、市重点工程，涉及石碶街道7个自然村，征用土地34.14公顷，拆迁民房1185户16.77万平方米。其中汪家村、栎社村是征迁重点，涉及何家、姜沈、长潭王等6个自然村964户民房，拆迁面积14.4万平方米。

【优淘电子商务产业园开园】 2016年4月19日，优淘电子商务产业园（一期）开园。商务园于2015年8月筹建，一期面积3.1万平方米。产业园定位为完整的电商产业生态系统，有电子商务服务、电商人才培养输送、电商企业孵化、仓储物流服务、生活后勤服务五大功能板块。至年底，商务园入驻企业20家。

【石碶街道老旧小区改造完成】 2016年4月，石碶街道北路二村改造完成，标志着石碶街道老旧小区改造全部完成。2011年始，石碶街道启动城区老旧住宅小区改造计划。2012年6月，万国新村、北路一村等3个老旧小区率先启动改造。2015年，梦江花园、北路二村等3个老旧小区改造被列为区级民生实事工程。2016年，两批次老旧小区改造全部完成，涉及改造面积33万平方米，投资1.1亿元，惠及居民3516户。

【石碶街道万隆花苑安置房竣工】 2016年7月，石碶街道万隆花苑小区竣工验收。小区东临万隆路，南靠鄞县大道，西至用地界线，主要用于安置轨道交通2号线及机场路南延工程涉及的拆迁户，是街道重点拆迁安置项目之一。小区总用地面积3.83公顷，总建筑面积10.66万平方米，投资6.4亿元，配有幼儿园、菜场等设施。

【石碶街道建庄社区成立】 2016年8月29日，石碶街道建庄社区居民委员会挂牌成立。建庄社区是街道首个由村改成的社区。社区东起奉化江，南接鄞州大道，西至万泉路，北到万兴路，包括庄湾沁园和万隆花苑两个安置小区，有居民2424户。建庄社区原为建庄村，由3个自然村组成，总人口1582人。2010年9月，该村采用整体搬迁模式启动新村建设。2015年，安置小区完成抽签分房工作。

【《石碶志》出版】 2016年8月，石碶街道首部地方志书——《石碶志》出版发行。全书分两册，设16编49章168节，约110万字，反映街道从1949年5月宁波解放始至2012年年底的64年间区域自然、政治、经济、文化和社会变迁等情况。志书于2013年3月启动编修，主编俞国平，2015年8月由宁波出版社出版。

（孔卫飞）

月湖街道

【概况】 月湖街道地处宁波市中心，东起解放南路，西至长春路，南邻灵桥路三市路口，北依中山路，地域面积2.07平方千米。2016年，辖7个社区，总户数10295户，总人口34656人，其中户籍人口26847人。

全年实现税收3.56亿元，同比增长17.25%。引进企业346家，注册资金299亿元，增长125倍。月湖西区一期项目、天一阁广场、月湖金贸大厦相继竣工。以新金融产业为核心，建设月湖金汇小镇，与复兴系、清控系等多个国内知名资本系列合作，天堂硅谷公司、赛伯乐投资集团、水木资本等一批龙头企业，永安期货宁波营业部、民生私人银行等金融企业，市政府产业发展基金、工信产业基金等市级金融平台在小镇落户，入驻企业140家，注册资金超300亿元。月湖金汇小镇被列入省第二批特色小镇创建培育名单。

高塘二村危旧房改造南片区项目完成，涉及征收户524户，成为全区首个提前实现100%签约的征收项目。大型户外广告实现清零，辖区内无新增违建、破墙开门现象。整治"蓝色屋面（立面）"2070平方米，实现建筑色彩与周边景观协调融合。推进月湖水环境综合治理，完成游河小区、偃月小区雨污分流项目，开展月湖公园垂钓专项整治、建筑污水排查等行动。开展垃圾分类宣传活动，创建垃圾分类示范社区、小区。推广使用二维码厨余垃圾袋，成立居民志愿者队伍监督管理，厨余垃圾实现集中收运。

推进"月湖民生微项目第三季"活动，各社区居民巡回投票选出18个群众最期待的民生项目。出台《民生项目运行办法》，组建民生观察员队伍。推广应用"开放空间"，构建居民参与型社区治理模式，建设全省社区治理创新观察点。办理助医、助学、助困457人次，慰问困难家庭427户，发放慰问金64.3万元，为3111人次发放失业救济金313.37万元，为1488人次办理社保代理业务。开设重点和困难群体分类就业专场，1075人次初步达成就业意向，动态消除零就业家庭。帮助小微创业实体提升发展，扶持创业人员17人，提供小额贷款300万元。

6月23日，县学社区开展"听爷爷讲故事，跟奶奶绣党旗"活动

办理社会保障卡更换9831人。规范企业用工，处理劳资投诉案件15起，涉及32人，共22.8万元。辖区独居老人与义工、社工结对率达100%。梅园社区“公益随行”、县学社区“蒙学之冠”列入市级百佳社区文明创建工作品牌。社会组织培育取得新进展，6个项目纳入区公益创投，获创投资金12.5万元。社工结构年轻化、专业化，80后社工占比近50%，获心理咨询师、婚姻家庭咨询师、社会工作师等资格比例达57%。

加大老小区物业扶持力度，下发区级奖励补贴37万元。开展物业“阳光财务”公示，规范物业专项维修资金申拨，推动中修及以下维修业务，全年组织开展各类维修35件，使用维修资金1.2万元。指导、督促镇明小区天宁物业退管、新物业竞聘及近水楼台小区业委会组建。

【月湖街道未成年人德育建设工作】2016年，月湖街道推进未成年人德育建设。在5个社区分别组建关工委分会、未成年人德育工作站、未成年人德育指导站。开展社会公德教育宣讲“四进”（进校园、进社区、进课堂、进青少年头脑）活动。发动社区工作者、爱心家长团等500余人次，组织“稚善园”绿地认养等活动百余次。举办大型暑期活动，组织青少年才艺启蒙指导、法律知识传递及案例分析、英语口语练习培训等多个假期主题课堂。“流动少年宫”走进6个社区，开展核心价值观宣传、国学夏令营、纪念抗战胜利暨反法西斯胜利70周年系列活动等各类活动80余次。整合辖区青少年社会实践平台，与银台第官宅博物馆等月湖景点、天一阁藏书楼、月湖盛园等10余个文化单位签订合作协议，作为街道青少年社会实践地基。举办元宵广场献艺、清明祭扫等节日传承活动20余次，开展“走进书香天一·体验传统文化”“小小文化讲解员”讲解比赛、国学经典诵读等特色体验活动100余次，引导未成年人弘扬民族精神，传承传统文化。

【月湖街道民生项目督查专员制度实施】2016年，月湖街道实施民生项目督查专员制度。通过组建“督查专员+联络员”，将2016年13个民生项目和2015年7个延伸项目纳入督查任务单，选取6名督查专员及12名联络员，全程、实时、动态督查民生项目建设。督查组每月确定若干难点问题，定期听取项目责任人汇报进程，建立负责人问责制度。全年收集各类热点难点问题17个，解决垃圾分类、老年人健康、社区治污等问题5个，推进街道民生实事工程实施。

6月12日，宁波金融史馆开馆仪式在海曙月湖盛园举行

【宁波金融史馆建成开馆】2016年6月12日，宁波金融史馆在月湖盛园盛世花厅开馆。馆内以图、文、物等形式展示宁波本土金融业发展历史，涵盖典当业、钱庄业、民信局、海关银号、保险业、证券业、浙东根据地金融业、近代银行业、港台宁波金融人物、当代宁波金融业的发展。这是继钱业会馆后，全区第二家与金融发展史相关的专业展览陈列馆。

（谷 叶）

西门街道

【概况】西门街道地处宁波中心城区，东沿北斗河、北郊路，南起中山西路，西至萧甬铁路，与望春街道毗邻，北至蔡江河，与江北区接壤，区域面积3.5平方千米。2016年，辖13个社区，户籍人口5.8万人。

全年实现税收2.47亿元，同比增长5.37%。引进企业248家，下降13.9%；合计注册资金9.24亿元，下降7.97%。其中，大市外投资企业116家，注册资金达6.29亿元。开展互联网金融风险专项整治，排摸P2P金融类企业100余家。“新芝8号”创意产业园入围市级培育文化创意产业园区名单，并成为全区首批文化产业示范基地。

全年“三改一拆”拆违面积4618平方米。改造宁波工程学院等“蓝色屋面（立面）”6处，面积约6000平方米。高塘二村北片832户棚户区改造征收完成，签约率100%，搬迁率99%。加大“五水共治”宣传力度，发放宣传资料2000余份。翠柏一里、胜丰小区创建省节水型小区。完成胜丰小区、翠柏二里、西湾路69弄等小区雨污分流改造工作。投入近40万元，完成新芝路23弄等7处低洼地段改造。落实街道、社区、第三方机构房屋安全联合巡查制度，处理各类房屋安全事件20余起，其中紧急事件3起。推进小区环境综合整治，开展“道路清爽行动”，清理垃圾600余吨，开展垃圾分类宣传活动56次，发放垃圾桶1万余只、宣传用品3万余份。推进中山西路立面综合整治工程。开展沿街经营性合用场所消防安全隐患排查，整治存在隐患的160家商家。推广独立式烟感报警器686个，督促整改未定期清洗油烟管道的餐饮场所25家。定期排查废品回收站、经营性合用场所、燃气充装点等场所，检查企业605家，发现隐患25处并整改。

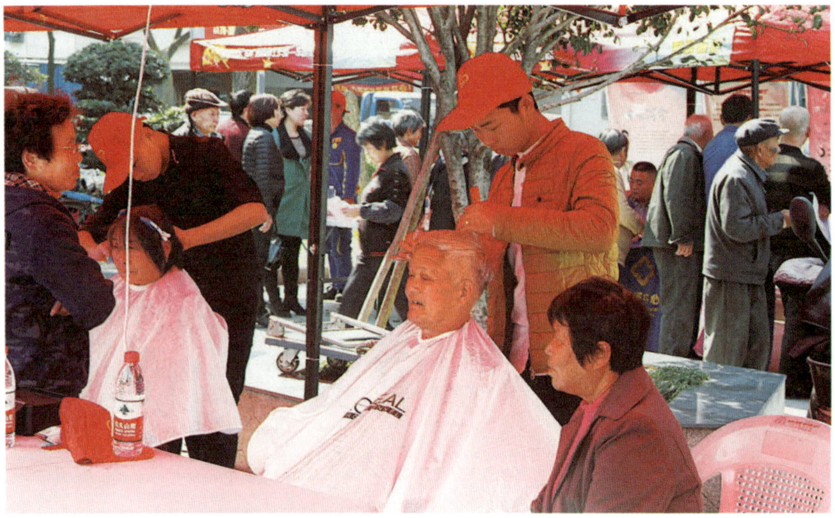
3月4日，西门街道社会组织开展志愿服务活动

胜丰社区获全国社会工作示范社区及市社会工作示范基地。建成AA级居家养老服务站点1个、A级站点4个，印制居家养老服务手册600余册，为4个养老服务站投保养老服务机构责任险。排摸社会化养老网点61家。西门街道居家养老互助中心获评省百家居家养老知名机构、市第一届十佳居家养老服务中心。开展“慈善光明行”公益活动，为60岁以上老人免费配一副老花镜，惠及6000余人。设立街道公益创投“微基金”，彩虹桥残疾人服务中心在全区推广庇护性就业。开展“家门口”文化、社科普及月等系列活动，举办“家门口”文化会演11场，为居民提供家门口免费文化培训和社区文化服务60余项。红十字“暖巢”行动拓展至汪弄社区、钱东社区。推荐30人参加创业培训，9人获得小额创业贷款共230万元，办理各类补贴申报4800人次。调解劳动争议14起，涉及15人，共11万元，处置欠薪事件125起，专项检查企业20家。加强对就业困难人员就业指导，走访失业人员5657人，开发岗位1418个，举办招聘会9场，技能培训67人，介绍职业1355人次。

【“留住记忆中的西门”民生纪实故事项目】 2016年，西门街道联合宁波大学教师教育学院、宁波工程学院材化学院启动“留住记忆中的西门”民生纪实故事项目。项目以高塘一村、二村危旧房改造、宁波工程学院（翠柏校区）整体搬迁为背景，采访拆迁户故事。项目于6月初启动，历时3个月，街道、高校志愿者40人参与故事采编，确定10名采访对象，印制采访纪念册1000余册，免费发放给高塘一村、二村居民和工程学院师生，纪念册被宁波市图书馆等单位收藏。

【西门街道实现“无违建社区”全覆盖】 2016年，西门街道累计处置重点区域、重点类型违章建筑263处，面积24888平方米，辖区13个社区全部通过区“无违建社区”创建验收，实现“无违建社区”全覆盖。

【高塘二村危旧房改造地块100%签约征收】 （参见“城区建设”类目“房屋征收”分目）

【西门街道彩虹桥残疾人服务中心推出庇护性就业服务】 2016年6月，西门街道彩虹桥残疾人服务中心推出庇护性就业服务。服务中心与宁波博文工艺品包装厂等工厂建立合作关系，7名学员在工厂从事工艺品、文具、玩具组装及其他产品包装工作，实现残疾人劳动康复和庇护性就业。因学员情况特殊，学习能力较弱，服务中心依靠工厂技术指导人员和“扶残助残”义工服务队，对学员进行“一对一”学习指导。

【胜丰社区获评全国社会工作服务示范社区】 2016年11月3日，胜丰社区在民政部开展的第二批全国社会工作服务示范创建活动中获评全国社会工作服务示范社区，系全区首家。社区立足社会工作室，开展专业项目服务。设计“转角遇见爱”独居老人支持、“隐形的翅膀”关爱失独家庭等以群众需求为导向的社会项目。每月定期开展社工沙龙，邀请专家对社工质素提升进行实训。至年底，社区有社工10人，均为大专及以上学历，社工持证率达70%，中级社工师持证人数占社工总数的50%以上。整合社区和社会资源，社区有室外健身场地500余平方米、健身设施40余套、老年活动中心和社区活动室300余平方米。建立“社工引领+义工志愿”服务队伍，有公益服务类队伍10余支，共120余人，吸纳中医养生堂、飞扬旅游集团等专业公司加入社区服务体系，定期开

7月17日，刘文革带领胜丰社区“新宁波人”护河队清理河道

展活动。邀请“新宁波人”参与社区治理与服务，成立外来人员“五水共治”护河队，培育市级优秀外来人员志愿者。

【“新芝8号”创意产业园获评市级培育文化创意产业园区】 2016年12月，“新芝8号”创意产业园获评市级培育文化创意产业园区，获80万元培育资金。产业园地块为原宁波方向机厂，2008年建成集设计、创意、文化于一体的“新芝8号”创意产业园，有5幢建筑，建筑面积5230平方米，划分为研发设计、建筑设计、文化艺术创意、时尚消费和咨询策划五大功能区，15家企业和陶吧、茶吧、花艺等个人工作室进驻，开展“西门有市”“625集市”“730集市”等专业文化集市。全年累计营业额8000万元。2016年4月，新芝8号”创意产业园入选区首批文化产业园区名单，8月，获评区首批文化产业示范基地。

（欧阳媛斐）

江厦街道

【概况】 江厦街道地处宁波市商贸商务核心区，东濒奉化江，西邻解放南路，南至兴宁桥西，北靠中山东路，区域面积1.43平方千米。2016年，辖4个社区和天一、城隍庙2个商圈。户籍人口近2万人。

全年引进企业789家，注册资金29.18亿元，其中大市内外资434家，注册资金10.85亿元，实现税收6.14亿元，同比增长4.06%。制定《江厦街道经济发展财政综合扶持政策》，补助1164.99万元，为企业解决发展问题60余个。惩治非法金融活动，排查企业122家，上报区金融办等部门。

推进城隍庙历史文化街区改造，完成天封塔修缮工程。开展城隍庙区域背街小巷综合整治。地下管道铺设和路面街景改造完成，通过验收。中山路（江厦段）立面改造工程基本完成，永耀大厦副楼、天一豪景大厦、第二百货商店、开明巷及双梁小区居民楼立面改造完成。完成辖区主干道、

改造后的城隍庙历史文化街区

大世界市场、新街B块市场、狮子街餐饮一条街卫生整治，通过全国卫生城市复查。制定完善《老小区物业考核办法》《垃圾分类考核办法》《危旧房屋巡查考核办法》，解决城市管理难题。实施老旧楼宇隐患整治，启动郡庙区域重点整治，推进反邪、反恐、社区矫正等基础工作，全年无重大刑事案件发生。完成灵桥广场、天之海大厦和原工人文化宫重点隐患单位整治，推进世贸中心大厦公共安全整改。开展沿街经营性合用场所、居家燃气、餐饮场所烟道、燃气安全及食品安全等专项整治，推广独立烟感报警器。建设区域“防火墙”工程，实现社区微型消防站全覆盖，开展各类培训演习12场。

完成“平安亮眼工程”等十大民生实事项目，慰问困难户219户，发放慰问金33.12万元。开发就业岗位5783个，推荐发放小额贷款825万元。面向无子女和子女不常住宁波的独居老人推出“志愿者+社工+责任医生”看护。成立“同心缘”工作室，推进郡庙社区“文韵史香”文化社区品牌建设。

举办街道第四届商居文化艺术节，挖掘具有江厦特色的历史商贸文化，莲桥社区搜集整理屠呦呦、孙传哲等名人文化，观宗寺、延庆寺等宗教文化和日湖遗址文化素材，编写完成《莲桥志》；新街社区侧重商贸文化传承，深化“商居联盟共建新街”特色品牌建设。

【大世界市场区域整治】 2016年5月26日，江厦街道综合整治大世界市场区域。集中清理大世界市场A、B区域内部（除法院查封区域）及狮子街延伸段再生资源点垃圾杂物，劝离区域内居住人员。针对区域内通道店铺煤气瓶、煤气灶违规使用等消防安全隐患，采取事前告知方式，要求在责任期限内整改。其间，出动城管、清洁卫生等人员100余人次，张贴公告20余份，清理垃圾杂物30余车约50吨，修复破损围挡6处，告知违规使用煤气瓶、煤气灶商户10余户。至6月底，整治结束，街道委托杭州佳好佳清洁有限公司进行每日2次清扫。

【郡庙社区“平安亮眼”工程完工】 2016年5月，郡庙社区“平安亮眼”民生工程完工，9个监控摄像头覆盖老小区重要位置，实行24小时运作。郡庙社区毗邻天一广场和城隍庙购物中心，人流车流密集，以老旧小区为主，9个摄像头覆盖主要路口和重点治安场所，掌握社会治安动态。

【城隍庙区域背街小巷整治】 2016年6月，江厦街道开展城隍庙区域背街小巷综合整治。整治范围包括大来街（药行街—大沙泥街）、开明街130弄（开明街—大来街）、大沙泥街延伸段（城隍庙步行街与天封塔之间巷子）3条背街小巷路段，改造面积6098平方米，涉及90余家沿街店铺。工程主要

对沥青路面铣刨翻新、人行道铺装装修、花坛修复、苗木更新、排管管道更换疏通等，总投资469万元。12月工程完工。

【天之海大厦完成整治】 2016年7月底，天之海大厦综合整治完成。大厦位于大梁街48号，1997年建成，共25层，为商业、住宅两用。因建成时间早，使用期间维护管理不到位，存在整体设施老旧、改造经费欠缺、物业维修基金筹集难、隐患整治难度大等问题。2015年初，大厦检测出安全隐患53处，被区安委会列为重点隐患挂牌督办单位。2015年7月，街道联合区内消防、公安、安监、城管、规划、住建等多部门对天之海大厦实施联合整治，重点治理大厦消防系统管线、电表仪器，改造喷淋、烟感和联动排烟装置等消防设施，更换公共部位防火装修材料、各类报警设备、应急照明疏散系统。

【江厦街道第四届"商居文化"艺术节】 2016年10月26日，江厦街道第四届"商居文化"艺术节暨"江厦领跑者"表彰晚会在濠河公园举办。晚会表彰街道年度优秀社会组织、优秀社会组织骨干及江厦"领跑者"，并进行文艺演出。作为"中国梦想·魅力海曙"文化走亲八站大联动系列活动之一，艺术节吸引千余名观众参加。

【天封塔修缮工程完工】 2016年10月底，天封塔修缮工程完工。工程自7月开工，由浙江省临海市古建筑工程公司承建，主要修缮天封塔主体，总面积1058.33平方米，修缮各层楼梯、木构架、屋面、墙面，包括油漆和屋檐瓦片修补等，同时进行防虫防腐、用电安全和防火处理。天封塔原高18丈（60米），呈六角形，位于大沙泥街西端与解放南路交汇处，与灵桥共同成为宁波历史文化名城的标志性建筑，此次修缮是自1989年重建后的首次修缮。

【浙江飞扬国际旅游集团获全国百强旅行社】 2016年12月，浙江飞扬国际旅游集团获评2015年度全国百强旅行社。旅行社作为江厦街道企业，是首批浙江省五星级旅行社。自2010年始，集团依托"互联网+"，先后建立爱飞扬旅游网、"爱飞扬"APP，研发"9+T区域O2O"电商ERP系统、"4+T"旅游客服系统、"千百旅"供应链生态系统等，为客户提供无线自助服务机、电子签约等信息化便民服务。

（方远鹏）

南门街道

【概况】 南门街道地处宁波市中心城区，东至长春路与灵桥路交界处，南临奉化江，西接铁路线北段与段塘街道、白云街道交界，北至中山西路，区域面积4.14平方千米。2016年，辖11个社区和1个商圈。常住人口6.5万余人，其中户籍人口4.8万人。

全年实现税收3.18亿元，博洋集团、银亿物业公司等5家企业纳税超千万。引进企业365家，注册资金11.91亿元，其中注册资金1亿元以上企业2家、5000万元以上企业3家、500万元以上企业62家。

南门街道社区卫生服务中心、南塘河（护城河—新典路）西岸整治工程完工，原宁波汽车南站地块、中都南站公园商务城、海曙人才开发广场等项目开工，南塘金茂府一期竣工交付。拆除违章建筑1.01万平方米，完成任务指标403.44%。治理脏乱道路3656平方米，清运建筑垃圾1800吨、生活垃圾9000吨，清除乱张贴3750张。整治"蓝色屋面（立面）"45处，面积6.5万余平方米。建立街道—社区—小区三级垃圾分类督导员队伍，覆盖35个小区18942户居民，配置垃圾桶2246个，举办宣传培训活动43次，参与2294人次。在台风、冰冻等恶劣天气，出动抢险人员352人次，转移282人，清理垃圾12吨，搭建便民桥800余米。

成立全市首个街道级法治促进中心，设立全区首个社会治理综合指挥室，排查调处矛盾纠纷39件。街道、社区两级累计调处各类矛盾纠纷362件，调解成功率达99%，涉及金额318万元。成立高铁护路联防工作站，组织800余批次4700余人次开展平安巡逻。整治宁波火车站周边区域"黑旅馆"41家。柳锦社区创新基层管理体制，推动"三社"（社区、社会组织、社会）联动，在全市推进"全能社工"建设现场会上作交流发言。实现辖区社区红十字会、赈济救援队全覆盖。街道居家养老服务中心获评宁波市第二届"敬老文明号"。

组织"柳锦杯"趣味体育游戏比赛、"迎春杯"中老年乒乓球比赛、"南门杯"老年乒乓球团体赛、"太平鸟"杯钓鱼比赛等。组织200余人参加全国联动全民健步走，举办大型文艺活动9场。南门街道综合文化站获评省一级综合文化站。

【澄浪社区获评"全国最美志愿服务社区"】 2016年1月，南门街道澄浪社

10月26日，江厦街道第四届商居文化艺术节暨"江厦领跑者"表彰晚会

5月25日，南门街道法治促进中心成立

区被推选为全省4个社区代表之一，参加由中央宣传部、中央组织部、中央文明办等部门联合开展的全国志愿服务“四个100”先进典型活动，获评“全国最美志愿服务社区”。澄浪社区是“一人一岗”党员志愿服务发源地，自1995年开始党员服务建设，至2015年，建成文化教育、医疗卫生、法律结对等党员志愿服务队伍28支，开发岗位4260个，每年参与志愿服务的党员志愿者达5340人次，评选出“身边好人”“草根领袖”等30余人。

【全市首个街道级法治促进中心成立】（参见“法治”类目“政法工作”分目）

【澄浪桥竣工通车】 2016年6月30日，澄浪桥竣工通车。大桥横跨奉化江，全长700米，其中桥身长183米、海曙侧引桥长90米、鄞州侧引桥长173米。设双向六车道及非机动车道、人行道，设计行车时速40千米。大桥于2014年1月16日开工建设，历时27个月完工通车，相接的永达路实现全段连通。

【马园社区吴家塘“拆复建”房屋交付】 2016年年底，马园社区吴家塘82号、83号、84号“拆复建”房屋全部竣工交付。房屋位于原军分区干休所南区与北区间，受原军分区干休所房屋拆迁影响，被列入“拆复建”范围。2013年7月工程启动。2014年6月45户居民搬迁后，开始重建工程。2015年年底房屋竣工验收。2016年3月30日开始交付。

（包倩倩）

鼓楼街道

【概况】 鼓楼街道地处宁波市中心，东临三江口，西至望京路，南接中山路，北濒余姚江，区域面积1.6平方千米。2016年，辖5个社区和1个商圈服务中心，户籍人口2.5万人。

全年实现税收3.55亿元，同比增长12.2%。引进企业338家，注册资本22.1亿元。由恒威集团投资2亿元建设的重生口腔医院开业。宁波鸿创空间科技服务有限公司分别投资3000万元、2800万元开发宁波火车站人小广场和鼓楼八集创业园。孝闻街重点地块出让，美的置业集团投资2.7亿元开发高档精品住宅。

建立“街道、社区（商圈）、基层支部”三级书记轮训制度，开展专题业务培训10余次，书记轮训率100%；利用已有商圈党群服务中心平台，建立全区首个实体化运作的“党章学堂”。实施“12121”行动计划，形成“商圈党委—楼宇、片区、企业党组织—‘两新’组织党员”组织构架，实现商圈内“两新”组织党建工作全覆盖。建立“夏蓉菁工作室”“诚信商圈”等党建示范工作基地3个，培育商圈党员“七一”超市、“海丝寻梦”等8个党建品牌。孝闻街区在全街道窗口、机关、执法岗位开展“亮身份、比实绩、优服务”的“党员先锋岗”创建活动，436名党员参与。

拆除违法建筑3243平方米，实现辖区内通往姚江、奉化江的污水管道截流，实施雨污分流改造工程和“四小行业”（小理发美容店、小旅馆、小歌舞厅、小沐浴足浴店）污水整治。银杏四季小区和中央花园小区创建为省级节水型小区。推进中山路综合整治、沿街大厦外立面综合整治、路面设施改造提升及历史文化街区改造。开展店名招牌整治改造，重点整治21家不规范经营户。开展室内广告整治，查处广告文字、LED灯光、图片广告展示不规范单位12家。

发放低保金86.45万元、慰问金30.4万元，临时救助63人次，救助金11.45万元。开展特色招聘咨询活动6次，实现再就业709人，新增就业1262人。加强社区居家养老站点建设，秀水社区站点推出“打卡送服务”特色项目，以活动积分兑换免费健康服务，获评AAA级养老站点。加大对“蒲公英邻里互助社”“爱心编织队”“百岁粥坊”等50支为民服务团队的投入力度，推进社会组织品牌化建设。

大名艺诚影视公司签约投资1.6亿元的“鬼脸家族”影游联动项目。与商务部内资融资租赁试点项目、影视“星概念空间”文化产业项目签约。开展“我们的节日”文体活动80余场。开发“阿拉宁波广场故事会”“千年宁波·鼓楼足记”文化创意品牌建设。开展“驿动夕阳，银发课堂”“社区青少年俱乐部假日学校”“社区故事文化课”等特色品牌课堂60余场次。成立苍水怡然书画社、文昌文韵歌队、秀水“追梦”舞蹈队、中山永寿彩霞舞蹈队、孝闻闻乐甬剧团等品牌团体。

【全市首个个人劳动调解工作室成立】 2016年5月，鼓楼街道成立全市首个个人劳动调解工作室——夏蓉

鼓楼3D灯光秀

菁工作室。调解室由夏蓉菁和3名兼职调解员组成，受理辖区内劳动争议案件，处理劳动争议来信、来电、来访问题，并负责劳动保障法律法规政策宣传。夏蓉菁是鼓楼街道调解分中心专职调解员，有6年调解工作经验，期间调解劳动纠纷189件，调解成功率超过95%。先后获2011—2014年度区“劳动争议调解工作金牌调解员”、2015年度省“劳动人事基层调解优秀个人”等称号。

【文昌社区“百岁粥坊”周年庆活动】 2016年6月8日，文昌社区举行“百岁粥坊”成立一周年活动。“百岁粥坊”于2015年6月成立，由25名平均年龄66岁的居民志愿者众筹成立，筹办过程中收到10万余元捐款。至年底，40余名志愿者每天为社区70岁以上老年人准备爱心早餐，惠及老人超过一万余人次。

【鼓楼街道获评省首批商标品牌示范街道】 2016年7月18日，鼓楼街道获评浙江省首批商标品牌示范乡镇(街道)。2013年11月，鼓楼街道成立商圈品牌指导站，结合招商引资和企业服务，依托街道商圈服务中心开展工作。全面调查辖区企业，建立街道商标品牌信息库，包括391个已注册使用的品牌库、35个已申报待审核的品牌库、4个中国驰名商标、10个知名商标培育阶梯库、100个已驳回商标库，做到“一标一档”。指导站依托商会，向企业开展品牌商标政策宣传和引导，先后在“创业•融资”“知识产权•都市工业”鼓楼峰会上介绍新商标法专利权质押、知识产权标准实务、知识产权法律实务等内容。并与企业对接，为“东福园”等老字号商铺申报注册商标。

【全市首家街道级健康产业商会成立】 2016年11月5日，鼓楼街道成立全市首家街道级健康产业商会，43家健康产业企业在商圈服务中心发出“健康鼓楼•公益同行”倡议。会上，多家企业与社区、宁波卫院健康服务管理学院签订企社共建及大学生实践基地共建合作协议，将健康公益融入社区服务、居家养老。

【“随园之家”社区居家养老入驻中山社区】 2016年11月15日，万科集团养老服务品牌“随园之家”进驻中山社区居家养老服务站，这是“随园之家”社区居家养老服务首次进入宁波市场，也是海曙区首个试点引入的第三方养老机构。服务中心通过万科集团专业养老服务团队与基层街道、社区合作，为社区老人提供多层次的针对性服务，包括日托照顾、健康管理、康复理疗等8类16种服务，解决社区居家老人就餐难、就医难、出院后康复护理难、日常生活不便、紧急情况无人照料等问题。

【“老街唤青——宁波市历史文化街区风华艺录”作品展】 2016年12月8日，“老街唤青——宁波市历史文化街区风华艺录”作品展在宁波同心书画院开展，展出各类美术及视频作品近200件，为期一个月。展出作品以鼓楼公园路、秀水街、伏跗室永寿街等历史文化街区为题材，由区美术家协会、宁波大红鹰学院艺术与传媒学院等8家专业机构与高校近100余名专家、艺术爱好创作者、专业学生参与创作。

（欧阳恩斌）

白云街道

【概况】 白云街道地处宁波市中心城区，东接萧甬铁路，南至苍松路与气象路，西临机场公路，北沿西塘河。区域面积3.3平方千米。2016年，辖11个社区，总人口约6.2万人。

全年实现税收3.19亿元，同比增长10.57%。引进企业579家，注册资金18.3亿元。推进电商、健康、科技、文化、人才等“1+4”产业发展。节能环保科创园管理公司在上海股票交易所Q板挂牌，并与清华大学设计研究院合作开发“绿星宝”项目。宁新农村数字电影公司、教科文化传播公司、爱真棒网络公司等60家企业入驻“启运86”微电影产业园，建成虚拟数字影棚拍摄基地和6500平方米室内实景拍摄基地。市科技治水园区开园，天河水生态公司（“新三板”挂牌企业）、蓝清治水市政环保公司等14家企业入驻。惩治非法金融活动，通过定期走访、重点盯防、及时预警等途径加大对类金融企业动态管理，加强金融知识宣传，防范金融风险。

拆除违法建筑21处，面积3312平方米，完成全年任务指标143%。整治“蓝色屋面（立面）”1.8万平方米。落实河长制，清理河岸周边垃圾100余吨，排查“四小行业”单位污水140余家，完成中信白云小区、宝善小区等5个小区雨污分流改造，丽园馨都小区、在水一方小区获评省级节水型小区。推广二维码厨余垃圾袋，实施第三方开袋检查。出台房屋安全巡查奖惩制度，处置南雅社区雨檐脱落、联丰南区后门围墙开裂等房屋安全隐患事件6起。完成联安小区停车位整治。

举办文化艺术活动60余场，惠及群众1万余人次，组建全市首家街道级民间艺术团队——“凡人民星”艺术团。组织开展“青云志”青年引航助力计划等青年公益活动20余场次。发挥银发志愿者作用，组织开展“海之梦我的梦”手绘活动等青少年课外活动90余次，惠及青少年3800余人次。

举办“开门听民声生（第四季）”活动，完成10项民生实事工程，联北社区居家养老服务中心开始运营。累计办理城镇居民医疗保险3569人，慰问补助困难家庭260户，发放慰问金40万元。完成医疗救助36人次，救助金额22.72万元。推进居家养老服务，安丰社区向侨界留守老人提供“纳米”守望服务，白云庄社区向社会组织购买“独居老人关爱服务”项目。完成市公益一条街项目一期建设。启动“爱的盒子”公益传播计划，推行公益超市市场化运作，成立街道公益项目督导工作室，引导辖区301支社会组织规范化发展。牡丹社区获评省级防灾减灾示范社区。启动“社工专业成长计划”和“民间领袖育英计划”，成立“云服务”俱乐部和社工联盟。“扬帆”社会工作团队成立，街道问题青少年帮扶组织开展社工沙龙、社工讲堂、公益创业等各类专业培训20余次。

完成街道首届社会治理奖评选，43家单位及个人获表彰。建成多方参与、多维联动的立体化基层民主议事机制——“商立方”。与1018家辖区单位签订公共安全责任书，检查企业1340余家次。开展沿街经营性合用场所消防安全“三清一治理”和消防栓整治等专项行动，整改合用场所51家，清理楼道40余条，整治消火栓25个，完成涉及近100人的华展设计院群租房整治。建立健全社区微型消防站11个，安装独立烟感探测报警器500个，整治餐饮企业等安全隐患350余处。

【牡丹社区老党员“促平安”志愿队成立】 2016年7月7日，牡丹社区成立由社区老党员组成的“促平安”志愿队。志愿队以“一天一巡逻”“一天一记录”“一周一总结”方式，在社区平安巡逻、采集信息、解决矛盾。

【“幸福婚姻家庭在社区”项目落户安丰社区】 2016年7月，中国婚姻家庭研究会主办的“幸福婚姻家庭在社区”宣传倡导服务项目落户白云街道安丰社区。项目由社区律师、婚姻家庭咨询师和心理咨询师等专家组成，依托社工、社区、社会组织“三社联动”，建成服务居民婚姻家庭的“81890”公益服务项目，免费为居民解惑答疑。该项目在全国18个省（区、市）的28个城市社区建立试点，安丰社区为其中之一。

白云街道链式党建工作室——前丰站

【宁波市公益街开街】（参见“海曙区人民政府”类目“重要活动”分目）

【白云街道“凡人民星”艺术团成立】 2016年9月23日，全市首家街道级民间艺术团队——白云街道“凡人民星”艺术团成立。艺术团是以群众性文艺活动为载体，向街道提供文艺演出和服务的非盈利社会性团体。内设歌咏、舞蹈、书画、综艺等部门，成员以街道文艺沙龙精品团队为基础，吸收优秀民间艺人。艺术团成立后，承担街道各级各类重大文化活动、艺术培训，并帮助指导社区文艺团队参与社会公益活动，至年底，艺术团举办传统文化、广场文化、社区文化、商圈文化等群众性文化活动44场次，吸引群众参与4500余人次。

（黄颖萍）

望春街道

【概况】 望春街道地处海曙区核心区西部，东沿铁路与西门街道、江北区文教街道相邻，南以中山西路为界，西与高桥镇接壤，北临姚江。2016年，辖17个社区、12个股份经济合作社，常住人口约6.5万人。

全年实现税收3.37亿元，同比增长14.32%，其中税收10万元以上企业297家，税收3.08亿元。发挥恒茂电商大楼、众创空间、高鑫广场等电子商务平台和综合性商业区域资源优势，引进各类企业501家，注册资金20.83亿元，其中500万元以上企业112家，注册资金16.02亿元。制定出台《望春街道2016年招商引资与服务企业奖罚暂行办法》，用稳增促调专项资金补助113家，其中电子商务企业39家，累计补助资金700.72万元。探索股份经济合作社集体“三资”监管手段，自主研发全市首个集网上申报审批、实时信息提醒等功能为一体的股份经济合作社权力运行管理平台，规范审批流程。

开展旧村改造“攻坚清零行动”，签约23户、进入司法程序17户。完成联丰丰馨苑安置房抽签定位和结算交

图27-26　7月26日，望春街道新星商圈成立“海之翼”公益生态圈

付，交房1298套。推进中山西路（机场路至长兴路）改建工程项目征收，征收房屋25户1800平方米。发放西成、姚丰等10个拆迁项目预发过渡补贴1.21亿元。累计拆除各类违法建筑面积约2.7万平方米。开展涉河拆违行动，拆除各类沿河违法建筑5750平方米。新建沿河围墙150米，封堵排污口3处，清理河岸垃圾50余吨，新增沿河绿化带5.19万平方米、河坎2400余米。清理各类建筑垃圾和生活垃圾7000余吨。启动垃圾分类收集和望童路41弄、55弄、中塘路等部分老小区雨水井、污水井清理疏通。完成胜丰佳苑、水岸心境小区创建省级节水型居民小区。开展新园路、西成菜场、肉禽蛋批发市场等区域环境综合整治。指导监督六和嘉园、青林湾东区、关爱小区业委会换届选举和天胜佳苑小区业委会成立。

推动基层治理网格管理由“多网联动”向“一网覆盖”转变，建立“网格长+网格员+网格指导员”管理模式，确保“定格、定人、定责”。加强公租房、廉租房居住群体服务管理，统一管理40年产权公寓楼居住群体。调解各类纠纷224件，调解成功223件，成功率99%，涉及资金82.47万元。泰安社区申报省级民主法治示范社区。设立社区微型消防工作站。定期协同第三方房屋安全检测机构开展质量隐患排摸，投入2万余元购置500个独立式烟感报警器，在沿街经营性合用场所、孤寡老人群体住宅中推广安装。试点“社区群”治理模式，将14个城市社区划分成3个社区群。整合编印《居民办事指南》《社区工作实务汇编》，举办社工技能大比武活动。健全空巢老人“一人一档”走访制度，形成个性化志愿者结对帮扶模式。举办文化惠民活动42场次。投入30余万元启动升级版“民生微工程”，内容涵盖社区建设、便民服务、青少年教育等。

开展“两学一做”专题教育，组织开展专家授课、党员自学、便民服务等活动200余场次，惠及居民近万人；制定“一单一图一册一团”（负面问题清单、学习教育流程图、《实用指南》学习手册、红色讲师团），开展便民服务200余场次。制定策划“一群一区一带”基层党建推进思路，成立“海之翼”公益生态圈；启动“红色燎原”行动，12个“两新”组织完成“红星”项目认领。培植公益团队40余个。开展“锋领头雁”党组织带头人系列活动，完成13名社区干部考察谈话，推荐两名80后干部挂职锻炼。组织望春商会换届，成立望春街道社区服务中心工会，完成机关团支部换届选举。街道获评“全国农村优秀学习型组织学习型乡镇（街道）”称号。

【望春街道“一群一区一带”基层党建建设】　2016年，望春街道组织新星商圈和14个社区创建城市社区、新兴业态、社会组织等领域党建工作示范典型。将新星商圈和清风、水岸心境等1个商圈、3个社区划为东部“创新”精品群，以天一家园、泰安、广安等7社区为中部“共享”治理区，把广泽、徐家漕、信谊等4个社区划入西部“绿色”民生带，形成“一群一区一带”党建品牌集群，实现区域党建开放发展、协调推进。

【望春街道试点“社区群”治理模式】　2016年，望春街道在辖区内开展“社区群”治理试点。14个社区根据新兴城市社区、农居混杂、拆迁安置与保障房社区3种类型，划分为具有街道特色的“春风”“春雨”“春天”3个

2016年11月，望春街道危旧房屋大排查

社区群，管理分别侧重城市社区服务创新、农居社区自治管理、保障房社区自助互助。“社区群”建立后，街道实行“联席会议”“轮值主席”等工作制，社区书记每季度轮值主持活动。至年底，“社区群”共举行各类群活动20次，服务居民1500余人。

【望春街道社区微型消防站成立】 2016年6月16日，望春街道在水岸心境小区举办社区微型消防站成立仪式，这是街道首个社区微型消防站。活动现场向居民介绍各种消防器材使用方法，播放日常居民消防安全知识和警示案例，消防队员进行电话报警、水枪和灭火器操作等演练。7月，所有社区微型消防站投入使用。各社区利用已有消防设备，依托社区、物业公司人员成立消防队，由海曙消防大队定期进行业务培训和实战技能演练。

【望春街道新星商圈成立“海之翼”公益生态圈】 2016年7月26日，望春街道新星商圈成立“海之翼”公益生态圈。公益生态圈建立旨在共同讨论辖区党建工作重大事宜，形成大事共议、实事共办、要事共决的区域化党建“一盘棋”格局。各成员单位教育站点、文体设施和活动场所等资源共享，联席会议负责商圈党建工作指导、统筹协调。商圈周边社区、社团组织、机关事业单位、高校及部分电商企业等35家单位首批入驻，共同建立9个公益阵地，推广9个公益精品项目。成员单位轮流每两年承办一次党建共建活动。

【天胜花鸟市场重大隐患整治完成】 2016年7月，望春街道完成天胜花鸟市场重大隐患整治。天胜花鸟市场位于丽园北路和广安路交叉口，是宁波市经营规模较大的花卉虫鸟批发零售专业市场。2014年因消防设施和防火间距不足、存在可燃违章搭建等重大安全隐患，被列入区级重大隐患挂牌整治项目。望春街道联合区安监局、海曙消防大队等，督促市场方落实隐患整改责任。整改期间，投入40万元增配水枪、水带、灭火器、防火卷帘门、应急灯等消防设施，拆除市场一期钢棚7000余平方米，疏通清理紧挨市场的两处出租公寓消防通道和楼梯，并加强日常安全巡查，做好隐患登记和处置。

【省总工会调研望春街道工会建设】 2016年8月2日，省总工会到望春街道工会开展调研，街道总工会主席池跃平介绍相关工作。望春街道为省总工会推进基层工会规范化建设的36家联系点之一。街道根据辖区内电子商业企业集中的特点，承担全区电商行业工会组建任务，并提升基层工会规范化水平，与社区、企业共同创建规范化基层工会。

【望春街道危旧房屋大排查】 2016年11月，望春街道开展危旧房屋拉网式排查。经排查，辖区有三级危旧房屋48处、四级危旧房屋9处、D级危房2处，处于低洼地段、使用超过20年且未确认等级房屋26处，拆迁遗留地块房屋42处。针对危旧房屋较多的情况，街道落实网格化管理制度，安排专人定期巡查，防范房屋安全事故发生。对违规装修等现象，督促相关责任人采取解危措施。

（张虹霞）

段塘街道

【概况】 段塘街道东濒奉化江，南达杭甬高速，与石碶街道相接，西至通达路，与古林镇接壤，北与白云、南门街道相连，区域面积5.97平方千米。2016年，辖10个社区、3个股份经济合作社，总人口5.53万人，其中户籍人口3.56万人。

全年实现税收6.5亿元，同比下降10.49%。引进企业445家，注册资金24.08亿元，增长46%。狮丹努集团总部大楼入驻办公，新乐电器公司总部成立。博洋集团、太平鸟集团获评市级“电商换市”示范企业。海曙恒一广场开业，欧尚超市、横店影视城入驻。纽斯康公司、绎美风尚公司、亿林节水科技公司与民生证券公司签订“新三板”挂牌合同。丁家股份经济合作社终止运行，完成清退工作。

引进文化企业56家，注册资金1.2亿元。宁波“896创新园”和“启运86”微电影产业园获评市级（培育）文化创意产业园区。大慈文化公司推出的《布袋小和尚》第二季成为全省唯一入选文化部“2016弘扬社会主义核心价值观动漫扶持计划（产品类）项目”名单产品，并被文化部评为国家动漫品牌建设和保护计划创意类项目。组织开展元宵、端午、国庆等文艺会演30余场次。开展第三届“草根名人”评选活动，16人获“草根名人”称号。编辑《星耀段塘·草根名人先进事迹汇编（三）》。

拆除违章建筑39处，面积70378平方米，拆除段塘西路元通4S店、南苑街延伸段群租房、盛海路华恒建设公

5月4日，段塘街道举办青年职工联谊活动

5月20日，段塘街道成立社区服务中心工会

司大楼等重难点违章建筑。整治“蓝色屋面（立面）”101处，总面积18万余平方米。推进旧村改造，原段塘村旧村改造项目剩余63户，段塘学校地块实现清零。涉及2016年国有土地非住宅拆迁的11家企业中10家完成签约。段塘中路国有非住宅补签完成。轨道交通启运路地块交地。实施启文小区、新典路教师楼和新典新村3个老小区雨污分流改造，投入专项资金30余万元，清理垃圾逾600吨。

建设“大就业”服务体系，安排930人就业，发放自主创业小额贷款390万元。发放优抚对象救助、助医、住房解困等社会保障各类补助188.8万元。申报公益项目16个，重点推出5个受益广、创新性强的公益项目。丽景社区作为省级社会治安重点整治地区挂牌项目实现摘牌。完成鄞奉路群租房、南都违法煤气代充点、南门汽配市场安全整改。除拆迁社区外，其余7个社区均建成微型消防站。

【段塘西路元通4S店地块违章建筑拆除】 2016年3月21日始，段塘西路元通4S店地块违章建筑依法拆除。地块位于段塘西路区域，被用作汽车4S展厅和维修部，包括一汽大众、东风标致、英菲尼迪3家4S店，建筑面积1.05万平方米，是2016年“三改一拆”中单体面积最大的违法建筑。因由多个股东筹资建成，拆迁难度较大。至4月，全部拆除。

【段塘街道“规范基层小微权力运行”主题会议】 2016年5月17日，段塘街道召开“规范基层小微权力运行”主题会议，各农村股份经济合作社董事长、监事长，各社区主要负责人参加。会议通报中共中央纪委《关于十三起侵害群众利益的不正之风和腐败问题典型案例的通报》，街道纪工委书记邹月萍强调各股份经济合作社、社区要做到事前预防，杜绝由“微腐败”酿成“大祸害”。各股份经济合作社、社区负责人根据小微权力运行情况，对照学习《海曙区城市社区、股份经济合作社权力运行一本通》，并汇报规范权力运行过程经验成果，介绍农村股份经济、社区“三务”（党务、局务、财务）公开方式、内容。

【段塘街道社区服务中心工会成立】 2016年5月20日，段塘街道社区服务中心工会成立，并举行第一次会员代表大会，选举产生社区服务中心工会第一届委员会委员、经费审查委员会委员，随后举行工会第一届委员会一次会议和经审委员会一次会议，推选产生工会委员会主席、副主席，经费审查委员会主任，女职委主任、委员，劳动争议调解委员会主任、委员，并对委员进行职责分工。

【段塘街道“企情通”平台现场会召开】 2016年9月27日，段塘街道“企情通”平台现场会召开。区总工会、区人力社保局、区教育局等部门及街道、各企业负责人50余人参加会议。街道总工会主席缪君玉介绍“企情通”平台内容和前期成果，并介绍在全区率先施行的《段塘街道劳资关系预警机制实施办法》。太平鸟集团、鑫之杰公司提出企业人才招聘难、企业外来务工子女入学难等问题，相关单位负责人予以答复，并将答疑结果在“企情通”平台公布。

（唐　锋）

资料链接

开放空间：指围绕特定主题，在基层通过营造民主开放的空间氛围引导参会人员自由畅谈、民主研讨，充分吸收集体智慧以取得良好效果的会议模式。

五大保险：指基本养老保险、基本医疗保险、工伤保险、失业保险和生育保险。

三社联动：指统筹协调、整体运作社区建设、社会组织建设和社会工作，使之相互支持、渗透融合，从而充分激发社会组织活力，有效开展社会工作，解决社区问题，完善社区治理。

集体“三资”：指集体资金、集体资产、集体资源。

“绿星宝”项目：指由北京清动互联科技有限公司联合清华大学建筑设计研究院共同开发、发布的绿色建筑智能评价、项目协同管理、政府申报、云服务、绿色建筑资料库的绿色建筑产业SAAS平台，是一站式绿色建筑（建材）项目在线孵化系统。

三居治乱：指在宁波市农村开展“安居”“宜居”“美居”专项行动，治理农村建筑乱搭乱建问题。

小城镇“五个一”项目：指示范街区建设项目、基础设施统筹项目、公共服务完善项目、城镇功能提升项目和生态环境优化项目。

组织机构及其领导名录

区级机构

区四套班子领导机构

中共海曙区委员会

书　　记：彭朱刚（10月止）
孙黎明（10月始）

副 书 记：吴胜武（8月止）
毕东华（11月止）
褚孟形（11月始）
张启表（11月始）

区委常委：朱振甫（11月止）
李晓东
石贤义
谭国洪
叶警青（11月始）
李冠杰（11月始）
刘　臻（11月止）
严仕恩
陈　伟（6月止）
路德锋（9月止）
张宁辉
徐善燧（8月止）
汪大胜（9月始）
王　煦（11月始）

海曙区人民代表大会常务委员会

主　　任：陈志国

副 主 任：童经纬
陈　奋
金　波
林　兵
孙铭龙
陈小春（11月始）

党组书记：陈志国

党组成员：童经纬
陈　奋
金　波
林　兵
孙铭龙
陈小春（11月始）
俞国平

海曙区人民政府

区　　长：吴胜武（9月止）

代 区 长：褚孟形（11月始）

常务副区长：谭国洪

副 区 长：国　宇
薄慧敏
卜明长（11月止）
周宏汉（11月止）
陈　伟（挂职，6月止），
杜锦锦（挂职）
凯赛尔·吐尔逊（挂职，4月始）
孙　伟（挂职，6月始），
陈早挺（11月始）
毛孟军（11月始）
金　昕（11月始）

党组书记：吴胜武（9月止）
褚孟形（11月始）

党组成员：谭国洪
薄慧敏
卜明长（11月止）
张宁辉（1月止）
周宏汉（1月始，11月止）
陈　伟（挂职，6月止）
杜锦锦（挂职）
凯赛尔·吐尔逊（挂职，4月始）
孙　伟（挂职，6月始）
毛孟军（11月始）
金　昕（11月始）
郁利祥（1月止）
何慧刚（1月始）
褚　晖（12月止）
王　飞（12月始）

政协海曙区委员会

主　　席：王黎明（2月止）
毕东华（2月始）

副 主 席：赵剑光
舒建国
徐德荣
郁利祥（2月始）

秘 书 长：曾垂华

党组书记：王黎明（1月止）
毕东华（1月始）

党组副书记：赵剑光

党组成员：舒建国
吴军良（11月始）
刘良飞（11月始）
周宏汉（1月止）
郁利祥（1月始）
曾垂华（12月止）
戴亚珍（12月始）

区纪委（监察局）

中共海曙区纪律检查委员会

书　　记：李晓东

副 书 记：李栽正
史亚培

常　　委：邱坚明
段谟法
夏年立（兼）
陈立蒙（挂职，5月止）

案件监督管理室主任：
段谟法（12月止）
蔡军波（12月始）
第一纪检监察室主任：
李胜泓（12月止）
第二纪检监察室主任：
葛荣伟（12月止）
党风政风监督室主任：
戚圣爱
案件审理室主任：
庄立敏
干部室主任：
叶志斌（12月始）
纪委派驻第一纪检组组长：
忻慧义（12月始）
纪委派驻第一纪检组副组长：
忻慧义（12月止）
纪委派驻第二纪检组组长：
王海洲（12月始）
纪委派驻第二纪检组副组长：
范季宇（12月止）
周　真（12月始）
纪委派驻第三纪检组副组长：
方　轶
纪委派驻第四纪检组组长：
戎爱武
纪委派驻第五纪检组组长：
王海洲（12月止）
朱朝兴（12月始）
纪委派驻第五纪检组副组长：
周　真（12月止）
纪委派驻第六纪检组组长：
王庭华
纪委驻区委组织部纪检组组长：
崔茂华（12月始）
纪委驻区委组织部纪检组副组长：
崔茂华（12月止）
区直机关纪工委书记：
崔茂华（12月止）
余莉英（12月始）
纪委驻区教育局纪检组组长：
费春华
纪委驻区卫生计生局纪检组组长：
王延斌
纪委驻区法院纪检组组长：
陈建国
纪委驻区检察院纪检组组长：
张红红
纪委驻区政法委纪检组副组长：
范季宇（12月始）

区监察局
局　　长：李栽正
副 局 长：邱坚明
许瑾瑾（12月止）

公安、检察、审判机构，人民武装

区人民检察院
检 察 长：吕海庆（11月止）
副检察长：杨建平
夏年立
王焰明（挂职）
政治处主任：许文瑾
检委会专职委员：岑剑平
沈慧红
反贪局局长：曹秉军
反渎局局长：孙斌辉
党组书记：吕海庆（11月止）
李　钟（11月始）
党组副书记：吴巧新
党组成员：杨建平
夏年立
许文瑾
张红红
王焰明（挂职）
纪检组组长：张红红

区人民法院
院　　长：吴军良（11月止）
副 院 长：王惠珍
周家骥
张丹丹
沈腾飞（挂职，7月止）
政治处主任：檀丹霞（1月始）
审判委员会专职委员：蒲巧俊
戎　波
西郊人民法庭庭长：江　锋
执行局局长：周　黎（12月止）
党组书记：吴军良（11月止）
傅　勇（11月始）
党组副书记：王惠珍
党组成员：周家骥
张丹丹
沈腾飞（挂职，5月止）
陈建国
檀丹霞（1月始）
纪检组组长：陈建国

区人民武装部
部　　长：路德峰
政治委员：张　硕（3月止）
汪大胜（6月始）
副 部 长：尹　伟

宁波市公安局海曙分局
局　　长：朱振甫（11月止）
叶警青（11月始）
政　　委：徐联达
副 局 长：邬明汉
潘元龙
徐建龙（11月始）
任建明（11月始）
政治处主任：徐建龙（11月止）
闻　彬（11月始）
党委书记：朱振甫（11月止）
叶警青（11月始）
党委副书记：徐联达
党委委员：邬明汉
潘元龙
朱小明
徐建龙
任建明（12月始）
闻　彬（12月始）
严立新（12月始）
唐明堂（12月始）
纪委书记：朱小明

宁波公安局交通警察支队海曙大队
大 队 长：王　伟
副大队长：俞一波
胡　杰
副教导员：方妙文

宁波市公安消防支队海曙区大队
大 队 长：陈小白
教 导 员：高诚洪
副大队长：卻立峰

区委工作机构及党群各部门

区委办公室
主　　任：张相晋（1月止）
史卫东（1月始）
副 主 任：杨爱萍（12月止）
张　硕（兼）
陈健雄（兼，10月止）
陈有海（12月止）
应　彬
蔡　宁（12月始）
李栽正（兼，12月始）
童红琴（兼，12月始）
谢宇川（12月始）

区委组织部
部　　长：严仕恩
常务副部长：宋　雁（12月止）
副 部 长：丁松江
　　曹　蕾（12月始）
　　吕超苏（兼）
　　朱彩娟（兼）
　　陶　宁（兼）
部务会议成员：崔茂华（12月始）
　　许　晟（12月始）
区委“两新”工委副书记：
　　丁松江（12月止）
　　陈　翔（兼）
　　周建军
　　曹　蕾（12月始）
区委人才办主任：丁松江（12月始）
区委人才办副主任：许　晟（12月始）
纪检组组长：崔茂华（12月始）
纪检组副组长：崔茂华（12月止）

区委宣传部
部　　长：石贤义
常务副部长：郭　波
副 部 长：陈建东（12月止）
　　邱少军
　　汪光辉
　　刘　燕（12月始）
部务会议成员：马安娜（1月止）
　　孙志杰（11月止）
　　周照宇
文明办主任：周照宇
区新闻中心主任：许玉芬

区委统一战线工作部
部　　长：赵剑光（1月止）
　　刘　臻（1月始，11月止）
　　李冠杰（11月始）
副 部 长：陈　伟（12月止）
　　陈　翔
　　范建杰（12月始）
部务会议成员：郭路群（12月止）
　　周国平（12月始）

区民族宗教事务局
局　　长：陈　伟（12月止）
副 局 长：周国平（12月始）

区委台湾工作办公室
主　　任：赵剑光（兼，1月止）
　　刘　臻（兼，1月始，12月止）
副 主 任：陈　伟（12月止）

区人民政府侨务办公室
主　　任：钱　军（12月止）

区侨联
主　　席：钱　军

区委政法委员会
书　　记：毕东华（11月止）
　　张启表（11月始）
副 书 记：朱振甫（兼，11月止）
　　谭国洪（兼）
　　宋亦农
　　石建强
　　叶警青（兼，11月始）
　　周红萍（12月始）
政治处主任：周红萍
委　　员：吴军良（兼，11月止）
　　吕海庆（兼，11月止）
　　徐联达
　　孙逸群（兼，12月止）
　　周红萍
　　赵　一
　　朱飞龙（12月止）
　　孙　红（挂职，3月始，9月止）
　　傅　勇（兼，11月始）
　　李　钟（兼，11月始）
　　史亚培（兼，12月始）

区社会管理综合治理委员会办公室
主　　任：宋亦农
副 主 任：朱飞龙（12月止）
　　孙　红（挂职，3月始，9月止）

区委维护稳定工作领导小组办公室
主　　任：石建强
副 主 任：赵　一

区委防范和处理邪教问题领导小组办公室
主　　任：石建强
副 主 任：周红萍

区机构编制委员会办公室
主　　任：吕超苏
副 主 任：王宇峰

区直属机关工作委员会
书　　记：张　硕
副 书 记：王海敏
纪工委书记：崔茂华（12月止）
　　余莉英（12月始）

区委区政府信访局
局　　长：陈健雄（10月止）
　　童红琴（12月始）
副 局 长：陈敏龙
　　高秀峰
党组书记：陈健雄（10月止）
　　童红琴（12月始）
党组副书记：陈敏龙（12月始）

区档案局
局　　长：杨爱萍（兼，12月止）
副 局 长：陈　蕾
　　张琳琳（12月始）

区委老干部局
局　　长：朱彩娟
副 局 长：徐海平（12月止）

区史志办公室
副 主 任：汪鹤飞（12月始）

区总工会
主　　席：林　兵
副 主 席：何建林
　　顾妮妮
　　汪丛健
党组书记：吕维共（12月始）
党组副书记：何建林（12月始）
党组成员：何建林（12月止）
　　顾妮妮
　　汪丛健

共青团海曙区委员会
书　　记：李博古（10月止）
　　吴　君（12月始）
副 书 记：林　锦（12月止）
　　曹小波
　　张　熙（挂职，8月止）
　　尹　滔（挂职，11月始）
　　揭春香（挂职，11月始）
党组书记：李博古（10月止）
　　吴　君（12月始）
党组成员：林　锦（12月止）
　　曹小波
　　尹　滔（挂职，11月始）
　　揭春香（挂职，11月始）

区妇女联合会
主　　席：葛巧英
副 主 席：鲍科臻
党组书记：葛巧英
党组成员：鲍科臻
　　　　　许曹弘

区残疾人联合会
理 事 长：王培良
副理事长：董一斌
党组书记：王培良（12月止）
党组成员：董一斌

区红十字会
名誉会长：彭朱刚
　　　　　吴胜武
会　　长：薄慧敏
副 会 长：李　兰
　　　　　陆　颖
　　　　　裘建浩
　　　　　张学军
党组书记：李　兰

区工商业联合会
主　　席：张江平
副 主 席：陈　翔
　　　　　郭路群
　　　　　施剑萍
　　　　　毛国兴
　　　　　马坚挺
　　　　　沈宏伟
　　　　　项先球
　　　　　吴忠宝
　　　　　杨　剑
　　　　　梅迪华
　　　　　周赛方
　　　　　郑士灶
　　　　　马林霞
　　　　　吴希良
　　　　　曹小明
　　　　　蒋伟平
党组书记：陈　翔
党组成员：郭路群（12月止）

区关心下一代工作委员会
主　　任：方佳闰
常务副主任：尹　萍

区文学艺术届联合会
主　　席：陈建东
副 主 席：马安娜（3月止）
党组书记：陈建东（12月始）
党组成员：陈　鸿（12月始）

区慈善总会
会　　长：王黎明（6月始）
副 会 长：徐友国
　　　　　管存根
秘 书 长：徐孟雷

区人大常委会、区政协机关

区人大常委会办公室
主　　任：俞国平
副 主 任：沈　健（12月止）
　　　　　邹有武

区人大常委会法制工作委员会
主　　任：张　腾（12月止）
　　　　　郁明标（12月始）

区人大常委会财政经济工作委员会
主　　任：吴克勤（12月止）
　　　　　许瑾瑾（12月始）

区人大常委会农业农村工作委员会
主　　任：冯惠锋（12月始）

区人大常委会城建环保工作委员会
主　　任：朱仁林（12月止）
　　　　　林军华（12月始）

区人大常委会教科文卫工作委员会
主　　任：汪则康

区人大常委会代表工作委员会
主　　任：李科忠（12月止）
　　　　　钱　军（12月始）
副 主 任：田艳晖

区政协机关党组
党组书记：戴亚珍（12月始）
党组副书记：陈绍旗（12月始）
党组成员：王培良（12月始）
　　　　　梁德明（12月始）
　　　　　孙逸群（12月始）
　　　　　杨爱萍（12月始）
　　　　　金昌卿（12月始）

区政协办公室
秘 书 长：曾垂华
副秘书长：叶　卫
主　　任：曾垂华
副 主 任：柳竹青

区政协提案委员会
主　　任：王已夏

区政协经济科技和城建资源环境委员会
主　　任：孙耀波

区政协教文卫体和文史资料委员会
主　　任：殷　明

区政协社会法制和民宗台侨委员会
主　　任：钱　辉

区政府工作部门

区政府办公室
主　　任：郁利祥（1月止）
　　　　　何慧刚（1月始）
副 主 任：陈　辉（兼，11月止）
　　　　　陆　颖
　　　　　王甬明（12月止）
　　　　　王萍锋
　　　　　曹新平
　　　　　金　莹（兼）
　　　　　徐琦雄（12月始）
　　　　　蔡　锐（12月始）
党组书记：郁利祥（1月止）
　　　　　何慧刚（1月始）
党组成员：陈　辉（11月止）
　　　　　陆　颖
　　　　　王甬明（12月止）
　　　　　王萍锋
　　　　　曹新平
　　　　　金　莹
　　　　　徐琦雄（12月始）
　　　　　蔡　锐（12月始）
　　　　　王海洲（12月始）
流动人口管理办公室副主任：张小飞

区发展和改革局
局　　长：庄　宏
副 局 长：葛石松
　　　　　欧益民
党组书记：庄　宏
党组副书记：葛石松
党组成员：欧益民
　　　　　戎爱武
纪检组组长：戎爱武

区经济和信息化局
局　　长:吴汉元
副 局 长:魏建闰(6月止)
姚明华(12月止)
郑利庆
徐　勇(12月始)
总工程师:夏焕文
党组书记:吴汉元
党组成员:魏建闰(6月止)
姚明华(12月止)
郑利庆
徐　勇(12月始)

区教育局
局　　长:裘建浩
副 局 长:汪鹤飞(12月止)
陈　臣
於宏华(12月始)
宁　梅(挂职,3月始,9月止)
党委书记:裘建浩
党委委员:费春华
汪鹤飞(12月止)
陈　臣
宁　梅(挂职,3月始,9月止)
於宏华(12月始)
纪检组组长:费春华

区科学技术局
局　　长:谢晓东
副 局 长:王月忠
杨剑云(12月止)
杨安妮(12月始)
李文斌(12月始)
党组书记:谢晓东
党组成员:王月忠
杨剑云(12月止)
李文斌(12月始)

区科协
主　　席:谢晓东(12月止)
杨安妮(12月始)
副 主 席:王月忠
杨剑云(12月止)

区民政局
局　　长:周建军
副 局 长:毛文辉
韦晓阳
吴鹤立(12月始)
党组书记:周建军
党组成员:毛文辉
吴鹤立(12月始)

区司法局
局　　长:孙逸群(12月止)
史亚培(12月始)
副 局 长:贺贤文
狄立新
过世荣
党组书记:孙逸群(12月止)
史亚培(12月始)
党组成员:贺贤文
狄立新

区财政局
局　　长:舒建国
副 局 长:蔡　锐(12月止)
金群辉
总会计师:邱顺年
党组书记:舒建国
党组成员:蔡　锐(12月止)
金群辉
邱顺年
王　海(12月始)

区人力资源和社会保障局
局　　长:陶　宁
副 局 长:李建召
贺海宁
陈春刚(6月止)
赵开宏
沈　超(挂职,12月止)
党组书记:陶　宁(12月止)
余　解(12月始)
党组副书记:贺海宁
陶　宁(12月始)
党组成员:李建召
陈春刚(6月止)
赵开宏
沈　超(挂职,12月止)

区住房和城市建设局
局　　长:徐志红(12月止)
副 局 长:林军华(12月止)
王晨涛(12月止)
孙建强(12月止)
房管处处长:林军华(12月止)
公共项目建设管理中心主任:孙建强
总工程师:王保学(12月止)
房管处副处长:徐　峰(6月止)
党委书记:徐志红(12月止)
党委副书记:林军华(12月止)
党委委员:王海洲(12月止)
王晨涛(12月止)
孙建强(12月止)
王保学(12月止)
徐　峰(6月止)

区住房和城乡建设局[①]
局　　长:王甬明(12月始)
副 局 长:王晨涛(12月始)
孙建强(12月始)
房管处处长:王晨涛(12月始)
公共项目建设管理中心主任:孙建强
总工程师:王　云(12月始)
党委书记:路德峰(12月始)
党委副书记:王甬明(12月始)
王晨涛(12月始)
孙建强(12月始)
党委委员:王　云(12月始)
朱朝兴(12月始)

区城市管理局(区行政执法局)
局　　长:吕维共(12月止)
副 局 长:傅　丹(12月止)
樊华钢(12月止)
叶　华(6月止)
袁卫东(12月止)
党委书记:吕维共(12月止)
党委委员:傅　丹(12月止)
樊华钢(12月止)
叶　华(6月止)
袁卫东(12月止)
王庭华(12月止)
徐　峰(6月始,12月止)

区综合行政执法局(区城管局)[②]
局　　长:王志刚(12月始)
副 局 长:傅　丹(12月始)
樊华钢(12月始)
袁卫东(12月始)
党委书记:王志刚(12月始)
党委副书记:傅　丹(12月始)
党委委员:樊华钢(12月始)
袁卫东(12月始)
王庭华(12月始)
徐　峰(12月始)

区交通运输局
局　　长:张朝晖(12月始)

副 局 长：周　里（12月始）
党组书记：张朝晖（12月始）
党组成员：周　里（12月始）

区农林水利局
局　　长：吴永华（12月始）
副 局 长：姚明华（12月始）
党组书记：张春波（12月始）
党组副书记：吴永华（12月始）
党组成员：姚明华（12月始）

区商务局
局　　长：李　平（12月止）
方卓毅（12月始）
副 局 长：应　君
吕大元（12月止）
华　天（挂职，5月始）
卢其能（12月始）
党组书记：李　平（12月止）
方卓毅（12月始）
党组成员：应　君
吕大元（12月止）
卢其能（12月始）

区文化广电新闻出版局
局　　长：陈建东（12月止）
郭　波（12月始）
副 局 长：马安娜（1月止）
党组书记：郭　波（12月始）

区卫生和计划生育局
局　　长：张文莲
副 局 长：陈东平
顾继红
柴筱燕
张学军
周祎阳
党委书记：张文莲
党委副书记：王延斌
党委委员：陈东平
顾继红
柴筱燕
张学军
周祎阳
驻局纪检组组长：王延斌

区审计局
局　　长：严关忠
副 局 长：卞　燕
周学军
总审计师：范　颖
党组书记：严关忠
党组成员：卞　燕
周学军
范　颖

区统计局
局　　长：王　数
党组书记：陈肇俊

区市场监督管理局
局　　长：张承骏
副 局 长：施剑萍（12月止）
蔡水华
蔡逸平
柳晓波
方晓东
陈　亮
谢恒翀（12月止）
党委书记：张承骏
党委副书记：施剑萍（12月止）
党委委员：蔡水华
蔡逸平
柳晓波
方晓东
陈　亮
谢恒翀（12月止）

区安全生产监督管理局
局　　长：吴兵云
副 局 长：李文斌（12月止）
李华国
陈　刚
党组书记：吴兵云
党组成员：李文斌（12月止）
李华国
陈　刚

区经济合作局
局　　长：戴亚珍（12月止）
副 局 长：俞建江（12月止）
倪耀夫
张越男（12月始）
党组书记：戴亚珍（12月止）
党组副书记：张越男（12月始）
党组成员：俞建江（12月止）

区行政审批管理办公室
主　　任：王明波
副 主 任：王民源
赵建根
鲁亚炜（挂职，4月始）
党组书记：王明波
党组副书记：王民源（12月始）
党组成员：赵建根
鲁亚炜（挂职，4月始）

区机关事务管理局
局　　长：陆　颖
副 局 长：郑朝晖
党组书记：陆　颖（12月始）
党组成员：郑朝晖（12月始）

宁波（国际）电子商务产业园管理中心
主　　任：周京波（11月止）
柴惠群（12月始）
副 主 任：赵宏桢（12月止）
李中杰
俞建江（12月始）
党组书记：周京波（11月止）
柴惠群（12月始）
党组副书记：赵宏桢（12月止）
俞建江（12月始）
党组成员：李中杰
陈　峰

区供销合作社联合社
主　　任：张忠浩（（12月始）
党组书记：张忠浩（12月始）

81890求助服务中心
主　　任：金　莹
副 主 任：叶央儿
张　坤（挂职，4月始）
党组书记：金　莹（12月始）
党组成员：叶央儿（12月始）

区南站广场区域综合管理办公室
主　　任：陈　辉（11月止）
卢洪波（兼，12月始）
副 主 任：张东波（12月止）
华　凯
党组书记：陈　辉（11月止）
卢洪波（兼，12月始）
党组成员：张东波（12月止）
华　凯

区房屋征收办公室（区重点工程建设指挥部）
总 指 挥：谭国洪

主　　任：崔　宏
常务副总指挥：崔　宏
副 主 任：王明良（12月止）
　　陆海红　楼力力
党组书记：崔　宏
党组副书记：王明良（12月止）
党组成员：陆海红
　　楼力力

南站区域开发建设指挥部
总指挥：谭国洪
常务副总指挥：卢洪波
副总指挥：何慧刚（兼，1月止）
　　史　鸿
　　唐静洲（1月止）
　　张　明（兼，1月始）
　　王保学（12月始）
党组书记：卢洪波
党组成员：史　鸿
　　唐静洲（1月止）
　　王保学（12月始）

区旧村改造办公室
主　　任：葛　晖
副 主 任：王　云（12月止）
　　陈小勇
　　陈华峰
党组书记：葛　晖
党组成员：王　云（12月止）
　　陈小勇

区轨道交通工程建设办公室
主　　任：王甬明
副 主 任：伍卫国

宁波市直属管理单位

宁波市国土资源局海曙分局
局　　长：葛　晖
副 局 长：孙国耀
　　蔡　洁
　　汪天富
　　杨幼堂
党组书记：葛　晖
党组副书记：孙国耀
党组成员：蔡　洁
　　汪天富
　　杨幼堂

区国家税务局
局　　长：赵忠海（7月止）
　　周水涌（7月始）
副 局 长：余建平
　　叶华龙
　　邬国菊
党组书记：赵忠海（7月止）
　　周水涌（7月始）
党组成员：余建平
　　叶华龙
　　邬国菊
　　胡　展
纪检组组长：胡　展

海曙地方税务局
局　　长：周一伦
副 局 长：汪光明
　　林　萍
　　薛建新（12月始）
　　朱识华
　　顾明杰（12月始）
党组书记：周一伦
党组副书记：汪光明
党组成员：林　萍
　　薛建新（12月始）
　　朱识华
纪检组组长：薛建新（12月始）

宁波市规划局海曙分局
局　　长：蒋卫鸣
副 局 长：王爱民
　　唐琼芳
党组书记：蒋卫鸣
党组成员：许庆槐
　　王爱民
　　唐琼芳

宁波市环境保护局海曙分局
局　　长：江立生
副 局 长：王渊昌
　　汪元富
　　吴雪峰

镇乡（街道）机构

集士港镇

党委书记：王　煦（10月始）
　　徐卫成（10月止）
党委副书记：俞鹏宏
　　王　翔
　　朱伟军
党委委员：章朝阳
　　成科峰（7月始）
　　虞晓晓（7月始）
　　汪莉萍（7月始）
　　马苏君
　　任建明
　　费志强（7月止）
　　徐　钢（7月止）
人大主席：邹联峰
人大副主席：葛亚萍（8月始）
　　叶亚琴（3月止）
镇　　长：俞鹏宏
副 镇 长：姚　杰
　　陈明芳（1月始）
　　朱灵勇
　　虞晓晓（8月始）
　　葛亚萍（8月止）
纪委书记：章朝阳
妇联主席：汪莉萍
财政局局长：史召其
资源配置和审批服务中心主任：
　　王益明
执法局局长：胡雨红
工会主席：励成静

古林镇

党委书记：吕红琴（1月始，10月止）
　　周　高（10月始，12月止）
党委副书记：陈明珉（1月始，7月止）
　　应鹏辉
党委委员：吴春波
　　何　舜（8月始，12月止）
　　李晓明（8月始，12月止）
　　蒋　琳（8月始，12月止）
　　杨武军（1月始，8月止）
　　毛乾伦
　　戴余旭
　　朱银春
人大主席：凌旭涛
人大副主席：王剑芳
镇　　长：周小波
副 镇 长：吴素芬（1月始，8月止）
　　周　开
　　汪渊群
　　崔凯业
　　张　亮（8月始，12月止）
纪委书记：吴春波
工会主席：施鹤峰（1月始，8月止）
组 织 员：张　亮（1月始，8月止）

高桥镇

党委书记：张盈军
党委副书记：郑冠勉（7月止）
陈明珉（7月始）
沈胜件（7月止）
钱帅华（7月始）
周　昀（5月止，挂职）
党委委员：钱帅华（7月止）
叶夏凯（7月始）
何国挺
施鹤峰（7月始）
周　波
姚存通
崔　磊
人大主席：毛雪光
人大副主席：钱　光
镇（乡）长：郑冠勉（8月止）
陈明珉（8月始）
副镇（乡）长：钱帅华（8月止）
陈　聪
陆从武
叶　华
叶夏凯（8月止）
严邵辉（8月始）
纪委书记：何国挺
总工会主席：施志明
组织员：成科峰（7月止）

横街镇

党委书记：陈洪勇（8月止）
陈晓虎（8月始）
党委副书记：李博古（10月始）
林小红
党委委员：钟宏朝
许继忠
毛亚君
胡永世
龚安君（8月止）
人大主席：章红霞
人大副主席：刘岳柱（8月止）
严红杰（8月始）
镇　　长：陈　光（10月止）
李博古（10月始）
副镇（乡）长：竺　青
许晓彤
胡　波
纪委书记：王　慧（8月始）
工会主席：周燕娜
武装部长：陈　辉（8月始）

鄞江镇

党委书记：黄　列
党委副书记：陈晓虎（7月止）
王贤勇（7月始）
许　骥
王光阳（7月止）
纪委副书记：金鹏飞
党委委员：李晓明（7月止）
周风云（7月始）
吕　莲（7月始）
虞晓晓（7月止）
陈松苗（7月始）
邱玉良
陈　明（8月始）
人大主席：陈坚平
人大副主席：童盈国（8月始）
镇　　长：陈晓虎（7月止）
王贤勇（7月始）
副　镇　长：虞晓晓（7月止）
陈松苗（7月始）
崔川良
周风云（7月止）
陈波（8月始，12月止）
王　旭
纪委书记：李晓明（7月止）
周风云（7月始）
工会主席：童明彪（7月止）

洞桥镇

党委书记：卢明娟（3月止）
戚燕枫（3月始）
党委副书记：陈学芳
李苏苗
党委委员：龚安君（7月始）
陈　洪（7月始）
林丹枫
贝春芬
俞国军（7月止）
胡　杰（7月始）
吴建军
人大主席：沈功海
人大副主席：李志君（1月止）
镇　　长：戚燕枫（3月止）
陈学芳（3月始）
副　镇　长：贝春芬
杨武军（8月始）
胡　杰（8月止）
应功明（1月始）
全立伟
纪委书记：林丹枫（7月止）
龚安君（7月始）
工会主席：李　霞

章水镇

党委书记：周宏杉
党委副书记：宋文夫
胡小峰
党委委员：严　波
王　杰
陈旭亚
陈峥嵘
邵海定（10月止）
人大主席：崔锡朋
镇（乡）长：宋文夫
副镇（乡）长：严炳君
陈国军
丁迪辉
纪委书记：任明海
工会主席：李红伟

龙观乡

党委书记：周　阳（10月止）
陈健雄（10月始）
党委副书记：曹　磊
黎炜华
党委委员：毛　磊（7月始）
刘建华（7月始）
陈朋豪
夏未尧（1月止）
徐华儿
陈国钦
人大主席：周　阳
人大副主席：蒋召君
乡　　长：曹　磊
副　乡　长：徐华儿
李春梅
夏未尧（1月止）
钱剑锐
王秩林
纪委书记：陈朋豪（7月止）
毛　磊（7月始）
工会主席：胡瀚杰
妇联主席：曾　徐

石碶街道

党工委书记：朱良华
党工委副书记：李　高
叶海东（7月止）

王光阳（7月始）
党工委委员：马　能
周　军（7月止）
陈　锋（7月始）
谢鸣鸣（7月始）
许惠苏（7月止）
王军义（7月始）
朱华鑫（7月始）
陈　云
李健宏
人大工委主任：戴利光
人大工委副主任：
杨梅芬（8月止）
许惠苏（8月始）
办事处主任：李　高
办事处副主任：王军义（8月止）
高红伟（8月始）
陈　锋（8月止）
徐　钢（8月始）
周　军（8月止）
蔡幼琴
钟明荣
朱华鑫（8月止）
纪工委书记：马　能
总工会主席：袁晓芳

月湖街道
党工委书记：刘　臻（1月止）
金凌峰（1月始）
党工委副书记：金凌峰（1月止）
谢宇川（12月止）
沈东晓
单继诚（挂职，5月止）
宋林权（1月始）
党工委委员：徐　勇（12月止）
李胜泓（12月始）
黄　江
刘光红
王　燕
张燕青
谢恒翀（12月始）
李　虎（12月始）
人大工委主任：张伟清（6月止）
金凌峰（12月始）
人大工委副主任：马淑萍（12月止）
余金莲（12月始）
办事处主任：金凌峰（1月止）
宋林权（1月始）
办事处副主任：黄　江
刘光红
王　燕（12月止）
张燕青
徐佩娜（12月始）
纪工委书记：徐　勇（12月止）
李胜泓（12月始）
派出所所长：张燕青
总工会主席：朱　宁

西门街道
党工委书记：王　飞（12月止）
章　静（12月始）
党工委副书记：章　静（12月止）
计　锋
柴惠群（12月止）
杨剑云（12月始）
党工委委员：朱朝兴（12月止）
张多国
汪文虎
蔡军波（12月止）
唐善斌
施建新
郭路群（12月始）
邬钢环（12月始）
林　锦（12月始）
虞　刚（挂职，5月始）
人大工委主任：王　飞（12月止）
沈　健（12月始）
人大工委副主任：盛福林
办事处主任：章　静（12月止）
计　锋（12月始）
办事处副主任：张多国
汪文虎
蔡军波（12月止）
唐善斌
孙　琴（12月始）
虞　刚（挂职，5月始）
纪工委书记：朱朝兴（12月止）
郭路群（12月始）
派出所所长：唐善斌
人武部部长：施建新
总工会主席：徐孝军

江厦街道
党工委书记：曹　杰
党工委副书记：郭文光
陆云峰（1月止）
刘　鸣
党工委委员：张莉珠
潘玲玲
周　里（12月止）
赵　枫
张齐文
任志军
罗　滨（挂职，5月始）
陈盛杰（12月始）
丁　宇（12月始）
人大工委主任：劳玉莹
办事处主任：郭文光
办事处副主任：潘玲玲
周　里（12月止）
赵　枫
张齐文
罗　滨（挂职，5月始）
纪工委书记：张莉珠
派出所所长：张齐文
人武部部长：任志军
总工会主席：陈盛杰

南门街道
党工委书记：何慧刚（1月止）
张　明（1月始）
党工委副书记：张　明（1月止）
徐琦雄（12月止）
孙妙芳
董共茂（12月始）
齐杨成（挂职，5月始）
党工委委员：王海波
胡宁军
屠德良
蔡赛珍（12月止）
朱　克
林忠华
王　斐（12月始）
邓想轩（12月始）
人大工委主任：何慧刚（1月止）
张　明（4月始）
人大工委副主任：陈大明（7月止）
叶　华（7月始）
办事处主任：张　明（1月止）
孙妙芳（1月始）
办事处副主任：商满邦
屠德良
蔡赛珍（12月止）
林忠华
王　斐（12月始）
纪工委书记：王海波
派出所所长：林忠华

人武部部长：朱　克（12月止）
邓想轩（12月始）
总工会主席：王　斐（12月止）

鼓楼街道

党工委书记：汪锡超
党工委副书记：刘　燕（12月止）
陈　鸿（12月止）
陈绍旗（12月止）
陈有海（12月始）
朱飞龙（12月始）
贺曙光（挂职，5月止）
党工委委员：曹建萍
黄　伟
林江波
吴　君（12月止）
余伟曙
王森刚（6月止）
孟浩军（12月始）
邬燕萍（12月始）
徐海平（12月始）
人大工委主任：金郁康
办事处主任：刘　燕（12月止）
陈有海（12月始）
办事处副主任：黄　伟
林江波
吴　君（12月止）
余伟曙
王芳芳（12月始）
纪工委书记：曹建萍
派出所所长：余伟曙
人武部部长：王森刚（12月止）

白云街道

党工委书记：郁建军
党工委副书记：蔡　宁（12月止）
段谟法（12月始）
刘　锋
党工委委员：梁伟建
吴鹤立（12月止）
张越男（12月止）
王海波（6月止）
沈明华
蓝永清
张东波（12月始）
邵黎颖（12月始）
陆子凯（12月始）
人大工委主任：郁建军（12月止）
赵宏桢（12月始）
人大工副主任：王慧兰（12月止）
办事处主任：蔡　宁（12月止）
段谟法（12月始）
办事处副主任：张越男（12月止）
王海波（6月止）
沈明华
张黎莉（挂职，5月止）
王慧兰（12月始）
陆子凯（12月始）
纪工委书记：梁伟建
派出所所长：沈明华
人武部部长：蓝永清
总工会主席：徐有富

望春街道

党工委书记：史卫东（1月止）
林　斌（1月始，12月止）
党工委副书记：林　斌（1月止）
曹　蕾（12月止）
庞勤峰
赵宏桢（6月止）
陆云峰（1月始）
陈碧儿（挂职，5月止）
羊文远（12月始）
党工委委员：羊文远（12月止）
陆子凯（12月止）
余万儿
周海君
陶伟儿
徐朝坤
何云峰
叶建洋（12月始）
人大工委主任：林华伟
办事处主任：林　斌（1月止）
陆云峰（1月始）
办事处副主任：陆子凯（12月止）
余万儿
周海君
陶伟儿（12月止）
徐朝坤
贺　峰（12月始）
纪工委书记：羊文远（12月止）
崔　昱（12月始）
派出所所长：徐朝坤
人武部长：何云峰
总工会主席：池跃平

段塘街道

党工委书记：裘　骥
党工委副书记：柴　炜
宋林权（1月止）
蔡文质
党工委委员：邹月萍
董共茂（12月止）
卢其能（12月止）
邱建光（12月止）
金俊飞
林舜文
孙春奇（挂职，5月止）
陈宏虹（12月始）
虞建东（12月始）
周俊军（挂职，5月始）
人大工委主任：裘　骥（12月止）
施剑萍（12月始）
人大工委副主任：杨夫昌
办事处主任：柴　炜
办事处副主任：董共茂（12月止）
卢其能（12月止）
邱建光（12月止）
金俊飞
孙春奇（挂职，5月止）
倪　容（12月始）
李　迪（12月始）
周俊军（挂职，5月始）
纪工委书记：邹月萍
派出所长：金俊飞
人武部部长：林舜文
总工会主席：缪君玉

注释：

①12月，宁波市海曙区住房和城市建设局更名为宁波市海曙区住房和城乡建设局。

②12月，区政府城市管理局与综合行政执法局合署办公，成立综合行政执行局（城市管理局）。

人　物

新任区委领导

【孙黎明】 女，汉族，1971年3月生，浙江乐清人。1993年5月加入中国共产党，1993年8月参加工作，大学学历，工商管理硕士。现任宁波市海曙区委书记、宁波市机场与物流园区党工委书记。1989年8月进入宁波师范学院政史系学习，1993年8月留校工作。1997年3月至2002年10月在宁波大学团委工作，先后任西校区团工委副书记、宁波大学团委副书记、团委书记。2002年10月至2006年4月，先后任宁波市北仑区副区长，区委常委、组织部部长。2006年4月任共青团宁波市委书记、党组书记。2010年7月始，调入宁波市江东区，先后任区委副书记、副区长、代区长、区长。2016年11月任宁波市海曙区委书记，2017年4月兼任宁波市机场与物流园区党工委书记。

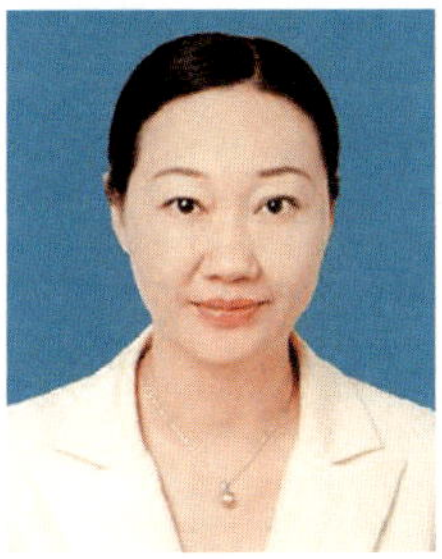

【褚孟形】 男，汉族，1966年9月生，浙江宁海人。1989年10月加入中国共产党，1986年7月参加工作，大学学历，工商管理硕士。现任宁波市海曙区委副书记、区长。1986年7月毕业于浙江工学院，进入宁海化肥厂工作。1991年3月调入宁海县委组织部。1998年6月至2003年6月先后任宁海县城关镇党委副书记，宁海县前童镇党委书记、镇人大主席，宁海县岔路镇党委书记、镇人大主席。2003年6月调入宁海县发展计划局（物价局），先后任宁海县发展计划局（物价局）局长，宁海县发展计划局（物价局、统计局）局长、党组书记，宁海县发展和改革局局长、党组书记，兼县物价局局长。2006年11月任宁海县委常委、政法委书记。2008年12月任宁海县委常委、副县长，2009年4月任宁海县委常委、常务副县长。2011年11月任宁海县委副书记、政法委书记。2014年5月任宁波市环保局局长、党组书记，兼市“五水共治”办常务副主任。2016年11月任宁波市海曙区委副书记、代区长，2017年3月任宁波市海曙区委副书记、区长。

【张启表】 男，汉族，1967年4月生，浙江象山人。1994年4月加入中国共产党，1988年8月参加工作，大学学历，工商管理硕士。现任宁波市海曙区委副书记、政法委书记。1988年8月毕业于浙江师范大学中文系，进入象山县珠溪中学任教。1989年8月任职于象山县丹城中学。1994年8月调入象山县委办公室工作，2000年10月任象山县委办公室办公会议成员、政研室副主任。2001年6月任象山县大徐镇党委书记、镇人大主席。2004年4月，任象山县纪委副书记、监察局局长。2006年12任象山县审计局局长、党组书记。2007年6月调入宁波市纪委，先后任案件审理室主任、党风廉政建设室主任，2011年4月任宁波市纪委常委，2013年5月兼任市委新经济与新社会组织工委委员。2013年7月任慈溪市委常委、组织部部长。2016年11月任宁波市海曙区委副书记、政法委书记。

【叶警青】 男，汉族，1965年8月生，浙江宁波人。1994年3月加入中国共产党，1986年7月参加工作，中央党校研究生学历。现任宁波市海曙区委常委、公安分局局长、区委政法委副书记（兼）。1986年7月毕业于宁波市人民警察学校，进入宁波市公安局出入境处工作。1986年7月至2007年7月在宁波市公安局工作期间，先后任团委副书记、团委书

记、出入境处副处长、出入境处处长。2007年7月，任宁波市公安局北仑分局政委、党委副书记、警务督察长。2011年11月任宁波市宁海县委常委、公安局局长。2014年9月任宁波市江东区委常委、公安分局局长，兼任督察长。2016年11月任宁波市海曙区委常委、公安分局局长，兼任区委政法委副书记。

【李冠杰】 男，汉族，1978年1月生，浙江宁波人。1994年4月加入中国共产党，1999年12月参加工作，在职大学学历，公共管理硕士。现任宁波市海曙区委常委、统战部部长。1999年6月毕业于宁波高等专科学校。1999年12月进入鄞县集士港镇政府工作。2001年12月调入鄞县政府办公室工作。2006年8月至2009年12月任职于鄞州区古林镇，先后任副镇长、党委副书记、镇长。2009年12月任鄞州区洞桥镇党委书记。2011年11月任宁波机场与物流园区管委会副主任、党工委委员。2016年11月任宁波市海曙区委常委、统战部部长。

【王　煦】 男，汉族，1969年12月生，浙江宁波人。1992年10月加入中国共产党，1990年8月参加工作，在职大学学历。现任宁波市海曙区委常委、海曙区集士港镇党委书记、望春工业园区管委会党工委书记，兼任桃源湾开发建设指挥部总指挥。1990年8月毕业于宁波师范学院，先后在鄞县球山中学、鄞县咸祥镇中学任教。1996年9月调入鄞县咸祥镇政府工作。1998年3月任职于鄞县县委办公室。2005年8年至2008年11月在鄞州区姜山镇工作，先后任党委副书记、镇长、党委书记，兼任宁波鄞州工业园区管委会副主任。2008年11月至2013年7月，任鄞州区水利局党委书记、局长，兼任水利公司董事长。2013年7月任鄞州区交通运输局党委书记、局长。2015年12月任鄞州区政府党组成员，区政府办公室主任、党组书记。2016年10任集士港镇党委书记、望春工业园区管委会党工委书记，兼任桃源湾开发建设指挥部总指挥。2016年11月任宁波市海曙区委常委、海曙区集士港镇党委书记、望春工业园区管委会党工委书记，兼任桃源湾开发建设指挥部总指挥。

【何慧刚】 男，汉族，1975年11月生，浙江宁波人。1995年6月加入中国共产党，1997年7月参加工作，在职研究生学历，公共管理硕士。现任宁波市海曙区委常委、区委办公室主任。1997年7月毕业于中国人民警官大学，进入宁波市公安局海曙区分局工作。2002年11月至2010年4月，调入海曙区委办公室工作，2008年1月任海曙区委办公室副主任。2010年4月至2016年1月任职于海曙区南门街道，先后任党工委副书记、办事处主任，党工委书记，人大工委主任，兼任南站区域开发建设指挥部副总指挥。2016年1月至2017年4月担海曙区政府党组成员，区政府办公室主任、党组书记，2017年1月任宁波市海曙区委常委。2017年4月任宁波市海曙区委常委、区委办公室主任。

海曙区第三届道德模范

【王　英】 海曙区人民检察院未检科科长。长年在办理未成年人刑事案件时，运用心理学知识探索青少年心理健康与情绪管理。2012年始，带领区人民检察院"太阳花"心理志愿者团队，在余姚大岚中心小学、甬江职业技术高中开展团体心理辅导、个体心理疏导、法制教育和模拟法庭等工作。并在辖区中小学校和社区开设青少年团体心理课和法制教育课，受到社会各界好评和喜爱。

【楼朝霞】 2004年10月入驻区行政服务中心公安窗口工作，12年如一日。坚持"急群众之所急，想群众之所想"的工作理念，自业务受理到办结过程中，为群众"一口清"解答所有问题、简化办事流程、提供上门服务、温馨提醒后续可能遇到的问题，先后获得全国、省、市荣誉，在区行政服务中心工作期间连续3次获评公务员三等功。

【齐小军】 从亚太酒店物业恒隆中心管理处保安队员成长为项目总经理助理，立足岗位、脚踏实地。组建"巾帼泊车"服务队，在每日上班高峰期为大楼业主义务泊车；带领保安队伍抗台救灾，见义勇为事迹多次受到当地街道和派出所表扬。先后获评2015年度全国优秀农民工、宁波市五一劳动奖章。

【竺玉峰】 区城市管理局城管中心副科长。加入城管队伍15年，工作在市容整治、"三改一拆"、抗台救灾第一线。热心公益事业，参与城管义工、党员志愿者活动。连续5年参加义务献血，2012年登记加入造血干细胞捐献资料库（中华骨髓库）。2016年3月，竺玉峰捐献造血干细胞，成为海曙区第二例、宁波市第49例、浙江省第266例造血干细胞捐献者。

【许亚珍】 1965年11月出生，西门街道芝红社区居民，2005年志愿登记身后无偿捐献角膜（眼球）和遗体。2016年6月1日因病去世，捐献的角膜（眼球）让两名失明的眼病患者重获光明，遗体捐献给宁波市红十字会，用于医学科学事业。

【彭吉东】 2014年进入银泰物业公司任职，担任秩序维护员，工作在物业服务第一线。爱岗敬业，有正义感，危机时刻挺身而出，勇于同违法犯罪行为作斗争。2015年被公司评为优秀员工。

【王建华】 2012年1月担任宁波四明大药房限责任公司总经理。熟悉医药行业国家政策和法律法规，严格以药品质量管理规范为经营准则。开展医药零售业务，诚信经营、专业服务，四明大药房2015年销售实现3.41亿元（无税），成为全国医药零售百强企业，获评中国药品流行业“十二五”最佳服务创新奖，“四明”品牌获评省知名商标。

【胡方盛】 自温州到宁波创业，任阿兴美容美发厅总经理。26年来恪守“诚信立业，慈善为民”的经营理念，赢得社区群众及服务单位一致赞誉。先后被评为浙江省诚信经营户、“浙江省创业之星”、宁波市消费者信得过单位、“光彩之星”等。2015年，被市、区两级民营个体协会授予“光彩慈善行NO.1”牌匾。

【陈 旗】 广泽社区居民，十年如一日，照顾长期瘫痪在床的母亲周文兰。为更好照顾，方便病人大小便，每晚与母亲同睡一床。长期精心照顾，病人心情愉悦，面带微笑。

文中人物

【屠呦呦】 女，药学家。1930年12月30日生于浙江宁波，1951年考入北京大学，在医学院药学系生药专业学习。1955年，毕业于北京医学院（现北京大学医学部）。毕业后在中国中医研究院（2005年更名为中国中医科学院）工作，现为中国中医科学院的首席科学家，中国中医研究院终身研究员兼首席研究员，青蒿素研究开发中心主任，博士生导师、药学家。

屠呦呦多年从事中药和中西药结合研究，突出贡献是创制新型抗疟药青蒿素和双氢青蒿素。1972年，研制得到抗疟有效单体青蒿素——一种用于治疗疟疾的药物，可挽救全球特别是发展中国家数百万人生命。2011年9月，凭借发现青蒿素获拉斯克奖和葛兰素史克中国研发中心“生命科学杰出成就奖”。2015年10月，因发现青蒿素获诺贝尔生理学或医学奖，成为首位获科学类诺贝尔奖的中国人。2016年3月，获影响世界华人终身成就奖。

【孙传哲】 男，邮票设计家。1916年10月出生于浙江宁波，1995年4月10日病逝于北京。1936年，毕业于南京中央大学艺术系。1947年，作为绘图员开始绘制邮票。曾参与设计新中国第一套纪念邮票——《中国人民政治协商会议第一次全体会议》（张仃、钟灵草图设计，孙传哲版图绘制）、第一套特种邮票、第一套普通邮票、第一套航空邮票、第一套欠资邮票等。一生共设计邮票150余套，占新中国邮票发行总数近四分之一。1952—1985年，先后担任邮电部邮票发行局设计室主任、邮票设计师、高级工艺美术师。1956年9月，出席全国先进工作者大会，并受到毛泽东接见。1980年，邮电部评选出30套“建国30周年最佳邮票”，由孙传哲设计的占三分之一以上。著名作品有《中华人民共和国开国纪念》《梅兰芳舞台艺术》《中国古代科学家（第一、二组）》《黄山风景》《台湾风光》《金鱼》《熊猫》《金丝猴》等。

【张沛虬】 男，1916年出生于浙江宁波，2009年11月11日 去 世。1938年，毕业于上海新中国医学院。曾任镇海县柴桥区（今北仑区柴桥街道）卫生所所长及鄞县寿义会施诊所主任。1957年，筹建宁波市苍水联合诊所，任所长。1977年，筹建宁波市中医医院，担任副院长。1984年，担任市中医院技术顾问。1986年，被中华全国中医会理论研究会聘为副主编，编著出版《痹病论治学》。1983年，被省人民政府授予“浙江省名中医”称号。1991年，被国家中医药管理局批准为首批“全国500名老中医药专家”。1993年，获评为“有突出贡献的科技人员”，获国务院“政府特殊津贴”。张沛虬在多年临床实践中，对肾病、脾胃病、肝、胆病、痹病等作过深入研究，并取得相当成效。

【范文虎】 男，1870年出生，1936年去世。原名赓治，字文甫，后改名文虎，鄞县县城人。初从其父范邦周学疡伤外科，后游学扬州，学习疡伤外科秘方及针灸医术。1919年，发起成立宁波中医学研究会，任会长。1927年，宁波霍乱流行，于大沙泥街开设中医时疫医院，到船埠分发防疫药方，救治病人众多。他重视培养中医人才，先后授业50余人。1936年病逝，享年67岁。卒后所置医书藏入天一阁，有《千金要方》《伤寒来苏集》《外治秘要》等眉批本20余种，弟子整理出版有《外科纪录》《范文虎医案》《范文虎学术经验专辑》《范氏医案征求稿》等。

【张苍水】 1620年7月—1664年10月，原名张煌言，字玄著，号苍水，浙江鄞县人，汉族，南明儒将、诗人，著名抗清英雄。崇祯时举人，官至南明兵部尚书。顺治二年（南明弘光元年、1645年）南京失守后，与钱肃乐等起兵抗清。拥立鲁王朱以海监国，联络13家农民军，并与郑成功配合，亲率部队连下安徽20余城，坚持抗清斗争近20年。康熙三年（1664年），随着永历帝、监国鲁王、郑成功等人相继死去，张煌言于南田悬嶴（ào）岛（今浙江象山）解散义军，隐居不出。是年被俘，后于杭州遇害。其诗文多是在战斗生涯里写成，质朴悲壮，表现出忧国忧民的爱国热情，有《张苍水集》行世。张煌言与岳飞、于谦并称“西湖三杰”，清国史馆为其立传，《明史》有传。乾隆四十一年（1776年）追谥忠烈。

后人曾在宁波县学街建起“钱（肃乐）张（煌言）二公祠”（现已废）。1936年改建贡院桥一带马路时，命名张煌言故居所临、与中山东路并行的一条街为“苍水街”。张煌言故居（书房）开辟为张苍水纪念馆，位于苍水街194号，中山广场内，现被列为文物保护单位。

（区委党史研究室）

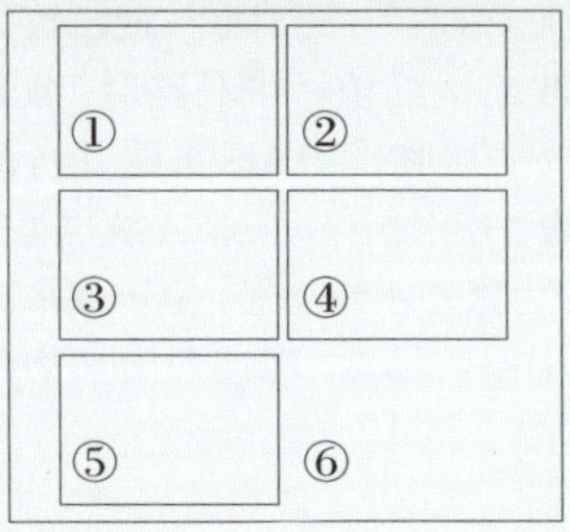

①②张苍水故居

③④孙传哲故居与纪念馆

⑤⑥屠呦呦故居——姚宅

附 录

文件选编

宁波市海曙区"十三五"人才发展规划纲要

根据《海曙区国民经济和社会发展第十三个五年规划纲要》，大力实施人才强区战略和创新驱动发展战略，以紧扣中心，服务大局为主线，以打造"创新之区、智慧之区、人文之区、幸福之区"和建设"人才生态最优区"为目标，着眼于为全面建设宜居宜业和谐发展的现代化中心商贸商务文化休闲区提供人才保证，结合海曙区发展实际，制定本规划纲要。

一、现实基础和面临形势

（一）现实基础

"十二五"期间，海曙区委、区政府高度重视人才工作，围绕中心、服务大局，深入实施人才强区战略，认真贯彻落实中央和省、市各项方针政策，坚持党管人才原则，积极创新人才发展政策，加快构筑人才开发平台，着力精细服务、精准对接，不断优化人才发展环境，统筹推进以高层次和高技能人才为重点的各类人才队伍建设，较好地完成了既定目标任务，为实现"四个领跑"目标，在全市率先基本实现现代化提供了有力的人才支撑和广泛的智力支持，人才整体工作迈上了一个新台阶。截至2015年底，全区人才总量9.98万人，"十二五"期间年均增长9%，其中专业技术人才5.78万人，博士学位人才163人，硕士学位人才1578人，海外留学人才250人，高级职称人才4103人，高级专家14641人，其中国家"千人计划"1人、浙江省"千人计划"3人，市"3315"团队及个人5个，国务院特殊津贴专家9人，3人荣获市"甬城英才"称号。当前，海曙区党管人才工作新格局日趋健全，人才发展的体制机制逐步完善，各类人才队伍建设成果显现，人才创新创业平台建设较快发展，人才服务高地初见成效。

1、党管人才工作新格局日趋健全。区委对人才工作高度重视，区委人才工作领导小组调整充实，推动人才工作各项目标任务落实。进一步调整完善区委人才工作机构，充分发挥组织部门牵头抓总作用，有力促进职能部门各司其职、密切配合，科学划分、切实履行在人才工作和人才队伍建设中的职责。人才工作有方向、有目标、有计划，宏观指导和综合协调有力，较好地适应区域经济社会发展需要。

2、人才发展体制机制逐步完善。不断深化人才工作体制机制创新，相继出台《关于进一步加强党管人才工作的实施意见》、《关于加强我区人才工作机制建设的意见》等一系列政策文件，不断改进人才工作机制，优化人才工作目标责任制考核方式。坚持人才工作投入优先保证，出台《关于加快创新创业人才开发促进产业转型升级的若干意见》，本级财政人才专项投入达到公共财政收入的2%。建立高端人才引进奖励机制，研究制定高端人才团队跟踪服务规程，逐步打造流程最简、效率最高、成本最低、覆盖最广的管理服务体系。

3、各类人才队伍建设成果显现。充分发挥各级人才开发工程的引领作用，新一代信息技术、新材料、新能源、创意设计、电子商务、生物医药等领域的高层次人才、紧缺急需人才和高技能人才队伍开发稳步推进，党政人才、企业经营管理人才、高素质教育人才、医疗卫生专技人才、社会工作人才队伍建设水平整体提升。

4、人才创新创业平台建设较快发展。海曙留学人员创业园、宁波电商城海曙园区、启运86微电影文化产业园、896大学生创业园、宁波节能环保科创园等五大产业平台逐步成型，海曙区人才开发广场投入建设。其中，宁波电商城海曙园区入围“国家电子商务示范基地”、宁波市级“众创空间”；896大学生创业园获评宁波市级大学生创业园。

5、人才服务高地初见成效。树立全流程、全天候、“妈妈式”服务理念，打造全域人才创业创新服务联盟。进一步整合资源、优化流程、提升时效、创新体系，逐步建立起以人才服务联盟为龙头、23家责任部门为纽带、人才服务窗口为节点、各街道商圈人才之家为终端，部门联合、全域联动、办理提速、服务提质的人才服务体系和长效机制。全面推进区级人才公寓、人才公租房建设使用。

在取得一些成绩的同时，我们必须清醒地认识到，当前海曙区的人才发展水平与建设“人才高地”的要求相比还存在一定差距，其主要表现为：人才总量不足，高层次创新创业人才、高端产业领军人才团队尤其匮乏；人才资源开发投入不足，人才集聚平台能级不够强；人才结构与布局不尽合理，人才发展体制机制创新力度有待强化；人才优先发展的制度体系亟待健全，服务生态环境需进一步优化等。

表24　“十二五”期间海曙人才发展主要指标完成情况

指标	单位	2010年	十二五规划目标	2015年实际完成	完成情况
人才资源总量	千人	64.4	95	99.8	已完成
党政人才	千人	2.2	2.3	2.4	已完成
企业经营管理人才	千人	12	20	21	已完成
专业技术人才	千人	33.8	55	57.8	已完成
技能人才	千人	34.7	40.2	42.2	已完成
其中高技能人才	千人	5	10	10.5	已完成
社会工作人才	千人	0.2	0.4	0.4	已完成
每万劳动力中研发人员	人年	/	75	79	已完成
高技能人才占技能劳动者比例	%	14.4	24	24.9	已完成
主要劳动年龄人口受过高等教育的比例	%	23	25	31	已完成
人力资本投资占地区生产总值比例	%	/	14.5	20.5	已完成
人才贡献率	%	/	37	43	已完成

（二）面临形势

未来五年，随着经济全球化、文化多样化、社会信息化进程不断加快，国际环境面临深刻变化，不确定性和不稳定性增加，但总体形势预计将会转好。新一轮科技革命和产业变革正在孕育兴起，人才国际化趋势更加明显，区域竞争的核心就是人才竞争。“十三五”时期也是国内经济社会发展进入新常态的深变革、大转型和新竞合时代，创新驱动战略加快实施，“中国制造2025”“互联网+”等全面启动，“大众创业 万众创新”掀起热潮。从区域环境看，宁波转型发展迈入关键期，新型城市化建设深入推进，海曙区同样面临产业技术变革、对外开放升级和城区空间及功能提升、区域优化调整的有力机遇，同时也面临经济增速放缓、自身优势弱化、资源要素制约、环境潜在风险等多重困难与挑战，对人才资源开发形成新的要求和挑战。

面对这一新形势和新任务，我们需要冷静分析、沉着应对，用战略眼光看待人才工作，必须牢固树立人才优先开发的理念，坚定不移实施人才强区战略和创新驱动发展战略，深刻把握发展趋势和规律，大力推进人才政策创新、制度创新、手段创新；进一步打造人才发展新平台、增强人才发展新动力，持续优化人才综合发展生态，力争人才工作呈现新面貌，取得新成效，为海曙区进一步深化“四个领跑”战略、全面建设更高水平的现代化中心城区，努力开创全区发展新局面打下坚实的人才基础。

二、指导思想、基本原则和总体目标

（一）指导思想

全面贯彻落实党的十八大、十八届三中、四中、五中全会和习近平总书记系列重要讲话精神，按照全面建设宜居宜业和谐发展的现代化中心商贸商务文化休闲区，以巩固提升宁波中心商贸商务区和历史文化名城核心区的功能定位为目标，围绕“四个全面”战略布局和“五大发展理念”要求，大力实施人才强区战略和创新驱动发展战略，着力引进和集聚一批海内外高层次创新创业人才，统筹推进社会经济各领域人才队伍建设。加快特色人才集聚平台建设，完善优势产业人才开发，持续优化人才发展生态，使海曙成为人才集聚能力强、辐射领域广、创新创业活跃的“创新之区”、“智慧之区”、“人文之区”和“幸福之区”，让更多人才融入海曙、扎根海曙、圆梦海曙，为实现海曙区“十三五”经济社会发展宏伟目标，提供坚强的人才保证和智力支撑。

（二）基本原则

当前和今后一个时期，我区人才发展的指导方针是：服务发展、人才优先，需求导向、引培并重，高端引领、统筹开发，优化环境、创新机制。

——服务发展，人才优先。把服务科学发展作为人才工作的总目标和出发点，围绕科学发展目标确定人才队伍建设任务，根据科学发展需要制定人才政策，运用科学发展成果检验人才工作成效。充分发挥人才的基础性、战略性作用，做到人才资源优先开发、人才结构优先调整、人才投资优先保证、人才制度优先创新，以人才优先发展支撑科学发展、促进区域经济发展方式向科技进步、素质提升、管理创新转变。

——需求导向，引培并重。以经济转型升级为导向，把握经济社会发展对人才需求的规律，力争人才结构与经济结构协调发展，优先满足重点领域、优势产业、重大项目的人才需求。坚持引培并重，按照经济社会发展对人才需求情况，有针对性地引进和培养各类人才，最大限度激发和释放人才创新创造创业活力，使人才各尽其能、各展其长、各得其所。

——高端引领，统筹开发。以优化人才结构和提升人才素质为主线，以高层次、高技能人才为先导，以实用性人才为主体，统筹抓好各类人才队伍建设。引导和鼓励人才成长，倡导“人人皆可成才、人人尽展其才”的人才观，推进产业、行业和不同业态人才资源统筹开发，实现各类人才队伍协调持续发展。

——优化环境，创新机制。坚持党管人才原则，形成党委统一领导，有关职能部门各司其职，社会力量广泛参与的人才工作格局。进一步优化人才发展的政治环境、经济环境、人文环境和社会环境。围绕用好用活人才，着眼最大限度发挥人才作用，在体制机制上先行先试，使全社会的创新智慧、创业梦想竞相迸发。

（三）总体目标

海曙人才发展的总体目标是：“十三五”期间，培养造就一支德才兼备、素质优良、结构合理、效能突出，能引领经济社会发展的创新创业人才队伍，营造机制灵活、市场贯通、政策完备、充满活力的人才发展生态，基本建成具有区域比较优势、对标国际水准的“人才高地”。具体目标为：

1、人才集聚高密度。在2015年人才资源总量的基础上，到2020年，全区人才资源总量达到15万人，年均增长率保持在9%左右，其中，创新创业人才新增2万人左右，人才总量与社会经济发展需求相适应。党政人才队伍持续稳定，企业经营管理人才、专业技术人才、高技能人才、社会工作人才持续增长，年均增长率均达到10％左右。

2、人才素质高水准。到2020年，全区人才队伍中具有大专学历及以上、中级职称及以上人才数量持续增长。高技能人才占技能劳动者比例达到26%。新增硕士、博士2000名。新引进区级以上海内外创新创业人才100名以上，引进高端创新创业团队100个，力争实现国家千人计划专家自主申报。

3、人才结构高适应。人才布局不断优化，人才产业分布更趋合理，现代金融业、现代商贸业、专业服务业、文化创意业等优势产业和信息服务业、休闲旅游业、生命健康业、教育培训业等新兴产业人才比重明显增加，人才竞争优势明显加强。

4、人才平台高活力。抢抓“大众创业、万众创新”机遇，以“融合、开放、共享”为理念，大力推进海曙区人才开发广场、月湖金汇小镇、海蓝宝众创社区为代表的高端创业综合体建设，到2020年建成一定规模的产业园区、众创空间、特色小镇、创客服务中心，大力引导民营企业、民营资本培育市场化“四众”（众创、众包、众扶、众筹）创新平台。

5、人才服务高提升。人才服务机制有实质性突破，优化服务运行规程，进一步营造人才发展生态。建立健全线上人才公共服务平台。大力引进培育中高端人才中介服务和科技中介服务机构。不断扩大人才项目投资基金规模。

三、人才队伍建设主要任务

（一）着力培养开发高端业态创新创业人才

1、加快培养信息经济人才。着力推进电子商务产业园建设，围绕积极打造特色鲜明、体系完备的电商产业集聚区和示范区目标，加快推进电子商务产业人才培育开发工程，研究制定和出台电商紧缺急需人才专项目录。加快引进跨境电商、电商服务外包等电商相关产业人才。促进信息技术与研发设计、生产制造、营销管理等活动的深度结合，支撑工业互联网、移动互联网、互联网金融等“互联网+”产业发展，提高企业信息化水平，培养一批在平台建设、软件开发、数据库建设、新媒体技术应用、电子支付、综合物流等方面具有较高水平的人才和团队，重点培育云计算与大数据、移动互联网、信息安全等方面的紧缺人才。支持有条件的企业引进有互联网项目运营经验的管理人才和团队，提高信息技术创新能力。到2020年，信息经济人才总量达到8000人。

2、加快培养总部经济人才。围绕总部企业在研发和销售环节的优势，紧抓产业链中附加值最高的两端，吸纳培育一批金融服务、航运物流、现代贸易、软件开发、专业服务等现代服务业总部型企业亟需的高层次人才、行业紧缺人才和专业技能人才。实施“名企优才计划”，大力扶持本土优势企业拓展发展，实现从生产企业向总部企业转变，支持企业对所需高层次人才的培养资助力度。积极搭建平台，大力实施国外引智项目，引进外国专家帮助企业解决技术、运营难题。统筹抓好人才培养，优化人才发展环境，配套人才发展的软硬环境，营造总部经济人才服务的良好氛围。

3、加快培养创新经济人才。支持产业技术转型升级，加强引进产业创新、业态创新、模式创新的创新团队，引导企业与高等院校、科研机构开展合作，探索共建面向产业需求的有较强创新能力的专业人才。坚持刚性引进和柔性引进相结合，鼓励有条件企业建设一批高端研发中心、企业技术中心、院士工作站，为引进创新人才发展提供平台载体，并在资金政策方面给予扶持。充分发挥人才在新产品研发上和专利技术产业化的作用，加大知识产权保护力度，为企业提供知识产权维权诉讼等服务，促进人才技术成果转化。到2020年，基本形成一支骨干创新人才队伍，在重点企业内部形成一批创新团队，激发全社会创新创造创业活力。

（二）加快开发提升优势产业急需人才

1、加快开发现代金融业人才。依托金融业发展先发优势，以创建金融生态示范区和保险创新综合示范区为契机，突出"高、精、尖、缺"的引才导向，大力引进海内外高层次金融服务人才、新兴金融领域高级人才和紧缺人才，探索多样化人才引进方式，鼓励辖区金融机构以兼职、合作等方式柔性引进创新型、领军型金融服务人才。通过建设金融总部大楼、金融集聚区、金融特色小镇等载体，畅通新兴金融和特色金融人才集聚渠道，完善金融人才服务机制。到2020年，金融服务业人才总量达到3万人。

2、加快开发现代商贸业人才。以优化现代商贸业能级为核心，引入具有先进经营管理理念和经验的团队，培养一批熟悉电子商务、营销采购、市场调研等环节的专业人才，提高人才对市场的驾驭和分析水平，形成满足传统商贸转型升级的人才供给体系。以构筑开放性经济为依托，重点引进既熟悉国际惯例和世贸规则，又懂市场营销和开拓的高层次管理人才，积极培育具有自主品牌创新能力的专业技术人才，增大熟悉外贸流程的基础性人才规模，推动外贸企业向技术性、品牌型、质量型转型。到2020年，现代商贸业人才总量达到5万人。

3、加快开发专业服务业人才。统筹整合各方资源，提高专业服务业的人才质量，重点培养能够胜任代理、经纪、咨询等中介服务管理人才。加强对物流管理、设计咨询、人力资源、科技服务、会计审计、法律服务等行业的扶持力度，重点引进高级律师、注册会计师、注册审计师等高层次人才，加快国际船代货代、资产评估、涉外法律等紧缺性行业人才引进，推进人力资源服务业品牌化建设。积极与高等院校和教育培训机构合作，开展多层次、多形式的职业技能培训，优化人才素质结构，规范人才技能资质认定。到2020年，专业服务业人才规模、质量能基本满足经济社会发展需要。

4、加快开发文化事业产业人才。根据"海曙文化软实力领跑全市"的发展要求，围绕文化事业提升和文化产业业态培植的目标，实施项目带动和品牌引领，推动文化与科技、影视、创意、广告、设计服务等相关产业融合发展。以文化产业园区和特色历史街区建设为载体，积极引进高端文化企业，加快培养开发创意设计、影视传媒、广告设计、演艺策划等产业发展急需人才，重点引进既懂文化经营管理、活动策划，又懂旅游、商贸、金融等复合型人才。鼓励建立各类文化名人工作室、创作工作室，以文化名家为引领，孵化特色文化品牌，形成文化事业和文化产业相适应的文化人才群体。到2020年，文化事业产业人才总量达到7000人。

（三）着力培育引进新兴产业紧缺人才

1、着力培育休闲旅游业人才。以创建天一阁·月湖AAAAA级景区为契机，充分挖掘月湖西区、鼓楼沿和南塘河等历史文化街区内涵，进一步扩大旅游专业人才规模，造就一支数量充足、素质优良、结构合理、充满活力的旅游专业人才队伍。优化旅游配套服务，以提升职业素质和职业技能为核心，以高级技能人才为重点，培养造就一支数量充足、梯次合理、技艺精湛的休闲旅游服务人才。到2020年，休闲旅游业人才总量达到3000人。

2、着力引进生命健康业人才。以发展高端健康服务、养老服务为核心，充分发挥区域内大型综合性医院、民办专科医疗机构专业医疗人才密集的先天优势，广泛开展国内外生命健康服务人才合作与交流，加大引进高端医疗人才团队力度。积极支持民营资本参与医疗服务、健康养老、营养保健、健身美容等健康服务产业领域发展，突破公立医疗机构和民营医疗机构之间的人才交流制度瓶颈，探索建立人才资源共享的长效机制。加强健康服务人才梯队建设，提高人才的服务技能和实践经验，形成较为充足的人才储备库。

3、着力引进高端培训业人才。深入挖掘海曙区优质教育培训资源集聚的优势，推动教育培训机构品牌化和连锁化，积极引进电商产业、文创产业、健康产业等新兴产业技能人才的社会培训机构，以企业实际需求为导向，吸引国内外知名专家、学者来海曙授课，开展多层次的社会化人才教育培训。打破体制机制壁垒，引导优质教育人才进入民营机构，以点带面培育一批高质量的职业教育培训师资力量，规范教育培训业的准入门槛，加强职业培训技能的资格认定，促进民办培训规范、特色、健康发展。到2020年，教育培训业人才总量达到9000人。

（四）统筹推进各类人才队伍培育建设

1、统筹推进党政人才队伍建设。按照加强党的执政能力建设和先进性建设的要求，以提高领导水平和执政能力为核心，以区管领导干部为重点，努力造就一批高素质党政人才队伍。坚持德才兼备、以德为先用人标准，强化能力实绩导向和基层导向，注重选拔政治强、懂经济、会管理、敢于担当、依法办事的党政人才。重点选好配强区管党政主要领导干部，选配一批能适应引领经济发展新常态、推动"狮子型"干部到党政正职岗位。加强各级党政领导班子专业化能力建设，打造整体功能发挥充分、整体作战能力强的好团队。按照拓宽来源、优化结构、改进方式、提高质量的要求加强后备干部工作，注重保持女干部、非中共党员干部和少数民族干部数量，探索"统筹管理、分期蹲苗"的阶梯式培养模式，提前储备一批政治素养好、发展潜力大、有一定专业特长的优秀年轻后备干部。到2020年，具有大学本科及以上学历的干部占党政干部队伍的85%以上，专业化水平明显提高，结构更加合理，总量从严控制。

2、统筹推进企业经营管理人才队伍建设。创新企业经营管理人才培育模式，分层分类实施企业家培养工程。以市场为导向，以提升创新精神和创新能力为核心，培养一批具有较高综合素质和职业素养的职业经理人。大力引进集聚一批引领新兴产业发展的高素质科技创业型企业家，催生塑造一批依靠核心技术自主创新的科技企业家。打造一支具有全球视野、善于现代经营管理、能够适应海曙区经济社会转型变化，尤其是特色产业发展的优秀企业经营管理人才队伍。

3、统筹推进专业技术人才队伍建设。结合海曙区经济和社会各项事业的发展需要，注重专业技术人才梯队建设，努力培养造就一支具有过硬专业素质和科研创新能力的专业技术人才队伍。进一步扩大企业在专业技术人才评定领域的话语权，逐步优化专业技术人才评价体系，引进和培育一批高素质、高层次专业技术人才。到2020年，全区各类专业技术人才总量力争达到9.3万人，年均增长率达到10%左右。

4、统筹推进高技能人才队伍建设。以产业发展为抓手，立足于产业升级和经济结构调整的需要，注重对基础人才的引进与社会化培育相互结合，造就一支技艺精湛、素质过硬的高技能人才队伍，以满足海曙区经济社会繁荣发展对高技能人才的巨大需求。到2020年，全区高技能人才总量突破1.5万人。

5、统筹推进社会工作人才队伍建设。以职业化、专业化为核心，以人才培养和岗位开发为重点，培育造就一支由社区（商圈、农村）工作者、专业社会工作者和专业义工等组成的专业社会工作人才队伍。完善社会工作队伍培养、评价、使用、激励机制，规范社会工作者岗位设置、薪酬待遇、考核评价和权益保护机制。完善政府购买社会工作服务制度，健全社会工作者职业能力评估机制和薪酬制度。坚持岗位培训、专业提升和实务督导相结合，全面提升社会工作队伍的专业素质和职业水平。到2020年，社会工作人才总量达到1000人，占全区人口的2‰，其中具有专业资质的社会工作师、助理社会工作师达到500人。

四、主要举措

（一）体制机制创新

目标要求：坚持党管人才，进一步加强和改进党对人才工作的领导，健全党管人才领导体制和工作格局，创新党管人才方式方法。服务发展大局，促进人才规模、质量、和结构与经济社会发展相适应、相协调。突出市场导向，充分发挥市场在人才资源配置中的决定性作用，加快转变政府人才管理职能，健全人才开发、评价、选拔、流动、激励机制。

1、改进完善人才工作管理体制

（1）完善党管人才的领导体制。坚持党管人才原则，完善党管人才的领导体制。加强区委对人才工作的统一领导，把人才发展主要指标纳入经济社会发展规划，把人才资本投资作为经济社会发展的重要考核指标。进一步健全区委人才工作领导机构和工作运行机构，进一步完善决策机制、协调机制、督促落实机制、责任考核机制，强化宏观领导和统筹协调职能。履行组织部门牵头抓总职责，重点做好人才发展战略研究、人才发展规划编制、重要人才政策统筹、重大人才工程实施、重大人才活动组织等工作。发挥政府人力资源管理部门作用，强化各职能部门人才工作职责，充分调动各人民团体、企事业单位、社会组织的积极性，形成更加广泛的人才工作合力。

（2）推进人才工作法治化建设。完善区委人才工作领导小组及其成员单位职责分工和运行规则，建立健全人才工作权力清单、责任清单。对现有人才工作规范性文件进行梳理，做好立改废释工作，增强人才工作政策的系统性、协调性，确保各项人才政策全面落实。建立健全人才工作规范性文件报备制度。

（3）加强人才工作学习宣传。组织学习贯彻中央、省、市人才工作会议和习近平总书记系列重要讲话精神，深入开展调研，分析形势，探索规律，强化人才集聚和作用发挥的对策性研究。加强宣传策划、改进宣传方式、拓展宣传渠道，讲好人才故事，加大人才工作成效和人才先进典型的宣传力度，营造鼓励创新、支持创业，识才、爱才、敬才、用才的浓厚氛围。

2、创新构建人才工作机制

（1）完善人才培养开发机制。把社会主义核心价值体系教育贯穿人才培养开发全过程，不断提高各类人才的思想道德水平。建立人才培养结构与经济社会发展需求相适应的动态调控机制。创新人才培养模式，全面推进职业教育。建立社会参与的人才培养质量评价机制。完善发展职业教育的保障机制，完善在职人员继续教育制度，分类制定在职人员定期培训办法。构建网络化、开放式、自主性终身教育体系，支持发展各类专业化培训机构。

（2）完善人才评价发现机制。建立健全以岗位职责要求为基础，以品德、能力和业绩为导向，科学化、社会化的人才评价发现机制。健全促进科学发展的领导班子和领导干部考核评价机制，建立在重大工程项目实施和急难险重工作中发现、识别人才的机制。完善以市场和出资人认可为核心的企业经营管理人才评价机制，建立社会化的职业经理人资质评价制度。完善重在业内和社会认可的专业技术人才评价机制，探索技能人才多元评价机制，完善社会化职业技能鉴定、企业技能人才评价、院校职业资格认证和专项职业能力考核办法。完善党政领导干部考核评价机制。

（3）完善人才选拔任用机制。科学合理使用人才，促进人岗相适、用当其时、人尽其才，形成有利于各类人才脱颖而出、充分施展才华的选人用人机制。深化党政领导干部选拔任用制度改革，规范干部选拔任用提名制度、干部选拔任用多元主体提名办法，提高选人用人公信度。健全党政领导干部公开选拔、竞争上岗、竞争性选拔方式。完善公务员录用、调任、聘任、退出等制度，推行事业单位人员聘用制度、岗位管理制度、竞聘上岗制度和公开招聘制度。

（4）完善人才流动配置机制。健全政府部门宏观调控、市场主体公平竞争、中介组织提供服务、人才自主择业的人才流动配置机制。推进人才市场体系建设，健全人才市场供求、价格、竞争机制，发展专业性、行业性人才开发市场，建立专业化、信息化、产业化、国际化的人力资源市场。进一步破除人才流动障碍，建立人才需求信息的宏观监测和预警系统，完善人才供求信息和薪酬行情发布制度，引导各类人才合理分布。

（5）完善人才激励保障机制。进一步完善分配、激励、保障制度，建立健全与工作业绩紧密联系、充分体现人才价值、有利于激发人才活力和维护人才合法权益的激励保障机制。坚持精神激励和物质奖励相结合，健全以政府奖励为导向、用人单位和社会力量奖励为主体的人才奖励体系。建立杰出人才奖励制度，表彰在经济社会发展中作出杰出贡献的人才。

3、推进企业优先人才开发战略

（1）企业人才素质培养。充分引导和发挥企业主体的积极性，以市场需求为导向，通过开展社会化培训，不断提高企业人才的综合素质和职业能力。制定企业关键岗位人才素质提升和技能培养的教育培训资助政策，建立企业员工终身学习与互动机制，鼓励行业标杆企业加大人才开发投入，指导企业建立健全教育培训与岗位晋升制度，创建企业人才自主学习生态圈。进一步拓展企业家培训渠道。

（2）企业人才创新推动。搭建企业为主导的产学研合作机制，加快培育技术市场和科技中介组织，推动科技成果产业化，提高科研成果在企业的转化率。发挥区科协的纽带作用，邀请知名专家、学者实地考察、交流洽谈，促进专家智力与企业合作进行技术项目研发。推进创新投入优先向企业主体倾斜、创新机构优先向企业集聚、创新人才优先向企业流动、创新成果优先在企业转化，形成创新活力在企业迸发的人才布局。

（3）企业人才合作集聚。结合我区产业特色，强化企业与国内外高校、科研院所合作交流，多渠道构建一批校企合作平台，吸引高校毕业生、职校毕业生到企业就业，帮助企业刚柔并重引进各类紧缺急需专门人才。对企业全职引进并签订5年以上劳动合同的高端人才，给予一定的引才资助。拓展人才引进门槛和通道，通过与高校合作办学的模式，为我区电子商务、文化创意、金融服务等重点产业发展储备一批具有高素质人才，适当放宽学历、职称等方面条件限制。

（4）企业创新团队建设。以打造企业创新力和竞争力为导向，进一步做好企业创新团队培育工作，落实各类扶持政策。培育、扶持一批具有较强市场竞争力的优势企业创新团队，以此为依托进一步提升我区优势企业的产品研发能力，并为我区相关产业的繁荣发展储备一批高素质人才。鼓励企业进一步加大研发领域投入，加大与国内外知名高校、院所、科技企业合作力度，积极引导企业创新成果向生产领域转化，提升优势企业的市场竞争力。

4、拓展高层次人才引进合作渠道

（1）建立健全海外引才工作站。逐步在高层次人才相对集聚的国家和地区建立海外引才工作站，宣传海曙区人才政策和措施，发布人才、智力、技术、项目需求信息。加强与当地使领馆、知名大学、科研机构和工商界、学术界、专业团体、留学生组织的联系，收集和推荐与我区产业发展方向相适应的海外高层次人才信息和高科技项目信息。推动当地人才与海曙区开展培训讲学、学术交流、技术合作、项目研发等多方面国际合作。2020年前，分批次在北美、欧洲、澳洲、香港等国家地区设立海外引才工作站。

（2）筹建知名院校海外联谊会。支持区内知名院校探索开展海内外校友联系联络工作。以宁波效实中学、宁波工程学院等为重点，鼓励辖区内历史久、影响大的院校建立海外校友联谊会。大力推进效实海外精英学子联谊活动，搭建效实海内外精英校友创新创业和学术文化交流的合作平台。制定实施"凤来雁归"甬籍学子回归计划，指导部分条件成熟的院校组织排摸校友数量，绘制校友分布图，畅通校友联谊联络渠道和创新创业信息海外传播渠道，大力吸引甬籍高层次人才、高技能人才和紧缺急需人才集聚回归，打造特色"雁巢空间"。

（3）培植海外专门引才育才机构。以"引才引智、整合资源、创新模式"为主线，围绕创业基本要素集聚和离岸创业机制创新，计划培植以离岸创业孵化器为主要形式的海外专门引才、育才机构，建设离岸创业网上工作平台、建设离岸创业实体服务平台，定期发布离岸创业政策指引，依托金融服务、科技研发、智能制造、海外仓储等功能，运用互联网技术，突破物理空间局限和地域阻碍，吸引海外人才，推动技术转移，带动产业升级。

（4）聘请海外引才大使。充分发挥"以才引才"作用，在目前从事创新创业的海外高层次人才中，选择合适人选聘请其担任海外引才大使，向海外推介海曙区创新创业环境和优惠政策。加强与海外各华人社团组织带头人的联系，聚焦人才集聚地区及高校，帮助推荐优秀创新创业项目来我区参加各级评审。邀请宁波院校海外精英校友、知名甬商作为人才大使，充分整合海外社会资源，通过"以投带招"等形式引进海外人才及优质人才集中的企业。

5、优化人才发展生态

（1）探索才富合作模式。强化人才与当地企业就资金、技术、市场等方面开展供需对接和广泛合作，推进创新创业项目与民营企业、金融机构、创投资本等定期对话，拓宽融资渠道，建立健全多元的人才投入体系。调动民营企业、民间资本投资人才的积极性，鼓励区内民间资本参与市"才 · 富"基金。逐步实现科创大赛人才与企业家帮带对接、企业技术公关难题与人才智力对接、人才创新创业优势与民营企业资本优势对接、科创企业产品与政府公共采购对接等"四个对接"。

（2）培育社会市场服务。大力引进和培育一批提供创新创业要素的社会服务型企业，探索建立政务服务与市场服务有机结合的服务新体系。以创新创业初期为重点阶段，积极引进国内外知名孵化器运营管理商，扶持一批本土创新创业运营平台，提供种子孵化、天使投资、创业辅导等初创服务。着眼创业全链条，进一步拓宽创新创业服务种类，集聚风险投资、人力资源、法律咨询、会计事务、管理咨询等全要素服务资源。鼓励各类公共技术平台和技术转移平台落户，为人才企业提供长期技术支撑。

（3）推进服务联盟运转。进一步强化全域服务理念，加快推进人才创业创新服务联盟实体运转，持续完善联盟服务手册，优化服务运行规则，建立健全重点行业人才服务专案，帮助解决人才创新创业中的实际问题。建立健全高层次人才企业“助创专员”制度，帮助企业突破成长瓶颈。以大数据服务体系建设引领人才发展信息化，加快借助新媒体传递人才政策信息。扎实抓好各类人才项目扶持经费、高端引才奖励补助等人才优惠政策落实。统筹区域教育卫生及生活服务资源，提供人才及家属落户、就医、配偶就业、子女入学等3H（即Housing住房、Home家庭、Health健康）保障。

（4）提供人才住房保障。建立“公共租赁房配售+房租补贴+人才公寓+购房资助+企业自建”五位一体多元化人才住房保障体系，健全人才住房保障长效机制。进一步落实区级人才公寓使用政策、人才公租房租赁政策、各级人才安家补助及购房补贴政策，逐步扩大人才公租房受惠范围。支持产业集聚区、创业园区、企事业单位等自建或配设人才公寓，鼓励新建生产、生活、生态相融合的综合创业社区。落实市人才住房保障相关政策，为新引进落户的高层次人才和高端团队带头人配套提供过渡性人才公寓。

（二）重大人才政策创新

目标要求：体现分类施策。根据不同领域、行业特点，坚持从实际出发，具体问题具体分析，增强创新的针对性、精准性。优先保证对人才发展的投入，树立全球视野和战略眼光，完善更加开放、更加灵活的人才集聚、使用、扶持政策，不拘一格用好人才，确保人才引得进、留得住、流得动、用得好。

1、完善人才投入优先的财政保障政策

逐步改善经济社会发展的要素投入结构，进一步提高人才专项资金投入，满足人才发展重点领域、重点项目的投入需求。完善财政人才资金使用管理办法，探索建立投入产出效益评估，提高人才专项经费使用效率。积极发挥财政资金的引导和推动作用，鼓励引导用人单位、社会和个人投资人才资源开发。

2、完善加快产业升级的人才集聚政策

根据我区确定的产业转型升级目标，统筹协调产业发展规划与人才发展规划，研究制定三大高端业态、四大优势产业、四大新兴产业人才集聚政策；对企业建设各类创新载体给予政策扶持，提升企业人才开发承载力；运用人才政策资源对重点产业、重点行业、重点企业引进培育领军拔尖人才、海外高层次人才和紧缺实用人才，以及高端创新创业团队给予重点扶持，引导和推动人才向重点产业集聚。

3、完善产业集聚平台的专项人才政策

统筹产业集聚区规划与人才发展规划，坚持招商引资和招才引智同步实施，建立产业集聚区人才需求信息监测和定期发布制度，形成人才开发与产业集聚区建设协同规划、相互促进的良性机制。突出引进带创新创业项目的领军人才，把引进人才与引进项目结合起来。建立重点产业领域人才及项目政策激励机制，对带项目的人才及其团队，在创业资助、融资担保、办公场地、科技扶持、企业上市等方面给予重点支持，推动高层次人才及其团队向战略性新兴产业集聚。

4、完善人才创新创业的奖励扶持政策

对产业转型升级和新兴产业发展具有引领和带动作用的项目给予重点资助。制定服务和支持科技型中小企业发展的专项政策，在工商注册、引导资金投入、科技信贷、孵化器准入、政府采购等方面予以倾斜。完善高校毕业生自主创业优惠政策，对符合产业发展导向，具有一定科技含量的创业项目给予重点扶持。扩大风险投资基金规模，加快引进发展各类创投机构，建立多元化的创新创业风险投融资机制。

5、完善优秀人才团队的多元激励政策

引导企业建立科学的考核评价和收入分配制度，鼓励支持企业探索建立高层次人才、高技能人才股权期权、协议工资制和项目工资制等多种分配方式，推行项目成果奖励或技术收入提成的办法；研究试行海曙区人才奖励办法，形成全区分层次、制度化、有力度的人才奖励政策体系。做好国家、省、市级专家推荐参评工作，落实配套奖励资助政策。

（三）重大人才平台建设

目标要求：突出品牌效应，规划打造“海蓝宝”品牌创新创业平台综合体，充分利用留创园、科创大厦、众创空间、人才开发广场、节能环保科创园、科技治水园区、896大学生创业园、启运86微电影主题文化产业园、创客157创新创业园、神洲创业等十大园区，提升园区引才聚才能力。加快推进月湖金汇小镇等主导产业平台建设，引进股权投资、产业基金，吸引产业人才集聚。引导民营资本改造老旧商务楼宇和旧厂房、旧市场、旧校区，谋划建设一批特色小镇、“四众空间”、企业孵化器、加速器，推动创新创业平台融合发展。

1、推进“海蓝宝”人才开发广场项目。协助项目开发公司按期完成海曙区人才开发广场项目建设工作；指导代运营企业开展项目引进和社会化人才服务工作。充分发挥海曙区人才开发广场集聚效应，引进高层次人才和提供各项人才服务。积极引进战略合作方，加快发展“四众空间”等孵化型载体平台，有序引导“四众空间”运营方共同参与政策制定，发挥市场配置资源的决定性作用。以社会力量为主构建市场化众创空间，提高创业活动的成功率，发挥园区对人才的吸纳效应和承载功能，为人才提供发展平台。

2、推进“海蓝宝”众创社区项目。以宁波工程学院西校区为核心，以宁波（国际）电子商务产业园区和四大文化街区及微电影项目为外延，依托海曙留学人员创业园基础，以电子商务、文化创意、信息技术产业为导向，通过天使投资基金等渠道破解融资难题，不断优化人才项目服务环境，全力打造“大众创业、万众创新”的乐园。在引进创新创业项目同时，推动品牌效应发挥，择优选择一批具有较大发展潜力的甬籍高层次人才项目进行重点培育，为我区产业发展进行资源储备。

3、推进“海蓝宝”众创空间项目。以集聚电商产业链人才、营造电商高层次创新创业环境、辐射海曙区电商经济和信息经济发展为目标，打造电商高级人才、紧缺人才的重要引进载体和孵化平台。聚焦制造业、零售业、民生服务三大领域，引进培育针对国内外市场的电商平台人才。健全电子商务服务业、移动电子商务、服务外包产业、跨境电子商务四大电商支撑产业，推动电子商务产业链人才生态化发展。探索运用社会化手段开展园区运营，完善企业孵化服务、科技设施、生活配套，制订宽容失败、鼓励创新的孵化机制，打造产城融合的创新创业环境，树立产业人才集聚平台模板。

4、推进“海蓝宝”人才信息服务平台。以实现人才项目的全流程、系统化管理为目标，加快开发集人才政策查询、项目申报、项目审批、企业监测、人才评估、政策兑现、联盟服务等于一体的综合性人才管理信息化平台。以企业“成长活力指数”为主要依据，对引进的人才和团队实现全流程、动态化、低成本管理，并结合定期综合评估，尽职调查，建立人才能上能下、企业能进能出的科学管理机制。充分运用云计算和大数据等技术，提高平台的信息化服务能力，及时发布最新政策和项目对接，建立人才与企业、政府之间双向互动关系，实时掌握人才企业实际需求。

（四）重点人才工程实施

目标要求：整体推进重点人才工程，催生各类高水平人才队伍涌现。以企业为主体，以重点人才工程为引领，集聚更多对产业转型升级具有带动作用的首席科学家、领军型创新创业团队、高层次科技创业人才、电子商务人才、经营管理人才、文化创意人才、民间优才以及其他经济社会重点领域人才。

1、实施领军型创新创业团队集聚工程。根据我区经济社会发展总体规划，立足产业发展、技术革新以及重点项目建设，合理规划布局，大力引进培育领军型创新创业团队。制定团队管理扶持办法。加强分类指导，根据实际需要合理配置，进一步提高团队的整体创新能力；有机整合企业、高校、科研院所力量，形成市场化配置、具有自主知识产权，竞争力强的创业团队；通过项目引进符合我区高新技术产业、现代信息产业发展方向的创新团队，以此带动培养一批创新骨干，增强创新实力。

2、实施海内外人才引进“百创汇海计划”。紧扣宁波市“3315计划”和“泛3315计划”，着眼引领海曙区未来发展，在新兴产业、重点产业领域，引进并重点扶持一批海内外创新创业人才。到2020年，争取引进培育区级以上海内外创新创业人才达到100名以上，引进高端创新创业团队100个，其中重点资助一批带项目、带技术、带资金、带团队的海内外创新创业人才和高端团队，带动我区重点产业发展。

3、实施电子商务人才集聚工程。以社会化运作模式统筹利用各类资源服务电子商务产业，重点构建电商创业项目推荐、电商人才招聘、电商人才培训、电商人才高校合作、电商人才服务等五大社会化合作平台，从电子商务人才引进和培育等诸多领域开展更加贴心的企业服务。以市场和企业需求为导向，通过实施市、区两级联动的社会化电商人才集聚工程加大产业培育和扶持力度，逐步形成“产业培育—人才集聚—产业发展—人才繁荣”的良性循环，促进电商企业快速集聚和成长。

4、实施企业经营管理人才素质提升计划。以特色产业、优势产业为服务重点，以全面提升企业核心竞争力为目标，通过政府、高校、企业、社会多方力量，加快培养我区企业中高级经营管理人才。分批次选拔一定数量的人才赴高校攻读相关专业硕士、博士学位；开展多层次、多形式的社会化企业人才培养，全方位提升企业中高级经营管理人员综合素质和专业能力；在条件允许的情况下，选送一批优秀企业高管赴海外深造，拓展国际视野。

5、实施文化创意产业人才培养引进工程。围绕人文传播、演艺策划、民间工艺、动漫游戏、影视传媒、创意设计等文化产业，培育和引进一批能够引领文化产业发展的领军人才和重点产业人才。到2020年，培育和引进20名以上文化产业拔尖人才。大力引进在省内外有较大影响和声誉，能起领头作用的学术带头人。重点引进文学创编、文化创意、文化经营管理等领域有影响力的支撑型人才。形成以文化名人为引领的，区域特色鲜明、富有活力的与繁荣文化事业、发展文化产业相适应的文化人才群体。

6、实施民间人才“百人计划”。按照区级“民间优才”和基层“民间人才”两个层次，在全区认定、培养、选拔一批在文体艺术、生产生活技术、特色产业、创新创业等方面有“一技之长、一门绝活、一项爱好”的民间人才。建立动态管理、联系联络、作用发挥等机制，有效培育建设民间人才队伍；鼓励民间人才积极兴办、领办各类经济实体。计划五年内，全区每年认定选拔区级“民间优才”不少于20名，各单位每年培养选拔的基层“民间人才”不少于100名。

7、实施社会重点领域人才培养工程。推进教师专业化发展，培养具有省内先进水平和市内领先水平的名教师、名校长，造就一支师德高尚、业务精湛、结构合理、充满活力的高素质中青年骨干教师队伍。完善优秀卫生专业技术人才引入机制，继续加大优秀卫生专业技术人才的引进力度。制定社会工作人才队伍建设意见，推进社区管理服务、社会福利救助、青少年社会事务、群众权益维护、就业服务指导、计生服务、司法矫正、信访维稳等八大类社会工作专业人才发展，建立健全社会工作人才信息库。

8、实施大学生就业创业帮扶引领计划。实施大学生就业创业帮扶引领计划。整合现有品牌资源，将“海曙就业创业帮”线上线下服务平台打造成大学生就业创业帮扶的全市知名品牌，统筹做好宏观促进政策与微观服务举措的全面落实，形成高覆盖率、高成功率、高满意率的“大就业”服务体系。顺应创新创业主体大众化趋势，支持发展创业服务业，运用创客空间、创业咖啡等新型孵化模式，为创业者提供低成本、便利化、全要素、开放式的综合服务平台和发展空间。加大政策扶持力度和广度，深化创业服务提升行动。培育一批区级民营大学生创业园，力争到2020年5家获评市级大学生创业园。

五、实施保障

（一）强化规划实施组织领导。加强组织领导，强化区委人才工作领导小组对人才规划实施工作的统筹协调和宏观指导，及时制定各项目标任务的分解落实方案和重大工程、重大政策的实施办法，建立人才规划、人才重大事项实施情况跟踪检查和落实机制。人才领导小组办公室全面负责牵头协调、督促检查、定期通报工作，要进一步优化各部门和各街道的人才工作目标责任考核、评价机制。要明确责任分工，分解规划中确定的目标任务。建立区委常委会定期听取人才工作专项汇报制度。定期召开区委人才工作领导小组工作会议，落实专项例会制度，充分发挥各方面的积极性和主动性，共同推动规划的组织实施。

（二）健全人才发展规划体系。认真做好人才资源规划的纵向和横向融合，加强与国家、省、市人才发展规划，特别是与《宁波市十三五人才发展规划纲要》的对接，与《海曙区国民经济和社会发展第十三个五年规划纲要》的衔接，与科技规划、教育规划和各类产业规划的配套互通。建立健全人才资源规划动态调整和有效落实机制，形成上下联动、左右协调、权责明确的人才资源规划体系。健全规划实施检测评估机制，组织开展中期评估，适时进行动态调整。建立完善规划纲要实施情况监督评估体系，推进规划实施的信息公开，加强社会对规划实施的监督。

（三）健全人才工作舆论导向机制。制定人才工作宣传计划，建立人才工作新闻发布制度，完善宣传工作网络。大力宣传国家和省、市人才工作的重大战略和方针政策，宣传加快建设人才强区的重大意义、目标任务、重大措施，宣传规划实施中的典型经验、做法和成效。深度报道人才重大活动，大力宣传优秀人才的先进事迹，全面展示人才工作成果，提高全区对人才工作的知晓度和认同度。加强舆论引导，营造全社会关心人才、爱护人才、理解人才的良好氛围。

（四）加强人才工作基础建设。健全人才投入资金保障机制，落实好人才发展专项资金，根据人才开发项目需求适时增加财政投入，重点用于重大人才开发、重要领域紧缺人才开发、高层次人才创新创业补助、优秀人才奖励等。建立完善人才资源调查统计制度，综合考虑人才项目经济效益、社会效益和资金投入效益，提高人才统计监测的科学性。加快推进人才工作信息化建设，完善以高层次人才为重点的人才信息库。加强人才工作队伍建设，全面提升人才工作者的综合素质和业务能力。

——摘自《印发〈宁波市海曙区“十三五”人才发展规划纲要〉的通知》（海党〔2016〕13号）

宁波市天一阁·月湖创建国家AAAAA级旅游景区工作方案

2015年12月，宁波市天一阁·月湖景区顺利通过全国旅游景区质量等级评定委员会组织的资源与景观质量专家评审。为有组织、有计划、有步骤地推进各项创建工作，高标准、高水平做好迎接国家旅资评委专家暗访和明查的各项准备，确保一次成功，特制定本工作方案。

一、指导思想

全面贯彻落实科学发展观，根据宁波市对海曙区“历史文化名城核心区”的功能定位，在市委市政府的统筹领导下，市区联动，充分挖掘、有机整合辖区内丰富的历史文化资源，优化旅游发展机制，完善旅游配套设施，规范旅游服务管理，全面提升海曙区旅游服务质量，创建知名旅游品牌，举全区之力打造在国际上具有一定知名度和美誉度，在国内独一无二的集藏书文化、创意文化、休闲娱乐为一体的综合性AAAAA级旅游景区。

二、时间安排和工作步骤

（一）筹备阶段（2013年11月—2016年1月）

成立AAAAA创建工作领导小组，制定实施方案，营造创建工作氛围，开展创建人员的业务培训，完成景区总体规划设计方案，向省旅游局提出创建申请，制作资源与景观质量评审台帐、景观资源介绍片等创建材料，申请并通过省级、国家级资源与景观质量评审。

（二）创建阶段（2016年2月—2016年10月）

1、召开创建工作推进大会，明确各单位责任分工，分解各项目标任务。

2、各责任单位对照创建标准，进行自查自评，制定相应的工作方案，细化工作任务，落实责任分工，针对性地进行完善提升。

3、根据规划设计方案和责任分工，倒排工期，按步骤、有计划地推进天一阁·月湖景区各项建设工作。

4、建立健全AAAAA创建工作例会制度，通过倒排工期、现场实地督查以及定期召开工作例会、协调会、领导小组会议等多种形式，提升工作效率和进度，如期完成各项建设和整改任务。

5、严格创建督查机制，通过党委、政府系统督查、管委会日常检查、新闻媒体和社会监督员等多种形式、全方位、社会化督查，狠抓各项任务落实，确保创建成效。

（三）自检阶段（2016年11月—2016年12月）

1、各单位按照职能分工和目标任务，对照标准，对所负责项目进行自查自评，严格打分，并准备好相关台账资料。

2、综合各单位自查结果和建设整改情况，对所有考核项目进行自评打分，当总分达到950分以上时，向省旅游局提出申请，迎接省旅游局检查初评。

3、按省旅游局评审提出的意见和要求，对创建工作进行再动员、再部署、再落实，从细节着手，切实抓好各项整改提升工作。

（四）迎检阶段（2017年1月—4月）

1、召开迎接国家旅游局迎检动员会，各级各部门按照职能分工，做好国家旅游局专家组暗访检查和实地检查的各项准备工作。

2、迎接国家旅游局检查、公示。

3、按照国家旅游局验收提出的意见与要求，认真开展查漏补缺工作，抓紧抓好各项整改工作，巩固成果，提高质量。

（五）总结提升阶段（2017年5月—6月）

1、召开创建国家AAAAA级旅游景区工作总结表彰大会，对创建工作进行总结表彰。

2、不断深化，创出特色，把创建国家AAAAA级旅游景区成果形成品牌推向市场，推进我区旅游产业快速发展。

三、职责分工

1、区委办、区府办。负责审核、印发区创建国家AAAAA级旅游景区领导小组和工作方案，综合协调和工作督查。

2、区委宣传部（区文广新闻出版局）。负责做好创建AAAAA级景区宣传工作，组织各级媒体记者采风报道，通过各级各类新闻媒体渠道，发布AAAAA级景区创建的相关资讯，提高景区知名度、美誉度。利用现有宣传平台全方位推介景区旅游品牌。负责培育景区文化产业，加强文物保护力度，加快月湖东区文保用房使用功能调整完善。

3、天一阁·月湖景区管委会。承担AAAAA创建日常工作，制定AAAAA级景区相关发展规划，完成景区标准化建设，包括游客集散中心、停车场建设，AAA级厕所整改，智慧景区建设，解说系统的建设等；加强导游员培训，深化景区经营管理，建立科学的景区管理体制；加大自然环境和景区文物古迹保护力度；在景区设立气象监测站，及时对外发布景区气象等信息；加强与月湖金汇小镇、历史文化街区建设相互衔接。负责迎检台账资料的收集、整理、汇编工作。

4、区商务局（旅游局）。负责落实相关旅游购物街区及旅游商品网点的规划布局。加强对AAAAA级景区创建的业务指导，指导AAAAA级景区发展规划编制工作，编制AAAAA级景区创建申报材料，负责向国家、省旅游部门汇报、衔接和协调工作；支持协助景区宣传推介；指导景区旅游产业体系建设。

5、区发改局。负责为旅游基础设施和服务设施项目建设审批、核准及备案提供便捷服务。维护景区价格秩序，加强对价格违法行为的处理。

6、区经信局。负责协助景区智慧旅游体系建设，提高景区通信建设水平，实现景区4G网络全覆盖，在游客集中区域确保WIFI覆盖；协调通讯设施接入景区，在景区游客中心、咨询服务点等区域设置公用电话。

7、区财政局。负责对景区整治提升的各类基础设施建设资金予以保障；对AAAAA级景区创建工作经费给予保障。

8、区住建局。负责加强对城区及景区新增配套道路建设，做好其它市政公用设施配套建设，协助景区管委会做好景区公共建设项目。

9、区卫生计生局。负责景区公共场所卫生安全监管，指导建设医疗救护设施。

10、区市场监管局。负责景区食品安全监管，确保食品安全。加大景区及相关商标维权与保护。

11、区城管局。负责景区周边及景区流动摊贩秩序整治提升，做好创建户外广告宣传的审核和配合工作。协助做好景区公共交通，力争开通景区旅游公交专线。做好月湖景区内的月湖水质提升和环境卫生、园林绿化改造工作，做好其它市政公用设施配套建设。

12、海曙公安分局。负责景区治安环境整治及秩序维护。

13、海曙交警大队。负责配合完善景区外部交通标识牌，规范通景公路及景区周边道路交通指示牌设置，负责有关通景公路的环境整治。

14、海曙消防大队。负责开展景区消防安全检查，督促整改火险隐患，指导景区做好消防“四个能力”建设工作，优化景区消防安全环境，有效预防火灾事故发生。

15、海曙国土资源分局。负责将景区项目建设用地纳入统筹安排，优先保障用地指标；加大土地综合整治项目支持力度。

16、海曙规划分局。负责景区相关规划编制工作的审核、把关，协调解决景区建设项目规划有关事宜。

17、海曙环保分局。负责对景区空气等环境整治工作，及时做好环境监测工作。

18、宁波电业局。负责景区内变电站增容改造，确保满足景区发展供电需要；景区内新建供电设施符合景区统一规划要求。

19、海城公司。负责完成月湖西区一期、天一阁西广场项目建设，并按照AAAAA级景区的标准完成相应的配套设施建设。

20、天一阁博物馆。对照AAAAA级景区的标准，负责完成天一阁内部各项整改工作，协助完成游览线路、景区门票、景区网站等整改工作。

21、邮政局甬城分局。负责在景区设立邮政机构，优化区域内邮政服务设施布局，出版发行宁波天一阁·月湖景区纪念邮票、纪念封、纪念戳。

四、工作要求

（一）加强领导、健全机构

创建国家AAAAA级旅游景区工作要求高、范围广、时间紧、任务重，各相关责任单位要切实加强创建国家AAAAA级旅游景区工作的领导和协调力度，健全相应的工作机构。景区管委会要分解落实创建国家AAAAA级旅游景区工作责任，倒排时间表，各责任单位要签订目标责任书，明确目标任务、时间安排、形象进度和工作职责，把创建工作落到实处。

（二）宣传发动、营造氛围

各相关责任单位要把宣传工作贯穿于创建国家AAAAA级旅游景区工作的全过程，及时宣传我区创建工作的进展与成效，开拓创新、抢抓机遇，不断增强实现建设国内一流、国际知名旅游目的地发展目标的责任感和紧迫感，在全区形成全民参与创建国家AAAAA级旅游景区的浓厚氛围。

（三）分工负责、加强协作

创建国家AAAAA级旅游景区工作在硬件、软件方面都有明确的标准要求，各相关责任单位必须紧紧结合创建工作的实际情况和发展需要，通过典型示范和整体推进，扎扎实实开展创建工作，并按照要求做好相关台账资料的收集、整理工作。分管领导和责任单位要进一步明确职责，建立一级对一级的分工负责制，确保思想到位、责任到位、人员到位、投入到位，以倒计时的工作方式逐个逐项抓紧落实。按照“以区（景区）为块、分项（项目）作战、保质保量、限期完成”的总体要求，各责任单位之间要搞好协调，密切配合，确保创建工作顺利进行。

（四）强化督查、重点整改

要成功创建国家AAAAA级旅游景区，三个细则得分必须要达到标准分以上。创建国家AAAAA级旅游景区工作小组和各责任单位要分类把关、齐抓共创，高标准、严要求，及时整改工作中的不足，解决创建工作中出现的困难和问题。景区管委会要切实加强协调，重点突破，整体推进，定期督促检查，确保创建工作目标任务如期实现。

（五）争取支持、完善保障

景区管委会要积极主动邀请国家和省市旅游局的领导、专家来我区具体指导创建工作，各责任单位要多向上级部门联系汇报，取得上级部门的有力支持。区财政局要安排创建工作专项资金，各责任单位要合理安排工作经费，确保创建工作顺利开展。

——摘自《关于印发〈宁波市天一阁·月湖创建国家AAAAA级旅游景区工作方案〉的通知》（海党办〔2016〕3号）

2016年全区流动人口服务管理工作要点

2016年海曙区流动人口服务管理工作总体要求是：认真贯彻全市流动人口服务管理工作会议精神，牢牢把握“完善政策、优化结构、精准管理、强化服务”的工作主线，紧紧围绕区委、区政府的决策部署和中心工作，坚持管理与服务并重、调控与融合并举，创新和完善流动人口服务管理机制，合理控制全区常住人口规模，优化流动人口结构，不断改善流动人口公共服务，持续促进社会融合。全年主要工作如下：

一、加强组织领导，创新和完善流动人口服务管理机制

（一）加强流动人口服务管理工作的组织领导，紧密结合部门、街道职责，把流动人口服务管理工作列入年度计划和目标管理，加强流动人口服务管理工作与经济转型、城市管理、公共服务、社会治理等工作的有机统筹，着力解决涉及流动人口服务管理中的突出问题，有效提升流动人口服务管理工作水平。

（二）加强流动人口服务管理工作的统筹协调，认真落实流动人口服务管理工作报备制、联席会议制度和联络员会议制度，促进部门及街道的沟通协调，推动综合协调、检查指导和考核评价的常态化。进一步完善流动人口服务管理工作目标管理考核机制，着力提高考核实效。

（三）建立健全辖区流动人口监测分析制度，定期分析辖区流动人口的分布、结构及变化情况，及时掌握重点企业及中小企业用工动态、非劳动力、重点场所从业人员、特殊人群等信息，加强预测预判，提高流动人口服务管理工作的前瞻性、针对性和有效性。

（四）配合推进户籍制度改革，根据我区综合承载力和经济社会发展需要，以具有合法稳定住所和合法稳定就业、参加城镇社会保险年限、连续居住年限等主要指标，研究流动人口积分落户政策的调整工作。

（五）按照新型城镇化以及"基本公共服务均等化、优质公共服务梯度化"的总体要求，根据省、市推进居住证改革工作进度，结合我区实际，抓紧制订居住证改革实施办法，逐步完善流动人口动态积分制公共服务供给机制，筹建全区动态积分制平台。

二、突出源头调控，优化人力资源需求结构

（六）深入推进"三改一拆"、"五水共治"专项行动，重点实施棚户区、成片危旧住宅区、旧厂区、城中村改造和拆除违法建筑等工作，减少中低端产业的劳动力需求，逐步压缩违法违规和存在安全隐患的就业及居住空间。

（七）加快"腾笼换鸟"步伐，加大传统产业改造提升力度，改造和提升商贸市场和老旧商务楼宇，推进"低小散"产业转型，减少外源性低端产业就业岗位。

（八）严格执行行业准入，合理界定限制发展类和禁止发展类产业，引导转移依靠低技能劳动力为主要支撑的项目。加强经营场所房屋用途审查，严禁临街民宅、住宅楼底层"破墙开店"和车棚车库开店。

（九）全面实施创新驱动发展战略，大力提升优势产业，着力培育新兴产业，集聚发展电商经济、总部经济、创新经济等高端业态，加快构建具有海曙特色、中心城区特点的现代产业体系，以经济转型和产业升级促进流动人口结构优化。

（十）完善人力资源供需信息发布及异地交流制度，畅通高技能人才输入渠道，引进符合现代化中心城区产业发展导向的年轻化、高素质、紧缺型的优质人才，引导流动人口合理、有序流动。

三、深化依法治理，营造合法有序的社会环境

（十一）稳步推进综合行政执法改革，综合运用安全生产、公安、消防、卫生、环保、市场监管等力量和手段，依法规范小作坊、小化工、小商铺、小旅店、小餐饮、小网吧等"六小"场所的经营行为，清理整顿"黑旅舍"、"黑诊所"、"黑中介"、非法办学、无证餐饮、地下食品加工等各类违法违规经营，依法取缔无证无照等各类非法经营，着力营造合法、规范、有序的市场环境。

（十二）深化社会治安综合治理，服务G20峰会安保。开展出租房和流动人口集中排查，切实做到底数清、情况明、信息灵。加大对重点复杂区域、流动人口聚集场所和集中居住区域的综合整治力度，加强对"三无"及高危流动人口的管控，深化"灰色就业、灰色经营、灰色居住"现象的综合治理，集中解决群众反映的突出问题。做好新形势下涉及流动人口的信访、维稳和突发性事件的应急处置工作。

（十三）坚持重点整治与严厉打击相结合，有效打击流窜作案、涉黑涉恶涉恐犯罪、有明显地缘和职业特点的团伙犯罪。2016年流动人口刑事作案人员在年度流动人口中占比不高于前三年平均水平。

（十四）加强人力资源市场秩序和劳动用工监管，重点整治非法劳务中介、非法用工、拖欠工资、不依法交纳社会保险、不按规定落实安全生产和职业健康保护等行为。

（十五）加强出租房屋管理，贯彻落实《宁波市居住房屋租赁管理若干规定》，严肃查处擅自改变房屋用途、分隔搭建、车棚车库住人，以及不符合消防安全等强制性标准的群租群居行为。强化流动人口基本信息采集工作，推进居住信息注销工作常态化，不断提高信息采集的效率与质量。2016年全区流动人口居住信息登记率、登记信息准确率均达90%以上，出租房信息登记率达95%以上。

四、强化权益保障，逐步提高公共服务供给水平

（十六）依托街道及社区综合服务平台，整合各部门公共服务资源，为流动人口提供劳动就业、社会保障、居住登记等"一站式"综合服务。

（十七）完善就业创业体系，进一步将流动人口纳入创业就业政策扶持范围，促进流动人口创业就业。进一步落实外来务工人员社会保险相关政策，扩大外来务工人员参加社会保险覆盖面。适时推进失业保险制度城乡一体化，城镇职工、农民合同制职工和外来务工人员等各类职工实行统一的失业保险缴费基数、缴费比例和享受待遇政策。全面推进建筑业务工人员实名制管理，开展建筑业安全培训，贯彻落实建设工程项目从业人员参加工伤保险相关政策。

（十八）深入推进"无欠薪海曙"建设，推动企业建立工资集体协商制度，建立和完善建筑业和其他容易发生欠薪行业企业工资支付保证金制度，进一步完善政府欠薪应急周转金使用管理制度。全面推进劳动保障监察网格化、网络化管理，健全行政司法联动打击欠薪联席会议制度，依法查处侵害外来务工人员权益的违法行为。2016年已建工会企业参与和谐企业创建率达85%以上；劳动监察案件结案率达96%以上，劳动仲裁案件结案率达92%以上。

（十九）进一步畅通流动人口维权渠道，充分发挥基层调解组织作用，依法、妥善处理涉及流动人口的相关诉求。加强对流动人口的法律援助和法律服务工作，畅通法律和司法服务热线，简化法律援助申请受理审查程序，开展法律援助外来务工人员讨薪专项行动。

（二十）贯彻落实浙教基〔2014〕31号文件精神，结合我区教育资源承载能力，统筹安排符合条件的随迁子女进入义务教育阶段学校就读，确保外来务工人员随迁子女入学工作平稳有序。

（二十一）持续扩大流动人口公共卫生、基本医疗卫生、计划生育服务的覆盖面。全面推进流动人口婚育证明电子化试点工作，严格落实生育全过程登记管理制度。推进网络化协作工作，加强流动人口计划生育综合管理能力建设。2016年流入、流出已婚育龄妇女登记管理率（信息掌握率）达85%以上，国家规定的免费计划生育技术服务覆盖率达90%以上，网络化协作信息提交、接收和协查反馈率均达90%以上，流动人口子女计划免疫疫苗接种率达90%以上。

（二十二）抓好《宁波市职业技能培训条例》的贯彻落实和高技能人才培养激励工作，大力实施外来务工人员职业技能提升计划，力争在提高人力资源规模适配度、技能型劳动力占比、全员劳动生产率等方面取得突破。广泛开展劳动竞赛、技术比武和岗位练兵活动，着力培养和稳定技能人才和熟练员工队伍。

（二十三）完善外来务工人员公共租赁住房政策，创造条件扩大公共租赁住房的受益面；落实优秀环卫工人定向配租工作。

五、扩大社会参与，有序推进社会融合

（二十四）提高流动人口的再组织化水平，重视培养和发展优秀流动人口加入党、团、工会等组织，保障流动人口依法享有民主政治权利。支持流动人口加入协商议事机构或社会组织，推动和组织流动人口依法参与职代会、社区居委会选举和参与社区事务等民主管理。2016年外来务工人员工会会员入会率动态保持在85%以上，流动人口与户籍人口比例达1∶1以上的社区融合性社会组织规范化创建率达100%。

（二十五）积极培育以流动人口为参与主体或服务对象的社会组织，加大政府职能转移和购买服务力度，进一步发挥融合性社会组织在加强基层社会治理和公共服务中的作用。高度重视流动人口的心理健康，整合各方资源，服务流动人口心理疏导。加强民族团结促进会等少数民族融入发展平台建设，促进各民族群众交往交流交融。

（二十六）完善城区公共文化服务网络，把流动人口纳入城市公共文化服务体系，继续推动公共文化体育设施向流动人口同等免费开放。以区域职工文化活动中心等平台为载体，建设职工群众的精神家园。依托社区教育网络积极开展以提升流动人口文化素质和职业素养为主的服务活动，组织开展全民终身学习活动周、全民阅读等服务活动。

（二十七）坚持正确舆论导向，大力宣传各级党委、政府关于流动人口服务管理的政策举措和优秀农民工典型，积极引导流动人口树立社会主义核心价值观，培养文明健康生活方式，大力倡导合法稳定就业和合法稳定居住，着力营造尊重关爱流动人口、公平对待流动人口的良好氛围和社会环境，促进流动人口的社会融合。

——摘自《关于印发〈2016年全区流动人口服务管理工作要点〉的通知》（海党办〔2016〕20号）

关于全面加强中小学德育工作的若干意见

为深入贯彻中央和省委关于加强未成年人思想道德建设的工作要求，根据《浙江省委办公厅、浙江省人民政府办公厅关于全面加强中小学德育工作的若干意见》文件精神，进一步加强我区中小学德育工作，经区委、区政府同意，现提出如下若干意见。

一、指导思想和基本原则

（一）指导思想。高举中国特色社会主义伟大旗帜，以邓小平理论、“三个代表”重要思想、科学发展观为指导，全面贯彻落实党的十八大和十八届三中、四中、五中全会精神，深入贯彻习近平总书记系列重要讲话精神，紧紧围绕“四个全面”战略布局，围绕立德树人根本任务，针对中小学生身心成长特点，遵循中小学德育工作规律，积极引导中小学生坚定共产主义理想，树立中国特色社会主义的信念和正确的世界观、人生观、价值观，提高思想品质和道德情操，逐步成长为德智体美劳全面发展的社会主义事业合格建设者和可靠接班人。

（二）基本原则。坚持价值引领、注重实效。把培育和践行社会主义核心价值观贯穿于德育工作全过程，创新工作手段和方法，通过实施《海曙区中小学品格教育指导纲要（试行）》，推动社会主义核心价值观在校园落细、落小、落实。坚持以人为本、广泛参与，把德育工作延伸到班级和所有师生，使每个师生都成为德育工作的实践者和受益者。坚持知行合一、校内校外统筹，在坚持课堂教育主渠道的同时，注重开展体验教育、养成教育和社会实践活动，引导学生在学习道德知识的同时，自觉遵循道德规范。

二、突出核心价值引领

（三）根植家国情怀。在校园开设时政宣传栏，及时刊登国内外重大时政新闻，积极宣传党和政府的重大方针政策和改革发展带来的新变化。规范“升国旗、唱国歌、向国旗敬礼”等仪式教育，学校每周组织一次升国旗唱国歌活动，每月组织一次国旗、党旗、团（队）旗下演讲教育活动。加强爱国主义、集体主义教育，引导学生牢固树立心中有祖国、心中有集体、心中有他人的意识。大力弘扬中华优秀传统文化，多形式开展中华经典诵读活动，营造学经典、诵经典、爱经典良好氛围。广泛开展“我们的节日”主题活动，积极挖掘我国传统节日的丰富文化内涵，认真组织好“六一”“七一”和“十一”等节庆期间的主题教育实践活动。重视家风家训教育，组织开展“讲家训、写家书、传家风”主题实践活动。

（四）培育文明教养。加强学生行为规范养成教育和文明礼仪教育，教育学生言谈有礼、举止有度、待人有诚、行事有信。指导学生上好每一堂课，完成好每一次作业，尽力从身边小事做起，养成良好的行为习惯。开展节约每一粒米、每一滴水、每一度电活动，组织学生参与环境保护宣传教育、开展生态环境调查等活动，引导学生珍惜资源，养成勤俭节约、艰苦朴素、低碳环保的生活习惯。组织开展多形式的集体活动以及力所能及的劳动，培养学生爱劳动的习惯。

（五）强化责任意识。开展形式多样的孝德文化教育活动，倡导孝敬父母、尊重师长、帮助同学，让学生心中有爱、心中有责，懂得友善，学会尊重。加强珍爱生命教育和抗挫折教育，深化心理健康教育及引导干预，培养学生的阳光心态和健康人格。将法治教育纳入学校总体教育计划，普及法律常识，培养学生养成遵纪守法的行为习惯，自觉远离毒品，远离校园暴力，远离不健康的生活。

（六）树立理想志向。尊重和促进学生个性发展，开发开设丰富多彩的拓展课程和选修课程，开设生涯规划课，帮助学生了解自我、认识社会，进行科学的生涯规划。逐步树立正确的人生目标和积极向上的个人理想，引导他们努力把个人理想与祖国改革发展紧密联系起来，与实现中华民族伟大复兴的中国梦联系起来。

（七）推进品格教育。全面实施《海曙区中小学品格教育指导纲要（试行）》，从不同年龄阶段学生的身心发展特点出发，设置分阶段的重点教育内容，推动核心价值观在校园落细落小落实，全面构建以中小学纵向衔接、学校家庭社会横向沟通、与社会主义市场经济相适应、与中华传统美德相承接的品格教育实施体系，形成以品格教育为根基的德育新格局。

（八）推行评价改革。在全区中小学推行阳光“六色花”评价体系改革，即：红色、蓝色、绿色、黄色、紫色、橙色等六个颜色分别对应习惯与思想道德、态度与学业成绩、运动与身体健康、交流与心理健康、审美与艺术表现、特长与个性发展6个评价维度，变过去单纯的“总结评价”为更注重发展的“表现评价”，促进中小学生的全面发展和健康成长。

三、强化学科德育渗透

（九）开足德育课程。制定实施《海曙区中小学学科教学质量标准》，强化全科德育理念，明确每一门课程的德育要求，开发每一门课程的德育功能。严格德育及音体美课时管理，充分发挥音体美课程在促进学生身心发展中的作用。统筹整合德育的国家课程、地方课程和校本课程，鼓励学校立足时代特征、地方特点深化课程改革，开发开设有特色的德育选修课程。

（十）重视德育教材建设。建立德育教研机构，深化教材改革，在学科教材更新和教师讲义中强化德育要求。切实加强德育教材建设，各学校按要求用好国编、省编德育教材。建立健全教材更新制度，做到教师讲义经常性更新、学科教师上课教材二次开发，有效促进教材及讲义及时跟上学科知识进步的步伐，跟上经济社会发展的变化，跟上中央和省、市、区的最新要求。

（十一）提升课堂教学质量。创新开展先学后教、启发式、讨论式、探究式、体验式等教学方式，创造条件实施小班化、分层式教学。深化课堂改革，有效落实情感态度价值观要求。大力推广“生活化+活动化”的德育课程教学模式。

四、增强实践育人功能

（十二）开辟德育第二课堂。引导学生从课上走到课下，各类科技、艺术、文化等公益类场馆要免费向中小学生开放。推进博物馆群和中小学生德育教育基地建设。建立海曙区中小学社会实践基地建设专项基金，因地制宜开发建设一批爱国主义教育基地，学生社会实践基地，充分发挥各类青少年活动中心、城（乡）学校少年宫等阵地的作用，吸引中小学生参与活动、受到教育。鼓励学校把课堂直接设在各类有意义的教育场所，并与主办者联合开发课程。

（十三）开展“海之梦”社会实践。开发应用“海之梦”中小学生社会实践综合管理应用平台，每年组织开展全区“海之梦”中小学生社会实践活动。各校要整合市、区、街道、校四级社会实践大课堂资源，针对不同年龄阶段学生的身心发展特点，按照校内集中组织与校外分散参与相结合的原则，统筹安排中小学生社会实践活动，保证小学1-3年级学生每学年参加社会实践活动时间不少于3天，小学4-6年级学生每学年不少于10天，初中生每学年不少于20天。

（十四）鼓励参加公益活动。引导和组织中小学生参加学雷锋志愿服务等活动，在学习和参与中领会奉献他人、提升自己的精神理念。发挥道德模范、身边好人、最美系列、美德少年等先进典型的引领作用，鼓励各类先进典型走进学校、走进课堂，开展宣讲和交流活动，用先进事迹感召、教育学生。

五、推进校园文化建设

（十五）凝练提升校园文化。充分发挥文化对育人的浸润、陶冶作用。以社会主义核心价值观为引领，提炼、定义、阐释学校校训、校风、教风、学风，做到让社会主义核心价值观及校训、校歌等在校园中人人耳熟能详，成为广大师生的自觉遵从。

（十六）优化校园文化环境。推进以美丽校园、快乐校园、幸福校园建设为主的文明校园创建活动。广泛开展“扮靓我们的学校”活动，组织广大师生亲自动脑、动手，装点教室、图书馆、实验室等学习生活场所，在优化校园环境中展示自己、教育自己、提升自己。

（十七）丰富学生社团活动。充分发挥少先队、共青团组织团结、教育、引领少年儿童的核心作用，进一步优化团队仪式，丰富团队活动。根据学生不同的年龄阶段，指导和帮助学生组建各类有益的社团和俱乐部活动，通过多姿多彩的社团和俱乐部活动，增进学生和教师的相互学习和交流，培养学生自我教育、自我管理、自我服务的意识、责任和能力。

六、深化教师队伍建设

（十八）强化师德师风建设。充分发挥达敏学校“海曙区教师职业道德实践基地”的作用，定期组织新入职教师参加“职业道德实践基地”培训。完善师德培训制度，把师德教育纳入教师必备的培训内容。继续开展美德教师评选活动，健全考核制度，把师德表现列为评先评优的首要条件，对师德出现严重问题的教师实行“一票否决制”。严格依法依规惩处各类违反师德的行为。

（十九）推动班主任队伍建设。推动实施《海曙区教育局关于进一步加强中小学班主任队伍建设的实施意见》（海教〔2015〕42号），通过推动班主任工作坊组建、班主任梯级管理制度实施、骨干（名）班主任评选、优秀班主任工作室打造、班主任基本功比赛等一系列举措，加快我区打造一支教育能力强、业务精、懂管理的中小学班主任队伍。

七、改进家庭教育模式

（二十）做细做优家校沟通。贯彻落实《海曙区教育局关于进一步加强中小学教师家访工作的意见》（海教〔2016〕3号）文件要求，采取切实可行的措施组织广大教师深入家庭，以有温度的走访了解并温暖学生，并辅之以电话、网络、家长会、家长开放日等其他家校沟通形式，更好地向每一位学生提供更为适合的个性化教育。

（二十一）做实做强家长学校。推动落实《教育部关于加强家庭教育工作的指导意见》（教基一〔2015〕10号），进一步完善中小学家长学校的运作机制，明确家长学校各年段课时要求，组织骨干力量编写小学1-6年级、初中1-3年级的家长学校课程，切实提升家教水平。

（二十二）做精做亮议事制度。在全区中小学中继续推进“教育议事会”制度，尊重教育议事会的民主权利，积极发挥教育议事会的民主议事、民主监督作用和对学校实施素质教育的促进作用。加强对教育议事会的指导，吸收教育议事会有效参与学校管理，发挥教育议事会对广大家长的正面引导作用。

八、形成社会教育合力

（二十三）加强德育工作领导。成立海曙区中小学德育工作领导小组。党委、政府主要负责人要适时到学校了解德育工作情况，及时研究分析中小学德育工作面临的形势和遇到的问题，并定期为师生宣讲形势。督导机构、文明办要进一步完善未成年人思想道德建设工作联席会议制度，统筹协调有关部门关心支持中小学德育工作，主动帮助教育等部门和街道、社区解决中小学德育工作中遇到的困难和问题。教育部门要加强对各中小学德育工作开展情况的考核评价，并将考核结果作为校长考核、学校发展评价以及各类评优评先评教评课的重要依据。

（二十四）加大正面宣传力度。文化宣传部门要加强面向中小学生的正面宣传，宣传优秀历史文化、革命传统和英雄模范的先进事迹，宣传改革开放和社会主义建设事业取得的成就，宣传教育公平和教育的科学和谐发展。切实净化网络空间，鞭挞各类丑恶现象，帮助广大中小学生增强辨别是非的能力。文化部门要加大青少年为题材的文艺创作力度，创作更多为广大中小学生喜爱的文学、美术、戏剧、音乐、舞蹈等艺术作品，满足学生的求知求新欲望，丰富学校素质教育的内容和形式。

（二十五）规范各类社会培训。教育、民政、市场监督管理等部门要加强对各种社会培训机构特别是针对青少年文化课补习机构的管理，整治规范教育培训市场，坚决遏制各类非法培训活动对学校正常教学教育和德育工作的负面冲击和影响。

（二十六）整治学校周边环境。综治、公安、文化等部门要与教育部门建立校内外联动机制，建立健全警（派出所）校（中小学）会商制度，重点整治违规经营的营业性电子游戏场所、互联网上网服务营业场所、营业性歌舞娱乐场所等不适宜未成年人进入的场所，营造有利于学校教学和学生健康成长的环境。

（二十七）加强未成年人法律保护。公安机关、人民检察院、人民法院以及司法局，应当依法履行职责，在司法活动中有效保护未成年人的合法权益。司法局要拓宽青少年法律援助渠道。公安机关要进一步推进法治副校长队伍建设，选派有法治教育经验、思想品德优秀的业务骨干充实法治副校长队伍。公安机关、人民检察院、人民法院以及司法局要依托各类校外实践实训基地和活动中心，组织开展“模拟法庭”“少警大队”等适合青少年特点的法治实践活动，帮助学校开展法治教育。

（二十八）加快社会关爱服务体系建设。团区委要推进未成年人权益保护工作，抓好社区少先队建设。关工委要发挥银发工作室的作用，引导鼓励“五老”志愿者积极参与学校、社区未成年人思想道德建设。民政部门要建立健全留守儿童关爱制度。残联部门要建立健全残疾儿童关爱制度。

（二十九）充实发展家庭教育公共服务。将家庭教育指导服务纳入政府公共服务体系之中。妇联要加快构建覆盖社区的家庭教育指导服务体系，为家庭提供普惠性的家庭教育指导服务。

（三十）丰富学生假期精神文化生活。各街道要把加强和改进中小学生德育工作作为推动社区精神文明建设的一项重要任务来抓，精心打造有利于中小学生身心健康成长的社区环境。要开发利用辖区各种教育资源，组织开展“海之梦”中小学生社会实践活动。

——摘自《关于全面加强中小学德育工作的若干意见》（海党办〔2016〕35号）

海曙区小城镇环境综合整治行动（美丽集镇建设）工作方案

为深入贯彻落实中央和省市工作会议精神，补齐小城镇建设短板，全面实现“提升城乡品质 建设美丽海曙”目标，根据《宁波市小城镇环境综合整治行动（美丽集镇建设）工作方案》要求，现就在全区范围内开展小城镇环境综合整治行动（美丽集镇建设）制定如下工作方案。

一、指导思想

坚持以人民为中心，以五大发展理念为引领，以“八八战略”为总纲，深入实施新型城市化战略，全面开展小城镇环境综合整治和美丽集镇建设，着力解决小城镇规划不合理、生产生活设施供给滞后、特色缺失、管理薄弱等问题，全面提升小城镇生产、生活和生态环境质量。

二、总体目标

从2016年下半年开始，在全区9个乡镇（其中，省级中心镇1个：集士港镇；一般镇6个：高桥镇、古林镇、横街镇、洞桥镇、鄞江镇、章水镇；乡1个：龙观乡；独立于城区的街道1个：石碶街道）结合美丽集镇建设，开展以加强规划引领，整治环境卫生、整治城镇秩序、整治乡容镇貌为主要内容的小城镇环境综合整治行动，力争用3年左右时间，努力使全区所有乡镇（街道）环境面貌显著改善、公共秩序显著改观、服务功能持续增强、管理水平持续提升、地域特色更加鲜明、乡风民风更加文明，使统筹城乡发展、美丽集镇建设成果惠泽全民。

三、基本原则

（一）以人为本原则。坚持问需于民、问计于民、问效于民，贴近群众生产生活，发挥群众主体作用，广泛动员群众积极主动参与。避免大拆大建，不搞形象工程，防止政府大包大揽，工作中不得强制或变相摊派、增加群众负担。

（二）因地制宜原则。充分尊重各地资源禀赋、生态环境、空间特色、历史文化和民风民俗，充分发挥资源和区位优势，确立小城镇发展目标，分类指导，突出个性，彰显特色风貌，打造美丽小城镇；结合空间优化、景观提升、风貌重塑等方面，增强小城镇的识别度。

（三）统筹联动原则。市级层面做好小城镇环境综合整治的顶层设计，区为责任主体，乡镇（街道）为实施主体，全力形成联动协作、合力推进的工作机制。统筹“三改一拆”“五水共治”“两路两侧”“四边三化”“腾笼换鸟”等现有各专项行动，加快项目落实，实现共建共享，发挥各项行动的整合效应。

（四）有序推进原则。坚持从本地实际和现有条件出发，全力保障乡镇水、电、路等基本生产生活条件，做到乡容镇貌整洁、管理有序、设施配套、生态宜居，鼓励有条件的乡镇不断完善城镇功能、提升环境质量，促进特色发展。

（五）创新发展原则。坚持长短结合、标本兼治，内外同修、齐头并进，引导小城镇向地下空间开发、建设综合管廊，推进可持续发展，促进以城带乡、以乡促城，城乡一体化发展。

四、主要任务

（一）加强规划设计引领

1、编制环境综合整治规划。依据城乡规划和小城镇环境综合整治技术导则，以乡镇为编制主体，按照先规划、后许可、再建设要求，科学编制环境综合整治规划。综合整治规划要加强与乡镇域总体规划、小城镇控制性详细规划、土地利用总体规划相互衔接，形成更科学的小城镇结构体系和生产、生活、生态空间。综合整治规划应包括环境卫生、市政管道、公用厕所、停车场所、园林绿化、公共照明、沿街建（构）筑物、户外广告、农贸市场等相关综合整治内容，并纳入乡镇规划统筹实施，贯穿整治工作全过程。

2、加强整体风貌规划管控。有效保护、合理利用乡镇特色资源，根据不同区域、不同乡镇的地域地貌特点，重点对山水格局、布局形态、街巷空间、建筑特色和园林景观作出更全面、更系统的控制和引导，对户外广告、店铺招牌、公共标识、夜景灯光、景观小品雕塑等特定要素或特定系统编制城市设计，有效指导具体项目设计实施和风貌管控工作，形成类型有别、韵味各异的风貌特色。把彰显小城镇人文特色的要求贯穿小城镇规划设计工作全过程，使文化融入小城镇的大街小巷和居民的生活场景中。按照完整性、真实性、连续性的基本原则，全面加强物质和非物质文化遗产保护，着力凸显具有地方文化与传统特色的物质空间环境及其文化内涵。有机更新现存的传统街区、传统民居和老厂房，努力形成有内涵的公园、有记忆的街区、有故事的小镇，展示浓郁的市井文化、民俗风情和地方特色。

3、强化整治项目设计引导。积极推进乡镇设计全覆盖，着力加强小城镇主要入口、主要街道、步行街巷、街头广场、公共建筑等重要街区、重要地段和重要节点整治项目设计，提升空间环境品质。注重在规划设计层面上以绿道、蓝道、文化步道、绿色街道等串联整合各类特色空间，构建内涵丰富、开放多元、特色鲜明的公共空间体系。注重在建筑设计层面上的地域文化传承，加快推进“浙东民居”规划设计落地建设，创造具有地域特色的建筑精品。在规划引导时，要遵循“设计结合自然”的原则，尽可能使用绿色、环保、天然建材，减少对资源环境的影响。

4、完善规划设计实施制度。建立健全带方案审批和审批联合会审制度，做到有项目必规划、无设计不动工。严把项目规划设计实施的各个环节，严格规划设计管理，贯彻执行建设项目规划许可制度。加强规划设计监督检查，健全规划设计审批后“四到场”制度及乡镇联合审查执法机制。

（二）整治环境卫生

1、加强地面保洁。健全地面保洁机制建设，加大重点区域保洁力度，全面整治主次干道、大街小巷、镇村接合部、农贸市场、居住小区、公园广场、车站码头、建筑工地和学校周边和农田等区域，做到垃圾日产日清。注意防止垃圾收集、堆放、转运和处理过程中的扬尘污染，消除“跑冒滴漏”现象。

2、保持水体清洁。结合“五水共治”，强化公共水域综合整治，巩固提升“清三河”成效，加强河流、湖泊、池塘、沟渠等各类水域保洁。开展河道绿道贯通整治，保持河道护岸完整，环境整洁，河面无漂浮物，确保水清岸绿景美。逐步恢复坑塘、河湖、湿地等各类水体的自然连通，推进清淤疏竣，保持水体洁净。将“海绵小城镇”融入水域景观设计，保护和利用水田、湖泊、水库、水塘、生态洼地等乡村特色“海绵”收集滞留雨水，合理控制小城镇不透水比例，促进雨水积存、渗透和净化。

3、争创卫生乡镇。贯彻落实国家相关法律法规和省、市卫生乡镇建设标准，加强病媒生物防制和环境保护，促进绿色发展。保障食品安全和生活饮用水卫生，建立健全长效机制，争创各级卫生乡镇。

（三）整治城镇秩序

1、治理道乱占。加强道路路域环境综合治理，参照“三改一拆”无违建示范道路的标准，逐步实现田路分家、路宅分家，改善道路交通功能，取缔占道经营、堆物、违建等现象，全面整治公路桥下空间违法堆物、违法施工和违法建筑等，严禁擅自增设平交道口、道路开口、敷设管线、占用或挖掘各类道路，基本消除街面“僵尸车”。加强对面向道路的沿街排油、排污口整治。整治客货运市场秩序，合理划定客运停车场点，严禁客运车辆乱停乱靠等不文明行为，规范货车通行。

2、治理车乱开。把城市交通拥堵治理向小城镇延伸，加强道路交通违法行为查处，重点整治车辆不按规定停放、车辆不按交通信号灯规定通行、车辆逆向行驶、机动车不在机动车道内行驶、车辆违反规定载人、酒后驾驶机动车、无证驾驶机动车、驾驶无牌无证机动车和电动自行车、骑乘摩托车不按规定戴安全头盔等行为。加大查处力度，基本杜绝燃油助力车上路行驶。整治机动车非法运营和出租车拒载行为。

3、治理摊乱摆。加强联合执法，规范经营秩序，合理划定街道摊贩设置点，全面取缔违规经营、乱设摊点等行为，整治游商游贩。加大乡镇农贸市场改造提升力度，对不符合小城镇综合整治规划要求、擅自设立的农贸市场及市场秩序脏乱差等现象，加大整治改造力度，做到取缔一批、规范一批、改造提升一批，实现每个乡镇至少拥有1个一星级以上农贸市场，中心镇拥有1个二星级以上农贸市场。

4、治理房乱建。加快推进集中居住社区建设，加强老旧小区提档整治，积极推进镇中村、镇郊村和棚户区改造，优化住宅功能布局，改善居住环境。禁止在公路建筑控制区范围内修建建筑物和地面构筑物，公路建筑控制区划定前已经合法修建的不得扩建。加大对违法建筑的查处和整治力度，坚决遏止和打击违法建设行为。结合“三改一拆”、“四边三化”等工作，消除“赤膊墙”和“蓝色屋面”。

5、治理线乱拉。规范户外缆线架设，按照强弱分设、入管入盒、标识清晰、牢固安全、整齐有序、美观协调的要求，着力解决乱接乱牵、乱拉乱挂的“空中蜘蛛网”现象。有条件、有需求的地方要借鉴城市地下综合管廊建设的做法，实施架空线下地改造。加强电网、通信及相关线网改造升级，建成结构合理、技术先进、安全可靠、节能高效的综合网络。要遵循“总体规划、统一标准、各负其责、互通共享”的原则，建立管线信息系统，实现互连互通、共享交换。

（四）整治乡容镇貌

1、加强沿街立面整治。规范沿街防盗窗、遮阳檐蓬、空调室外机、卷闸门等建（构）筑物设置和门（楼）牌、广告牌匾、各种灯饰、非公路标志等，保持沿街及两侧立面整洁美观。坚持做到新设防盗窗安装不出墙，有条件的地方要完善监控设施，全面拆除已装防盗窗；沿街卷闸门的立面整治，要与沿街建筑风格和整体街景相协调；加强沿街小广告、乱张贴乱涂写，以及广告牌、路牌、门牌清理，依法拆除有碍观瞻、未经审批或手续不全的广告牌。

2、推进可再生能源建筑一体化。大力推进太阳能建筑一体化，积极采用整体改造、推广分离式太阳能光热技术和空气源热泵技术等方法，改造有碍景观的屋顶整体式太阳能热水器装置。

3、治理低小散块状行业。深化“腾笼换鸟”，深入实施低小散块状行业整治提升“十百千万”计划，全面排查整治安全生产、环境保护、产品质量、节能降耗不达标以及其他违法生产的低小散、脏乱差企业（作坊）。坚决淘汰高污染的落后产能，克服传统产业调整的惯性和惰性，扭转“劣币驱逐良币”的格局，为转型升级腾出空间、扫清障碍。加强小微企业园和标准厂房的规范管理。

4、完善配套设施。完善环卫站、垃圾中转站、垃圾箱等环卫设施，推进垃圾分类处理，提高减量化、无害化、资源化处理水平。加强污水收集处理和设施运行维护管理，鼓励通过政府购买服务等方式委托第三方管护，稳步提高生活污水的收集处理率、运行负荷率和出水达标率。完善道路交通设施和慢行交通系统，打通“断头路”，改善影响通行的拥堵点，增设停车设施，改建消防通道，修补破损路，整治低洼路，做到路面整洁无杂物、排水通畅无淤积；完善护栏、路灯、信号灯、交通标识等安全设施以及地名标志设施，形成安全、畅通的路网结构。加快宽带基础设施升级改造，推进宽带提速、加快广播电视数字化改造，推进4G网络建设。加快扩大光纤到户网络覆盖范围和规模，积极采用无线技术向农村延伸，推广农业电子商务，推进电商配送设施建设。

5、提升绿化景观。大力实施植树增绿、见缝插绿、拆违补绿、拆墙透绿行动，多植乔木和珍贵、乡土、彩色树种，做好庭院绿化、道路绿化、公园绿化，提升园林绿化水平，美化城镇景观。加强风景名胜资源保护和景观森林建设，加快构建开放、便民的公园绿地系统。

6、提升管理水平。建立健全小城镇环境综合整治长效管理机制，规范环卫、道路交通和乡容镇貌管理。引导群众积极主动参与小城镇环境综合整治。结合发展实际和需要，合理配置经济发展、社会事业、城镇规划建设管理方面的机构和人员，建立完善的管理机制。坚持管理专业化，逐步放开市政养护、园林管护、环卫保洁等作业市场，推行政府购买公共服务。深入推进城管执法体制改革，推动“智慧城管”向乡镇延伸，提高乡镇管理的科学化、精细化、标准化水平。

五、保障措施

（一）加强组织领导。成立区小城镇环境综合整治行动（美丽集镇建设）领导小组，负责统筹全区小城镇环境综合整治工作，及时研究和协调解决实施过程中遇到的问题，领导小组各成员单位各司其职、密切协作、形成合力，确保小城镇环境综合整治行动顺利推进。围绕环境综合整治，深入开展规划设计引领、卫生乡镇创建、道乱占治理、车乱开治理、线乱拉治理和低小散块状行业治理等6个专项行动，各有关牵头部门要专门制定行动方案，落实配套政策，重点指导推进。各级党委、政府要把小城镇环境综合整治行动作为推进落实“十三五”规划和高水平全面建成小康社会的重要抓手，建立党委政府主抓、住建部门牵头、相关部门参与的工作推进机制。各乡镇（街道）是小城镇环境综合整治行动的实施主体，要进一步增强工作责任感和紧迫感，尽快建立相应的组织机构，严格执行法律法规规定，以首战即决战的思想，打赢小城镇环境综合整治的第一仗，确保全区整治行动开局良好。

（二）加强要素保障。各乡镇街道要把小城镇环境综合整治行动资金纳入年度地方财政预算；将上级转移支付资金更多向小城镇环境综合整治工作倾斜；积极创新投融资机制，加大对小城镇环境综合整治项目的投入；积极引导和吸纳社会资本参与小城镇环境综合整治建设，加快形成多层次、多渠道、多元化的投融资格局。区财政给与小城镇环境综合整治行动考核验收达到标准的乡镇（街道）适当补助（资金补助办法另行制定）。加强用地保障，积极开展农村土地综合整治，盘活存量建设用地，充分利用各种废弃地、闲置地、荒坡地，积极推进坡地村镇建设，优先保障小城镇环境综合整治建设必需的用地指标。市里对小城镇环境综合整治涉及的城乡建设用地增减挂钩指标给予专项全额保障，产生的增减挂钩节余指标优先用于小城镇建设。符合条件的“三改一拆”拆后土地纳入城镇低效用地再开发或农村土地综合整治项目。

（三）加强服务指导。区住建局、规划分局等有关成员单位要组织编制小城镇环境综合整治各项技术导则，加强分类技术指导，建立技术帮扶机制，做好技术咨询服务，积极组织专家团队和专业技术人员开展送技术下乡活动。落实设计单位及项目负责人责任，探索设计单位小城镇环境综合整治各类项目的总承包制度，确保规划思路的一以贯之和规划设计项目的顺利落地。设计行业学会、协会应抓紧筹建小城镇规划设计志愿者服务联盟，组织开展优秀设计评选活动，严格设计方案技术论证评审制度，加强对设计方案完整性、规范性、创新性等的把控，确保设计方案能落地、可操作。各级财政要加强小城镇环境综合整治的资金支持。强化村镇住宅建设技术服务体系建设，加强对村镇建设技术人员的教育培训，切实提高村镇住宅建设技术服务水平。

（四）加强督查考核。建立小城镇环境综合整治督查制度，实行月通报、季督查，做到有人督、长效督。通过步步督查、层层考核，将责任具体到人、具体到事、具体到过程，推动任务落实。把小城镇环境综合整治行动成效作为考核乡镇（街道）党委政府和领导干部工作实绩的重要内容。区住建局牵头研究制定考核验收办法，定期开展检查评测并通报考评排名。加强对各地各部门的跟踪检查，对重视不够、落实不力的要限时整改。及时开展整治成效“回头看”，对复查不合格的要通报批评、责令整改，对敷衍扯皮、屡推不动的要进行问责，防止不良问题反弹，确保整治成果稳定持续。

（五）加强宣传引导。充分利用广播、电视、报刊、网络等各种媒体，广泛开展小城镇环境综合整治行动宣传，争取群众的理解支持，引导群众养成良好的生活习惯，进一步增强群众的环境卫生意识和环境保护观念。充分发挥乡镇、村基层党员干部的示范带头作用以及与群众沟通交流的桥梁纽带作用，充分调动基层干部和居民群众的积极性、主动性和创造性，加快形成全社会共同参与支持小城镇环境综合整治行动的良好氛围，为小城镇环境综合整治行动顺利推进营造良好的外部环境。

——摘自《关于印发〈海曙区小城镇环境综合整治行动（美丽集镇建设）工作方案〉的通知》（海党办〔2016〕56号）

关于进一步鼓励民间资本进入教育领域的实施意见

为进一步鼓励民间资本进入我区教育领域，促进我区教育事业综合改革和健康发展，根据《浙江省人民政府关于促进民办教育健康发展的意见》（浙政发〔2013〕47号）和《宁波市人民政府关于进一步鼓励民间资本进入教育领域的实施意见》（甬政发〔2015〕109号）精神，结合我区实际，提出如下实施意见：

一、鼓励民间资本进入教育领域

民办教育是教育事业的重要组成部分，是教育事业发展的重要增长点和促进教育改革的重要力量。要进一步拓宽开放领域、降低准入门槛、改善审批服务、创新合作机制，鼓励更多民间资本进入教育领域。在制定区域教育发展规划、调整区域学校布局时，要结合实际，为民办教育保留发展空间。

鼓励和支持民间资本举办全日制中、小学校和幼儿园（以下简称民办学校）。积极支持民间资本参与举办满足特色需求的幼儿园，多样化特色化普通中、小学，义务教育段流动人口子女学校，特殊教育学校和服务外籍学生学习的国际学校等。

鼓励和支持民间资本举办教育培训机构（以下简称民办教育培训机构）。鼓励民间资本举办或引进高端教育培训机构，举办老年教育机构、青少年校外社会实践服务机构等。

鼓励和支持民间资本参与教育合作共建项目和教育服务。鼓励民间资本以实物投放、参股等形式，参与现有中、小学校内外实践基地和素质教育基地建设，合作开发建设新校区，合作建设教育改革发展、研究、评估、咨询类中介组织和机构，合作参与智慧教育和教育服务平台建设等。

力争到2020年，引进一批育人模式新颖、课程特色鲜明、教学方法创新、品牌效应明显的特色民办学校、幼儿园或培训机构。

二、实行分类登记管理

对民办学校和民办教育培训机构按照营利性、非营利性进行分类登记管理。营利性的机构由区市场监管部门依法予以登记，非营利性的机构由民政部门按照民办非企业单位法人登记，符合有关规定的，也可按照事业单位法人登记。民办学校可以按举办者自身意愿，选择为营利性或非营利性；民办教育培训机构一般确定为营利性，如要选择非营利性的，由登记管理部门依法审核并确定。营利性的机构登记管理办法由市场监管、教育等部门研究制订，非营利性的机构登记管理办法由民政、教育、编制等部门研究制订。

已经成立的民办学校和民办教育培训机构，须在本意见颁布实施后，以书面形式向主管教育部门提出申请，按照自愿原则明确分类属性，经资产评估后，按相关规定办理法人重新登记手续。登记后由主管部门向社会公布分类管理信息。

三、民间资本进入教育领域的优惠扶持政策

（一）完善用地保障政策

要将民间资本投入教育领域的基本建设项目纳入当地土地利用总体规划和当地年度土地利用计划。利用配套教育用地举办民办学校或民办教育培训机构，应当首先满足教育基本公共服务的配套要求，并由主管教育部门先行出具相关意见。

对于非营利性民办学校和教育培训机构建设项目，可以行政划拨方式供地。对于营利性民办学校和教育培训机构建设项目，采取招拍挂出让方式供地，出让底价可参照行政划拨价格或按照成本逼近法评估确定。民办学校和教育培训机构通过招拍挂等有偿取得的用地，土地用途可确定为商业服务用地——其他商服用地（教育机构用地），土地性质和用途不得转换和改变，不得分割转让（转租）。

分类登记、分类管理后，属于营利性民办学校或民办教育培训机构用地的，原以出让方式取得的土地，土地使用权性质和教育用地用途均保持不变；原以行政划拨方式供地的，可依法申请办理划拨补办出让手续，经有权限批准的人民政府批准后，以补缴土地出让金或作价出资（入股）等方式处置。对擅自改变教育设施用地（房屋）用途、容积率的，由有关职能部门依法处置。

鼓励存量土地挖潜，民间资本投入教育建设项目利用原有闲置的厂房、医院、商业设施等存量土地和用房资源用于教育设施用途的，在明确临时改变功能用途和期限的前提下，按照临时改变房屋用途有关规定，办理临时改变房屋用途手续。鼓励采用租赁方式供应教育设施用地，以降低建设成本。民间资本举办的非营利性教育机构与政府举办的公办教育机构享有同等的土地使用政策和待遇。

（二）创新金融支持服务

鼓励金融机构开发适合民办学校和民办教育培训机构发展需求的金融产品和担保方式，支持民办学校和民办教育培训机构将有偿取得的不属于教育设施的土地、产权清晰的固定资产申请抵押贷款。

探索非营利性民办学校和民办教育培训机构将教育设施以外的财产作抵押，营利性民办学校和民办教育培训机构将可办理抵押的学校设施作抵押，或将具备财产性和可转让性的知识产权、学费收费权作为质押物，或通过营利性民办学校和民办教育培训机构的股东保证、股东其他股权质押等方式，向银行申请贷款的融资机制。教育部门要建立相关财产登记、评估、确权、流转、托管（收费权）等配套制度。

支持民办学校和民办教育培训机构以股权融资、债券融资、公私合营等方式筹集建设发展资金，积极鼓励和引导担保机构开展针对民办学校和民办教育培训机构的信用担保业务。对于办学规范、社会信誉度高的民办学校和民办教育培训机构，可建立贴息贷款机制。

发挥保险风险管理作用，引导民办学校和民办教育培训机构积极投保，降低机构运营风险。对新办的非营利性民办学校和民办教育培训机构参加政策性综合保险的，所需保费由市财政和区财政各补助30%。

（三）落实税费优惠政策

经过非营利组织（含人民教育基金会、教育类社团）免税资格认定后的民办学校和民办教育培训机构，其取得的捐赠收入、除《中华人民共和国企业所得税法》第七条规定的财政拨款以外的其他政府补助收入（但不包括因政府购买服务取得的收入）、按照省级以上民政、财政部门规定收取的会费收入及相应的银行存款利息等收入，可免征企业所得税；对从事学历教育的民办学校提供教育劳务取得的收入，民办托儿所、幼儿园提供养育服务取得的收入免征营业税；对企业举办的各类学校、托儿所、幼儿园自用的房产、土地，免征房产税、城镇土地使用税；对企业事业组织、社会团体及其他社会和公民个人利用非国家财政性教育经费面向社会举办的学校及教育机构，其承受的土地、房屋权属用于教学的，免征契税；民办学校和民办教育培训机构出资人将土地使用权、不动产投资入股到学校的，不征收营业税。

鼓励有条件的民办学校和民办教育培训机构兼并重组，对其在合并、分立、出售、置换过程中发生实物资产以及与其相关联的债权、债务和劳动力一并转让涉及的不动产、土地使用权转让，不征收营业税。

鼓励民办学校利用受赠资产和办学结余依法建立基金会。企业纳税人通过向获得公益性捐赠税前扣除资格的公益性社会团体、或者县级以上人民政府及其部门，用于公益事业的捐赠支出，按现行税法的规定，在年度利润总额12%以内的部分，可以在计算企业所得税应纳税所得额时扣除；个人（纳税义务人）通过向获得公益性捐赠税前扣除资格的公益性社会团体、或者县级以上人民政府及其部门，用于公益事业的捐赠支出，按现行税法的规定，捐赠额未超过纳税义务人申报的应纳税所得额中30%部分，可以从其个人所得税应纳税所得额中扣除。非营利性民办学校和民办教育培训机构用电、用水、用气等价格享受与公办学校同价政策。

（四）健全财政扶持政策

建立政府公共财政资助体系，区人民政府设立民办教育发展专项资金，安排生均教育事业经费、保障教师待遇经费，探索设立教育发展产业基金及民办教育子基金，引导各类民间资本投资办学项目。

对民办学校和民办教育培训机构建立每两年开展一次信用等级评估制度，对办学行为规范、教学设施设备齐全、社会效益好、信用评价高的单位，区财政将给予一定奖励性补助，具体奖补办法另行制订。

（五）营造教师保障环境

具有教师资格、从事一线教学工作的专任教师，应按规定参加各类社会保险，并享受相应的住房公积金待遇。民办学校和民办教育培训机构要为专任教师建立年金等补充保险制度。

设立区民办学校专任教师工资最低发放标准，把民办教师月工资收入是否达到当地中小学“教师平均绩效工资水平”作为一条重要指标进行考核，并与下发民办教育发展专项资金挂钩。

公办学校事业在编人员流动到民办学校任教的，应当解除（终止）聘用合同，与民办学校建立劳动关系，人员名册报当地事业单位综合管理部门备案。上述人员需重新流动到事业单位的，在同行业内按照“岗位空缺、专业对口”的原则，经事业单位、主管部门同意和当地人力社保部门认定核准，办理流动手续。民办学校教师，参加公办学校事业编制的招聘，一经录用，工龄、教龄予以连续计算。

（六）加强师资队伍建设

支持民办学校引进高素质人才，引进的高素质人才在住房安置、子女就学、研究经费等方面，享受区人才管理办法所规定的同等优惠政策。

教育行政部门应根据本地实际，制订并落实公办教师到民办学校支教计划。经教育行政部门委派到非营利性民办学校支教的公办教师，支教期间，其原有的编制、档案关系、工资和社会保险等均保持不变，支教期满，回原单位任教；经教育行政部门委派到营利性的民办学校支教的教师，其原有的公办教师编制、档案关系保持不变，工资由民办学校负责，支教期满，回原单位任教。在评优评先、职称评审中，公办教师被委派到民办学校支教的工作经历视同于公办教师到农村学校支教。

民办学校教师在资格认定、职称评审、课题申报、进修培训、评先评优、国际交流等方面享受与公办学校教师同等机会。教育行政部门要将民办学校教师纳入教师培训计划，且与公办学校教师同系列、同机会、同要求。民办学校用于培训教师和校长的经费，参照公办学校标准提取。

（七）落实民办学校自主办学政策

民办中小学校在完成国家规定课程前提下，可以自主开展教育教学活动。民办学校引进的境外课程需报省级教育部门审核。

民办中小学校按国家有关规定，在核定的办学规模内，与区公办学校同期面向社会自主招生。依据有关规定，放开营利性民办学校学历教育的收费标准，由民办学校根据实际自行确定，报价格主管部门备案后执行。价格主管部门在核定非营利性民办学校学历教育的学费、住宿费时，应充分考虑学校发展来制订基准价格和浮动幅度。

（八）建立奖励性回报制度

对办学规范、社会信誉好且专任教师比例不低于80%的非营利性民办学校或民办教育培训机构，在扣除办学成本、预留学校发展基金以及按照国家有关规定提取其他必须费用后，在办学有结余的前提下，经民办学校或民办教育培训机构董事会（理事会）研究决定，每三年可从累计的办学结余中提取一次经费用于奖励出资人，提取比例不得超过累计办学结余的10%。具体结余核定、提取和奖励办法由教育、财政部门另行制订。

营利性民办学校和民办教育培训机构，出资人依法享有相关产权与经济收益，按市场机制获取利润。民间资本举办教育合作共建项目和参与教育服务，按相关合作协议取得合理回报。

四、加强监管和服务

（一）引导民办学校健康发展

鼓励民办学校按照现代学校制度要求，建立健全决策机构（董事会或理事会）、执行机构（行政班子）和监督机构（监事会），形成决策、执行、监督相对独立、相互支持的法人治理结构，使民办学校沿着自我管理、自我约束、自担风险的办学方向健康发展。对现有的公办学校参与举办的民办学校，要求具有独立的法人资格，具有与公办学校相分离的校园和基本教育教学设施，实行独立的财务会计制度，独立招生，独立颁发学业证书等“五独立”。

民办学校按营利性和非营利性建立相应的会计制度，健全财务和资产管理制度，加强对学费收入、政府资助等公共性资金的银行专款账户进行监管，确保财务公开透明。

健全民办学校并购重组和举办者变更退出机制。除捐资举办的民办学校外，其他民办学校存续期间，出资或投资者对所有者权益（股权）可以增设、释股、转让、继承、赠与。对非营利性民办学校，在产权流转过程中，一律按账面原值计价；营利性民办学校按市场机制操作。对办学不规范、社会信誉差的民办学校和民办教育培训机构，区教育部门应会同相关职能部门，建立相应的风险预警、资产清算、学生安置等管理办法，做到既严格管理，又确保社会稳定。

（二）规范民办教育培训机构办学行为

健全民办教育培训机构联合监管机制。教育部门应当履行教育培训行业主管部门职责，开展对民办教育培训机构的日常监管。教育、市场监管、人力社保、民政、税务、公安等相关部门要依法履职、通力合作，建立对民办教育培训机构的沟通协调和联合监管机制，重点依法查处非学历教育培训机构无证无照经营、超范围经营、发布虚假广告等违法违规行为。发挥民办教育协会等行业协会作用，逐步完善行业自律等监督机制。采取信用等级、办学质量第三方评估等分类管理方式，规范民办教育培训机构建设，并通过年度检查，梳理民办教育培训机构办学过程中存在的问题，及时督促改正，并向社会公布检查结果。

（三）改进管理和服务

修改调整影响民间资本进入教育领域的政策规定，清理整合涉及民间资本进入教育领域的行政审批事项，降低门槛、简化环节、缩短时限，进一步推动管理内容、标准和程序的制度化、公开化、规范化。逐步建立满足公众需要、方便民间资本出资人需要、有利于提高政府管理服务水平的民办教育服务和管理信息平台，推进民间资本投入建设项目许可证电子化管理，加强民间资本进入教育领域的信息统计和发布工作。

（四）加强组织和领导

教育、编制、发改、市场监管、公安、民政、财政、人力社保、国土资源、住建、税务等部门和单位要加强统筹协调，按照职责分工，各司其职、密切配合，定期研究分析、解决民办教育改革发展的重要问题；要加强制度设计，积极探索、加快出台相关配套政策，为民办教育改革发展创造良好的政策环境。

要制订吸引民间资本投资民办教育的项目库，在政府网站公开发布投资民办教育的项目内容。对引进著名培训品牌等特别重大的示范性项目，可以采用项目试点方式，加大政策保障力度。

本实施意见自2016年3月17日起施行。

——摘自《关于进一步鼓励民间资本进入教育领域的实施意见》（海政发〔2016〕7号）

关于进一步完善困难残疾人生活补贴和重度残疾人护理补贴制度的实施意见

为进一步完善困难残疾人生活补贴和重度残疾人护理补贴制度（以下统称残疾人两项补贴），不断提高残疾人基本生活保障和基本照料服务水平，根据《国务院关于全面建立困难残疾人生活补贴和重度残疾人护理补贴制度的意见》（国发〔2015〕52号）、《浙江省人民政府关于全面建立困难残疾人生活补贴和重度残疾人护理补贴制度的实施意见》（浙政发〔2016〕3号）和《宁波市人民政府关于进一步完善困难残疾人生活补贴和重度残疾人护理补贴制度的实施意见》（甬政发〔2016〕75号）精神，结合我区实际，现就进一步完善我区困难残疾人生活补贴和重度残疾人护理补贴提出如下实施意见：

一、补贴对象

（一）困难残疾人生活补贴。主要补助残疾人因残疾产生的额外生活支出。补贴对象为持有海曙区常住户籍并持有海曙区核发的有效《中华人民共和国残疾人证》（以下简称《残疾人证》）的家庭人均收入在低保标准150%以下的残疾人或本人收入在低保标准150%以下的劳动年龄段残疾人。

（二）重度残疾人护理补贴。主要补助残疾人因残疾产生的额外长期照护服务支出。补贴对象为残疾等级被评定为一级、二级且需要长期照护的重度残疾人以及三、四级精神、智力残疾人。长期照护是指因残疾产生的特殊护理消费品和照护服务支出持续6个月以上。

二、补贴标准

（一）困难残疾人生活补贴标准。按照当地低保标准的30%确定。对于原享受贫困重度残疾人的基本生活补助对象和残疾人基本生活保障对象未列入低保的，按照当地低保标准全额或差额发放困难残疾人生活补贴，差额发放不得低于当地低保标准的30%。

（二）重度残疾人护理补贴标准。按照生活完全不能自理、基本不能自理、部分不能自理三档，分别为每人每月540元、270元、135元。对符合条件的在机构集中托养的残疾人，可在上述补贴标准基础上分别上浮50%。重度残疾人护理补贴标准根据经济社会发展水平、护理支出变化等情况适时调整。

三、政策衔接

符合条件的残疾人，可同时申领困难残疾人生活补贴和重度残疾人护理补贴。原享受贫困重度残疾人的基本生活补助和残疾人基本生活保障的残疾人，本人按规定核定的收入低于低保标准且财产符合低保条件的，按照单人户纳入低保范围。低保家庭残疾人符合两项补贴条件的可同时享受。既符合残疾人两项补贴条件，又符合因公致残、离休等生活补贴（津贴）、护理补贴（津贴）条件的残疾人，可择高申领其中一类生活补贴（津贴）、护理补贴（津贴）。享受孤儿和困境儿童福利基本生活保障政策的残疾儿童不享受困难残疾人生活补贴，可享受重度残疾人护理补贴。领取工伤保险生活护理费、纳入特困人员供养保障的残疾人不享受残疾人两项补贴。享受养老服务补贴的残疾人不享受重度残疾人护理补贴。

残疾人两项补贴不计入城乡低保和低保边缘家庭的收入。

四、申请审批和发放管理

（一）自愿申请。残疾人两项补贴由残疾人本人向户籍所在地街道办事处受理窗口提交书面申请。残疾人的法定监护人、法定赡养（抚养、扶养）义务人、所在社区居民委员会或其他委托人可以代为办理申请事宜。申请残疾人两项补贴须持有效《残疾人证》，并提交相关证明材料。

（二）审核审批。街道办事处受理窗口接受残疾人两项补贴申请后，要发挥“一门受理、协同办理”的作用，及时进行初审。初审合格材料报送区残联进行审核，审核合格材料转送区民政局审定家庭经济状况。区民政局将申请人家庭经济状况审定材料返回给区残联。区残联会同区财政局拨付两项补贴资金。

（三）规范发放。补贴资格审定合格的残疾人自递交申请当月起计发补贴。残疾人两项补贴应采取社会化形式，通过银行转账方式按月发放。重度残疾人护理补贴还可采取政府购买服务的形式发放。

（四）动态管理。建立残疾人两项补贴定期复核制度，实行应补尽补、应退则退的动态管理。

五、工作要求

（一）强化组织领导。进一步完善残疾人两项补贴制度是保障和改善民生的一项重要任务，各街道、各部门要将残疾人两项补贴工作列入重要议事日程，抓好落实。要加强领导，精心组织，落实责任，推进困难残疾人两项补贴工作的有序开展。

（二）明确部门职责。民政部门要履行主管部门职责，按照《宁波市居民家庭经济状况核对办法（试行）》，组织做好家庭收入认定、补贴资格审定、监督管理等工作，推进残疾人两项补贴制度与相关社会福利、社会救助、社会保险制度有机衔接。财政部门要加强资金保障，及时足额安排补贴资金及工作经费，确保残疾人两项补贴制度顺利实施。残联组织要发挥“代表、服务、管理”职能作用，按照残疾类别、等级直接认定或由第三方评定的办法做好残疾人生活自理能力的认定工作，及时掌握残疾人需求，严格《残疾人证》发放管理；组织做好残疾人两项补贴预算编制、对象审核及补贴发放等工作。

（三）加强监督管理。要定期向社会公示残疾人两项补贴资金发放使用情况，接受社会监督，及时处理残疾人及其他群众的投诉建议，切实维护残疾人合法权益。财政、审计、监察部门要加强监督检查，防止出现挤占、挪用、套取等违法违规现象。民政部门、残联要定期组织开展残疾人两项补贴绩效评估工作，不断完善相关政策措施。要建立完善残疾人实名制两项补贴工作网络信息平台，加强对基本信息的实时监测、比对、归纳分析和动态管理。

（四）做好培训宣传。要及时组织学习培训，全面掌握残疾人两项补贴制度的精神和内容，充分利用宣传媒体，采取灵活多样形式宣传残疾人两项补贴制度，营造关心、关爱残疾人的良好社会氛围，确保残疾人及其家属知晓残疾人两项补贴制度内容，了解申领程序和要求，做好残疾人两项补贴政策解读工作，协助残疾人便捷办理相关手续。

（五）形成政策合力。发挥残疾人两项补贴制度的带动作用，促进困难残疾人两项补贴与社会服务相互配合，形成解决残疾人长期照护困难的政策合力。通过家庭照顾者培训、家庭设施无障碍改造、社区支援服务等措施，进一步巩固家庭照顾残疾人的基础性作用。探索推进残疾人照护体系与老年人照护体系整合，推动残疾人、老年人服务项目和服务资源共享。探索建立包括残疾人、老年人等功能障碍人士在内的长期护理保险制度。

残疾人两项补贴制度自2016年1月1日开始实施。区民政局、区财政局、区残联要结合实际，根据职责分工抓紧制定具体的实施办法。区政府将适时组织督查。已有规定与本实施意见不一致的，按本实施意见执行。

——摘自《关于进一步完善困难残疾人生活补贴和重度残疾人护理补贴制度的实施意见》（海政发〔2016〕33号）

关于加快推进残疾人全面小康进程的实施意见

为加快推进我区残疾人全面小康进程，根据《国务院关于加快推进残疾人小康进程的意见》（国发〔2015〕7号）和《浙江省人民政府关于加快推进残疾人全面小康进程的实施意见》（浙政发〔2015〕50号）、《浙江省人民政府关于全面建立困难残疾人生活补贴和重度残疾人护理补贴制度的实施意见》（浙政发〔2016〕3号）、《宁波市人民政府关于加快推进残疾人全面小康进程的实施意见》（甬政发〔2016〕70号）和《宁波市人民政府关于进一步完善困难残疾人生活补贴和重度残疾人护理补贴制度的实施意见》（甬政发〔2016〕75号）等文件精神，结合我区实际，现提出如下意见：

一、总体目标

坚持普惠与特惠相结合，兜底保障与就业增收相结合，政府扶持、社会帮扶与残疾人自强自立相结合，统筹兼顾和分类指导相结合，健全完善困难残疾人生活补贴、重度残疾人护理补贴、残疾人康复补贴和残疾人社会保险补贴制度，对符合条件的残疾人，确保应补尽补、精准施补，全面加强残疾人民生保障，全力推进残疾人创业就业，加快残疾人权益保障和基本公共服务体系建设，加快推进残疾人全面小康进程。到2020年，在全国率先建成比较完善的具有海曙特色的残疾人社会保障和基本公共服务体系，促进残疾人共享经济社会发展成果，共享全面小康生活。

二、全面加强残疾人基本民生保障

（一）扩大残疾人低保覆盖面。对符合城区低保条件的残疾人家庭，确保应保尽保；对依靠家庭供养的成年重度残疾人和成年三、四级精神、智力残疾人，本人按规定核定的收入低于低保标准且财产符合低保条件的，以及低保边缘家庭中的重度残疾人，可按照单人户纳入低保范围，并享受与低保家庭同等的和个人直接相关的专项社会救助政策。其中，低保家庭和低保边缘家庭中的重度残疾人本人按最低生活保障标准的全额计发。

（二）加大残疾人社会救助力度。对低保、低保边缘家庭中的未成年重度残疾人和未成年三、四级精神、智力残疾人，按照社会散居孤儿的养育标准全额或补差发放基本生活补贴。低保家庭残疾人初次就业、再就业的，3年内所获得的就业收入可不计入家庭收入。做好残疾人医疗救助工作，提高医疗救助标准，完善医疗救助即时即报机制；对纳入医疗救助的精神残疾人门诊服用基本抗精神病药物个人自付部分，实行全额保障。

（三）加大残疾人基本医疗康复保障。严格执行《浙江省基本医疗保险医疗服务项目》支付医疗康复项目的规定。努力提高医保医疗康复项目的服务能力，将脑瘫、智障残疾儿童医疗康复项目纳入规定病种支付范围；将低保家庭的残疾人和低保家庭以外的残疾儿童、精神残疾人和“三瘫一截”等成年重度残疾人纳入基层责任医生签约服务范围，服务费个人承担部分，低保家庭对象由社会救助专项资金全额支付，低保家庭以外对象由区财政给予80%补助。

（四）健全残疾人福利补贴制度。整合残疾人共享小康工程相关政策，建立完善残疾人生活、护理、康复和社会保险等补贴制度，并实行补贴标准的动态调整。

1.困难残疾人生活补贴。主要补助残疾人因残疾产生的额外生活支出，对象为生活困难的残疾人。对家庭人均收入在低保标准150%以下的残疾人或本人收入在低保标准150%以下的劳动年龄阶段残疾人，按照当地低保标准的30%发放生活补贴。对于原享受贫困重度残疾人的基本生活补助对象和残疾人基本生活保障对象未列入低保的，按照当地低保标准全额或差额发放困难残疾人生活补贴，差额发放不得低于当地低保标准的30%。

2.重度残疾人护理补贴。主要补助残疾人因残疾产生的额外长期照护支出，对象为残疾等级被评定为一级、二级且需要长期照护的重度残疾人以及非重度智力、精神残疾人。按生活完全不能自理、基本不能自理、部分不能自理三档，分别给予每人每月540元、270元、135元的补贴。对符合条件的在机构集中托养的残疾人，可在上述补贴标准基础上分别上浮50%。补贴标准根据护理支出变化情况适时调整，并逐步推动形成面向所有需要长期照护残疾人的护理补贴制度。

3.残疾人康复补贴。主要补助残疾人因残疾而产生的额外康复支出。加大康复救助力度，调整项目设置，扩大受益覆盖面。保障实施残疾人康复服务补贴项目，健全残疾儿童康复救助制度，对符合条件的0-6周岁视力、听力、言语、智力（孤独症）、肢体残疾儿童免费实施手术、配置辅助器具和康复训练等基本服务；对7-18周岁贫困家庭中的重度残疾儿童少年提供集中养育康复。对残疾人自费配置人工耳蜗的，按当年国家人工耳蜗项目采购价给予定额补贴，电动轮椅车等其他残疾人自费辅助器具按当年公布的同类型号政府采购价给予定额补贴。

4.残疾人社会保险补贴。残疾人参加居民基本养老保险，个人缴费部分给予补贴。资助低保和低保边缘家庭残疾人、重度残疾人参加居民基本医疗保险，个人缴费部分由区财政承担，其他残疾人参加居民基本医疗保险个人缴费部分，给予适当补贴。对个体就业和自谋职业的残疾人，参加职工基本养老保险缴费有困难的，给予一定的补助。推动建立残疾人补充保险制度，支持各类商业保险机构开展残疾人意外伤害保险，对残疾人集中就业单位、辅助性（庇护性）就业单位和残疾人托养机构参加综合责任保险和意外伤害保险，给予一定的补助。

符合条件的残疾人，可同时申领以上四类残疾人福利补贴。对既符合困难残疾人生活补贴和重度残疾人护理补贴，又符合因公致残、离休等生活补贴（津贴）、护理补贴（津贴）条件的残疾人，可择高申领其中一类生活补贴（津贴）、护理补贴（津贴）。享受儿童福利基本生活保障政策的残疾儿童不享受困难残疾人生活补贴，可享受重度残疾人护理补贴。领取工伤保险生活护理费、纳入特困人员供养保障的残疾人不享受困难残疾人生活补贴和重度残疾人护理补贴。享受养老服务补贴的残疾人不享受重度残疾人护理补贴。以上四类补贴不计入城乡低保和低保边缘家庭的收入。

（五）保障和改善残疾人住房。进一步完善残疾人住房长效救助机制，对符合住房保障条件的城镇残疾人家庭，优先提供公共租赁住房或发放住房租赁补贴。可通过组织实施残疾人宜居、亮居工程，进一步改善残疾人的住房居住条件。

三、全力推进残疾人就业创业

（一）依法推进按比例就业。建立用人单位按比例安置残疾人就业公示制度，将安置残疾人就业情况纳入企业信用信息公示范围。除创业3年内、在职职工总数不超过20人的小微企业外，对未达到安置比例要求的用人单位，严格依法征缴残疾人就业保障金；对超比例安置我区残疾人就业的企业，每多安置1人，每年按不低于宁波市4个月最低工资的标准予以奖励。党政机关、团体、事业单位、国有企业及所属机构应当为全社会作出表率，带头安置残疾人就业。到2018年，区政府残工委成员单位至少有1名残疾人在本单位安置就业；其他党政机关和街道要积极创造条件，安排一定数量的岗位用于残疾人就业。区级残联安排1—2名残疾人干部或职工。国有和国有控股企业应当设定或预留适合残疾人就业的岗位，每2年至少举办1次残疾人专场招聘会，并积极参与政府组织的残疾人专场（专区）招聘会。公办医疗机构应当积极吸纳符合条件的盲人医疗按摩人员就业。

（二）稳定发展集中就业。全面落实促进残疾人就业税费减免、社会保险补贴等优惠政策，支持社会各种投资主体创办福利企业和工疗机构，在同等条件下，政府优先采购残疾人集中就业单位的产品和服务。对福利企业安置残疾人就业的，每安置1人，每年按不低于宁波市1个月最低工资的标准予以奖励，并对残疾人职业技能培训、无障碍设施改造给予补助。对残疾人辅助性（庇护性）就业机构，除根据规模给予一次性开办经费补助外，每安置1人，每年按不低于宁波市2个月最低工资的标准予以补助，并对场地（所）租赁、技能培训、康复器材（设备）配置、无障碍设施改造给予补助。对盲人按摩机构等其他残疾人集中就业机构，按安置残疾人人数给予一定的社保缴费补助。

（三）促进残疾人多渠道就业创业。全面落实促进残疾人就业的相关优惠政策，并对其从事个体经营、自主创业、灵活就业所需的场地（所）租赁、启动资金、设施设备购置等予以补助。推进残疾人电子商务就业，对安置残疾人就业的电子商务企业，每安置1人，每年按不低于宁波市2个月最低工资标准予以奖励，对辐射、带动残疾人从事电商就业创业的电子商务企业，可给予适当资金补助。推动建立残疾人创业孵化机制，鼓励电子商务产业基地增设残疾人创业孵化区，对依托大众创业孵化平台或利用现有残疾人服务设施创办的残疾人创业孵化园（基地），可给予场地（所）租赁、无障碍设施改造、设施设备购置补助。市及区对残疾人创业孵化工作突出的机构给予一定的资金补助。政府开发的公益性岗位，优先安排就业困难残疾人和残疾人家庭成员就业。要建立完善残疾人专职委员选拔聘用、教育培训、管理考核、激励淘汰等机制，配齐配强街道残联和社区残协专职委员。街道残联和残疾人数较多的社区残协的专职委员纳入社区专职工作者管理或享受社区专职工作者工资福利等待遇；其他社区残协的专职委员待遇参照公益性岗位，按宁波市最低工资标准一定比例确定。

（四）加强残疾人就业服务。残疾人就业服务机构和公共就业服务机构要免费向残疾人提供职业指导、职业介绍等就业服务，对符合条件的残疾人提供就业援助。加强残疾人就业服务信息网络建设。加大残疾人职业技能培训力度，建立培训成效与补助资金挂钩的绩效考核制度，定期举办残疾人职业技能竞赛，推动和健全残疾人技能培训基地建设。对残疾人自主参加职业培训，符合条件的给予培训费用补助。

四、加快推进残疾人基本公共服务

（一）加强残疾人康复服务能力建设。加强和优化康复资源整合与配置，建立医疗机构和康复机构间的合作机制，实现机构间转诊转介有效对接。加强社区康复服务，加大社区康复在基层医疗卫生中的考核力度。鼓励和扶持社会力量兴办残疾儿童康复服务机构，提高儿童福利机构的康复服务能力。加强专业康复人才培养培训，实施康复从业人员各类培训和职业技能鉴定补贴。建立中高级专业人才引进激励机制，落实从事残疾人康复工作的高等院校和中等职业学校毕业生入职奖补政策。在临床住院医生规范化培训中强化医疗康复方面的内容。完善0-6周岁儿童残疾筛查工作，普及残疾预防知识，提高公众残疾预防意识。

（二）提高特殊教育发展水平。完善残疾儿童学前教育布局，特殊教育学校开展学前教育，对家庭经济困难残疾儿童的学前教育训练和生活费给予补贴。规范送教服务，提高送教服务质量，完善随班就读，全面推行全纳教育，探索个性化与医教结合的教学模式，提高残疾儿童义务教育入学率和教学质量。大力发展以职业教育为主的残疾人高中阶段教育。到2020年，基本普及残疾少年儿童十五年教育。进一步提高残疾学生和困难残疾人家庭子女资助水平，建立完善残疾学生特殊学习用品、教育训练、交通费补助政策。鼓励特殊教育教师终身从事特殊教育事业，在评先评优时给予适当政策倾斜。全面落实特殊教育津贴制度，绩效工资分配向特殊教育教师倾斜。

（三）强化残疾人服务设施建设和管理。加快推进残疾人服务设施建设，鼓励、引导社会组织、民营资本等建设残疾人专业服务设施、参与无障碍设施改造等，加大购买服务力度，对符合政策条件的，给予重点扶持。到2020年，全区至少建有1家示范性残疾人专业托养机构，平均每百名残疾人的康复和集中托养床位达到3张以上。人口在1万人以上的街道至少建有1家残疾人庇护机构，鼓励、扶持社区建立残疾人庇护照料机构。规范服务设施管理，制订残疾人康复、托养、庇护服务与评估标准。整合街道、社区养老助残资源，为智力、精神和重度残疾人提供托养照料、居家安养服务。对民营机构开展的残疾人康复、托养、庇护、教育、文化体育等服务，参照养老服务业相关优惠政策执行。

（四）全面推进城区无障碍环境建设。贯彻落实国家《无障碍环境建设条例》规定，按照《无障碍设计规范》国家标准要求，对新建、改建设施的规划、设计、施工、验收严格监管，开展无障碍区建设。深入实施"无障碍设施进家庭"建设项目。加快公共交通、公共场所和设施的无障碍改造，公共交通运营单位应当根据实际需要，逐步配置无障碍车辆，并设置便于识别的无障碍运营标志。进一步提高公共场所出入口的坡道平整覆盖率。公共停车场（库）和大型居住区的停车场（库），应当在便利位置按规定比例设置无障碍停车位。公共服务建设项目无障碍设施竣工验收时，应吸收残联组织和残疾人代表参加。逐步推进政府信息以无障碍方式发布、影像制品加配字幕、食品药品添加无障碍识别标识。残疾人凭爱心乘车IC卡免费乘坐市区公交车与地铁等交通工具。对视力、听力、言语残疾人及其他贫困残疾人使用有线电视、通信和网络等设施资费给予政策性减免优惠。对持有C5汽车驾驶证的残疾人驾驶专用汽车在公共停车场享受停车优惠照顾。对下肢残疾人在一定周期内购置（更换）符合宁波市注册登记车型的残疾人机动轮椅车，给予适当补贴。公共服务窗口设置醒目标志，为残疾人提供优先、优惠和辅助性服务。

（五）发展残疾人文化体育。公共文化、体育设施建设、文化信息资源共享等文化惠民工程，要为残疾人参与提供便利。公共文化体育设施和游览参观点等公共场所对残疾人免费或优惠开放，并配备适合残疾人身心特点的文体活动器材。广泛开展群众性残疾人文化体育活动，每年组织开展残疾人文化艺术周和残疾人健身周活动。残疾人集中就业、康复托养、庇护照料等场所，配备适合残疾人康复健身的文体设施和用品，并定期开放开展文体各类活动。各街道、各部门举办的文体活动和比赛，要将残疾人纳入其中。完善残疾人文体人才的管理、保障和激励机制，对残疾人文体人才的就学、就业、创业给予优先安排和政策扶持，对作出突出贡献的残疾人文体人才给予奖励。到2020年，至少创建区级以上残疾人文化艺术示范基地（团队）3个和残疾人体育训练（健身）示范基地3个，每个街道至少创建1个区级以上残疾人体育健身示范点，配备2名以上残疾人体育健身指导员；残疾人社区文体活动参与率达到65%以上。

五、充分发挥社会力量和市场机制作用

（一）积极推动政府购买服务。建立以残疾人康复、托养、护理、无障碍改造、文化体育、法律维权等服务为重点的政府购买残疾人服务指导性目录，加大政府购买服务力度，规范服务标准，为残疾人提供均等化、专业化、便利化的服务，健全监管机制，实现政府购买服务对残疾人服务供给的放大效应。

（二）大力发展残疾人慈善事业。鼓励和支持社会公众、社会组织通过捐款捐物、扶贫开发、助学助医等方式，为残疾人奉献爱心，提供慈善帮扶。鼓励支持服务残疾人的各类公益慈善组织发展，采取公益创投等多种方式，在资金、场地（所）、设备、管理、岗位购买、人员培训等方面给予扶持，引导和规范其健康发展。大力培育残疾人慈善项目品牌。倡导社会力量兴办以残疾人为服务对象的公益性医疗、康复、特殊教育、托养照料、社会工作服务等机构和设施。

（三）广泛开展志愿助残服务。突出需求导向和精准服务，健全志愿助残的招募注册、服务对接、服务记录、组织管理、评价激励、权益维护等制度。要积极搭建志愿助残服务平台，广泛开展助残志愿者"阳光行动"，引导更多人参与助残公益活动和志愿助残服务。重点依托康复、托养等各类残疾人服务机构，建设以“残健融合、志愿助残”为宗旨的具有示范性和辐射力的开放式志愿助残服务基地，支持党群组织、社会组织进机构开展经常性的互动活动。到2020年，全区助残志愿者注册人数达到户籍人口的千分之一以上 。

（四）加大残疾人事业宣传力度。在报刊、广播、电视和网站等主要新闻媒体要开设残疾人专版专栏专题，每年定期刊登播放助残公益广告。积极培育和宣传残疾人自立自强、创业致富和社会助残等先进典型。大力弘扬人道主义思想和残疾人“平等、参与、共享”的现代文明理念，在“全国助残日”“国际残疾人日”等残疾人重大节日期间，广泛开展特色主题宣传活动，进一步营造全社会理解、尊重、关心、帮助残疾人的良好氛围。

（五）加快发展残疾人服务产业。充分发挥市场机制作用，加快形成多元化的残疾人服务供给模式，更好地满足残疾人特殊性、多样化、多层次的需求。统筹规划残疾人服务业发展，大力发展社会助残组织，培育一批服务品牌。完善残疾人服务业相关职业设置、专业技术人员和技能人员职业能力水平评价办法，加快培养残疾人服务专业人才。鼓励商业保险公司开发适合残疾人的康复、托养、护理等保险产品。扶持盲人读物、残疾人题材图书和音像制品出版。扶持发展特殊艺术，培育残疾人文化艺术品牌。制定残疾人服务行业管理制度，发挥残疾人服务行业组织自律监督作用，营造公平、有序的市场环境。

六、加强对推进残疾人全面小康进程的组织领导

（一）健全组织领导机制。区政府残工委要进一步完善工作机制，切实发挥统筹协调作用，明确各成员单位工作职责，及时解决突出困难和问题，对其年度工作任务完成情况进行考核和通报。对残疾人工作作出突出成绩的单位和个人，给予表彰和奖励。

（二）完善工作保障机制。建立完善多渠道、全方位的资金筹措机制，保障残疾人事业发展所需经费。区财政要建立稳定的残疾人事业经费保障机制，按照支出责任合理安排推进残疾人全面小康进程所需的各项经费。确保区级福利彩票公益金本级使用部分的10%以上用于为残疾人服务的福利设施、设备。加强残疾人就业保障金的征收、使用和管理。残疾人就业保障金主要用于支持残疾人培训就业和保障残疾人生活。加强信息化建设，建立完善民政、人力社保、卫生计生、教育、公安、税务、市场监管、残联等部门和单位之间相关数据信息的互通共享机制。建立健全区级各类残疾人专门协会，落实活动场所和经费。

（三）完善残疾人权益保障机制。深入贯彻落实《中华人民共和国残疾人保障法》和《浙江省残疾人保障条例》等法律法规，将保障残疾人权益维护纳入区“平安建设”考核内容，加强对残疾人权益保障工作的督促检查，督导相关职能部门兑现职能范围内的助残政策规定。政府和有关部门研究制定重要政策和实施重大建设时，涉及残疾人权益的，要征询同级残联组织和残疾人代表的意见和建议。加强对残疾人的司法保护，严肃查处侵害残疾人合法权益的违法行为。加强对残疾人法律援助、法律救助和法律服务。畅通残疾人信访诉求渠道，保障残疾人合法权益，努力维护社会和谐稳定。

本实施意见所指残疾人是海曙区户籍并持有海曙区核发的有效《中华人民共和国残疾人证》残疾人。

区政府已有规定与本实施意见不符的，按本实施意见执行。

本意见自发布之日起施行。

——摘自《关于加强推进残疾人全面小康进程的实施意见》（海政发〔2016〕34号）

国家食品安全城市创建试点及浙江省食品安全区创建工作方案

为扎实推进食品安全城市创建工作，进一步提升海曙区食品安全保障水平，根据国务院食品安全办《关于开展食品安全城市创建试点工作的通知》（食安办函〔2014〕20号）、《关于扩大食品安全城市创建工作试点范围的通知》（食安办函〔2015〕33号）精神以及《浙江省人民政府办公厅关于开展食品安全市、县（市、区）创建工作的指导意见》（浙政办发〔2016〕28号）、《宁波市人民政府办公厅关于印发宁波市国家食品安全城市创建试点及浙江省食品安全市、县（市、区）创建工作方案的通知》（甬政办发〔2016〕50号）部署安排，特制定本方案。

一、总体思路

围绕建设“食安海曙”目标，以“四个最严”为总体要求，以“四有两责”、“三网六体系”为指导，以“一网五体系”为统领，坚持“全域覆盖、全程监管、全员参与”的原则，开展国家食品安全城市创建试点工作，同步开展浙江省食品安全区创建工作，即“两级联创”。通过创建，进一步落实政府属地责任，督促监管部门依法履职，倒逼企业守法诚信经营，引导社会各界积极参与，形成“上下统一、责任明晰、运行高效、保障有力、全程监管、符合实情、科学合理”的食品安全治理格局，推动食品安全整体状况持续向好、食品安全治理水平稳步提高以及食品安全公众满意度显著提升。

二、基本原则

（一）政府主导，两级联创。区政府统一领导和组织实施创建工作，各街道和有关部门作为国家食品安全城市创建工作的主体，落实各项创建任务，并同步开展浙江省食品安全区创建工作。

（二）坚持标准，积极创新。既要坚持标准做好“规定动作”，又要主动创新突出亮点工作，积极探索形成食品安全监管新模式、新机制和新举措，使之更加契合当前食品安全监管新要求。

同时，积极引导和扶持食品生产经营者，促进食品产业转型升级、食品行业提升发展，进而更好地促进食品安全整体保障水平提高。

（三）社会共治，群众满意。充分调动人民团体、行业协会、群众组织、企事业单位等社会力量和资源，多措并举、社会共治，全方位、多层次推进食品安全城市创建工作，并把社会认可、群众满意作为食品安全城市评价的最终标准，按照考核评价标准，引入第三方评价机制，不搞形式主义，让群众真正从创建中受益。

三、工作目标

（一）食品安全整体状况持续向好。食品安全整体状况良好，尤其是粮食及粮食制品、食用油、蔬菜、水果、肉及肉制品、水产品、乳制品、保健食品等大宗食品和专供婴幼儿及其他特定人群的主辅食品的安全状况持续稳定在较高水平。

（二）食品安全治理水平稳步提高。推进落实食品安全“一网五体系”建设，形成完善的食品安全监管体系；监管执法实现全覆盖，食品安全重点问题得到有效整治；食品行业依法诚信经营，产业健康发展；食品安全社会共治格局基本形成。

（三）食品安全公众满意度显著提升。社会各界对食品安全工作及总体状况认可度、满意度均有提高，食品安全评价公众满意度在75%以上。

四、主要任务

（一）强化食品安全责任体系和工作机制落实

1.食品安全责任体系有效落实。各街道、各部门高度重视食品安全工作，将食品安全工作列入本单位重要议事日程，纳入国民经济和社会发展规划。建立健全考核评价机制，将食品安全纳入政绩考核，食品安全工作所占权重不低于3%。加强食品安全财政经费保障，其中检验经费应至少支持国家规定的每千人批次检测样本量（具体检测批次另行发文）。加强食品安全责任体系建设，层层建立食品安全目标管理责任制，建立督查、检查、考核、通报机制，确保食品安全各项工作落实到位。

2.“一网五体系”工程全面实施。以食品安全“一网五体系”为统领，在实施食品生产、流通、餐饮、保健食品、应急、信用等监管实施方案的基础上，根据市级统一进度，适时出台农产品以及进口食品安全监管工作方案，进一步推进食品安全全程监管、信用监管、支撑保障、预警应急、社会共治等子体系建设，织细、织密、织实全区及区域食品安全网。认真研究食品安全市场规范、诚信培育、源头治理、产业发展等各项政策措施，构建完善全区食品安全监管体系，提升食品安全现代化治理能力。

3.“四有两责”要求全面落实。积极推动食品安全基层责任强网、用网工作，所有街道在2015年提前完成食品安全规范化达标创建基础上，进一步巩固扩大创建成果，以示范引领打造食品安全基层责任网格“升级版”。建立食品安全“两级四图”监管制度，即建立区、街道两级食品生产经营主体分布图、监管图、动态警示图和监管责任对应图等“四图”，做到依法监管覆盖，科学监管有痕迹。

（二）强化食品安全技术保障和能力建设

1.积极推进溯源体系建设。分类指导，分步实施，推动生产经营企业加快建设追溯体系，其中“三品一标”企业、大型商超、集体用餐配送、学校食堂等单位以及婴幼儿配方食品、肉制品、乳制品、食用油、酒类等生产单位，应全面建立质量安全追溯体系。配合市里建立综合性农产品质量安全信息追溯系统，推进水产品质量追溯点建设。逐步打通并对接相关环节、相关部门食品（农产品）安全追溯系统，建立信息集成共享机制，信息实现互联互通，完善追溯机制建设。

2.强化检验检测体系建设。根据海曙特点，建立健全宁波市食品检测中心，宁波市海曙区疾病预防控制中心，宁波出入境检验检疫局“其他各专业”和社会中介食品检验检测机构相互支撑的检验检测体系。建立检验检测、科学研究、风险预警、技术服务“四位一体”的食品安全技术和服务平台，推动检验检测信息的综合运用，为全区食品安全监管和产业发展提供技术支撑。鼓励引导食品生产经营主体、食品交易市场举办者，加快食品安全检验检测能力建设，进一步提升食品安全自检自控水平。

3.强化风险应急管理体系建设。进一步完善风险排查、隐患会商、分析研判、治理整顿、跟踪督查、预警警示及应急处置等工作机制，有效防控、处置食品安全风险隐患及食品安全事故。健全街道、部门联动的食品安全应急预案体系，完善应急操作手册和应急处置领导指挥机制，适时调整充实食品安全应急处置专家库，每年至少开展一次应急培训，每两年至少开展一次应急演练。完善应急装备物资，严格事故信息报送，提高事故防范和应急处置能力，食品安全事故及事件应急处置率达100%0。

4.强化培训教育体系建设。监管部门和相关工作人员每年参加食品安全培训不少于50个小时；食品安全网格员每年集中培训不少于4次；食品生产经营单位负责人、食品安全管理员等主要从业人员每人每年不少于50个小时的学习培训，并要组织全体员工参加培训并做好记录。中小学要利用班会、讲座、主题宣传日等多种途径，每学期开展食品安全等相关知识培训。

（三）强化食品安全风险治理和全程监管

1.强化食用农产品质量安全监管。根据区域实际，不断完善农产品（含林产品、初级水产品）准入准出及追溯的工作机制，配合做好农产品产地准出工作，切实把住市场准入关。严厉打击农药兽药残留超标、非法添加激素类药品或其他违禁物质等违法违规行为。配合实施产地环境安全分级管理制度，严格食用农产品产地认定和产品认证管理。配合开展农业生态环境的保护和建设，建立农药、兽药、肥料、饲料和饲料添加剂等农业投入品生产、采购、使用和记录制度，严格执行农业投入品使用规定。加强现代物流体系建设，提高农产品储存、运输、流通的质量安全控制水平。有效整治私屠滥宰行为，严防病死畜禽进入屠宰、加工和消费环节。

2.加强食品安全重点环节和品种监管。

（1）严格小作坊监管。严格落实负面清单管理制度，贯彻执行《宁波市小作坊生产许可食品品种目录》相关规定，结合我区食品生产加工行业实际和传统地方特色食品发展需要，推进传统的、低风险食品小作坊的许可工作；对许可目录和列入负面清单之外的小作坊，实施申报登记管理制度。贯彻落实食品生产加工小作坊相关管理办法，进一步提升加工小作坊食品安全治理能力。

（2）严格进出口食品监管。针对海曙区域特色，强化进出口食品监管，实施进出口食品分类管理制度，完善风险管理系统，建立风险监管目录。依托进口食品防伪溯源平台，建立产地审查、产品预检、口岸分类、记录追溯等四个关键环节的进口食品全过程监管体系；加强风险信息收集和风险评估，对进入流通领域的进口食用植物油、婴幼儿配方乳粉、酒类等重点产品开展专项检查。全面排查进口食品集散、仓储、交易市场，严厉打击销售、承储来源不明进口食品、无中文标签或中文说明书、假冒商标或相关证明文件、销售过期或腐败变质进口食品等违法行为。

（3）严格餐饮服务监管。在全区学校（含托幼机构）食堂、集体用餐配送和大型以上餐饮服务单位推行食品安全主体责任自查报告制度。区域内参加量化分级管理的餐饮服务单位不低于持证单位数的90%，量化分级评定单位公示率持续在较高水平。继续采取综合治理手段，加强对小餐饮监管。

（4）加强网络食品监管。强化网络交易监测，将“互联网+”的思维融入执法监管，通过开展“红盾网剑”等相关专项行动，督促团购网站和自营企业进一步推进食品经营主体建档、亮照亮标工作，落实网店实名制管理。完善线上线下一体化监管机制，依法查处盗用他名、虚假宣传、违法促销、以次充好等违法违规行为，不断净化网络交易环境。

（5）加强餐厨废弃物监管。进一步完善餐厨废弃物集中收集、资源化利用和无害化处理体系，餐厨废弃物得到规范处置。建立餐厨垃圾处理台帐制和通报机制，定期向社会公布餐厨垃圾处理情况。加强对餐厨垃圾产生、收集、运输、处理过程的监督检查，严厉打击非法制售“地沟油”行为，严防“地沟油”回流餐桌。

3.健全严管严打机制。坚持问题导向，开展隐患大排查，着力防范发生系统性、区域性风险。坚持标本兼治，着力治本，继续深化食品安全治理整顿，加大严惩重处力度，切实解决食品安全突出问题。进一步完善部门执法联动机制，实行抽检互报、案源互通，强化信息通报和违法案件协查协办工作配合。加强行政执法与刑事司法的衔接，及时依法移送、侦查、判决行政区域内食品安全涉刑案件。

（四）有效落实食品生产经营主体责任

1.区域内食品生产经营者依法持有有效许可证或纳入备案管理，并持续符合发证或备案相关条件。食品生产经营者建立健全以法定代表人负首要责任、食品安全主管人员负直接责任、从业人员负岗位责任为主要内容的食品安全责任制度，落实食品生产经营者的食品安全第一责任人的责任。

2.食品生产经营者要强化过程控制。建立健全并严格落实责任管理、进货查验、索证索票、生产经营记录、出厂检验、产品追溯召回、员工健康、培训教育等制度，不断提高食品安全管理和保障水平。严格落实集中交易市场的开办者、柜台出租者和展销会举办者因未履行相应义务、发生食品安全事故的连带责任。

3.食品批发市场、农贸市场等举办者建立实施“市场准入制度”。通过检验、查验等手段严把入市关口，逐步推进实施“退市制度”，及时将供应不合格产品的供货方、出现违法销售行为的经营者退出市场；建立实施“信息通报制度”，及时向社会公示，向监管部门报告。

4.规模以上食品生产企业普遍推行良好生产规范，达到危害分析与关键控制点体系（HACCP）或食品安全管理体系食品链中各类组织的要求（IS022000:2005）的相关标准。

（五）有力推进食品产业转型升级

1.推进农产品规范化和品牌化发展。以创建国家农产品质量安全县和省级放心县为契机，配合推动产业规范提升发展。继续推进农业品牌建设和“三品一标”认定认证工作，建立食品品牌商标培育库，进一步推进地方食品驰名、省著名以及市知名商标工作。

2.探索农贸市场提升和长效监管。以《宁波市农贸市场长效管理的指导意见》出台为契机，以专业化市场运行管理队伍建设和农贸市场社会化评价为重点，落实市场主体责任，推进市场诚信体系建设，积极构建农贸市场公开承诺、属地考评、部门协同和社会共治新局面，促进农贸市场长效管理。

3.强化餐饮业品牌连锁提升发展。根据全市统一部署，研究制定关于促进餐饮服务业健康发展的相关指导意见，大力发展特色餐饮街（区）、连锁餐饮店，形成布局合理、资源节约、功能完善、特色明显的现代餐饮产业集群。继续推进“阳光厨房”建设，积极开展餐饮服务食品安全示范区、示范街和示范单位等创建活动，促进餐饮服务业经营规范化、品牌连锁化、区域特色化发展。

（六）不断深化食品安全社会共治格局

1.深入开展科普宣传教育。创新食品安全宣传教育活动形式，加强科普宣传基地建设，建成覆盖全区各街道的科普宣传站。加强食品安全公益广告宣传，推动多种媒介食品安全公益广告的发布，播放食品安全公益广告平均每周不少于1次。将食品安全纳入公民法制普及、科普常识、职业技能和学生课堂教育，不断提高社会公众食品安全基本知识知晓率，科学防范食品安全风险能力，促进公众健康理性消费。

2.建立健全信息通报交流机制。进一步完善食品安全信息发布制度，加大包括“黑名单”在内的信息公开的力度，及时曝光违法违规生产经营单位，给予消费者充分的知情权。推进食品安全“你点我检”的品牌化运作，采取常规检测和专项检测免费开放“1+1”相结合模式，进一步完善政府与群众之间的食品安全信息交流机制。

3.推进食品安全责任保险。按照“政府推动、市场动作、分步实施、注重服务”原则，推进多层次、广覆盖的食品安全保障机制。继续推进具有海曙特色“公益+商业”1+1保险模式，探索部分重要民生领域和风险高危行业实施食品安全强制保险。鼓励和引导企业商业投保。健全和完善食品安全责任“保险+服务”模式，落实风险防控“六个一”措施，强化事前、事中、事后服务，有效发挥社会第三方力量，不断提高企业食品安全内控和风险防范化解能力。

4.完善社会参与监督机制。支持媒体监督，鼓励群众参与，充分发挥人大代表、政协委员、专家学者、社会监督员、行业协会等力量，建立健全群防群控机制，推进食品安全网格化监管。全面落实有奖举报制度，畅通投诉举报渠道，依法维护消费者合法权益。探索食品安全信用评价联合惩戒机制。

五、实施步骤

（一）启动部署阶段（2016年3月—5月）。拟定海曙区国家食品安全城市创建试点及浙江省食品安全区创建工作方案，明确有关考核评价标准，全面启动食品安全城市创建试点工作。同时，同步推进浙江省食品安全区创建工作。

（二）组织实施阶段（2016年6月—2017年2月）。各街道、各部门根据市、区两级工作方案和考核评价标准，制定具体的实施细则，分解任务，明确责任，全面开展食品安全城市创建工作。

（三）中期（阶段性）评估阶段（2017年3月—5月）。区食安办适时组成考评组，对照工作方案和考评标准，采取随机抽查、暗访复查、台账核对等方式，对各街道、各部门开展情况进行阶段性督查，各街道、各部门开展自查自评，全力迎接市级阶段性评估；配合宁波市迎接国务院食品安全办、省食安委对创建国家食品安全城市创建工作的中期评估。

（四）巩固提升阶段（2017年6月—12月）。结合中期评估情况，以及市对区中期评估结果和各街道、各部门自查自评情况，进行查漏补缺，进一步巩固提升创建成果。国家食品安全城市创建试点工作的中期和综合评估时间根据国务院食品安全办、省、食安委具体安排部署而定。创建省级食品安全区的考核评价相关事项，按照《浙江省食品安全城市创建工作方案》要求执行。

六、工作要求

（一）加强领导，周密部署。各街道、各部门要加强创建工作的组织领导，区政府成立创建工作领导小组，区政府主要领导任组长，区政府分管领导任副组长，区府办分管副主任、区食安办主任和区食安委成员单位及区编委办、区统计局、区人力社保局、海曙规划分局、各街道办事处主要负责人为成员。领导小组下设办公室，办公室设在区食安办。各街道、各部门要加强对创建工作的统一领导，将创建工作作为重点工作，成立相应领导小组，确保创建工作有力推进。

（二）明确责任，强化落实。各街道、各部门要严格按照创建工作方案和考核评价标准的要求，制定切实可行的实施方案，明确分工，各司其职，党政同责，形成合力。各街道、各部门要层层建立并落实督查通报机制，区食安办也将根据创建工作的阶段性安排，定期不定期开展督导、检查、通报以及问题回访和督促整改等方式，确保各项创建工作措施落到实处。

（三）突出重点，创新监管。各街道、各部门要重视群众关切的食品安全热点问题，把握关键环节，明确工作重点，积极探索符合监管实际、富有监管成效的新模式、新机制及新举措，辅以挂牌督办、定期通报、全程监控等手段，有效解决海曙区食品安全突出问题，不断提升食品安全工作水平，促进全区食品产业健康持续发展。

（四）广泛宣传，总结经验。各街道、各部门要充分利用传统及新兴媒体媒介，深入宣传食品安全城市创建工作的目的、意义、政策、措施、工作重点及创建标准等内容，扩大社会影响，凝聚社会共识，要及时总结推广创建中的特色做法、监管成效和典型事迹，形成全社会支持创建、参与创建的良好氛围。

本通知自2016年7月7日起施行。

——摘自《国家食品安全城市创建试点及浙江省食品安全区创建工作方案》（海政办发〔2016〕33号）

表 25　2016 年中共宁波市海曙区委部分文件目录

1月22日	海党〔2016〕3号	关于制定海曙区国民经济和社会发展第十三个五年规划的建议
2月2日	海党〔2016〕4号	关于履行意识形态工作主体责任情况的报告
2月4日	海党〔2016〕6号	关于海曙区国有企业改革的实施意见
5月16日	海党〔2016〕13号	印发《宁波市海曙区“十三五”人才发展规划纲要》的通知
5月20日	海党〔2016〕14号	关于进一步加强“四专”建设推进全面从严治党主体责任落实的通知
6月30日	海党〔2016〕19号	转发《海曙区普法教育领导小组关于在全区公民中开展法治宣传教育的第七个五年规划（2016—2020年）》的通知
1月28日	海党办〔2016〕3号	关于印发《宁波市天一阁·月湖创建国家AAAAA级旅游景区工作方案》的通知
2月29日	海党办〔2016〕6号	关于建立改革创新容错机制的实施意见（试行）
3月17日	海党办〔2016〕11号	关于印发《2016年海曙区全面深化改革工作要点》《2016年海曙区重点改革项目清单》的通知
4月27日	海党办〔2016〕20号	关于印发《2016年全区流动人口服务管理工作要点》的通知
5月3日	海党办〔2016〕22号	印发《关于在全区党员中开展“学党章党规、学系列讲话，做合格党员”学习教育的实施方案》的通知
5月3日	海党办〔2016〕23号	转发区委组织部等四部门《关于街道机关建立公务员职务与职级并行制度的实施细则》的通知
4月22日	海党办〔2016〕24号	关于印发《海曙区开展精准服务企业推进降本减负“百日行动”工作方案》的通知
5月23日	海党办〔2016〕27号	印发《关于实施基层党建“整街推进、整区提升”行动计划的方案》的通知
5月23日	海党办〔2016〕28号	关于进一步做好新形势下海曙区因公出国（境）管理有关工作的通知
5月25日	海党办〔2016〕29号	关于印发《海曙区旧村改造拆迁攻坚清零实施方案》的通知
6月8日	海党办〔2016〕33号	关于印发《2016年度海曙区党委系统信息工作目标管理考核实施办法》的通知
6月27日	海党办〔2016〕34号	关于印发《2016年度海曙区“法治海曙”建设、法治政府建设、普法依法治理考核细则》的通知
7月1日	海党办〔2016〕35号	关于全面加强中小学德育工作的若干意见
9月7日	海党办〔2016〕40号	关于印发《海曙区开展新一轮全国计划生育优质服务先进单位创建活动实施方案》的通知
9月27日	海党办〔2016〕42号	关于印发《海曙区区级机关公务用车制度改革实施方案》的通知
9月30日	海党办〔2016〕43号	印发《关于加快构建城区现代公共文化服务体系的实施方案》的通知
12月12日	海党办〔2016〕55号	关于加快推进乡镇（街道）“四个平台”建设的实施意见
12月12日	海党办〔2016〕56号	关于印发《海曙区小城镇环境综合整治行动（美丽集镇建设）工作方案》的通知

表 26　2016 年宁波市海曙区人民政府部分文件目录

1月18日	海政发〔2016〕4号	关于城中村改造范围内村发展留用地落实管理的实施意见
2月16日	海政发〔2016〕7号	关于进一步鼓励民间资本进入教育领域的实施意见
9月30日	海政发〔2016〕33号	关于进一步完善困难残疾人生活补贴和重度残疾人护理补贴制度的实施意见
9月30日	海政发〔2016〕34号	关于加快推进残疾人全面小康进程的实施意见
12月30日	海政发〔2016〕41号	关于公布废止部分行政规范性文件的决定
6月6日	海政办发〔2016〕33号	国家食品安全城市创建试点及浙江省食品安全区创建工作方案

统计资料

表 27

2015—2016 年海曙区社会总产出

计量单位：亿元

指标名称	按当年价格计算的绝对数		按不变价格计算		
	2016 年	2015 年	2016 年	2015 年	以上年为 100 的速度（%）
总产出	3482.63	3432.26	3481.15	3432.26	101.4
农、林、牧、渔业	23.29	23.39	22.36	23.39	95.6
农、林、牧、渔服务业	0.64	0.44	0.63	0.44	143.9
工业	1603.82	1719.90	1633.11	1719.90	95.0
制造业	1251.73	1193.58	1274.45	1193.58	106.8
电力、燃气及水的生产和供应业	349.78	524.41	356.31	524.41	67.9
建筑业	407.38	221.79	411.07	221.79	185.3
批发和零售业	232.61	207.50	228.50	207.50	110.1
批发业	113.79	102.92	111.78	102.92	108.6
零售业	118.82	104.58	116.72	104.58	111.6
交通运输、仓储和邮政业	354.99	374.08	342.90	374.08	91.7
住宿和餐饮业	55.12	60.71	53.75	60.71	88.5
住宿业	15.31	16.79	15.40	16.79	91.8
餐饮业	39.81	43.92	38.35	43.92	87.3
信息传输、软件和信息技术服务业	44.63	35.86	44.63	35.86	124.4
金融业	191.24	203.62	189.72	203.62	93.2
房地产业	124.97	142.38	118.89	142.38	83.5
租赁和商务服务业	142.42	136.61	140.04	136.61	102.5
科学研究和技术服务业	47.69	90.39	46.69	90.39	51.7
水利、环境和公共设施管理业	7.06	9.16	6.91	9.16	75.5
居民服务、修理和其他服务业	16.06	16.07	15.79	16.07	98.2
教育	38.29	38.90	37.50	38.90	96.4
卫生和社会工作	69.77	56.09	68.34	56.09	121.8
文化、体育和娱乐业	46.46	19.41	45.68	19.41	235.3
公共管理、社会保障和社会组织	76.83	76.40	75.25	76.40	98.5
第一产业	22.65	22.95	21.73	22.95	94.7
第二产业	2011.15	1941.63	2044.14	1941.63	105.3
第三产业	1448.83	1467.68	1415.28	1467.68	96.4

表 28

2016 年海曙区农村基本情况

计量单位：个、万户、万人

指标名称	2016年	指标名称	2016年
农村基层组织		农村社会基础设施	
乡镇政府	9	自来水受益村数	168
镇政府	8	通汽车村数	168
乡政府	1	通邮村数	168
农村住户数、人口		通电话村数	168
农村住户数	14.0	通电村数	168
农村人口	35.6		

表 29

2016 年海曙区农林牧渔业分项产值

计量单位：万元

指标名称	2016年	指标名称	2016年
合计	232924	林业产值	10107
农业产值	187114	人造林木生长	186
其中：副产品产值	565	林产品	3883
粮食作物	12238	竹木采运	5726
谷物	10733	采集野生植物	312
豆类	785	牧业产值	21975
薯类	720	牲畜	14053
油类	1318	家禽饲养	1479
棉花	67	活的畜禽产品	5783
甘蔗	1121	捕猎野兽野禽	120
中草药材	20525	其他动物饲养	540
蔬菜	56608	渔业产值	7298
花卉园艺	10360	海水产品	843
茶、桑、水果、坚果	59870	淡水产品	6455
其他农作物	25007	农林牧渔服务业产值	6430

表 30

2016 年原海曙区域规模以上工业企业主要产品产量

指标名称	计量单位	2016年原海曙	2016年
饮料酒	千升	10180	176530
白酒	千升	304	304
黄酒	千升	9877	16948
印染布	万米		1261
服装	万件	2852	31567
梭织服装	万件	324	5725
西服及西服套装	万件		538
衬衫	万件		2698
针织服装	万件	2528	25842
塑料制品	吨	3637	90827

（续表27）

指标名称	计量单位	2016年原海曙	2016年
日用塑料制品	吨	427	53629
金属切削机床	台		736
原电池及原电池组	万只	10341	18614
家用洗衣机	台		668221
电力电容器	千乏	837465	837465
光学仪器	台	135172	148611

表31　2016年原海曙区域规模以上工业企业主要经济指标

指标名称	企业单位数（个）		工业总产值（万元）	工业销售产值（万元）	资产总计（万元）	产销率	亏损率
		亏损企业					
总计	702	64	121334343	119178403	107416388	98.22	4.13
按登记注册类型分							
国有企业	2		32919933	32919933	13044713	100.00	
集体企业	1		38478	34835	36809	90.53	
股份合作企业	2		75375	71199	51611	94.46	
有限责任公司	59	4	16167308	15668306	26791817	96.91	0.70
股份有限公司	21		9136716	8752615	9300993	95.80	
私营企业	477	39	34793996	33714706	24420191	96.90	4.27
其他企业	1		60362	59121	25798	97.94	
港、澳、台商投资公司	72	12	21299598	21221386	28768380	99.63	11.11
外商投资企业公司	67	9	6842577	6736302	4976076	98.45	18.72
按控股情况分							
国有控股企业	6		34722500	34722500	16506840	100.00	
集体控股企业	7		1189161	1180738	1025774	99.29	
私人控股企业	557	44	47874991	46442835	43788127	97.01	2.82
港澳台控股企业	54	10	14875194	14807603	17859712	99.55	14.81
外商控股企业	49	5	4638919	4585617	3243486	98.85	33.88
其他控股企业	29	5	18033578	17439110	24992449	96.70	0.93
按轻重工业分							
轻工业	353	38	50202185	48866672	59802880	97.34	7.22
重工业	349	26	71132158	70311731	47613508	98.85	2.18
按规模分							
大型企业	11	1	47368534	47264655	35361045	99.78	3.03
中型企业	81	2	31988830	31023619	35677608	96.98	0.63
小型企业	585	57	39889851	38836648	34128259	97.36	9.06
微型企业	25	4	2087128	2053481	2249476	98.39	1.18
按企业规模（主营业务收入）分							
2000—3000万	178	32	4421694	4279995	3857773	96.80	29.94

（续表28）

指标名称	企业单位数（个）		工业总产值（万元）	工业销售产值（万元）	资产总计（万元）	产销率	亏损率
		亏损企业					
3000-5000万	189	17	7298166	7064619	6599448	96.80	28.58
5000-1亿	164	7	12071265	11685045	9633773	96.80	4.42
1亿-5亿	144	7	28716787	28169287	26833439	98.09	2.49
5亿-10亿	13	1	9600696	9499404	8268309	98.94	11.82
10亿-50亿	13		26339838	25594156	39416537	97.17	
100亿及以上	1		32885897	32885897	12807109	100.00	
按行业类型分							
采掘业	3		225067	221387	374289	98.36	
非金属矿采选业	3		225067	221387	374289	98.36	
制造业	692	63	86182130	84034117	89857489	97.51	4.86
农副食品加工业	6	1	672119	671005	575086	99.83	6.73
食品制造业	6		485845	471402	534700	97.03	
酒、饮料和精制茶制造业	3		372794	370603	559675	99.41	
纺织业	18		1867506	1696967	2317860	90.87	
纺织服装、服饰业	140	15	21290174	20815735	33039670	97.77	7.60
皮革、毛皮、羽毛及其制品和制鞋业	4		192815	186332	112878	96.64	
木材加工和木、竹、藤、棕、草制品业	10		497745	491909	448287	98.83	
家具制造业	10	2	642789	642408	383629	99.94	8.31
造纸和纸制品业	6	2	2959243	2964745	7205374	100.19	48.72
印刷和记录媒介复制业	12	1	2759085	2732612	2647933	99.04	
文教、工美、体育和娱乐用品制造业	27	4	7056190	6743493	3612892	95.57	0.78
化学原料和化学制品制造业	15		1814388	1724878	2481697	95.07	
医药制造业	4	1	2109044	2012858	1347116	95.44	8.39
橡胶和塑料制品业	49	2	2643789	2559679	1918004	96.82	3.40
非金属矿物制品业	25	2	2893057	2866030	3440835	99.07	15.48
黑色金属冶炼和压延加工业	7	1	1346590	1317787	711786	97.86	5.47
有色金属冶炼和压延加工业	3		2385866	2354025	868386	98.67	
金属制品业	46	3	2863240	2788399	2047108	97.39	1.78
通用设备制造业	72	5	4933925	4741099	3513442	96.09	1.07
专用设备制造业	28	2	2096908	2054187	1790671	97.96	0.62
汽车制造业	45	4	5381261	5231104	4320873	97.21	0.50
铁路、船舶、航空航天和其他运输设备制造业	6		403171	390556	258586	96.87	
电气机械和器材制造业	73	10	6967924	6846561	5790014	98.26	10.35
计算机、通信和其他电子设备制造业	51	7	8911200	8782834	7498040	98.56	0.84
仪器仪表制造业	20		2208710	2181386	2038476	98.76	
其他制造业	6	1	426752	395523	394471	92.68	20.19
电力、燃气及水的生产和供应业	7	1	34927146	34922899	17184610	99.99	2.09

（续表28）

指标名称	企业单位数（个）		工 业 总产值（万元）	工 业 销售产值（万元）	资产总计（万元）	产销率	亏损率
		亏损企业					
电力、热力生产和供应业	5	1	33395046	33390799	14272870	99.99	2.31
燃气生产和供应业	2		1532100	1532100	2911740	100.00	

表32　　2015—2016年原海曙区域进出口统计情况

计量单位：万美元、%

指标名称	2016年		2015年	增长
	绝对值	构成比重		
进出口总额	547951	100.0	619335	−11.5
出口额	491599	100.0	553467	−11.2
按贸易方式分：				
一般贸易	486815	99.0	541546	−10.1
加工贸易	4593	0.9	11913	−61.4
按企业性质分：				
流通企业	486430	98.6	538872	−9.7
生产企业	5169	1.4	14595	−64.6
进口额	56352	100.0	65868	−14.4
按贸易方式分：				
一般贸易	54890	97.4	62412	−12.1
加工贸易	1050	1.9	1792	−41.4
按企业性质分：				
流通企业	56137	99.6	64953	−13.6
生产企业	214	0.4	914	−76.5

注：本表数据由区商务局提供。

表33　　2015—2016年原海曙区域出口主要市场情况

计量单位：万美元、%

指标名称	2016年		2015年	增长
	绝对值	构成比重		
出口	491599	100.0	553467	−11.2
亚洲	118380	24.1	131711	−10.1
非洲	36652	7.5	51773	−29.2
欧洲	162748	33.1	178461	−8.8
拉丁美洲	44761	9.1	51501	−13.1
北美洲	109460	22.3	119534	−8.4
大洋洲	19598	4.0	20487	−4.3
欧盟	142555	29.0	156510	−8.9
东盟	31726	6.5	36990	−14.2
金砖国家	33394	6.8	36795	−9.2
中东	33438	6.8	38273	−12.6

（续表30）

指标名称	2016年		2015年	增长
	绝对值	构成比重		
主要国家（地区）：				
美国	98606	20.1	107363	-8.2
英国	29446	6.0	31991	-8.0
德国	23615	4.8	27434	-13.9
日本	17543	3.6	19572	-10.4
澳大利亚	15944	3.2	16484	-3.3
法国	14088	2.9	14618	-3.6
俄罗斯	14029	2.9	14509	-3.3
意大利	12792	2.6	14204	-9.9
西班牙	12646	2.6	12471	1.4
荷兰	12223	2.5	12609	-3.1

注：本表数据由区商务局提供。

表34　　2015—2016年原海曙区域进口主要市场情况

计量单位：万美元、%

指标名称	2016年		2015年	增长
	绝对值	构成比重		
进口	56352	100.0	65868	-14.4
亚洲	18815	33.4	22834	-17.6
非洲	2019	3.6	2236	-9.7
欧洲	7179	12.7	6112	17.5
拉丁美洲	12205	21.7	9637	26.6
北美洲	10844	19.2	10767	0.7
大洋洲	5289	9.4	14280	-63.0
欧盟	4592	8.1	4212	9.0
东盟	4372	7.8	7843	-44.3
金砖国家	8662	15.4	7629	13.5
中东	4488	8.0	3180	41.1
主要国家（地区）：				
美国	10101	17.9	10198	-1.0
巴西	5293	9.4	1244	325.5
澳大利亚	5185	9.2	11231	-53.8
韩国	3746	6.6	2147	74.5
台湾	3725	6.6	3205	16.3
智利	2453	4.4	1471	66.8
俄罗斯	2408	4.3	1840	30.8
墨西哥	2015	3.6	1476	36.6
沙特阿拉伯	1672	3.0	1827	-8.5
泰国	1604	2.8	1506	6.5

注：本表数据由区商务局提供。

表 35　　2015—2016 年原海曙区域出口主要商品情况

计量单位：万美元、%

指标名称	2016年		2015年	增长
	绝对值	构成比重		
进口	491599	100.0	553467	−11.2
全区出口：				
机电产品	156854	31.9	187739	−16.5
纺织服装	172624	35.1	187847	−8.1
高新技术产品	24906	5.1	24942	−0.1
主要商品（类别）：				
服装及衣着附件	114041	23.2	122509	−6.9
纺织纱线、织物及制品	58584	11.9	65338	−10.3
塑料制品	20332	4.1	21392	−5.0
家具及其零件	13700	2.8	15606	−12.2
杀虫剂、除草剂及类似品	12476	2.5	14631	−14.7
鞋类	11904	2.4	16208	−26.6
原电池	10046	2.0	10801	−7.0
汽车零配件	9297	1.9	9866	−5.8
钢材	8414	1.7	10045	−16.2
灯具、照明装置及类似品	7600	1.5	8475	−10.3
箱包及类似容器	7293	1.5	8661	−15.8
通断保护电路装置及零件	4863	1.0	5560	−12.5
阀门	4828	1.0	5760	−16.2
床垫、寝具及类似品	4399	0.9	4727	−6.9
手用或机用工具	4061	0.8	4333	−6.3
医药品	3997	0.8	3873	3.2
摩托车	3825	0.8	5116	−25.2
电线和电缆	3664	0.7	4819	−24.0
水海产品	3584	0.7	2870	24.9
玩具	3130	0.6	3406	−8.1

注：本表数据由区商务局提供。

表 36　　2015—2016 年原海曙区域进口主要商品情况

计量单位：万美元、%

指标名称	2016年		2015年	增长
	绝对值	构成比重		
进口	56352	100.0	65868	−14.4
全区出口：				
机电产品	4569	8.1	6405	−28.7
纺织服装	1707	3.0	5096	−66.5
高新技术产品	1180	2.1	964	22.5
主要商品（类别）：				
废金属	8700	15.4	7150	21.7

（续表33）

指标名称	2016年		2015年	增长
	绝对值	构成比重		
大豆	7914	14.0	6239	26.9
初级形状的塑料	7241	12.8	6818	6.2
铁矿砂及其精矿	5243	9.3	10955	-52.1
未锻轧铜及铜材	2889	5.1	2811	2.8
原木	1735	3.1	343	406.4
纺织纱线、织物及制品	1568	2.8	4954	-68.4
乙二醇	1478	2.6	208	610.4
饲料用鱼粉	1359	2.4	1833	-25.8
成品油	1082	1.9	1282	-15.6
计量检测分析自控仪器及器具	914	1.6	753	21.3
锯材	685	1.2	857	-20.0
纸及纸板（未切成形的）	619	1.1	577	7.2
合成橡胶（包括胶乳）	417	0.7	226	84.6
钢材	348	0.6	315	10.5
纺织机械及零件	323	0.6	388	-16.7
铬矿砂及其精矿	226	0.4	0	/
废塑料	215	0.4	409	-47.5
服装及衣着附件	139	0.2	142	-1.9
二甲苯	133	0.2	568	-76.6

注：本表数据由区商务局提供。

表37　　2016年海曙区限额以上批发和零售企业主要经济指标

计量单位：个、万元

指标名称	2016年原海曙	2016年	指标名称	2016年原海曙	2016年
企业单位数	391	584	主营业务收入	12325520	17298331
资产总计	5697110	7549610	营业利润	200994	222741
负债合计	4214244	5730301			

表38　　2016年海曙区规模以上行政事业单位主要经济指标

计量单位：万元

指标名称	单位家数	期末资产	固定资产原价	本年收入合计	财政拨款	事业收入	经营收入	本年支出合计	工资福利支出	商品和服务支出	取暖费（降温费）	劳务费
总计	294	3825174	1538232	1731201	886973	727143	29574	1680987	512210	616445	561	48779
按登记注册类型分												
国有	236	3280999	1387926	1658137	879067	698561	10378	1619271	494260	589926	544	46911
集体	8	9224	585	4740	324	773		4477	1790	2520	12	473
股份合作	1	9242	3369	1457			1400	4489	888	977		
联营	2	1921	1819	1674	1465		209	1662	195	1280	1	

（续表35）

指标名称	单位家数	期末资产	固定资产原价	本年收入合计				本年支出合计				
					财政拨款	事业收入	经营收入		工资福利支出	商品和服务支出		
											取暖费（降温费）	劳务费
股份有限	1	1159	1486	1485	74	1188		1482	1170	273		44
私营	3	5684	5873	4512	39	4325		4046	2870	1153		977
其他	43	516945	137175	59196	6004	22297	17587	45560	11037	20317	3	375
按国民经济行业分												
交通运输、仓储和邮政业	1	13794	16197	2603		2603		8003	4194	2814		35
信息传输、软件和信息技术服务业	1	173	168	215	215			215	53	154		36
房地产业	2	7687	6868	1878	1397	471		1853	983	627		81
租赁和商务服务业	10	144000	71006	19733	2324	2262	8826	15129	3419	8251		1028
科学研究和技术服务业	22	206883	85958	61741	41290	10272	7913	54904	17181	26898		3190
水利、环境和公共设施管理业	12	196931	39985	90558	73551	6956	2131	86645	17556	15624		6917
居民服务、修理和其他服务业	4	3649	3245	2412	2412			2358	630	1599	5	111
教育	92	1502384	481872	373057	229289	127199	131	362750	156308	97821	73	14245
卫生和社会工作	39	706388	474425	662921	105321	543004	1787	640529	192514	316127	474	5731
文化、体育和娱乐业	12	86143	30131	32601	26504	5455		33767	6699	11109		1384
公共管理、社会保障和社会组织	99	957143	328377	483482	404672	28920	8786	474835	112671	135420	9	16021

表39　　2016年原海曙区域规模以上服务业企业主要经济指标

计量单位：万元

指标名称	企业个数（个）	年初存货	流动资产合计			资产总计	营业收入合计		营业成本合计		营业税金及附加	
				应收账款	存货			主营业务收入		主营业务成本		主营业务税金及附加
总计	447	112461	8902393	309356	121512	96117989	9984151	9938449	8527219	8523743	116563	116363
按国民经济行业门类分												
交通运输、仓储和邮政业	145	2229	342227	133683	2095	540462	1476987	1471107	1410194	1409286	587	586
信息传输、软件和信息技术服务业	16	2969	93198	54744	4317	785455	431228	430967	246542	246523	2684	2684
金融业	42	76	2015619	18856	92	85055481	7094795	7094733	6168968	6168968	102441	102441
房地产业	37	93	135890	8357	562	184976	134780	133397	96144	95295	2655	2655
租赁和商务服务业	123	100934	5949226	61630	106944	8874140	597184	568250	491096	489582	5555	5356
科学研究和技术服务业	37	3872	182944	25719	5073	227117	138422	138033	51014	50842	1342	1342

（续表36）

指标名称	企业个数（个）	年初存货	流动资产合计	应收账款	存货	资产总计	营业收入合计	主营业务收入	营业成本合计	主营业务成本	营业税金及附加	主营业务税金及附加
水利、环境和公共设施管理业	1	249	770	36	238	836	544	544	407	407	12	12
居民服务、修理和其他服务业	15	689	9162	1641	465	11616	13245	13206	6147	6133	219	219
教育	7	23	2959	82	20	3867	8047	8047	3295	3295	141	141
卫生和社会工作	12	1304	18310	2725	1676	24569	46678	46674	22612	22612	6	6
文化、体育和娱乐业	12	23	152089	1883	29	409471	42242	33492	30801	30801	921	921

表40　　2016年原海曙区域银行业主要经济指标

计量单位：万元

指标名称	总计	登记注册类型				按控股情况分组		
		国有企业	股份有限公司	港澳台商投资企业	外商投资企业	国有控股	港澳台商控股	外商控股
企业个数（个）	11	1	8	1	1	9	1	1
亏损企业（个）	3		3			3		
货币资金	1893930	1304772	589103		55	1893875		55
短期投资（净额）	5665		5665			5665		
固定资产原价	825030	14931	808917	227	954	823848	227	954
本年折旧	42591	388	42144	14	46	42531	14	46
资产总计	81004571	3300766	77222167	183102	298536	80522933	183102	298536
负债合计	81051037	3277308	77315775	174504	283450	80593083	174504	283450
所有者权益合计	−46466	23458	−93607	8598	15086	−70150	8598	15086
营业收入	5352810	130206	5211208	7137	4260	5341414	7137	4260
利息收入	3069272	88120	2974281	4637	2234	3062401	4637	2234
金融机构往来收入	1706199	41238	1661255	1945	1762	1702492	1945	1762
手续费及佣金收入	515490	804	514109	446	130	514913	446	130
租赁收益	36	36				36		
投资收益	13858		13858			13858		
公允价值变动收益	−650		−646		−4	−646		−4
汇兑收益	18632	9	18483	46	95	18491	46	95
其他营业收入	29973		29868	63	42	29868	63	42
营业支出	5214631	106831	5099555	5128	3117	5206386	5128	3117
利息支出	1142504	4668	1136280	1192	364	1140949	1192	364
居民储蓄利息支出	292600		292388	8	205	292388	8	205
金融机构往来支出	2010136	94063	1911577	2974	1522	2005640	2974	1522
手续费及佣金支出	25399	96	25301	1	2	25397	1	2
业务及管理费	559103	6002	551107	835	1161	557108	835	1161
住房公积金和住房补贴	35815	388	35328	31	68	35716	31	68
工会经费	3905	144	3755	6		3899	6	

（续表37）

指标名称	总计	登记注册类型				按控股情况分组		
		国有企业	股份有限公司	港澳台商投资企业	外商投资企业	国有控股	港澳台商控股	外商控股
劳动、失业、养老、医疗保险费	62841	845	61919	63	14	62764	63	14
税金	10078	167	9909	3		10075	3	
差旅费	1685	215	1459	5	7	1674	5	7
会议费	646	150	495		1	645		1
营业税金及附加	80885	1181	79553	126	24	80734	126	24
资产减值损失	1286656		1286610		45	1286610		45
其他营业支出	109948	821	109127			109948		
当年提取准备金	72969		72969			72969		
营业利润	138179	23374	111654	2009	1143	135028	2009	1143
营业外收支差	8343	83	8331	−72	1	8414	−72	1
利润总额	146522	23458	119984	1937	1143	143442	1937	1143
应交所得税	93105		93105			93105		
净利润	53417	23458	26879	1937	1143	50336	1937	1143
从业人员平均人数（人）	15015	184	14787	17	27	14971	17	27
应付工资总额	224678	4636	219197	389	456	223833	389	456
应付福利费总额	53760		53493	102	165	53493	102	165
实缴各项税金之和	201605	3914	197213	249	229	201127	249	229
人民币存款余额	66224286	439703	65587125	74974	122484	66026828	74974	122484
人民币贷款余额	70139017	1980974	68067321	83050	7672	70048295	83050	7672
补：应交增值税	106630	1926	104590	114		106515	114	

表41　　2016年原海曙区域保险业主要经济指标

计量单位：万元

指标名称	总计	登记注册类型			行业		
		有限责任公司	股份有限公司	外商投资企业	人身保险	人寿保险	财产保险
企业个数（个）	18	4	12	2	11	11	7
货币资金	37642	6462	31068	113	7378	7378	30264
短期投资（净额）							
固定资产原价	99016	13612	81456	3949	25431	25431	73585
本年折旧	4983	904	3915	165	1430	1430	3553
资产总计	3959051	1058768	2790400	109883	3416996	3416996	542055
负债合计	4595164	1347279	3107905	139980	4106524	4106524	488640
所有者权益合计	−636113	−288511	−317505	−30097	−689528	−689528	53415
营业收入	1721549	372885	1284117	64547	873660	873660	847890
已赚保费	1693950	362814	1266981	64155	850794	850794	843156
保险业务收入	1834984	365830	1404834	64320	856270	856270	978714
分保费收入	73		73				73

（续表38）

指标名称	总计	登记注册类型			行业		
		有限责任公司	股份有限公司	外商投资企业	人身保险	人寿保险	财产保险
减：分出保费	120170	1871	118045	254	5478	5478	114692
提取未到期责任准备金	20264	545	19808	−89	−2	−2	20266
投资收益	4079	3388	599	91	4027	4027	52
公允价值变动收益	24	24			24	24	
汇兑收益	108	57	51		47	47	61
其他营业收入	23388	6602	16485	300	18768	18768	4620
营业支出	1831806	427568	1332979	71259	1034765	1034765	797041
退保支出	169731	93078	51017	25636	169731	169731	
赔款及给付支出	860333	148864	681333	30135	264443	264443	595890
减：摊回赔付支出	89396	14528	74614	254	17391	17391	72005
提取保险责任准备金	414666	95471	315935	3261	361537	361537	53130
减:摊回保险责任准备金	−6714	−13474	6756	4	−15440	−15440	8726
保单红利支出	41710	18857	20564	2289	41710	41710	
分保费用	22		22				22
营业税金及附加	21221	718	20408	95	746	746	20475
手续费佣金支出	172454	39191	128207	5056	99257	99257	73196
业务及管理费	229409	24331	199784	5294	60566	60566	168843
住房公积金和住房补贴	5428	751	4537	140	1593	1593	3835
工会经费	1426	224	1155	47	493	493	933
劳动、失业、养老、医疗保险费	10156	1953	7947	257	3691	3691	6466
税金	1912	173	1679	60	295	295	1617
差旅费	1271	159	1063	49	791	791	480
会议费	3171	810	2254	107	2334	2334	837
公杂费	2909	592	2264	52	1821	1821	1088
减：摊回分保费用	38175	456	36291	1428	2600	2600	35575
其他营业支出	43028	8591	33259	1178	41324	41324	1705
资产减值损失	90	−22	112		2	2	87
营业利润	−110257	−54682	−48862	−6712	−161105	−161105	50848
营业外收支差	−1818	−3	−1802	−12	587	587	−2405
利润总额	−107162	−54685	−45753	−6724	−160510	−160510	53348
应交所得税	5637	3489	2148		3400	3400	2238
净利润	−112800	−58174	−47901	−6724	−163910	−163910	51111
从业人员平均人数（人）	22858	6610	15733	515	18014	18014	4844
应付工资总额	130385	12770	111328	6288	66295	66295	64090
应付福利费总额	9883	3085	5929	868	4053	4053	5830
应交增值税	64912	948	63919	45	1636	1636	63275
实缴各项税金之和	171647	10929	160060	659	21345	21345	150301

表 42　　2015—2016 年原海曙区域保险机构经营情况

计量单位：万元

指标名称	2015年	2016年	指标名称	2015年	2016年
保费收入	116546	118195	健康险	14723	15545
财产险业务	36588	24859	意外伤害险	4120	5375
机动车险	31247	20256	赔付支出	41127	47287
人身险业务	79957	93336	财产险业务	24238	27190
寿险	61115	72416	人身险业务	16888	20097

表 43　　2016 年原海曙区域保险机构经营情况

计量单位：万元

指标名称	2016年	指标名称	2016年
保费收入	118195	健康险	15545
财产险业务	24859	意外伤害险	5375
机动车险	20256	赔付支出	47287
人身险业务	93336	财产险业务	27190
寿险	72416	人身险业务	20097

表 44　　2016 年海曙区劳动力资源配置情况

计量单位：万人

指标名称	2016年新海曙	指标名称	2016年新海曙
年末人口数	90.50	批发和零售业	9.46
年末16岁以上全部人口数	80.06	交通运输、仓储和邮政业	1.95
其中：不计入劳动力资源的人数	6.42	住宿和餐饮业	1.60
年末劳动力资源总数	73.64	信息传输.软件和信息技术服务业	1.50
经济活动人口	60.59	金融业	3.82
从业人员	59.55	房地产业	1.41
按就业身份分		租赁和商务服务业	3.33
城镇单位从业人员	20.44	科学研究和技术服务业	1.18
私营业主	3.92	水利、环境和公共设施管理业	0.29
个体户主	4.81	居民服务和其他服务业	1.28
私营企业和个体从业人员	26.86	教育	1.01
乡镇企业从业人员	0.95	卫生和社会工作	1.41
乡村农业劳动力	2.38	文化、体育和娱乐业	0.58
其它	0.19	公共管理、社会保障和社会组织	1.08
按国民经济行业分		国际组织	
农林牧渔业	1.78	城镇登记失业人员	1.04
采矿业	0.04	非经济活动人口	13.05
制造业	16.37	其中：16岁以上在校学生	8.94
电力、燃气及水的生产和供应业	0.27	家务劳动者	3.74
建筑业	10.39		

表 45 2016 年海曙区人口变动及分布情况

计量单位：人

指标名称	总计	集仕港镇	古林镇	高桥镇	横街镇	鄞江镇	洞桥镇	章水镇	龙观乡	石碶街道	月湖街道	西门街道	江厦街道	南门街道	鼓楼街道	白云街道	望春街道	段塘街道
上年末总户数（户）	244021	16220	22054	19344	16112	9690	9447	12206	4816	20572	10483	22805	6488	18635	9507	15347	16414	13881
本年末总户数（户）	244788	16628	22185	19813	16015	9626	9445	12135	4809	20546	10295	22391	6410	18247	9346	15649	17302	13946
上年末总人口	623269	41581	57185	52032	40421	23163	21941	25597	11320	52485	27235	59605	16552	49025	25341	41643	42517	35626
本年末总人口	624436	42754	57817	52988	40122	23063	21931	25366	11288	52561	26847	58122	16294	47701	24742	41995	45212	35633
本年平均人口数	623853	42168	57501	52510	40272	23113	21936	25482	11304	52523	27041	58864	16423	48363	25042	41819	43865	35630
在本年末总人口中																		
非农业人口	418303	5889	24191	7036	5927	11080	6485	8588	0	52561	26847	58122	16294	47701	24742	41995	45212	35633
女性	318340	21973	29673	26870	20182	11702	11215	12786	5629	26645	13844	30057	8328	24570	12887	21190	22937	17852
女性所占比重（%）	51.0	51.4	51.3	50.7	50.3	50.7	51.1	50.4	49.9	50.7	51.6	51.7	51.1	51.5	52.1	50.5	50.7	50.1
18岁以下人口	87746	6678	8711	8380	3997	2471	2747	2212	1157	8826	3642	7047	2013	5442	3263	6116	9743	5301
18—35岁人口	129714	9866	12239	12500	7653	4636	4517	4682	2313	11344	5234	11210	3273	9592	4865	8859	10256	6675
36—60岁人口	256168	16527	23790	21817	16946	9597	9016	10347	4893	23125	10300	23014	6240	19371	9449	17749	18292	15695
60岁以上人口	150808	9683	13077	10291	11526	6359	5651	8125	2925	9266	7671	16851	4768	13296	7165	9271	6921	7962
本年度人口变动情况																		
出生人数	5625	525	594	580	246	167	167	143	81	561	184	409	116	313	186	367	690	296
出生率（‰）	9.0	12.5	10.3	11.0	6.1	7.2	7.6	5.6	7.2	10.7	6.8	6.9	7.1	6.5	7.4	8.8	15.7	8.3
死亡人数	3334	248	300	240	325	151	131	194	80	196	197	336	116	229	153	154	137	147
死亡率（‰）	5.3	5.9	5.2	4.6	8.1	6.5	6.0	7.6	7.1	3.7	7.3	5.7	7.1	4.7	6.1	3.7	3.1	4.1
省外迁入人口	2961	528	276	525	37	35	41	29	18	257	57	235	37	171	72	245	290	108
迁出省外人口	923	39	30	104	27	20	11	12	6	68	35	121	38	92	34	148	71	67
人口自然增长率（‰）	3.7	6.6	5.1	6.5	−2.0	0.7	1.6	−2.0	0.1	6.9	−0.5	1.2	0.0	1.7	1.3	5.1	12.6	4.2
城镇人口增减																		
因各种原因增加的人数	21821	1606	1464	1555	188	173	104	62	—	2937	1077	1841	583	1310	850	2631	4043	1397
因各种原因减少的人数	19727	486	828	698	294	275	137	218	—	2061	1465	3324	841	2634	1449	2279	1348	1390

表 46　　2016 年原海曙区域单位从业人员职工素质情况

计量单位：人

指标名称	单位从业人员文化程度					单位从业人员中人才资源	单位从业人员中经营管理人员	单位从业人员中专业技术人员		
		大学本科及以上	大专	中专及高中	初中及以下				高级专业技术人员	中级专业技术人员
总计	429616	78968	75574	135355	139637	249194	51141	101428	6703	18126
按国民经济行业分										
农林牧渔业	9	6	3			9	9			
采矿业	240	7	15	76	142	196	41	7		1
制造业	125899	7859	16294	41470	60194	71891	16178	13235	460	1562
电力、热力、燃气及水生产和供应业	2711	1555	596	460	100	2455	465	445	82	181
建筑业	115706	6655	14903	47605	46543	62518	12546	27819	763	3786
批发和零售业	34473	7415	10018	9702	7338	10322	6471	2411	123	477
交通运输、仓储和邮政业	17040	2788	6194	5966	2092	8080	1881	1219	43	193
住宿和餐饮业	8394	333	1434	2882	3745	2559	1238	481	16	41
信息传输、软件和信息技术服务业	3499	1395	1229	741	134	2784	455	1086	36	355
金融业	37197	14338	8885	13333	641	26931	2780	24040	56	1397
房地产业	12211	1308	2006	3347	5550	3941	2233	1257	61	375
租赁和商务服务业	21734	4116	4694	4903	8021	15088	1779	2568	275	722
科学研究和技术服务业	6710	4211	1494	465	540	5963	887	4719	1007	1302
水利、环境和公共设施管理业	2512	472	313	326	1401	1256	456	332	37	154
居民服务、修理和其他服务业	1794	55	227	535	977	1216	657	183	14	45
教育	14135	10280	1629	1071	1155	11216	1207	9544	1796	4228
卫生和社会工作	12884	7869	3177	1304	534	11933	687	10800	1798	2856
文化、体育和娱乐业	1714	1031	285	263	135	1334	297	886	100	284
公共管理、社会保障和社会组织	10754	7275	2178	906	395	9502	874	396	36	167

表 47　　2016 年原海曙区域专业技术人才情况

计量单位：人

指标名称	合计	指标名称	合计
公有制企事业单位专业技术人才资源数	3142	享受国务院特殊津贴专家人数	9
高级职务	511	国家和省有突出贡献专家人数	1
中级职务	1595	省有突出贡献专家人数	1
初级职务	987		
其他	49		

表 48

2016 年原海曙区域科技项目计划及执行情况

计量单位：项

指标名称	计划安排		执行情况		下达经费（万元）
	合计	#新上项目	已完成	正在执行	
总计（市以上）	37	15	15	7	1077
市级科研项目	37	15	15	7	1077
省级各类项目					
国家级各类项目					
其他科技项目					

表 49

2016 年原海曙区域科学研究与开发成果获奖情况

计量单位：项

指标名称	合 计	奖 励 等 级			
		特别奖	一等奖	二等奖	三等奖
总计	13	1		1	12
其中：科技进步奖	13	1		1	12
其中：国家级					
其中：省　级					
其中：地市级	13	1		1	12

表 50

2015—2016 年原海曙区域授权专利数

计量单位：件

指标名称	2016年	2015年
授权专利数	868	872
发明专利数	208	177

注：以上三表数据由区科技局提供。

表 51

2016 年原海曙区域普通小学基本情况

指标名称	计量单位	2016年	指标名称	计量单位	2016年
小学基本情况			教职工基本情况		
学校数	个	15	教职工数	人	1176
班级数	个	487	其中：女教职工	人	1155
毕业生数	人	3130	专任教师	人	1155
招生数	人	3372	行政人员	人	18
在校学生数	人	19002	教辅人员	人	1
			工勤人员	人	1

注：本表数据由区教育局提供。

表 52

2016 年原海曙区域普通中学基本情况

指标名称	计量单位	2016年	指标名称	计量单位	2016年
中学基本情况			教职工基本情况		
学校数	个	8	教职工数	人	754
班级数	个	198	其中：女教职工	人	513
毕业生数	人	2384	专任教师	人	678
招生数	人	2662	行政人员	人	24
在校学生数	人	7847	教辅人员	人	23
			工勤人员	人	18

注：本表数据由区教育局提供。

表 53　　2016 年原海曙区域区属卫生事业基本情况

计量单位：人

指标名称	机构数（个）	人员数	卫生技术人员	执业医师	执业助理医师	注册护士	药师（士）	技师（士）	检验技师（士）	其他人员	其他技术人员	管理人员	工勤人员	万元以上设备（台）
总计	48	2619	1971	824	41	586	209	117	95	194	91	205	352	1709
医院	13	993	700	284	10	229	61	38	28	78	20	104	169	969
综合医院	1	55	45	19		14	2	9	7	1	1	1	8	258
中医医院	2	142	120	54	4	16	29	9	6	8	4	5	13	37
专科医院	10	796	535	211	6	199	30	20	15	69	15	98	148	674
口腔医院	2	313	232	88	1	94	5	3		41	5	23	53	412
妇产（科）医院	1	75	60	28	3	23	4	1	1	1		3	12	28
社区卫生服务中心	7	1017	884	378	24	236	112	44	38	90	35	23	75	654
门诊部	25	495	322	140	6	112	33	21	15	10	24	61	88	
妇幼保健院（所、站）	1	47	30	14	1	7	3	4	4	1	2	3	12	31
疾病预防控制中心（防疫站）	1	33	21	8		2		10	10	1	7		5	48
卫生监督所	1	34	14							14	3	14	3	7

注：本表数据由区卫生计生局提供。

表 54　　2016 年原海曙区域社会救济与捐赠工作情况

指标名称	2016年	指标名称	2016年
城镇居民最低生活保障线人数（人）	2071	城市居民最低生活保障家庭数（户）	1539
#在职人员（人）	58	城镇低保资金全年计划支出（万元）	1463

表 55　　2015—2016 年原海曙区域国际旅游情况

计量单位：人

指标名称	2015年	2016年	指标名称	2015年	2016年
接待过夜境外旅游者人数	126162	86414	接待过夜境外旅游者人天数	219275	148448
外国人	115958	72185	外国人	197981	124661
台湾同胞	4048	5205	台湾同胞	9846	8371
香港同胞	6065	8768	香港同胞	11320	15089
澳门同胞	91	256	澳门同胞	128	327

注：本表数据由区旅游局提供。

表 56　　2016 年原海曙区域个体工商户情况统计

计量单位：户、人、万元

指标名称	期末实有					
	合　计			其中：城镇		
	户　数	从业人员	资金数额	户　数	从业人员	资金数额
合计	45364	103575	212723	20281	57231	114270
农、林、牧、渔业	227	697	5253	21	82	436
农、林、牧、渔服务业	9	27	53	4	17	26

（续表53）

指标名称	期末实有					
	合 计			其中：城镇		
	户 数	从业人员	资金数额	户 数	从业人员	资金数额
采矿业	4	10	26			
开采辅助活动						
制造业	5048	14498	32824	440	1214	3011
金属制品、机械和设备修理业	11	30	38	4	20	25
电力、热力、燃气及水生产和供应业	1	5	10			
建筑业	44	83	349	9	24	43
批发和零售业	24775	48764	92928	12793	30911	62365
交通运输、仓储和邮政业	4305	5300	18421	1185	1917	6330
住宿和餐饮业	4597	16463	32009	2276	10811	21676
信息传输、软件和信息技术服务业	41	119	228	25	94	118
金融业	3	6	16	2	5	11
房地产业	92	220	215	46	126	110
租赁和商务服务业	422	1087	2514	236	747	1391
科学研究和技术服务业	120	269	406	45	149	227
水利、环境和公共设施管理业	3	14	27	1	10	10
居民服务、修理和其他服务业	5518	15428	25185	3103	10701	17224
教育	6	10	24	3	3	3
卫生和社会工作	53	123	1162	26	74	577
文化、体育和娱乐业	105	479	1126	70	363	738
其他						

注：本表数据由区市场监管局提供。

表57

2016年原海曙区域非私营企业登记管理情况统计

计量单位：户、人、万元

指标名称	期 末 实 有											
	合 计			国有企业		集体企业		公 司			其他企业	
	户数		雇工人	户数	注册资金	户数	注册资金	户数	注册资金	实收资本	户数	注册资金
		企业法人										
合计	2194	1024	1303189	74	3470	131	25190	1606	1247945	567201	383	26584
农、林、牧、渔业	7	7	1201			2	138	5	1063	1063		
采矿业												
制造业	234	215	228941	3	50	23	1743	70	219275	199174	138	7873
电力、热力、燃气及水生产和供应业	30	25	24669	1	570	17	701	11	23338	23288	1	60
建筑业	86	27	44776	9		5	383	69	44367	20467	3	26
批发和零售业	627	256	89819	10	270	24	4208	487	81874	44166	106	3467
交通运输、仓储和邮政业	111	17	3785	30				78	3570	2820	3	215

（续表54）

指标名称	期末实有											
	合计			国有企业		集体企业		公司			其他企业	
	户数	企业法人	雇工人	户数	注册资金	户数	注册资金	户数	注册资金	实收资本	户数	注册资金
住宿和餐饮业	60	38	3869	1		7	20	29	3680	2280	23	169
信息传输、软件和信息技术服务业	97	20	12258					95	12140	6860	2	118
金融业	255	6	21700	1				242	21700	11200	12	
房地产业	95	67	395361	1		7	2930	86	392421	103758	1	10
租赁和商务服务业	375	216	433151	6	1000	27	14788	283	404102	136723	59	13261
科学研究和技术服务业	80	39	22876	8	500			64	21500	4440	8	876
水利、环境和公共设施管理业	7	6	2059	1	580			5	1469	1469	1	10
居民服务、修理和其他服务业	83	57	9586	2		18	279	39	8861	8073	24	446
教育	5	3	2050					4	2000		1	50
卫生和社会工作	7	6	3115					7	3115	550		
文化、体育和娱乐业	35	19	3973	1	500	1		32	3470	870	1	3
其他												

注：本表数据由区市场监管局提供。

表58　　2016年原海曙区域私营企业登记管理情况统计

计量单位：户、人、万元

指标名称	期末实有							
	户数	投资者	雇工人	注册资本	城镇			
					户数	投资者	雇工人	注册资本
合计	36751	68281	454131	12067652	22255	46298	279400	9554335
农、林、牧、渔业	141	242	1719	25919	53	93	597	14039
农、林、牧、渔服务业	5	10	59	500	2	4	23	200
采矿业	12	18	77	5244	2	4	8	4060
开采辅助活动								
制造业	10132	18093	117745	1553757	2457	4762	29487	548502
金属制品、机械和设备修理业	3	4	34	1131	1	2	15	1080
电力、热力、燃气及水生产和供应业	22	38	383	40485	8	16	273	4663
建筑业	1894	3419	25897	664953	1393	2769	18620	536586
批发和零售业	11965	21618	143577	2187440	8822	17232	107155	1796496
交通运输、仓储和邮政业	1177	1924	15286	354370	709	1518	8768	299478
住宿和餐饮业	496	813	5898	85620	317	636	3775	56427
信息传输、软件和信息技术服务业	1572	2940	20281	420429	1316	2627	17099	391738
金融业	117	85	1317	41531	39	78	497	35531
房地产业	689	1265	8966	842277	450	1055	6077	682657
租赁和商务服务业	4779	10546	60999	4672696	3779	9518	48278	4300387

（续表55）

指标名称	期末实有							
	户数	投资者	雇工人	注册资本	城镇			
					户数	投资者	雇工人	注册资本
科学研究和技术服务业	1858	3876	28965	827646	1416	3106	20495	595321
水利、环境和公共设施管理业	53	93	540	29202	34	65	349	11015
居民服务、修理和其他服务业	889	1502	9316	102203	608	1140	6306	73402
教育	15	25	245	571	10	18	99	393
卫生和社会工作	83	164	1293	30003	70	145	951	26113
文化、体育和娱乐业	855	1620	11627	183306	772	1516	10566	177527
其他	2							

注：本表数据由区市场监管局提供。

表59　　2016年原海曙区市场主体基本情况统计

计量单位：万元

指标名称	企业	内资企业		外商投资企业	个体工商户	农民专业合作社
			私营企业			
期末实有						
户数	39960	38945	36751	1015	45364	220
注册资本（金）	13525320	13370841	12067652	154479	—	—
资金数额（个体户）	—	—	—	—	212723	—
出资总额（农社）	—	—	—	—	—	27874
从业人员	—	—	522412	—	103575	—
成员总数	—	—	—	—	—	2350
本期登记						
户数	6012	5930	5709	82	7737	—
注册资本（金）	3501376	3493586	3342223	7790	—	—
资金数额（个体户）	—	—	—	—	55118	—
出资总额（农社）	—	—	—	—	—	—
从业人员	—	—	99091	—	22535	—
成员总数	—	—	—	—	—	—

注：本表数据由区市场监管局提供。

索　引

说　明

1.索引采用主题分析法编制。设有主题词索引、图照表索引、缩略语和注释索引3种，其中图照表索引包括正文中出现的随文照片、表格及示意图，示意图用“（图）”标明，表格用“（表）”标明，未注明的为随文照片。

2.标引词依据首字汉语拼音字母顺序排列，首字相同的按第二字音序排列，以下依次类推。标引词后的阿拉伯数字表示内容所在的页码或参见页码，数字后的英文字母a、b、c分别表示内容所在的左栏、中栏和右栏。

3.类目、分目作索引的款目用黑体字标明。

4.标引词后的第二个页码起，表示该索引参见内容所在。空两字起排的款目为上一主题的“附见”。部分内容有交叉的款目在索引中重复出现，以便检索。

主题词索引

数字

A

H

J

图照表索引

数字

A

B

缩略语和注释索引